全国高等院校化妆品科学与技术专业规划教材

U0694678

化妆品监管与法规

（供化妆品科学与技术、化妆品技术与工程、化妆品技术、化妆品经营与管理、化妆品质量与安全等专业使用）

主　编　裴永艳　谢志洁

副主编　桑延霞　余述燕　李晓敏

编　者　（以姓氏笔画为序）

王江新（深圳大学）　　　　　　　　　　　田　俊（拉芳家化股份有限公司）

史顺玉（中国科学院南海海洋研究所）　刘文杰（广东药科大学）

李　艳［完美（中国）有限公司］　　　李汶枫（广州市大象飞信息科技有限公司）

李晓敏［完美（中国）有限公司］　　　李锦聪［绿翅（广州）技术服务有限公司］

吴　琼（徐州工程学院）　　　　　　　　利　敏（广州秀中管理咨询有限公司）

何秋星（广东药科大学）　　　　　　　　余述燕（郑州轻工业大学）

张　亮（广州芙莉莱化妆品有限公司）张太军（荃智研究院）

陈慧慧［完美（中国）有限公司］　　　赵家冀（广东药科大学）

高倩铭［完美（中国）有限公司］　　　郭苗苗（北京工商大学）

桑延霞（广东药科大学）　　　　　　　　曹　华（广东药科大学）

程　帆（广东医科大学）　　　　　　　　谢志洁（广东省药品监管科学学会）

蓝云萍（广东药科大学）　　　　　　　　詹海莺（广东药科大学）

裴永艳（广东药科大学）

中国健康传媒集团·北京

中国医药科技出版社

内 容 提 要

本教材是"全国高等院校化妆品科学与技术专业规划教材"之一。本教材内容包括化妆品及行业发展概述，化妆品监管与法规体系，化妆品原料监管与法规，化妆品分类监管与法规，化妆品安全性和功效性监管与法规，化妆品注册备案监管与法规，化妆品包装与标签监管与法规，化妆品生产监管与法规，化妆品经营监管与法规，化妆品使用监管与法规，儿童化妆品监管与法规，牙膏监管与法规，化妆品风险监测与法规，国际化妆品监管模式。本教材将化妆品监管和法规知识与违法案例相结合，配套教学 PPT，更加方便教与学，可供普通高等院校化妆品科学与技术、化妆品技术与工程、化妆品技术、化妆品经营与管理、化妆品质量与安全、应用化学等专业师生使用，也可为化妆品行业人员提供参考。

图书在版编目（CIP）数据

化妆品监管与法规／裴永艳，谢志洁主编. -- 北京：中国医药科技出版社，2025.6. --（全国高等院校化妆品科学与技术专业规划教材）. -- ISBN 978-7-5214-5456-7

Ⅰ. D922.16

中国国家版本馆 CIP 数据核字第 2025RT6392 号

美术编辑　陈君杞
版式设计　友全图文

出版　**中国健康传媒集团** | 中国医药科技出版社
地址　北京市海淀区文慧园北路甲 22 号
邮编　100082
电话　发行：010 - 62227427　邮购：010 - 62236938
网址　www.cmstp.com
规格　889×1194 mm $\frac{1}{16}$
印张　25 $\frac{3}{4}$
字数　675 千字
版次　2025 年 6 月第 1 版
印次　2025 年 6 月第 1 次印刷
印刷　三河市万龙印装有限公司
经销　全国各地新华书店
书号　ISBN 978-7-5214-5456-7
定价　**75.00 元**

获取新书信息、投稿、为图书纠错，请扫码联系我们。

出版说明

随着生活水平的不断提高，化妆品已成为人们日常生活的必需品。同时消费层次的升级、消费观念的改变，使人们对化妆品的品质要求也越来越高，化妆品产业发展和提升空间巨大。近30年，我国化妆品产业得到了迅猛发展，取得了前所未有的成就，但全行业仍面临诸多问题和挑战，如产品科技含量不高、创新型人才储备不足、品牌知名度低等，目前在我国化妆品市场中，外资品牌产品占据较大的市场份额，民族企业在原料开发利用、剂型创新、设备和工艺革新等基础研究方面仍比较薄弱，因此，加快高素质、创新型化妆品人才的培养尤为迫切。

为适应我国化妆品人才的社会需要，以及我国化妆品产业发展和监管的需求，广东药科大学以教学创新为指导思想，以教材建设带动学科建设为方针，编写了全国首套高等院校化妆品科技与技术专业的教材，即"全国高等院校化妆品科学与技术专业规划教材"。

本套教材主要可供高等院校化妆品相关专业的本科生、研究生使用，也可供从事化妆品相关领域的工作人员学习参考。

本套教材定位清晰、特色鲜明，主要体现在以下方面。

1. 立足教学实际，突显内容的针对性和适应性

本套教材以高等院校化妆品科学与技术专业的课程建设要求为依据，坚持以化妆品行业的人才培养需求为导向，重点突出化妆品基础理论研究、前沿技术创新研究及应用，且注重理论知识与实践应用相结合、化妆品学与医药学知识相结合，从而保证教材内容具有较强的针对性、适应性和权威性。

2. 遵循教材编写规律，紧跟学科发展步伐

本套教材的编写遵循"三基、五性、三特定"的教材编写规律；以"必需、够用"为度；坚持与时俱进，注重吸收新理论、新技术和新方法，适当拓展知识面，为学生后续发展奠定必要的基础。强调全套教材内容的整体优化，并注重不同教材内容的联系与衔接，避免遗漏和不必要的交叉重复。

3. "教考""理实"密切融合，适应产业发展需求

本套教材的内容和结构设计紧密对接国家化妆品职业资格考试大纲，以及最新化妆品发展与监管要求，确保教材的内容与行业应用密切结合，体现高等教育的实践性和开放性，为学生实践工作打下坚实基础。

4. 创新教材呈现形式，免费配套增值服务

本套教材为书网融合教材，即纸质教材有机融合数字教材、配套PPT，满足信息化教学的需求。通过"一书一码"的强关联，为读者提供免费增值服务。按教材封底的提示激活教材后，读者可通过PC、手机阅读电子教材和配套PPT等教学资源，使学习更便捷。

值此"全国高等院校化妆品科学与技术专业规划教材"陆续出版之际，谨向给予本套教材出版支持的广东省化妆品工程技术研究中心、广东药科大学化妆品人才实践教学基地、广东省省级实验教学示范中心，以及参与教材规划、组织、编写的教师和科技人员等，致以诚挚的谢意。欢迎广大师生和化妆品从业人员，在教学和工作中积极使用本套教材，并提出宝贵意见和建议，以便我们修订完善，共同打造精品教材。希望本套教材的出版对促进我国高等院校化妆品学相关专业的教育教学改革和人才培养作出积极贡献。

化妆品是为美而生的产品，"美丽经济"是对化妆品产业的赞誉。近 10 年，我国"美丽经济"逐渐崛起，化妆品行业呈现快速增长的趋势。随着 2021 年 1 月 1 日《化妆品监督管理条例》实施，一系列法律法规也相继发布，我国化妆品法规监管体系已初步建成，进入了科学、严谨、高效的监管时代。

《化妆品监管与法规》涵盖了化妆品不同环节的法规规定和监管要求，主要包含化妆品全生命周期的监管和法规体系，即化妆品原料，化妆品注册备案，化妆品生产过程，化妆品上市后的市场经营，使用等相关的监管与法规。重点突出化妆品纲领性的法规《化妆品监管管理条例》，同时介绍化妆品管理的标准化、科学化、国际化发展趋势，以及现行的化妆品行业监管体制及法规。使学生了解国内外现行的化妆品行业管理体制及发展趋势，掌握我国化妆品监管的要点、主要的法规知识，提高法律意识，为后续专业知识的学习及毕业后从事化妆品相关工作打下法规基础。

本教材根据教学循序渐进的要求，结合化妆品全生命周期的监管模式设置内容，共 14 章。第一章化妆品及行业发展概述由裴永艳、蓝云萍编写。第二章化妆品监管与法规体系由李锦聪、余述燕编写。第三章化妆品原料监管与法规由何秋星、吴琼、赵家冀编写。第四章化妆品分类监管与法规由郭苗苗、陈慧慧编写。第五章化妆品安全性和功效性监管与法规由桑延霞编写。第六章化妆品注册备案监管与法规由李晓敏、李艳编写。第七章化妆品包装与标签监管与法规由曹华、高倩铭编写。第八章化妆品生产监管与法规由张亮编写。第九章化妆品经营监管与法规由李汶枫编写。第十章化妆品使用监管与法规由利敏编写。第十一章儿童化妆品监管与法规由程帆、史顺玉编写。第十二章牙膏监管与法规由张太军、田俊编写。第十三章化妆品风险监管与法规由王江新、詹海莺、刘文杰编写。第十四章国际化妆品监管模式由谢志洁、裴永艳编写。本教材将化妆品法规要点和监管模式与违法案例相结合，可供普通高等院校化妆品科学与技术、化妆品技术与工程、化妆品技术、化妆品经营与管理、化妆品质量与安全等专业师生使用，也可为化妆品行业从业人员提供参考。

本教材在编写过程中，得到了各参编院校和企业的大力支持与帮助，还参考了国内外专业书籍和文献资料，在此对本教材编写给予支持与帮助的所有人员表示衷心的感谢。由于编者水平和经验有限，书中难免有不妥之处，恳请读者和同行专家批评指正。

编 者
2025 年 2 月

第一章 化妆品及行业发展概述

PPT

我国已成为世界上第二大化妆品消费市场,化妆品成为人们日常生活的必需品、日用品和消费品。一系列新的法规制度在积极平稳中有效落地实施。我国化妆品行业总体呈现出从发展中规范走向规范中发展,再到高质量发展的良好势头。

本章节中,我们将明确化妆品的定义与范畴,厘清它与药品、医学护肤品的差异;了解化妆品行业的发展之旅,行业的演进轨迹,包括企业数量的增长、全产业链的演化,以及全球和国内市场规模的扩张;回顾历史,领略其演变历程,展望未来,洞悉发展方向;法规如何引领行业走向更高品质、更安全、更创新的未来。

第一节 化妆品概述

一、化妆品的概述

(一)定义

2021年1月1日施行的《化妆品监督管理条例》(以下简称《条例》)中第三条给出了化妆品的定义:化妆品,是指以涂擦、喷洒或者其他类似方法,施用于皮肤、毛发、指甲、口唇等人体表面,以清洁、保护、美化、修饰为目的的日用化学工业产品。

(二)定义解析

根据上述定义,①化妆品的使用方法:表述为"涂擦、喷洒或者其他类似的方法"以及"施用",可以理解为日常生活中消费者通过施加适当外力使化妆品得以均匀分布的主要使用方式,如乳液状和膏霜状产品主要以涂、抹、擦为使用方式,水状产品则主要以涂或喷为主要使用方式等。如某产品的使用方法为口服、注射、植入、填埋、熏蒸、吸入等,则该产品不属于化妆品范畴。②化妆品的使用部位:仅限于皮肤(包括面部、身体皮肤及皮肤附属器官)表面,皮肤表面对应的是皮肤表皮层中的角质层,以及附属器官中的毛发、指甲和口唇唇红部位的表层。也就是说,化妆品无论通过何种使用方式,其直接接触的只能是人体表面直接接触外界环境的部位。因此,直接到达真皮层、皮下组织、循环系统,以及可能接触口腔、鼻腔、内眼睑、耳道、生殖系统等人体黏膜部位的产品都超出了皮肤表面的法定使用范围,针对类似使用部位的产品不属于化妆品范畴,例如微针、注射类针剂等破皮产品都不属于化妆品。另外口服的美白产品，以及作用于女性私密部位、减肥类产品等，也不属于化妆品。如之前大火的医用冷敷贴，不属于化妆品，而属于一类医疗器械，其预期用途为物理降温，和化妆品毫无关联，但却因为所谓的"医美面膜"火爆市场，这便是典型的不符合化妆品定义的产品，在中国合规领域不允许宣传"医美级""药妆""抗衰"等相关词汇。值得注意的是：牙膏参照《条例》有关普通化妆品的规定进行管理。③化妆品的使用目的：广义上可理解为消费者通过使用化妆品能够客观感知到的使用效果。使用目的超出"清洁、保护、美化和修饰"范围的产品均不属于化妆品，主要包括以下几方面：A. 用于治疗皮肤疾病；B. 用于辅助治疗或与医疗目的相关；C. 用于减轻或防止蚊虫侵扰；D. 用于杀灭微生物或病原体；E. 用于皮肤创面恢复和护理等。

化妆品的作用范围仅限于皮肤表层，凡涉及深层次改变皮肤结构或生理功能的产品，均不属于化妆品。同时，消费者在选择产品时，应理性看待各种宣传口号，认清产品的真实属性，确保自身安全。在合规领域，化妆品宣传应遵循相关法规，不得使用涉及医疗、药物等误导消费者的词汇。我国政府对于化妆品的监管力度也在不断加强，对于违规宣传、假冒伪劣产品等现象，将予以严厉打击。消费者在购买化妆品时，应选择正规渠道，避免购买到不符合化妆品定义的产品，确保自己的皮肤健康。同时，企业也应依法经营，切实履行社会责任，为消费者提供安全、合规的化妆品。

（三）化妆品分类

国家药品监督管理局发布的《化妆品分类规则和分类目录》（以下简称《目录》）于2021年5月1日起施行，《目录》根据《条例》及有关法律法规的规定，按照化妆品的功效宣称、作用部位、产品剂型、使用人群，同时考虑使用方法将化妆品进行分类，具体见"第四章 化妆品分类监管与法规"。

此外，国家按照风险程度对化妆品实行分类管理。将化妆品分为特殊化妆品和普通化妆品。特殊化妆品是指用于染发、烫发、祛斑美白、防晒、防脱发的化妆品及宣称新功效的化妆品。国家对特殊化妆品实行注册管理，对普通化妆品实行备案管理。特殊化妆品经国务院药品监督管理部门注册后方可生产、进口。国产普通化妆品应当在上市销售前向备案人所在地省、自治区、直辖市人民政府药品监督管理部门备案。进口普通化妆品应当在进口前向国务院药品监督管理部门备案。

（四）化妆品产品属性

从化妆品定义可知其产品属性为日用化学工业产品。①日用：可理解为在日常生活中作为一种基本需求或习惯使用，洗发、沐浴、皮肤保养、防晒、保湿、男士剃须、女士彩妆等都可以看作是日用范畴。但也存在一些产品，虽然在其他方面符合化妆品的定义描述，但并不符合日用概念，而是在一些专门情形或特定场合才会使用的，如戏曲演员勾画脸谱使用的油彩、影视作品拍摄时使用的特效颜料、用于人体彩绘的颜料等。②化学：化妆品具备"化学品"的类别属性，但由于其是第268类"日用化学产品制造"项下唯一用于人体的产品，需要关注其对人体的安全性，如可能引起的化妆品不良反应等。③工业产品：体现化妆品工业化的过程，即需要经过完整、可控和稳定的流程，根据特定的操作规程对特定原料进行加工制作，生产流程一旦建立，应确保可持续稳定生产出质量可靠的产品。化妆品不是随意地调配、勾兑、混合，很多在研发阶段的试验室试制样品及消费者自行使用原料调配的产品（如宣称DIY），因不具备稳定可控的生产操作流程和控制管理体系，从严格意义上讲，不符合工业产品的定位，生产出来的产品也就不属于化妆品。

此外，消费者购买的化妆品应该是可以直接使用的产品，而非需要通过其他工艺进行二次加工后才能使用的半成品。因此，除化妆品使用方法明示需要与水或与其他化妆品产品混合使用的情形之外，对使用可能会影响产品成分、物理状态、安全功效等而进行二次加工或调配的产品也不应属于化妆品的范畴。

消费者可通过《条例》规定的化妆品定义，结合产品使用目的、使用方法、使用部位来判断一个产品是否属于化妆品。使用目的超出清洁、保护、美化和修饰，如减肥、抑菌等；使用方法超出涂擦、喷洒或者其他类似方法，如口服、注射等；施用部位不是人体表面，如皮下等；均不属于化妆品。还可通过化妆品包装上的标签是否标注相关批准文号，即"妆字号"：例如，国产（进口）特殊化妆品批准文号格式为：国妆特字（特进字）+ 四位年份数 + 本年度注册产品顺序数；国产普通化妆品格式为：省、自治区、直辖市简称 + G妆网备字 + 四位年份数 + 本年度行政区域内备案产品顺序数，进口普通化妆品格式为：国妆网备进字（境内责任人所在省、自治区、直辖市简称）+ 四位年份数 + 本年度全国备案产品顺序数。

医疗美容和日常使用的化妆品有着本质不同。化妆品是供大众消费者日常使用的、涂抹到人体表面起到改善、防护、美化和修饰作用的产品，产品作用效果较为温和，符合化妆品相关法规规范要求，安全性较高，适合消费者日常使用。根据《医疗美容服务管理办法》规定，医疗美容是指运用手术、药物、医疗器械，以及其他具有创伤性或者侵入性的医学技术方法对人的容貌和人体各部位形态进行的修复和再塑。实施医疗美容项目必须由具有执业资格的人员，在相应的美容医疗机构或开设医疗美容科室的医疗机构中进行。

二、化妆品与药品

（一）化妆品与药品的区别

1. 定义　《中华人民共和国药品管理法》第二条对药品的定义内容为：指用于预防、治疗、诊断人的疾病，有目的地调节人的生理机能，并规定有适应症或者功能主治、用法和用量的物质，包括中药、化学药和生物制品等。

化妆品和药品在定义和使用目的上存在显著差异，药品的使用目的更为多样和复杂。在使用方式上，化妆品仅可外用，而药品则包含外用、内服、注射等多种方式。在安全性方面，化妆品对安全性的要求较高，一般要求在正常及合理的、可预见的使用条件下，不得对人体健康产生危害。

2. 命名构成　根据国家药品监督管理局规定及相关文件《药品说明书和标签管理规定》《药用物质的国际非专利名（INN）使用指南》，我国药品名称的种类有 3 种：通用名、商品名、国际非专利名。

（1）**通用名**　是国家药典委员会按照一定的原则制定的药品名称，是药品的法定名称，其特点是通用性。每种药品只能有一个通用名，如青霉素钠、布洛芬。在药品生产、流通、使用及监督检验过程中，国家推行和倡导使用药品通用名。

（2）**商品名**　是指一家企业生产的区别于其他企业同一产品、经过注册的法定标志名称，其特点是专有性。商品名体现了药品生产企业的形象及其对商品名称的专属权。商品名是生产厂家为突出、宣传自己的商品，创造品牌效应而起的名字，与药品的成分、作用等没有关系。如天津史克药厂生产的布洛芬，其商品名叫芬必得；美国礼来制药公司生产的头孢克洛，其商品名叫希刻劳。使用商品名须经国家主管部门批准。

（3）国际非专利名　是世界卫生组织（WHO）制定的药物的国际通用名。它是 WHO 与各国专业术语委员会协作，数次修订，为每一种在市场上按药品销售的活性物质所起的一个在世界范围内都可接受的唯一名称。例如，青霉素的国际非专利名为 Penicillin（盘尼西林），对乙酰氨基酚的国际非专利名为 Paracetamol。

根据《化妆品标签管理办法》，化妆品产品中文名称一般由商标名、通用名和属性名三部分组成，约定俗成、习惯使用的化妆品名称可以省略通用名或者属性名（具体见"第七章化妆品包装与标签监管与法规"）。

（1）商标名的使用除符合国家商标有关法律法规的规定外，还应当符合国家化妆品管理相关法律法规的规定。不得以商标名的形式宣称医疗效果或者产品不具备的功效。

（2）通用名应当准确、客观，可以是表明产品原料或者描述产品用途、使用部位等的文字。

（3）属性名应当表明产品真实的物理性状或者形态。

3. 分类　根据《中华人民共和国药品管理法》，我国现行法规把药品分为三类：中药（包括饮片、中成药）、化学药品（过去称为"西药"）、生物制品（如疫苗、白蛋白、球蛋白等）。

为保证患者的用药安全，根据药品的用途、安全性、剂型、规格、给药途径的不同，药品分为处方药和非处方药。处方药是必须凭医生处方才可调配、购买和使用的药品。处方药的适应证大都是一些复杂而严重的疾病，患者难以自我判断、自我药疗。非处方药均来自处方药，它一般是经过长期应用、疗效肯定、服用方便、质量稳定、非医疗专业人员也能安全使用的药物。非处方药根据安全性不同，又划分为甲类非处方药和乙类非处方药。甲类非处方药须在药店执业药师指导下购买和使用；乙类非处方药除可在药店出售外，还可在获得药品监督管理部门批准的超市、宾馆、百货等地点销售。

化妆品根据不同的分类方式有不同的分类规则，根据《化妆品监督管理条例》风险程度可以分为特殊化妆品和普通化妆品，根据《化妆品分类规则和分类目录》又有不同的分类，根据相关的标注又有不同的分类如《化妆品分类》GB/T 18670—2017 对化妆品的分类（具体见"第四章 化妆品分类监管与法规"）。

4. 属性　药品的属性包括治疗性、预防性、针对性、科学性等。它的目的是治疗疾病、改善健康状况，需要经过严格的临床试验和监管审批。

而化妆品的属性则更注重美容性、保养性、普遍性和多样性。化妆品旨在改善外观、呵护肌肤，种类繁多，包括护肤品、彩妆品、美发产品等。它的选择更加个体化，根据不同的肤质、需求和喜好来挑选。

5. 监管部门

（1）药品主管部门　在 1998 年国务院机构改革中，新组建了国家药品监督管理局，将原国家医药管理局行使的药品生产流通监督管理职能、卫生部行使的药政管理职能和国家中医药管理局行使的中药流通监督管理职能集中起来，交由新组建的国家药品监督管理局行使，以加强对药品的监督管理，提高行政效率，减轻企业负担，保证药品质量。省、自治区、直辖市人民政府药品监督管理部门负责本行政区域内的药品监督管理工作。2000 年 6 月，国务院批转了《药品监督管理体制改革方案》，对地方政府药品监督管理机构的设置及其职责作了规定。该方案规定，实行省以下药品监督管理系统的垂直管理。省、自治区、直辖市人民政府设药品监督管理局，为同级人民政府的工作部门，主要职责是，领导省以下药品监督管理机构，履行法定的药品监督管理职能。地、市根据工作需要，设置药品监督管理局，为省级政府药品监督管理局的直属机构；直辖市和较大市所设的区以及药品监督管理工作任务较重的县（市），根据工作需要，可以设立药品监督管理分局，为上一级药品监督管理机构的派出机构。2003 年，在国家药品监督管理局基础上组建国家食品药品监督管理局，将食品监管纳入职责范围。2008 年，国家食品药品监督管理局由卫生部管理，由省以下垂直管理改为地方政府分级管理，突出地方政府在食品药品监管中的责任。2013 年，机构改革中组建国家食品药品监督管理总局，强调完善统一权威的药品安全监管。2018 年，机构改革后，单独组建国家药品监督管理局（由国家市场监督管理总局管理），此次改革后，药品的监管职责由国家药品监督管理局承担，体现了对药品监管专业性的重视。

（2）化妆品主管部门 在监管机构方面，2013 年国务院机构改革，国家食品药品监督管理局更名为国家食品药品监督管理总局，全面负责化妆品监督管理工作，设置了药品化妆品注册管理司及药品化妆品监管司负责化妆品管理工作。2018 年，国家食品药品监督管理总局、国家质量监督检验检疫总局和国家工商行政管理总局进行组建国家市场监督管理总局，同时，组建国家药品监督管理局并设立了化妆品监督管理司，化妆品监管工作便转于国家药品监督管理局进行。至此，化妆品行业也有专门的监管机构。2021 年 1 月 1 日起施行的《化妆品监督管理条例》第五条规定：国务院药品监督管理部门负责全国化妆品监督管理工作。国务院有关部门在各自职责范围内负责与化妆品有关的监督管理工作。县级以上地方人民政府负责药品监督管理的部门负责本行政区域的化妆品监督管理工作。县级以上地方人民政府有关部门在各自职责范围内负责与化妆品有关的监督管理工作。部门的统一管理，在化妆品实际监督管理中发挥了更大的作用，使化妆品监管效率得到了提升，并有效地解决了重复检查、责任不清和检查真空等问题。化妆品行业的行业自律管理机构为中国香料香精化妆品工业协会，主要负责起草行业发展规划，并组织开展行业新技术、新工艺、新原料、新产品等的推广应用和交流（详见"第二章 化妆品监管与法规体系"）。

6. 监管法规

（1）药品的监管法规 中国对药品的监管法规主要为《中华人民共和国药品管理法》，这是中国药品监管的基本法律，旨在加强药品管理，保证药品质量，保障公众用药安全和合法权益，以及促进公众健康。该法以药品监督管理为核心内容，详细论述了药品评审与质量检验、医疗器械监督管理、药品生产经营管理、药品使用与安全监督管理、医院药学标准化管理、药品稽查管理、药品集中招投标采购管理等问题，另外还有一部法规《中华人民共和国疫苗管理法》，其是为加强疫苗管理，保证疫苗质量和供应，规范预防接种，促进疫苗行业发展，保障公众健康，维护公共卫生安全而制定的法律。

（2）化妆品监管法规 中国对化妆品的监管法规主要有《化妆品监督管理条例》，于2020 年 6 月公布，自 2021 年 1 月 1 日起施行。该条例共 6 章 80 条，从四个方面对化妆品生产经营活动及其监督管理予以规范（详见"第二章 化妆品监管与法规体系"）。

三、化妆品与医学护肤品

（一）化妆品与医学护肤品的区别

1. 定义 医学护肤品（medical cosmetic），又称功效性化妆品（treatment cosmetics）或

药妆（cosmeceutical），即药用化妆品，概念源自化妆品（cosmetics）与药物（pharmaceuticals）的结合。20世纪70年代美国皮肤科专家Albert Kligman第一次将药妆定义为：兼有化妆品特点和某些药物性能的一类新产品，或介于化妆品和皮肤科外用药物之间的一类新产品，但是到目前为止国际上对其定义尚无统一定论。在欧美医学护肤品是指作为化妆品销售的具有药物或类似药物特性的活性产品，在日韩将具有美白、除皱、防晒等功能的化妆品定义为医学护肤品。

与传统护肤品相比，医学护肤品在兼具皮肤美容修饰作用的同时，对皮肤原有的生理或病理过程具有一定的改善或调节作用，可用于多种皮肤疾病的辅助治疗，以增加单纯药物治疗的效果，并减少不良反应或皮肤不适。

我国护肤品的批准文字号有两大类，一是妆字号，二是械字号，市场上大部分的产品都是妆字号，械字号是比较少见的，它们之间的区别在于功效定位不同。妆字号的护肤品，是指以涂抹、喷洒或者其他类似的方法，散布于人体表面任何部位，以达到清洁、消除不良气味、护肤、美容和修饰目的的日用化学工业产品，产品的功效通常是改善皮肤外观、提供保湿、滋润等美容效果。妆字号的护肤品可以在允许范围内添加酒精、香精、防腐剂、色素、荧光剂等添加剂。

械字号的护肤品，是指风险程度低，实行常规管理可以保证其安全、有效的医疗器械，产品的注册备案号以"×械××"开头，是第一类医疗器械，主要用于医疗用途，常见产品有"医用冷敷贴""冷敷凝胶"等，其实质是医用敷料，属于医疗器械范畴。械字号护肤品必须严格按照国家医疗器械标准生产，不添加任何激素、抗生素、重金属及其他易引起皮肤反应的化学制剂。

2. 属性 医学护肤品介于化妆品和药品之间，是一类能达到恢复皮肤屏障功能，辅助治疗一些皮肤病的护肤品，其本质是化妆品而不是药物，但它具有一定的功效及良好的安全性，与传统化妆品相比，医学护肤品具有以下特点：

（1）药理活性 产品具有药理活性，能在正常皮肤或接近正常皮肤上使用，对皮肤疾病具有一定的辅助治疗效果。

（2）针对性 产品的活性成分的研究开发和生产过程更接近新药标准，所含的主要活性成分的作用更具针对性，作用机制更明确。

（3）安全性 产品配方精简，各种原料经过严格筛选，不含损伤皮肤或引起皮肤过敏的物质如色素、香料、致敏防腐剂及表面活性剂等，对皮肤无刺激。按药品GMP标准进行生产，所有有效成分及安全性都经过实验室和临床试验，更具安全性。

（4）专业性 配方根据不同皮肤类型及敏感性皮肤发生机制而设计，对一些皮肤病能起到辅助治疗的作用，主要在药房或医院出售，部分产品可由皮肤科医生处方，或由皮肤科医生或药房专业人员针对个人皮肤状况推荐使用相应的适合产品，更具专业性。

3. 监管 2019年1月10日，国家药品监督管理局（以下简称"国家药监局"）发布了"化妆品监督管理常见问题解答（一）"，明确指出中国在法规层面不存在"药妆品"的概念。对于以化妆品名义注册或备案的产品，宣称"药妆""医学护肤品"等"药妆品"概念的，属于违法行为。《化妆品监督管理条例》第三十七条规定化妆品标签禁止标注下列内容：明示或者暗示具有医疗作用的内容；虚假或者引人误解的内容。第四十三条规定：化妆品广告的内容应当真实、合法。化妆品广告不得明示或者暗示产品具有医疗作用，不得含有虚假或者引人误解的内容，不得欺骗、误导消费者。《化妆品监督管理条例》颁布实施后，进一步规范对于功效化妆品——即俗称的"药妆"的管理。一方面禁止相关产品再使用"药妆"的表述，统一为功效化妆品。国家药监局陆续又发布了《化妆品安全评估技术导则》及《化妆品功效宣称评价规范》，对于功效化妆品在功效宣称方面要求应当"有充分的科学依据"，主要包括文献资料、研究数据或者化妆品功效宣称评价试验结果等。模糊的"药妆"表述已经不再被允许，而对于功效的宣称将要求有明确的人体、文献等依据。连串的新规后，这些年备受热捧的"药妆"也将进入更加规范发展阶段。

美国食品药品管理局（FDA）已明确规定，产品可以是药品、化妆品，或两者兼具。然而，若产品同时属于药品和化妆品，则将按照药品的标准进行更为严格的监管。我国国家药监局亦在相关文件中强调，不仅我国，世界上绝大多数国家在法律层面上均不存在"药妆品"的概念。为防止化妆品与药品概念的混淆，这已成为全球各国（地区）化妆品监管部门的共识。对于某些既具有化妆品用途又属于药品或医药部外品范畴的产品，它们必须满足药品相关的监管法规要求。与FDA的立场一致，任何声称具有"药品"功能的产品，都应遵循药品的规范，明确其成分，经过科学试验，并获得相应的批准文件。国家药监局并未完全否定"药妆"的存在，它所反对的是以化妆品名义进行注册或备案，却以药品名义进行宣传的行为。这是出于公共安全的考虑，为了保障消费者的人身健康，必须对食品、化妆品和药品等涉及消费者健康的产品制定最为严格的法律规范，并采取最为严格的监管措施，以确保消费者的安全。

▶ 知识拓展

消字号与械字号

"消字号"产品是经卫生行政部门审核批准，具有卫生批号的外用卫生消毒用品。包含消毒剂、卫生用品等，例如消毒剂、湿纸巾等。因此"消字号"产品往往是在特殊工作场所、特殊时期或者特殊工作人员使用的。《消毒管理办法》第三十三条规定消毒产品主要起杀灭和消除病原微生物的作用，不能出现或暗示治疗效果。

医用敷料属于"械字号"，械字号产品属于医疗器械。医疗器械是指单独或者组合使用于人体的仪器、设备、器具、材料或者其他物品，包括所需要的软件；其用于人体体表及体内的作用不是用药理学、免疫学或者代谢的手段获得，但是可能有这些手段参与并起一定的辅助作用。按照医疗器械管理的医用敷料命名应当符合《医疗器械通用名称命名规则》要求，不得含有"美容""保健"等宣称词语，不得含有夸大适用范围或者其他具有误导性、欺骗性的内容。如果商家将医疗器械宣称为化妆品，是违法的。

第二节 化妆品行业概述

一、中国化妆品相关企业概述

在"互联网＋"浪潮的推动下，自2014年起，化妆品相关企业注册量迅速增长（图1-1）。2024年2月28日通过数据统计，统计范围包括：企业名称、品牌产品、经营范围含化妆品、美妆的企业数据得出，截至2017年，化妆品相关企业注册量已突破100万家。2019年，得益于政府利好政策的支持，全国新增化妆品相关企业257.08万家，同比增长

79.97%。2020 年，化妆品相关企业新增 283.03 万家，同比增长 10.09%。进入 2021 年，化妆品相关企业新增数量为 442.15 万家，同比增长 56.22%。然而，到了 2022 年，疫情影响新增企业数量降至 370.47 万家，同比减少 16.21%。2023 年，行业经济回暖我国化妆品相关企业注册量达 560.63 万家，同比增长 51.33%。

图 1 - 1　2014—2023 年中国化妆品相关企业注册量

从区域来看，我国化妆品产业在全国范围内呈多元化分布趋势（图 1 - 2）海南现存 178.89 万家化妆品相关企业，位居第一。广东省、山东省分别现存 172.65 万家、139.3 万家化妆品相关企业，位居前三。此后是福建、陕西、浙江等地呈现出明显的区域集中化特征。化妆品企业分布与各省地理位置、原料、产业链等因素相关。福建省、广东省、山东省地理位置优越，经济水平较高，资源、技术优势明显，相对成熟的化妆品产业链也吸引了较多化妆品企业入驻。

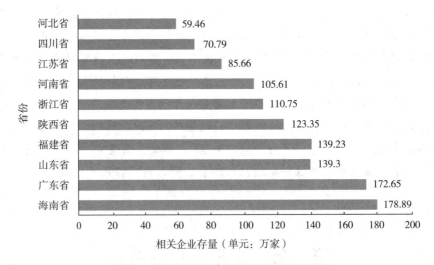

图 1 - 2　中国化妆品相关企业存量前十地区

二、化妆品全产业链

化妆品产业是指生产、销售美容、护肤、彩妆等产品的行业。随着人们生活水平的提高，人们对美的追求也越来越高，化妆品产业因此得到了快速发展。目前，全球化妆品产业已经成为一个庞大的产业链，涵盖了多个领域，如护肤品、彩妆、香水、个人护理等。

完整的产业链涵盖上游、中游及下游三个环节。上游环节主要包括原材料供应商、生产商和研发机构，如化妆品原料（如油脂、香料、色素等）的研发生产企业，包装材料（如瓶子、罐子、盒子等）的供应商。中游环节主要是化妆品制造商和品牌商，他们将原材料转化为成品，同时进行品牌推广和市场营销。这部分可能包括大型化妆品公司、中小企业及一些贴牌加工企业。下游环节则涵盖批发商、零售商和消费者。批发商将产品分销给零售商，零售商再将化妆品销售给最终消费者。

（一）中国化妆品行业上游情况分析

化妆品行业上游包括原材料供应和代工及包装制造两个部分，化妆品原材料供应商多为化工企业，提供化妆品生产所需的有效成分、表面活性剂、香料香精等基础原料。目前，国外原料商领先于中国国内原料商，处于竞争优势地位，第一梯队主要是掌握着相对先进工艺技术和生产水平的美国和欧洲商家，包括 Ashland（亚什兰）、Lubrizol（路博润）、BASF（巴斯夫）、Clariant（科莱恩）等；第二梯队主要是日本商家，包括 NissinOillio（日清奥利友）、NikkolChemicals（日光化学）、Shin‑Etsu（信越）、Ajinomoto（味之素）等；而中国原料供应商目前处于第三梯队，代表企业有维琪科技、蓝星生物、华熙生物等，目前我国的原料供应商对国外生产商存在一定的依赖度，在研发技术、测试检验系统及产业认知能力等方面稍显落后。

化妆品包装材料供应商为化妆品提供外包装材料，如塑料、玻璃等。高品质的包装设计可有效增加化妆品产品销售附加价值，利于产品市场推广，因此，知名化妆品品牌企业多注重包装设计及创新。知名代工及包装制造包括嘉亨家化、莹特丽等企业。

中国化妆品行业的上游供应商数量众多，但行业集中度有待提高。同时，随着消费者对化妆品品质和包装的要求不断提高，上游供应商需要不断提升产品质量和设计水平，以满足市场需求。近年来，国家制定相关法律法规，对化妆品质量及包装提出了要求，如2022年12月国家药品监督管理局颁布的《企业落实化妆品质量安全主体责任监督管理规定》要求化妆品注册人、备案人、受托生产企业依法落实化妆品质量安全责任行为及其监督管理规定；2022年9月国务院颁布《关于进一步加强商品过度包装治理的通知》表明要加大监管执法力度，聚焦化妆品等重点商品，依法严格查处生产、销售过度包装商品的违法行为。上游企业要积极了解、响应国家政策，避免在生产中出现违法违规行为，共同推动实现化妆品行业高质量发展。

（二）中国化妆品行业中游情况分析

在化妆品产业链中，中游环节为化妆品品牌商，包括传统品牌和新锐品牌。品牌商负责研发和生产化妆品，其生产模式可以分为自主生产和代工生产。

2016年，国家发布"二证合一"法规，即原生产许可证和卫生许可证合二为一为"化妆品生产许可证"，当年取证化妆品生产企业迅速增加。随着中国城镇化进程的持续加快、国民素质的提高、人口结构变化和消费理念的转变，加之消费群体年轻化等叠加效应，为化妆品行业的发展创造了良好的市场环境和增长空间，化妆品生产企业每年都以几百家的数量新增。如图1-3所示，2024年新增化妆品注册人备案人2432家，境内责任人478家，生产企业570家（含牙膏生产企业25家）。截至2024年底，共有化妆品注册人备案人20814家（同比增加10.64%），境内责任人3296家（同比增加14.00%），生产企业5935家（含牙膏生产企业286家）（同比增加3.73%）。当前，中国化妆品行业呈现高度分散的竞争格局，市场主体以中小型本土企业为主，单个企业市场占有率普遍较低。在每年对化妆品生产企业的监督检查中，一些小企业更容易出现生产质量管理违规问题。企业需要不断提升自身的生产质量管理水平，完善生产质量管理体系，确保产品质量和安全。

图1-3 2021—2024年化妆品注册人备案人、境内责任人和生产企业数据图

2024年，全国普通化妆品备案为596306件，其中国产产品582857件（占97.7%），进口产品13060件（占2.2%），港澳台产品合计389件（占0.1%）。如图1-4所示，2024年，广东省、浙江省、上海市、江苏省、山东省是国产备案产品数量排名前5的省份，备案产品数量合计占国产普通化妆品95.2%。广东省以483650件普通化妆品备案数（占比83%）位居首位，凭借其起步较早、市场经济高度活跃和产业基础扎实的优势，展现出显著的高质量发展潜力。广东省拥有多个特色化妆品园区，包括广州市黄埔区的"南方美谷"、白云区的"白云美湾"、花都区的"中国美都"等形成了各具特色的产业集群。截至2024年底，广东省持证化妆品生产企业约3300家，占全国56%，化妆品工业总产值更是突破2000亿元，位居全国第一。浙江省以29947件普通化妆品备案数（占比5.1%）位居第二，其化妆品产业发展迅速，尤其以珀莱雅、欧诗漫等龙头企业闻名。截至2024年底，浙江省持证化妆品生产企业注册数达到656家。上海市以23330件普通化妆品备案数（占比4%）位居第三，作为中国化妆品行业的重要基地，上海市不仅拥有丰富的上游资源，包括嘉吉、阿蓓亚等化妆品原料和包装材料企业，还聚集了上海家化、伽蓝集团等知名企业。江苏省以10359件普通化妆品备案数（占比1.8%）位居第四，该省化妆品产业发展基础坚实，增速迅快，产业规模稳步扩大，化妆品贸易持续增长。山东省以7656件普通化妆品备案数（占比1.3%）位居第五，该省化妆品行业上游资源较为集中，拥有福瑞达、华熙生物等重点化妆品原料企业。

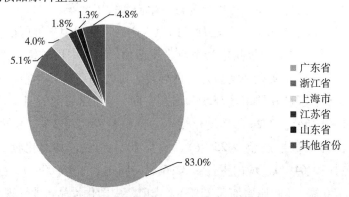

图1-4 2024年国产普通化妆品备案数据图

（三）中国化妆品行业下游情况分析

中国化妆品行业产业链下游环节涉及销售渠道及消费者。消费渠道主要可分为网络（线上）与实体（线下）两大销售渠道。网络渠道包括淘宝、京东等综合性电商平台，以及抖音、快手等短视频购物平台；实体渠道则主要以屈臣氏等美妆集合店、专卖店（CS渠道），以及沃尔玛等连锁超市（KA渠道）为代表。中国化妆品消费者的需求日益多样化和个性化，对于品质、功效和安全的要求也越来越高。消费者对于天然、有机和环保产品的关注度逐渐上升。同时，社交媒体和电子商务的发展也对中国化妆品消费者的购买行为产生了影响。消费者通过社交媒体获取产品信息和评价，并且更倾向于在线购买化妆品。

1. 销售渠道

线上平台呈多元化发展态势，可细分为综合B2C平台、C2C平台、垂直电商平台和社交电商平台等。其中，拼多多、小红书等社交电商平台凭借低价拼团或社交分享的方式，吸引了众多消费者，销售额快速增长；国际品牌借助电商渠道迅速实现下沉策略，增强三四线城市渗透率；经典国货品牌借助电商渠道增强直营占比，更利于品牌形象塑造；新锐品牌借助电商渠道，避开线下经销的复杂模式，以近乎纯线上的单一渠道结构，凭借高效运营策略，迅速跻身一线阵营。可见，电商渠道不仅能激活老品牌增长动力，还能够快速构建新品牌。

近年来，电子商务发展迅速，消费者逐渐养成线上购买化妆品的习惯（图1-5）。相关数据显示，截至2022年，电子商务渠道已逐渐成为中国化妆品市场的主导销售途径，占比达到47.2%，其后是CS渠道，即以屈臣氏、丝芙兰等为代表的线下美妆集合店，占比为19.1%。在电商行业飞速发展的背景下，物流速度的提升使得消费者能够轻松实现居家购物体验，而传统线下美妆店铺则以即时购买、即时试用的优势，弥补了线上购物的不足。因此，全渠道销售将成为我国美妆品牌的发展趋势。

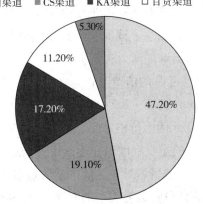

图1-5 2022年中国化妆品销售渠道占比

线下销售渠道包括百货商场、零售商店、连锁超市等。相较线上购买化妆品，消费者可在线下实体店亲身感受化妆品功效，因此仍有大量消费者选择线下渠道购买化妆品。受地域性限制，线下渠道布局主要依赖数目庞大、分布广泛的代理商和终端零售，以经销为主、直营为辅的模式开展。其中，免税店价格优势突出，始终是国际大牌的核心渠道之一。

2. 消费者

（1）国潮美妆的女性力量：中国市场的消费特征与趋势分析 随着全球化妆品市场的竞

争日益激烈，国潮美妆品牌在中国市场逐渐崭露头角（图1-6）。调查研究显示，2022年，中国国潮美妆的女性消费者占比高达73%，显示出女性消费者在这一领域的强大购买力。这一趋势不仅反映了女性对美的追求，也体现了国潮美妆品牌在女性消费者中的广泛影响力。

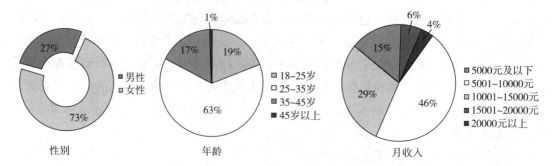

图1-6 2022年中国国潮美妆消费者数据图（性别/年龄/收入）

在年龄分布上，国潮美妆的女性消费者主要集中在25~35岁这一年龄段，占比高达63%。这一年龄段的消费者通常具备一定的经济基础和审美能力，对品质、个性化和文化内涵有较高要求。因此，国潮美妆品牌在这一市场中具有较强的竞争优势，能够满足年轻女性消费者对时尚、品质和个性化的追求。

在收入水平上，中高收入群体是国潮美妆的主要消费力量。月收入在5001~10000元的消费者占比最高，达到46%，其次是月收入在10001~15000元和5000元及以下的消费者，分别占比29%和15%。这一数据表明，国潮美妆品牌的市场定位较为精准，主要面向具有一定消费能力的中产阶级群体。

国潮美妆品牌在中国市场的崛起，不仅得益于其独特的文化内涵和设计风格，也与消费者对本土品牌的认同感和支持度有关。在追求个性和多元化的时代背景下，国潮美妆品牌凭借其独特的魅力，正逐渐成为年轻女性消费者的新宠。

然而，面对激烈的市场竞争和不断变化的消费者需求，国潮美妆品牌仍需不断创新和提升品质，以满足消费者的多元化需求。同时，品牌也需要关注年轻消费者的审美变化和文化需求，不断推陈出新，保持品牌的活力和竞争力。

（2）2023年中国消费者化妆品月均消费调查　在近年来，中国化妆品市场呈现出蓬勃发展的态势（图1-7）。调查研究显示，2023年中国消费者在化妆品方面的月均支出主要分布于201~500元及501~1000元两个价格区间，占比分别为34.4%和38.9%。这充分显示出，中国消费者对于美容护肤的重视程度正在逐渐提升及对化妆品的消费意识正在形成。

在消费升级的大背景下，中国消费者对于品质生活的追求日益显著。化妆品作为日常生活中的必需品，其品质自然成为消费者最为关注的问题之一。越来越多的消费者开始注重化妆品的品质和安全性，愿意为高品质的产品买单，这也为化妆品市场提供了广阔的发展空间。

此外，月均支出超过1500元的高端化妆品消费群体仅占据2.8%的比例。这说明，尽管中国化妆品市场具有巨大的增长潜力，但高端市场仍然存在一定的门槛。对于化妆品品牌来说，要想在高端市场立足，除了提供高品质的产品，还需在品牌形象、营销策略等方面下足功夫，吸引更多高端消费者的关注。

中国化妆品市场具有巨大的增长潜力。在消费升级的大背景下，消费者对品质生活的追求和对个性化、多元化需求的满足为市场增长提供了有力支撑。同时，化妆品品牌也需要不断创新，提升产品品质和服务水平，以满足消费者的需求，赢得市场份额。

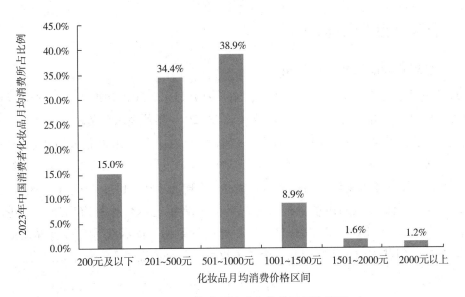

图1-7　2023年中国消费者化妆品月均消费

> **知识拓展**

化妆品线上销售平台类型

1. B2C平台（Business to Consumer）　通常由企业或商家直接面向消费者销售化妆品。例如京东、天猫等大型电商平台。

2. C2C平台（Consumer to Consumer）　消费者之间进行交易的平台，例如闲鱼、转转等。

3. 垂直电商平台　专注于某个特定领域或品类的电商平台，例如专门销售化妆品的平台。

4. 社交电商平台　将社交媒体和电商相结合的平台，例如小红书、微信小程序等。

> **知识拓展**

化妆品线下销售渠道类型

1. CS（Cosmetics Store）渠道　即化妆品专营店渠道，主要包括专门销售化妆品的实体店铺，例如化妆品专卖店、美妆集合店等。

2. KA（Key Account）渠道　代表与大型零售商（如超市、大卖场等）建立的合作关系，借助此类零售商进行化妆品销售。

3. 百货渠道　通过大型百货商场（如百联、银泰、百盛等）进行化妆品销售的常见渠道。

4. Shopping Mall　一种新型的超级购物中心，很多化妆品品牌在Shopping Mall开一家自己的单品牌店，和传统百货专柜相比，单品牌店在装修设计上有更多发挥余地，产品类型也更加齐全，品牌识别度更高。

5. 专业线渠道　指专门销售给美容院、理发店等专业美容机构的销售渠道。

6. 直销店渠道　其核心在于产品，并以人际关系网络为基石。生产商绕过经销商，直接面向消费者进行产品推广与销售。

三、化妆品行业市场规模

（一）全球化妆品行业市场规模

全球化妆品市场整体向好（图1-8），调查研究显示，2014—2016年，全球经济增长放缓导致化妆品市场规模增速明显走低，2015年及2016年甚至出现负增长的情况，原因是欧元区需求不振及南美经济出现严重下滑。2016年以后，全球化妆品市场迎来触底反弹，扭转了此前的发展颓势。2020年，受到疫情影响，全球化妆品市场规模收缩，市场同比增长下降1.8%，但总体市场规模仍然保持在4600亿美元以上，超过2018年同期市场规模。2021—2022年，全球化妆品市场规模快速回升，2022年全球化妆品市场规模达到5012.3亿美元，预计2025年将达到5719.9亿元。尽管统计数据可能因统计口径差异及汇率波动存在一定偏差，但整体增长趋势明确。全球化妆品行业市场规模在不断增长。

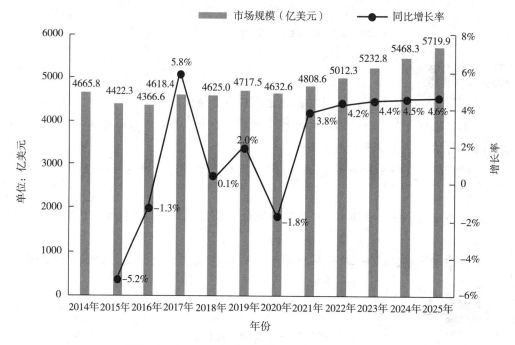

图1-8　2014—2025年全球化妆品市场规模及预测

（二）中国化妆品行业市场规模

中国化妆品整体市场规模保持稳步扩张。以零售端消费者的付款金额、购买数量等数据为重点统计项目，以天猫等线上渠道以及百货等线下渠道为统计对象，以《化妆品监督管理条例》约定的化妆品为统计口径进行数据统计，2023年中国化妆品市场的总交易规模为10445.45亿元，2024年中国化妆品市场的总交易规模为10738.22亿元，同比增长2.8%。彰显出中国化妆品行业庞大的市场体量与深厚发展潜力。在国民可支配收入的稳步增长、审美观念的转变及自我愉悦意识的增强等多重因素的共同推动下，国内化妆品消费呈现出持续增长的态势。如图1-9所示，从限额以上化妆品零售总额来看，近十年来，化妆品零售额整体呈稳步增长的趋势。但从增速来看，2017年、2021年的增速较为明显，分别增长13.5%、14.0%。但2022—2024年，这三年的增速明显低于此前7年。2024年化妆品零售额为4357亿元，比2023年的4142亿元有所增加，统计结果显示为下降。原因是统计口径的差异，"每年纳入网上零售额统计的重点平台范围会发生变化，如部分企业2023年尚未进入限额以上统计单位，为保证数据可比性，需要将 2024 年升规企业所对应的 2023 年的零售额列入计算，从而导致了统计结果的差异。"这同时也说明中国化妆品行业在整体向高质量发展的过程中，限额以上企业正在经历结构性调整，有大量的新企业正在进入限额以上规模，同时也有大量的企业正在被淘汰，跌到限额以下规模。

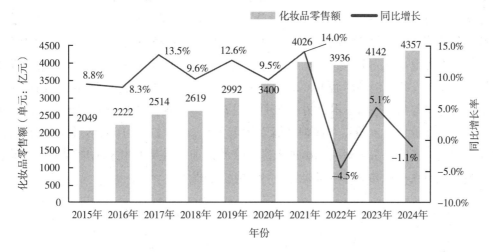

图 1 - 9　2015—2024 年中国化妆品零售额图

四、化妆品进出口贸易情况

（一）2015—2024 年中国化妆品进口情况

如图 1 - 10 所示，2020 年之前，中国化妆品进口额增长迅猛，为外资品牌的市场扩张提供了有利条件。2021 年，进口额达到 248.8 亿美元的历史峰值，但此后增速放缓并转向负增长，国产品牌市场份额逐步提升，国产替代趋势显现。2023 年"双十一"期间，珀莱雅超越欧莱雅、雅诗兰黛等国际品牌，登顶天猫、抖音美妆榜单，自然堂、薇诺娜等国产品牌也表现亮眼，标志着行业格局的深刻变化。2024 年，化妆品进口额降至 163.3 亿美元（同比减少 9.0%）。尽管统计数据可能因统计口径差异及汇率波动存在一定偏差，但整体下行趋势明确。过去十年，伴随消费升级和审美需求提升，中国消费者对高品质化妆品的需求持续增长，进口品牌曾占据重要地位。然而，国产品牌通过研发创新、精准洞察需求及打造东方特色产品，逐步打破外资品牌在高端市场的垄断。国产品牌的成功，不仅展现了

图 1 - 10　2015—2024 年中国化妆品进口趋势图

国货在品质与营销上的突破，更印证了民族品牌崛起的必然趋势。

（二）2024年中国化妆品进口地区分析

全球化妆品市场竞争日益加剧，我国化妆品进口来源地长期集中于欧美及日韩地区。如图 1-11 和图 1-12 所示，2024 年进口额排名前五位的国家依旧为法国、日本、韩国、美国和英国，与 2023 年一致，合计占进口总额的 79.9%，市场集中度显著。其中，法国凭借高端护肤品牌优势连续多年稳居榜首，2024 年进口额达 45.6 亿美元，占比 27.9%。从前十大进口来源地来看，英国、比利时，意大利，西班牙四国实现正增长，主要受益于香水、原料进口的恢复。但整体而言，2024 年进口总额持续缩减，这一方面源于消费结构分化，如大众护肤等品类进口下滑；另一方面更得益于本土企业的强势崛起：本土品牌凭借功效创新与高性价比，逐步培育起消费者对国货的偏好，对进口产品形成显著市场冲击。值得注意的是，泰国等东盟国家开始进入进口来源地前十，反映出未来进口市场可能呈现多元化趋势，而欧美日韩仍将在高端品类中维持核心地位。

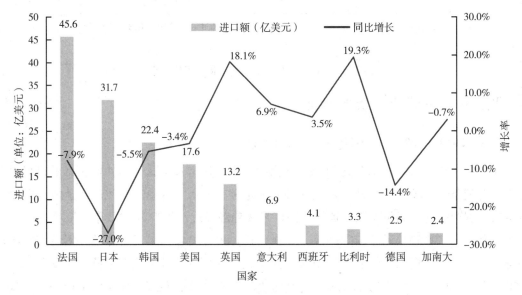

图 1-11　2024 年中国化妆品进口额前十国家

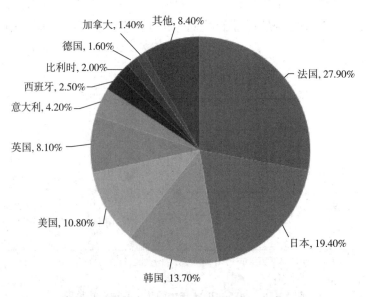

图 1-12　2024 年中国化妆品进口额前十国家占比

（三）2024 年中国化妆品主要进口产品类别

如图 1-13 所示，从进口产品类别来看，2024 年美容护肤品仍是我国进口规模最大的化妆品品类，进口额达 130.2 亿美元，占进口总额的 79.8%。尽管其进口额同比减少 9.7%，但相较于上半年 12.6% 的降幅已明显收窄，下行趋势有所缓和。身体护理类产品为第二大进口类别，2024 年进口额 12.9 亿美元，同比减少 10.1%；香水类产品位列第三，是唯一实现正增长的品类，进口额 10.0 亿美元，同比增长 1.9%。头发护理、口腔护理产品分别居第四、第五位，进口额为 8.2 亿美元、2.0 亿美元，较 2023 年均有不同程度下滑。细分至各领域，仅香水、漱口剂、头发定型剂及其他口腔及牙齿清洁剂四类产品进口额实现正增长。从品类占比来看，长期以来美容护肤品在进口化妆品中占据绝对主导地位，其余类别份额相对较小且保持稳定，整体结构未发生显著变动。

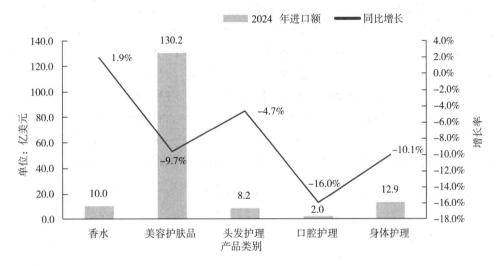

图 1-13 2024 年中国化妆品主要进口产品类别

（四）2015—2024 年中国化妆品出口情况

近十年，中国化妆品出口总体呈上升趋势（图 1-14），2023 年达到了峰值，为 65.1 亿美元，同比增长 16.7%，2024 年，在国内化妆品消费疲软与化妆品进口规模持续缩小的大背景下，我国化妆品出口继续保持增长态势，同比增长 10.6%，出口总额为 72.0 亿美元。尽

图 1-14 2015—2024 年中国化妆品出口趋势图

管统计数据可能因统计口径差异及汇率波动存在一定偏差，但整体增长趋势明确。出口"爆发式"增长与进口"疲软式"降速形成鲜明对比，中国特色美妆时代已然到来，中国化妆品在国际市场上的竞争力逐渐增强。国产美妆通过提升品质、创新研发和品牌建设，正逐渐摆脱以往低端、廉价的形象，得到越来越多消费者的认可。近年来出海国外、寻找新的市场增量已成为化妆品企业的共识。不仅在韩国、越南、印度尼西亚、马来西亚、日本等亚洲国家，以及非洲地区、拉美地区、欧美地区均活跃着大批"中国制造"的化妆品品牌。

（五）2024 年中国化妆品出口地区分析

如图 1-15 和图 1-16 所示，2024 年，我国出口前五大市场依次为美国、中国香港、英国、日本、印度尼西亚，与 2023 年格局一致。美国与中国香港常年稳居我国化妆品出口前两大市场，2024 年出口额分别达 14.5 亿美元、8.4 亿美元，同比增速均维持在 8% 左右，市场地位稳固。英国与日本近五年持续位列第三、第四大出口市场。2024 年，英国出口额 5.3 亿美元，表现突出，实现 16.3% 增长；日本出口额 3.2 亿美元，虽延续 2023 年下跌态势（同比下滑 2.2%），但相较于 2023 年的 -4.4%，跌幅有所缓和。近年来，东盟凭借庞大人口基数与高速经济增长，成为全球化妆品新兴市场，发展潜力显著。2024 年，我国对东盟化妆品出口额占总出口额的 14.1%，其中，印度尼西亚凭借 13.4% 的平稳增长，持续稳居第五位，成为我国化妆品出口东盟的核心目的地。从占比来看，前五大出口市场合计占出口总额的 47.7%，美国以 20.1% 的占比遥遥领先；第六至第十大市场总计占比 13.9%，各市场占比差距相对较小，反映出出口市场"头部集中、腰部均衡"的分布特征。

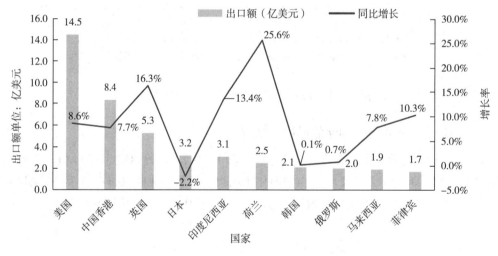

图 1-15　2024 年中国化妆品出口额前十国家

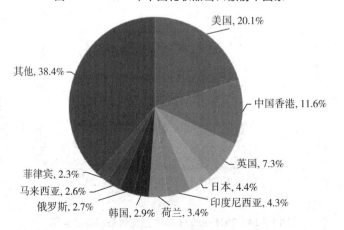

图 1-16　2024 年中国化妆品出口额前十国家占比

（六）2024 年中国化妆品主要出口产品类别

如图 1 - 17 所示，2024 年，在我国化妆品出口的产品类别中，美容护肤品占据主导地位，出口额达 40.8 亿美元，同比增长 9.3%。尽管相较于 2023 年 32.6% 的高速增长，增速明显回落，但其稳健表现仍使其成为我国化妆品出口的主力军。身体护理品为第二大出口类别，出口额 11.8 亿美元，同比下跌 1.7%，相较于 2023 年 12.9% 的跌幅，回升幅度显著。口腔护理品与头发护理品分别位列第三、第四，出口额为 8.5 亿美元、5.8 亿美元，较2023 年均实现明显增长，增速分别达 17.8%、21.4%，较 2023 年的 7.9%、2.4% 显著提升，发展潜力突出。2024 年，香水类产品成为出口增长最亮眼的品类：尽管出口额位列第五，但同比增长率高达 39.3%，增速居各品类之首。

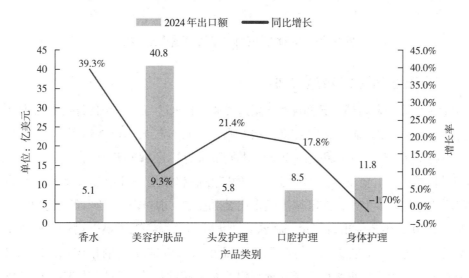

图 1 - 17　2024 年中国化妆品主要出口产品类别

（七）2024 年中国化妆品主要出口省市出口额

如图 1 - 18 所示，2024 年，前五大出口省市格局未变，依旧是广东、浙江、上海、江苏和福建。不同省（市）在化妆品出口市场中各有特色和优势，形成多元化的出口格局。广东省作为我国化妆品产业的领军省份，其产业实力和市场竞争力一直引人注目。2024 年，广东省出口额进一步增至 27.6 亿美元，同比增长 21.4%，占全国 38.4%，连续三年稳居第一。全省 70% 的头部企业布局东南亚市场，广州市更是成为全国美妆洗护用品第一大出口城市，2024 年出口额近 100 亿元，增长 32.1%。东部沿海地区的出口市场同样表现出色。浙江、上海和江苏连续三年稳居我国化妆品出口额的第二、第三、第四位。浙江省 2024 年出口额增至 18.4 亿美元，同比增长 11.4%。上海市 2024 年出口额 7.5 亿美元，同比减少9.4%，但凭借高端护肤品和跨境电商优势仍居第三；江苏省出口额 5.8 亿美元，同比增长19.1%，在基础护肤和口腔护理领域表现突出，位列第四。福建省位列第五，近两年来保持着 8%~9% 的增长速度，出口额达 3.8 亿美元。

图 1-18　2024 年中国化妆品主要省市出口额

（八）中国化妆品进出口前景分析

1. 抓紧外贸政策新机遇，开拓国际市场大格局　我国已与 29 个国家和地区签订了 22 个自由贸易协定，这不仅标志着我国自贸"朋友圈"的持续扩大，也体现了自贸协定内容的日益丰富。特别是 RCEP（区域全面经济伙伴关系协定）区域的开放与发展，为全球经济的复苏与增长提供了重要支撑，同时也为我国美妆品牌拓展海外市场带来了丰富的商机。随着 RCEP 协定的逐步生效，该区域正焕发出勃勃生机。据中国医药保健品进出口商会统计数据显示，2023 年我国出口至 RCEP 国家的化妆品总额实现了显著增长，从 2021 年的 9.8 亿美元跃升至 17.6 亿美元，占我国化妆品出口总额的比重也相应从 20.2% 上升至 27%。此外，上海合作组织区域市场亦展现出不容小觑的潜力，我国对该市场的化妆品出口额从 2021 年的 1.99 亿美元快速提升至 3.08 亿美元，增速超过 50%，显示出强大的发展后劲。为了抓住这些商机，我国美妆品牌需要不断提升产品质量和创新力，以满足不同国家和地区消费者的需求。同时，也需要加强品牌建设和市场推广，提高品牌知名度和美誉度，增强品牌竞争力。此外，我国美妆品牌还需要关注国际贸易规则的变化和趋势，积极应对各种贸易壁垒和挑战。通过加强与国际同行的合作和交流，共同推动行业的发展和创新，实现互利共赢。

2. 融合现代科技力量，打造中国特色美妆品牌　我国中医药文化源远流长，历代医药典籍如《神农本草经》《肘后方》《备急千金要方》及《本草纲目》等，均详细记载了丰富的中草药秘方，并突出强调了诸多具有美容功效的中草药。近年来，化妆品产业界对于植物资源活性物质的研发热情持续高涨，其在化妆品中的应用也日渐广泛。诸多植物提取物，如黄酮类、多酚类、多糖类化合物及植物蛋白等，已被证实在抗衰老、抗辐射、美白抗炎、滋润保湿及清除自由基等方面具有显著功效。特别值得一提的是，近年来我国特色植物如积雪草、马齿苋、光果甘草、铁皮石斛、灵芝、人参、松茸、芦荟、玫瑰、牡丹等，在化妆品领域的研究与应用取得了显著进展。这些植物原料不仅在国产化妆品中得到了广泛应用，而且在进口化妆品中的使用率也在不断提升。例如，国内知名品牌"谷雨"主打光甘草定美白护肤，"舒蕾"则推出了含有灵芝系列的护肤品，而"百雀羚"则以其芦荟产品闻名，国际大牌"欧莱雅"也积极采用积雪草作为其产品成分，中国特色植物资源在化妆品领域的应用具有巨大的潜力和前景。《化妆品监督管理条例》中明确指出，鼓励和支持运用现代科学技术，结合我国传统优势项目和特色植物资源研究开发化妆品。通过深入挖掘和利用这些植物资源，结合现代科技和文化内涵，国内美妆品牌将能够打造出更加安全、有效、环保的化妆品产品，塑造出更加具有中国特色和文化底蕴的品牌形象，实现可持续发展，为人类的美丽和健康做出更大的贡献。

3. 实现目标市场"本土化"，提升品牌全球影响力 中国的化妆品行业近年来呈现出迅猛的发展态势，其背后的推动力不仅源于中国特色，更得益于新兴的电商渠道、直播带货、私域社群等多样化的营销方式。这些新兴模式不仅加强了品牌、商品与消费者之间的紧密联系，而且能够精准触达目标用户，大幅缩短了消费转化的路径，为企业降低了成本，并提供了针对不同客户群体进行定制化推广的新路径。当将目光转向中国化妆品的国际化进程，尤其是在 RCEP 区域市场，可以发现其中的巨大潜力。目前，像 Shopee、Lazada、速卖通等由国内资本投资的电商平台，以及 Facebook、Instagram、Tik Tok、YouTube 等社交媒体平台，在东南亚的年轻群体中有着极高的普及率，这些都为中国化妆品的出海提供了天然的优势。通过深入研究当地的消费人群，理解其消费习惯和价值观，以确保产品融入主流消费市场，真正在目标市场落地生根；另一方面，争取在当地设立工厂，进行产业链的整合与搭建，以更好地满足当地市场需求，并提供更加可靠和高效的供应链服务；再者，利用适合当地市场的营销模式，以实现营收，即可与当地知名的美妆博主或意见领袖合作，进行直播带货或社交媒体推广，或者通过举办线下活动来增强品牌知名度和影响力。

▶ **知识拓展**

化妆品代加工企业生产模式

1. OEM（贴牌生产） "Original Equipment Manufacturer"，是一种常见的商业模式，特别是在制造业中。在 OEM 模式下，一个公司（通常称为委托方）将产品的生产任务外包给另一个公司（通常称为贴牌加工企业或生产商），由后者按照委托方的要求进行生产，并贴上委托方的品牌标识。

2. ODM（原始设计制造商） "Original Design Manufacturer"，与 OEM 相比，ODM 模式不仅包括产品的生产，还涉及产品的设计和开发环节。在化妆品行业中，ODM 企业可能会根据客户的需求和市场趋势，进行产品的配方设计、包装设计等工作。

3. OBM（自有品牌生产） "Own Brand Manufacturing"，这种模式与 OEM 和 ODM 有所不同，OBM 企业不仅负责产品的设计、生产，还拥有自己的品牌，并将生产的产品以自己的品牌进行销售。

第三节 化妆品的历史和发展

穿越时空，追溯化妆品的发展历程，领略其从古至今的演变，了解化妆品发展的历史阶段和重要事件，以及化妆品历史演变对行业的影响。展望未来，探讨如何通过监管促进产业的高质量发展。了解化妆品的过往辉煌，洞悉其未来的发展方向。

一、中国化妆品发展历史

（一）古代时期：传统美妆的起源与演进

1. 远古萌芽与早期实践　在人类历史的长河中，化妆品的起源可回溯至旧石器时代。根据众多专家学者的广泛认同，化妆品的诞生源于宗教信仰的驱动、生物本能的自我保护需求，以及对吉祥顺遂的美好祈愿，这些因素共同催生了一种独特的"装饰"行为。在原始社会，多数部落成员会将动植物油脂涂抹于皮肤之上，经过搅拌形成一种不稳定的乳膏状物质，这便是最早的"膏霜"化妆品。它主要用于赋香除臭、保护皮肤免受日晒、寒风及昆虫侵扰，然而，这种乳膏一旦配制完成便需立即使用，无法长时间贮存。

中国，作为历史悠久的四大文明古国之一，其化妆品的起源可追溯至极早时期。张华所著的《博物志》中记载有"纣烧铅锡作粉"，《中华古今注》也提到"胭脂起自纣，以红兰花凝作之，涂之作桃红妆"。这说明早在公元前的商末殷纣时期，中国就已经出现了燕支（胭脂）和胡粉（香粉）这类化妆品。《周礼》记载有官职"追师"，其职责是管理和制作王后及九嫔等的假发，且不同假发用于不同礼仪场合，如"副"用于祭祀仪式，"编"用于桑蚕仪式，"次"用于拜见君王，可见当时对毛发修饰的重视程度。在中华民族数千年的发展历程中，存在诸多关于化妆美容的记录，这些都为我们探寻化妆品发展历程提供了可靠依据。

在中国早期社会，化妆品不仅是审美观念的体现，更是文化与社会地位的象征。从对肌肤的美白、面部的胭脂妆扮及毛发的修饰等方面，可以看出先秦时期人们已形成了明确的审美标准。化妆品的使用，作为一种永恒地追求美的艺术，在当时审美文化中占据了举足轻重的地位。同时，化妆品在礼仪活动中扮演着不可或缺的角色。在祭祀、朝见等重要场合，对毛发、面容的精心修饰是遵循礼仪规范、展示身份地位和庄重态度的重要方式，彰显了其在社会礼仪文化中的独特地位。此外，化妆品亦是身份地位的象征。诸如铅粉、胭脂等精致妆品，以及考究的假发，因造价昂贵、使用奢侈，往往非平民百姓所能企及，而是贵族阶层的专属，从而成为彰显身份地位的重要标志，深刻反映了当时社会的等级森严。化妆品还是文化交流的见证者。以胭脂为例，其原料或制作技术可能源自不同地区的交流与融合，如红蓝花可能来自西域，其传入中原并被广泛使用，体现了先秦时期不同地域文化间的交流与互动。

2. 秦汉至隋唐的发展高峰　在秦汉时期，化妆品于民间逐步普及，呈现多元发展态势。就品类而言，润发产品里的"泽"，以猪油、胡麻油混合熬制，后添中草药，助头发柔顺亮泽。护肤的面脂，用牛髓混合白芷等中药材精心调配，滋养肌肤、美白抗燥；爽身粉则是在米粉等基础上加香料，简单制作，夏日洒身清凉爽滑。彩妆更为丰富，妆粉由米粉经熟研、过滤、沉淀、暴晒而成，还有铅粉经复杂化学处理，更白皙持久；胭脂以红蓝花反复杵捣、沥汁阴干成脂膏，点亮气色；眉黛如石黛可蘸水画眉，远山眉曾风靡一时；花钿以金箔、纸等制成精美形状饰于额头；口脂用熟朱、紫草末等混合，润唇显色。

制作原料涵盖动植物与矿物，动植物的油脂、花草、药材，矿物的铅、锡、石黛等满足多样需求。工艺从简单迈向精细，早期米粉简单研磨，后铅粉化学处理、胭脂精细提炼等，提升品质。

在社会生活中，日常梳妆时，女子用"泽"理发，敷面脂、施粉黛装扮，男子也用简单护肤品保持整洁。在古代社交礼仪场合，妆容的选择与情境紧密相关，如祭祀时的庄重与庆典时的艳丽。化妆品不仅是个人装饰的工具，更是尊重与礼仪的体现。这一点在众多出土的古代化妆品盒及其残留物中得到了证实，如在山西出土的周代女性化妆品盒，其中的化妆品残留物至今仍可见。此外，古代化妆品盒的精致与演变，如从西周时期的简单漆器到宋代的精致妆奁，都深刻反映了当时的文化风貌和社会礼仪。

承接秦汉化妆品的发展脉络，唐宋时期化妆品行业迈入了更为繁荣的阶段。

从妆容风格来看，唐代妆容尽显雍容华贵，花钿妆风靡宫廷与民间，女子们将金箔、彩纸等制成各种花钿形状贴于额头眉间，搭配艳丽的胭脂与铅粉，光彩照人。起源于南北朝的额黄也在此时盛行，据《中国历代妇女妆饰》所记，这种妆饰的诞生与佛教的风靡存在着特定关联，南北朝时期，佛教于中国步入鼎盛阶段，彼时部分妇女从那涂有金色的佛像身上获取灵感，进而尝试把额头涂抹成黄色，此后，这种妆饰便渐渐盛行开来。

与之相应的是化妆品的创新。唐宋时期，随着海上贸易拓展，高品质香料大量涌入，被广泛应用于香粉制作，使得香粉香气馥郁持久。画眉墨工艺也显著改进，从松散的石黛演变为质地细腻、色泽均匀的块状墨，更易勾勒出精致眉形。

这一时期，化妆品与文化艺术深度交融。诗词绘画中频繁出现对妆容的细腻描绘，如"懒起画蛾眉，弄妆梳洗迟"，既反映当时妆容风尚，又影响着审美观念，推动大众对美的追求不断进阶。对外交流方面，丝绸之路带来异域新原料与技术，如西域的红蓝花品种改良了胭脂成色。

唐宋化妆品行业的昌盛，还对周边国家和地区产生辐射作用。日本的"和妆"、朝鲜半岛的妆容风格等，皆受唐宋影响，借鉴了妆容形式与化妆品制作技艺，彰显出唐宋文化的强大魅力。

3. 宋元明清的传承创新　宋元时期，在民族融合的浪潮之下，化妆品领域迎来诸多新变。

宋代，女性的地位随着国力一起下降，妆容渐渐趋于淡雅秀美，开始注重内养和面膜。南宋《事林广记》中记载了一款玉女桃花粉，是以野生益母草为核心原料的妆粉。

元代，少数民族与中原交流频繁，其特色化妆品原料与技法不断融入。像契丹、女真等民族居住地多产的动物油脂、特殊香料，被引入中原化妆品制作。蒙古族喜爱的蓝靛，用于染发或绘制独特妆容，开始在部分地区流行，使得市场上的化妆品地域特色鲜明。北方受游牧民族影响，化妆品偏向滋润、色彩浓烈，以适应风沙大、气候干燥的环境；南方则保留细腻、淡雅风格，融入少数民族装饰元素，如用贝壳、兽骨制成饰品点缀妆容。

传统中医理论持续为护肤化妆品注入新的活力与智慧。这一时期，大量本草植物成分被添加到护肤品中，依据"君臣佐使"配伍原则组方。医书典籍如《圣济总录》记载诸多美容方剂，含白芷、白蔹等草药的面膏，能美白祛斑、滋养肌肤；《太平惠民和剂局方》的玉容散，成为当时热门护肤品配方。文学作品里也有体现，宋词中"雪肌""玉骨"的细腻描写，隐约透露出古人对蕴含本草精华护肤品功效的向往，他们渴望通过天然本草的力量，赋予肌肤水润亮白的光彩，从而打造出既符合宋元时代审美，又兼具滋养保护效果的妆容。

明清时期，化妆品制作技艺日臻成熟，商业发展势头迅猛。

明代开始出现最早的整容技术"挽面"，也称"开脸"，至今潮汕一带的老人还会此技艺。彼时，化妆之风蔚然成风，几乎达到了全民普及的程度。其中，"桃花妆"与"酒晕妆"更是备受青睐，成为街头巷尾竞相模仿的时尚妆容。令人意想不到的是，美容之风还席卷了士大夫阶层，就连一代名臣张居正也沉醉其中。据《万历野获编》所载，彼时的张府，每日早晚都有专人将各类化妆品和护肤品恭敬"递进"，以供张居正使用，足见当时美容风尚之炽热，连朝堂重臣都难以抵挡这股潮流。

明朝崇祯元年，中华大地上第一家生产香粉、香件的铺子——戴春林诞生，但因发展后继无人而倒闭。清代，谢馥春聘请了原戴春林的技术工人，集众家之长，对传统工艺不断创新和开发。此后，谢馥春、孔凤春等老字号顺势崛起，成为行业翘楚。以谢馥春为例，其招牌鸭蛋粉，工艺独特，精选天然矿粉、冰片及香料等上乘原料，经细密研磨、精心调配，再佐以鲜花熏染，终得细腻如丝、香气馥郁之粉质，其制作流程更是精益求精。孔凤春同样严守古法，从原料筛选到成品包装皆独具匠心。这些老字号背后，传承着一个个动人的故事，多为家族世代所坚守，凭借着诚信经营与精湛技艺，赢得了广泛的口碑与赞誉。经营模式上，注重店铺销售，选址于繁华街市，精心布置店面，以幽雅环境、专业服务吸引顾客。客户群体广泛，上至达官显贵、名门闺秀，下至市井百姓，皆为其拥趸。

从社会经济结构审视，明清化妆品行业已具有一定产业规模，不仅带动原料采集、加工等上下游产业，还为地方创造可观税收。彼时扬州、杭州等地因美妆产业繁荣兴盛，谢馥春、孔凤春等品牌更是成为城市名片，彰显明清化妆品行业于经济、文化领域的重要地位，为后世美妆发展筑牢根基。

（二）近代时期：西学东渐与民族品牌的挣扎

1. 晚清民初的变革前奏　晚清民初，中国化妆品行业站在了变革的十字路口。

近代开埠通商成为西方化妆品涌入中国的契机，其进入途径多样。洋行贸易担当主力，大批欧美化妆品搭乘商船，源源不断流入沿海口岸；传教士也偶尔夹带或推荐，使其悄然现身于部分人群视野。在沿海城市，如上海、广州等地，消费群体主要聚焦于上层社会及新兴资产阶级，他们热衷于追求摩登的生活方式，勇于成为潮流的先驱者。销售渠道上，洋货店林立，店内摆满精致包装的香水、香粉，百货公司专柜更是陈列有序，吸引顾客驻足。与传统化妆品相比，西方化妆品优势明显：品质上，化学工艺精细，成分稳定；价格偏高，定位高端；包装精美，玻璃瓶身、金属盒盖尽显奢华；宣传手段新颖时髦，精美的画报广告和耀眼的明星代言格外引人注目。这促使社会文化观念渐变，审美向立体五官、白皙肤色靠拢，消费观念从实用节俭迈向追求品质、享受时尚。

同期，国内早期民族化妆品企业在困境中挣扎求生。面对西方化妆品的强势冲击，国内企业积极探寻本土化的发展路径，致力于将中国传统草本智慧与现代化学技术相融合，从而开发出独具中国特色的化妆品。尽管起步艰难，但这些民族品牌凭借对本土市场的深刻理解，逐渐在消费者心中树立起品牌形象。同时，一些有远见的企业家开始注重品牌宣传和市场营销，通过报纸、杂志等媒介进行广告推广，以期与国际品牌抗衡。陈蝶仙创立的"家庭工业社"，其生产的"无敌牌"牙粉和"无敌牌"蝶霜将大量倾销的日本"金刚石"牙粉，美国"三花牌"化妆品，赶出了中国市场，为国货发展取得了良好的成绩。尽管受到资金、技术等重重束缚，民族化妆品企业在与西方巨头的较量中依然步履维艰。然而，正是这些早期的摸索与拼搏，如同燎原之火，为日后中国化妆品行业的涅槃重生铺就了坚实的基石。

2. 民国至新中国成立前的跌宕起伏　民国"黄金十年"期间，民族化妆品行业迎来蓬勃发展的曙光。以广生行为例，它在这期间加大了产品创新力度。其包装设计愈发精美绝伦，巧妙融入了海派文化的时尚精髓。产品上，除了原有明星产品"雪花膏"，还推出了新的香水系列，在香味的调配中融合了东方花卉与西方香调，在制作工艺方面也持续改良，采用更精细的提纯和混合技术，使香水的留香时间更持久。还有花露水在这个时期对配方进行优化，利用本土植物资源，提取有效成分添加到花露水中，增强驱蚊止痒功效，同时也注重香味的清新宜人，深受当时追求生活品质的市民喜爱。此时，深受名媛钟爱的百雀羚在上海诞生。

市场拓展方面，积极构建销售网络，在各大城市繁华地段开设专卖店，上海作为当时的商业中心，聚集了众多国内外化妆品品牌。广告宣传更是花样百出，利用新兴媒体投放广告，月份牌上的摩登女郎手持产品，形象深入人心。品牌文化建设与时代紧密相连，紧扣当时追求独立、时尚的社会风尚，倡导女性自信美，融入爱国、自强的文化思潮，引发消费者共鸣。在国际品牌的激烈竞争中，民族品牌凭借其精准捕捉本土需求的能力、亲民的价格策略及深厚的文化底蕴，成功立足市场；然而，在品牌国际化进程的推进与高端产品的研发方面，仍面临诸多挑战。

抗战爆发期间，化妆品行业遭受重创。在艰难的战争环境下，各企业努力维持自身生产，如中国化学工业社，竭力缩减非必要生产，静待胜利曙光；先施化妆品有限公司在原料充足的情况下，在战火中坚持营业，展现出顽强的生存和发展意志，为民族化妆品行业保留希望。

解放战争期间，国内政治经济的剧烈动荡，化妆品行业经受持续且严峻的考验。通货膨胀，企业采购原料成本飙升。交通瘫痪，货运受阻，库存积压严重。面对困境，部分企业为求生存各寻出路。有的精简业务，砍掉小众、高成本的产品线，有的寻求同行合作，共担原料采购成本、共享销售渠道。还有企业尝试拓展海外市场，受时局与贸易限制，成效寥寥。

临近中华人民共和国成立前夕，部分民族化妆品品牌未雨绸缪，积极筹备转型。它们密切关注新社会经济政策走向，预判公私合营趋势，主动整理账目、清点资产，为合营做准备。产品结构上，大力研发面向大众市场的亲民产品，降低成本、简化包装，以契合工农阶级为主的消费群体需求。同时，着手规划生产技术升级，派人学习先进生产工艺，与科研机构接触，力求在中华人民共和国成立后以全新姿态融入经济建设大潮，为化妆品行业在新时代的重生积蓄力量。从"黄金十年"的蓬勃到抗战、解放战争时期的风雨飘摇，民族化妆品行业走过了一段波澜壮阔又充满艰辛的历程，也为中华人民共和国成立后的发展奠定了复杂而多元的基础。

（三）现代时期：产业复兴与国际竞争的开启

1. 中华人民共和国成立初期至改革开放前的调整巩固 中华人民共和国成立伊始，化妆品行业便踏上了变革之路，其中公私合营运动成为重塑企业格局的关键力量。谢馥春、孔凤春等声名远扬的老字号，在这场变革浪潮中的经历极具典型性与代表性。

从产权变更维度来看，原本分散的私人资本循序渐进地融入国有资本大框架，企业的所有权架构历经深刻蜕变，逐步实现了从单纯私有制过渡至公私合营的共有模式，最终迈向以公有制为主导的全新格局。广生行与上海明星厂、东方化学工业社等联合组建了上海明星家用化学品制造厂。孔凤春于 1956 年变更为公私合营；1981 年定名为杭州孔凤春化妆品厂。在此期间行业技术有所创新，1954 年上海牙膏厂推出中华牙膏和白玉牙膏；1955 年上海制皂厂研究成功连续皂化工艺的先进煮皂法；1957 年天津牙膏厂推出我国第一支含氟牙膏等，推动了行业生产工艺的进步和产品的更新。

当迈入计划经济体制阶段，化妆品行业展现出别具一格的生产与供应风貌。产品品类的规划紧密围绕民众日常需求，如雪花膏、蛤蜊油等护肤产品，注重滋润与防护功能，帮助人们应对日常劳作中的皮肤磨损及气候变化。而花露水不仅香气宜人，还兼具驱蚊消暑的实用功能，因而备受大众青睐。

2. 改革开放后的蓬勃兴起与国际接轨 改革开放初期，中国化妆品行业如沐春风，渐显复苏迹象。大宝品牌应运而生，彼时，随着社会思想解放，消费者对美的追求再度觉醒，压抑许久的爱美之心急切渴望释放，且居民购买力稳步提升，为化妆品消费提供了经济支撑。政策环境愈发宽松，允许个体私营经济涉足该领域，激发了创业活力，同时外资合作政策出台，为行业引入外部资源打开大门。技术引进成为发展助推器，企业积极学习国外先进生产技术与管理经验，提升产品品质与运营效率。以大宝为例，其借鉴国外护肤配方，结合国人肤质改良，凭借亲民价格迅速赢得市场青睐，尤为值得一提的是，它积极关注残疾群体，为众多残疾人提供了宝贵的就业机会，从而在业界树立了福利企业的良好形象。

步入 20 世纪 80—90 年代，国际品牌如汹涌浪潮涌入中国市场。宝洁、联合利华、欧莱雅等行业巨头纷至沓来，它们多采用合资、独资建厂模式扎根中国。宝洁携玉兰油登场，定位中高端，聚焦都市白领护肤需求，广告宣传铺天盖地，借助电视媒体高频投放，塑造时尚精致形象；渠道建设上，全面布局商超、便利店，让产品随处可见。联合利华的旁氏、欧莱雅的美宝莲等品牌也各施策略，抢占市场份额。

面对劲敌，本土品牌奋勇反击。上海家化深挖中华本草文化内涵，推出六神花露水等特色产品，以独特驱蚊消暑功效与清新香气，在夏日护理市场独树一帜；雅芳（中国）则另辟蹊径，利用直销模式，深入社区与家庭，拓展客源。在价格战中，本土品牌发挥成本优势，以高性价比产品吸引价格敏感型消费者；在差异化竞争方面，强调本土特色与个性化服务，逐步在市场竞争中稳住阵脚，展现出本土品牌顽强的生命力与成长韧性。

在中国的消费市场上，本土化妆品品牌与国际化妆品品牌的博弈，100 多年前就开始了，并贯穿了中国化妆品的历史。自强、自信，在国外品牌的冲击下崛起，甚至反超，是刻在中国化妆品骨血中的梦想与追求。

3. 21 世纪以来的快速发展与创新突破 21 世纪以来，中国化妆品行业步入高速发展的快车道，本土品牌犹如雨后春笋般涌现，呈现出百花齐放、多元并进的发展态势。珀莱雅、自然堂、丸美等品牌迅速崛起，各展其长。在产品创新上，紧跟科技潮流，珀莱雅巧妙地将海洋生物科技精华融入护肤品中，精心提取深海藻类活性成分，针对肌肤老化、暗沉等难题，实现精准呵护。自然堂聚焦喜马拉雅地区天然植物原料，研发出具有强保湿、抗氧化功效的系列产品；丸美则专注眼部护理，运用先进肽技术，推出抗皱紧致眼霜。

品牌营销层面，明星代言吸引粉丝目光，社交媒体营销大放异彩，小红书、微博等热门平台成为品牌竞相角逐的宣传舞台，通过美妆博主种草、互动话题等形式引发海量关注，配合电商平台直播带货，让线上流量快速转化为购买力。渠道建设上，积极推进线上线下融合，线上旗舰店、直播购物满足便捷消费需求，线下专卖店、专柜布局高端商场、购物中心，提升品牌形象与消费体验。于市场细分领域，男士护肤推出控油、清爽系列；彩妆紧跟时尚潮流，眼影、口红配色多样；功效性护肤瞄准敏感肌、痘痘肌等群体，精准研发产品，满足不同消费者需求。根据市场数据，本土品牌销量显著增长，品牌案例研究揭示了它们的发展策略，而消费者调查资料则反映了积极的口碑反馈，共同见证了本土品牌的崛起之路。

与此同时，化妆品行业在多领域取得重要进展。科技应用方面，生物技术挖掘活性成分，纳米技术让产品吸收更高效，从原料到成品革新升级。化妆品行业迎来重大变革，随着《化妆品监督管理条例》的实施和化妆品质量标准的明确，行业生产、销售全流程得到规范，确保了消费者权益的切实保障。产业集群蓬勃发展，广东、浙江、上海等地化妆品产业园区汇聚上下游企业，原料供应、研发设计、生产制造、物流配送协同发力，降低成本、提高效率，全方位提升行业整体竞争力，为可持续发展筑牢根基。

（四）当代时期：新消费时代的挑战与机遇

1. 消费升级与市场多元化需求　在当今时代，化妆品市场深受消费升级浪潮的冲击，消费者对化妆品的诉求已延展至品质、安全、功效、环保等多个维度。借助市场调研数据与消费者行为研究发现，不同群体呈现出鲜明的差异化需求特点。"Z世代"作为消费新势力，成长于信息爆炸时代，追求个性化、潮流化产品，对包装设计新颖、带有联名款或小众香调的化妆品趋之若鹜，他们热衷于在社交平台上分享使用体验，其消费决策深受网红推荐和社群口碑的显著影响；中年消费者则因肌肤老化问题，将目光聚焦于高端抗衰产品，注重成分科技含量，如含有胜肽、玻色因的精华面霜，他们愿意为品牌信誉和卓越的产品效果支付高价。同时，随着健康生活理念深入人心，各年龄段消费者对有机、天然、无添加化妆品的关注度日益攀升，偏好植物提取物成分、通过环保认证的产品。

这些需求转变为化妆品行业发展校准了方向。于产品研发而言，促使企业加大研发投入，针对不同需求开发专属配方，如为敏感肌定制温和无刺激的护肤品；品牌定位需精准锚定目标群体，轻奢风、国潮风、专业护肤等多元定位涌现；营销传播更是全面革新，短视频种草、直播带货成为热门推广方式，精准触达消费者。再者，化妆品市场细分领域蓬勃拓展，竞争愈发激烈。以敏感肌护理为例，近年来市场规模持续上扬，消费者渴望温和修复、快速舒缓肌肤不适的产品，芙丽芳丝、薇诺娜等品牌脱颖而出，前者凭借氨基酸洗面奶温和亲肤打响名号，后者依托专业医学背景，聚焦敏感肌肤修护。头皮护理市场也悄然崛起，随着消费者对头皮健康重视度提升，控油、去屑、防脱等功效产品备受关注，卡诗等品牌以高端沙龙护理形象深耕市场。儿童化妆品则面临更严格的法规监管，要求天然温和、安全低敏。强生等品牌不断优化配方，确保产品质量。企业在这些细分市场中，一方面依靠专业研发铸就核心竞争力，诸如构建研发实验室、携手科研机构；在精准营销方面，则锁定目标受众，于论坛、美妆社区精准投放广告；同时，深耕渠道，在线下布局母婴店、专业美妆店，线上则优化电商平台的产品展示。但也面临技术门槛，如儿童化妆品原料筛选严苛，市场培育期消费者认知建立缓慢，法规监管日益严格等挑战，企业唯有不断创新、合规经营，才能在细分赛道突围，细分市场机遇与挑战并存，正重塑化妆品行业格局。

2. 电商与社交媒体驱动的营销变革　社交媒体已然成为当下化妆品品牌传播与消费者互动的核心阵地，在行业发展进程中扮演着举足轻重的角色。

社交媒体平台如微博、微信、抖音、B站等，已成为化妆品品牌营销活动的热土。品牌通过结合新品发布、节日热点等，制造热门话题标签，例如在小红书上，通过"新年第一妆"等话题标签，吸引用户参与和互动。此外，关键意见领袖（KOL）合作是关键，头部KOL专业推荐产品，中小KOL分享真实使用感受，扩大口碑。品牌还鼓励用户生成内容，如晒单、分享化妆教程，构建口碑传播网络，吸引并感染潜在消费者。

社交媒体环境下，消费者口碑传播机制被强化。满意消费者分享好物，引发关注、点赞、评论，形成涟漪效应。负面评价同样迅速扩散，促使品牌加强舆情监测，迅速响应，以维护品牌形象。

社交媒体为品牌提供双向沟通渠道，品牌可精准传递理念，如在 B 站科普植物护肤知识，塑造专业、环保形象；在微博分享时尚秀场后台妆容，彰显奢华格调。同时，通过与消费者进行实时互动，解答疑问、收集反馈，进而优化产品与服务，增强品牌忠诚度。社交媒体的监测数据、营销案例和消费者反馈显示，有效利用社交媒体能全方位助力化妆品品牌。精准且富有创意的营销活动提升品牌知名度，持续互动与优质服务培养消费者忠诚度，转化为购买力，助力品牌扩大市场份额，脱颖而出。

3. 科技创新引领产业升级　化妆品行业正迎来前所未有的创新浪潮，科技的进步正在深刻改变这一领域的面貌。前沿科技如生物技术、人工智能和材料科学在研发、生产和检测各环节展现出变革力量，推动了行业的产业升级。合成生物学技术改造微生物生产护肤成分，人工智能辅助设计产品配方，纳米材料提升产品功效，3D 打印技术定制包装，这些技术的应用推动了化妆品产业格局的重塑。

科技创新同样在化妆品行业的可持续发展上发挥关键作用。生物基与可再生原料正逐步取代石化原料，环保生产工艺及废弃物处理技术有效降低了环境污染，同时，可降解材料与简约包装设计的推广也显著减少了资源浪费。尽管面临技术难题和市场挑战，政府政策和行业标准引导行业向可持续发展迈进。

4. 法规完善与行业规范发展　化妆品行业法规政策的修订与完善，是行业稳健前行的关键。《化妆品监督管理条例》及其配套法规文件，对化妆品产业的注册备案、生产经营、质量安全、功效宣称和标签标识等方面进行了严格规范，全方位保障消费者使用安全。

法规政策调整的深层驱动因素包括行业发展需求、消费者权益保护意识觉醒和国际化妆品贸易往来频繁。这些政策的实施有效净化了市场环境，促使企业严格遵守法律法规，从而推动了化妆品行业的健康有序发展。市场乱象得到有效遏制，企业加大合规投入，消费者对化妆品选购的信心显著增强。

化妆品行业监管机构已构建起一个全方位、多层次的监管体系，在执法监督、质量抽检、不良反应监测等多个方面不断加大力度，并借助信息化技术，显著提升了监管效能。面对新挑战，监管部门积极创新，搭建产学研交流平台，实施创新产品跟踪监测机制，推动行业创新性发展。

在中国的消费市场上，本土化妆品品牌与国际化妆品品牌的博弈，100 多年前就开始了，并贯穿了中国化妆品的历史。自强不息，自信前行，在国外品牌的重重冲击下，中国化妆品品牌顽强崛起，甚至实现反超，这已成为中国化妆品行业不变的梦想与执着追求。

二、中国化妆品未来发展方向

（一）科技融合深度拓展

1. 基因与细胞技术革新　在科技融合深度拓展阶段，基因与细胞技术的革新为化妆品行业带来了前所未有的机遇。

研发技术升级方面，生物科技、基因技术与合成生物学技术相辅相成。借助合成生物学技术，能够对生物体的代谢途径进行设计和改造，从而生产出具有特定功能的化妆品原料。例如，合成生物学技术的应用使得透明质酸、角鲨烷等化妆品常用原料的合成更加高效。相较于传统提取方法，合成生物学不仅提高了产量，还显著提升了原料的质量。在研究皮肤机制和人体生物学时，利用合成生物技术构建的生物模型，能更深入地了解皮肤细胞与这些原料之间的相互作用机制，进而开发出更具针对性的产品。对于与皮肤衰老相关的基因特征，可设计出基于合成生物学的活性成分，精准作用于衰老细胞，有效延缓皮肤老化。同时，纳米技术在化妆品领域的应用取得了显著进展，它使原料粒径更小，更易穿透皮肤角质层，精准输送有效成分至皮肤所需部位，显著增强产品功效。

2. 智能化与数字化转型 智能化应用也成为化妆品发展的重要趋势。智能化妆品的出现改变了传统护肤方式，具有监测皮肤状态功能的护肤品能够实时采集皮肤的水分、油分、酸碱度等关键数据，并利用内置的算法分析这些数据，为用户提供专属的个性化护肤建议，帮助消费者更科学地进行皮肤护理。

（二）市场全球化与品牌国际化进阶

1. 全球市场战略深化 在市场全球化与品牌国际化进阶阶段，全球市场战略深化成为本土化妆品品牌发展的关键。

对于全球主要市场的拓展，欧美市场高度重视科技与品质，本土品牌应加大研发投入，展示先进的研发成果与生产工艺，塑造高端形象。亚太地区对天然与文化元素青睐有加，品牌可融入当地传统植物成分与特色文化符号，推出具有地域文化特色的产品系列，并采用富有东方韵味的包装设计。在非洲和拉美市场，性价比与功能性是核心，产品要在保证质量的前提下控制成本，突出解决当地常见皮肤问题的功效。

本土品牌在国际市场中，既面临机遇也遭遇挑战。一方面，国际品牌凭借其深厚的历史底蕴和广泛的品牌知名度，占据了较大的市场份额，给本土品牌带来了不小的竞争压力。同时，文化差异也导致品牌理念和产品特点的传播受到阻碍，影响了本土品牌的市场接受度。同时，复杂的贸易政策和严格的法规壁垒也增加了进入难度。为应对这些挑战，本土品牌可积极采取国际并购策略，获取海外优质资源和渠道；同时，与国际科研机构开展深度合作，提升产品技术水平；此外，建立海外研发中心，深入了解当地市场需求，因地制宜地进行产品改进，从而逐步增强国际竞争力，在全球化妆品市场中占据一席之地。

2. 品牌文化国际传播 在品牌文化国际传播进程中，中国化妆品品牌有着独特的文化优势与丰富的传播途径。

中国传统美学、哲学及中医药文化源远流长，将其深度融入化妆品品牌文化，能塑造出别具一格且极具国际影响力的文化品牌。例如，以中国五行学说为基础开发系列化妆品，从产品的成分搭配到包装设计，都遵循五行相生相克的原理。在产品设计上，采用与五行对应的色彩与材质，营造出独特的视觉感受；广告宣传方面，讲述五行与人体肌肤平衡的故事，传递出和谐、自然的护肤理念；品牌故事则围绕古代中医对五行与皮肤关系的智慧展开，使消费者在使用产品的同时，领略中国传统文化的魅力，从而提升品牌的文化附加值。

为了让品牌文化在国际上广泛传播，需充分利用各类平台与渠道。国际文化交流平台是重要的展示窗口，在国际电影节、时装周、艺术展览等活动中，设置独具特色的化妆品展示区。在时装周上，推出与当季服装风格相呼应的妆容系列，借助时尚潮流的传播力提升品牌知名度。社交媒体更是不可或缺的营销阵地，通过制作精美的短视频、图文并茂的推文，向全球消费者展示品牌文化与产品特色。此外，与国际文化名人合作，邀请其担任品牌代言人或参与产品推广活动，借助名人的影响力吸引更多消费者关注。通过这些多元化的渠道与策略，中国化妆品品牌能够增强在全球消费者心中的认知度与美誉度，推动品牌文化在世界范围内的广泛传播与深度认同。

（三）可持续发展主导产业转型

1. 绿色供应链体系完善　在可持续发展主导产业转型阶段，化妆品行业正积极迈向绿色变革之路。

在原料采购环节，企业优先选择有机认证原料，这些原料在种植或提取过程中遵循严格的环保和可持续标准，确保对生态环境的影响最小化，同时保证产品的纯净与安全。支持公平贸易原料采购则有助于保障原料供应地区农民和工人的权益，促进当地经济的可持续发展。

生产制造过程中，企业大力采用清洁能源，如太阳能、风能等，减少对传统化石能源的依赖，从而降低碳排放。通过优化生产工艺，提高生产效率，减少能源消耗和废弃物的产生。推行零废弃生产模式，对生产过程中的边角料、废水等进行回收和再利用，实现资源的循环利用。

物流环节也至关重要，企业利用先进的物流管理系统优化运输路线，减少运输里程和能源消耗。在包装材料上，摒弃传统的不可降解塑料，采用环保包装材料，如纸质包装、可降解塑料等，降低包装废弃物对环境的污染。

绿色供应链体系的建设，既能通过能源节约和资源回收有效降低企业成本，又能显著提升品牌形象。在消费者日益关注环保的今天，绿色品牌更容易获得消费者的青睐，从而增强市场竞争力。推广绿色供应链标准和认证体系在行业内极具可行性，可以由行业协会牵头制定统一标准，鼓励企业认证，结合政策引导与市场激励，共促化妆品行业绿色转型。

2. 社会与环境责任强化　化妆品企业在社会公益事业方面不断创新。针对贫困地区女性，开展美容技能培训与创业扶持，助力其掌握一技之长，实现经济独立，提升生活质量。定期举办皮肤健康知识普及与公益义诊活动，向公众传递正确的护肤理念和皮肤健康知识，尤其是在偏远地区和弱势群体中发挥重要作用。积极参与环保公益行动，如组织员工参与海滩清洁活动，减少海洋垃圾；参与森林保护项目，保护化妆品原料产地的生态环境。

在应对气候变化方面，企业加大研发投入，开发抗污染、抗紫外线等适应气候变化的化妆品产品，满足消费者在特殊环境下的护肤需求。同时，积极支持生物多样性保护项目，保护珍稀植物原料产地的生态环境，确保原料的可持续供应。推动行业绿色发展公约的制定与落实，激励企业携手共担社会责任，营造优良的行业环境，使化妆品行业成为可持续发展的标杆，为全球可持续发展目标的实现添砖加瓦。

（四）法规与监管现代化升级

在法规与监管现代化升级阶段，化妆品行业正处于关键的转型期，法规与监管的变革势在必行。

1. 法规前瞻性与适应性提升　对于法规前瞻性与适应性提升，合成生物学化妆品等新兴技术的涌现，为行业带来了前所未有的挑战与机遇。合成生物学在化妆品原料生产和产品研发中的应用日益广泛，其潜在风险和长期影响尚不明确。因此，需提前布局，制定专门针对合成生物学化妆品的法规政策，涵盖从基因编辑生物体的安全性评估到最终产品的功效验证等多方面内容。对于市场发展趋势，跨境电商和社交电商化妆品销售的井喷式增长要求法规迅速跟进。跨境电商化妆品监管应细化不同国家和地区产品标准的协调机制，确保进出口流程的规范性及质量把控的严谨性。而针对社交电商，需建立有效的监管模式，防止虚假宣传和非法销售行为。

在国际接轨方面，积极参与国际化妆品法规制定是提升我国行业地位的重要途径。通过派遣专业团队参与国际会议和标准制定工作，将我国的行业经验和技术优势融入国际法规体系。同时，与主要贸易伙伴开展法规互认合作，例如与欧盟、美国等，减少贸易中的法规摩擦，促进化妆品国际贸易的便利化和规范化，增强我国化妆品在国际市场的竞争力。

2. 监管智能化与精准化推进 在监管智能化与精准化推进过程中，大数据、人工智能和区块链等技术发挥着核心作用。利用大数据分析海量的市场交易数据、消费者反馈和企业生产信息，能够精准挖掘出假冒伪劣产品的线索，及时打击违法违规行为。人工智能图像识别技术可快速扫描化妆品标签，识别出成分标注不实、虚假功效宣称等违规行为，提高监管效率。区块链技术则为产品追溯提供了不可篡改的记录，从原料的源头到消费者手中的每一个环节都清晰可查，保障了产品质量信息的透明和可靠。

此外，协同监管机制创新至关重要。建立企业自律与信用评价体系，对诚信守法企业给予激励，对违规企业进行公示和处罚，促使企业自觉遵守法规。鼓励科研机构参与法规政策研究，利用其专业知识为监管提供科学依据和技术支持。搭建便捷的消费者投诉举报平台，及时处理消费者反馈，让消费者成为监管的重要力量。通过这些措施，形成一个全方位、多层次的化妆品监管生态系统，全面提升监管效能和社会满意度，推动化妆品行业健康有序发展。

 **思考题**

1. 化妆品的定义是什么？如何区分化妆品与药品？
2. "妆"字号与"械字号"面膜的区别体现在哪些方面？
3. 中国化妆品产业目前呈现怎样的状况？从产业上、中、下游拆解分别概括中国化妆品产业的特点。
4. 总结概括中国化妆品未来发展趋势。

第二章 化妆品监管与法规体系

📖 **知识要求**

1. **掌握** 我国化妆品监管特点及要求。
2. **熟悉** 我国化妆品立法现状及监管模式。
3. **了解** 我国化妆品行业立法的背景和监管历程。

　　我国有着悠久的化妆品使用和生产历史,特别是中华人民共和国成立以后,改革开放以来,随着国民经济的持续增长及人们消费水平的不断提高,我国化妆品行业呈现了快速增长的趋势,化妆品生产企业数量由中华人民共和国成立初期的70余家增至目前的近6000家,化妆品产品种类与数量与日俱增,进出口产品也日渐丰富。在行业快速发展的同时,化妆品生产、经营和管理等方面存在的问题日益突出:化妆品生产企业规模不同、条件各异,产品质量差异巨大,良莠不齐,假冒伪劣产品时有出现,产品的安全性和有效性问题时有发生,引发了社会民众的广泛关注。为规范、引导和促进化妆品行业的良性及可持续发展,保障人们的用妆安全和皮肤健康,国家相关部门相继出台了一系列化妆品相关法规,并根据时代特征和行业发展变化,不断修订和完善,逐步探索出了一条富有中国特色的化妆品监管道路。随着《化妆品监督管理条例》的出台及一系列配套文件的落地实施,我国基本建立起了一套结构层次分明、内容有机统一、衔接全产业链条和覆盖全生命周期的化妆品法规制度体系。

第一节 我国化妆品监管历史与沿革

一、监管意识萌芽阶段

　　作为文明古国,我国拥有数千年的化妆品研究与使用历史。但彼时的化妆品基本为皇家和贵族们使用的奢侈品,并未得到普及。中华人民共和国成立之前,全国也只有少数大城市有化妆品生产。1949年后,在我国原轻工业部(原化妆品主管机构)的领导下,化妆品逐步形成了一个独立的工业体系。但由于当时民众认知水平与生活习惯的局限,致使这一产业的发展几乎在原地徘徊了近30年。直到20世纪70年代末期,随着改革开放不断深入,国内各种商品的生产开始起步,人们物质生活与文化水平提升,对美的认识和需求也逐步扩大,化妆品的消费才与日俱增。化妆品生产企业由寥寥近百家迅速发展至上千家,生产量成倍增长,新的产品种类不断涌现,产品质量相比以往也得到了很大提升。然而,也正是这一时期,化妆品安全问题接踵而至,部分化妆品厂家为了谋取利益,或生产质量低下的化妆品,或往产品中添加有毒有害物质以达到高效和强效的目的,从而损害了消费者的身体健康。

　　为保障消费者的权益,规范国内化妆品市场,1986年12月原轻工业部颁发了《化妆品生产管理条例》,并于1987年1月1日起试行。由此,我国化妆品生产管理工作进入了法制监管时代。尽管这一条例在如今看来有许多不完善的地方，且目前已失效，但作为中国化妆品领域的第一个生产管理法规，其通过对化妆品进行专门定义及初步确立化妆品生产许可制度等内容，开启了中国化妆品市场监管的先河，意义非凡。

1987年5月，卫生部颁布了《化妆品卫生标准》（GB 7916—1987），并于同年10月正式施行，这是我国化妆品行业首个综合性的规范性标准，不仅规定了化妆品禁限用和准用原料物质清单、明确了产品的微生物指标和有毒物质限量，对包装材料及标签进行了限定，还配套发布了《化妆品卫生化学标准检验方法》《化妆品微生物标准检验方法》和《化妆品安全性评价程序和方法》等文件，从卫生监督的角度加强化妆品的监督管理，确保化妆品的卫生质量和使用安全。

同年，国家技术监督局颁布《消费品使用说明化妆品通用标签》（GB 5296.3—87），通过国家标准对化妆品标签进行了规定。

1989年11月，卫生部出台《化妆品卫生监督条例》，并于1990年1月1日起正式施行。值得一提的是，这一包含6章35个条款、在我国实施了30余年的卫生监督条例，在诞生之初便已基本囊括化妆品生产经营的方方面面，如规定建立化妆品生产企业卫生许可证制度、将化妆品分为备案制非特殊用途化妆品和许可制特殊用途化妆品、规定新原料的使用、对化妆品标签及广告做出规定、实行进口化妆品许可制等。至此，我国化妆品行业开始了生产许可和卫生许可的双重监管模式，即在我国从事化妆品产品生产的企业需要同时取得全国工业产品生产许可证和化妆品卫生许可证。这一条例的出台在相当长的一段时间内，对我国化妆品行业的规范性和产品质量起到了重要的提升作用。

二、监管不断发展阶段

如果说1980年代末期的中国化妆品行业监管意识才刚刚觉醒，那么1990—2000年代则是中国化妆品行业在监管方面不断开创新纪元的一个过程。这一阶段，国内化妆品行业监管经历了很多"从无到有"，不断发展和丰富的阶段。

1991年3月，卫生部发布《化妆品卫生监督条例实施细则》，该细则规定了化妆品卫生监督的程序和方法，包括化妆品生产企业的卫生许可证申请和审批程序、化妆品卫生监督抽样检测规定、化妆品不良反应监测和报告制度、化妆品广告宣传的审核和监督等内容。

1993年3月，轻工业部发布《化妆品检验规则》，该规则规定了各类化妆品的出厂交收检验和型式检验、抽样程序、检验方法和标准、检验结果的处理。

1993年7月，国家工商行政管理总局发布《化妆品广告管理办法》，并于同年10月1日正式实施。该办法规定了化妆品广告禁止出现虚假夸大宣传、医疗用语等内容，也明确了广告客户申请发布化妆品广告需要注意的诸多事项。

1996年1月，卫生部发布《化妆品生产企业卫生规范》，对化妆品生产企业的卫生管理包括：化妆品生产企业厂址选择、厂区规划、生产卫生要求、卫生质量检验、原材料和成品储存卫生及个人卫生和健康等方面进行了规定。

1997年12月，国家技术监督局发布《化妆品皮肤病诊断标准及处理原则》，规定了接触性皮炎、痤疮、毛发损害、甲损害、光感性皮炎等皮肤病的诊断标准和处理原则。

1998年1月，中国轻工业联合会发布《防晒化妆品UVB区防晒效果的评价方法紫外吸光度法》，规定了护肤类防晒化妆品中膏霜、乳液等黏稠状态产品的防晒效果的测试和评价方法。

三、监管逐步规范阶段

进入 2000 年以后，中国化妆品产业不论从规模还是品牌数量上，均迎来了新的增长阶段。但也正是因为品牌数量的急剧增加，以及产业爆发式增长，部分法规内容的陈旧及某些领域法规的缺失使得当前的监管模式不能适应行业规范和快速发展的需要，化妆品行业的监管迎来了新一轮挑战。

2002 年，卫生部对《化妆品卫生标准（1987 版）》《化妆品卫生化学标准检验方法（1987 版）》《化妆品微生物标准检验方法（1987 版）》《化妆品安全性评价程序和方法（1987 版）》《防晒化妆品中紫外线吸收剂定量测定　高效液相色谱法（1987 版）》《防晒化妆品 UVB 区防晒效果的评价方法　紫外吸光度法（1988 版）》等多个安全技术法规进行了修订整合，发布实施了《化妆品卫生规范（2002 年版）》。

随着化妆品安全性评价方法和检验技术的不断提高，《化妆品卫生规范（2002 年版）》在技术内容上与欧盟、美国等地的管理要求存在明显差距。与此同时，在一系列违禁化学品的使用引发众多安全事故的背景下，国家监管部门开始发布化妆品禁用成分。《化妆品卫生规范（2002 年版）》中规定的化妆品禁用化学物质达 412 种，到 2006 年，这一数字已翻了 3 倍，达 1200 多种。因此，再次对《化妆品卫生规范（2002 年版）》进行了修订。2007 年 1 月 4 日，卫生部发布了《化妆品卫生规范（2007 年版）》，此次修订了化妆品禁限用物质名单。一是根据欧盟《化妆品指令》（76/768/EEC），增加了 790 种禁用物质，现共有禁用物质 1286 种。二是将卫生部 2005 年发布的《染发剂原料名单》纳入规范的限用原料名单中；三是对防腐剂、防晒剂、着色剂、染发剂中部分原料进行了调整，包括删除、增加和改变限用条件等。此次修订增加了几种新的禁限用原料的检测方法，如部分抗生素的检测方法，4 种去屑剂的检测方法（水杨酸、酮康唑、氯咪巴、吡啶酮乙醇胺）等，增加了两种防晒化妆品 UVA 防晒效果评价方法，一种是人体法，一种是仪器法。另外，还增加了防晒产品防水性能的测定方法和标识要求。《化妆品卫生规范（2007 年版）》自 2007 年 7 月 7 日起实施，在加强化妆品监督管理的同时，确保了我国与国际化妆品标准的接轨。

2007 年，面对层出不穷的违法添加与虚假宣传状况，国家质量监督检验检疫总局发布《化妆品标识规定管理》，规定"通用名应当准确、科学，不得使用明示或者暗示医疗作用的文字"，并开始要求化妆品标识应当标注全成分表。

2000 年以后，我国进口化妆品规模日益扩大，与此相关的法规也得到了持续地制定与发布。2000 年 2 月 17 日，国家出入境检验检疫局发布《进出口化妆品监督检验管理办法》（局令 21 号）；2004 年 8 月，国家质量监督检验检疫总局发布《进出口化妆品标签审核操作规程》，规范进出口化妆品标签审核工作。

2008 年，国务院机构改革方案确定化妆品卫生监督管理职责由卫生部划入国家食品药品监督管理局。2013 年，根据党的十八大和十八届二中全会精神，《国务院机构改革和职能转变方案》提出，组建国家食品药品监督管理总局，将国家质量监督检验检疫总局化妆品生产行政许可、强制检验的职责，划入国家食品药品监督管理总局。

2015 年，国家食品药品监督管理总局发布《食品药品监管总局关于做好化妆品生产许可有关工作的通知》，正式启动"两证合一"工作，即要求将原持有全国工业产品生产许可证和化妆品生产企业卫生许可证的化妆品生产企业在 2016 年整年内取得新版的化妆品生产许可证，结束了化妆品生产食品药品监管部门和质量技术监督部门两部门重复许可的问题，提高监管效率的同时，也对不合规范的企业给予重重一击。自接手化妆品监管职责以来，一方面，原国家食品药品监督管理总局对于各个重点化妆品品类，如面膜、防晒、祛痘祛斑、染发类产品的抽查频率加大，惩戒措施愈加严格；另一方面，各级食品药品监督管理局针对化妆品企业的飞行检查也越来越频繁。这一过程中，生产管理条件不合规范的企业，要么面临严重整改，要么面临被吊销营业执照的风险，我国化妆品的监管再度加严，化妆品企业的优胜劣汰进一步加快。"两证合一"政策的落地实施，使得化妆品生产企业的准入"门槛"大幅提升，它们不仅需要在质量管理体系等软件要求上达到原国家食品药品监督管理总局的严格标准，还需要在厂房设施等硬件要求上达到相应指标。而未能在整个供应链及生产系统上跟上监管部门节奏的化妆品生产企业，无疑将被淘汰。这段时期整个化妆品行业对于产品生产的标准有了非常显著的提升。

2018 年，国务院再次出台机构改革方案，国家工商行政管理总局、国家质量监督检验检疫总局、国家食品药品监督管理总局三局合一，组建全新的国家市场监督管理总局。同时考虑到药品和化妆品等监管的特殊性，单独组建国家药品监督管理局，由国家市场监督管理总局管理，具体负责药品、化妆品和医疗器械的监督管理，化妆品监管效率得到进一步提升。

四、监管全面革新阶段

中华人民共和国成立之后，特别是改革开放以来，我国化妆品产业得到了迅速发展，在生产企业数量和规模、产品品类、数量和质量等方面均有了巨大的提升，但也存在行业发展质量和效益不高、创新能力不足、品牌认可度低和非法添加等问题。2021 年，国家"十四五"规划首次写入化妆品产业，并将其高质量发展提高到国家战略层面。公众对化妆品给予前所未有的关注，社会各界对化妆品监管事业发展的支持力度空前，我国化妆品监管事业和化妆品行业发展也迎来了新的历史时期。

作为化妆品行业"根本大法"的《化妆品卫生监督条例》施行 30 余年来，在促进化妆品产业健康发展、保障化妆品质量安全方面发挥了积极作用，但已无法适应产业发展和监管实践需要，主要表现在：①立法理念上重事前审批和政府监管，未能突出企业主体地位和充分发挥市场机制作用；②监管方式比较粗放，没有体现风险管理、精准管理、全程管理的理念；③法律责任偏轻。因此，有必要对旧条例进行全面修订。

2013 年，《化妆品监督管理条例》首次被国务院列入修订计划；2014 年 11 月，国家食品药品监督管理总局公开征求《化妆品监督管理条例（征求意见稿）》意见；2015 年 6 月，国家食品药品监督管理总局向国务院报送了《化妆品监督管理条例（修订草案送审稿）》；2015 年 7 月 20 日，国务院法制办公室就《化妆品监督管理条例（修订草案送审稿）》公开征求意见。原国务院法制办、司法部先后两次征求有关部门、地方人民政府和部分企业、行业协会的意见，并向社会公开征求意见；多次召开座谈会听取企业、行业协会意见；赴上海、浙江等省市实地调研。在此基础上，司法部会同国家市场监督管理总局、国家药品监督管理局对送审稿作了反复研究、修改，形成了《化妆品监督管理条例（草案）》。2018 年 12 月 18 日，司法部正式向 WTO 通报了《化妆品监督管理条例（草案）》；2020 年 1 月 3 日，国务院第 77 次常务会议审议通过草案；2020 年 6 月 16 日，国务院正式公布《化妆品监督管理条例》（本章简称新《条例》），并于 6 月 29 日正式颁布。

新《条例》共 6 章 80 条，包括总则、原料与产品、生产经营、监督管理、法律责任和附则。与旧《条例》（6 章 35 条）相比，不仅仅是条款数量上的增加，更是在内容和监管模式上发生了巨大的改变。新《条例》的审议通过，标志着我国化妆品立法和监管改革进入了全新时期。为了监管好化妆品产业，在新《条例》的法规框架下，国家监管部门还陆续建立起一个化妆品监督管理体系。新《条例》是化妆品行业的上位法与监管依据，要有配套的规章、规范性文件与标准等，比如《化妆品注册备案管理办法》《化妆品生产经营监督管理办法》和《牙膏监督管理办法》，以细化新《条例》中的制度、要求与程序，便于其落地执行。此外，国家药品监督管理局还出台了一系列具体操作层面的文件，像《化妆品注册备案资料管理规定》《化妆品功效宣称评价规范》《儿童化妆品监督管理规定》等，以此构成了一个"金字塔"型的化妆品监督管理的法律体系。该体系具有结构层次分明、内容有机统一、衔接全产业链条和覆盖产品全生命周期的监管特点。

第二节　我国现行化妆品法规体系概述

法律法规是调整人们行为或社会关系的规范，具有国家意志性、强制性、普遍性、程序性和规范性等特点。从广义而言，我国法律法规体系由宪法、法律、行政法规、部门规章及地方性法规构成。化妆品行业的法律法规也是如此。

《中华人民共和国宪法》是我国的根本大法，由全国人大经过最严格的程序制定，宪法规定的基本原则是我国所有立法工作的依据。全国人大及其常委会依据宪法，对社会关系中某些基本或主要方面进行规范，制定相应的法律，如《中华人民共和国产品质量法》《中华人民共和国广告法》和《中华人民共和国商标法》等。以法律为依据，国务院可以对某一方面（如化妆品）的行政工作进行较为全面和系统的规定，制定行政法规，如《化妆品监督管理条例》；而为了保障行政法规的落地，国务院各部、局和委员会可以在本部门权限范围内发布部门规章，如国家市场监督管理总局先后发布了《化妆品注册备案管理办法》《化妆品生产经营监督管理办法》和《牙膏监督管理办法》，对原料及产品的注册备案、产品的生产、经营及监督进行了细化要求，同时由于牙膏的特殊性，对其进行了单独的立法规定。为加快各种《办法》的落地实施，国家药品监督管理局陆续发布或修订了多项配套规章，如《化妆品注册备案资料管理规定》《化妆品生产质量管理规范》和《牙膏备案资料管理规定》等一系列具有明确指导意义的规范性文件。此外，各省、自治区和直辖市人大及其常委会还可根据本地区经济发展的需求和规划，发布地方性法规，进一步规范或支持本地区化妆品行业的发展。国家相关部门或行业团体还制定了产品质量及检验检测标准等技术支撑文件，进一步补充了我国化妆品行业的监管体系。经过几十年的不断发展、修订和完善，我国化妆品行业法规体系基本建成，逐步构筑了以《化妆品监督管理条例》为统领，以《化妆品注册备案管理办法》《化妆品生产经营监督管理办法》和《牙膏监督管理办法》3 个部门规章为配套，以及 20 多个涉及化妆品全生命周期的、具体操作层面的技术文件、标准和规范为支撑的完整法规体系。

新的制度框架顺应了产业和社会的发展趋势，迎合了人民群众的安全用妆需求，同时也对从业者和监管者提出了新的更高要求，也将对化妆品产业和市场的格局带来长远深刻的影响。

下面对我国现行化妆品法律法规体系进行简要介绍。

一、行政法规

《化妆品监督管理条例》（国务院令第 727 号），2020 年 6 月 16 日由国务院公布，全文共 6 章 80 条，从总则、原料与产品、生产经营、监督管理、法律责任和附则六个章节对化妆品各环节进行了全面和系统的要求，自 2021 年 1 月 1 日起施行，全文见附录一。

二、部门规章

1.《化妆品注册备案管理办法》（国家市场监督管理总局令第 35 号） 2021 年 1 月 7 日由国家市场监督管理总局公布，2021 年 1 月 12 日，国家市场监督管理总局发布《化妆品注册备案管理办法》，该办法共 6 章 63 条，包括：总则、化妆品新原料注册和备案管理、化妆品注册和备案管理、监督管理、法律责任和附则。自 2021 年 5 月 1 日起施行，全文见附录二。

2.《化妆品生产经营监督管理办法》（国家市场监督管理总局令第 46 号） 2021 年 8 月 2 日由国家市场监督管理总局公布，共 7 章 66 条，包括：总则、生产许可、化妆品生产、化妆品经营、监督管理、法律责任和附则。自 2022 年 1 月 1 日起施行，全文见附录三。

3.《牙膏监督管理办法》（国家市场监督管理总局令第 71 号） 2023 年 3 月 16 日由国家市场监督管理总局公布，2023 年 3 月 23 日，国家市场监督管理总局发布《牙膏监督管理办法》，该办法全文共 25 条。自 2023 年 12 月 1 日起施行，全文见附录四。

三、规范性文件

1.《化妆品新原料注册备案资料管理规定》 2021 年 3 月 4 日由国家药品监督管理局发布，全文共 20 条，8 个附表。自 2021 年 5 月 1 日起施行。

新原料注册备案
资料管理规定

2.《化妆品注册备案资料管理规定》 2021 年 3 月 4 日由国家药品监督管理局发布，全文共 6 章，60 条。包括：总则、用户信息相关资料要求、注册与备案资料要求、变更事项要求、延续、注销等事项要求、附则和 24 个附件。自 2021 年 5 月 1 日起施行。

注册备案资料
管理规定

3.《化妆品分类规则和分类目录》 2021 年 4 月 9 日由国家药品监督管理局发布，全文共 11 条，5 个附表。自 2021 年 5 月 1 日起施行。

分类规则和
分类目录

4.《化妆品安全评估技术导则》（2021 年版） 2021 年 4 月 9 日由国家药品监督管理局发布，全文共 10 个章节。包括：适用范围、基本原则与要求、化妆品安全评估人员的要求、风险评估程序、毒理学研究、原料的安全评估、化妆品产品的安全评估、安全评估报告、说明、术语和释义。4 个附录。自 2021 年 5 月 1 日起施行。

安全评估技术导则

5.《化妆品功效宣称评价规范》 2021 年 4 月 9 日由国家药品监督管理局发布，全文共 21 条，4 个附件。自 2021 年 5 月 1 日起施行。

6.《已使用化妆品原料目录（2021 年版）》 2021 年 4 月 30 日由国家药品监督管理局发布。包括：说明、原料中文名称、INCI 名称（英文名称）、最高历史使用量和备注。自 2021 年 5 月 1 日起施行。

功效宣称评价规范

7.《化妆品标签管理办法》 2021 年 6 月 3 日由国家药品监督管理局发布。全文共 23 条。自 2022 年 5 月 1 日起施行，全文见附录五。

8.《儿童化妆品监督管理规定》 2021 年 10 月 8 日由国家药品监督管理局发布。全文共 22 条。自 2021 年 5 月 1 日起施行（除标签外），全文见附录六。

生产质量管理规范

不良反应监测
管理办法

抽样检验管理办法

网络经营监督
管理办法

安全风险监测与
评价管理办法

安全技术规范
（2015 年版）

9.《化妆品生产质量管理规范》　2022 年 1 月 7 日由国家药品监督管理局发布。全文共 9 章，67 条。包括：总则、机构与人员、质量保证与控制、厂房设施与设备管理、物料与产品管理、生产过程管理、委托生产管理、产品销售管理、附则。另有 2 个附件。自 2022 年 7 月 1 日起施行。

10.《化妆品不良反应监测管理办法》　2022 年 2 月 21 日由国家药品监督管理局发布。全文共 7 章，47 条。包括总则、职责与义务、不良反应报告、不良反应分析评价、不良反应调查、监督管理、附则。自 2022 年 10 月 1 日起施行。

11.《化妆品抽样检验管理办法》　2023 年 1 月 12 日由国家药品监督管理局发布。全文共 8 章，61 条。包括：总则、计划制定、抽样、检验和结果报送、异议和复检、核查处置、信息公开、附则。自 2023 年 3 月 1 日起施行。

12.《化妆品网络经营监督管理办法》　2023 年 4 月 4 日由国家药品监督管理局发布。全文共 5 章，35 条。包括：总则、化妆品电子商务平台经营者管理、平台内化妆品经营者管理、监督管理、附则。自 2023 年 9 月 1 日起施行。

13.《化妆品安全风险监测与评价管理办法》　2025 年 4 月 9 日由国家药品监督管理局发布。全文包括总则、计划制定、采样和检验检测、问题线索移交和调查、监测结果评价与应用、附则等六章 33 条，自 2025 年 8 月 1 日起施行。

14.《化妆品安全技术规范（2015 年版）》　2015 年 12 月 23 日由原国家食品药品监督管理总局发布，共 8 章内容。包括：概述、化妆品禁限用组分、化妆品准用组分、理化检验方法、微生物检验方法、毒理学实验方法、人体安全性检验方法、人体功效评价检验方法，自 2016 年 12 月 1 日起施行。国家药品监督管理局组织技术部门对其内容进行了不断地更新、修订与补充。

四、标准

1. 化妆品产品标准　国家质量监督检验检疫总局、中国国家标准化管理委员会、工业和信息化部、国家市场监督管理总局等先后发布了众多产品标准，对具体产品的分类、要求、试验方法、检验规则及标志、包装、运输、贮存、保质期等方面进行了较为详细的规定和说明。

GB/T 29680—2013 洗面奶、洗面膏　　　GB/T 29665—2013 护肤乳液

QB/T 2872—2017 面膜　　　　　　　　　GB/T 26513—2023 润唇膏

GB/T 27576—2011 唇彩、唇油　　　　　　GB/T 27575—2011 化妆笔、化妆笔芯

GB/T 27574—2011 睫毛膏　　　　　　　　GB/T 35889—2018 眼线液（膏）

QB/T 1857—2013 润肤膏霜　　　　　　　QB/T 2874 护肤啫喱

GB/T 35914—2018 卸妆油（液、乳、膏、霜）

GB/T 35955—2018 抑汗（香体）液（乳、喷雾、膏）

GB/T 30928—2014 去角质啫喱　　　　　GB/T 30941—2014 剃须膏、剃须凝胶

GB/T 34857—2017 沐浴剂　　　　　　　　GB/T 29679—2013 洗发液、洗发膏

QB/T 1975—2013 护发素　　　　　　　　GB/T 29990—2013 润肤油

GB/T 29991—2013 香粉（蜜粉）　　　　　QB/T 4079—2010 按摩基础油、复方油

GB/T 26516—2011 按摩单方油　　　　　　QB/T 2654—2013 洗手液

QB 1643—1998 发用摩丝　　　　　　　　QB 1644—1998 定型发胶

QB/T 1859—2013 香粉、爽身粉、痱子粉　　QB/T 1858.1—2006 花露水

QB/T 1858—2004 香水、古龙水　　　　　　QB/T 1862—2011 发油

QB/T 1976—2004 化妆粉块　　　　　　　　QB/T 1977—2004 唇膏

QB/T 1978—2004 染发剂　　　　　　　　　QB/T 4126—2010 发用漂浅剂

GB/T 29678—2013 烫发剂　　　　　　　　　QB/T 2284—2011 发乳

QB/T 4076—2010 发蜡　　　　　　　　　　QB/T 4077—2010 焗油膏（发膜）

QB/T 2287—2011 指甲油　　　　　　　　　QB/T 2744.1—2005 足浴盐

QB/T 2744.2—2005 沐浴盐　　　　　　　　QB/T 2873—2007 发用啫喱（水）

QB/T 2488—2006 化妆品用芦荟汁、粉

2. 化妆品功效评价标准　功效性是化妆品的重要质量特性之一，也是产品能够吸引消费者的关键因素之一。工业和信息化部与多个行业协会先后发布了多项化妆品功效评价方面的标准，这些标准阐明了方法适用范围、评价方法原理、试剂和材料、所需仪器和设备，以及具体的操作步骤等。

QB/T 4256—2011 化妆品保湿功效评价指南

《化妆品安全技术规范》防晒化妆品防晒指数（SPF 值）测定方法

《化妆品安全技术规范》防晒化妆品防水性能测定方法

《化妆品安全技术规范》防晒化妆品长波紫外线防护指数（PFA 值）测定方法

《化妆品安全技术规范》化妆品祛斑美白功效测试方法

《化妆品安全技术规范》化妆品防脱发功效测试方法

T/GDCA 048—2024 头皮修护功效人体评价方法

T/SHRH 061—2024 底妆持妆效果评价指南

T/GDCA 029—2023 化妆品适用敏感皮肤功效评价

T/GDCA 026—2023 发用产品防断发功效测评方法

T/GDCA 025—2023 发用产品头发滋养功效测评方法

T/GDCA 012—2022 发用产品留香功效测评方法

T/GDCA 010—2022 去屑产品去屑功效测试方法

T/GDCDC 032—2023 化妆品去角质功效测试方法

T/GDCDC 024—2022 化妆品控油功效人体评价方法

T/GDCDC 023—2022 化妆品祛痘功效测试方法

T/GDCDC 022—2022 头发梳理性功效测试方法

T/GDCDC 020—2022 化妆品紧致功效测试方法

T/GDCA 009—2022 化妆品修护功效人体评价方法

T/GDCDC 019—2021 化妆品抗皱功效测试方法

T/GDCA 008—2021 洁面产品的保湿和控油功效人体测试方法

T/SHRH 018—2021 化妆品改善眼角纹功效　临床评价方法

T/TDCA 003—2021 化妆品紧致功效测试方法

T/GDCDC 012—2020 发用产品强韧功效评价方法

T/ZHCA 006—2019 化妆品抗皱功效测试方法

T/ZHCA 005—2019 化妆品影响皮肤弹性测试方法

T/SHRH 023—2019 化妆品屏障功效测试　体外重组 3D 表皮模型　测试方法

T/SHRH 022—2019 化妆品保湿功效评价　体外重组 3D 表皮模型　测试方法

T/SHRH 021—2019 化妆品美白功效测试　体外重组 3D 黑色素模型　测试方法

T/ZHCA 003—2018 化妆品影响经表皮水分流失测试方法

T/ZHCA 002—2018 化妆品控油功效测试方法

T/ZHCA 004—2018 化妆品影响皮肤表面酸碱度测试方法

3. 其他标准

GB 5296.3—2008 消费品使用说明　化妆品通用标签

GB 23350—2021 限制商品过度包装要求　食品和化妆品

GB/T 27578—2011 化妆品名词术语

QB/T 1684—2015 化妆品检验规则

第三节　《化妆品监督管理条例》

一、新《条例》修订思路

近年来，我国化妆品产业迅速发展，但也存在行业发展质量和效益不高、创新能力不足、品牌认可度低、非法添加等问题。旧《条例》施行 30 年来，在促进化妆品产业健康发展、保障化妆品质量安全方面发挥了积极作用，但已无法适应产业发展和监管实践需要。自 2013 年起，国家启动了新《条例》的修订工作，经过 7 年多的调研、讨论和论证，新《条例》于 2020 年 6 月正式发布。在整个修订过程中，主要遵循以下总体思路：落实"四个最严"，深化"放管服"改革，优化营商环境，激发市场活力，促进行业高质量发展。

"四个最严"是由党中央提出的，是化妆品、食品和药品产业共同遵守的要求。即严谨的标准、严格的监管、严厉的处罚和严肃的问责。"严"是手段，而非目的。"四个最严"的落实和实施是为"放管服"服务的，只有做到"四个最严"，行业才能在良好的自律中健康发展，才有自由，监管部门才能"放"，即将以"放"激发市场活力、以"管"营造公平秩序、以"服"实现高效便利的时代特征的改革思路渗透到"产品准入"监管机制建设中，通过深入调研、科学论证等方式，全面规范和促进行业的健康有序高质量发展；现在，很多过去需要审批的事项都改成了备案制，并且是告知性备案，只要企业提交备案就可以上市。强化企业的质量安全主体责任，加强生产经营全过程管理，严守质量安全底线。"放"不是不管，只是放宽了市场的准入标准和简化了管理手段和管理方式，但化妆品企业应当知晓产品的技术标准和安全标准并没有降低。因此要求企业自律，自觉加强质量安全管理、严守安全底线。否则企业在没有履职或者违法时将会受到更大力度的处罚；按照风险管理原则实行分类管理，科学分配监管资源，建立高效监管体系，规范监管行为。国家按照风险程度对化妆品、化妆品原料施行分类管理。对高风险水平的，引入干预度较高的监管方式；对于低风险水平的，则选择干预度较低的监管方式。对风险程度较高的化妆品新原料实行注册管理，对其他化妆品新原料实行备案管理。加大对违法行为的惩处力度，对违法者用重典，将严重违法者逐出市场，为守法者营造良好发展环境。

二、新《条例》四大亮点

1. 建立化妆品注册人、备案人责任制度　新《条例》首次提出了注册人、备案人制度。要求化妆品注册人、备案人对化妆品的质量安全和功效宣称负责，并履行上市前注册备案管理的相关义务，履行上市后不良反应监测、评价及报告、产品风险控制及召回、产品及原料安全性再评估等相关义务。同时，对注册人、备案人提出了资质要求，即注册人、备案人应当有与申请注册、进行备案的产品相适应的质量管理体系，是依法设立的企业或者其他组织，并明确化妆品注册人、备案人应当对所提交资料的科学性、真实性负责。对于进口产品的注册人和备案人，新《条例》对其落实主体责任提出了明确规定和要求。

新《条例》结合监管实际，首次提出化妆品注册人、备案人制度，由化妆品注册人、备案人承担化妆品质量安全和功效宣称的主体责任，同时对生产经营活动中各个企业主体的法律责任进行了界定，以保证产品质量安全的持续稳定。这一制度的创新为进一步完善监管措施、明确企业责任担当、清晰惩戒对象提供了法规基础，对整个行业的规范发展也将产生积极的影响。

（1）科学界定各类化妆品生产经营活动主体的责任　由于历史原因，化妆品监管相关法规中，企业责任的担当主体常表述为"生产企业""生产者"或"化妆品生产者""化妆品分装者""化妆品经营者"，不仅表述不统一，各类生产经营活动参与主体在产品质量安全方面应当分别承担何种责任也并不明确。新《条例》提出注册人、备案人制度，即规定获得了特殊化妆品注册证的注册人或通过化妆品备案的备案人，以自己的名义将产品投放市场，并对产品全生命周期质量安全和功效宣称负责。履行上市前注册备案管理的相关义务，履行上市后不良反应监测、评价及报告、产品风险控制及召回、产品及原料安全性再评估等相关义务，承担注册备案产品质量安全的主体责任。而其他诸如受托生产企业、境内责任人等产品生产经营活动的主体则在新《条例》设定的义务范围内承担相应的法律责任。此种制度设计充分考虑了行业的实际情况，产品生产经营活动各类主体的法律责任更加科学、准确，充分体现了权责一致的原则，有利于企业牢固树立产品主体责任意识。

（2）从源头上提升化妆品安全保障水平　新《条例》提出注册申请人、备案人应当有与申请注册、进行备案的产品相适应的质量管理体系，也就是说要有整个产品的质量保证体系、有化妆品不良反应监测与评价能力，是依法设立的企业或者其他组织，并明确化妆品注册申请人和备案人应当对所提交资料的科学性、真实性负责。安全的化妆品既依赖于严格的监管，更源自企业的合规生产。要保障化妆品消费安全，注册人、备案人不仅要有产品的主体责任意识，同时还应当有相应的安全管理能力水平。一个成功的化妆品企业不仅应当在市场经营方面有专长，更应当具备质量安全管理方面的能力水平。对注册人、备案人设定相应的资质要求，不仅有利于引导企业树立"安全优先"的意识，更是从生产源头上提升了化妆品安全保障水平。

（3）完善了进口产品注册人和备案人的主体责任　新《条例》对进口产品注册人和备案人如何落实主体责任提出了明确的规定，要求进口产品注册人和备案人必须指定境内企业作为责任人，化妆品境内责任人承担进口化妆品行政许可等具体工作，协助开展不良反应监测、实施产品召回。

进口产品的责任企业在国外，以往只在注册、备案行政许可环节提出了明确的在华申报责任单位的要求，但对产品上市后监管所需对应的责任主体（如经销商、进口商）把控不足。此次规定，完善了化妆品全过程监管的理念，要求进口产品从注册备案开始，到销售期间，再到不良反应监测，均在统一注册人和备案人的监控下开展。既明确了责任主体，又符合不同化妆品在"上市前"和"上市后"不同的经营主体实际需求。

（4）改变了委托加工责任不清的状况　在之前的法规体系中，责任企业通常被称为"生产企业"或"生产者"，虽然有细则或相应的解释，但容易和产品的实际生产企业混淆，造成责任不清、认定不明，特别是存在委托加工情形的产品。

新《条例》继续保留了委托加工的生产形式，明确了化妆品注册人、备案人可以自行生产化妆品；也可以委托取得相应化妆品生产许可的企业生产化妆品，确认了委托企业的质量安全责任。受托生产企业对生产活动负责，对受托生产的产品质量安全承担相应责任。明确了委托加工形式中注册人、备案人和实际生产企业（受托企业）分别应该具有的资质，条块清晰。对于不同主体所承担的责任也通过法规事项和合同约定事项予以区分，符合当前化妆品行业越来越高的生产精细化要求。同时，明确不同主体的责任担当也便于在未来产品注册备案及监督检查中落实相应责任。

总之，化妆品注册人、备案人制度强调了企业所承担化妆品安全的全过程质量与风险管理责任，便于落实企业主体责任，利于科学监管，保障产品质量安全。注册人、备案人制度设计孕育于我国化妆品行业发展现状，完善了化妆品闭环管理中企业责任担当的重要环节，势必将全面提升我国化妆品的质量安全水平。

2. 围绕风险管理优化制度体系　在深化简政放权、转变监管理念的背景下，新《条例》着力规范化妆品生产经营过程管理，通过化妆品风险监管制度的体系化构建，推动化妆品监管手段推陈出新。

新《条例》将化妆品分为特殊化妆品和普通化妆品。用于染发、烫发、祛斑美白、防晒、防脱发的化妆品，以及宣称新功效的化妆品为特殊化妆品；特殊化妆品以外的化妆品为普通化妆品。对特殊化妆品实行注册管理，而风险程度较低的普通化妆品进行备案管理。调整后的特殊化妆品将继续以产品安全为底线实行注册管理。新《条例》将新功效产品（如：宣称孕妇和哺乳期妇女适用的产品）归入"特殊化妆品"管理是同时注入了鼓励创新和企业安全主体责任的思路，并要求新功效产品的注册人在开展创新研究的同时应对产品的功效和安全性负责。对化妆品实施分类管理，是监管部门实现科学监管、精准监管的充分体现。这种管理模式以保证化妆品使用安全为根本出发点，将有限的行政成本最大程度地有效利用，使监管的专业性和有效性得到显著提升。

对化妆品原料按照风险差异实施分类管理。新《条例》中多项内容都涉及原料的管理，将化妆品原料分为新原料和已使用的原料，包括明确按照风险程度对化妆品原料进行分类管理，根据风险程度高低对新原料实施注册或备案管理，由国务院药品监管部门制定禁用原料目录。新《条例》明确提出，具有防腐、防晒、着色、染发、祛斑美白功能的化妆品新原料，经国务院药品监督管理部门注册后方可使用；其他化妆品新原料应当在使用前向国务院药品监督管理部门备案。同时对新原料设置监测期。新《条例》对普通新原料的备案管理并不是一放了之，除了在第十二条中明确规定了申请化妆品新原料注册或备案应提交的资料要求外，还特别在第十四条中规定，经注册、备案的化妆品新原料投入使用3年内，新原料的注册人、备案人应当每年向国务院药品监督管理部门报告新原料的使用和安全情况。对存在安全问题的化妆品新原料，由国务院药品监督管理部门撤销注册或者取消备案。3年期满未发生安全问题的化妆品新原料，纳入国务院药品监督管理部门制订的已使用的化妆品原料目录。

保证使用安全是化妆品原料（包括新原料）管理的底线。设置新原料监测期的举措可以理解为在实施化妆品新原料分类管理和简化普通新原料使用程序的同时，新原料注册人与备案人在新原料上市后必须密切关注其使用的安全情况，落实相关企业的主体责任，切实保证新原料的使用安全。实际上，保证新原料的使用安全，也是保证相关企业的自身利益，促进企业的长久发展。

3. 完善了多层次、多维度的监管手段 从产品生命周期上划分，化妆品监管主要分为事前监管、事中监管、事后监管；从管理职权上划分，主要分为标准管理、注册备案管理和生产经营监管；从所维护的法益上划分，主要分为消费者的健康安全、消费者的经济利益、良好公平的市场秩序、行政管理秩序等。相对于1989年制定的《化妆品卫生监督条例》而言，新《条例》秉承现代行政法治理念，引入新型监管手段，通过综合运用事前监管方式与事中事后监管方式，综合运用命令控制型监管方式和激励型监管方式，让多元主体参与监管过程，来规范化妆品生产经营活动，加强化妆品监督管理。新《条例》在已有的工作基础上，进一步丰富完善监管手段，将原有监管中已成熟使用的注册备案、生产许可、现场检查、抽样检验、投诉举报、产品召回、责任约谈等监管措施以法规形式固定下来，确立法律地位和相关要求。同时，在法规中新增一系列监管中迫切需要的监管手段，包括功效评价、不良反应监测制度、安全风险监测和评价制度、紧急控制、安全再评估、信用联合惩戒等监管措施。并针对非法添加等严重危害人体健康安全的违法行为，授权国家药监局制定补充检验项目和检验方法。

4. 功效宣传讲求"真凭实据" 化妆品行业企业众多、竞争激烈，化妆品功效宣称是吸引消费者的重要手段。因此，有些不良商家为了盈利，进行虚假宣传，欺骗消费者，搅乱了化妆品市场的秩序。我国对于化妆品功效宣称与评价的相关规定，经历了一个从无到有，从零散到系统的过程。

1989年颁布的《化妆品卫生监督条例》未曾要求化妆品功效宣称需提供依据。《化妆品卫生规范（2002版）》规定了9类特殊用途化妆品必须经过相关职能部门审查和指定的卫生机构评价。2013年，《化妆品卫生监督管理条例》启动修订，在这之后的几次修订稿中均对化妆品功效宣称提出了明确的要求。2020年，新《条例》发布，其中第22条规定：化妆品的功效宣称应当有充分的科学依据。化妆品注册人、备案人应当在国务院药品监督管理部门规定的专门网站公布功效宣称所依据的文献资料、研究数据或者产品功效评价资料的摘要，接受社会监督。从法规层面结束了化妆品企业"自卖自夸"的营销模式，功效宣传讲求"真凭实据"。

用发展的眼光看，新《条例》对化妆品功效宣称的收紧，会间接推动化妆品企业加大科研创新力度，提升产品品质。从而提升民族化妆品在消费者中的口碑，树立和提升民族化妆品品牌，推动中国化妆品产业的高质量发展。

三、新《条例》主要内容

《化妆品监督管理条例》全文共6章，80条。从总则、原料与产品、生产与经营、监督管理、法律责任和附则六个章节对在我国境内从事化妆品生产经营和监督管理工作涉及的各个方面进行了总领性的规定和阐述。

1. 总则 总则共10条，分别阐述了新《条例》制定的目的、适用的范围、化妆品的定义、化妆品及新原料的分类、各级化妆品监管部门的职责范围、化妆品注册人和备案人对质量安全和功效宣称负有的责任、社会共治的理念，以及国家鼓励化妆品行业各领域的创新。

2. 原料与产品　第二章原料与产品共 15 条。原料方面规定了新原料的分类及监管要求，化妆品新原料注册/备案需要提交的材料，国家对新原料的审批程序，新原料三年监测期的相关要求以及禁用原料的相关规定。在产品方面，根据风险程度不同，划分为特殊化妆品和普通化妆品，不同产品的监管要求；化妆品注册人和备案人需具备的条件，产品注册或备案需提交的材料及相应的要求等。

3. 生产经营　第三章生产经营，共有条款 20 条。规定了从事化妆品生产需具备的条件及证明材料的要求，化妆品注册人、备案人或受托生产企业应当具备的资质和相关制度要求；不同经营主体的相关要求；化妆品标签标注要求及化妆品广告相关规定。

4. 监督管理　第四章监督管理，共有条款 13 条。分别对化妆品监管部门的监管措施、工作方法和抽样检验工作及化妆品检验机构的资质、检验方法和检验结果进行了规定和说明，阐述了国家化妆品不良反应监测制度中不同主体的职责及相应的评价，还包括对生产经营中安全隐患的处理方法等。

5. 法律责任　第五章法律责任，共有条款 18 条。明确了化妆品生产企业、检验检测机构、技术审评机构及不良反应检测机构等各类责任主体在化妆品生产许可证申领、产品备案或注册、产品生产和经营、产品检验、技术审评和产品宣传等过程中出现的各种非法行为的处罚方法和处罚力度。

6. 附则　第六章附则，共有 4 条。对牙膏和香皂进行了补充说明。对育发、脱毛、美乳、健美和除臭化妆品设置了 5 年过渡期，对新《条例》中所称的技术规范进行了说明。最后对条例的实施期进行了规定。

第四节　我国化妆品监管系统与信息服务平台

加强化妆品监管信息系统平台化、集约化和服务化建设，构建统一用户管理、统一基础信息资源管理、统一业务协同管理的化妆品应用支撑体系，逐步整合系统，强化化妆品注册备案及上市后监管的业务协同与数据共享。各省局加强化妆品生产许可、日常监管、信用档案等业务系统和数据库的建设。

持续建设完善化妆品和化妆品新原料注册、备案，化妆品质量安全抽检、注册备案检验、不良反应监测、现场核查、飞行检查和标准制修订管理等业务系统及功能，基于统一应用支撑体系，实现整合共享与业务协同，提升化妆品移动办事与监管服务能力。推进化妆品注册证的电子证照发放。

加强化妆品监管数据的汇聚、共享与应用，在化妆品企业量化分级、品种档案、风险分析和预警、网络监测等领域开展研究与建设，提升化妆品监管数字化和智能化水平。

一、国家药品监督管理局数据查询平台

链接：https://www.nmpa.gov.cn/datasearch/home-index.html#category=hzp

模板一：国产特殊化妆品注册信息查询

查询相关信息：产品名称中文、产品类别、注册人中文、注册人外文、注册人住所地址、注册人所在国/地区、境内责任人名称、境内责任人住所地址、生产信息、注册证号、批准日期、注册证有效期至、备注、状态、产品执行的标准、产品标签样稿、上市销售包装、功效宣称依据摘要。

模板二：进口特殊化妆品注册信息查询

查询相关信息：产品名称中文、产品名称外文、产品类别、注册人中文、注册人外文、注册人外文、注册人住所地址、注册人所在国/地区、境内责任人名称、境内责任人住所地址、生产信息、注册证号、批准日期、注册证有效期至、备注、状态、产品执行的标准、产品标签样稿、上市销售包装、功效宣称依据摘要。

模板三：进口化妆品（《化妆品监督管理条例》实施以前批准）信息查询

查询相关信息：产品名称中文、产品类别、注册人中文、注册人外文、注册人住所地址、注册人所在国/地区、境内责任人名称、境内责任人住所地址、生产信息、注册证号、批准日期、注册证有效期至、备注、状态、产品执行的标准、产品标签样稿、上市销售包装、功效宣称依据摘要。

模块四：化妆品新原料注册备案信息查询

查询相关信息：标准中文名称、注册备案号、注册备案人中文、注册备案人外文、注册备案人住所地址、注册备案人所在国（地区）、境内责任人名称、境内责任人住所地址、注册备案日期、备注、状态、技术要求、注册备案后监督检查情况。

模块五：化妆品注册和备案检验检测机构信息查询

查询相关信息：机构编号、检验检测机构名称、地址、联系人、联系电话、取得资质认定的检验项目。

模块六：化妆品生产企业基本信息

查询相关信息：许可证编号、生产企业名称、住所、生产地址、统一社会信用代码、法定代表人或者负责人、生产许可项目、有效期至、发证机关、发证日期、状态、注销日期。

模块七：进口普通化妆品备案信息

查询相关信息：产品名称、产品名称英文、备案编号、备案日期、备案人、备案人住所地址、备案人所在国家/地区、境内责任人、住所地址、生产企业、进口省份、成分、历史记录、备注、产品包装、执行标准、功效宣称。

模块八：国产普通化妆品备案信息查询

查询相关信息：产品名称、备案编号、备案日期、备案人、备案人住所地址、生产企业、企业名称、企业地址、生产许可证、成分、备案后监督检查情况、历史记录、备注、产品包装、执行标准、功效宣称。

二、国家药品监督管理局网上办事大厅 V2.1

链接：https://zwfw.nmpa.gov.cn/web/index

模块一：企业信息资料管理

办理化妆品企业、化妆品新原料企业等的信息资料提交、企业信息资料维护、企业注销业务

办理人：化妆品注册人、备案人、境内责任人、化妆品检验机构、原料生产商、质量安全负责人。

操作手册：https://hzpba.nmpa.gov.cn/YHGL/qyxxzl.pdf

企业信息主要包括：化妆品用户类型及角色类型、新原料用户类型及角色类型、化妆品企业信息资料提交、新原料企业信息资料提交、企业信息维护、企业信息更新、境外注

册人/备案人更新、企业所属省份更新、生产企业信息更新、境内责任人信息更新、收货人信息更新、企业信息资料提交、化妆品企业信息资料提交、注册人/备案人、境内责任人、生产企业、新原料企业信息资料提交、注册人/备案人、境内责任人、企业信息维护、企业信息更新化妆品用户变更企业信息、新原料用户变更企业信息、境外注册人/备案人更新、企业所属省份更新、生产企业信息更新、境内责任人发起更换申请、原境内责任人进行更换确认、收货人信息更新。

操作手册：https://hzpba.nmpa.gov.cn/YHGL/qyxxzl.pdf

模块二：普通化妆品备案管理

办理普通化妆品备案业务

普通化妆品：备案管理、常用信息维护、功能按钮、备案管理、预备案号领取、首次备案申请、备案变更申请、历史产品信息补充、备案注销申请、委托关系确认、新原料授权申请状态查询、历史产品确认、产品再次备案、境内责任人变更、境内责任人关系变更确认、进口备案与国产备案功能差别、功效宣称、年报、受托企业维护、商标维护、微生物指标和理化指标简要说明维护、原料安全相关信息管理、安全信息自行更新、补充进口口岸和收货人（进口）、留样地点。

操作手册：https://hzpba.nmpa.gov.cn/PTHZPBA/pthzpba.pdf

模块三：化妆品智慧申报审评

办理特殊化妆品注册、化妆品新原料注册备案业务

特殊化妆品申报：首次申请、变更申请、延续申请、注销申请、纠错申请、撤回申请、终止申请、补发申请、再次注册申请、销售包装上传、委托企业管理、产品验证、申请单管理、申请单查看、申请单修改、复核、不复核、补充资料、补正资料。

辅助功能：受托关系确认、质量管理措施信息维护、商标管理、原料安全相关信息管理、并行期补录、授权信息查询、批量变更申请、批量变更管理。

新原料注册申报：注册申请、注销申请、终止申请、撤回申请、纠错申请、申请单管理新原料备案申报、备案信息填报、注销申请、申请单管理。

新原料监测期管理：监测报告上报、突发情况上报新原料授权管理、授权信息确认技术支持咨询。

操作手册：https://ecsie.nifdc.org.cn/ESCSAIE-README-zh.pdf

模块四：化妆品检验检测系统

用户：企业、检验机构、监管机构、省局监管。

主要功能：检验机构备案、许可检验、报告变更审核、机构变更申请、流程终止、数据查询、系统管理、化妆品注册和备案检验申请表。

操作手册：https://jyxt.nmpa.gov.cn:9443/jyxt/itownet/shelp/help.jsp

模块五：化妆品原料安全信息登记平台

原料企业信息填报、原料企业信息列表、原料安全信息填报、原料安全信息列表。

操作手册：https://ciip.nifdc.org.cn/file/operation_manual_v1.pdf

三、化妆品不良反应监测系统

链接：https://caers.adrs.org.cn/adrcos/

为贯彻执行《化妆品监督管理条例》《化妆品生产经营监督管理办法》《化妆品不良反

应监测管理办法》，加强化妆品不良反应监测工作，提高化妆品不良反应报告、分析、评价工作效率，国家药监局组织对国家化妆品不良反应监测系统进行升级完善，新版系统已于2022年10月1日起上线运行。化妆品注册人、备案人、受托生产企业、化妆品经营者、医疗机构在发现或者获知化妆品不良反应后，应当通过国家化妆品不良反应监测系统报告。暂不具备在线报告条件的化妆品经营者和医疗机构，应当通过纸质报表向所在地市县级化妆品不良反应监测机构报告，由其代为在线提交报告。其他单位和个人可以向化妆品注册人、备案人、境内责任人报告化妆品不良反应，也可以向所在地市县级化妆品不良反应监测机构或者市县级负责药品监督管理的部门报告，由上述企业或者单位代为在线提交报告。

四、国家化妆品抽检信息系统

通过国家化妆品抽检信息系统监督抽检抽样，建立科学的抽检管理新模式，实时掌握现场抽样工作开展情况，解决数据规范性和完整性欠缺，抽样单据传递及存档管理困难的问题，提高化妆品抽检效率，实现精准监测、及时快捷的协同工作机制，为管理决策提供及时、准确、科学的信息。

本系统主要用于化妆品抽检，链接：http://cj.nifdc.org.cn/huazp/login.do

五、化妆品生产许可系统（市级政务服务网）

为规范化妆品生产许可管理工作，加强化妆品生产的监督，根据《化妆品监督管理条例》及《化妆品生产经营监督管理办法》的有关要求，在中华人民共和国境内从事化妆品生产的企业，应当依照规定申请化妆品生产许可，取得化妆品生产许可证。

本系统主要实现化妆品生产许可申请、接收、受理、材料审核、许可建议、许可决定、制证、送达等功能。

第五节　化妆品相关社会组织

随着我国化妆品产业不断发展壮大，化妆品相关学会、行业协会应运而生。这些社会组织在行业标准、监管技术，以及为国家监管部门提供意见和建议方面，发挥了积极的作用。

一、化妆品行业学会

行业学会是由专业领域的学者、专家、从业人员等自愿组成的组织，旨在推动该行业的学术研究、知识交流和专业发展。行业学会通常聚集了该领域的顶尖人才，拥有丰富的学术资源和专业知识，以提供学术支持、促进学术交流和推动行业发展为主要目标。

行业学会的主要功能包括：

1. 学术交流与合作　行业学会组织学术会议、研讨会、讲座等活动，提供学术交流与合作的平台，促进会员之间的互动与交流，推动该领域的学术研究和进步。

2. 学术期刊与出版物　行业学会可能会出版学术期刊、书籍、报告等，以发布学术成果、分享研究成果和推广学术知识。

3. 学术研究与项目支持　行业学会鼓励会员进行学术研究，提供学术项目支持、研究经费等资源，推动该领域的学术发展和创新。

4. 行业标准与规范　行业学会参与制定和推广行业标准、规范和行业自律机制，提高行业的质量、安全和可持续发展水平。

5. 专业培训与认证 行业学会可能提供专业培训、认证和资格考试，帮助会员提升专业能力和职业发展。

行业学会在促进学术研究、推动行业发展和提升行业专业水平方面发挥着重要的作用，为会员提供了一个学术交流、合作和学习的平台。

我国化妆品行业学会有：广东省化妆品学会、广东省化妆品科学技术研究会。

二、化妆品行业协会

行业协会是指介于政府、企业之间，商品生产者与经营者之间，并为其服务、咨询、沟通、监督、公正、自律、协调的社会中介组织。行业协会是一种民间性组织，它不属于政府的管理机构系列，而是政府与企业的桥梁和纽带。行业协会属于中国《中华人民共和国民法典》规定的社团法人，是中国民间组织社会团体的一种，即国际上统称的非政府机构（又称 NGO），属非营利性机构。

行业协会的主要功能包括：

1. 代表行业利益 行业协会作为行业的代表，向政府、公众和其他利益相关者传达行业的声音和利益，维护行业的权益和形象。

2. 促进合作与交流 行业协会组织会员间的交流、合作和互助，分享行业信息、经验和最佳实践，促进行业内部的合作与共赢。

3. 提供服务与资源 行业协会为会员提供各种服务和资源，如培训、研讨会、会议、展览、市场信息、政策咨询等，帮助会员提升专业能力和竞争力。

4. 制定行业标准与规范 行业协会参与制定和推广行业标准、规范和行业自律机制，提高行业的质量、安全和可持续发展水平。

5. 代表行业参与决策 行业协会参与政府和监管机构的决策和政策制定过程，为行业争取利益、提供建议和意见。

行业协会在促进行业发展、推动行业创新和提升行业竞争力方面发挥着重要的作用，同时也为会员提供了一个共同合作和学习的平台。

我国目前化妆品行业相关协会有：中国香精香料化妆品工业协会、中国洗涤用品工业协会、中国美发美容协会、中华全国工商业联合会美容化妆品业商会、世界美容美发行业（中国区）协会、广东省美容美发化妆品行业协会、香港化妆品同业协会、浙江省日用化工行业协会、广东省日化商会、北京日化协会、杭州市化妆品行业协会等。

知识拓展

国际化妆品相关组织

序号	机构组织名称	网站链接
1	国际日用香料协会	https://ifrafragrance.org/
2	美国食品药品管理局	https://www.fda.gov
3	美国化妆品原料评价委员会	https://www.cir-safety.org/
4	美国个人护理产品协会	https://www.personalcarecouncil.org/
5	欧盟消费者安全科学委员会	https://health.ec.europa.eu/scientific-committees/scientific-committee-consumer-safety-sccs_en

续表

序号	机构组织名称	网站链接
6	欧洲化学品管理局	https：//echa. europa. eu/hr
7	日本化妆品工业会	https：//www. jcia. org/
8	欧盟化妆品法规	https：//single－market－economy. ec. europa. eu/sectors/cosmetics_en
9	美国化妆品法规	https：//www. fda. gov/cosmetics
10	韩国化妆品法规	https：//www. law. go. kr/
11	加拿大化妆品	https：//www. canada. ca/en/health－canada/services/cosmetics. html
12	东盟化妆品法规	https：//www. hsa. gov. sg/cosmetic－products
13	世界卫生组织	https：//www. who. int/
14	联合国粮农组织	https：//www. fao. org/
15	经济合作发展组织	https：//www. echemportal. org/
16	国际纯粹与应用化学联合会	https：//www. iupac. org
17	食品添加剂联合专家委员会	https：//www. who. int/groups/joint－fao－who－expert－committee－on－food－additives－（jecfa）/about
18	欧洲食品安全局	https：//www. efsa. europa. eu/en
19	欧洲化学品管理局	https：//www. echa. europa. eu/
20	国际化妆品监管合作组织	https：//www. iccr－cosmetics. org/
21	国际标准化组织	https：//www. iso. org/home. html
22	国际化妆品化学家学会联盟	https：//ifscc. org/

我国化妆品相关组织

序号	机构组织名称	网站链接
1	国家市场监督管理总局	https：//www. samr. gov. cn/
2	国家药品监督管理局	https：//www. nmpa. gov. cn/
3	中国食品药品检定研究院	https：//www. nifdc. org. cn/
4	国家标准化管理委员会	https：//www. sac. gov. cn/
5	中国日用化工协会	https：//www. chcia. org. cn/
6	香料香精化妆品工业协会	http：//www. caffci. org/
7	口腔清洁护理用品工业协会	http：//www. cocia. org/
8	洗涤用品工业协会	http：//www. ccia－cleaning. org/
9	上海日用化学品行业协会	https：//www. sdcta. cn/
10	广东省化妆品学会	http：//www. cgdca. org. cn/
11	广东省日化商会	http：//www. gdcdc. cn/
12	广东省化妆品科学技术研究会	https：//www. gdicst. com/
13	浙江省健康产品化妆品行业协会	http：//www. zjhf. org/
14	汕头市化妆品行业协会	http：//www. sthzp. net/
15	广东省美容美发化妆品行业协会	http：//www. maya777. com/
16	北京日化协会	http：//www. rihuaxiehui. com/
17	杭州市化妆品行业协会	http：//www. hzhcia. com/
18	中国美发美容协会	http：//www. bj－chba. com/
19	苏州市日用化学品行业协会	http：//www. szdca. org/

续表

序号	机构组织名称	网站链接
20	广东省化妆品质量管理协会	http://www.gdhzp.org.cn/
21	佛山市化妆品行业协会	http://www.foshanca.com/
22	成都日化行业协会	https://cdcia.com.cn/
23	天津市日用化学品协会	https://www.tjrihua.cn/

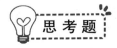

思 考 题

1. 我国化妆品的监管特点有哪些？

2. 我国化妆品的监管模式是什么样的？

3. 引入注册人和备案人管理制度的必要性和重要性有哪些？

第三章　化妆品原料监管与法规

PPT

　　2020年6月国务院公布的《化妆品监督管理条例》（以下简称《条例》）中关于新原料的分类管理以及鼓励技术创新是其一大突出亮点。《条例》实施前，我国对所有种类的化妆品新原料均实施审批制，使用化妆品新原料生产化妆品，必须经国务院化妆品监督管理部门批准后方可使用。随着《条例》和一系列原料法规的实施，在政策鼓励下，国内化妆品企业发力科研，原料不再是本土企业"卡脖子"难题，更多适合国人肤质的"中国成分"应运而生。

第一节　我国化妆品原料监管历史沿革

　　原料是组成化妆品的基础，也是化妆品整个生命周期的源头。一般来说，化妆品是由多种原料按照配方比例加工、制备而成的混合物，而且这种制备绝大多数都是物理混合过程，很少有化学反应参与其中。因此，原料的安全与作用直接影响化妆品成品的安全与性能。此外，原料也被称为化妆品产业的"芯片"，是决定化妆品功效差异化的重要环节，也是企业产品品牌核心竞争力的关键所在。正因如此，原料管理在化妆品全链条管理中占据着重要地位。

一、我国化妆品原料监管思路

　　受历史客观条件限制，长期以来，化妆品监管部门对化妆品原料主要采取间接管理模式：一般不直接组织对原料生产企业的检查，也较少针对特定原料制定发布技术标准，原料生产商的选择及具体原料的管理，基本由化妆品企业自主负责。这一模式的形成，主要源于化妆品原料的复杂性：一方面，原料种类繁多，且每种原料的来源、品牌、规格各异，多数还跨行业应用；另一方面，原料供应企业数量庞大，在类型、规模上存在显著差异。在配套管理手段尚不完善的背景下，对数量如此庞大的原料实施直接管理，无疑会消耗巨量监管资源。尽管如此，鉴于原料质量对化妆品安全的关键影响，监管部门与行业仍协同采取了一系列措施，全力保障化妆品原料的质量水平。

（一）《化妆品卫生监督条例》下的监管思路

　　在原《化妆品卫生监督条例》设定的管理框架下，监管部门主要通过《化妆品安全技术规范》等技术法规，制定化妆品原料的通用安全标准，包括禁用、限用、准用组分的清单式管理，以及对于某种原料在化妆品中的使用限制和要求等；根据原《化妆品行政许可申报受理规定》《国产非特殊用途化妆品备案管理办法》《化妆品技术审评指南》等法规文件要求，化妆品企业在进行产品注册备案时，需要提交部分原料的质量规格证明文件，例如对质量规格有一定要求的限用、准用组分，以及用作功效成分的植物提取物（若为化妆品企业自制，则应提供提取工艺）；在生产经营管理环节，主要督促引导化妆品企业做好原料供应商的遴选、审核，以及原料的进货、查验、管理等工作。此外，由于化妆品新原料的安全风险相对较大，我国还对化妆品新原料实施较为严格的注册管理。

在行业自律方面，部分行业协会参与制定了一系列有关原料的行业标准，但难以覆盖数量庞大的化妆品原料，而且有些标准的科学性、规范性、严谨性值得商榷。大型化妆品企业一般都比较重视原料的质量管理，会投入较大的人力资源和技术力量管理原料，在供应商遴选、质量规格要求、进货查验等方面要求可能更为严格，有些还会自行设定鉴定方法和控制指标等；而很多中小企业由于自身资源有限、技术积累不足，可能难以对购进的原料实施有效管理，很多环节只能是流于形式。再加上虽然法规要求化妆品企业要做好原料的进货查验，但缺乏相应的处罚措施，部分化妆品企业敷衍应付。有些化妆品企业虽然能够认识到原料管理的重要性，但苦于自身规模有限，原料的采购量较少，在与原料生产商、供应商的谈判中处于劣势地位，甚至可能面临原料信息获取不足等问题，给化妆品的质量安全埋下一定隐患。

在实际应用中，由原料引发的化妆品质量安全问题屡见不鲜，例如：原料组分不达标问题，如复配或混合原料中有效成分的实际含量可能达不到宣称值，从而导致产品申报配方信息与实际情况不一致；质量大幅波动问题，可能造成原料质量的不稳定，如不同批次原料的颜色、气味、外观有明显差异，特别是部分原料的质量规格参数还与其安全评估密切相关，如所含风险物质、纳米原料批次间差异等；掺杂掺假问题，如擅自改变矿物原料滑石粉的矿源，用廉价低质矿源代替原有矿源，致使其石棉杂质含量升高；原料混淆问题，如错误地将俗称为"人寡肽－1"的表皮生长因子（epidermal growth factor，EGF）作为寡肽－1使用，而前者实际未被《已使用化妆品原料目录》（2021年版）收录；甚至有直接造假的情况，声称原料是某植物提取物但实际供应的原料中未添加任何该植物成分。此外，化妆品企业获取原料信息的主要途径——原料生产商或者供应商提供的质量规格证书，也可能存在证书伪造或信息不全的问题，多数的质量规格证书仅包括pH、密度、颜色、气味、外观等简单指标，并不能全面、准确地描述原料特性。除了原料信息的规范性、真实性问题外，有些原料企业为了提高原料销量，片面追求原料"功效"，在供应的原料中违规添加激素、抗感染药物、抗组胺药物等化妆品禁用组分。

可见单凭化妆品企业自身力量不足以管好原料的品质，亟需包括监管部门、行业协会、第三方检测机构在内的相关各方共同努力，形成社会共治的合力，才有可能铲除这一行业痼疾。

（二）《化妆品监督管理条例》下的原料监管思路

随着我国化妆品产业规模的持续扩张，监管部门积极探索行之有效的原料监管模式。化妆品原料生产企业数量庞大、类型繁杂且差异显著及行业规律难寻，直接监管需消耗巨量资源，还可能因对原料企业限制过严而引发产业发展的不良反应；另一方面，消费者接触的是成品而非原料，化妆品企业作为市场获利主体，理应承担产品质量安全首要责任，对原料管理负有不可推卸的义务。基于此，监管体系在延续对原料间接管理模式的同时，着重强化化妆品企业的主体责任，并创新性地引入延伸检查制度，大幅提升化妆品原料质量安全管理的效能。从社会运行效率看，通过民事关系与经济关系形成的制约机制，往往比单纯行政手段更高效，且由企业自主管理原料质量更符合市场规律。因此，监管部门的核心任务在于压实企业主体责任，构建科学的制度体系，引导和督促化妆品企业对原料实施有效管理，并辅以相应的政策支持，确保间接管理模式的时效性与实效性。

1. 强化化妆品企业的主体责任　严格落实化妆品生产企业的进货查验义务。《化妆品监督管理条例》明确规定，化妆品注册人、备案人及受托生产企业必须建立并执行原料与直接接触化妆品包装材料的进货查验记录制度。对于未按规定建立或执行该制度的企业，将面临罚款、停产停业等行政处罚，企业负责人也需承担相应责任。这种"行为罚"与"过程罚"并重的规制设计，显著提升了企业对原料进货查验的重视程度，从制度层面倒逼企业筑牢原料质量第一道防线。在此基础上，国家药监局2022年1月发布的《化妆品生产质量管理规范》，进一步细化了进货查验的操作要求。企业需依据物料验收规程，对到货物料进行检验或确认，确保实际交付物料与采购合同、送货票证信息一致，且完全符合质量标准。这一规定为企业提供了清晰的操作指引，使进货查验从"原则性要求"转化为"可执行的标准化流程"。

2. 延伸检查制度　《化妆品注册备案管理办法》明确，药品监管部门在对化妆品企业的注册、备案相关活动开展监督检查时，必要时可对涉及的单位（包括原料企业）实施延伸检查，相关单位和个人必须配合，不得拒绝或隐瞒。针对问题原料开展延伸检查，能够形成更突出的处置力度与震慑效果，是监管部门强化源头治理的创新手段。相较于直接监管原料企业，延伸检查制度的优势在于：监管资源更集约，权责边界更清晰（原料企业不纳入日常监管范围，仅在监管部门发现可疑线索后，才将涉事原料企业纳入案件调查对象）。这一制度既保留了间接管理的高效性，又能达到直接管理的震慑力，为全链条原料质量管控提供了有力支撑。

总的来说，《化妆品监督管理条例》对化妆品原料的监管思路如下：①细化和完善原料信息报送制度，为化妆品企业填报原料安全信息提供便利，提升原料使用信息的可追溯性；②强化化妆品企业主体责任，提高企业对原料的进货查验要求，从源头筑牢质量安全防线；③设立延伸检查制度，明确保留对原料企业的检查职权，未来将逐步推行对原料企业的随机检查，形成全链条监管闭环；④对新原料管理实施分类施策，将此前单一的注册管理模式，调整为根据风险程度差异分别采取注册或备案管理，增设3年安全监测期，简化审批流程。

针对原料生产商可能不便在原料平台登记的情况，化妆品注册备案系统中仍保留了由化妆品企业自行填报原料安全信息的途径，确保信息报送渠道的灵活性与全覆盖。原料报送制度既提升工作效率又通过原料平台与化妆品注册备案系统互联互通，实现原料与产品的精准关联，即通过在注册备案系统检索原料报送码，可快速定位所有使用该原料的产品信息，便于监管部门精准锁定风险产品、迅速采取防控措施，有效提升风险处置的及时性与精准度。

二、我国化妆品原料监管模式

根据《化妆品安全技术规范》，化妆品原料是指化妆品配方中使用的成分，在正常以及合理的、可预见的使用条件下，不得对人体健康产生危害。根据不同的分类规则，可以将化妆品原料分为不同的类别。从监管角度可以分为已使用原料和新原料，已经收录于《已使用化妆品原料目录》中的原料为已使用原料。在我国境内首次使用于化妆品的天然或人工原料为化妆品新原料。

1. 已使用原料的监管 我国对已使用原料实行目录管理。2014 年，国家食品药品监督管理总局在对已上市化妆品中曾使用化妆品原料进行整理和客观收录的基础上，形成了《已使用化妆品原料目录》（以下简称《已使用目录》），并于 2015 年进行了修订。《已使用目录》（2015 年版）共收录 8783 种原料，为化妆品生产企业判断是否为新原料提供了参考依据，为化妆品监管工作提供了可靠的技术支撑。2020 年 6 月，《条例》颁布实施。《条例》中要求注册人、备案人对化妆品和新原料进行安全评估。化妆品原料安全与化妆品产品安全紧密相关，完整的原料数据库是化妆品风险评估的基础。而《已使用目录》（2015 年版）仅载明已使用原料的名称，并未对原料的使用信息等进行整理，无法为风险评估提供参考。该目录还存在与《化妆品安全技术规范》（2015 版）载明的化妆品禁限用组分和准用组分之间关系不清晰的问题，部分原料信息需要完善，并且随着化妆品行业的发展，已通过审评审核的原料需增补入《已使用目录》。因此，国家药品监督管理局委托中国食品药品检定研究院组织开展了《已使用目录》的修订工作，并于 2021 年 4 月 30 日发布了《已使用化妆品原料目录》（2021 年版），自 2021 年 5 月 1 日施行。修订的主要内容包括：①增加原料最高历史使用量信息，分别按照淋洗类和驻留类明确不同原料的最高历史使用量；②对《已使用目录》进行增补和规范修订：增补了部分原料；规范了部分原料命名（中/英文/INCI 名称）；删除了部分原料。2025 年 6 月国家药品监督管理局公告称对 2021 年发布的《已使用目录》进行局部修改完善，作为《目录》Ⅰ管理。且不再保留"产品最高历史使用量"这一项目，对有关原料中文名称或者 INCI 名称/英文名称予以规范，同时根据《化妆品安全技术规范》调整有关原料的备注内容等。

《已使用目录》仅对在我国境内生产、销售的化妆品已使用原料的客观收录，随着科学研究的不断深入以及安全评估工作的持续完善，部分已使用原料在应用过程中发现存在安全问题，已被列为禁限用组分；部分种类原料存在安全风险，需要对其使用量、使用方式及配伍情况加强管理，被列为准用组分。

《化妆品安全技术规范》以表格的形式对禁限用组分和准用组分进行了规定，包括化妆品禁用组分、化妆品禁用植（动）物组分、化妆品限用组分、化妆品准用防腐剂、化妆品准用防晒剂、化妆品准用着色剂和化妆品准用染发剂。

2. 新原料的监管 《条例》实施前，我国对化妆品新原料实施审批制，2008—2011 年，原卫生部批准的新原料数量为 5 个，2012—2020 年，国家药监局批准的新原料数量为 8 个。由于当时进行毒理学试验成本较高，审核要求严格，不确定性多，且新原料获批后所有企业均可用，打击了化妆品企业研发的积极性，不利于我国化妆品行业的创新发展。

《条例》实施后，在化妆品新原料的监管方面，引入了风险管理的理念。规定对风险程度较高的化妆品新原料实行注册管理，对其他化妆品新原料实行备案管理。即具有防腐、防晒、着色、染发、祛斑美白功能的化妆品新原料，经国务院药品监督管理部门注册后方可使用；其他化妆品新原料应当在使用前向国务院药品监督管理部门备案。对注册或者备案后的新原料设定 3 年监测期，新原料注册人或备案人在监测期内应当每年报告新原料的安全使用情况。3 年期满未发生安全问题的化妆品新原料，纳入国务院药品监督管理部门制定的已使用的化妆品原料目录。

新质生产力的核心在于创新，而化妆品行业的创新源头是原料创新。为贯彻落实党的二十届三中全会精神，进一步鼓励化妆品原料创新、促进化妆品产业高质量发展，依据

《条例》等相关法规要求，国家药监局组织制定了《支持化妆品原料创新若干规定》（以下简称《若干规定》），并于 2025 年 2 月 6 日发布《支持化妆品原料创新若干规定的公告》，自发布之日起正式施行。《若干规定》共包含九条内容，可分为两大部分：第一至第五条聚焦新原料注册备案管理、指导服务、监测期管理等核心环节，提出了完善相关工作要求和机制的具体措施；第六至第九条则从原料标准管理、基础研究、信息化建设等维度发力，旨在夯实原料创新的基础支撑。主要内容如下。

（1）构建新原料的科学分类体系、评价标准及审评机制　一是实施新原料科学分类管理，依据原料特性、功能、预期用途及创新特点，建立差异化的评价标准与技术要求。在确保新原料安全底线的前提下，优化简化安全评价资料要求。二是建立新原料和关联产品同步申报工作机制，将新原料注册备案和关联产品的注册串联调整为可以并联进行，加强原料和产品的关联研究，加速推进使用新原料的产品上市。针对新原料监测期管理，提出加强备案、审评、标准、不良反应监测和信息化等工作的部门协作和跨区域协同、强化不良反应监测、建立已使用原料目录动态调整机制等措施，旨在通过规范管理提升新原料的创新效能与风险管控水平。

（2）加强化妆品新原料研发创新服务和指导　一是加快制定新原料命名等系列研究相关技术指导原则，及时发布共性问题技术问答，加强对新原料研发的技术指导。二是落实《条例》鼓励创新的相关要求，对符合一定条件的拟在我国率先上市使用、运用现代科学技术结合我国传统优势项目和特色植物资源研发等新原料提供创新服务，并对关联产品进行优先审评，加强新原料应用转化。三是完善新原料沟通交流机制，进一步拓展原有的新原料沟通交流功能，发挥各省级药监部门作用，提供对新原料前置咨询等服务。

（3）发挥标准制定在原料创新中的引领作用　发挥国家药监局化妆品标准化技术委员会的作用，一是加强原料标准研究指导，制定原料使用目的技术指南，在逐步建立生物技术、植物资源等不同类别化妆品原料的技术要求基础上，研究化妆品原料通用技术要求。二是推动原料标准制修订工作，优先制定行业使用量较大、安全风险较高、传统和优势特色原料的标准。追踪国内外化妆品原料标准管理动态，结合化妆品安全风险监测及评价情况，国际权威机构最新安全评估结论等，开展标准转化。提高化妆品原料在国际市场上竞争力，吸引更多国际化妆品企业进入中国市场。

（4）提升原料创新的基础研究和技术支撑能力　一是强化原料相关基础研究，推动动物试验替代方法研究，提升原料研发的质量。二是加强信息化建设，建设化妆品新原料及其注册人备案人信息档案，为新原料以及使用新原料化妆品的监督管理提供数据支撑。加强数据在原料管理过程中的应用场景研究和分析利用，为行业提供信息指导和服务。

2025 年 6 月 24 日，国家药监局发布《关于 < 已使用化妆品原料目录 > 管理有关事项的公告》（2025 年第 61 号）。公告指出为贯彻执行《化妆品监督管理条例》，进一步规范化妆品原料管理，鼓励原料创新，现就《已使用化妆品原料目录》（以下简称《目录》）管理有关事项进行如下公告：①根据《化妆品监督管理条例》规定，经注册、备案的化妆品新原料投入使用后 3 年安全监测期满未发生安全问题的，纳入《目录》。为便于已使用化妆品原料管理，国家药监局将《目录》分为 Ⅰ 和 Ⅱ 两个清单管理。对国家药监局 2021 年发布的《目录》进行局部修改完善，作为《目录》Ⅰ 管理。化妆品新原料安全监测期满纳入《目录》的，作为《目录》Ⅱ 管理。②《目录》Ⅱ 纳入 " N － 乙酰神经氨酸" 和 " β － 丙氨酰羟脯氨酰二氨基丁酸苄胺" 两个化妆品新原料，上述两个新原料经备案后，安全监测期已满 3 年，经评估符合相关法规要求。③国家药监局建立《目录》动态调整机制，对《目录》实行动态更新，根据科学研究进展、行业发展和监管工作实际等，对《目录》进行补充、完善、勘误等。④国家药监局后续不再以公告形式发布《目录》，更新后的《目录》以及《目录》调整说明将通过国家药监局网站及时主动公开。

《化妆品监督管理条例》实施以来，通过对新原料实行"高风险注册、低风险备案"的分类管理制度，推动了化妆品原料研发的快速发展。在政策推动下，我国化妆品新原料备案数量呈现快速增长。2021 年，6 个新原料完成备案；2022 年，42 个新原料完成备案；2023 年新原料备案数达到 69 个。2024 年新原料备案数达到 90 个，另有 1 个高风险新原料通过注册；2025 年，截至 6 月 30 日，新原料备案 81 个，另有 2 个新原料（N-乙酰神经氨酸、β-丙氨酰羟脯氨酰二氨基丁酸苄胺）通过 3 年安全监测，首批纳入《已使用化妆品原料目录》Ⅱ，标志着监管闭环形成。

> **知识拓展**
>
> 2024 年 11 月 4 日，国家药监局发布通知，宣布拜尔斯道夫德国总部申报的化妆品新原料异丁酰胺基噻唑基间苯二酚正式获得美白祛斑类化妆品新原料注册证书，证书编号为（国妆原注字 20240001）。这是《条例》实施以来第一款获批注册化妆品新原料。该新原料采用化学合成工艺制得，经注册人组织开展功效和安全性验证，可作为美白剂用于驻留类化妆品（可能存在吸入暴露的产品除外）。这不仅为我国祛斑美白化妆品研制和使用提供了新原料选项，更标志着中国祛斑美白市场或将借此迈入以创新成分驱动的更高水平、更高质量发展新台阶。
>
> 异丁基酰胺基噻唑基间苯二酚，又称肽胺密多（Thiamidol）、630。肽胺密多与目前市面上常用的美白成分苯乙基间苯二酚（也称 377）、己基间苯二酚、4-丁基间苯二酚均属于间苯二酚衍生物。该新原料作用原理为通过抑制黑色素合成过程中的酪氨酸酶的活性来实现超强美白效果，有着"地表最强美白成分"之称。根据公开研究显示，肽胺密多对人酪氨酸酶的抑制率，是维生素 C 的 66 倍，是 377 的 119 倍，曲酸的 454 倍，氢醌及熊果苷的 3000 多倍。

第二节 化妆品新原料注册备案

一、化妆品新原料的判定

国家药监局在 2021 年 11 月 11 日发布的"化妆品新原料注册备案管理政策问答"一文中明确指出符合以下情形之一的原料，不属于化妆品新原料。

1. 收录于《已使用化妆品原料目录（2021 年版）》的原料。化妆品注册人、备案人在选用该目录中原料时，应当符合国家有关法律法规、强制性国家标准、技术规范的相关要求，并承担产品质量安全责任。如需超"最高历史使用量"使用时，应按照《化妆品安全评估技术导则》的程序和要求证明其安全性。

2. 包含于已使用类别原料中的具体原料。如目录中已收载了类别原料"胶原"，即胶原蛋白，表示为某一类别原料的总称，该类别原料包含了不同工艺来源如动物组织提取、基因重组的胶原，也包含了不同分型如Ⅰ型胶原、Ⅲ型胶原等。此外，《已使用化妆品原料目录（2021 年版）》中收录的"某某植物提取物"原料，例如"人参提取物"表示人参全株及其提取物均为已使用原料，若单独申报"人参汁"或者人参某个具体部位为新原料，则不予受理。

3.《化妆品安全技术规范》已规定为禁用组分的原料。如人的细胞、组织或人源产品、抗组胺药物、激素类物质等。

4. 实际功能超出化妆品的定义范畴的原料。如具有"激活细胞""再生细胞""降低伤口部位的色素沉积""促愈合作用""促进重金属外排"等具有医疗作用的原料。

二、化妆品新原料的分类

为贯彻落实《化妆品注册备案管理办法》，规范和指导化妆品新原料注册与备案工作，国家药监局制定了《化妆品新原料注册备案资料管理规定》，已于 2021 年 2 月发布，自 2021 年 5 月 1 日起施行。文件中将新原料根据申报注册或进行备案时的功能、性状，以及在国内外化妆品中使用历史情况，或者食用历史情况等，分为六种情形。

（1）国内外首次使用的具有防腐、防晒、着色、染发、祛斑美白、防脱发、祛痘、抗皱（物理性抗皱除外）、去屑、除臭功能，以及其他国内外首次使用的具有较高生物活性的化妆品新原料。

（2）国内外首次使用的，不具有防腐、防晒、着色、染发、祛斑美白、防脱发、祛痘、抗皱（物理性抗皱除外）、去屑、除臭功能的新原料。

（3）不具有防腐、防晒、着色、染发、祛斑美白、防脱发、祛痘、抗皱（物理性抗皱除外）、去屑、除臭功能，且能够提供充分的证据材料证明该原料在境外上市化妆品中已有三年以上安全使用历史的新原料。

（4）具有防腐、防晒、着色、染发、祛斑美白、防脱发、祛痘、抗皱（物理性抗皱除外）、去屑、除臭功能，且能够提供充分的证据材料证明该原料在境外上市化妆品中已有三年以上安全使用历史的新原料。

（5）具有安全食用历史的化妆品新原料，需要注意的是原料所使用的部位应与食用部位一致。

（6）化学合成的由一种或一种以上结构单元，通过共价键连接，平均相对分子质量大于 1000 道尔顿，且相对分子质量小于 1000 道尔顿的低聚体含量少于 10%，结构和性质稳定的聚合物，但具有较高生物活性的原料除外。

三、化妆品新原料注册备案相关法规

（一）《化妆品监督管理条例》

《化妆品监督管理条例》是我国化妆品行业的基本法，《条例》第十一条明确了新原料是指在我国境内首次使用于化妆品的天然或者人工原料为化妆品新原料，规定了新原料注册备案的范围。《条例》第十二至十四条对新原料注册备案工作提出了总领性的要求，包括注册备案的流程；注册备案时应当提交的材料；新原料技术审评的时效和新原料三年安全监测期的相关规定。

（二）《化妆品注册备案管理办法》

为规范化妆品及新原料的注册备案工作，国家药监局发布了《化妆品注册备案管理办法》

（以下简称《办法》）。《办法》对新原料注册备案时形式审查的不同情形、技术审评的不同结论、复核的条件和时间、三年安全监测期新原料注册人和备案人的责任和义务、监管部门应对新原料不良反应的处理措施等方面工作做出了进一步的说明。

《办法》明确了调整已使用的化妆品原料的使用目的、安全使用量等，应当按照新原料注册、备案要求申请注册、进行备案。也明确了化妆品新原料注册是指注册申请人依照法定程序和要求提出注册申请，药品监督管理部门对申请注册的化妆品新原料的安全性和质量可控性进行审查，决定是否同意其申请的活动。化妆品新原料备案，是指备案人依照法定程序和要求，提交表明化妆品新原料安全性和质量可控性的资料，药品监督管理部门对提交的资料存档备查的活动。

（三）《化妆品新原料注册备案资料管理规定》

为贯彻落实《办法》，指导化妆品新原料注册与备案工作，国家药监局制定了《化妆品新原料注册备案资料管理规定》，对化妆品新原料注册备案过程中所提交资料的内容、格式、方式，新原料所属具体情形的分类及相应的内容要求、新原料的研制报告、制备工艺简述编制要求、质量控制标准的内容、新原料安全性评价资料和化妆品新原料安全监测年度报告等进行了具体而详细的规定，《化妆品新原料注册备案资料管理规定》自 2021 年 5 月 1 日起施行。

四、化妆品新原料注册备案

（一）新原料注册人备案人用户信息登记

化妆品新原料注册人、备案人在申报新原料注册或进行新原料备案前，应当通过信息服务平台，填报以下信息，进行用户信息登记：

（1）化妆品新原料注册人、备案人信息。

（2）化妆品新原料注册人、备案人安全风险监测和评价体系概述。

（3）化妆品新原料注册人、备案人为境外的，应当由境内责任人填报信息，同时提交境内责任人授权书及其公证书的原件。

化妆品新原料注册人、备案人或境内责任人的相关信息资料发生变化时，应当进行更新，确保信息服务平台中的相关信息资料真实准确。

（二）新原料注册备案资料要求

化妆品新原料注册和备案资料应当以科学研究为基础，客观、准确地描述新原料的性状、特征和安全使用要求。化妆品新原料注册人、备案人或境内责任人应当按要求提交化妆品新原料注册和备案资料，并对所提交资料的合法性、真实性、准确性、完整性和可追溯性负责。

化妆品新原料注册人、备案人申请化妆品新原料注册或办理新原料备案的，应当提交以下资料：

（1）注册人、备案人和境内责任人的名称、地址、联系方式。

（2）新原料研制报告。

（3）新原料的制备工艺、稳定性及其质量控制标准等研究资料。

（4）新原料安全评估资料。

注册申请人、备案人应当对所提交资料的真实性、科学性负责。

《化妆品新原料注册备案资料管理规定》对上述材料进行了详细的说明。其中资料（1）—（3）是对所有类型原料都是相同的。而资料（4）包括毒理学安全评价资料和安全风险评估资料。在毒理学安全性评价资料方面，结合申报注册和进行备案新原料的特征，新原料被分为六种不同的情形，提交对应的毒理学试验项目资料。

新原料注册备案资料要求见表 3 – 1。

表 3 – 1 新原料注册备案资料要求

资料要求	内容
化妆品新原料注册备案信息表	新原料基本信息、注册人/备案人/境内责任人基本信息、授权书等
新原料研制报告	新原料研发背景、使用信息、功能依据资料等
新原料的制备工艺、稳定性及其质量控制标准等	制备工艺、稳定性试验、质量规格指标及其检验方法、可能存在的安全性风险物质及其控制等
安全性评价	毒理学安全性评价资料、新原料安全性评估报告等
其他资料	新原料技术要求或其他有助于新原料注册备案的资料

1. 化妆品新原料研制报告 化妆品新原料研制报告一般应当包括以下内容：

（1）原料研发背景，包括研发背景、研发目的、研发过程及研发结果等。

（2）原料基本信息，包括原料名称、来源、组成、相对分子质量、分子式、化学结构、理化性质等信息。

（3）原料使用信息，包括原料在化妆品中的使用规格、使用目的、适用或使用范围、安全使用量、使用期限、注意事项、警示用语等；原料在境外使用于化妆品的状况及获得批准的情况。

（4）原料功能依据资料，化妆品新原料功能依据是指能够证明原料具有与使用目的相一致的相关资料，一般包括科学文献、法规资料、实验室研究数据、人体功效性评价试验资料等。

（5）新原料研制相关的其他资料，上述研制资料中未能包括的其他资料，应当根据实际情况提供。

2. 新原料的制备工艺、稳定性及其质量控制标准 化妆品新原料制备工艺简述应当结合原料来源特征，对原料生产的主要工艺步骤、工艺参数等进行简要描述，并说明生产过程是否可能引入安全性风险物质及其控制措施。不同来源的新原料制备工艺简述编制要求如下：

（1）化学合成原料应当列出具体起始物、反应条件、使用的助剂、反应过程的中间产物及副产物、终产物中残留的杂质或助剂等。

（2）天然原料应当说明原料来源、加工工艺、提取方法等，包括前处理方法、提取条件、除杂或分离/纯化方法、使用的溶剂、可能残留的杂质或溶剂等。

（3）生物技术来源原料应当说明培养、提取、分离、纯化等原料制备过程。包括工艺过程中可能产生的杂质、原料中可能含有的杂质和可能存在的有害微生物。

（4）其他来源原料，根据原料特性和具体制备过程提交相关资料。

化妆品新原料质量控制标准，一般应当包括以下内容：

（1）稳定性试验数据。

（2）质量规格指标及其检验方法。

（3）可能存在的安全性风险物质及其控制标准等。

3. 化妆品新原料安全性评价资料　化妆品新原料安全性评价资料一般应当包括毒理学安全性评价资料和安全风险评估资料，并按照下列要求进行编制：

（1）毒理学安全性评价资料，应当结合申报注册和进行备案新原料的特征，判定新原料应当属于的具体情形，按照相应的毒理学试验项目资料要求进行编制。

（2）安全风险评估资料，包括原料安全使用量评估资料和原料中可能存在的安全性风险物质及其控制措施等评估资料。应当按照国家药监局制定的化妆品安全评估原则和程序等相关要求，对新原料及可能同时存在的安全性风险物质进行评估。

（三）化妆品新原料注册备案试验要求

根据新原料注册备案资料的相关要求，化妆品新原料需要进行的测试主要包括：①新原料研制报告中要求的组成、结构及成分鉴定、理化性质和原料功能依据等涉及的测试；②化妆品新原料质量控制标准中要求的稳定性试验测试；③新原料安全评估资料中毒理学试验项目及安全风险评估报告中涉及的测试。

化妆品新原料的测试并非化妆品注册人、备案人进行信息登记后才开始进行。为缩短新原料的申报周期，大部分测试工作都是在信息登记前完成，特别是原料功能依据需提早确认，因为使用目的是影响化妆品新原料申报情形的核心要素，使用目的不同，原料所属情形不同，毒理学测试项目、测试方法和测试周期都有较大差别。

另外，关于检验报告的出具单位也有相应的要求：理化和微生物检验报告及防腐、防晒、祛斑美白、防脱发之外的功能评价报告等可由化妆品新原料注册人、备案人自行或者委托具备相应检验能力的检验检测机构出具。而对于毒理学试验报告和防腐、防晒、祛斑美白、防脱发功效评价等项目的检验报告，应当由取得化妆品领域的检验检测机构资质认定（CMA）或中国合格评定国家认可委员会（CNAS）认可，或者符合国际通行的《药物临床试验管理规范》（GCP）或《药物非临床研究质量管理规范》（GLP）等资质认定或认可的检验机构出具。

新原料注册备案涉及稳定性试验、质量规格试验、毒理学试验和功能评价试验，相关要求见表3-2和表3-3。毒理学试验和功能评价试验详细讲解见"第五章 化妆品安全性和功效性监管与法规"。

表3-2　新原料注册备案试验要求

试验项目	内容	实验室资质	检测方法
稳定性试验	破坏性试验、加速试验、长期保存试验	自行或委托具备相应检验能力的检验检测机构	《化妆品安全技术规范》或《中华人民共和国药典》、国标、国际通行方法、自行开发的试验方法
质量规格试验	理化，包括鉴定、纯度、理化常数等		
毒理学试验	见表3-3	CMA、CNAS、GCP、GLP	《化妆品安全技术规范》、国标、国际通行方法、国际权威替代方法验证机构收录的动物替代试验方法
功能评价试验	防腐、防晒、祛斑美白、防脱发功效评价（实验室研究数据或者人体功效性评价试验资料）	CMA、CNAS、GCP、GLP	《化妆品安全技术规范》或《中华人民共和国药典》、国标、国际通行方法、自行开发的试验方法
	祛痘、抗皱（物理性抗皱除外）、去屑、除臭功能（实验室研究数据或者人体功效性评价试验资料） *其他功能（科学文献、法规资料即可）	自行或委托具备相应检验能力的检验检测机构	《化妆品安全技术规范》或《中华人民共和国药典》、国标、国际通行方法、自行开发的试验方法

表 3-3　毒理学数据要求

试验项目	国内外首次使用，具有防腐、着色、防晒、祛斑美白、防脱发、祛痘、染发、抗皱（物理性除外）、去屑、除臭	国内外首次使用，其他功能	其他功能，在境外上市化妆品中有 3 年以上安全使用历史	具有防腐、着色、防晒、祛斑美白、防脱发、祛痘、染发、抗皱（物理性除外）、去屑、除臭功能，有在境外上市化妆品中已有 3 年以上安全使用历史	有安全食用历史（注意需使用部位一致）	聚合物
急性经口或经皮试验	√	√	√	√		
皮肤和眼刺激/腐蚀性试验	√	√	√	√	√	√
皮肤变态反应试验	√	√	√	√	√	
皮肤光毒性试验						
皮肤光变态反应试验						
致突变试验	√	√	√	√		
亚慢性经口或经皮试验	√	√		√		
致畸试验	√					
慢性毒性/致癌性结合试验	√					
吸入毒性试验（有吸入暴露可能性时提交）						
长期人体试用安全试验	√			√		
其他毒理学试验						

注：上表中画√的，表示必须提交该项资料。完整内容查看化妆品新原料注册备案资料管理规定附录。

对于急性经口或急性经皮毒性试验，能够同时提供国际权威安全评价机构评价结论认为在化妆品中使用是安全的安全评估报告或符合伦理学条件下的人体安全性检验报告的，可不提交该项资料。

对于皮肤光毒性试验，原料具有紫外吸收特性时需提交该项试验资料。

对于皮肤光变态反应试验，除聚合物外，原料具有紫外吸收特性时需提交该项试验资料。

对于吸入毒性试验原料有可能吸入暴露时须提交该项资料。

其他毒理学试验根据每个新原料的实际情况提交的其他资料。

（四）新原料审查审评工作

化妆品新原料备案人通过国务院药品监督管理部门在线政务服务平台提交规定的备案资料后即完成备案。申请注册具有防腐、防晒、着色、染发、祛斑美白功能的化妆品新原料，国家药监局在收到申请之日起 5 个工作日内首先需完成对申请资料的形式审查，对于形式审查通过的材料，受理机构会受理注册申请、出具受理通知书并在 3 个工作日内将申请资料转交技术审评机构。技术审评机构自收到申请资料之日起 90 个工作日内，按照技术审评的要求组织开展技术审评并做出相应的处理。国家药品监督管理局自收到技术审评结论之日起 20 个工作日内，对技术审评程序和结论的合法性、规范性以及完整性进行审查，并作出是否准予注册的决定。受理机构自国家药品监督管理局作出行政审批决定之日起 10 个工作日内，向申请人发出化妆品新原料注册证或者不予注册决定书。在此过程中，对于形式审查不符合要求或技术审评结论为审评不通过的新原料，新原料注册人分别享有补正材料和申请复核的权利。

国务院药品监督管理部门自化妆品新原料准予注册之日起、备案人提交备案资料之日起 5 个工作日内向社会公布注册、备案有关信息。

（五）新原料三年安全监测期

已经取得注册、完成备案的化妆品新原料实行安全监测制度。安全监测的期限为 3 年，自首次使用化妆品新原料的化妆品取得注册或者完成备案之日起算。化妆品新原料注册人、备案人应当建立化妆品新原料上市后的安全风险监测和评价体系，对化妆品新原料的使用和安全情况进行持续监测和评价。化妆品新原料注册人、备案人应当在化妆品新原料安全监测每满一年前30个工作日内，汇总、分析化妆品新原料使用和安全情况，形成年度报告报送国家药品监督管理局。

经注册、备案的化妆品新原料纳入《已使用化妆品原料目录》前，仍然按照化妆品新原料进行管理。安全监测期内，化妆品新原料注册人、备案人可以使用该化妆品新原料生产化妆品。化妆品注册人、备案人使用化妆品新原料生产化妆品的，相关化妆品申请注册、办理备案时应当通过信息服务平台经化妆品新原料注册人、备案人关联确认。

（六）新原料纳入已使用原料目录或撤销注册/取消备案

对存在安全问题的化妆品新原料，由国务院药品监督管理部门撤销注册或者取消备案。3年期满未发生安全问题的化妆品新原料，纳入国务院药品监督管理部门制定的已使用的化妆品原料目录。

第三节　不同国家化妆品原料监管

化妆品大多是众多原料的物理混合体，原料安全性是产品质量安全的源头。随着化妆品产业规模的日益扩大，化妆品的使用安全性越来越受到关注，加强化妆品原料管理对化妆品产品安全性至关重要，因此世界各个国家或地区均对化妆品原料提出了相应的监管要求。

一、我国化妆品原料监管要求

我国化妆品原料管理涉及的法规及技术文件主要包括《化妆品监督管理条例》、《化妆品安全技术规范》（2015年版）、《化妆品注册备案资料管理规定》、《化妆品新原料注册备案资料管理规定》、《已使用化妆品原料目录》（2021年版）以及《化妆品安全评估技术导则》（2021年版）。

《化妆品监督管理条例》对化妆品中使用的原料作出了明确规定，首先将原料分为新原料与已使用的原料。对已使用化妆品原料进行目录管理。在我国境内从事化妆品生产只能选择目录中收录的原料。化妆品注册人、备案人在选用该目录中原料时，还应当符合国家有关法律法规、强制性国家标准、技术规范的相关要求，并承担产品质量安全责任。如需超"最高历史使用量"使用时，应按照《化妆品安全评估技术导则》的程序和要求证明其安全性。例如使用准用防腐剂三氯叔丁醇时，根据《化妆品安全技术规范》（2015年版），其最大添加量不得高于0.5%，而且不得用于喷雾产品，标签上必须标印"含三氯叔丁醇"的字样。对于新原料按照风险程度实行分类管理，需在使用前根据《化妆品新原料注册备案资料管理规定》的要求进行注册或备案。经注册、备案的化妆品新原料投入使用后3年内，新原料注册人、备案人还需每年向国务院药品监督管理部门报告新原料的使用和安全情况。对存在安全问题的化妆品新原料，由国务院药品监督管理部门撤销注册或者取消备案。3年期满未发生安全问题的化妆品新原料，纳入国务院药品监督管理部门制定的已使用的化妆品原料目录。

二、其他国家化妆品原料监管要求

1. 美国　美国《联邦规章法典》（*Code of Federal Regulations*）对化妆品中的禁用组分、

限用组分和着色剂进行了管理规定，同时对着色剂建立了严格的准用清单，一类为已豁免，即允许在化妆品中使用的着色剂，另一类为取得豁免后才可在化妆品中使用的着色剂。此外，防晒产品在美国属于非处方药管理，防晒剂的使用需要严格遵守 OTC 专论的要求。为满足行业内对化妆品原料信息的需求，美国个人护理用品协会（Personal Care Products Council，PCPC）将化妆品原料名称统一为"INCI 名称"，并定期发布和更新《国际化妆品原料字典和手册》（*International Cosmetic Ingredient Dictionary and Handbook*）。PCPC 数据库中收录的原料信息包括：原料序号、INCI 名称、信息来源、使用目的、原料来源、其他技术名称等。PCPC 数据库中收录的原料采用申请后审核纳入的程序，申请者提出原料 INCI 命名申请，审核通过后即可将该 INCI 名称纳入数据库。值得注意的是，审核委员会不对原料的安全性开展风险评估，纳入的原料也并非均为已使用化妆品原料，美国已禁用的部分原料也在 PCPC 数据库中有收录。PCPC 数据库中同时收录了不同国家和地区多种命名方式的原料名称，同一原料存在备注有"JPN""US""EU"等不同的 INCI 名称，因此同一原料可能会对应多个序号。

2. 欧盟 《欧盟化妆品法规（EC）》1223/2009 的附表 Ⅱ～Ⅵ分别收录了化妆品中的禁用组分、限用组分（包含染发剂）、允许使用的着色剂、允许使用的防腐剂和允许使用的防晒剂，并明确了相关原料的使用条件。欧盟消费者安全科学委员会（Scientific Committee on Consumer Safety，SCCS）会针对附表中所列的原料及应列入附表中管理的物质不定期地进行风险评估，并根据评估结果对附表 Ⅱ～Ⅵ进行动态修订。欧洲联盟委员会还负责对化妆品原料进行审批，审批程序包括对化妆品原料的安全性、有效性、稳定性方面的评估，在获得审批后，化妆品原料才能被用于化妆品的生产。此外，欧盟在《关于化学品注册、评估、许可和限制的法规》（REACH 法规）基础上，建立了化妆品原料数据库（Commission database forinformation on cosmetic substances and ingredients，以下简称"CosIng"）。数据库收录了《欧盟法规》中的禁用组分，限用组分，允许使用的着色剂、防腐剂、防晒剂和常用原料名称表（Commission Decision 2019/701/EC）中的原料。同时 CosIng 声明，数据库中指定了 INCI 名称的原料并不意味着它将用于化妆品，也不意味着该原料已经通过审批，并明确提出用于化妆品的原料必须经过安全风险评估，确保产品的使用安全。

3. 日本 对于化妆品生产所使用的原料，厚生劳动省将其分为两类来管理，第一类原料是"化妆品使用的防腐剂、紫外线吸收剂和焦油色素"，另一类是"除防腐剂、紫外线吸收剂和焦油色素之外的其他化妆品原料"。对于第一类原料，厚生劳动省发布"许可原料名单"，企业生产化妆品要使用此类原料时只能使用名单之内的原料，使用名单之外的原料必须经过审批。对于第二类原料，厚生劳动省发布"化妆品禁止使用成分和限制使用成分名单"，企业生产化妆品不得使用禁用物质，选用限用物质必须符合限用标准（包括浓度、用途、规格等），此名单之外的原料企业可任意使用，但对其安全性负责。

4. 韩国 对于化妆品原料的管理采用否定清单制度，食品医药品安全部规定了禁用原料和限用原料清单，清单以外的其他原料都可以自由使用。功能性化妆品功效原料按照功能性化妆品审查机关规定进行管理，包括 9 种美白功效原料、4 种抗皱功效原料清单和防晒剂原料清单。使用清单以外的功效原料时需在申报功能性化妆品时提交相应资料。

第四节 化妆品原料命名

原料是化妆品的基石，命名是化妆品原料表征的基础。化妆品原料命名不仅是一个科学技术问题，还涉及产品和原料的合法性、监管的有效性、商业经济等，更关系到消费者的合法权益和健康安全。因此，世界多个国家或地区都对化妆品原料的名称进行了相关的研究和规定。

一、中国命名规则

2010 年，我国药品监督管理部门组织翻译了美国化妆品盥洗用品及香水协会出版的《国际化妆品原料字典和手册（第十二版）》［*International Cosmetic Ingredient Dictionary and Handbook Twelfth Edition（2008）*］中所收录的原料命名，发布了《国际化妆品原料标准中文名称目录（2010 年版）》。2018 年，我国药品监督管理部门又对 PCPC 出版的《国际化妆品原料字典和手册（第 16 版）》进行了翻译，形成了《国际化妆品原料标准中文名称目录（2018 年版）（征求意见稿）》。截至目前为止，我国尚无明确的法规或标准统一和规范化妆品原料的命名。在现行法规标准中《国际化妆品原料标准中文名称目录（2010 年版）》和《已使用化妆品原料目录（2021 年版）》的原料名称主要源自 INCI 名称的翻译。《化妆品安全技术规范（2015 年版）》中的化妆品原料名称主要引用自欧盟的 76/768/EC 及后来的 1223/2009/EC，其来源以药品国际非专利名称（INN）为主，还包括 INCI、CI 等命名方式。目前，我国所使用化妆品原料的名称主要是由中国香料香精化妆品工业协会等根据相关监管部门单个项目委托形式依据 INCI 名称进行翻译而来。

2023 年 12 月 1 日，中检院发布的《化妆品新原料界定及研究技术指导原则（征求意见稿）》中要求新原料的名称应根据其结构组成、来源属性和制备工艺等准确命名，并与制备工艺终产物形式相符。若新原料存在同分异构体的，应在原料名称中明确其构型，比如 α 型或 β 型。新原料的标准中文名称应按照《国际化妆品原料标准中文名称目录》的原则进行命名，例如直接来源于植物的新原料应按照"中文名＋拉丁学名＋使用部位＋使用形式"的格式命名。如果原料已经被《国际化妆品原料字典和手册》收录，应明确原料的 INCI 名称及其 ID 号码。

二、美国命名规则

20 世纪 40 年代美国成立了盥洗品协会（the toilet goodsassociation，TGA），后更名为美国化妆品、盥洗用品和香料协会（cosmetic，toiletry and fragrance association，CTFA），现为美国个人护理产品协会（personal care products council，PCPC）。20 世纪 60 年代美国开始调查化妆品的所有成分，并努力理清各成分的名称。1972 年，CTFA 向美国食品药品管理局（FDA）建议了化妆品原料的命名原则，各相关方成立了委员会并开始以 FDA 推荐的指南为指导给化妆品原料统一命名。1973 年，CTFA 出版《化妆品 成分词典 》（*CTFA Cosmetic Ingredient Dictionary*），成为后来美国化妆品标签成分名称的主要依据。1993 年更名为国际化妆品原料名称（international nomenclature cosmetic ingredient，INCI），并出版《国际化妆品成分词典》（*International Cosmetic Ingredient Dictionary*）。1997 年第七版更名为《国际化妆品成分词典和手册》（*International Cosmetic Ingredient Dictionary and Handbook*），并增加了《国际化妆品成分手册》（*International Cosmetic Ingredient Handbook*）中包含的化学类别、功能和报告的原料类别。2011 年，PCPC 出版《美国化妆品成分汇编 》（*Compilation of Ingredients Used in Cosmetics in the United States*）中通过"自愿化妆品注册计划"汇编整理在 FDA 注册的 6000 多种化妆品原料成分。INCI 名称所需资料由全球 200 多个国家和地区的 3000 余家原料供应商自愿注册提供。INCI 名称已被加拿大、东盟等国家和地区的监管部门采用和认可，我国也于 1999 年开始采用 INCI 名称作为我国化妆品原料名称。

三、欧盟命名规则

1996 年，欧盟委员会（European Commission，EC）发布《关于建立化妆品中所用成分的清单和通用命名法的决定》[96/335/EC，后被修订为 2006/257/EC]，这是欧盟第一个明确化妆品原料命名的法规。96/335/EC 主要包括两个部分，第一部分是化妆品中使用成分清单（包括名称和功能）。其中非香水和非芳香原料部分以 INCI 为主，部分参考了《欧洲药典》（EP）、药品国际非专利名称（INN）、国际纯粹与应用化学联合会（IUPAC）及着色剂索引号（CI）等。香水和芳香原料部分以欧洲香精香料协会（European Flavour and Fragrance Association）命名为主；第二部分是化妆品原料通用命名法，内容主要引用了 INCI 命名惯例。2019 年 4 月，欧盟委员会通过第 2019/701 号决议，建立用于化妆品标签的常见成分名称词汇表以代替 2006/257/EC，其主要参考国际通用命名法（包括 INCI 为主）制定，但染发以外的着色剂用 CI 命名，香料和芳香原料部分仍采用欧洲香精香料协会命名名称。

第五节　化妆品原料的安全管理与评价

化妆品是人体健康相关产品，且生产过程多是以溶解、混合、分散、乳化等物理过程为主，涉及的化学反应相对较少，产生的新物质也相对较少。因此，化妆品的质量安全很大程度上取决于所用原料的品质，化妆品原料的安全性是保障产品安全的前提。为保障消费者健康和权益，我国化妆品监管部门始终关注化妆品原料的安全管理和评价工作，并制订了一系列相关的管理法规和技术规范。

一、原料安全信息报送制度

化妆品产品数量庞大、原料选用极其广泛，具有明显的大数据属性。在实际生产中，对于配方中的某种原料，如果来源、规格不同，可能也会有较大的技术参数差异，与终产品的质量安全密切相关，因此需要在安全性评价中予以重点考虑。2021 年发布的《化妆品注册备案资料管理规定》明确提出：化妆品注册人、备案人或者境内责任人应当填写产品所使用原料的生产商信息，并上传由原料生产商出具的原料安全信息文件。为引导化妆品企业加强对原料的管理，同时便于企业填报相关信息，国家药监局根据《化妆品监督管理条例》等法律法规的要求，重建了化妆品原料安全信息报送制度，并组织中国食品药品检定研究院研究开发了"化妆品原料安全信息登记平台"。该平台于 2021 年底正式上线运行，化妆品原料安全信息报送制度也随之正式启动。化妆品原料生产商或其授权企业可通过该平台进行原料安全相关信息的填报。填报完成后，由平台自动分配一个由原料编码、生产商编码、质量规格编码三部分组成的"原料报送码"。化妆品注册人、备案人或者境内责任人在填报化妆品注册备案资料时，通过填写原料报送码，直接与原料平台中的信息取得关联，无需再逐个自行索要和填报原料安全信息的具体内容。

通过原料安全信息报送制度，能够在数以万计的化妆品原料和数以百万计的化妆品产品之间建立紧密联系，很好地督促了化妆品产品企业向原料企业索取原料信息，使化妆品企业更加了解所用原料的属性和特点，更有利于化妆品质量安全水平的提升。另一方面，化妆品注册人、备案人等化妆品生产经营者应正确理解化妆品原料安全信息报送制度，不仅要向原料企业索取报送码，还要向其索要相应的原料安全信息，关注所用原料的安全信息实质内容，从而切实承担起化妆品质量安全责任，保障消费者的用妆安全。

二、化妆品原料的安全性评价

《化妆品监督管理条例》第十二条指出：申请化妆品新原料注册或者进行化妆品新原料备案时，需要提交新原料安全评估资料；第十九条规定：申请特殊化妆品注册或者进行普通化妆品备案，应当提交产品安全评估资料，注册申请人、备案人应当对所提交资料的真实性、科学性负责。

《化妆品新原料注册备案资料管理规定》指出：化妆品新原料安全性评价资料一般包括毒理学安全性评价资料和安全风险评估资料。

在毒理学安全性评价资料方面：首先结合新原料的国内外使用情况、风险程度高低、生物活性高低、是否有安全使用历史及是否有安全食用历史等特征，将新原料分为 6 种不同的情形，对应地提交 12 项毒理学项目中的部分或全部毒理学试验资料。在很长一段历史时期内，化妆品产品及原料的毒理学安全评价试验以传统的动物实验为主。19 世纪，部分国家陆续掀起了动物保护和动物福利运动，如欧盟早在 1993 年就开始了立法禁止化妆品动物实验的讨论，2013 年 3 月 11 日，欧盟完成了化妆品及成分的动物实验禁令和销售禁令的实施。澳大利亚、新西兰、印度等国也相继发布相关的法令。与此同时，动物替代试验的研究也逐渐火热。1959 年，英国动物学家 Russell 和微生物学家 RexBurch 提出了著名的 3R 原则，即通过使用无知觉的材料代替有意识的活体高等动物，在确保获取一定数量和精度的信息前提下尽量减少动物使用量，采取优化措施减轻动物痛苦的发生和严重程度。为了尽快与国际标准接轨，中国一方面取消了对某些产品或原料的强制性动物实验的要求，2014 年，中国取消了非特殊国产化妆品的强制动物实验；2021 年 5 月 1 日起进口普通化妆品免除动物测试；中国同样高度重视化妆品动物替代试验的研发与应用，在化妆品皮肤毒性测试领域更是开展了一系列具有建设性的研究工作。目前已经纳入《化妆品安全技术规范》中的皮肤毒性替代试验有皮肤光毒性的为体外 3T3 中性红光毒性试验、皮肤光变态反应，有皮肤腐蚀性/刺激性的为大鼠经皮电阻试验，以及和皮肤变态反应有关的直接反应肽试验等。

新原料的安全风险评估包括原料安全使用量评估资料和原料中可能存在的安全性风险物质及其控制措施等评估资料。2021 年 4 月，国家药监局发布的《化妆品安全评估技术导则》（2021 年版）规定了风险评估的程序，化妆品原料风险评估的原则、化妆品原料的理化性质，以及不同类别和来源的原料在风险评估中涉及的内容。

化妆品产品的安全评估应以暴露为导向，结合产品的使用方式、使用部位、使用量、残留等暴露水平，对化妆品产品中包含的所有原料及可能引入的安全风险物质进行评估。

原料不仅是化妆品的"基石"，也是化妆品的"芯片"，更是推动化妆品产业高质量发展的关键动力。《化妆品监督管理条例》出台以来，国家相继发布了多项政策和措施，在加强原料的安全管理的同时，鼓励和支持化妆品行业运用现代科学技术，结合我国传统优势项目和特色植物资源研究开发化妆品，研发有中国特色的化妆品新原料。

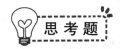

1. 已经被某企业注册备案的新原料，其他企业可以使用吗？其他企业可以继续注册备案吗？

2. 新原料取得注册或完成备案后的三年监测期内，化妆品注册人、备案人还应当履行哪些义务？

3. 新原料需要开展的毒理学试验项目有多少种？是不是所有的新原料都需要完成这些试验项目？

4. 安全风险评估的程序是怎么样的？产品的安全评估和原料的安全评估之间的关系如何？

PPT

第四章　化妆品分类监管与法规

📖 **知识要求**

1. 掌握　《化妆品分类规则和分类目录》中的分类目录和规则。

2. 熟悉　化妆品分类目录中的功效宣称、作用部位、使用方法、产品剂型、使用人群的释义说明并灵活运用。

3. 了解　化妆品分类监管的法规和意义，按国家推荐性标准、生产许可单元划分、产品外部形态及《化妆品安全技术规范》等定义的分类方法。

　　伴随化妆品全球贸易的飞速发展，化妆品工业快速增长，产品技术水平不断提升，质量不断提高，使全球化妆品变得种类繁多、功效各异。与此同时，化妆品的安全问题也一直备受世界各国的关注，各国建立了严格的法规和指令来保障公众使用化妆品的安全性。但由于各国对化妆品的定义不同，主要是因为作用机制的规定不同，导致各国以化妆品的使用目的、使用部位等为依据进行的化妆品分类也不尽相同，目前国际上对化妆品的概念尚没有统一定义，导致在化妆品监管上难以有统一的尺度，每个国家均从自身情况出发制定分类的方法。

　　近些年来，随着社会经济的发展，我国人民对化妆品的消费需求日益旺盛，化妆品已经成为不可忽视的消费品之一。市场上的化妆品琳琅满目，加上电商平台的崛起，"刷酸""药妆""械字号面膜""水光针"等各种夸大、误导宣传语随处可见。规范化妆品分类一直是行业内关注的重要话题。化妆品分类的法制化是化妆品分类监管的基础。

第一节　化妆品分类法规与监管概述

　　为了规范化妆品生产经营活动，加强化妆品监督管理，保证化妆品质量安全，保障消费者健康，促进化妆品产业健康发展，《化妆品监督管理条例》（以下简称《条例》）于2021年1月1日正式施行，替代了自1990年起实行了三十年的《化妆品卫生监督条例》，在中华人民共和国境内从事化妆品生产经营活动及其监督管理都应当遵守本条例。该《条例》明确了我国化妆品的分类监管尺度。

　　《条例》第四条规定，国家按照风险程度对化妆品、化妆品原料实行分类管理。将化妆品分为特殊化妆品和普通化妆品。国家对特殊化妆品实行注册管理，对普通化妆品实行备案管理。

　　《条例》第十六条规定，用于染发、烫发、祛斑美白、防晒、防脱发的化妆品，以及宣称新功效的化妆品为特殊化妆品。特殊化妆品以外的化妆品为普通化妆品。

　　《条例》第十七条规定，特殊化妆品经国务院药品监督管理部门注册后方可生产、进口。国产普通化妆品应当在上市销售前向备案人所在地省、自治区、直辖市人民政府药品监督管理部门备案。进口普通化妆品应当在进口前向国务院药品监督管理部门备案。

　　根据以上三条规定，对化妆品按照风险高低进行分类管理（表4-1）：

表 4 - 1　风险程度分类

分类	定义	风险程度	管理方式
特殊化妆品	用于染发、烫发、祛斑美白、防晒、防脱发以及新功效的产品	高风险	注册管理
普通化妆品	除特殊化妆品以外	低风险	备案管理

特殊化妆品是介于化妆品和药品之间的一类化妆品，具有某种特殊用途或具有药效活性，风险相对较高，在检验和监管要求上更加严格。相对于普通化妆品，目前我国对特殊化妆品实施严格的审批制管理，必须由国家药监局批准，取得批准证书后方可生产。无论是国内生产的，还是国外进口的，相关企业都必须取得特殊化妆品批准证书后方可生产或进口。

对比已废止的《化妆品卫生监督条例（1989 年）》，新《条例》不再将育发、脱毛、美乳、健美、除臭的化妆品列为特殊化妆品，意味着这五类产品不再作为特殊用途化妆品管理，将按照风险管理的原则，根据其不同作用机制采取不同的管理方式。

第二节　《化妆品分类规则和分类目录》概述

为了规范和指导化妆品分类工作，根据《化妆品监督管理条例》及有关法律法规的规定，国家药品监督管理局于 2021 年 4 月发布了《化妆品分类规则和分类目录》，按照化妆品的功效宣称、作用部位、产品剂型、使用人群，同时考虑使用方法，对化妆品进行了细化分类。

一、按功效宣称分类

新规下化妆品功效共分为 26 种 +1 类新功效（表 4 - 2）。其中"染发、烫发、祛斑美白、防晒、防脱发"5 种，外加 1 类"新功效"，按特殊化妆品进行管理，其余 21 种功效按普通化妆品进行管理。一个产品中并不只对应一种功效，可能会含有多种功效，若功效中含有 5 种特殊功效或新功效的，则该产品按特殊用途化妆品管理。

表 4 - 2　功效宣称分类目录

序号	功效类别	释义说明和宣称指引
A	新功效	不符合以下规则的
01	染发	以改变头发颜色为目的，使用后即时清洗不能恢复头发原有颜色
02	烫发	用于改变头发弯曲度（弯曲或拉直），并维持相对稳定 注：清洗后即恢复头发原有形态的产品，不属于此类
03	祛斑美白	有助于减轻或减缓皮肤色素沉着，达到皮肤美白、增白效果；通过物理遮盖形式达到皮肤美白、增白效果 注：含改善因色素沉积导致痘印的产品
04	防晒	用于保护皮肤、口唇免受特定紫外线所带来的损伤 注：婴幼儿和儿童的防晒化妆品作用部位仅限皮肤
05	防脱发	有助于改善或减少头发脱落 注：调节激素影响的产品，促进生发作用的产品，不属于化妆品
06	祛痘	有助于减少或减缓粉刺（含黑头或白头）的发生；有助于粉刺发生后皮肤的恢复 注：调节激素影响的、杀（抗、抑）菌的和消炎的产品，不属于化妆品
07	滋养	有助于为施用部位提供滋养作用 注：通过其他功效间接达到滋养作用的产品，不属于此类

序号	功效类别	释义说明和宣称指引
08	修护	有助于维护施用部位保持正常状态 注：用于疤痕、烫伤、烧伤、破损等损伤部位的产品，不属于化妆品
09	清洁	用于除去施用部位表面的污垢及附着物
10	卸妆	用于除去施用部位的彩妆等其他化妆品
11	保湿	用于补充或增强施用部位水分、油脂等成分含量；有助于保持施用部位水分含量或减少水分流失
12	美容修饰	用于暂时改变施用部位外观状态，达到美化、修饰等作用，清洁卸妆后可恢复原状 注：人造指甲或固体装饰物类等产品（如：假睫毛等），不属于化妆品
13	芳香	具有芳香成分，有助于修饰体味，可增加香味
14	除臭	有助于减轻或遮盖体臭 注：单纯通过抑制微生物生长达到除臭目的的产品，不属于化妆品
15	抗皱	有助于减缓皮肤皱纹产生或使皱纹变得不明显
16	紧致	有助于保持皮肤的紧实度、弹性
17	舒缓	有助于改善皮肤刺激等状态
18	控油	有助于减缓施用部位皮脂分泌和沉积，或使施用部位出油现象不明显
19	去角质	有助于促进皮肤角质的脱落或促进角质更新
20	爽身	有助于保持皮肤干爽或增强皮肤清凉感 注：针对病理性多汗的产品，不属于化妆品
21	护发	有助于改善头发、胡须的梳理性，防止静电，保持或增强毛发的光泽
22	防断发	有助于改善或减少头发断裂、分叉；有助于保持或增强头发韧性
23	去屑	有助于减缓头屑的产生；有助于减少附着于头皮、头发的头屑
24	发色护理	有助于在染发前后保持头发颜色的稳定 注：为改变头发颜色的产品，不属于此类
25	脱毛	用于减少或除去体毛
26	辅助剃须剃毛	用于软化、膨胀须发，有助于剃须剃毛时皮肤润滑 注：剃须、剃毛工具不属于化妆品

▶ 知识拓展

从市场产品看化妆品功效宣称的分类管理

化妆品功效宣称分类管理中，应综合考虑市场化宣传语言、作用机制和监管要求作出科学判断。

市面宣称"中和头发色调"等能改变头发颜色的，即时清洗不能恢复头发原有颜色的洗发水、发膜等产品，均应属于染发功效，按特殊化妆品管理；添加二羟丙酮（DHA）的免晒美黑产品，利用酮基官能团与皮肤角质层中氨基酸反应实现肤色加深，已永久性改变肤色，即便宣称"掩盖白斑"或"肤色均质化"，仍属于特殊化妆品范畴。

近年市场上出现部分宣称"通过光照合成天然黑色素"、或标榜"源于自然、草本萃取、无副作用能促使头发'白转黑'"等普通发用产品，实际是添加了硝酸银，利用银离子的感光特性将头发染色变黑。但根据我国《化妆品安全技术规范》明确限定硝酸银仅可用于染睫毛和眉毛的产品。若普通化妆品声称具备"白发转黑""白养黑""一夜黑""一洗黑"等类似功效，涉嫌普通化妆品宣称染发功效。

二、按作用部位分类

化妆品的作用部位主要分为10 + 1类（表4 - 3），应当根据产品标签中的具体施用部位合理选择对应序号。宣称作用部位包含"眼部"或者"口唇"的化妆品，编码中应当包含对应序号，并按照"眼部"或"口唇"化妆品的安全性和功效宣称要求管理。

表4 - 3　作用部位分类目录

序号	作用部位	说明
B	新功效	不符合以下规则的
01	头发	注：染发、烫发产品仅能对应此作用部位； 防晒产品不能对应此作用部位
02	体毛	不包括头面部毛发
03	躯干部位	不包含头面部、手、足
04	头部	不包含面部
05	面部	不包含口唇、眼部； 注：脱毛产品不能对应此作用部位
06	眼部	包含眼周皮肤、睫毛、眉毛； 注：脱毛产品不能对应此作用部位
07	口唇	注：祛斑美白、脱毛产品不能对应此作用部位
08	手、足	注：除臭产品不能对应此作用部位
09	全身皮肤	不包含口唇、眼部
10	指（趾）甲	

三、使用人群分类目录

使用人群分为3 + 1类（表4 - 4），其中宣称使用人群包括"婴幼儿""儿童"的化妆品，编码中应当包含对应序号，并按照儿童化妆品进行安全性和功效宣称的要求管理。

表4 - 4　使用人群分类目录

序号	使用人群	说明
C	新功效	不符合以下规则的产品；宣称孕妇和哺乳期妇女适用的产品
01	婴幼儿 （0～3周岁，含3周岁）	功效宣称仅限于清洁、保湿、护发、防晒、舒缓、爽身
02	儿童 （3～12周岁，含12周岁）	功效宣称仅限于清洁、卸妆、保湿、美容修饰、芳香、护发、防晒、修护、舒缓、爽身
03	普通人群	不限定使用人群

▶ **知识拓展**

儿童能染发烫发吗？

对于儿童而言，使用染发、烫发化妆品会带来一定的安全风险，主要有以下三个方面：

1. 染发、烫发化妆品属于安全风险较高的特殊化妆品　在我国，染发、烫发化妆品属于特殊化妆品，经国家药品监督管理局注册后方可生产、进口。市场上常见的染发化妆品一般是通过染料前体与偶联剂在强氧化剂的作用下，通过氧化聚合反应，产生可以固定于头发中的色素大分子，从而改变头发颜色。市场上常见的烫发类化妆品一般是通过还原性成分破坏头发中的二硫键等化学键，再借助外力卷曲或拉伸头发，最后再修复之前破坏的化学键，对头发进行定型，从而达成改变头发弯曲度的功效。染发、烫发化妆品中的染发剂、烫发剂在我国采取较为严格的管理。在《化妆品安全技术规范》中，现收录有间苯二酚等70余种准用染发剂，巯基乙酸等常用烫发剂收录于限用组分列表中，均有明确的使用限制要求。

2. 儿童生理特点决定了染发、烫发化妆品不适合儿童使用 儿童皮肤相较于成人来讲，具有表皮屏障功能不完全、真皮纤维结构不成熟、表皮脂质腺体分泌功能不完善等特点。此外，儿童皮肤角质层薄且水合程度高，皮肤连接松散，体表面积与体重比大，皮肤吸收能力强，再加上儿童心智尚未健全，在使用过程中更易出现不慎入眼、入口等现象，引发安全风险。因此，儿童皮肤对外界刺激耐受能力弱，对外来物质敏感，使用化妆品后容易出现皮肤干燥、泛红、瘙痒等问题。且儿童尚处于生长发育关键阶段，各类风险因素可能对其造成更多潜在的不良影响。

3. 儿童使用染发、烫发化妆品可能带来的风险 因为个体差异、使用不当等原因，化妆品可能会引起不良反应，例如：由致敏物或刺激物导致的"接触性皮炎"。部分染发剂如：对苯二胺等，是已知较为常见的致敏原。根据《化妆品安全技术规范》，使用染发剂的产品标签上必须标注"染发剂可能引起严重过敏反应"，"不适合16岁以下消费者使用"等警示语。染发、烫发产品中有些常见成分如：过氧化氢、巯基乙酸等，刺激性相对较强。根据《化妆品安全技术规范》，使用这些成分的产品标签一般也必须标注相应的警示语，如"防止儿童抓拿""避免接触眼睛"等。由于儿童本身生理特征与成人存在差异，加之认知能力不足，更易出现忽视警示事项、误用产品或不慎入眼、入口等情形，引发严重化妆品不良反应的可能性更高。

基于儿童的生理特点，儿童化妆品在配方设计上应遵循安全优先、功效必需、配方极简的原则。根据《儿童化妆品监督管理规定》，儿童化妆品是指：适用于年龄在12岁以下（含12岁）儿童，具有清洁、保湿、爽身、防晒等功效的化妆品。根据《化妆品分类规则和分类目录》，0~3周岁（含3周岁）婴幼儿用化妆品功效宣称仅限于"清洁、保湿、护发、防晒、舒缓、爽身"；3~12周岁（含12周岁）儿童用化妆品功效宣称仅限于"清洁、卸妆、保湿、美容修饰、芳香、护发、防晒、修护、舒缓、爽身"。可见，染发、烫发化妆品不属于儿童化妆品的范畴，不建议儿童使用染发、烫发化妆品。

爱美有度，安全用妆，不建议儿童使用染发、烫发化妆品。

四、按产品剂型分类

化妆品剂型按照属性分为11 + 1类（表4 - 5），其中产品含有膜布等基材（如面膜、眼膜等）或最终表现形态与半成品不一致的（如冻干粉），还需同时选择对应的序号进行分类。例如贴膜类面膜，除了发挥功效作用的精华液外，还有膜布作为基材配合使用，所以该类产品的剂型应为"02 液体"和"10 贴、膜、含基材"。

表 4 - 5 产品剂型分类目录

序号	产品剂型	说明
00	其他	不属于以下范围的
01	膏霜乳	膏、霜、蜜、脂、乳、乳液、奶、奶液等
02	液体	露、液、水、油、油水分离等
03	凝胶	啫喱、胶等
04	粉剂	散粉、颗粒等
05	块状	块状粉、大块固体等
06	泥	泥状固体等
07	蜡基	以蜡为主要基料的
08	喷雾剂	不含推进剂
09	气雾剂	含推进剂
10	贴、膜、含基材	贴、膜、含配合化妆品使用的基材的
11	冻干	冻干粉、冻干片等

五、按使用方法分类

根据使用方法化妆品分为驻留类和淋洗类（表 4 - 6），同时包含淋洗和驻留的，应当按驻留类化妆品选择对应序号，并按照驻留类化妆品的安全性和功效宣称要求管理。

表 4 - 6 使用方法分类目录

序号	使用方法	说明
01	淋洗	根据国家标准、《化妆品安全技术规范》要求，选择编码
02	驻留	

根据《化妆品安全技术规范》，淋洗类化妆品是指在人体表面（皮肤、毛发、甲、口唇等）使用后及时清洗的化妆品。驻留类化妆品为除淋洗类产品外的化妆品。

六、化妆品分类编码

依据上述分类目录，依次选择对应序号，各组目录编码之间用"-"进行连接，形成完整的产品分类编码。同一产品具有多种功效宣称、作用部位、使用人群或者产品剂型的，可选择多个对应序号，各序号应当按照顺序依次排序，序号之间用"/"进行连接。

> **知识拓展**
>
> **香皂、牙膏属于化妆品吗？**
>
> **1. 香皂**　香皂是安全使用历史最长的日用化学品之一。目前市场上的香皂以动植物油脂经与皂化反应生成的脂肪酸钠为主要原料，经碾制、冷却成型工艺生产而成。从香皂的使用方式（涂擦）、施用部位（人体表面）和主要用途（清洁）来看，香皂符合化妆品的定义，但长期以来在我国未作为化妆品监管。
>
> 我国对香皂产品既不实行生产许可，也不实行注册或者备案。香皂行业主要依靠成熟的行业标准体系进行管理和规范。

在《化妆品监督管理条例》的立法过程中，有意见提出现行的香皂管理模式是有效的，将香皂纳入化妆品管理，不但对产品安全的提高没有实际意义，反而对行业造成很大的冲击。经研究，《条例》延续了香皂的原有管理模式，对传统的仅具有清洁功效的普通香皂不按照化妆品进行管理。但考虑市场上出现宣称具有"美白、防晒"等功效的产品，具有一定的安全风险，将这类特殊功效的香皂纳入化妆品，按照特殊用途化妆品实行注册管理。

2. 牙膏 牙膏是由摩擦剂、保湿剂、增稠剂、发泡剂、芳香剂、水和其他添加剂（含用于改善口腔健康状况的功效成分）混合组成的，以摩擦的方式施用于人体牙齿表面，以清洁为主要目的的膏状物质。目前我国市场上牙膏大致分为两类：普通牙膏和功效型牙膏。

普通牙膏可以增强刷牙时的摩擦力，帮助去除食物残屑、软垢，消除或减轻口腔异味。如果在牙膏的制作中加入相关的化学物质或活性功效成分，如氟化物、控制牙石和抗牙本质敏感的化学成分等，则牙膏可以分别具有防龋、减少牙菌斑、抗过敏等功效，成为除普通牙膏的基本功能之外兼具辅助预防或减轻某些口腔症状、促进口腔健康的功效型牙膏。依据《条例》第七十七条牙膏可以宣称的功效主要为防龋、抑牙菌斑、减轻牙龈问题、抗牙本质敏感等功效。

因牙膏的使用部位是人体的牙齿表面，而非人体表面，不属于化妆品。虽然牙膏不符合现行化妆品的定义，但考虑牙膏的风险程度和管理现状，经反复研究论证，牙膏参照普通化妆品进行管理，需获得生产许可和进行产品备案。

第三节　其他标准、法规等的分类方法

一、《化妆品分类》对化妆品的分类

《化妆品分类》GB/T 18670—2017 作为推荐性国家标准，于 2017 年 11 月 1 日由国家质检总局和国家标准化管理委员会联合发布，2018 年 5 月 1 日起正式实施。此标准按照化妆品的产品功能和使用部位进行分类，对于多功能或使用部位的产品，则以主要功能或使用部位划分类别。此种分类方式为有关部门及生产经营企业对化妆品进行分类管理提供重要的参考依据。

按照产品功能，可分为清洁类化妆品（达到清洁和修正人体气味、保持良好状态目的的功能）、护理类化妆品（起到保养、修饰、保持良好状态目的的功能）、美容/修饰类化妆品（起到美化、修饰、芳香、改变外观、呈现良好状态目的的功能）等。

按照使用部位，可分为使用于皮肤、毛发、指（趾）甲、口唇等化妆品。

另外，根据消费者消费习惯，在商场中，我们还常见到商家还会将化妆品按照性别和年龄、以及剂型进行分类。如按照性别和年龄分为：婴儿用化妆品、青年用化妆品、男用化妆品、孕妇化妆品等。按剂型分，液体：洗发液、化妆水、香水等。乳液：蜜类、奶类等。膏霜类：润面霜、洗发膏等。粉类：蜜粉、爽身粉、散粉等。块状：粉块、唇膏、口红、眼影、发蜡等。

常用化妆品归类举例见表4-7（不限于此表）。

表4-7　《化妆品分类》GB/T 18670—2017 对化妆品的分类

部位	功能		
	清洁类化妆品	护理类化妆品	美容/修饰类化妆品
皮肤	洗面奶（膏）	护肤膏（霜）	粉饼
	卸妆油（液、乳）	护肤乳液	胭脂
	卸妆露	化妆水	眼影（膏）
	清洁霜（蜜）	面膜	眼线笔（液）
	面膜	护肤啫喱	眉笔（粉）
	浴液	润肤油	香水、古龙水
	洗手液	按摩精油	香粉（蜜粉）
	洁肤啫喱	按摩基础油	遮瑕棒（膏）
	花露水	花露水	粉底液（霜）
	洁颜粉	痱子粉	粉条
	洁面粉	爽身粉	粉棒
			腮红
			粉霜
毛发	洗发液	护发素	定型摩丝/发胶
	洗发露	发乳	染发剂
	洗发膏	发油/发蜡	烫发剂
	剃须膏	焗油膏	睫毛液（膏）
		发膜	生（育）发剂
		睫毛基底液	脱毛剂
		护发喷雾	发蜡
			发用啫喱水
			发用漂浅剂
			定型啫喱膏
指（趾）甲	洗甲液	护甲水（霜）	指甲油
		指甲硬化剂	水性指甲油
		指甲护理油	
口唇	唇部卸妆液	润唇膏	唇膏
		润唇啫喱	唇彩
		护唇液（油）	唇线笔
			唇油
			唇釉
			染唇液

注：产品名称是国家标准、行业标准或企业标准中规定的名称，表中所列产品名称仅为举例。按《条例》要求，育发功效产品［如：生（育）发剂］不再归为化妆品。

二、化妆品生产许可证规定的分类

2015年发布的《化妆品生产许可工作规范》（国家食品药品监督管理总局2015年第265号公告）中，以生产工艺和成品状态为主要划分依据，将化妆品划分为一般液态单元、膏霜乳液单元、粉单元、气雾剂及有机溶剂单元、蜡基单元、牙膏单元和其他单元，共7个单元，其作用仅限于换（发）生产许可证。这类分类方式是实施化妆品生产许可的基础。

根据产品特性，将前四个申证单元，分为若干申证小类。一般液态单元细分为护发清洁类、护肤水类、染烫发类和啫喱类；膏霜乳液单元细分为护肤清洁类和发用类；粉单元细分为散粉类和块状粉类；气雾剂及有机溶剂内分为气雾剂类和有机溶剂类。2022年1月1日起实施的《化妆品生产经营监督管理办法》，在原有分类基础上，增加皂基单元，共

8 个单元，并对儿童护发类、眼部护肤类化妆品生产条件作进一步严格要求。另外，将可能出现的且不能归属于以上五类的产品（新产品），列入"其他单元"。

具体生产单元分类见表4-8。

表4-8　化妆品生产许可证规定的分类

合并单元	亚分类单元	产品类型
一般液态单元	护发清洁类	洗发液、洗发膏、发油、洗面奶（非乳化）、洗手液、沐浴剂、液状发蜡等
	护肤水类	化妆水、按摩油、按摩精油、面贴膜（非乳化）、唇油等
	染烫发类	染发水、染发啫喱、烫发水等
	啫喱类	啫喱水、护肤啫喱、凝胶状发蜡、凝胶焗油膏、啫喱面膜等
膏霜乳液单元	护肤清洁类	润肤膏霜、润肤乳液、洗面奶（乳化）、膏乳状面膜、面贴膜（乳化）等
	护发类	发乳、焗油膏、护发素、免洗护发素、乳膏状发蜡等
	染烫发类	染发膏等
粉单元	散粉类	香粉、爽身粉、痱子粉、面膜（粉）等
	块状粉类	胭脂、眼影、粉饼等
	染发类	染发粉、漂浅粉等
	浴盐类	足浴盐、沐浴盐等
气雾剂及有机溶剂单元	气雾剂类	摩丝、发胶、液体发蜡（气雾罐式）等
	有机溶剂类	花露水、香水、指甲油等
蜡基单元	蜡基类	唇膏、润唇膏、发蜡、睫毛膏、化妆笔等
牙膏单元	牙膏类	牙膏、功效牙膏
皂基单元	皂基类	香皂（宣称特殊功效）
其他单元	—	本次不列入

注：具有抗菌、抑菌功能的特种洗手液、特种沐浴剂，其他齿用产品不在发证范围。产品名称是国家标准、行业标准或企业标准中规定的名称，表中所列产品名称仅为举例。

▶ 知识拓展

气雾剂俗称喷雾，分为一元气雾剂和二元气雾剂。

一元气雾剂是指将料体（液体）、抛射剂（气体）混合灌装到密闭的耐压容器内，使用时通过按压喷嘴，从而打开阀门，借助抛射剂的压力将物料通过阀门的管道从喷嘴喷射而出。

二元气雾剂是指原料和抛射剂分隔在两个容器内的气雾剂，包装多数是由阀门、囊袋、铝罐或铁罐组成的多重保护包装系统。

一元气雾剂的抛射剂一般有丙烷、丁烷、二甲醚、氮气、二氧化碳等。二元气雾剂产品的抛射剂一般为压缩空气，相较于一元气雾剂中常用的抛射剂，很大程度上增加了产品生产和使用上的安全性。

三、《化妆品安全技术规范》对化妆品的分类

《化妆品安全技术规范》（2015 年版）是原卫生部引印发的《化妆品卫生规范》（2007年版）的修订版，于2016 年12 月1 日起施行。依据其术语和释义，将化妆品分为以下几类（表4-9）。

表4-9　《化妆品安全技术规范》对化妆品的分类

类别	释义说明
淋洗类化妆品	在人体表面（皮肤、毛发、甲、口唇等）使用后及时清洗的化妆品
驻留类化妆品	除淋洗类产品外的化妆品
眼部化妆品	宣称用于眼周皮肤、睫毛部位的化妆品
口唇化妆品	宣称用于嘴唇部的化妆品
体用化妆品	宣称用于身体皮肤（不含头面部皮肤）的化妆品
肤用化妆品	宣称用于皮肤上的化妆品
儿童化妆品	宣称适用于儿童使用的化妆品

四、按产品形态分类

除了按相关法律法规对于化妆品的分类，还可以根据化妆品的外部基本形态来分类。这种分类方式常见于化妆品的生产和检测环节。

具体形态分类可见表4-10。

表4-10　按化妆品外部基本形态分类

类别	释义说明
乳剂类	清洁膏、雪花膏、冷霜、润肤霜、营养霜、清洁乳液、按摩乳等
油剂类	防晒油、浴油、按摩油、发油等
水剂类	香水、古龙水、花露水、化妆水、冷烫水等
粉状类	香粉、爽身粉等
块状类	粉饼胭脂等
凝胶状类	面膜、染发胶、抗水性保护膜等
膏状类	洗发膏、睫毛膏、剃须膏等
气溶胶类	喷发胶、摩丝等
笔状类	唇线笔、眉笔等
锭状类	唇膏、眼影膏等
悬浮状	类香粉蜜等

▶ **知识拓展**

1. 特殊用途化妆品的变化

（1）1990年1月1日实施的《化妆品卫生监督条例》第十条中对特殊用途化妆品作出定义，指用于育发、染发、烫发、脱毛、美乳、健美、除臭、祛斑、防晒的化妆品。该《条例》已于2021年1月1日起废止。与《化妆品监督管理条例》相比较，特殊用途化妆品的类别去除了育发、脱毛、美乳、健美和除臭共五类产品，意味着这五类产品不再作为特殊用途化妆品管理，将按照风险管理的原则，根据其不同作用机制采取不同的管理方式。

（2）调整至普通化妆品管理的产品

原育发类产品中宣称防断发的产品；

原美乳类产品中，通过紧致胸部肌肤达到塑造胸型效果的产品；

原除臭产品中，通过遮盖以为达到除臭效果的产品；

原脱毛类产品中，主要通过物理手段或软化毛囊等化学手段发挥脱毛作用的产品。

（3）逐渐纳入药品实施严格监管的产品

原育发类产品中，通过调节生理机能，达到刺激头发生长的生发类产品；

原健美、美乳类产品中，通过影响机体脂肪代谢或者分布达到形体健美或美化乳房等效果的产品；

原除臭类产品中，通过影响汗腺分泌而达到除臭效果的产品。

2. "械字号面膜""医学护肤品"

国家药监局在 2020 年 1 月 2 日曾发布一则化妆品科普知识《安全用妆，伴您同行——化妆品科普之"化妆品科普：警惕面膜消费陷阱"》，指出不存在"械字号面膜"及"妆字号面膜"，不能宣称医学护肤品。

"械字号"指医疗器械生产许可证号及产品备案号的简称。所谓"械字号面膜"，其实是医用敷料，属于医疗器械范畴。

医疗器械是指直接或间接用于人体的仪器、设备、器具、体外诊断试剂及校准物、材料，以及其他类似或相关的物品，包括所需要的计算机软件。其效用主要通过物理方式获得。医疗器械按照风险程度分为第一类、第二类、第三类实行分类管理。医疗器械的命名应当符合其命名规则要求，不得含有"美容""保健"等宣传词语，不得含有夸大适用范围或其他具有误导性、欺骗性的内容。从医疗器械的定义出发，我国并不存在合法的"械字号"化妆品的概念，医疗器械产品也不能以"面膜"作为其名称。

根据《条例》等法规、规章的规定，化妆品不得宣称具有医疗作用，其标识不得标注夸大功能、虚假宣传等内容。面膜类化妆品，将产品宣称为"医学护肤品""药妆"产品等，属于明示或暗示产品具有医疗作用，均是违法行为。

 **知识拓展**

警惕面膜消费陷阱

不存在所谓的"械字号面膜"："械字号面膜"，其实是医用敷料，属于医疗器械范畴。医用敷料应在其"适用范围"或"预期用途"允许的范围内，由有资质的医生指导并按照正确的用法用量使用，不能作为日常护肤产品长期使用。

"妆字号面膜"不能宣称"医学护肤品"："妆字号面膜"，即按照化妆品管理的面膜产品，指涂或敷于人体皮肤表面，经一段时间后揭离、擦洗或保留，起到护理或清洁作用的化妆品。面膜类化妆品不仅包括面贴膜，还包括眼膜、手膜、足膜、颈膜等。

面膜类化妆品应当按照说明书的要求使用。面膜并不是越频繁使用越好。对于一些皮肤敏感的消费者而言，如果每天使用面膜，可能加重皮肤的敏感程度，不利于皮肤健康。

第四节　法律责任与案例分析

一、法律责任

若生产经营不符合化妆品分类规则和目录的产品，依据《化妆品监督管理条例》中第五章第六十条中第（二）项进行处罚。

有下列情形之一的，由负责药品监督管理的部门没收违法所得、违法生产经营的化妆品和专门用于违法生产经营的原料、包装材料、工具、设备等物品；违法生产经营的化妆品货值金额不足 1 万元的，并处 1 万元以上 5 万元以下罚款；货值金额 1 万元以上的，并处货值金额 5 倍以上 20 倍以下罚款；情节严重的，责令停产停业、由备案部门取消备案或者由原发证部门吊销化妆品许可证件，对违法单位的法定代表人或者主要负责人、直接负责的主管人员和其他直接责任人员处以其上一年度从本单位取得收入的 1 倍以上 3 倍以下罚款，10 年内禁止其从事化妆品生产经营活动；构成犯罪的，依法追究刑事责任：

（一）使用不符合强制性国家标准、技术规范的原料、直接接触化妆品的包装材料，应当备案但未备案的新原料生产化妆品，或者不按照强制性国家标准或者技术规范使用原料；

（二）生产经营不符合强制性国家标准、技术规范或者不符合化妆品注册、备案资料载明的技术要求的化妆品；

（三）未按照化妆品生产质量管理规范的要求组织生产；

（四）更改化妆品使用期限；

（五）化妆品经营者擅自配制化妆品，或者经营变质、超过使用期限的化妆品；

（六）在负责药品监督管理的部门责令其实施召回后拒不召回，或者在负责药品监督管理的部门责令停止或者暂停生产、经营后拒不停止或者暂停生产、经营。

二、案例分析

1. 睫毛液具有"促进睫毛生长"的功效吗？

市场上有部分宣称可以使睫毛变"浓密""纤长"的睫毛滋养液、睫毛精华液等产品，通常是在睫毛上附着成膜剂、着色剂等，以物理作用方式达到对睫毛上色、增粗、变长的效果。这类产品属于普通化妆品，在上市或者进口前应当完成产品备案。上述睫毛液并不具有促进睫毛生长的作用。

事实上，在国家药监局发布的《化妆品分类规则和分类目录》中，并没有"促进睫毛生长"的功效类别。截至目前，国家药监局未批准任何宣称具有促进睫毛生长功效的化妆品。

> **知识拓展**
>
> #### 比马前列素能用于促进睫毛生长吗？
>
> 据报道，临床上发现部分患者使用比马前列素、曲伏前列素等降低眼压的药物后，会出现睫毛增长、增多、增粗的现象。这些药物为前列腺素类似物，需要在医生的指导下按照药品说明书的要求使用。对于健康人群，长期使用此类药物的安全性尚不明确。
>
> 2021 年，国家药监局修订发布的《已使用化妆品原料目录》中，未收录名称含有"前列腺素"的化妆品原料。国家药监局也未注册或者备案任何"前列腺素"相关的化妆品原料。因此，将比马前列素等前列腺素类似物作为化妆品原料用于化妆品生产，违反了《化妆品监督管理条例》的有关规定，应予禁止。

2. 产品名为××肉桂除螨止痒沐浴露，是否符合化妆品分类规则和目录？

肉桂除螨止痒
沐浴露
Cinnamon Mite–Removal & Anti–itch Body Wash

【产品成分】
水、月桂酸、肉豆蔻酸、甘油、椰油酰胺丙基甜菜碱、月桂醇聚醚硫酸酯钠、氢氧化钾、乙二醇硬脂酸酯、硬脂酸、羟乙基纤维素、香精、海藻糖、DMDM乙内酰脲、葎草花/叶/颈提取物、垂盆草提取物、白薇提取物、白花蛇舌草提取物、蒲公英提取物、云南重楼提取物、一枝黄花提取物、金钱草提取物、肉桂树皮提取物、蛇床子提取物、栀子果提取物、黄连根提取物、葛根提取物、孟二醇、桉叶油素、香茅醇、香茅醛、薄荷油、柠檬醛、香叶天竺葵油

产品名称一般由商标名、通用名和属性名三部分组成，通用名可以是表明产品原料或者描述产品用途、使用部位的文字。从该产品名称出发，"肉桂"为原料名，对应成分中"肉桂树皮提取物"，符合《已使用化妆品原料目录》（2021年版）的要求；"除螨""止痒"属描述产品用途和功效，但不在功效宣称分类目录中，且"除螨""止痒"涉及医疗术语，不符合化妆品的定义和分类；"沐浴"指产品的用途，用于清洁身体肌肤；"露"是产品的属性名，表明产品的物理性状为液体。

该款产品所宣称的功效不属于分类目录中26种功效的其中一种，因宣称涉及医疗术语，不能以新功效进行分类，故该产品名称不符合法规要求，不属于化妆品。

三、化妆品分类填写注意事项

在填写化妆品分类时，需要注意以下几个关键事项。

（一）功效宣称分类填写注意事项

1. 产品名称与功效宣称一致性　确保产品名称和功效宣称相匹配。例如，产品名称为"抗皱保湿霜"，功效宣称应为"保湿"。

2. 功效宣称完整性　确保功效宣称填写完整，不应仅填写部分功效。例如，产品名称为"保湿洁面啫喱"，功效宣称应包括"保湿"和"清洁"。

3. 备案范畴判定　结合产品名称、标签等综合判定产品是否属于普通化妆品备案范畴。例如，如果产品标签中宣称具有淡化暗黄、除菌、抑菌等特殊功效，则该产品可能不属于普通化妆品备案范畴。

（二）产品剂型分类填写注意事项

1. 剂型填写完整性　确保贴膜类面膜等产品填写完整的剂型信息，包括产品剂型、含基材和浸液的剂型。例如，贴膜类面膜应填写为"10贴、膜、含基材、浸液的剂型"。

2. 剂型填写准确性　根据《化妆品分类规则和分类目录》附表4，准确选择产品剂型。例如，含有推进剂的产品不应选择喷雾剂（08），而应选择气雾剂（09）。

（三）作用部位分类填写注意事项

1. 填写完整性　确保根据使用方法填写完整的作用部位。例如，如果使用方法为"涂抹于面部、眼周及唇部肌肤"，则应填写"05面部、06眼部、07口唇"。

2. 填写准确性　确保作用部位填写正确。例如，如果使用方法为"涂抹于脸部及颈部"，则应填写"05面部、03躯干部位"。

（四）使用人群分类填写注意事项

1. 特定人群功效宣称限定　婴幼儿（0～3周岁，含3周岁）的功效宣称仅限于清洁、

保湿、护发、防晒、舒缓、爽身。儿童（3～12 周岁，含 12 周岁）的功效宣称限于清洁、卸妆、保湿、美容修饰、芳香、护发、防晒、修护、舒缓、爽身。

2. 使用人群分类　宣称孕妇和哺乳期妇女适用的产品，使用人群应填写为"03 普通人群"，并注明新功效。

（五）使用方法分类填写注意事项

淋洗和驻留类产品　根据《化妆品安全技术规范》，当使用方法同时包含淋洗和驻留时，应按照驻留类化妆品选择对应序号。例如，洁面乳的使用方法为"涂抹于面部，按摩后用清水冲洗"，应填写为"01 淋洗"。

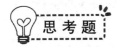

思考题

1. 《化妆品分类规则和分类目录》在违规宣称上可以发挥哪些作用？
2. 化妆品有哪些分类依据和方法？
3. 化妆品为什么需要分类监管？

PPT

第五章　化妆品安全性和功效性监管与法规

📖 **知识要求**

1. 掌握　我国化妆品安全和功效相关的主要法规体系的组成；化妆品及其原料安全监管的要求和内容；化妆品及其原料功效评价监管的要求和内容。

2. 熟悉　毒性风险的来源和特点；化妆品及其原料的安全评估过程；化妆品安全和功效评价的主要技术标准体系。

3. 了解　我国化妆品安全与功效法规和监管的历史沿革；化妆品安全和功效评价方法的发展趋势。

化妆品有四种基本属性即高度的安全性、相对的稳定性、一定的功效性和良好的使用性，其中安全性是化妆品的质量底线，是化妆品的首要特性，也是行政机关监督管理的重点。化妆品作为商品，其价值体现于有用性，也就是功效性，化妆品功效性是消费者最为关注的特性，夸大、虚假宣传化妆品的功效误导消费者的问题曾一度比较突出，严重侵害了消费者权益，扰乱了市场秩序，制约行业的健康发展。化妆品作为一种使用频次较高的日常用品，必须保证具有高度的安全性和可靠的功效性。化妆品安全和功效宣称的规范化监管，对化妆品行业高质量发展具有重要意义。

第一节　化妆品安全性监管和法规

化妆品成分及其终产品的安全性评价是保证化妆品安全性的关键措施和核心内容。化妆品作为皮肤外涂的一种日用品，应避免的主要危害包括局部刺激、过敏反应和全身毒性等。生产企业应确保其原料和终产品在正常及可预见的使用条件下安全可靠，这既是企业的首要责任，也是监督部门的监管重点。

化妆品与外用药相比，外用药在达到治疗效果的同时，如有某些副作用，只要其与治疗作用相比较轻，在多数情况下是容许的。而化妆品作为长期、连续直接接触皮肤的产品，不容许产生副作用。这就要求对化妆品从原料到产品的化学、物理和生物学性质，特别是对皮肤的作用做出安全性的评价。

一、化妆品质量安全性问题的表现

（一）毒性

化妆品毒性来源于化妆品中存在的安全性风险物质，这些风险物质可能由化妆品原料或包装材料污染所致，也可能是在生产、运输、储存过程中产生的毒性物性。

化妆品配方复杂，新原料不断涌现，人们对配方成分及其潜在威胁认识的局限性及使用经验的不完整性，客观上导致了化妆品安全性风险。如，无机粉质原料中可能携带重金属元素如汞、铅、砷、镉、铬等；乙醇的使用可能导致甲醇的带入；滑石粉可能含有石棉、二噁烷致癌物等。此外，有些生产者过度追求利益，超限量使用限用物质或者非法添加禁用物质，主观上造成化妆品安全性风险。如祛痘产品中的抗生素、甲硝唑，抗过敏或舒缓产品中的糖皮质激素，育发产品中的氮芥和斑蝥等，都是化妆品中禁用的被用来非法添加的物质。

化妆品组分中如使用矿脂，应清楚全部精炼过程并且能够证明所获得物质不是致癌物。另外苯酚、多环芳烃等都是当前重点监控的安全风险物质。

根据《化妆品中可能存在的安全性风险物质风险评估指南》规定，除重金属外，当前重点监控的安全风险物质有滑石粉与烈性致癌物质石棉、二噁烷，亚硝胺、甲醛、丙烯酰胺等。

（二）致病微生物污染

化妆品的原料有油脂、蛋白质、多糖、维生素、水分等。这些营养物质组成的体系为微生物的生长和繁殖提供了丰富的物质条件和良好的营养环境。

微生物污染化妆品，分解代谢化妆品的某些成分，致使化妆品腐败变质，造成以下质量问题：①破坏产品的稳定性，使化妆品出现析油析水、油水分离的状况；②降解活性组分，造成化妆品功效丧失；③改变产品感官体验，如产生霉斑，发酵产气，使产品膨胀粗糙，产生不良气味，改变产品颜色等；④产生有毒有害代谢物，对使用者健康造成危害。为防止化妆品微生物污染，《化妆品安全技术规范》（2015 年版）关于化妆品的微生物数量和致病微生物种类作出了明确规定。

（三）刺激性

化妆品常含有酸、碱、表面活性剂、香精香料、防腐剂等化学性成分。这些化学性物质作用于皮肤、器官黏膜等后经常引起刺激性皮肤病变，又称为刺激性接触皮炎，是化妆品引起的最为常见的一种皮肤损害，也是皮肤局部迅速出现的急性炎症。化妆品使用的原料必须符合相关规定要求，化妆品必须使用安全，不得对使用部位产生明显刺激和损伤，且无感染性。

（四）过敏性

化妆品引起的过敏性接触皮炎、也称为变应性接触皮炎。化妆品中的某些成分对皮肤细胞产生刺激，使皮肤产生抗体，从而导致过敏。

香精香料、染发剂、表面活性剂、防腐剂、防晒剂、重金属等是化妆品中致敏性较强的致敏原。实际上化妆品中的很多成分都可能对特定人群产生过敏反应，为保证消费者的知情权，减少不必要的过敏状况的发生，《化妆品标签管理办法》规定了化妆品标签上必须全成分标注，以提醒消费者在选购产品时尽量避免选购含有过敏原的产品。

二、化妆品毒性风险的特点

由化妆品质量安全性特点和发生途径可知化妆品风险具有客观性、偶然性、损害性和社会性。

化妆品风险的客观性表现在化妆品原料种类繁多，理化性质和来源千差万别，客观上加大了使用风险。化妆品品类众多，产品更新迭代迅速，给生产过程中的质量安全控制增加了难度。

化妆品风险的偶然性表现在并非所有的使用者都会出现同样的安全风险事件，同一安全风险要素也并非都会导致出现同样的风险事件。如由于使用者的个体差异，安全合格的产品在部分使用者身上可能会出现不良反应。

化妆品风险的损害性体现在每一个安全事件都会不同程度地造成消费者的人体伤害，也会给生产者和经营者带来一定的经济损失和信誉损失。

化妆品安全风险具有社会性，化妆品作为大众日常生活中必不可少的消费品，其安全风险是社会公共安全的突出问题，确保化妆品原料和终产品的安全是生产企业的首要职责，也是行政主管部门的首要任务和重点。

三、化妆品安全法规的历史沿革

1986 年 12 月，轻工业部颁发《化妆品生产管理条例》，我国开启了化妆品生产的许可管理，是最早实行"化妆品生产许可证"的条例，该条例下的生产许可证有效期三年，明确规定凡未获得生产许可证的企业不得生产化妆品。

1989 年，国务院颁布了《化妆品卫生监督条例》，是我国第一部化妆品法规，规定了新原料审批制度、特殊用途化妆品审批制度、标签管理制度、化妆品生产许可制度、人员健康管理制度、化妆品卫生质量检验制度、进口化妆品检验制度、化妆品卫生监督员制度、不良反应报告制度、重大事故技术鉴定制度、法律责任制度等十余项制度。《化妆品卫生监督条例》规定对化妆品生产企业的卫生监督实行卫生许可证制度，自此我国开启了化妆品卫生监管与质量监管的"双要素"监管模式。《化妆品卫生监督条例》的实施标志着我国化妆品的生产与监管进入了法治化管理的轨道。

1989—2008 年，卫生部、国家质量技术监督局、国家出入境检验检疫局等职能部门先后颁布了一系列化妆品规章制度，其中重要的有《化妆品卫生监督条例实施细则》《化妆品广告管理办法》《化妆品生产企业卫生规范》《化妆品皮肤病诊断标准及处理原则》《进出口化妆品监督检验管理办法》《中华人民共和国产品质量法》《化妆品检验规定》《化妆品标识规定管理》《化妆品卫生行政许可检验规定》等。这些规范和制度对当时化妆品行业的发展起到了良好的规范、引导作用。

2008 年，国务院机构改革，确定化妆品卫生监督管理职责由卫生部划入国家食品药品监督管理局。卫生部退出化妆品监管体系，国家食品药品监督管理局成为监管主体，并从化妆品命名、行政许可、现场检查、生产质量监督、风险评估、技术审评、产品注册备案、新原料申报等多维度、多环节制定相应的规章制度进一步规范企业的生产经营。

2013 年，国务院机构改革和职能转变方案，将原国家质量技术监督局化妆品生产行政许可、强制检验的职责，划入原国家食品药品监督管理总局。将化妆品生产行政许可与化妆品卫生行政许可两项行政许可整合为一项行政许可，"两证合一"的政策正式落地，标志着化妆品卫生监管与质量监管的"双要素"监管模式的结束。国家食品药品监督管理局先后出台《化妆品生产许可工作规范》《化妆品监督抽检工作规范》《化妆品注册和备案检验工作规范》等法规（表 5-1），加强化妆品事前、事中的安全性监管。

2018 年，国务院机构改革，组建国家市场监督管理总局，明确化妆品由国家市场监督管理总局下的国家药品监督管理局全面负责化妆品安全监督管理、注册备案管理、质量管理、上市后风险管理、安全应急管理等。2020 年 6 月国务院公布了《化妆品监督管理条例》，随之一系列配套的规章规范性文件密集出台，化妆品法规体系的"四梁八柱"初步建成，我国化妆品监管开启了新的篇章。新制度框架顺应了产业和社会的发展趋势，迎合了人民群众的需求，同时也对生产经营者和监管者提出了新的更高要求，将对化妆品产业和市场的格局和发展带来长远深刻的影响。

四、化妆品安全性相关的法规

2020年6月，国务院发布的《化妆品监督管理条例》（以下简称《条例》）是对《化妆品卫生监督条例》的全面性、系统性"大修"，是我国化妆品领域的基本法规。《条例》坚持"最严谨的标准、最严格的监管、最严厉的处罚、最严肃的问责"的监管要求，秉承科学监管、问题导向、风险防控、立破并举等原则，夯实企业生产经营主体责任，创新监管方法，加强全周期、全过程、全产业链管理。《化妆品监督管理条例》的实施全面开启了化妆品法治化的"新时代"。

为了更好落实《条例》的相关规定，一系列与之配套的规范、办法、指南、标准等法规文件相继出台，这些法规在《条例》的基础上，分别针对产品分类、注册备案、安全评估、生产监督等不同经营环节、主体进行细化规定，形成了以《条例》为指导的科学、全面、详细的化妆品安全监管体系（表5-1）。

表5-1 化妆品安全相关法规文件

名称	制定机构	发布日期
《化妆品注册和备案检验工作规范》	国家药品监督管理局	2019.9.10
《化妆品监督管理条例》	国务院	2020.6.29
《化妆品注册备案管理办法》	国家市场监督管理总局	2021.1.12
《化妆品新原料注册备案资料管理规定》	国家药品监督管理局	2021.3.4
《化妆品注册备案资料管理规定》	国家药品监督管理局	2021.3.4
《化妆品安全评估技术导则》（2021年版）	国家药品监督管理局	2021.4.9
《化妆品功效宣称评价规范》	国家药品监督管理局	2021.4.9
《化妆品分类规则和分类目录》	国家药品监督管理局	2021.4.9
《化妆品标签管理办法》	国家药品监督管理局	2021.6.3
《化妆品生产经营监督管理办法》	国家市场监督管理总局	2021.8.2
《儿童化妆品监督管理规定》	国家药品监督管理局	2021.10.8
《化妆品生产质量管理规范》	国家药品监督管理局	2022.1.7
《化妆品不良反应监测管理办法》	国家药品监督管理局	2022.2.21
《企业落实化妆品质量安全主体责任监督管理规定》	国家药品监督管理局	2022.12.29
《化妆品抽样检验管理办法》	国家药品监督管理局	2023.1.12
《牙膏监督管理办法》	国家市场监督管理总局	2023.3.23

五、化妆品原料的安全性监管

《条例》对化妆品原料按照风险差异实施分类管理。《条例》将化妆品原料分为已使用的原料和新原料，已使用的原料按照强制性国家标准、技术规范合规使用。在我国境内首次应用于化妆品的天然或者人工原料为化妆品新原料。根据风险程度大小对化妆品新原料实行分类管理，具有防腐、防晒、着色、染发、祛斑美白功能的化妆品新原料实行注册管理，一般新原料实行备案管理。新原料注册、备案前，注册申请人、备案人应当自行或者委托专业机构开展安全评估，确保原料科学使用。获批的新原料安全使用 3 年后方可录入《已使用化妆品原料目录》。

《化妆品注册备案管理办法》是我国首部专门针对化妆品和新原料注册备案管理的部门规章。《化妆品注册备案管理办法》细化落实了化妆品、新原料注册人、备案人依法履行产品注册、备案义务的责任义务及准入条件，对所提交资料的真实性和科学性负责。此外，境外注册人、备案人的境内责任人，应当履行以注册人、备案人的名义承担相应的责任和义务；协助注册人、备案人开展化妆品不良反应监测、化妆品新原料安全监测与报告工作等工作。《化妆品注册备案管理办法》建立了新原料安全监测制度，要求注册人、备案人对新原料安全性进行持续追踪研究，每年报送新原料使用和安全情况的报告，发现突发安全情况应当开展研究、采取措施控制风险并向技术审评机构报告。从化妆品新原料注册和备案、安全监测与报告两方面，明确化妆品新原料注册和备案管理要求。

为了贯彻落实《化妆品注册备案管理办法》，规范和指导化妆品新原料注册与备案工作，2021 年 2 月，国家药监局颁布了《化妆品新原料注册备案资料管理规定》，作为新原料注册备案相关规定的细则和技术指导性文件。

《化妆品新原料注册备案资料管理规定》明确要求应当从毒理学安全性评价和安全风险评估两个方面对化妆品新原料进行安全性评价。毒理学安全性评价应当结合申报注册和新原料的特征，确定新原料的具体情形，开展相应的毒理学试验或搜集整理相应的研究数据和资料。安全风险评估应当按照国家药品监督管理局制定的化妆品安全评估原则和程序等相关要求，对新原料的安全用量、可能存在的安全性风险物质及其控制措施等进行评估。

《化妆品新原料注册备案资料管理规定》规定化妆品新原料注册备案应当提供必要的微生物、重金属、有害物质的检验报告及安全性和功效性的评价报告。注册备案资料应当清楚阐述新原料的质量控制情况和安全评估情况等内容，并能够充分证明在限定的使用条件下，将新原料用于化妆品生产的安全性和风险可控性。《化妆品新原料注册备案资料管理规定》对有害物质检验报告和安全性评价报告的要求如下。

（一）检验报告要求

毒理学试验报告和防腐、防晒、祛斑美白、防脱发功效评价等高风险项目的检验报告，应当由取得化妆品领域的检验检测机构资质认定（CMA）或中国合格评定国家认可委员会（CNAS）认可，或者符合国际通行的良好临床操作规范（GCP）或良好实验室操作规范（GLP）等资质认定或认可的检验机构出具。

理化和微生物检验报告及防腐、防晒、祛斑美白、防脱发之外的功能评价报告等可由化妆品新原料注册人、备案人自行或者委托具备相应检验能力的检验检测机构出具。

（二）检验方法要求

1. 理化、微生物和有毒物质安全评价 化妆品新原料理化和微生物检验、人体安全性试验项目，原则上应当参考《化妆品安全技术规范》或者《中华人民共和国药典》等规定的检验方法，如果没有规定的方法，应当按照国家标准、国际通行方法或者使用自行开发的试验方法进行检验。若使用自行开发的方法，应当同时提交方法的适用性和可靠性的证明资料。

2. 毒理学安全性评价 新原料毒理学试验项目应当按照《化妆品安全技术规范》规定的试验方法开展。若缺乏规定方法，应当按照国家标准或国际通行方法进行检验。新原料的毒理学安全性评价应按照《化妆品新原料注册备案资料管理规定》的相关条款和程序开展。

（1）基本要求　化妆品新原料注册人、备案人应当根据新原料的具体情形，选择适当的毒理学试验项目，进行毒理学安全性评价，提供相应的评价资料。并结合毒理学试验项目，对每个试验的方法、过程、毒理学终点等进行总结，对新原料的安全性评价进行综述，确定最终的安全性评价结果。

化妆品新原料毒理学安全性评价资料可以是化妆品新原料注册人、备案人自行或委托开展的毒理学试验项目的试验报告、科学文献资料和国内外政府官方网站、国际组织网站发布的相关研究数据或内容。

（2）毒理学试验项目　申请注册或进行备案的化妆品新原料，原则上应当按照表5-2开展第2~13项的毒理学试验，并提供表中列出的安全性相关的项目资料，但根据新原料的用途、理化特性、定量构效关系、毒理学资料、临床研究、人群流行病学调查，以及类似化合物的毒性等情况，可增加或减免相应的毒理学试验项目。

国内外首次使用的有健康危害效应（不包括局部毒性）的新原料、纳米新原料，以及寡肽、多肽、蛋白质类新原料，应当开展表5-2中第2~13项的毒理学安全性评价试验。此外有健康危害效应的新原料还应当进行毒物代谢及动力学安全评价检验；寡肽、多肽、蛋白质类新原料还应当进行皮肤吸收/透皮试验和免疫毒性安全性评价试验；纳米新原料还应当进行皮肤吸收/透皮吸收的安全性评价试验，对于有可能吸入暴露的纳米新原料，还应当同时进行吸入毒性试验。

（3）毒理学试验情形分类及要求　根据申报注册或进行备案的新原料的功能、性状，以及在国内外化妆品中使用历史情况，或者食用历史情况等，新原料分为下面六种情形，注册人、备案人应当结合申报注册和进行备案新原料的特征，判定新原料的具体情形，分别提交相应的毒理学试验项目资料（表5-2）。

1）情形1：国内外首次使用的具有防腐、防晒、着色、染发、祛斑美白、防脱发、祛痘、抗皱（物理性抗皱除外）、去屑、除臭功能，以及其他国内外首次使用的具有较高生物活性的新原料，应开展表5-2中第2~13项毒理学试验，并提交相关资料。

2）情形2：除情形1中所述新原料外的其他国内外首次使用的新原料，应当开展表5-2中第2~8项毒理学试验。

3）情形3：除情形1中所述新原料外的其他新原料，若能够提供充分的证据材料证明该原料在境外上市化妆品中已有三年以上安全使用历史的，应当开展表5-2中第2~7项毒理学试验，并提交相关资料。

能够同时提供国际权威安全评价机构评价结论，认为在化妆品中使用是安全的安全评估报告或符合伦理学条件下的人体安全性检验报告，可不提供急性经口或急性经皮毒性试验资料。

4）情形4：具有防腐、防晒、着色、染发、祛斑美白、防脱发、祛痘、抗皱（物理性抗皱除外）、去屑、除臭功能，且能够提供充分的证据材料证明该原料在境外上市化妆品中已有三年以上安全使用历史的新原料，应当进行表5-2中第2~8项毒理学试验，并提交相关资料。

5）情形5：具有安全食用历史的化妆品新原料（原料所使用的部位应与食用部位一致），应当开展表5-2中第3~6项毒理学试验，并根据原料的暴露量、使用方式等对原料进行风险评估。

6）情形6：化学合成的由一种或一种以上结构单元，通过共价键连接，平均相对分子质量大于1000道尔顿，或相对分子质量小于1000道尔顿的低聚体含量少于10%，结构和性质稳定的聚合物（具有较高生物活性的原料除外），应当开展表5-2中第3、5项毒理学试验。

已有国际权威机构评价结论认为在化妆品中使用是安全的新原料，或者境外化妆品监管部门已经批准使用的新原料，应当分别根据上述情形分类的资料要求，将国际权威安全评价机构的评估报告、境外化妆品监管部门批准证书，以及其他相关资料中相应的内容进行整理并提交。

表5-2　不同情形分类化妆品新原料的毒理安全试验项目要求

项目序号	项目	情形分类					
		情形1	情形2	情形3	情形4	情形5	情形6
1	毒理学安全性评价综述	○	○	○	○	○	○
2	急性经口或急性经皮毒性试验①	○	○	○	○		
3	皮肤和眼刺激性/腐蚀性试验	○	○	○	○	○	○
4	皮肤变态反应试验	○	○	○	○		
5	皮肤光毒性试验②						
6	皮肤光变态反应试验③						
7	致突变试验	○	○	○	○		
8	亚慢性经口或经皮毒性试验	○	○		○		
9	致畸试验	○					
10	慢性毒性/致癌性结合试验	○					
11	吸入毒性试验④						
12	长期人体试用安全试验	○					
13	其他毒理学试验⑤						
14	安全性评估报告	○	○	○	○	○	○

注：表中"○"表示必须开展的试验和提交的资料。
①在情形3中，如能提供国际权威安全评价机构评价结论认为化妆品中使用是安全的安全评估报告或符合伦理学的人体安全性检验报告，可不开展该项试验。
②原料具有紫外吸收特性时须进行该项试验。
③除情形6外，原料具有紫外吸收特性时须进行该项试验。
④原料有可能吸入暴露时须进行该项试验。
⑤根据每个新原料的实际情况，进行其他的试验。

（4）安全使用历史相关资料的要求　具备以下所有条件的，可被视为在境外上市化妆品中已有三年以上安全使用历史的新原料，符合上述情形3和情形4的新原料应当同时提供相应的资料：

①新原料与在境外上市化妆品使用的原料的质量规格、使用目的、适用或使用范围相同，新原料的安全使用量不高于境外上市化妆品中的使用量；

②含该原料的化妆品在境外上市不得少于3年；

③能够证明含该原料的化妆品在境外已有足够使用人群的相关证据材料；

④在境外上市的含该原料的化妆品未出现过因该原料引起的严重不良反应或者群体不良反应事件；

⑤未见该原料涉及可能对人体健康产生危害相关文献报道。

（5）安全食用历史相关资料的要求　具备以下条件之一的，可被视为具有安全食用历史的新原料，符合上述情形 5 的新原料应当同时提供相应的资料：

①取得我国相关监督管理部门食品安全认证或其他相应资质的食品用原料；

②经国内外相关监督管理部门、技术机构或其他权威机构发布的可安全食用的原料。

3. 动物替代方法 使用动物替代方法进行毒理学安全评价的新原料，应当根据原料的结构特点、特定的毒理学终点，选择合适的整合测试和评估方法（IATA），评价新原料的毒性。应用的动物替代试验方法尚未收录于我国《化妆品安全技术规范》的，则该项替代试验方法应当为国际权威替代方法验证机构已收录的方法，且应当同时提交该方法能准确预测该毒理学终点的证明资料。证明资料应当包括该项替代试验方法研究过程简述和不少于 10 种已知毒性受试物的研究数据、结果分析、研究结论等内容。

六、化妆品的安全性监管

同化妆品新原料的监管一样，《条例》规定按风险程度高低对化妆品实施分类管理，普通化妆品实行备案管理，风险程度较高的特殊化妆品实行注册管理；化妆品注册备案前，注册申请人、备案人应当自行或者委托专业机构开展安全评估，确保产品安全。

《化妆品注册备案管理办法》和《化妆品注册备案资料管理规定》是化妆品注册备案的重要规范，也是化妆品安全性评价的重要指导文件，后者是前者关于化妆品注册备案管理条款的落实细则，其要求化妆品注册或者备案时，应当提交产品检验报告和产品安全评估资料。

化妆品的检验报告，由化妆品注册和备案检验机构出具，包括微生物与理化检验、毒理学试验、人体安全性试验报告和人体功效试验报告等内容，报告应当符合《化妆品安全技术规范》和《化妆品注册和备案检验工作规范》等相关法规的规定。普通化妆品的生产企业如果已取得主管部门出具的生产质量管理体系资质认证，且产品安全风险评估结果能够充分确认产品安全性的，可免于提交该产品的毒理学试验报告，婴幼儿和儿童产品及使用尚在安全监测中的化妆品新原料的产品除外。

此外，注册人、备案人应当按照《化妆品安全评估相关技术指南》的要求开展产品安全评估，形成产品安全评估报告。必须配合仪器或者工具（仅辅助涂擦的毛刷、气垫、烫发工具等除外）使用的化妆品，应当评估配合仪器或者工具使用条件下的安全性。

化妆品注册或备案检验，应当依据《化妆品注册备案检验规定》的要求和《化妆品安全技术规范》的实验方法，结合产品类别和类型，开展相应的检验工作。表 5 - 3 和表 5 - 4 分别是非特殊用途化妆品和特殊用途化妆品的微生物、理化、毒理及人体试验的检验要求。

表 5 - 3 不同化妆品微生物、理化检验的项目

检验项目		非特殊用途化妆品①②	特殊用途化妆品								
			育发类②	染发类③	烫发类	脱毛类③	美乳类	健美类	除臭类	祛斑类	防晒类
微生物检验	菌落总数	○	○				○	○	○	○	○
	霉菌和酵母菌总数	○	○				○	○	○	○	○
	耐热大肠菌群	○	○				○	○	○	○	○
	金黄色葡萄球菌	○	○				○	○	○	○	○
	铜绿假单胞菌	○	○				○	○	○	○	○

续表

检验项目		非特殊用途化妆品①②	特殊用途化妆品								
			育发类②	染发类③	烫发类	脱毛类③	美乳类	健美类	除臭类	祛斑类	防晒类
理化检验	汞	○	○	○	○	○	○	○	○	○	○
	铅	○	○	○	○	○	○	○	○	○	○
	砷	○	○	○	○	○	○	○	○	○	○
	镉	○	○	○	○	○	○	○	○	○	○
	甲醇④										
	二噁烷⑤										
	石棉⑥										
	甲醛⑦									○	
	巯基乙酸				○	○					
	防晒剂⑧										○
	染发剂			○							
	pH值⑨				○	○				○	
	α-羟基酸⑨										对照
	去屑剂⑩										
	抗 UVA 能力参数 - 临界波长⑪										

注：○表示需要检验的项目。

①指甲油卸除液不需要检测微生物。

②乙醇含量≥75%（W/W）的产品不需要检测微生物。

③物理脱毛类产品、非氧化型染发类产品需要检测微生物。

④乙醇、异丙醇含量之和≥10%（W/W）的产品，需检测甲醇。

⑤配方中含有乙氧基结构原料的产品，需检测二噁烷。

⑥配方中含有滑石粉原料的产品，需检测石棉。

⑦配方中含有甲醛及甲醛缓释体类原料的产品，需检测游离甲醛。

⑧配方中含有化学防晒剂的非防晒类产品，需检测所含化学防晒剂。

⑨宣称含 α - 羟基酸或虽不宣称含 α - 羟基酸、但其总量≥3%（W/W）的产品，需要检测 α - 羟基酸项目，同时检测 pH 值。纯油性（含蜡基）的产品不需要检测 pH 值；多剂配合使用的产品如需检测 pH 值，除在单剂中检测外，还应当根据使用说明书检测混合后样品的 pH 值。

⑩申报配方中含有原料使用目的为去屑剂的产品，需检测所含去屑剂。

⑪宣称 UVA 防护效果或宣称广谱防晒的产品，需要检测化妆品抗 UVA 能力参数 - 临界波长或 PFA 值。

普通用途化妆品和特殊用途化妆品的备案或注册，都必须进行汞、砷、铅、镉有毒物质的检验，除烫发、染发、脱毛类化妆品外，其余各种用途的化妆品都必须进行微生物检验。

配方中含有滑石粉原料、乙氧基结构的原料、甲醛及甲醛缓释体类原料的化妆品，应当分别检测石棉、二噁烷、游离甲醛是否在安全控制范围。

α - 羟基酸总量≥3%（W/W）的化妆品应当检测 α - 羟基酸含量，同时检测 pH 值。

烫发、脱发类化妆品需检测毛发软化剂巯基乙酸含量。

染发用途的化妆品应当检测标签或说明中宣称的染发剂。

配方中含有原料使用目的为去屑剂的成分，需检测所含去屑剂。

宣称防晒的产品应当检测申报配方所含化学防晒剂及 SPF 值；标注 PFA 值或 PA + ~ PA + + + 的产品，应当检测长波紫外线防护指数（PFA 值）；宣称 UVA 防护效果或宣称广谱防晒的产品，应当检测化妆品抗 UVA 能力参数 - 临界波长或测定 PFA 值。

防晒产品宣称"防水""防汗"或"适合游泳等户外活动"等内容的，应当根据其所宣称防水程度或时间按规定的方法检测防水性能。

表5-4　化妆品毒理学和人体安全评价试验项目

试验项目	非特殊用途化妆品①②③								特殊用途化妆品①								
	发用类	护肤类		彩妆类			指(趾)甲类	芳香类	育发类	染发类⑨	烫发类	脱毛类	美乳类	健美类	除臭类	祛斑类	防晒类
	易触及眼睛的发用产品	一般护肤产品	易触及眼睛的护肤产品	一般彩妆品	眼部彩妆品	护唇及唇部彩妆品											
毒理学试验																	
急性眼刺激性试验④⑤	○		○		○	○			○							○	○
急性皮肤刺激性试验⑥	○	○	○	○	○		○	○	○	○	○						
多次皮肤刺激性试验⑥		○	○	○	○	○	○		○		○						
皮肤变态反应试验										○		○	○	○	○	○	○
皮肤光毒性试验⑦								○	○			○	○	○	○	○	○
细菌回复突变试验⑧									○	○⑩			○	○			
体外哺乳动物细胞染色体畸变试验									○	○⑩			○	○			
人体安全性试验																	
人体皮肤斑贴试验⑪															○	○	○
人体试用试验安全性评价⑪⑫									○			○	○	○			

注：①表中未涉及的产品，选择试验项目时应根据实际情况确定，可根据具体用途和类别增加或减少检验项目。
②修护类和涂彩类指(趾)甲类产品不需要进行毒理学试验。
③化学防晒剂含量≥0.5%（W/W）的产品（淋洗类、香水类、指甲油类除外），除表中所列项目外，还应进行皮肤光毒性试验和皮肤变态反应试验。
④非特殊用途化妆品中，免洗护发类产品和描眉类彩妆品不需要进行急性眼刺激性试验，沐浴类产品应进行急性眼刺激性试验。
⑤特殊用途化妆品中，易触及眼睛的，易触及眼睛及祛斑类、淋洗类护肤品、防晒类产品只需要进行急性皮肤刺激性试验，不需要进行多次皮肤刺激性试验。
⑥无论特殊还是非特殊用途化妆品，化学防晒剂含量≥0.5%（W/W）的产品（香水类、指甲油类除外）也应进行皮肤光毒性试验。
⑦除育发类、防晒类和祛斑类产品外，化学防晒剂含量≥0.5%（W/W）的产品在不同浓度，配比等与安全性相关的不同使用方法时，需对每一种情况均进行相关的毒理学试验。
⑧可选用细菌回复突变试验或体外哺乳动物细胞染色基因突变试验。
⑨永久性染发类，应按说明书使用方法进行试验。
⑩两剂或两剂以上混合使用的产品，应按说明书混合均匀染色体变试验。
⑪非氧化型染发产品发用试验结果中设pH≤3.5的产品，应当进行人体试用试验安全性评价。
⑫驻留类产品pH≤3.5 或企业标准中设pH≤3.5 的淋洗类、祛斑等功效类产品均应当进行人体试用试验安全性评价。

祛斑类和防晒类产品进行人体皮肤封闭型斑贴试验，出现刺激性结果或结果难以判断时，应当增加皮肤重复性开放型涂抹试验。

根据化妆品使用原料及产品特性，对产品中可能存在并具有安全性风险的物质，国家药监局经过安全性风险评估认为必要时，可要求增加相关检验项目。

进行人体安全性及功效评价检验之前，应当先完成微生物及理化检验、毒理学试验并出具书面报告，上述检验项目不合格的产品不得进行人体安全性及功效评价检验。

七、化妆品安全性评估

化妆品安全风险评估是指利用现有的科学资料对化妆品中危害人体健康的已知或潜在的不良影响进行科学评价。化妆品安全风险评估是产品安全评价的有效手段。为了规范和指导原料和化妆品安全评估工作，国家药监局于 2021 年 4 月颁布了《化妆品安全评估技术导则》（以下简称《技术导则》）。《技术导则》在基本原则、评估人员、评估程序、毒理学试验、原料和化妆品的评估方面作了详细的规定。

化妆品的安全评估工作应由具有相应能力的安全评估人员按照本导则的要求进行评估，并出具评估报告。化妆品和原料的注册人、备案人应自行或委托专业机构开展安全评估，形成安全评估报告，并对其真实性、科学性负责。

（一）风险评估的程序

根据《技术导则》的相关规定，原料和化妆品的风险评估包括以下四个步骤，具体内容见《第十三章化妆品监测与法规》。

1. 危害识别 通过不同的途径、方式对原料和产品的危害效应进行确认。

2. 剂量反应关系评估 剂量反应关系评估用于确定原料或风险物质的毒性反应与暴露剂量之间的关系，分为有阈值物质和无阈值致癌物质两种。

3. 暴露评估 暴露评估指通过对化妆品或原料风险物质暴露于人体的部位、强度、频率及持续时间等的评估，以确定其暴露水平。

4. 风险特征描述 化妆品原料和/或风险物质对人体健康造成损害的可能性和损害程度的描述。可通过计算安全边际值、终生致癌风险（LCR）、可接受暴露水平与实际暴露量的比较，分别对化妆品原料和/或风险物质对人体引起有阈值毒性效应、无阈值致癌效应和致敏效应进行描述。

（二）原料的安全性评估

《技术导则》要求根据原料的结构特点、使用情况及毒理研究数据开展评估工作。

1. 评估的一般原则 使用《化妆品安全技术规范》中的限用组分、准用防腐剂、准用防晒剂、准用着色剂和准用染发剂列表中的原料应满足《化妆品安全技术规范》要求。

对于国际权威化妆品安全评估机构已公布评估结论的原料，或者世界卫生组织（WHO）、联合国粮农组织（FAO）等权威机构已公布的安全限量或结论，如每日允许摄入量（ADI）、每日耐受剂量（TDI）、参考剂量（RfD）、一般认为安全物质（GRAS）、具有悠久食用历史的原料等，需对相关资料进行分析，在符合我国化妆品相关法规规定的情况下，可采用相关结论。如缺少局部毒性资料，需对其局部毒性另行开展评估。

对于化学结构明确，且不包含严重致突变警告结构的原料或风险物质，含量较低且缺乏系统毒理学研究数据时，可参考使用毒理学关注阈值（TTC）方法进行评估。该方法不适用于金属或金属化合物、强致癌物（如黄曲霉毒素、亚硝基化合物、联苯胺类和肼等）、蛋白质、类固醇、高分子质量的物质、有很强生物蓄积性物质，以及放射性化学物质和化学结构未知的混合物等。

对于缺乏系统毒理学研究数据的非功效成分或风险物质，可参考使用分组/交叉参照（Grouping/Read Across）进行评估。所参照的化学物与该原料或风险物质有相似的化学结构，相同的代谢途径和化学/生物反应性。

2. 原料的理化性质　原料的理化性质可用于预测特定的毒理学特性，一般包括以下内容：名称、物理状态、分子结构式和相对分子量、溶解度、稳定性、储存条件、化学特性和纯度，以及功能和用途。关于化学特性的表征，要说明使用的技术条件（紫外光谱或红外光谱、核磁、质谱、元素分析等）及检测结果等。关于纯度，须明确原料的纯度/含量及测定方法，并说明分析方法的来源及测定原理。

3. 特殊来源的原料　对于天然矿物原料，需说明原料来源、制备工艺（物理加工方式、化学修饰、纯化方法等）、特征性成分含量、各组成成分的理化特性、微生物状况等。

对于动物来源的原料，需说明物种来源、产地、制备过程（萃取条件、水解类型、纯化方法等）、特征性成分含量、物态和形态、理化特性、微生物情况、防腐剂和/或其他添加剂使用情况等。

对于植物来源的原料，除了明确种属名称、所用植物部位、物态、特征性成分、理化特性、储存条件、微生物情况外，还需说明自然生态和地理分布、来源（地理来源，以及是否栽培或野生）、具体制备过程（收集、洗涤、干燥、萃取等）、农药、重金属残留等，如果是含有溶剂的提取液，应说明包含的溶剂和有效成分的含量。

对于利用生物技术获得的原料，需要描述供体生物、受体生物、经修饰的微生物等、生物技术的类型或方式、微生物致病性、毒性成分（包括生物代谢物、产生的毒素等）、理化特性、微生物质量控制措施。对于特殊生物技术来源的原料，其中经修饰的对象（如微生物）或潜在的毒性物质不能彻底去除的，需提供数据予以说明。

（三）化妆品的安全性评估

1. 一般原则　化妆品产品的安全评估应以暴露为导向，结合产品的使用方式、使用部位、使用量、残留量等暴露水平，对化妆品产品进行安全评估，以确保产品安全性。

按照风险评估程序对化妆品中的各原料和/或风险物质进行风险评估。化妆品中限用组分、准用防腐剂、防晒剂、着色剂及有限制要求的风险物质应严格按照《化妆品安全技术规范》要求使用；国外权威机构已建立相关限量值或已有相关评估结论的原料和/或风险物质，可采用其风险评估结论，如不同的权威机构的限量值或评估结果不一致时，根据数据的可靠性和相关性，科学合理地采用相关评估结论。

完成化妆品产品的安全评估后，需要排除化妆品皮肤不良反应的，在满足伦理要求的前提下，可以进行人体皮肤斑贴试验或人体试用试验。

产品配方除着色剂或香料的种类或含量不同外，基础配方成分含量、种类相同，且系列名称相同的产品，可以参考已有的资料和数据，只对调整组分进行评估，并确保产品安全。

如果产品配方中两种或两种以上的原料，其可能产生系统毒性的作用机制相同，必要时应考虑原料的累积暴露，并进行个案分析。

2. 产品理化稳定性评价　《技术导则》要求应结合产品的具体情况评价相关理化指标

以确定产品的稳定性，保障化妆品的质量稳定，一般包括以下参数：物理状态、剂型（乳液、粉等）、感官特性（颜色、气味等）、pH 值（具体温度条件）、黏度（具体温度条件）等。

此外，确认原料之间是否存在化学和/或生物学相互作用，并考虑相互作用产生的潜在安全风险。如存在潜在安全风险的产品，应当结合相关文献研究资料或理化实验数据，进行评估。

与内容物直接接触的容器或载体的理化稳定性及其与产品的相容性，可参考供应商的安全资料或安全声明等资料，对容器或载体的稳定性进行评估。

对配方体系近似、包装材质相同的化妆品，可根据已有的资料和实验数据对理化稳定性开展评估工作，但需阐明理由，说明情况。

3. 微生物学评估 化妆品微生物污染通常来源于原料带入，产品配制和灌装过程，以及消费者使用环节。儿童化妆品、眼部/口唇化妆品，应当对微生物污染予以特别关注。

处于研发阶段的化妆品，可参考国际通用标准或方法对其防腐体系的有效性进行评价。

对于防腐体系相同且配方近似的产品，可参考已有的资料和实验数据进行产品安全性评价。根据产品特性、制备工艺，如非含水产品或水活度 <0.7 的产品、有机溶剂为主或乙醇含量 >20%（体积比）的产品、pH 值 ≥10 或 ≤3 的产品、灌装温度高于 65℃的产品、一次性或包装不能开启等不易受微生物污染的产品，可不进行防腐效能评价。

4. 产品上市后的安全监测 化妆品注册备案人对上市后产品的安全性进行持续监测、记录和归档。监测内容包括正常使用时发生的不良反应，消费者投诉及后续随访等。

当上市产品所用原料在毒理学上有新的发现，且影响现有评估结果，或者原料质量规格发生足以导致现有安全评估结果变化，以及正常使用引起的不良反应率呈明显增加趋势，或正常使用产品导致严重不良反应的情况，需重新评估产品的安全性。

5. 儿童化妆品评估要求 进行儿童化妆品评估时，在危害识别、暴露量计算等方面，应结合儿童生理特点开展科学评估。首先，应明确其配方设计的原则，并对配方使用香料、着色剂、防腐剂及表面活性剂等刺激性原料的必要性进行说明。

儿童化妆品原则上不允许使用以祛斑美白、祛痘、脱毛、除臭、去屑、防脱发、染发、烫发为目的的原料，如因其他目的，使用可能具有上述功效的原料时，需对使用的必要性及针对儿童化妆品使用的安全性进行评价。

建议选用有较长期安全使用历史的化妆品原料，不鼓励使用基因技术、纳米技术等新技术制备的原料，如无替代原料必须使用时，需说明原因，并对使用的安全性进行评价。

第二节　化妆品功效性监管与法规

长期以来，我国化妆品监管一直呈现"重安全，轻功效"的特点，随着我国化妆品产业的迅速崛起，以及人们对化妆品品质需求的不断提高和化妆品相关科学技术的不断进步，人们对于化妆品的关注逐渐从重视安全性改变为既重视安全性，同时也重视功效性。

一、我国化妆品功效评价法规的历史沿革

我国化妆品功效的法规和标准化建设起步较晚，10 年前，国内才开始启动化妆品功效的监管，与之相关的法规、标准建设过程经历了一个从无到有，从零散到系统的过程。1989 年

我国颁布的第一部化妆品法规《化妆品卫生监督条例》及其后的《化妆品卫生监督条例实施细则》（2005 年版）并未对化妆品功效评价作出明确规定，仅规定不得在标签标示中对化妆品功效进行夸大和虚假宣传。

2000 年实施的《进出口化妆品监督检验管理办法》开始要求对进口化妆品需提供功效及其相关证明材料、检验方法。2010 年《化妆品行政许可申报受理规定》及其相关配套的《化妆品行政许可受理审查要点》《化妆品行政许可申报资料要求》《化妆品技术审评指南》《化妆品技术审评要点》等规范除了继续要求进口化妆品提供功效证明资料外，开始将国产特殊用途化妆品的功效纳入监管范围，规定育发、健美、美乳类特殊功效化妆品申请行政许可，应提交功效成分及其使用依据的科学文献资料。功效成分使用依据应当为相关实验报告或公开发表的科学文献资料，且相关实验报告或科学文献应明确支持所宣称的功效。该阶段，关于化妆品功效评价的技术标准和方法还处于空白。

2015 年修订颁布的《化妆品安全技术规范》纳入了防晒化妆品防晒指数（SPF 值）测定方法、防晒化妆品长波紫外线防护指数（PFA 值）测定方法和防晒化妆品防水性能测定方法，实现了功效评价标准方法零的突破。

2021 年实施的《化妆品监督管理条例》是化妆品行业的基本法，其中明确了化妆品功效宣称社会共治制度，与之配套《化妆品注册备案管理办法》《化妆品注册备案资料管理规定》《化妆品新原料注册备案资料管理规定》《化妆品分类规则和分类目录》《化妆品功效宣称评价规定》等一系列功效监管的规章相继推进实施，使化妆品功效监管进入法治化管理的轨道。

二、我国现行化妆品功效评价的法规和技术标准

随着《化妆品监督管理条例》的颁布和系列化妆品规章制度的密集发布，我国化妆品功效的监管制度已经初步形成了覆盖事前、事中、事后全链条管理模式。我国现行化妆品功效性相关的法规和规范性文件见表 5-5。

表 5-5 化妆品功效性相关的法规和规范性文件

序号	名称	制定机构	发布日期	施行日期
1	《化妆品注册和备案检验工作规范》	国家药品监督管理局	2019.9.10	2019.9.10
2	《化妆品监督管理条例》	国务院	2020.6.29	2021.1.1
3	《化妆品注册备案管理办法》	国家市场监督管理总局	2021.1.12	2021.5.1
4	《化妆品注册备案资料管理规定》	国家药品监督管理局	2021.3.4	2021.5.1
5	《化妆品新原料注册备案资料管理规定》	国家药品监督管理局	2021.3.4	2021.5.1
6	《化妆品功效宣称评价规范》	国家药品监督管理局	2021.4.9	2021.5.1
7	《化妆品分类规则和分类目录》	国家药品监督管理局	2021.4.9	2021.5.1
8	《化妆品标签管理办法》	国家药品监督管理局	2021.6.3	2022.5.1
9	《儿童化妆品监督管理规定》	国家药品监督管理局	2021.10.8	2022.1.1

从监管角度看，化妆品功效评价数据、结果可能成为化妆品功效宣称的重要依据。而化妆品功效评价技术标准，则是化妆品功效评价是否科学严谨，是否具有公信力的源头。目前，化妆品功效评价的方法有很多，但功效宣称评价的技术标准还比较欠缺，《化妆品安全技术与规范》（2015 年版）仅有防晒化妆品防晒指数（SPF 值）测试方法、防晒化妆品防水性能测试方法、防晒化妆品长波紫外线防护指数（PFA 值）测试方法，以及行业标准 QB/T 4256—2011

《化妆品保湿功效评价指南》、WS/T 326 系列的《牙膏功效评价方法》。根据《化妆品安全技术规范（2022 年版）》（征求意见稿），化妆品祛斑美白功效测试方法、化妆品防脱发功效测试方法有望被纳入新修订的版本中。我国化妆品功效宣称评价方法的标准建设任重道远。

三、我国化妆品功效评价监管与法规

1.《化妆品监督管理条例》 作为化妆品行业的基本法，在责任主体、功效类别、监管模式对化妆品功效宣称及评价进行了顶层规范和设计。

《化妆品监督管理条例》规定化妆品注册人、备案人对化妆品的功效宣称负责。用于染发、烫发、祛斑美白、防晒、防脱发的化妆品，以及宣称新功效的化妆品为特殊化妆品。化妆品的功效宣称应当有充分的科学依据。化妆品注册人、备案人应当在国务院化妆品监督管理部门规定的专门网站公布功效宣称所依据的文献资料、研究数据或者产品功效评价资料的摘要，接受社会监督。牙膏备案人按照国家标准、行业标准进行功效评价后，可以宣称牙膏具有防龋、抑牙菌斑、抗牙本质敏感、减轻牙龈问题等功效。牙膏的具体管理办法由国务院药品监督管理部门拟订，报国务院市场监督管理部门审核、发布。

2.《化妆品分类规则和分类目录》 2021 年 4 月，国家药监局发布了 2 份与《化妆品监督管理条例》配套的功效宣称与评价的规范文件，分别是《化妆品分类规则和分类目录》和《化妆品功效宣称评价规范》，标志着我国化妆品行业进入功效宣称评价管理时代。

《化妆品分类规则和分类目录》是实现化妆品分类管理的重要依托，是化妆品监管的基础性技术指南。《化妆品分类规则和分类目录》对制定依据、适用范围、分类规则、编码目录、实施时间等进行了具体规定，同时从功效宣称、作用部位、使用人群、产品剂型、使用方法等 5 个维度对化妆品进行分类，并形成产品分类编码。其中，功效宣称包括 26 种类别（见第四章），26 种外的化妆品功效属于新功效。目前我国特殊化妆品功效宣称的最新格局是 "5＋n"（"5" 包括染发、烫发、祛斑美白、防晒、防脱发，n 种新功效）。

3.《化妆品功效宣称评价规范》 《化妆品功效宣称评价规范》是我国首部系统而全面的化妆品功效宣称与评价的部门规章，其贯彻落实了《化妆品监督管理条例》关于化妆品功效评价管理的新要求，在条款设置上也体现了分类分级监管思路，规范了化妆品功效宣称评价工作。为行业编制化妆品功效宣称依据的摘要提出了指导性意见，提供了摘要式样，为《条例》关于功效宣称管理相关规定的顺利实施提供了技术性支撑。《化妆品功效宣称评价规范》为化妆品功效评价设置了清晰的路径，保证了功效宣称评价结果的科学性、准确性和可靠性，维护消费者合法权益，推动社会共治和化妆品行业健康发展。

（1）化妆品功效宣称评价的定义 《化妆品功效宣称评价规范》将化妆品功效评价定义为：通过功效评价试验、研究数据分析或文献资料调研等手段，对化妆品在正常使用前提下功效宣称的内容进行科学测试和合理评价，并作出相应评价结论的过程。《化妆品功效宣称评价规范》规定 "化妆品注册人、备案人可以自行或者委托具备相应能力的评价机构，按照化妆品功效宣称评价项目要求，开展化妆品功效宣称评价。" 其中，功效宣称评价依据包括人体功效评价试验、消费者使用测试、实验室试验、文献资料或研究数据这 4 种不同层面的证据。

（2）责任主体 《化妆品功效宣称评价规范》再次强化了化妆品注册人、备案人的责任主体人的地位，注册人、备案人申请特殊化妆品注册或者进行普通化妆品备案的，应当依据《化妆品功效宣称评价规范》的要求对化妆品的功效宣称进行评价，并在国家药监局

指定的专门网站，上传产品功效宣称依据的摘要。且对功效评价数据的科学性、真实性、可靠性和可追溯性负责。

（3）功效宣称的有效依据　化妆品的功效宣称应当有充分的科学依据，依据包括文献资料、研究数据、试验结果等。

文献资料，指通过检索等手段获得的公开发表的科学研究、调查、评估报告和著作等，包括国内外现行有效的法律法规、技术文献等。

研究数据，指通过科学研究等手段获得的尚未公开发表的与产品功效相关的研究结果。

功效评价试验，包括三类：人体功效评价试验、消费者使用测试和实验室试验。人体功效评价试验是指在实验室条件下，按照规定的方法和程序，通过人体试验结果的主观评估、客观测量和统计分析等方式，对产品功效作出客观评价结论的过程。消费者使用测试，指在客观和科学方法基础上，采取面谈、调查问卷、消费者日记等形式，对消费者的产品使用情况和功效评价信息进行有效收集、整理和分析的过程。实验室试验，指在特定环境条件下，按照规定方法和程序进行的试验，包括但不限于动物实验、体外试验（包括离体器官、组织、细胞、微生物、理化试验）等。

化妆品功效宣称评价的方法应当具有科学性、合理性和可行性，并能够满足化妆品功效宣称评价的目的。功效宣称评价试验应当优先选用强制性国家标准、技术规范，或其他相关法规、国家标准、行业标准载明的试验方法。标准方法缺乏的情况下，可使用国外相关法规或技术标准规定的方法。也可采用国内外权威组织、技术机构，以及行业协会技术指南发布的方法、学术期刊公开发表的方法或自行拟定建立的非标准方法。使用非标准方法时，评价机构应当首先完成必要的试验方法转移、确认或验证，才能开展功效评价试验，以确保评价工作的科学性、可靠性。

（4）不同功效宣称的评价要求　针对化妆品不同的功效宣称，《化妆品功效宣称评价规范》作出了相应的评价要求（表5-6），以便化妆品注册人、备案人及研究人员能根据产品功效宣称选择适当的评价方法和评价机构，确保功效宣称评价结果的科学、准确和可靠。

对能够通过视觉、嗅觉等感官直接识别的产品，通过简单物理遮盖、附着、摩擦等方式发生作用，且在标签上明确标识仅具有物理作用的功效宣称，可以免于公布产品功效宣称依据的摘要。

对于仅具有保湿、护发及宣称原料功效的普通化妆品，功效评价的形式不予限制，可从人体功效评价试验、消费者使用测试、实验室试验、文献资料或研究数据中选择至少一项进行评价。

宣称具有紧致、舒缓、抗皱、控油、去角质、防断发和去屑功效，以及宣称温和（如无刺激）或量化指标（如宣称功效保持时间、宣称功效相关统计数据等）的化妆品，应从人体功效评价试验、消费者使用测试、实验室试验中选择至少一项进行评价，可以同时结合文献资料或研究数据的分析结果进行功效宣称评价。

对祛斑美白、防晒和防脱发三类特殊化妆品，以及宣称祛痘、滋养和修护功效的产品，必须经过人体功效试验方式进行功效评价。其中祛斑美白、防晒和防脱发3种特殊功效的化妆品，应当由化妆品注册和备案检验机构按照强制性国家标准、技术规范的要求开展人体功效评价试验。从而确定人体功效评价试验的权威地位。

对于特定宣称（宣称适用敏感肌、无泪配方等）的功效评价试验应从人体功效评价试验或消费者使用测试中选择至少一项进行评价。通过宣称原料的功效进行产品功效宣称的，应当开展文献资料调研、研究数据分析或者功效宣称评价试验证实原料具有宣称的功效，且原料的功效宣称应当与产品的功效宣称具有充分的关联性。

宣称新功效的化妆品，应当根据产品功效宣称的具体情况，进行科学合理的分析。能通过感官直接识别或通过物理作用方式发生效果，可免予提交功效宣称评价资料。对于需要提交产品功效宣称评价资料的，应当由检验机构按照强制性国家标准、技术规范规定的试验方法开展产品的功效评价；使用强制性国家标准、技术规范以外的试验方法，应当委托两家及以上的检验机构进行方法验证，方可开展新功效的评价，同时在产品功效宣称评价报告中阐明方法的有效性和可靠性等参数。

表 5-6 化妆品功效宣称评价项目要求

序号	功效宣称	人体功效评价试验	消费者使用测试	实验室试验	文献资料或研究数据
1	祛斑美白[①]	√			
2	防晒	√			
3	防脱发	√			
4	祛痘	√			
5	滋养[②]	√			
6	修护[②]	√			
7	抗皱	*	*	*	△
8	紧致	*	*	*	△
9	舒缓	*	*	*	△
10	控油	*	*	*	△
11	去角质	*	*	*	△
12	防断发	*	*	*	△
13	去屑	*	*	*	△
14	保湿	*	*	*	*
15	护发	*	*	*	*
16	特定宣称（宣称适用敏感皮肤、无泪配方）	*	*		
17	特定宣称（原料功效）	*	*	*	*
18	宣称温和（无刺激）	*	*	*	△
19	宣称量化指标的（时间、统计数据等）	*	*	*	△
20	宣称新功效	根据具体功效宣称选择合适的评价依据			

说明：1. 选项栏中画√的，为必做项目；
2. 选项栏中画*的，为可选项目，但必须从中选择至少一项；
3. 选项栏中画△的，为可搭配项目，但必须配合人体功效评价试验、消费者使用测试或者实验室试验一起使用。
注释：①仅通过物理遮盖作用发挥祛斑美白功效，且在标签中明示为物理作用的，可免予提交产品功效宣称评价资料；
②如功效宣称作用部位仅为头发的，可选择体外真发进行评价。

（5）功效评价检验机构的责任 《化妆品功效宣称评价规范》除了明确注册人、备案人的功效宣称责任之外，对功效评价检验机构的工作也提出了详细的要求，规定功效评价机构应当建立良好的实验室规范，按照《化妆品功效宣称评价试验技术导则》的要求完成功效宣称评价工作和出具报告，并对出具报告的真实性、可靠性负责。

《化妆品功效宣称评价规范》的实施有利于化妆品监管更加严格、科学，引导企业注重功效和科学实验，有效改善部分化妆品功效虚假、夸大宣称的局面。从而推动化妆品行业真正进入"用事实说话"的时代。

4. 其他化妆品功效相关法规　《化妆品功效宣称评价规范》是关于化妆品功效宣称最详细、具体的细则文件，除此之外《化妆品注册备案管理办法》《化妆品注册备案资料管理规定》《化妆品新原料注册备案资料管理规定》《化妆品注册和备案检验工作规范》也从化妆品事前监管的不同环节和角度对功效宣称进行了不同程度的规范。

《化妆品注册备案管理办法》规定已经备案的普通化妆品，没有充分的科学依据，不得随意改变功效宣称；已经注册的特殊化妆品功效宣称发生实质性变化，注册人应当向国家药品监督管理局提出产品注册变更申请，并提交相应的功效宣称的依据资料。

《化妆品注册备案资料管理规定》要求申请特殊化妆品注册时，应当提交符合化妆品功效宣称评价相关规定的人体功效试验报告，这与《化妆品功效宣称评价规范》中的相应条款一致。防晒类化妆品增加防晒功效标示、祛斑美白类化妆品增加祛斑或者美白功效宣称，应当提交拟变更产品相应的人体功效试验报告。

《化妆品新原料注册备案资料管理规定》要求防腐、防晒、祛斑美白、防脱发功效评价等项目的检验报告，应当由取得化妆品领域实验室认定、认可（CMA、CNAS、GCP、GLP）资质的第三方检验检测机构出具。防腐、防晒、祛斑美白、防脱发之外的功能评价报告等可由化妆品新原料注册人、备案人自行或者委托具备相应检验能力的检验检测机构出具。同时要求检验方法首选强制性标准、国家标准或行业标准，未有标准方法的项目，可选用国外相关标准或非标方法。

《化妆品注册和备案检验工作规范》规定检验检测机构应当具备化妆品领域的检验检测机构资质认定（CMA），且取得资质认定的能力范围能够满足化妆品功效宣称评价工作需要。检验检测机构应配备两名以上（含两名）具有皮肤病相关专业执业医师资格证书且有五年以上（含五年）化妆品人体安全性与功效评价相关工作经验的全职人员。

我国化妆品功效宣称和评价的法规体系已经初步建立建全，并能顺畅指导化妆品和原料的注册备案工作，有效支撑化妆品功效宣称与评价的监管。目前，化妆品功效评价的国家技术标准还是空白；只有行业标准 QB/T 4256—2011 化妆品保湿功效评价指南、WS/T 326 系列牙膏功效评价；但团体标准正蓬勃崛起，迅速填补行业空白。伴随着我国化妆品行业的高质量发展，化妆品功效评价的法规体系和标准化工作任重而道远。

第三节　化妆品安全与功效评价方法

安全和功效是化妆品的关键属性，也是化妆品高质量发展的重要发力点。安全性问题一直是消费者和监管机构密切关注的重点，随着《化妆品安全管理条例》及其配套措施的实施，化妆品的安全监管越来越规范，越来越严格，同时化妆品功效评价和宣称也逐渐步入正轨。化妆品技术标准是行业必须遵守的行为准则，也是监管的技术支撑。完善的化妆品技术标准体系能够更好地规范市场行为，保障化妆品安全，实施对化妆品的监督管理，确保消费者合法权益。下文梳理了我国现行化妆品安全与功效评价的技术标准和方法。

一、化妆品安全性评价的方法

随着科技进步，新原料、新技术不断用于化妆品，新型产品不断涌现，中国化妆品安全监管面临前所未有的挑战。技术标准是行业必须遵守的行为准则，也是监管的技术支撑。完善的化妆品技术标准体系能够更好地规范市场行为，保障化妆品安全，实施对化妆品的监督管理，确保消费者合法权益。

中国现行的化妆品技术标准体系包括《化妆品安全技术规范》（以下简称《技术规范》）、国家标准、行业标准、补充检验方法和团体标准等。

（一）《化妆品安全技术规范》

《技术规范》由原国家食品药品监督管理总局于 2015 年发布，是我国化妆品注册备案和上市后监管的主要技术支撑和依据，是国家强制性技术标准和规范，其内容包括概述、禁用组分表、限用组分表、准用组分表和检验方法等。文件发布后，通过风险评估、检验检测创新等保持对其内容动态调整和更新。

《技术规范》（2015）概述涉及的术语和释义以及化妆品安全通用要求，包括一般要求、配方要求、卫生学指标要求、有害物质限值要求、包装材料要求、标签要求、儿童用化妆品要求、原料要求等。禁用组分表明确了 1393 种不得作为化妆品原料使用的物质；限用组分表规定了 47 种在限定条件下可作为化妆品原料使用的物质；准用组分表规定了 51 种防腐剂、27 种防晒剂、157 种着色剂和 75 种染发剂。

检验方法部分包括理化方法总则和 78 项理化检验方法、微生物检验方法总则和 5 项微生物检验方法、毒理学试验方法总则和 24 项毒理学检验方法、人体安全性检验方法总则和 2 项人体安全性检验方法、人体功效评价检验方法总则和 5 项人体功效评价检验方法。

近年来我国化妆品生产和消费均呈现快速发展的趋势，《技术规范》在某些方面已不能完全满足行业发展和监管工作需要。为顺应行业发展和监管工作需求，提高《技术规范》的适应性与可操作性，2015 年以来，发布了多期修订、增补内容，使其成为一部系统、完整、科学、与时俱进的规范性文件，用于规范和指引化妆品监管和生产研发工作。《技术规范》历次修订、增补的检测方法见表 5 – 7。

表 5 – 7 《化妆品安全技术规范》修订和增加的项目

序号	项目	增修方式	方法类型	发布时间
1	化妆品用化学原料体外 3T3 中性红摄取光毒性试验方法	新增	毒理试验	2016.11.7
2	化妆品用化学原料离体皮肤腐蚀性大鼠经皮电阻试验方法	新增	毒理试验	2017.8.15
3	皮肤光变态反应试验方法	新增	毒理试验	2017.8.15
4	化妆品中斑蝥素和氮芥的检测方法	修订	理化检验	2019.3.13
5	化妆品中 10 种 α – 羟基酸的检测方法	修订	理化检验	2019.3.13
6	细菌回复突变试验	修订	毒理试验	2019.3.13
7	致畸试验	修订	毒理试验	2019.3.13
8	化妆品用化学原料体外兔角膜上皮细胞短时暴露试验	新增	毒理试验	2019.3.13
9	皮肤变态反应：局部淋巴结试验：DA	新增	毒理试验	2019.3.13

续表

序号	项目	增修方式	方法类型	发布时间
10	皮肤变态反应：局部淋巴结试验：BrdU – ELISA	新增	毒理试验	2019.3.13
11	化妆品用化学原料体外皮肤变态反应：直接多肽反应试验	新增	毒理试验	2019.3.13
12	化妆品中3 – 亚苄基樟脑等22种防晒剂的检测方法	新增	理化检验	2019.7.5
13	化妆品中激素类成分的检测方法	新增	理化检验	2019.9.17
14	化妆品中抗感染类药物的检测方法	新增	理化检验	2019.9.17
15	化妆品中维甲酸等8种组分检验方法	修订	理化检验	2021.2.18
16	化妆品中硼酸和硼酸盐检验方法	修订	理化检验	2021.2.18
17	防腐剂检验方法—甲基异噻唑啉酮等23个组分	修订	理化检验	2021.2.18
18	防腐剂检验方法—吡硫鎓锌等19个组分	修订	理化检验	2021.2.18
19	防腐剂检验方法—己脒定二（羟乙基磺酸）盐等7种组分	修订	理化检验	2021.2.18
20	防腐剂检验方法—聚氨丙基双胍	修订	理化检验	2021.2.18
21	防腐剂检验方法—海克替啶	修订	理化检验	2021.2.18
22	防腐剂检验方法—硼酸苯汞	修订	理化检验	2021.2.18
23	防腐剂检验方法—甲酸等9种组分	修订	理化检验	2021.2.18
24	化妆品中对苯二胺等32种组分检验方法	修订	理化检验	2021.2.18
25	体外哺乳动物细胞微核试验	新增	毒理试验	2021.2.18
26	化妆品祛斑美白功效测试方法	新增	功效评价	2021.2.18
27	化妆品防脱发功效测试方法	新增	功效评价	2021.2.18
28	油包水类化妆品的pH值测定方法	新增	理化检验	2023.8.22
29	体外皮肤变态反应 人细胞系活化试验方法	新增	毒理试验	2023.8.22
30	体外皮肤变态反应 氨基酸衍生化反应试验方法	新增	毒理试验	2023.8.22
31	化妆品用化学原料荧光素渗漏试验方法	新增	毒理试验	2023.8.22
32	急性经口毒性试验 上下增减剂量法	新增	毒理试验	2023.8.22
33	急性经口毒性试验 固定剂量法	新增	毒理试验	2023.8.22
34	急性经口毒性试验 急性毒性分类法	新增	毒理试验	2023.8.22
35	体内彗星试验	新增	毒理试验	2023.8.22
36	化妆品中丙烯酸乙酯等40种原料的检验方法	新增	理化检验	2023.8.28
37	化妆品中丙烯酰胺的检验方法	修订	理化检验	2023.8.28
38	化妆品中地氯雷他定等51种原料的检验方法	修订	理化检验	2023.8.28
39	化妆品中巯基乙酸等8种原料的检验方法	修订	理化检验	2023.8.28
40	化妆品中游离甲醛的检验方法	修订	理化检验	2023.8.28
41	化妆品中CI 10020等11种原料的检验方法	新增	理化检验	2023.8.28
42	化妆品中CI 11920等13种原料的检验方法	新增	理化检验	2023.8.28
43	化妆品中2 – 氨基 – 4 – 羟乙氨基茴香醚硫酸盐等15种原料的检验方法	新增	理化检验	2023.8.28
44	化妆品中抗坏血酸磷酸酯镁等11种原料的检验方法	新增	理化检验	2023.8.28
45	化妆品中联苯乙烯二苯基二磺酸二钠等5种原料的检验方法	新增	理化检验	2023.8.28
46	化妆品中α – 熊果苷等4种原料的检验方法	修订	理化检验	2023.8.28

续表

序号	项目	增修方式	方法类型	发布时间
47	化妆品中二噁烷的检验方法	修订	理化检验	2024.3.18
48	化妆品中二甲硝咪唑等120种原料的检验方法	修订	理化检验	2024.3.18
49	化妆品中二硫化硒的检验方法	修订	理化检验	2024.3.18
50	牙膏pH值的检验方法	新增	理化检验	2024.3.18
51	牙膏中汞的检验方法	新增	理化检验	2024.3.18
52	牙膏中铅的检验方法	新增	理化检验	2024.3.18
53	牙膏中砷的检验方法	新增	理化检验	2024.3.18
54	牙膏中镉的检验方法	新增	理化检验	2024.3.18
55	牙膏中锂等37种原料的检验方法	新增	理化检验	2024.3.18
56	牙膏中二噁烷的检验方法	新增	理化检验	2024.3.18
57	牙膏中甲醇的检验方法	新增	理化检验	2024.3.18
58	牙膏中游离甲醛的检验方法	新增	理化检验	2024.3.18
59	牙膏中微生物检验方法总则	新增	微生物检验	2024.3.18
60	牙膏中菌落总数检验方法	新增	微生物检验	2024.3.18
61	牙膏中耐热大肠菌群检验方法	新增	微生物检验	2024.3.18
62	牙膏中铜绿假单胞菌检验方法	新增	微生物检验	2024.3.18
63	牙膏中金黄色葡萄球菌检验方法	新增	微生物检验	2024.3.18
64	牙膏中霉菌和酵母菌检验方法	新增	微生物检验	2024.3.18
65	化妆品毒理学试验方法样品前处理通则	新增	毒理试验	2024.3.18
66	急性吸入毒性试验方法	新增	毒理试验	2024.3.18
67	急性吸入毒性试验 急性毒性分类法	新增	毒理试验	2024.3.18
68	光反应性活性氧（ROS）测定试验方法	新增	毒理试验	2024.3.18
69	体外皮肤变态反应U937细胞激活试验方法	新增	毒理试验	2024.3.18
70	皮肤吸收体内试验方法	新增	毒理试验	2024.3.18
71	28天重复剂量经口毒性试验方法	新增	毒理试验	2024.3.18
72	28天重复剂量吸入毒性试验方法	新增	毒理试验	2024.3.18
73	90天重复剂量吸入毒性试验方法	新增	毒理试验	2024.3.18
74	扩展一代生殖发育毒性试验方法	新增	毒理试验	2024.3.18
75	生殖发育毒性试验方法	新增	毒理试验	2024.3.18

（二）国家标准

化妆品安全评价的国家技术标准包括强制性标准和推荐标准。强制性国家标准5项，《化妆品卫生标准》（GB 7916—1987）和《化妆品安全性评价程序和方法》（GB 7919—1987），归口部门为国家药监局；《限制商品过度包装要求 食品和化妆品》（GB 23350—2021）和《化妆品用二氧化钛》（GB 27599—2011）归口部门为工业和信息化部；推荐性国家标准146项，见表5-8。

表5－8　现行有效的化妆品国家标准

序号	标准号	标准名称	发布时间	实施时间
1	GB/T 43777—2024	化妆品中功效组分虾青素的测定　高效液相色谱法	2024. 3. 15	2024. 10. 1
2	GB/T 43197—2023	化妆品中禁用组分酸性红73和溶剂红1的测定　液相色谱－串联质谱法	2023. 9. 7	2024. 4. 1
3	GB/T 42425—2023	化妆品中功效组分辛酰水杨酸、苯乙基间苯二酚、阿魏酸的测定　高效液相色谱法	2023. 3. 17	2023. 10. 1
4	GB/T 42423—2023	化妆品中二氯苯甲醇和氯苯甘醚的测定　高效液相色谱法	2023. 3. 17	2023. 10. 1
5	GB/T 42462—2023	化妆品色谱分析结果确认准则	2023. 3. 17	2023. 10. 1
6	GB/T 41710—2022	化妆品中禁用物质林可霉素和克林霉素的测定　液相色谱－串联质谱法	2022. 10. 12	2023. 5. 1
7	GB/T 41683—2022	化妆品中禁用物质秋水仙碱及其衍生物秋水仙胺的测定　液相色谱－串联质谱法	2022. 10. 12	2023. 5. 1
8	GB/T 40970—2021	化妆品中氨含量的测定　滴定法	2021. 11. 26	2022. 6. 1
9	GB/T 40955—2021	化妆品中八甲基环四硅氧烷（D4）和十甲基环五硅氧烷（D5）的测定　气相色谱法	2021. 11. 26	2022. 6. 1
10	GB/T 40950—2021	化妆品中烷基（C12～C22）三甲基铵盐的测定　高效液相色谱串联质谱法	2021. 11. 26	2022. 6. 1
11	GB/T40891—2021	化妆品中新铃兰醛的测定　气相色谱－质谱法	2021. 11. 26	2022. 6. 1
12	GB/T 40899—2021	化妆品中禁用物质溴米索伐、卡溴脲和卡立普多的测定　高效液相色谱法	2021. 11. 26	2022. 6. 1
13	GB/T 40901—2021	化妆品中11种禁用唑类抗真菌药物的测定　液相色谱－串联质谱法	2021. 11. 26	2022. 6. 1
14	GB/T 40900—2021	化妆品中荧光增白剂367和荧光增白剂393的测定　液相色谱－串联质谱法	2021. 11. 26	2022. 6. 1
15	GB/T 40896—2021	化妆品中二乙二醇单乙醚的测定　气相色谱－质谱法	2021. 11. 26	2022. 6. 1
16	GB/T 40897—2021	化妆品中碱金属硫化物和碱土金属硫化物的测定　亚甲基蓝分光光度法	2021. 11. 26	2022. 6. 1
17	GB/T 40898—2021	化妆品中禁用物质贝美格及其盐类的测定　高效液相色谱法	2021. 11. 26	2022. 6. 1
18	GB/T 40894—2021	化妆品中禁用物质甲巯咪唑的测定　高效液相色谱法	2021. 11. 26	2022. 6. 1
19	GB/T 40895—2021	化妆品中禁用物质丁卡因及其盐类的测定　离子色谱法	2021. 11. 26	2022. 6. 1
20	GB/T 40639—2021	化妆品中禁用物质三氯乙酸的测定	2021. 10. 11	2022. 5. 1
21	GB/T 40845—2021	化妆品中壬二酸的检测　气相色谱法	2021. 10. 11	2022. 5. 1
22	GB/T 40844—2021	化妆品中人工合成麝香的测定　气相色谱－质谱法	2021. 10. 11	2022. 5. 1
23	GB 23350—2021	限制商品过度包装要求　食品和化妆品	2021. 8. 10	2023. 9. 1
24	GB/T 40145—2021	化妆品中地索奈德等十一种糖皮质激素的测定　液相色谱/串联质谱法	2021. 5. 21	2021. 12. 1
25	GB/T 40146—2021	化妆品中塑料微珠的测定	2021. 5. 21	2021. 9. 1
26	GB/T 39999—2021	化妆品中恩诺沙星等15种禁用喹诺酮类抗生素的测定　液相色谱－串联质谱法	2021. 4. 30	2021. 11. 1
27	GB/T 39993—2021	化妆品中限用防腐剂二甲基噁唑烷、7－乙基双环噁唑烷和5－溴－5－硝基－1,3－二噁烷的测定	2021. 4. 30	2021. 11. 1
28	GB/T 39946—2021	唇用化妆品中禁用物质对位红的测定　高效液相色谱法	2021. 3. 9	2021. 10. 1
29	GB/T 39927—2021	化妆品中禁用物质藜芦碱的测定　高效液相色谱法	2021. 3. 9	2021. 10. 1

续表

序号	标准号	标准名称	发布时间	实施时间
30	GB/T 39665—2020	含植物提取物类化妆品中 55 种禁用农药残留量的测定	2020.12.14	2021.7.1
31	GB/T 28599—2020	化妆品中邻苯二甲酸酯类物质的测定	2020.9.29	2021.1.1
32	GB/T 37644—2019	化妆品中 8 - 羟基喹啉和硝羟喹啉的测定　高效液相色谱法	2019.6.4	2020.1.1
33	GB/T 37649—2019	化妆品中硫柳汞和苯基汞的测定　高效液相色谱 - 电感耦合等离子体质谱法	2019.6.4	2020.1.1
34	GB/T 37641—2019	化妆品中 2,3,5,4′ - 四羟基二苯乙烯 - 2 - O - β - D - 葡萄糖苷的测定　高效液相色谱法	2019.6.4	2020.1.1
35	GB/T 37640—2019	化妆品中氯乙醛、2,4 - 二羟基 - 3 - 甲基苯甲醛、巴豆醛、苯乙酮、2 - 亚戊基环己酮、戊二醛含量的测定　高效液相色谱法	2019.6.4	2020.1.1
36	GB/T 37628—2019	化妆品中黄芪甲苷、芍药苷、连翘苷和连翘酯苷 A 的测定　高效液相色谱法	2019.6.4	2020.1.1
37	GB/T 37626—2019	化妆品中阿莫西林等 9 种禁用青霉素类抗生素的测定　液相色谱 - 串联质谱法	2019.6.4	2020.1.1
38	GB/T 37625—2019	化妆品检验规则	2019.6.4	2020.1.1
39	GB/T 37545—2019	化妆品中 38 种准用着色剂的测定　高效液相色谱法	2019.6.4	2020.1.1
40	GB/T 37544—2019	化妆品中邻伞花烃 - 5 - 醇等 6 种酚类抗菌剂的测定　高效液相色谱法	2019.6.4	2020.1.1
41	GB/T 36942—2018	化妆品中 10 种生物碱的测定　液相色谱串联谱法	2018.12.28	2019.7.1
42	GB/T 35828—2018	化妆品中铬、砷、镉、锑、铅的测定　电感耦合等离子体质谱法	2018.2.6	2018.9.1
43	GB/T 35826—2018	护肤化妆品中禁用物质乐杀螨和克螨特的测定	2018.2.6	2018.9.1
44	GB/T 35824—2018	染发类化妆品中 20 种禁限用染料成分的测定　高效液相色谱法	2018.2.6	2018.9.1
45	GB/T 35829—2018	化妆品中 4 种萘二酚的测定　高效液相色谱法	2018.2.6	2018.9.1
46	GB/T 35957—2018	化妆品中禁用物质铯 - 137、铯 - 134 的测定　γ 能谱法	2018.2.6	2018.9.1
47	GB/T 35956—2018	化妆品中 N - 亚硝基二乙醇胺（NDELA）的测定　高效液相色谱 - 串联质谱法	2018.2.6	2018.9.1
48	GB/T 35952—2018	化妆品中十一烯酸及其锌盐的测定　气相色谱法	2018.2.6	2018.9.1
49	GB/T 35953—2018	化妆品中限用物质二氯甲烷和 1,1,1 - 三氯乙烷的测定　顶空气相色谱法	2018.2.6	2018.9.1
50	GB/T 35893—2018	化妆品中抑汗活性成分氯化羟锆铝配合物、氯化羟锆铝甘氨酸配合物和氯化羟铝的测定	2018.2.6	2018.9.1
51	GB/T 13531.7—2018	化妆品通用检验方法　折光指数的测定	2018.2.6	2018.9.1
52	GB/T 35799—2018	化妆品中吡咯烷酮羧酸钠的测定　高效液相色谱法	2018.2.6	2018.9.1
53	GB/T 35803—2018	化妆品中禁用物质尿刊酸及其乙酯的测定　高效液相色谱法	2018.2.6	2018.9.1
54	GB/T 35827—2018	化妆品通用检验方法　乳化类型（W/O 或 O/W）的鉴别	2018.2.6	2018.9.1
55	GB/T 35800—2018	化妆品中防腐剂己脒定和氯己定及其盐类的测定　高效液相色谱法	2018.2.6	2018.9.1
56	GB/T 35837—2018	化妆品中禁用物质米诺地尔的测定　高效液相色谱法	2018.2.6	2018.9.1
57	GB/T 35797—2018	化妆品中帕地马酯的测定　高效液相色谱法	2018.2.6	2018.9.1
58	GB/T 35801—2018	化妆品中禁用物质克霉丹的测定　高效液相色谱法	2018.2.6	2018.9.1
59	GB/T 35798—2018	化妆品中香豆素及其衍生物的测定　高效液相色谱法	2018.2.6	2018.9.1
60	GB/T 35951—2018	化妆品中螺旋霉素等 8 种大环内酯类抗生素的测定　液相色谱 - 串联质谱法	2018.2.6	2018.9.1

续表

序号	标准号	标准名称	发布时间	实施时间
61	GB/T 35954—2018	化妆品中 10 种美白祛斑剂的测定　高效液相色谱法	2018. 2. 6	2018. 9. 1
62	GB/T 35946—2018	眼部化妆品中硫柳汞含量的测定　高效液相色谱法	2018. 2. 6	2018. 9. 1
63	GB/T 35950—2018	化妆品中限用物质无机亚硫酸盐类和亚硫酸氢盐类的测定	2018. 2. 6	2018. 9. 1
64	GB/T 35916—2018	化妆品中 16 种准用防晒剂和其他 8 种紫外线吸收物质的测定　高效液相色谱法	2018. 2. 6	2018. 9. 1
65	GB/T 35915—2018	化妆品用原料　珍珠提取物	2018. 2. 6	2018. 9. 1
66	GB/T 35894—2018	化妆品中 10 种禁用二元醇醚及其酯类化合物的测定　气相色谱 – 质谱法	2018. 2. 6	2018. 9. 1
67	GB/T 35948—2018	化妆品中 7 种 4 – 羟基苯甲酸酯的测定　高效液相色谱法	2018. 2. 6	2018. 9. 1
68	GB/T 35949—2018	化妆品中禁用物质马兜铃酸 A 的测定　高效液相色谱法	2018. 2. 6	2018. 9. 1
69	GB/T 13531.6—2018	化妆品通用检验方法　颗粒度（细度）的测定	2018. 2. 6	2018. 9. 1
70	GB/T 35771—2017	化妆品中硫酸二甲酯和硫酸二乙酯的测定　气相色谱 – 质谱法	2017. 12. 29	2018. 4. 1
71	GB/T 34918—2017	化妆品中七种性激素的测定　超高效液相色谱 – 串联质谱法	2017. 11. 1	2018. 5. 1
72	GB/T 34822—2017	化妆品中甲醛含量的测定　高效液相色谱法	2017. 11. 1	2018. 5. 1
73	GB/T 18670—2017	化妆品分类	2017. 11. 1	2018. 5. 1
74	GB/T 34820—2017	化妆品用原料　乙二醇二硬脂酸酯	2017. 11. 1	2018. 5. 1
75	GB/T 34819—2017	化妆品用原料　甲基异噻唑啉酮	2017. 11. 1	2018. 5. 1
76	GB/T 34806—2017	化妆品中 13 种禁用着色剂的测定　高效液相色谱法	2017. 11. 1	2018. 5. 1
77	GB/T 33307—2016	化妆品中镍、锑、碲含量的测定　电感耦合等离子体发射光谱法	2016. 12. 13	2017. 7. 1
78	GB/T 33309—2016	化妆品中维生素 B_6（吡哆素、盐酸吡哆素、吡哆素脂肪酸酯及吡哆醛 5 – 磷酸酯）的测定　高效液相色谱法	2016. 12. 13	2017. 7. 1
79	GB/T 33306—2016	化妆品用原料　D – 泛醇	2016. 12. 13	2017. 7. 1
80	GB/T 33308—2016	化妆品中游离甲醇的测定　气相色谱法	2016. 12. 13	2017. 7. 1
81	GB/T 32986—2016	化妆品中多西拉敏等 9 种抗过敏药物的测定　液相色谱 – 串联质谱法	2016. 10. 13	2017. 5. 1
82	GB/T 32093—2015	化妆品中碘酸钠的测定　离子色谱法	2015. 10. 9	2016. 5. 1
83	GB/T 31858—2015	眼部护肤化妆品中禁用水溶性着色剂酸性黄 1 和酸性橙 7 的测定　高效液相色谱法	2015. 7. 3	2016. 2. 1
84	GB/T 31407—2015	化妆品中碘丙炔醇丁基氨甲酸酯的测定　气相色谱法	2015. 5. 15	2015. 9. 30
85	GB/T 30926—2014	化妆品中 7 种维生素 C 衍生物的测定　高效液相色谱 – 串联质谱法	2014. 7. 8	2014. 11. 1
86	GB/T 30937—2014	化妆品中禁用物质甲硝唑的测定　高效液相色谱 – 串联质谱法	2014. 7. 8	2014. 11. 1
87	GB/T 30931—2014	化妆品中苯扎氯铵含量的测定　高效液相色谱法	2014. 7. 8	2014. 11. 1
88	GB/T 30938—2014	化妆品中食品橙 8 号的测定　高效液相色谱法	2014. 7. 8	2014. 11. 1
89	GB/T 30936—2014	化妆品中氯磺丙脲、甲苯磺丁脲和氨磺丁脲 3 种禁用磺脲类物质的测定方法	2014. 7. 8	2014. 11. 1
90	GB/T 30935—2014	化妆品中 8 – 甲氧基补骨脂素等 8 种禁用呋喃香豆素的测定　高效液相色谱法	2014. 7. 8	2014. 11. 1
91	GB/T 30940—2014	化妆品中禁用物质维甲酸、异维甲酸的测定　高效液相色谱法	2014. 7. 8	2014. 11. 1
92	GB/T 30939—2014	化妆品中污染物双酚 A 的测定　高效液相色谱 – 串联质谱法	2014. 7. 8	2014. 11. 1

续表

序号	标准号	标准名称	发布时间	实施时间
93	GB/T 30934—2014	化妆品中脱氢醋酸及其盐类的测定 高效液相色谱法	2014.7.8	2014.11.1
94	GB/T 30933—2014	化妆品中防晒剂二乙氨基羟苯甲酰基苯甲酸己酯的测定 高效液相色谱法	2014.7.8	2014.11.1
95	GB/T 30932—2014	化妆品中禁用物质二噁烷残留量的测定 顶空气相色谱－质谱法	2014.7.8	2014.11.1
96	GB/T 30930—2014	化妆品中联苯胺等9种禁用芳香胺的测定 高效液相色谱－串联质谱法	2014.7.8	2014.11.1
97	GB/T 30929—2014	化妆品中禁用物质2,4,6－三氯苯酚、五氯苯酚和硫氯酚的测定 高效液相色谱法	2014.7.8	2014.11.1
98	GB/T 30927—2014	化妆品中罗丹明B等4种禁用着色剂的测定 高效液相色谱法	2014.7.8	2014.11.1
99	GB/T 30942—2014	化妆品中禁用物质乙二醇甲醚、乙二醇乙醚及二乙二醇甲醚的测定 气相色谱法	2014.7.8	2014.11.1
100	GB/T 30087—2013	化妆品中保泰松含量的测定方法 高效液相色谱法	2013.12.17	2014.3.1
101	GB/T 30089—2013	化妆品中氯磺丙脲、氨磺丁脲、甲苯磺丁脲的测定 液相色谱/串联质谱法	2013.12.17	2014.3.1
102	GB/T 30088—2013	化妆品中甲基丁香酚的测定 气相色谱/质谱法	2013.12.17	2014.3.1
103	GB/T 29677—2013	化妆品中硝甲烷的测定 气相色谱－质谱法	2013.9.6	2014.2.15
104	GB/T 29664—2013	化妆品中维生素B_3（烟酸、烟酰胺）的测定 高效液相色谱法和高效液相色谱－串联质谱法	2013.9.6	2014.2.15
105	GB/T 29662—2013	化妆品中曲酸、曲酸二棕榈酸酯的测定 高效液相色谱法	2013.9.6	2014.2.15
106	GB/T 13531.4—2013	化妆品通用检验方法 相对密度的测定	2013.9.6	2014.2.15
107	GB/T 29670—2013	化妆品中萘、苯并[a]蒽等9种多环芳烃的测定 气相色谱－质谱法	2013.9.6	2014.2.15
108	GB/T 29669—2013	化妆品中N－亚硝基二甲基胺等10种挥发性亚硝胺的测定 气相色谱－质谱/质谱法	2013.9.6	2014.2.15
109	GB/T 29667—2013	化妆品用防腐剂 咪唑烷基脲	2013.9.6	2014.2.15
110	GB/T 29668—2013	化妆品用防腐剂 双（羟甲基）咪唑烷基脲	2013.9.6	2014.2.15
111	GB/T 29666—2013	化妆品用防腐剂 甲基氯异噻唑啉酮和甲基异噻唑啉酮与氯化镁及硝酸镁的混合物	2013.9.6	2014.2.15
112	GB/T 29661—2013	化妆品中尿素含量的测定 酶催化法	2013.9.6	2014.2.15
113	GB/T 29660—2013	化妆品中总铬含量的测定	2013.9.6	2014.2.15
114	GB/T 29659—2013	化妆品中丙烯酰胺的测定	2013.9.6	2014.2.15
115	GB/T 29663—2013	化妆品中苏丹红Ⅰ、Ⅱ、Ⅲ、Ⅳ的测定 高效液相色谱法	2013.9.6	2014.2.15
116	GB/T 29676—2013	化妆品中三氯叔丁醇的测定 气相色谱－质谱法	2013.9.6	2014.2.15
117	GB/T 29675—2013	化妆品中壬基苯酚的测定 液相色谱－质谱/质谱法	2013.9.6	2014.2.15
118	GB/T 29674—2013	化妆品中氯胺T的测定 高效液相色谱法	2013.9.6	2014.2.15
119	GB/T 29673—2013	化妆品中六氯酚的测定 高效液相色谱法	2013.9.6	2014.2.15
120	GB/T 29672—2013	化妆品中丙烯腈的测定 气相色谱－质谱法	2013.9.6	2014.2.15
121	GB/T 29671—2013	化妆品中苯酚磺酸锌的测定 高效液相色谱法	2013.9.6	2014.2.15
122	GB/T 29336—2012	化妆品用共挤出多层复合软管	2012.12.31	2013.8.1
123	GB 27599—2011	化妆品用二氧化钛	2011.12.5	2012.8.1

续表

序号	标准号	标准名称	发布时间	实施时间
124	GB/T 27577—2011	化妆品中维生素 B$_5$（泛酸）及维生素原 B$_5$（D – 泛醇）的测定　高效液相色谱紫外检测法和高效液相色谱 – 串联质谱法	2011. 12. 5	2012. 3. 1
125	GB/T 27578—2011	化妆品名词术语	2011. 12. 5	2012. 5. 1
126	GB/T 26517—2011	化妆品中二十四种防腐剂的测定　高效液相色谱法	2011. 5. 12	2011. 10. 1
127	GB/T 24800.4—2009	化妆品中氯噻酮和吩噻嗪的测定　高效液相色谱法	2009. 11. 30	2010. 5. 1
128	GB/T 24800.3—2009	化妆品中螺内酯、过氧苯甲酰和维甲酸的测定　高效液相色谱法	2009. 11. 30	2010. 5. 1
129	GB/T 24800.1—2009	化妆品中九种四环素类抗生素的测定　高效液相色谱法	2009. 11. 30	2010. 5. 1
130	GB/T 24800.5—2009	化妆品中呋喃妥因和呋喃唑酮的测定　高效液相色谱法	2009. 11. 30	2010. 5. 1
131	GB/T 24800.13—2009	化妆品中亚硝酸盐的测定　离子色谱法	2009. 11. 30	2010. 5. 1
132	GB/T 24800.9—2009	化妆品中柠檬醛、肉桂醇、茴香醇、肉桂醛和香豆素的测定　气相色谱法	2009. 11. 30	2010. 5. 1
133	GB/T 24800.7—2009	化妆品中马钱子碱和士的宁的测定　高效液相色谱法	2009. 11. 30	2010. 5. 1
134	GB/T 24800.8—2009	化妆品中甲氨嘌呤的测定　高效液相色谱法	2009. 11. 30	2010. 5. 1
135	GB/T 24800.6—2009	化妆品中二十一种磺胺的测定　高效液相色谱法	2009. 11. 30	2010. 5. 1
136	GB/T 24800.2—2009	化妆品中四十一种糖皮质激素的测定　液相色谱 – 串联质谱法和薄层层析法	2009. 11. 30	2010. 5. 1
137	GB/T 24800.11—2009	化妆品中防腐剂苯甲醇的测定　气相色谱法	2009. 11. 30	2010. 5. 1
138	GB/T 24800.12—2009	化妆品中对苯二胺、邻苯二胺和间苯二胺的测定	2009. 11. 30	2010. 5. 1
139	GB/T 24800.10—2009	化妆品中十九种香料的测定　气相色谱 – 质谱法	2009. 11. 30	2010. 5. 1
140	GB/T 24404—2009	化妆品中需氧嗜温性细菌的检测和计数法	2009. 9. 30	2009. 12. 1
141	GB/T 22728—2008	化妆品中丁基羟基茴香醚（BHA）和二丁基羟基甲苯（BHT）的测定　高效液相色谱法	2008. 12. 31	2009. 8. 1
142	GB/T 13531.1—2008	化妆品通用检验方法 pH 值的测定	2008. 12. 28	2009. 6. 1
143	GB 5296.3—2008	消费品使用说明　化妆品通用标签	2008. 6. 17	2009. 10. 1
144	GB/T 17149.7—1997	化妆品皮肤色素异常诊断标准及处理原则	1997. 12. 15	1998. 12. 1
145	GB/T 17149.1—1997	化妆品皮肤病诊断标准及处理原则　总则	1997. 12. 15	1998. 12. 1
146	GB/T 17149.4—1997	化妆品毛发损害诊断标准及处理原则	1997. 12. 15	1998. 12. 1

（三）补充方法

化妆品补充检验方法主要针对可能掺杂掺假或者将禁用原料用于化妆品生产的情况，按照《技术规范》、国家标准和行业标准规定的检验项目和检验方法无法检验的，由国家药监局制定检验项目和检验方法作为补充方法。补充检验方法可用于化妆品的抽样检验、质量安全案件调查处理和不良反应调查处置，其检验结果可以作为执法依据。补充检验方法现阶段只针对禁用物质，暂不针对限用物质。

2021 年 4 月，国家药监局《化妆品补充检验方法管理工作规程》和《化妆品补充检验方法研究起草技术指南》，启动对化妆品补充检验方法的规范化管理工作。目前已发布 12 项补充检验方法，见表 5 – 9。

表 5－9　补充方法

序号	项目	发布时间
1	面膜类化妆品中氟轻松检测方法（高效液相色谱－串联质谱法）	2016.05.18
2	化妆品中西咪替丁的检测方法（高效液相色谱法）	2019.08.12
3	BJH 202101 化妆品中本维莫德的测定	2021.09.02
4	BJH 202102 化妆品中比马前列素等 5 种组分的测定	2021.09.13
5	BJH 202201 化妆品中莫匹罗星等 5 种组分的测定	2022.07.27
6	BJH 202202 化妆品中新康唑等 8 种组分的测定	2022.09.08
7	BJH 202203 化妆品中 16α － 羟基泼尼松龙的测定	2022.11.18
8	BJH 202204 化妆品中四氢咪唑啉等 5 种组分的测定	2022.12.23
9	BJH 202205 化妆品中脱水穿心莲内酯琥珀酸半酯的测定	2022.12.26
10	BJH 202301 化妆品中他克莫司和吡美莫司的测定	2023.07.06
11	BJH 202302 化妆品中氯倍他索乙酸酯的测定	2023.10.30
12	BJH 202401 化妆品中非那雄胺等 10 种组分的测定	2024.01.10

（四）行业标准

我国化妆品行业标准主要来源于工业和信息化部与国家海关总署。工业和信息化部主要在轻工业、化学工业，以及机械行业针对化妆品原料、机械的检测检验，国家海关总署则是针对进口化妆品中禁用、限用或有毒有害物质及微生物的检验检疫。此外，国家新闻出版署也颁布了两项印刷相关的技术标准，国家能源局颁布了一项白油相关的标准，见表5－10。

表 5－10　化妆品相关行业标准

序号	标准号	标准名称	行业领域	发布单位	批准日期
1	QB/T 1864—1993	电位溶出法测定化妆品中铅	轻工	工业和信息化部	1993.11.13
2	QB/T 2334—1997	化妆品中紫外线吸收剂定性测定　紫外分光光度计法	轻工	工业和信息化部	1997.12.4
3	QB/T 2333—1997	防晒化妆品中紫外线吸收剂定量测定　高效液相色谱法	轻工	工业和信息化部	1997.12.4
4	QB/T 2408—1998	化妆品中维生素 E 含量的测定	轻工	工业和信息化部	1998.11.25
5	QB/T 2409—1998	化妆品中氨基酸含量的测定	轻工	工业和信息化部	1998.11.25
6	QB/T 2470—2000	化妆品通用试验方法　滴定分析（容量分析）用标准溶液的制备	轻工	工业和信息化部	2000.3.30
7	SN/T 1478—2004	化妆品中二氧化钛含量的检测方法　ICP－AES 法	出入境检验检疫	海关总署	2004.11.17
8	SN/T 1500—2004	化妆品中甘草酸二钾的检测方法　液相色谱法	出入境检验检疫	海关总署	2004.11.17
9	SN/T 1475—2004	化妆品中熊果苷的检测方法　液相色谱法	出入境检验检疫	海关总署	2004.11.17
10	QB/T 2488—2006	化妆品用芦荟汁、粉	轻工	工业和信息化部	2006.12.17
11	QB/T 1685—2006	化妆品产品包装外观要求	轻工	工业和信息化部	2006.12.17

续表

序号	标准号	标准名称	行业领域	发布单位	批准日期
12	SN/T1785—2006	进出口化妆品中没食子酸丙酯的测定　液相色谱法	出入境检验检疫	海关总署	2006.4.25
13	SN/T 1786—2006	进出口化妆品中三氯生和三氯卡班的测定　液相色谱法	出入境检验检疫	海关总署	2006.4.25
14	SN/T 1780—2006	进出口化妆品中氯丁醇的测定　气相色谱法	出入境检验检疫	海关总署	2006.4.25
15	SN/T 1783—2006	进出口化妆品中黄樟素和6－甲基香豆素的测定　气相色谱法	出入境检验检疫	海关总署	2006.4.25
16	SN/T 1782—2006	进出口化妆品中尿囊素的测定　液相色谱法	出入境检验检疫	海关总署	2006.4.25
17	SN/T 2192—2008	进出口化妆品实验室化学分析制样规范	出入境检验检疫	海关总署	2008.11.18
18	SN/T 2051—2008	食品、化妆品和饲料中牛羊猪源性成分检测方法　实时PCR法	出入境检验检疫	海关总署	2008.4.29
19	SN/T 2098—2008	食品和化妆品中的菌落计数检测方法　螺旋平板法	出入境检验检疫	海关总署	2008.7.17
20	SN/T 2111—2008	化妆品中8－羟基喹啉及其硫酸盐的测定方法	出入境检验检疫	海关总署	2008.7.17
21	SN/T 2107—2008	进出口化妆品中一乙醇胺、二乙醇胺、三乙醇胺的测定方法	出入境检验检疫	海关总署	2008.7.17
22	SN/T 2106—2008	进出口化妆品中甲基异噻唑酮及其氯代物的测定　液相色谱法	出入境检验检疫	海关总署	2008.7.17
23	SN/T 2105—2008	化妆品中柠檬黄和桔黄等水溶性色素的测定方法	出入境检验检疫	海关总署	2008.7.17
24	SN/T 2285—2009	化妆品体外替代试验实验室规范	出入境检验检疫	海关总署	2009.2.20
25	SN/T 2290—2009	进出口化妆品中乙酰水杨酸的检测方法	出入境检验检疫	海关总署	2009.2.20
26	SN/T 2291—2009	进出口化妆品中氢溴酸右美沙芬的测定　液相色谱法	出入境检验检疫	海关总署	2009.2.20
27	SN/T 2206.3—2009	化妆品微生物检验方法　第3部分：肺炎克雷伯氏菌	出入境检验检疫	海关总署	2009.2.20
28	SN/T 2288—2009	进出口化妆品中铍、镉、铊、铬、砷、碲、钕、铅的检测方法　电感耦合等离子体质谱法	出入境检验检疫	海关总署	2009.2.20
29	SN/T 2286—2009	进出口化妆品检验检疫规程	出入境检验检疫	海关总署	2009.2.20
30	SN/T 2206.4—2009	化妆品微生物检验方法　第4部分：链球菌	出入境检验检疫	海关总署	2009.2.20
31	SN/T 2206.2—2009	化妆品微生物检验方法　第2部分：需氧芽孢杆菌和蜡样芽孢杆菌	出入境检验检疫	海关总署	2009.2.20
32	SN/T 2206.5—2009	化妆品微生物检验方法　第5部分：肠球菌	出入境检验检疫	海关总署	2009.2.20
33	SN/T 2289—2009	进出口化妆品中氯霉素、甲砜霉素、氟甲砜霉素的测定　液相色谱－质谱/质谱法	出入境检验检疫	海关总署	2009.2.20
34	SN/T 2330—2009	化妆品胚胎和发育毒性的小鼠胚胎干细胞试验	出入境检验检疫	海关总署	2009.7.7
35	SN/T 2328—2009	化妆品急性毒性的角质细胞试验	出入境检验检疫	海关总署	2009.7.7
36	SN/T 2329—2009	化妆品眼刺激性/腐蚀性的鸡胚绒毛尿囊试验	出入境检验检疫	海关总署	2009.7.7
37	SN/T 2359—2009	进出口化妆品良好生产规范	出入境检验检疫	海关总署	2009.9.2
38	SN/T 2393—2009	进出口洗涤用品和化妆品中全氟辛烷磺酸的测定　液相色谱－质谱/质谱法	出入境检验检疫	海关总署	2009.9.2
39	SN/T 2206.6—2010	化妆品微生物检验方法　第6部分：破伤风梭菌	出入境检验检疫	海关总署	2010.1.10

续表

序号	标准号	标准名称	行业领域	发布单位	批准日期
40	SN/T 2649.2—2010	进出口化妆品中石棉的测定　第2部分：X射线衍射－偏光显微镜法	出入境检验检疫	海关总署	2010.11.1
41	SN/T 2649.1—2010	进出口化妆品中石棉的测定　第1部分：X射线衍射－扫描电子显微镜法	出入境检验检疫	海关总署	2010.11.1
42	QB/T 4128—2010	化妆品中氯咪巴唑（甘宝素）的测定　高效液相色谱法	轻工	工业和信息化部	2010.12.29
43	QB/T4127—2010	化妆品中吡罗克酮乙醇胺盐（OCT）的测定　高效液相色谱法	轻工	工业和信息化部	2010.12.29
44	SN/T 2206.7—2010	化妆品微生物检测方法　第7部分：蛋白免疫印迹法检测疯牛病病原	出入境检验检疫	海关总署	2010.3.2
45	SN/T 2533—2010	进出口化妆品中糖皮质激素类与孕激素类检测方法	出入境检验检疫	海关总署	2010.3.2
46	QB/T 4256—2011	化妆品保湿功效评价指南	轻工	工业和信息化部	2011.12.20
47	SN/T 2933—2011	化妆品中三氯甲烷、苯、四氯化碳、三氯硝基甲烷、硝基苯和二氯甲苯的检测方法	出入境检验检疫	海关总署	2011.5.31
48	QB/T 4416—2012	化妆品用原料　透明质酸钠	轻工	工业和信息化部	2012.12.28
49	SN/T 3084.1—2012	进出口化妆品眼刺激性试验　体外中性红吸收法	出入境检验检疫	海关总署	2012.5.7
50	HG/T 4535—2013	化妆品用硫酸钠	化工	工业和信息化部	2013.10.17
51	HG/T 4534—2013	化妆品用云母	化工	工业和信息化部	2013.10.17
52	HG/T 4532—2013	化妆品用氧化锌	化工	工业和信息化部	2013.10.17
53	HG/T 4536—2013	化妆品用聚合氯化铝	化工	工业和信息化部	2013.10.17
54	HG/T 4533—2013	化妆品用硫酸钡	化工	工业和信息化部	2013.10.17
55	SN/T 2206.8—2013	化妆品微生物检验方法　第8部分：白色念珠菌	出入境检验检疫	海关总署	2013.11.6
56	SN/T 2206.9—2013	化妆品微生物检验方法　第9部分：胆汁酸耐受革兰氏阴性杆菌	出入境检验检疫	海关总署	2013.11.6
57	SN/T 3715—2013	化妆品　体外发育毒性试验　大鼠全胚胎试验法	出入境检验检疫	海关总署	2013.11.6
58	SN/T 4004—2013	进出口化妆品安全卫生项目检测抽样规程	出入境检验检疫	海关总署	2013.11.6
59	QB/T 4617—2013	化妆品中黄芩苷的测定　高效液相色谱法	轻工	工业和信息化部	2013.12.31
60	SN/T 3609—2013	进出口化妆品中欧前胡素和异欧前胡素的测定　液相色谱－质谱/质谱法	出入境检验检疫	海关总署	2013.8.30
61	SN/T 3608—2013	进出口化妆品中氟的测定　离子色谱法	出入境检验检疫	海关总署	2013.8.30
62	SN/T 3694.1—2014	进出口工业品中全氟烷基化合物测定　第1部分：化妆品　液相色谱－串联质谱法	出入境检验检疫	海关总署	2014.1.13
63	SN/T 3821—2014	出口化妆品中六价铬的测定　液相色谱－电感耦合等离子体质谱法	出入境检验检疫	海关总署	2014.1.13

续表

序号	标准号	标准名称	行业领域	发布单位	批准日期
64	SN/T 3822—2014	出口化妆品中双酚 A 的测定　液相色谱荧光检测法	出入境检验检疫	海关总署	2014.1.13
65	SN/T 3827—2014	进出口化妆品中铅、镉、砷、汞、锑、铬、镍、钡、锶含量的测定　电感耦合等离子体原子发射光谱法	出入境检验检疫	海关总署	2014.1.13
66	SN/T 3824—2014	化妆品光毒性试验　联合红细胞测定法	出入境检验检疫	海关总署	2014.1.13
67	SN/T 3826—2014	进出口化妆品中硼酸和硼酸盐含量的测定　电感耦合等离子体原子发射光谱法	出入境检验检疫	海关总署	2014.1.13
68	SN/T 3825—2014	化妆品及其原料中三价锑、五价锑的测定	出入境检验检疫	海关总署	2014.1.13
69	SN/T 3897—2014	化妆品中四环素类抗生素的测定	出入境检验检疫	海关总署	2014.1.13
70	SN/T 3899—2014	化妆品体外替代试验良好细胞培养和样品制备规范	出入境检验检疫	海关总署	2014.1.13
71	SN/T 3898—2014	化妆品体外替代试验方法验证规程	出入境检验检疫	海关总署	2014.1.13
72	SN/T 4029—2014	化妆品皮肤过敏试验　局部淋巴结法	出入境检验检疫	海关总署	2014.11.19
73	SN/T 4033—2014	进出口化妆品中施氏假单胞菌检测方法	出入境检验检疫	海关总署	2014.11.19
74	SN/T 3084.2—2014	进出口化妆品眼刺激性试验　角膜细胞试验方法	出入境检验检疫	海关总署	2014.11.19
75	SN/T 4030—2014	香薰类化妆品急性吸入毒性试验	出入境检验检疫	海关总署	2014.11.19
76	SN/T 4032—2014	进出口化妆品中弗氏柠檬酸杆菌检测方法	出入境检验检疫	海关总署	2014.11.19
77	SN/T 4034—2014	进出口化妆品中萘酚的测定　液相色谱 – 质谱/质谱法	出入境检验检疫	海关总署	2014.11.19
78	SN/T 2206.13—2014	化妆品微生物检验方法　第 13 部分：嗜麦芽窄食单胞菌	出入境检验检疫	海关总署	2014.4.9
79	SN/T 3920—2014	出口化妆品中氢醌、水杨酸、苯酚、苯氧乙醇、对羟基苯甲酸酯类、双氯酚、三氯生的测定　液相色谱法	出入境检验检疫	海关总署	2014.4.9
80	SN/T 2206.10—2014	化妆品微生物检验方法　第 10 部分：金黄色葡萄球菌　PCR 法	出入境检验检疫	海关总署	2014.4.9
81	SN/T 2206.12—2014	化妆品微生物检验方法　第 12 部分：绿脓杆菌　PCR 法	出入境检验检疫	海关总署	2014.4.9
82	SN/T 2206.11—2014	化妆品微生物检验方法　第 11 部分：金黄色葡萄球菌　多重实时荧光 PCR 法	出入境检验检疫	海关总署	2014.4.9
83	NB/SH/T 0007—2015	化妆品级白油	能源	国家能源局	2015.10.27
84	SN/T 4347—2015	进出口化妆品中氯乙酰胺的测定　气相色谱法	出入境检验检疫	海关总署	2015.12.4
85	SN/T 4393—2015	进出口化妆品中喹诺酮药物测定　液相色谱 – 串联质谱法	出入境检验检疫	海关总署	2015.12.4
86	SN/T 4392—2015	化妆品和皂类产品中的羟乙磷酸及其盐类的测定　离子色谱法	出入境检验检疫	海关总署	2015.12.4
87	SN/T 4147—2015	进出口化妆品中利多卡因、丁卡因、辛可卡因的测定　液相色谱 – 质谱/质谱法	出入境检验检疫	海关总署	2015.2.9
88	QB/T 1684—2015	化妆品检验规则	轻工	工业和信息化部	2015.7.14
89	HG/T 5041—2016	化妆品用氢氧化钠	化工	工业和信息化部	2016.10.22

序号	标准号	标准名称	行业领域	发布单位	批准日期
90	SN/T 4684—2016	进出口化妆品中洋葱伯克霍尔德菌检验方法	出入境检验检疫	海关总署	2016.12.12
91	SN/T 0001—2016	出口食品、化妆品理化测定方法标准编写的基本规定	出入境检验检疫	海关总署	2016.3.9
92	SN/T 2206.1—2016	化妆品微生物检验方法 第1部分：沙门氏菌	出入境检验检疫	海关总署	2016.3.9
93	SN/T 4442—2016	进出口化妆品中硝基苯、硝基甲苯、二硝基甲苯的检测方法	出入境检验检疫	海关总署	2016.3.9
94	SN/T 4441—2016	进出口化妆品中甲醇的测定 多维气相色谱－质谱联用法	出入境检验检疫	海关总署	2016.3.9
95	SN/T 4455—2016	化妆品微生物风险评估和低风险产品鉴定指南	出入境检验检疫	海关总署	2016.3.9
96	QB/T 4953—2016	化妆品用原料 熊果苷（β－熊果苷）	轻工	工业和信息化部	2016.4.5
97	QB/T 4952—2016	化妆品用原料 抗坏血酸磷酸酯镁	轻工	工业和信息化部	2016.4.5
98	QB/T 4951—2016	化妆品用原料 光果甘草（Glycyrrhiza glabra）根提取物	轻工	工业和信息化部	2016.4.5
99	QB/T 4950—2016	化妆品用原料 PCA 钠	轻工	工业和信息化部	2016.4.5
100	QB/T 4949—2016	化妆品用原料 脂肪酰二乙醇胺	轻工	工业和信息化部	2016.4.5
101	QB/T 4948—2016	化妆品用原料 月桂醇磷酸酯	轻工	工业和信息化部	2016.4.5
102	QB/T 4947—2016	化妆品用原料 三氯生	轻工	工业和信息化部	2016.4.5
103	SN/T 4505—2016	化妆品中二甘醇残留量的测定 气质联用法	出入境检验检疫	海关总署	2016.6.28
104	SN/T 4531—2016	进出口食品、化妆品检测质量控制指南（化学）	出入境检验检疫	海关总署	2016.6.28
105	SN/T 4530—2016	进出口食品、化妆品检验专业标准体系	出入境检验检疫	海关总署	2016.6.28
106	SN/T 4504—2016	出口化妆品中氯倍他索、倍氯米松、氯倍他索丙酸酯的测定 液相色谱－质谱/质谱法	出入境检验检疫	海关总署	2016.6.28
107	SN/T 4578—2016	进出口化妆品中9种防晒剂的测定 气相色谱－质谱法	出入境检验检疫	海关总署	2016.8.23
108	SN/T 4577—2016	化妆品皮肤刺激性检测 重建人体表皮模型体外测试方法	出入境检验检疫	海关总署	2016.8.23
109	SN/T 4576—2016	出口化妆品中甲基丙烯酸甲酯的测定 顶空气相色谱法	出入境检验检疫	海关总署	2016.8.23
110	SN/T 4575—2016	出口化妆品中多种禁限用着色剂的测定 高效液相色谱法和液相色谱－串联质谱法	出入境检验检疫	海关总署	2016.8.23
111	SN/T 1949—2016	进出口食品、化妆品检验规程标准编写的基本规则	出入境检验检疫	海关总署	2016.8.23
112	SN/T 4601—2016	进出口食品、化妆品检验专业术语	出入境检验检疫	海关总署	2016.8.23
113	QB/T 5175.2—2017	手表外观件佩戴环境试验方法 第2部分：化妆品试验	轻工	工业和信息化部	2017.11.7
114	QB/T 5107—2017	化妆品用原料 尿囊素	轻工	工业和信息化部	2017.4.12

序号	标准号	标准名称	行业领域	发布单位	批准日期
115	QB/T 5106—2017	化妆品用原料　苄索氯铵	轻工	工业和信息化部	2017.4.12
116	QB/T 5105—2017	化妆品用原料　碘丙炔醇丁基氨甲酸酯	轻工	工业和信息化部	2017.4.12
117	SN/T 2206.14—2017	化妆品微生物检验方法　第14部分：腐生葡萄球菌	出入境检验检疫	海关总署	2017.5.12
118	SN/T 4902—2017	进出口化妆品中邻苯二甲酸酯类化合物的测定　气相色谱－质谱法	出入境检验检疫	海关总署	2017.8.29
119	QB/T 5295—2018	美白化妆品中鞣花酸的测定　高效液相色谱法	轻工	工业和信息化部	2018.10.22
120	QB/T 5294—2018	化妆品中溴代和氯代水杨酰苯胺的测定　高效液相色谱法	轻工	工业和信息化部	2018.10.22
121	QB/T 5293—2018	化妆品中禁用物质磷酸三丁酯、磷酸三（2－氯乙）酯和磷酸三甲酚酯的测定　气相色谱－质谱法	轻工	工业和信息化部	2018.10.22
122	QB/T 5292—2018	化妆品中禁用物质维生素 K_1 的测定　高效液相色谱法	轻工	工业和信息化部	2018.10.22
123	QB/T 5291—2018	化妆品中六价铬含量的测定	轻工	工业和信息化部	2018.10.22
124	QB/T 5290—2018	化妆品用原料　苯氧乙醇	轻工	工业和信息化部	2018.10.22
125	SN/T 5151—2019	防晒化妆品中7种二苯酮类物质的测定　高效液相色谱法	出入境检验检疫	海关总署	2019.10.25
126	SN/T 5150—2019	防晒化妆品UVA光防护效果体外测定方法	出入境检验检疫	海关总署	2019.10.25
127	QB/T 5411—2019	化妆品中禁用物质二甘醇的测定　气相色谱法	轻工	工业和信息化部	2019.11.11
128	CY/T 226.2—2020	化妆品类包装印刷品质量控制要求及检验方法　第2部分：软管包装	新闻出版	国家新闻出版署	2020.11.16
129	CY/T 226.1—2020	化妆品类包装印刷品质量控制要求及检验方法　第1部分：纸包装	新闻出版	国家新闻出版署	2020.11.16
130	SN/T 5326.3—2020	进出口食品化妆品专业分析方法验证指南　第3部分：传统微生物学方法	出入境检验检疫	海关总署	2020.12.30
131	SN/T 5326.2—2020	进出口食品化妆品专业分析方法验证指南　第2部分：化学方法	出入境检验检疫	海关总署	2020.12.30
132	SN/T 5326.1—2020	进出口食品化妆品专业分析方法验证指南　第1部分：通用指南	出入境检验检疫	海关总署	2020.12.30
133	HG/T 5778—2020	化妆品包装材料用紫外光（UV）固化涂料	化工	工业和信息化部	2020.12.9
134	HG/T 5737—2020	化妆品用硫酸镁	化工	工业和信息化部	2020.12.9
135	QB/T 5594—2021	化妆品中凝血酸（氨甲环酸）的测定　高效液相色谱法	轻工	工业和信息化部	2021.5.17
136	QB/T 5741—2022	化妆品用原料　炭粉	轻工	工业和信息化部	2022.4.8
137	JB/T 14838—2023	瓶装液态护肤化妆品灌装封盖一体机	机械	工业和信息化部	2023.12.29

续表

序号	标准号	标准名称	行业领域	发布单位	批准日期
138	SN/T 5706—2023	化妆品微生物检验方法　大肠埃希氏菌检验	出入境检验检疫	海关总署	2023. 12. 29
139	SN/T 5326.4—2023	进出口食品化妆品专业分析方法验证指南　第4部分：分子生物学方法	出入境检验检疫	海关总署	2023. 12. 29
140	SN/T 1496—2023	进出口化妆品中生育酚及 α–生育酚醋酸酯的测定	出入境检验检疫	海关总署	2023. 12. 29
141	SN/T 5560—2023	化妆品光毒性试验　光反应性的测定　活性氧试验	出入境检验检疫	海关总署	2023. 5. 5
142	SN/T 5503—2023	进出口化妆品中乙酸乙烯酯的测定　顶空气相色谱–质谱法	出入境检验检疫	海关总署	2023. 5. 5
143	SN/T 5326.5—2023	进出口食品化妆品专业分析方法验证指南　第5部分：免疫学方法	出入境检验检疫	海关总署	2023. 5. 5
144	SN/T 2108—2023	进出口化妆品中巴比妥类的测定	出入境检验检疫	海关总署	2023. 5. 5
145	SN/T1781—2023	进出口化妆品中咖啡因的测定	出入境检验检疫	海关总署	2023. 5. 5

（五）团体标准

化妆品团体标准主要来自化妆品产业比较聚集的广东省、上海市、浙江省、山东省等地的行业协会，内容涉及原料标准、检验方法、毒理学试验方法、理化检验方法、微生物检验方法等，约 140 项，标准交叉重叠的现象比较突出。随着化妆品和原料备案注册办法的实施，毒理试验方法的研究较其他类型的方法呈现显著上升的趋势。

我国现行的化妆品安全技术标准体系在通用标准、原料使用要求、检验方法标准等领域的构架布局基本完成，但标准体系仍然存在检测项目交叉重叠和内容不一致、原料标准和包装材料标准较少、部分标准技术过时、检测指标设置不合理等问题。因此，我国化妆品安全标准体系的建设仍是一个持续和艰巨的任务。

二、化妆品功效性评价的方法

（一）化妆品功效评价的标准体系

《化妆品分类规则和分类目录》《化妆品功效宣称评价规范》《化妆品注册备案管理规定》等一系列化妆品新法规的颁布和落地，以及行业监管的加强，要求功效宣称的产品要进行相应功效评价。这也意味着我国化妆品行业正式进入了功效评价时代。

《化妆品功效宣称评价规范》对化妆品功效评价进行了系统细致的规范，要求功效评价首选强制性的国家标准或《化妆品安全技术规范》，其次是我国其他相关法规、行业标准载明的方法，再次是国外相关法规或技术标准规定的方法，最后是国内外权威组织、技术机构及行业协会发布的方法。国内仅对于风险较高的防晒、祛斑美白和防脱发类产品的功效制定了强制性的评价方法（表 5–11），并纳入《化妆品安全技术规范》。国家对于其他化妆品的功效宣称评价并未强制规定统一的评价方法。目前关于化妆品功效评价的国家标准仍是空白。行业标准也十分有限，仅 6 项。团地标准相对较多有 114 项，但也存在交叉重叠的现象。

表5-11　化妆品功效评价相关的强制性及行业技术标准汇总

标准号/规范	名称	制定机构	发布时间
《化妆品安全技术规范》	防晒化妆品防晒指数（SPF值）测定方法	国家药品监督管理局	2015.12.23
《化妆品安全技术规范》	防晒化妆品防水性能测定方法	国家药品监督管理局	2015.12.23
《化妆品安全技术规范》	防晒化妆品长波紫外线防护指数（PFA值）测定方法	国家药品监督管理局	2015.12.23
《化妆品安全技术规范》	化妆品祛斑美白功效测试方法	国家药品监督管理局	2021.2.18
《化妆品安全技术规范》	化妆品防脱发功效测试方法	国家药品监督管理局	2021.2.18
QB/T 4256—2011	化妆品保湿功效评价指南	工业和信息化部	2011.12.20
SN/T 5150—2019	防晒化妆品UVA光防护效果体外测定方法	海关总署	2019.10.25
WS/T 326.1—2010	牙膏功效评价　第1部分：总则	国家卫生和计划生育委员会	2010.12.3
WS/T 326.2—2010	牙膏功效评价　第2部分：防龋	国家卫生和计划生育委员会	2010.12.3
WS/T 326.4—2010	牙膏功效评价　第4部分：抗牙本质敏感	国家卫生和计划生育委员会	2010.12.3
WS/T 326.3—2010	牙膏功效评价　第3部分：抑制牙菌斑和（或）减轻牙龈炎症	国家卫生和计划生育委员会	2010.12.3

（二）化妆品功效评价方法的水平类别

化妆品作用于人体是一个复杂的过程，化妆品的功效评价需要多角度、多维度综合测试，对实验数据进行科学分析，得到实验结果的合理解释。

化妆品功效评价方法按试验维度水平分为在体试验、体外试验。在体试验包括人体功效评价试验和动物实验，主要用于化妆品成品的功效评价。体外试验包括组织试验、细胞试验、生化化学与分子生物学试验、普通化学试验。主要用于原料高通量筛选、量-效关系和作用机制研究。

1. 在体试验

（1）人体功效评价试验　人体功效评价试验须严格遵守伦理学原则，完成必要的安全性评价后，再按照标准或文献要求进行人体试验，《化妆品功效宣称规范》规定防晒、祛斑美白、防脱发、祛痘、保湿、舒缓功效的化妆品，必须做人体功效评价试验，并以试验结果作为功效宣称的依据。

人体功效评价试验，首先按照要求在受试皮肤部位使用化妆品，试验期间或结束后，采用光谱分析法、电学分析法及微观成像技术测定皮肤生理、功能和感官指标如水饱和度、经皮失水、黑色素含量、血红素含量、光亮度、酸度、油分、角质剥离情况、色斑大小和颜色、纹理数量和形态等。发用产品则是通过头发数量、生长速度、单根头发张力、发束摩擦力、亮度、形状、颜色，以及头皮油脂、酸度等指标评估其功效。

人体功效评价试验一般周期较长，且受个体差异、环境、受试者自律性影响较大，个别方法也有一定局限性。但人体试验结果最能反映化妆品功效的优劣，是最具权威的功效评价方法。

（2）动物实验　除了人体功效评价试验方法，在体功效评价测试方法还可以在实验动物身上构建不同的功效评价模型，通过仪器测试、组织学、感官评价分析进行化妆品产品的功效。动物实验法是进行人体功效评价试验前的重要环节。基于不同的实验对象，动物实验有以哺乳动物如小鼠、大鼠、豚鼠、兔等大型动物为模型的方法，也有以斑马鱼、线虫等生长周期短、易于繁殖的微小生物作为模型的试验方法。

小鼠足耳舒缓抗炎模型、小鼠衰老模型、大鼠毛发再生模型、豚鼠皮肤黑化模型、兔耳痤疮模型等动物模型已经成功用于化妆品功效评价。与人体试验不同，在动物伦理许可的范围内，动物实验可进行创伤性和组织学的研究，从分子水平评估产品功效，方法的灵敏度更高，研究的角度和靶点更多。

斑马鱼、线虫、果蝇等微小实验动物具有价格低廉、易于饲养、操作方便、特性鲜明等优点，在化妆品功效评价中越来越受关注，其中斑马鱼模型在化妆品功效评价中应用最广，已在保湿、美白祛斑、去黑眼圈、抗衰、抗氧化、抗糖化、抗皱、修护、舒缓、防脱发等领域得到广泛应用。

2. 体外试验

（1）细胞试验 用于功效评价的细胞试验分为单细胞试验和多细胞试验。常用的细胞有黑色素瘤细胞、成纤维细胞、角质形成细胞、皮脂腺细胞、血红细胞等。根据活性物的不同功效、作用机制、涉及的信号通路，测定其对细胞增殖/毒性、靶向基因复制、转录、翻译的调控，以及细胞物质能量代谢的影响。黑色素瘤细胞主要用于美白祛斑、祛黑眼圈功效的评价，成纤维细胞和角质形成细胞主要用于保湿、抗皱抗衰、防晒、舒缓、抗糖化、屏障功能与修复、护发等功效的评价，皮脂腺细胞主要用于去屑、祛痘、控油等功效的评价，血红细胞主要用于抗氧化功效评价。

多细胞试验将两种以上细胞混养，构建混合细胞模型，模拟细胞间的相互作用，虽然不能完全模拟在体条件下的细胞生理环境，但混合模型在一定程度上比单一细胞模型更接近细胞自然生理环境，结果更可靠。将细胞按照皮肤中的次序和位置有序接种培养，即可形成类似皮肤结构的人造皮肤模型，该模型更接近皮肤的结构和功能，其结果比混合模型结果更为可信。

（2）生化试验 生化试验是对功效相关的生物酶活性、生物因子水平进行定性和定量分析的检测方法。这类方法周期短、易操作，可以实现自动化、高通量测试，是化妆品原料筛选和机制探究的主要方法。

尽管已知大量的生物酶参与化妆品活性物功效的发挥，但生物酶分子量大、结构复杂、活性难以保障，很多生物酶难以商品化，即使已商品化的酶，价格也十分高昂。因此用于功效评价的生化试验数量比较少。常见的有酪氨酸酶活性抑制试验评价美白原料的功效，透明质酸酶用于舒缓和抗敏功效的评价，胶原蛋白酶、弹性蛋白酶活性抑制试验用于抗衰抗皱、抗氧化、抗糖化等功效的评价，超氧化物歧化酶（SOD）和过氧化物酶主要用于抗氧化功效评价。

（3）化学试验 一般不涉及酶和生物大分子的化学试验，应用于功效评价的范围比较有限，主要集中在抗氧化评价领域，如DPPH、ABTS、DMPD、羟基、超氧阴离子、过氧自由基、过氧化氢、过氧化氮等自由基清除试验；用于评价脂质降解氧化的过氧化值法、羰基值法、硫氰酸铁法、共轭二烯法和硫代巴比妥酸法等；用于测定还原能力的铁离子还原能力（FRAP）、铜离子还原能力（CUPRAC）、总酚测定（FC）和循环伏安法（CV）等。这些化学方法不能模拟真实人体生理环境，有些甚至在生物机体中是不存在的，但这些方法简单、快捷，能简单反映待测物的化学特性，在原料筛选和研发中被广泛应用。

对于功效宣称评价方法，国内外多以权威机构的推荐性方法、文献资料公开发布的方法及自拟自建的方法等为主要来源。我国目前与国际上的管理模式类似，仅对于风险较高的防晒、祛斑美白和防脱发类产品明确了评价方法。对于其他化妆品的功效宣称评价并未规定统一的评价方法，允许使用其他相关的法规、国家标准、行业标准，也可以使用国内外权威机构发布的指南、文献资料刊载的方法，以及自拟或自建的方法。

三、动物替代技术

实验动物替代技术源于 19 世纪初西方国家兴起的动物保护和动物福利运动，1959 年，英国学者最早系统提出"3R"原则，即通过使用无知觉的材料代替有意识的活体高等动物，在确保获取一定数量和精度的信息前提下尽量减少动物使用量，采取优化措施减轻动物痛苦的发生和严重程度。随着动物"3R"（替代、减少、优化）原则得到社会认可，化妆品动物实验禁令持续推行，以及在科技发展的驱动下，动物替代方法在化妆品安全性评价领域受到越来越多的关注。

（一）我国替代方法的标准化现状

在以欧盟为代表的化学品和化妆品法规的推动下，替代方法成为在法规倡导下的热点研究领域，许多国家和地区均积极开发替代方法，同时验证机构、标准化组织和监管机构也加快了替代方法的研究和认可速度，除了近年来经济合作与发展组织（OECD）验证认可的替代方法外，还有很多新方法正处于开发阶段或验证程序中。

我国替代技术的研究起步较晚，2006 年才发布《关于善待实验动物的指导性意见》，2011 年国家启动《化妆品动物实验替代方法体系研究》项目；2018 年，中检院成立全国化妆品替代方法研究与验证工作组。但截至目前，我国尚无"3R"立法及国家层面的替代中心来主导替代方法的研究和验证工作。2016 年，首个替代方法——3T3NRU 光毒性检测方法，被纳入《化妆品安全技术规范》，这一里程碑式的事件标志着动物替代方法正式进入了我国的化妆品标准体系中。目前，已有 15 项替代技术被纳入《化妆品安全技术规范》，国家检验检疫局发布的行业标准 9 项，团体标准 17 项（表 5 – 12）。极大推动了毒理学动物实验替代方法在我国化妆品安全评价中的应用。

表 5 – 12　化妆品动物替代方法

序号	标准编号/规范	标准名称	发布单位	发布时间
1	《化妆品安全技术规范》	鼠伤寒沙门氏菌/回复突变试验	国家药品监督管理局	2015. 12. 23
2	《化妆品安全技术规范》	体外哺乳动物细胞染色体畸变试验	国家药品监督管理局	2015. 12. 23
3	《化妆品安全技术规范》	体外哺乳动物细胞基因突变试验	国家药品监督管理局	2015. 12. 23
4	《化妆品安全技术规范》	化妆品用化学原料体外 3T3 中性红摄取光毒性试验方法	国家药品监督管理局	2016. 11. 7
5	《化妆品安全技术规范》	化妆品用化学原料离体皮肤腐蚀性大鼠经皮电阻试验方法	国家药品监督管理局	2017. 8. 15
6	《化妆品安全技术规范》	化妆品用化学原料体外兔角膜上皮细胞短时暴露试验	国家药品监督管理局	2019. 3. 13
7	《化妆品安全技术规范》	皮肤变态反应：局部淋巴结试验：DA	国家药品监督管理局	2019. 3. 13
8	《化妆品安全技术规范》	皮肤变态反应：局部淋巴结试验：BrdU – ELISA	国家药品监督管理局	2019. 3. 13
9	《化妆品安全技术规范》	化妆品用化学原料体外皮肤变态反应：直接多肽反应试验	国家药品监督管理局	2019. 3. 13
10	《化妆品安全技术规范》	体外哺乳动物细胞微核试验	国家药品监督管理局	2021. 2. 18
11	《化妆品安全技术规范》	体外皮肤变态反应　人细胞系活化试验方法	国家药品监督管理局	2023. 8. 22

续表

序号	标准编号/规范	标准名称	发布单位	发布时间
12	《化妆品安全技术规范》	体外皮肤变态反应 氨基酸衍生化反应试验方法	国家药品监督管理局	2023.8.22
13	《化妆品安全技术规范》	化妆品用化学原料荧光素渗漏试验方法	国家药品监督管理局	2023.8.22
14	《化妆品安全技术规范》	光反应性活性氧（ROS）测定试验方法	国家药品监督管理局	2024.3.18
15	《化妆品安全技术规范》	体外皮肤变态反应 U937 细胞激活试验方法	国家药品监督管理局	2024.3.18
16	SN/T 2330—2009	化妆品胚胎和发育毒性的小鼠胚胎干细胞试验	出入境检验检疫局	2009.7.7
17	SN/T 2328—2009	化妆品急性毒性的角质细胞试验	出入境检验检疫局	2009.7.7
18	SN/T 2329—2009	化妆品眼刺激性/腐蚀性的鸡胚绒毛尿囊试验	出入境检验检疫局	2009.7.7
19	SN/T 3084.1—2012	进出口化妆品眼刺激性试验 体外中性红吸收法	出入境检验检疫局	2012.5.7
20	SN/T 3715—2013	化妆品 体外发育毒性试验 大鼠全胚胎试验法	出入境检验检疫局	2013.11.6
21	SN/T 3824—2014	化妆品光毒性试验 联合红细胞测定法	出入境检验检疫局	2014.1.13
22	SN/T 4029—2014	化妆品皮肤过敏试验 局部淋巴结法	出入境检验检疫局	2014.11.19
23	SN/T 3084.2—2014	进出口化妆品眼刺激性试验 角膜细胞试验方法	出入境检验检疫局	2014.11.19
24	SN/T 4577—2016	化妆品皮肤刺激性检测 重建人体表皮模型体外测试方法	出入境检验检疫局	2016.8.23
25	T/SHRH 014—2018	化妆品 体外皮肤致敏试验 – ARE – Nrf2 荧光素酶试验方法	上海日用化学品行业协会	2018.12.10
26	T/SHRH 013—2018	化妆品原料 皮肤致敏试验 – 直接多肽结合试验（DPRA）	上海日用化学品行业协会	2018.12.10
27	T/SHRH 012—2018	化妆品 眼刺激试验 体外重组类似人角膜上皮模型测试	上海日用化学品行业协会	2018.12.10
28	T/SHRH 011—2018	化妆品 眼刺激性测试 鸡胚绒毛尿囊膜试验	上海日用化学品行业协会	2018.12.10
29	T/SHRH 010—2018	化妆品 眼刺激测试 短时暴露试验	上海日用化学品行业协会	2018.12.10
30	T/SHRH 009—2018	化妆品 – 3D 皮肤模型彗星实验方法	上海日用化学品行业协会	2018.12.10
31	T/SHRH 008—2018	化妆品 – 体外皮肤刺激性测试方法（SIT）	上海日用化学品行业协会	2018.12.10
32	T/SHRH 007—2018	化妆品 – 体外皮肤刺激性测试方法（ET – 50）	上海日用化学品行业协会	2018.12.10
33	T/SHRH 024—2019	化妆品眼刺激性试验 体外重组 3D 角膜模型半数有效时间测试方法（ET50）	上海日用化学品行业协会	2019.12.31
34	T/ZHCA 011—2020	祛斑美白类化妆品皮肤变态反应体外测试方法 人源细胞系激活试验法	浙江省健康产品化妆品行业协会	2022.1.4
35	T/ZHCA 010—2020	染发类化妆品皮肤变态反应体外测试方法 人源细胞系激活试验法	浙江省健康产品化妆品行业协会	2022.1.4
36	T/ZHCA 013—2021	洁面类化妆品眼刺激性试验体外测试方法 重建人角膜上皮模型体外刺激试验	浙江省健康产品化妆品行业协会	2022.1.4
37	T/ZHCA 009—2019	面霜类化妆品皮肤刺激性试验体外测试方法 重建皮肤模型体外刺激试验	浙江省健康产品化妆品行业协会	2022.1.4
38	T/ZHCA 008—2019	眼霜类化妆品眼刺激性试验体外测试方法 鸡胚绒毛膜尿囊膜血管试验	浙江省健康产品化妆品行业协会	2022.1.4
39	T/ZHCA 007—2019	染发化妆品眼刺激性试验体外测试方法 牛角膜浑浊和渗透性试验	浙江省健康产品化妆品行业协会	2022.1.4
40	T/SHBA 002—2023	化妆品评价 体外皮肤渗透试验方法	上海市美丽健康产业协会	2023.10.25
41	T/GDCA 036—2024	化妆品眼刺激性 – 鸡胚绒毛尿囊膜血管试验方法	广东省化妆品学会	2024.2.19

（二）替代方法面临的问题

随着我国化妆品产业的迅速崛起，我国替代技术的发展也受到了行业和政府越来越多的重视和关注，替代技术的研究和应用成为化妆品领域的一大研究热点，但仍然面临诸多挑战。

1. 缺乏国家级的验证机构　很多国家都组建了替代方法的研究机构，如欧洲替代方法验证中心（ECVAM）、美国替代方法验证部门间协调委员会（ICCVAM）、经济合作和发展组织（OECD）、日本替代方法验证中心（JaCVAM），近年来，韩国、印度和巴西的替代方法中心也相继成立。我国尚无"3R"立法及国家层面的替代中心来主导替代方法的研究和验证工作。

2. 方法的适用性和局限性有待改进　目前国际上认可的替代方法主要用于化妆品原料等单一化学物质或简单混合物的检测，不太适用于品类繁多、配方复杂的化妆品终产品的检验。我国有很多天然产物来源的原料，成分复杂且不明确，更加限制了替代方法在我国化妆品中的应用。基于法规对化妆品终产品检验的要求和我国化妆品原料的特点，迁移国际通行的替代方法过程中，可以通过方法改进和组合提高方法的适应性，如增加检测参数、改变暴露方式、修改预测模型和多种方法组合等，在应用中不断创新替代方法的应用水平。

3. 缺乏解决全身毒性的替代方法　在化妆品安全性评价中，替代方法多集中在局部毒性评价方面，包括皮肤刺激性/腐蚀性、眼刺激性/腐蚀性、皮肤光毒性、皮肤致敏性等方法，在全身毒性方面（致癌性/致畸性/致突变性、胚胎毒性等），至今缺乏相应的替代方法。

（三）替代方法的发展趋势

传统的替代技术，主要体现为动物实验系统向体外试验系统的转换。现代研发中的替代方法，体现在充分理解生物学过程及在分子机制的基础上整合现代生物科学技术和信息技术，如标志技术、分子生物学、组学技术（基因组、蛋白组、代谢组、细胞组）、组织工程技术、干细胞技术、图像识别分析、高通量试验、计算机模拟技术等，现代替代方法更复杂化、多元化，也更符合人整体的生理病理过程。

1. 生物信息和模拟技术　通常是指任何基于计算机技术和生物信息技术开发的预测方法。主要包括定量构效关系、分类法、交叉参照、毒理学阈值等。这些方法在欧美和日本等国家和地区发展较快，已经有不少模型和工具应用到毒理学安全性评估中。

2. 组学评价技术　近年来，基于人体遗传物质信息传递及机体代谢流程的多组学技术，包括基因组学（遗传信息）、转录组学（基因转录的信使 RNA）、蛋白质组学（基因表达产物蛋白质）、代谢组学（代谢产物）、脂质组学（脂质类代谢产物）、微生物组学（与人体共生的微生物，如细菌、真菌等）在内的组学技术得到了快速发展。人们逐渐从过去关注某一个基因、蛋白或代谢产物的变化转向关注整体调控网络的变化，这使研究者们从更为宏观的角度去发现生物体生理代谢的整体微观变化，有助于推动建立更有效的安全性评估策略和毒性预测技术。

3. 干细胞评价技术　干细胞具有无限增殖及分化潜能，利用人胚胎干细胞或诱导的多能干细胞技术，为替代方法的研究提供了稳定的人源化干细胞衍生细胞的来源，有望在一定程度上解决物种间外推迁移的难题。无论是胚胎干细胞（ESC 或 iPSCs），还是神经干细胞都有开发用于毒性测试的替代方法。例如，利用 iPSCs 定向诱导分化肾近端小管上皮细胞，可用于靶器官毒性的测试；利用iPSCs定向诱导分化角质形成细胞、成纤维细胞等多种皮肤组织的细胞类型，用于构建体现皮肤结构与功能特征的人源化的表皮、全皮和功能性皮肤类器官模型。但多能干细胞诱导形成各类组织细胞类型的一致性、稳定性和功能性是干细胞技术应用于替代方法开发中需要解决的关键问题。

4. 组织工程评价技术 随着微流控技术、组织微织造技术和精准实验体系构建技术的发展，基于多器官人体芯片的技术，为系统毒理学的替代方法建立提供了条件。器官芯片可在体外重现体内器官的生理和病理特征。目前，器官芯片技术在化妆品原料风险评估中应用还不成熟。

模拟皮肤结构的3D皮肤模型是组织工程技术在皮肤方面的成功应用实例。由于3D皮肤模型的储存、运输及使用的时效性问题，应用3D皮肤器官芯片进行化妆品原料或成品的安全性测试，在我国尚未推广应用。构建自主知识产权3D组织器官模型，建立皮肤芯片、多器官级联系统，通过理化试验方法、分子生物学方法、病理染色及诊断技术对模型进行表征和验证是我国组织工程技术应用于化妆品替代方法开发的关键方向。

5. 高内涵和高通量技术 替代方法的开发与检测技术的进步密不可分，特别是随着测试系统的复杂化，毒性效应参数的增多和检测样品多样化。可利用的高通量（high through-put screening，HTS）和高内涵筛查（high content screehing，HTC）技术，是基于分子水平和细胞水平的活性评价方法（模型），以微板形式作为实验工具载体，通过自动化操作系统执行试验过程，以灵敏快速的检测仪器采集实验结果数据，以计算机分析处理实验数据，实现在短时间内对数千种样品进行生物活性等检测的技术体系。HTS的最大优势是实质性地减少昂贵的动物使用和花费。此外，还可以检测化学物在不同的体外试验系统中暴露的生物学反应。

我国化妆品动物实验替代方法研究起步较晚，与欧美等发达国家和地区还存在一定差距。我们需要加强对人体皮肤生理反应、分子机制的充分理解认识，并在此基础上加强替代方法的研究与验证工作，开发精准的、科学的、可验证、可重复推广的动物实验替代方法，推动我国化妆品行业与全球技术接轨，这也是保证我国化妆品产业高质量发展的需要。

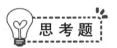

思考题

1. 目前构成我国化妆品安全和功效评价的主要法规分别有哪些？
2. 简述化妆品毒性风险的特点及其表现形式。
3. 根据现行法规，从哪几个方面对化妆品及其原料开展安全性的评价？如何评价？
4. 简述化妆品的安全评估的一般程序。
5. 根据现行法规，不同功效宣称的化妆品，其功效评价的要求有什么不同？

第六章　化妆品注册备案监管与法规

PPT

> **知识要求**
>
> 1. **掌握**　化妆品注册备案的定义、要求；注册人、备案人资质要求。
> 2. **熟悉**　注册备案检验要求；注册备案流程和资料要求（含变更）。
> 3. **了解**　注册备案用户申请；特殊化妆品延续注册；仅供出口化妆品备案；注销。

2021年1月12日，国家市场监督管理总局发布了《化妆品注册备案管理办法》，自2021年5月1日起施行，这是我国首部专门针对化妆品注册备案管理的部门规章，对化妆品注册和备案的程序、时限和要求进行了明确，细化了注册人、备案人和境内责任人的责任义务。为规范化妆品注册备案管理工作，与化妆品注册备案配套的规范性文件也陆续发布、实施，进一步规范化妆品注册备案管理工作，保障消费者健康权益，促进我国化妆品行业健康发展。

第一节　化妆品注册备案监管与法规概述

一、化妆品注册备案的定义

化妆品按照风险程度实行分类管理，对特殊化妆品实行注册管理，对普通化妆品实行备案管理。用于染发、烫发、祛斑美白、防晒、防脱发的化妆品以及宣称新功效的化妆品为特殊化妆品。特殊化妆品以外的化妆品为普通化妆品。

（一）注册

注册指注册申请人依照法定程序和要求提出注册申请，药品监督管理部门对申请注册的化妆品的安全性和质量可控性进行审查，决定是否同意其申请的活动。

（二）备案

备案指备案人依照法定程序和要求，提交表明化妆品安全性和质量可控性的资料，药品监督管理部门对提交的资料存档备查的活动。普通化妆品备案人通过国务院药品监督管理部门在线政务服务平台提交规定的备案资料后即完成备案。

二、化妆品注册备案的要求

（一）化妆品注册人、备案人的资质要求

化妆品注册申请人、备案人需具备下列条件：①是依法设立的企业或者其他组织；②有与申请注册、进行备案的产品相适应的质量管理体系；③有化妆品不良反应监测与评价能力。

注册申请人首次申请特殊化妆品注册或者备案人首次进行普通化妆品备案的，需开通国务院药品监督管理部门化妆品注册备案信息服务平台用户权限，提交证明资料如下：

资料一　注册人、备案人信息表及质量安全负责人简历；

资料二　注册人、备案人质量管理体系概述；

资料三　注册人、备案人不良反应监测和评价体系概述。

注册人、备案人在境外的，需指定我国境内的企业法人作为境内责任人，除资料一至三材料以外，还需提交：

资料四　境内责任人信息表；

资料五　境内责任人授权书原件及其公证书原件。

注册人、备案人自行生产的，需提交生产企业信息表及其质量安全负责人信息；生产企业为境外的，还需同时提交境外生产规范证明资料原件，可以是认证机构或第三方出具的证书（GMP 或 ISO），或是所在国/地区政府主管部门出具的证明。

（二）化妆品注册备案的总体要求

1. 化妆品注册人、备案人的责任义务

（1）依法履行产品注册、备案义务，对化妆品的质量安全负责。

（2）依照法律、行政法规、强制性国家标准、技术规范和注册备案管理等规定，开展化妆品研制、安全评估、注册备案检验等工作。

（3）按照化妆品注册备案资料规范要求提交注册备案资料，并对所提交资料的真实性和科学性负责。

2. 药品监督管理部门职责划分

表 6-1　注册备案职责划分

监管分类	注册人、备案人	申报类型	管理药监部门
特殊化妆品	境内生产	注册	国务院药品监督管理部门
	境外进口	注册	
普通化妆品	境内生产	备案	备案人所在地省、自治区、直辖市人民政府药品监督管理部门
	境外进口	备案	国务院药品监督管理部门

为确保普通化妆品备案工作有序开展，提高备案效率，国务院药品监督管理部门委托部分地区进行普通化妆品备案管理工作，如广东、浙江、江苏等地的进口普通化妆品备案由省级人民政府药品监督管理部门管理。

（三）化妆品注册备案流程

1. 备案管理流程　普通化妆品上市或者进口前，备案人按照国家药监局的要求，通过信息服务平台提交备案资料后即完成备案。药品监督管理部门自化妆品完成备案之日起 5 个工作日内，向社会公布化妆品和备案管理有关信息，供社会公众查询。

2. 注册管理流程

（1）资料提交及受理　特殊化妆品生产或者进口前，注册申请人需按照国家药监局的要求提交申请资料。受理机构自收到申请之日起 5 个工作日内完成对申请资料的形式审查，并根据下列情况分别作出处理。

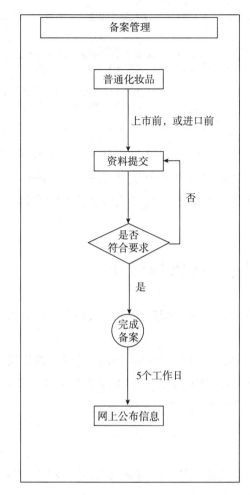
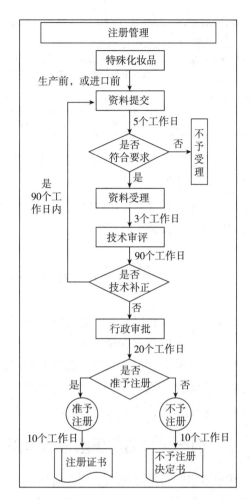

图 6 - 1　注册备案流程及时限要求

表 6 - 2　化妆品注册受理处理情况

情况类型	判定举例及处理方式
不需要取得注册	依法判定为普通化妆品等情况时，不予受理，出具不予受理通知书
不属于国家药监局职权范围	依法判定为消毒产品等非化妆品产品等情况时，不予受理，出具不予受理通知书，并告知申请人向有关行政机关申请
申请资料不齐全或者不符合规定形式	申请材料中的文件格式、签字、盖章等不符合要求等情况时，出具补正通知书 ＊一次告知申请人需要补正的全部内容，逾期未告知的，自收到申请资料之日起即为受理
申请资料齐全、符合规定形式要求，或申请人按照要求提交全部补正材料	受理注册申请，出具受理通知书

（2）技术审评　受理机构自受理注册申请后 3 个工作日内，将申请资料转交技术审评机构。技术审评机构自收到申请资料之日起 90 个工作日内，按照技术审评的要求组织开展技术审评，并根据下列三种情况分别作出处理。

表 6 - 3　化妆品注册技术审评结论

情况类型	判定准则
技术审评通过	申请资料真实完整，能够证明产品安全性和质量可控性、产品配方和产品执行的标准合理，且符合现行法律、行政法规、强制性国家标准和技术规范要求的

续表

情况类型	判定准则
技术审评不通过	申请资料不真实，不能证明产品安全性和质量可控性、产品配方和产品执行的标准不合理，或者不符合现行法律、行政法规、强制性国家标准和技术规范要求的
需补充资料	技术审评机构一次告知需要补充的全部内容，申请人在 90 个工作日内按照要求一次提供补充资料（技术审评机构收到补充资料后审评时限重新计算）；未在规定时限内补充资料的，技术审评机构将作出技术审评不通过的审评结论

（3）行政审批　国家药监局自收到技术审评结论之日起 20 个工作日内，对技术审评程序和结论的合法性、规范性及完整性进行审查，并作出是否准予注册的决定。受理机构自国家药监局作出行政审批决定之日起 10 个工作日内，向申请人发出化妆品注册证或者不予注册决定书。化妆品注册证有效期 5 年。

第二节　化妆品注册备案资料要求

在中华人民共和国境内申请化妆品注册或办理备案时，需按照《化妆品注册备案资料管理规定》规定的要求提交资料。

化妆品注册人、备案人需遵循风险管理的原则，以科学研究为基础，对提交的注册备案资料的合法性、真实性、准确性、完整性和可追溯性负责，并且承担相应的法律责任。境外化妆品注册人、备案人需对境内责任人的注册备案工作进行监督。

一、国产化妆品注册备案资料概述

注册备案资料主要包括七个方面的内容，一是《化妆品注册备案信息表》及相关资料；二是产品名称信息；三是产品配方；四是产品执行的标准；五是产品标签样稿；六是产品检验报告；七是产品安全评估资料。

包含两个或者两个以上必须配合使用或者包装容器不可拆分的独立配方的化妆品，需分别填写配方，按一个产品申请注册或者办理备案。其中一个（剂）或者多个（剂）产品为特殊化妆品的，需按照特殊化妆品申请注册。

（一）《化妆品注册备案信息表》及相关资料

1. 产品信息　注册人、备案人需按照《化妆品监督管理条例》《化妆品标签管理办法》《化妆品分类规则与分类目录》等相关规定，填报产品名称，确定产品类别及相应的产品分类编码，涉及特殊化妆品功效宣称的，需按照特殊化妆品申报。

2. 注册人、备案人信息　需填写注册人、备案人名称、地址、联系人员等信息。

3. 生产信息　境内注册人、备案人自行生产的化妆品，选择用户权限开通时提交的生产企业信息；委托境内企业生产的化妆品，需选择平台内已开通生产用户权限的企业信息进行关联，经生产企业确认后提交注册申请或者办理备案。

4. 其他信息　如注册备案检验受理编号、是否使用化妆品新原料及其他法规要求的信息内容。

（二）产品名称信息

根据《化妆品标签管理办法》，化妆品产品名称分为商标名、通用名、属性名三个部分，注册人、备案人需提交产品名称命名依据，分别说明各个命名部分的具体含义。产品中文名称中商标名使用字母、汉语拼音、数字、符号等的，需提供商标注册证。

（三）产品配方

产品配方为生产投料配方，需符合以下要求：

1. 配方表　产品配方表需包括原料序号、原料名称、百分含量、使用目的等内容（表6-4）。

表6-4　配方表式样

序号	标准中文名	INCI 名称/英文名称	原料含量%	复配百分比%	实际成分含量%	使用目的	备注
1	......						
2	......						

（1）原料名称　需提供产品配方中全部原料的名称，原料名称包括标准中文名称、国际化妆品原料名称（简称 INCI 名称）或者英文名称。配方成分的原料名称需使用《已使用的化妆品原料目录》中载明的标准中文名称、INCI 名称或者英文名称；配方中含有尚在安全监测中化妆品新原料的，需使用已注册或者备案的原料名称。

（2）百分含量　产品配方需提供全部原料的含量，含量以质量百分比计，全部原料需按含量递减顺序排列；含两种或者两种以上成分的原料（香精除外）需列明组成成分及相应含量。

（3）使用目的　需根据原料在产品中的实际作用标注主要使用目的；申请祛斑美白、防晒、染发、烫发、防脱发的产品，需在配方表使用目的栏中标注相应的功效成分，如果功效原料不是单一成分的，需在配方表使用目的栏中明确其具体的功效成分。

（4）备注栏　部分特殊原料需在备注栏中说明具体情况。

2. 特殊原料配方备注要求

（1）化妆品新原料　使用了尚在安全监测中化妆品新原料的化妆品，需经新原料注册人、备案人确认后，方可提交注册申请或者办理备案。

（2）石油、煤焦油来源的碳氢化合物原料　需在产品配方表备注栏中标明相关原料的化学文摘索引号（简称 CAS 号）。

（3）着色剂　需在产品配方原料名称栏中标明《化妆品安全技术规范》载明的着色剂索引号（简称 CI 号），无 CI 号的除外；使用着色剂为色淀的，需在着色剂后标注"（色淀）"，并在配方备注栏中说明所用色淀的种类。

（4）推进剂　含推进剂的气雾剂产品，且推进剂与产品内容物直接接触时，需在配方备注栏中标明推进剂的种类、添加量等。

（5）纳米原料　需在此类成分名称后标注"（纳米级）"。

（6）香精　常见香精原料是含有两种或以上香料的混合物。当配方中使用香精时应关注两种不同填报方式：①产品配方表中仅填写"香精"原料的，无须提交香精中具体香料组分的种类和含量；若产品标签标识具体香料组分时，需在配方表备注栏中说明。②产品配方表中同时填写"香精"及香精中的具体香料组分的，需提交香精原料生产商出具的关于该香精所含全部香料组分种类及含量的资料。

（7）贴、膜类载体材料　需在备注栏内注明主要载体材料的材质组成，同时提供其来源、制备工艺、质量控制指标等资料。

（8）动物脏器组织或血液制品提取物　需提供其来源、组成以及制备工艺，并提供原料生产国允许使用的相关文件。

（9）变性乙醇　需说明变性剂的名称及用量；使用类别原料的，需说明具体的原料名称；直接来源于植物的，需说明原植物的具体使用部位。

3. 原料安全相关信息　产品配方表附表需填写产品所使用原料的生产商信息并上传由原料生产商出具的原料安全信息文件。原料生产商已根据《化妆品原料安全相关信息报送指南》报送原料安全相关信息的，可填写原料报送码关联原料安全信息文件（表6-5）。

表6-5　配方表附件式样

序号	标准中文名	生产商	原料报送码
1	……		
2	……		

（四）产品执行的标准

产品执行的标准包括产品中文名称及外文名称（如有）、全成分、生产工艺简述、感官指标、微生物和理化指标及其质量控制措施、使用方法、贮存条件、使用期限等内容，需符合国家有关法律法规、强制性国家标准和技术规范的要求。

1. 全成分　包括生产该产品所使用的全部原料的序号、原料名称和使用目的，所有原料需按含量递减顺序排列。

2. 生产工艺简述

（1）需简要描述实际生产过程的主要步骤，包括投料、混合、灌装等。配方表2个以上原料的预混合、灌装等生产步骤在不同生产企业配合完成的，需予以注明。

（2）需体现主要生产工艺参数范围，全部原料需在生产步骤中明确列出，所用原料名称或者序号需与产品配方中所列原料一致；若同一原料在不同步骤阶段中使用，需予以区分。

（3）若生产过程中需使用但在后续生产步骤中去除的水、挥发性溶剂等助剂，需予以注明。

3. 感官指标　需分别描述产品内容物的颜色、性状、气味等指标。套装产品需分别说明各部分的感官指标，使用贴、膜类载体材料的产品需分别描述贴、膜类材料，以及浸液的颜色、性状等。

（1）颜色　指产品内容物的客观色泽。同一产品具有可区分的多种颜色，需逐一描述；难以区分颜色的，可描述产品目视呈现或者使用时的主要色泽，也可描述颜色范围。

（2）性状　指产品内容物的形态。

（3）气味　指产品内容物是否有气味。

4. 微生物和理化指标及质量控制措施

（1）需提交对产品实际控制的微生物和理化指标，微生物和理化指标需符合《化妆品安全技术规范》《化妆品注册和备案检验工作规范》的要求。

（2）需根据产品实际控制的微生物和理化指标提交相应的质量控制措施。

（3）采用检验方式作为质量控制措施的，需注明检验频次，所用方法与《化妆品安全技术规范》所载方法完全一致的，需填写《化妆品安全技术规范》的检验方法名称；与《化妆品安全技术规范》所载方法不一致的，需填写检验方法名称，说明该方法是否与《化妆品安全技术规范》所载方法开展过验证，完整的检验方法和方法验证资料留档备查。

（4）采用非检验方式作为质量控制措施的，需明确具体的实施方案，对质量控制措施的合理性进行说明，以确保产品符合《化妆品安全技术规范》要求。

5. 使用方法　需阐述化妆品的使用方法，对使用人群和使用部位有特殊要求的，需予以说明。

6. 安全警示用语　需符合化妆品标签管理规定和《化妆品安全技术规范》等相关法规的要求。

7. 贮存条件　需根据产品包装及产品自身稳定性等特点设定产品贮存条件。

8. 使用期限　需根据产品包装、产品自身稳定性或者相关实验结果，设定产品的使用期限。

（五）产品标签样稿

注册人、备案人需逐项填写《产品标签样稿》，内容应当包含产品销售包装的所有内容，填写的使用方法、安全警示用语、贮存条件、使用期限等内容需符合产品执行的标准。

普通化妆品办理备案时、特殊化妆品上市前，注册人、备案人或者境内责任人需上传产品销售包装的标签图片，图片需符合以下要求：

（1）图片包括全部包装可视面的平面图和可体现产品外观的立体展示图，图片需完整、清晰。平面图需容易辨别所有标注内容；无法清晰显示所有标注内容的，还需提交局部放大图或者产品包装设计图。

（2）使用电子标签的，需提交电子标签内容，销售包装上的图码需是注册备案信息服务平台生成的预置图码。

（3）上传图片的标签内容和说明书内容不得超出产品标签样稿载明的内容。

（4）存在多种销售包装的，需提交所有的销售包装的标签图片。符合以下一种或多种情形的，提交其中一种销售包装的标签图片，其他销售包装的标签图片可不重复上传：

①仅净含量规格不同的。

②仅在已上传销售包装上附加标注销售渠道、促销、节日专款、赠品等信息的。

③仅销售包装颜色存在差异的。

④已注册或者备案产品以套盒、礼盒等形式组合销售，组合过程不接触产品内容物，除增加组合包装产品名称外，其他标注的内容未超出每个产品标签内容的。

⑤通过文字描述能够清楚反映与已上传销售包装差异，并已备注说明的。

（六）产品检验报告

用于注册或备案的化妆品检验报告，需符合《化妆品安全技术规范》《化妆品注册和备案检验工作规范》等相关法规的规定。

产品检验报告中载明的产品信息需与其余一并提交的注册备案资料中相关信息保持一致。由于更名等原因，导致检验报告中产品名称、企业名称等不影响检验结果的信息与注册备案信息不一致的，需予以说明，并提交检验报告变更申请表和检验检测机构出具的补充检验报告或者更正函。

1. 检验机构要求　注册备案检验报告由具备相应检验能力的化妆品注册和备案检验机构出具，检验机构一般为具有检验检测资质认定的机构（即 CMA 认定），符合国家关于自检方式情形要求的普通化妆品，且具备相应检测能力的备案人或生产企业，允许自行检验并出具备案检验报告。

国家药监局组织建立化妆品注册和备案检验信息管理系统（以下简称"检验信息系统"），用于化妆品注册和备案检验工作管理和检验检测机构信息管理。化妆品注册申请人、备案人开展化妆品注册和备案检验时，可以通过检验信息系统查询检验检测机构相关信息，自主选择具备相应检验能力的检验检测机构，在该系统中提出检验申请，填写相应的检验产品信息，提交产品使用说明书等资料。

同一产品的注册或备案检验项目，一般需由同一检验检测机构独立完成并出具检验报告。涉及人体安全性和功效评价检验的，或者检验检测机构的资质认定（CMA）能力范围中不包括石棉项目的，化妆品注册申请人、备案人可以同时另行选择其他取得检验检测资质认定（CMA）并具备相应检验能力的检验检测机构完成。

知识拓展

优化普通化妆品备案检验管理措施

为进一步深化"放管服"改革，助力行业发展，缩短产品上市时间，国家药监局于 2023 年 1 月 18 日发布《关于优化普通化妆品备案检验管理措施有关事宜的公告（2023 年第 13 号）》，提出在确保产品质量安全的基础上，对部分普通化妆品的备案检验管理措施进行优化调整，将备案检验从原来由第三方资质检验机构完成，调整为由备案人或者受托生产企业根据自身检验能力，开展全部或部分项目的自检，备案人可将符合条件的检验报告作为产品备案资料进行备案。产品自主生产的，由备案人开展自检并出具检验报告，产品委托生产的，由实际受托生产企业开展自检并出具检验报告。

可采取自检方式开展备案检验的普通化妆品需符合：采用检验方式作为质量控制措施且生产环节已纳入省级药品监督管理部门的日常监管范围，产品安全风险评估结果能够充分确认产品安全性。但具有下列情形之一的除外：

（一）产品宣称婴幼儿和儿童使用的；

（二）产品使用尚在安全监测中的化妆品新原料的；

（三）产品宣称具有祛痘、滋养、修护、抗皱、去屑、除臭等功效的；

（四）产品可能存在较高安全风险的其他情形。

产品备案时提交自检报告的，备案人需同时提交具备《化妆品注册和备案检验工作规范》规定的化妆品备案检验相应检验能力的声明，提供开展自检的相应检验人员、设备设施和场所环境等情况说明，并承诺对检验报告的真实性、准确性负责。

2. 检验样品要求 化妆品注册申请人、备案人需一次性向首家受理注册或备案检验申请的检验检测机构提供产品检验所需的全部样品。送检样品需是包装完整且未启封的同一产品名称、同一批号的市售样品，送检时尚未上市销售的产品，可以为试制样品。送检时样品的剩余保质期，需能够满足化妆品注册和备案检验工作的需要。

3. 检验项目要求 产品检验报告包括微生物与理化检验、毒理学试验、人体安全性试验报告和人体功效试验报告等，需依据化妆品安全技术规范，结合产品类别和类型，确定产品的检验项目，进行相应的检验工作。

多个生产企业生产同一产品的，需提供其中一个生产企业样品完整的产品检验报告，并提交其他生产企业样品的微生物与理化检验报告。

（1）微生物与理化检验项目

表 6-6　微生物检验项目

检验项目	普通化妆品①②	特殊化妆品				
		防脱发类②	染发类③	烫发类	祛斑美白类	防晒类
菌落总数	○	○	○	○	○	○
霉菌和酵母菌总数	○	○	○	○	○	○
耐热大肠菌群	○	○	○	○	○	○
金黄色葡萄球菌	○	○	○	○	○	○
铜绿假单胞菌	○	○	○	○	○	○

注：①指甲油卸除液不需要检测微生物项目。
②乙醇含量≥75%（W/W）的产品不需要检测微生物项目。
③非氧化型染发类产品需要检测微生物项目。
④○表示需检验项目。

表 6-7　理化检验项目

检验项目	一般情况	普通化妆品		特殊化妆品				
		脱毛类	除臭类	防脱发类	染发类	烫发类	祛斑美白类	防晒类
汞	○	○	○	○	○	○	○	○
铅	○	○	○	○	○	○	○	○
砷	○	○	○	○	○	○	○	○
镉	○	○	○	○	○	○	○	○
甲醇①								
二噁烷②								
石棉③								
甲醛④			○					
巯基乙酸		○				○		
防晒剂⑤								○
染发剂					○			
pH 值⑥		○				○	○	
α-羟基酸⑥								
去屑剂⑦								
抗 UVA 能力参数-临界波长⑧								

注：①乙醇、异丙醇含量之和≥10%（W/W）的产品，需检测甲醇项目。
②配方中含有乙氧基结构原料的产品，需检测二噁烷项目。
③配方中含有滑石粉原料的产品，需检测石棉项目。
④配方中含有甲醛及甲醛缓释体类原料的产品，需检测游离甲醛项目。
⑤配方中含有化学防晒剂的非防晒类产品，需检测所含化学防晒剂。
⑥宣称含 α-羟基酸或虽不宣称含 α-羟基酸、但其总量≥3%（W/W）的产品，需要检测 α-羟基酸项目，同时检测 pH 值。纯油性（含蜡基）的产品不需要检测 pH 值；多剂配合使用的产品如需检测 pH 值，除在单剂中检测外，还需根据使用说明书检测混合后样品的 pH 值。
⑦申报配方中含有原料使用目的为去屑剂的产品，需检测所含去屑剂。
⑧宣称 UVA 防护效果或宣称广谱防晒的产品，需要检测化妆品抗 UVA 能力参数-临界波长或 PFA 值。
⑨终产品因包装原因无法取样或可能影响检验结果的（例如喷雾产品、气垫产品等），化妆品注册申请人、备案人在提交完整检测样品的同时，可配合提供包装前的最后一道工序的半成品，检验检测机构需在检验报告中予以说明。

根据化妆品使用原料及产品特性，对产品中可能存在并具有安全性风险的物质，国家药监局经过安全性风险评估认为必要时，可要求增加相关检验项目。

产品检验报告的受检样品需为同一产品名称、同一批号的产品。

不同包装类型、各部分配方不同且只有一个产品名称的样品，需按照以下规定进行检验：

微生物项目，若一个样品包装内各部分为独立包装，需分别检验；若一个样品包装内各部分为非独立包装，应混合取样检验。若产品为不同类别的彩妆组合，应分别检验。

理化项目，需按各部分分别检验；若无法分别取样，且不涉及配方原料含量相关检验项目的，可以按说明书中使用方法检验；若涉及配方原料含量相关检验项目的，可由化妆品注册申请人、备案人提供包装前的半成品进行检验，取样方式需在检验报告中予以说明。

（2）毒理学试验项目

表6-8　普通化妆品毒理学试验项目①②③

试验项目	发用类	护肤类		彩妆类			指（趾）甲类	芳香类
	易触及眼睛的发用产品	一般护肤产品	易触及眼睛的护肤产品	一般彩妆品	眼部彩妆品	护唇及唇部彩妆品		
急性皮肤刺激性试验④	○						○	○
急性眼刺激性试验⑤⑥	○		○		○			
多次皮肤刺激性试验		○	○	○	○	○		

注：①表中未涉及的产品，在选择试验项目时应根据实际情况确定，可按具体产品用途和类别增加或减少检验项目。
②修护类和涂彩类指（趾）甲产品不需要进行毒理学试验。
③化学防晒剂含量≥0.5%（W/W）的产品（淋洗类、香水类、指甲油类除外），除表中所列项目外，还应进行皮肤光毒性试验和皮肤变态反应试验。
④淋洗类护肤产品只需要进行急性皮肤刺激性试验，不需要进行多次皮肤刺激性试验。
⑤免洗护发类产品和描眉类彩妆品不需要进行急性眼刺激性试验。
⑥沐浴类产品应进行急性眼刺激性试验。

表6-9　特殊化妆品毒理学试验项目①

试验项目	防脱发类	染发类⑦	烫发类	祛斑美白类	防晒类
急性眼刺激性试验②	○	○	○		
急性皮肤刺激性试验			○		
多次皮肤刺激性试验③	○			○	○
皮肤变态反应试验	○	○		○	
皮肤光毒性试验④	○			○	○
细菌回复突变试验⑤	○	○⑥			
体外哺乳动物细胞染色体畸变试验		○⑥			

注：①对于表中未涉及的产品，在选择试验项目时应根据实际情况确定，可按具体产品用途和类别增加或减少检验项目。
②易触及眼睛的祛斑类、防晒类产品应进行急性眼刺激性试验。
③淋洗类产品只需要进行急性皮肤刺激性试验，不需要进行多次皮肤刺激性试验。
④除防脱发类、防晒类和祛斑美白类产品外，化学防晒剂含量≥0.5%（W/W）的产品（香水类、指甲油类除外）也应进行皮肤光毒性试验。
⑤可选用细菌回复突变试验或体外哺乳动物细胞基因突变试验。
⑥非氧化型染发产品不进行细菌回复突变试验和体外哺乳动物细胞染色体畸变试验。
⑦两剂或两剂以上混合使用的产品，应按说明书中使用方法进行试验。当存在不同浓度、不同配比等与安全性相关的不同使用方法时，需对每一种情况均进行相关的毒理学试验。

普通化妆品的生产企业已取得所在国（地区）政府主管部门出具的生产质量管理体系相关资质认证，且产品安全风险评估结果能够充分确认产品安全性的，可免于提交该产品的毒理学试验报告，有下列情形的除外：①产品宣称婴幼儿和儿童使用的；②产品使用尚在安全监测中化妆品新原料的；③根据量化分级评分结果，备案人、境内责任人、生产企业被列为重点监管对象的。

有多个生产企业生产的，所有生产企业均已取得所在国（地区）政府主管部门出具的生产质量管理体系相关资质认证的，方可免于提交毒理学试验报告。

（3）人体安全性检验项目

表6-10　人体安全性检验项目

检验项目	普通化妆品	特殊化妆品		
		防脱发类	祛斑美白类	防晒类
人体皮肤斑贴试验①			○	○
人体试用试验安全性评价②③	○			

注：①祛斑类和防晒类化妆品进行人体皮肤斑贴试验，出现刺激性结果或结果难以判断时，需增加皮肤重复性开放型涂抹试验。
②驻留类产品理化检验结果 pH≤3.5 或企业标准中设定 pH≤3.5 的产品，需进行人体试用试验安全性评价。
③宣称祛痘、抗皱、祛斑美白等功效的淋洗类产品均需进行人体试用试验安全性评价。
④两剂或两剂以上混合使用的产品，应按说明书中使用方法进行试验。当存在不同浓度、不同配比等与安全性相关的不同使用方法时，需对每一种情况均进行相关的人体安全性检验。

（4）人体功效评价试验项目　《化妆品监督管理条例》明确化妆品注册人或者备案人对化妆品的功效宣称负责，规定化妆品的功效宣称应当有充分的科学依据化妆品注册人、备案人可以自行或者委托具备相应能力的评价机构，按照化妆品功效宣称评价项目要求开展化妆品功效宣称评价，并在申请注册或进行备案的同时，在国家药监局指定的专门网站上传产品功效宣称依据的摘要，接受社会监督。

此外，申请特殊化妆品注册时，其需提交符合化妆品注册备案检验工作规范、化妆品功效宣称评价相关规定的，由化妆品注册和备案检验机构出具的人体功效试验报告。具体如下：

表6-11　功效评价检验项目

产品类别	检验项目
防晒化妆品	防晒指数（SPF值）测定①
	长波紫外线防护指数（PFA值）测定②
	防水性能测定③
祛斑美白化妆品	化妆品祛斑美白功效测试
防脱发化妆品	化妆品防脱发功效测试
其他功效宣称化妆品⑥	化妆品功效宣称评价规范确定的检验项目要求

注：①宣称防晒的产品需要检测 SPF 值。
②标注 PFA 值或 PA+ ~ PA+++ 的产品，需要检测长波紫外线防护指数（PFA 值）；宣称 UVA 防护效果或宣称广谱防晒的产品，需要检测化妆品抗 UVA 能力参数——临界波长或 PF 值。
③防晒产品宣称"防水""防汗"或"适合游泳等户外活动"等内容的，根据其所宣称抗水程度或时间按规定的方法检测防水性能。
④非防晒类化妆品中化学防晒剂含量之和≥0.5%（W/W）的产品（淋洗类、香水类、指甲油类除外），需要检测 SPF 值。
⑤两剂或两剂以上混合使用的产品，应按说明书中使用方法进行试验。当存在不同浓度、不同配比等与安全性相关的不同使用方法时，需对每一种情况均进行相关的人体功效评价检验。
⑥宣称新功效的化妆品，应当根据产品功效宣称的具体情况，进行科学合理的分析。能够通过视觉、嗅觉等感官直接识别或通过物理作用方式发生效果且在标签上明确标识仅具有物理作用的新功效，可免于提交功效宣称评价资料。对于需要提交产品功效宣称评价资料的，应当由化妆品注册和备案检验机构按照强制性国家标准、技术规范规定的试验方法开展产品的功效评价，并出具报告。

进行人体安全性及功效评价检验之前，需先完成微生物及理化检验、毒理学试验并出具书面报告，上述检验项目不合格的产品不得进行人体安全性及功效评价检验。

毒理学试验、人体安全性与功效评价检验可按照说明书中使用方法进行检验；当存在各部分单独使用的可能性时，需分别检验。

4. 检验方法要求　用于化妆品注册和备案的产品检验报告，原则上采用《化妆品安全技术规范》中所收录的检验方法开展测试。若使用强制性国家标准、技术规范以外的功效评价方法，应当委托两家及以上的化妆品注册和备案检验机构进行方法验证，经验证符合要求的，方可开展新功效的评价，同时在产品功效宣称评价报告中阐明方法的有效性和可靠性等参数。

5. 多色号系列化妆品要求　多色号系列普通化妆品，是指产品配方除着色剂（色调调整部分）种类或含量不同外，基础配方成分含量（配合色调调整部分除外）、种类相同，且其系列名称相同的普通化妆品。此类产品毒理学试验可以采取抽样检验方式进行。抽检比例为30%，总数不足10个的以10个计。抽检时需首选含有机着色剂总量最高的产品进行检验；有机着色剂总量相同时，需选有机着色剂种类最多的产品进行检验；有机着色剂总量和种类均相同时，需选择总着色剂含量最高的产品进行检验；总着色剂含量相同时，需选择总着色剂种类最多的产品进行检验。按上述原则抽样进行毒理学试验的，可作为一组产品进行备案，每个产品均应附上系列产品的名单、基础配方和着色剂一览表及抽检产品名单。

多色号系列防晒化妆品，是指产品配方除所含着色剂（色调调整部分）种类或含量不同外，基础配方成分含量（配合色调调整部分除外）、种类相同，且其系列名称相同的防晒化妆品。此类产品防晒功能检验可以采取抽样检验方式进行。抽检比例为20%，总数不足5个的以5个计；抽检时需首选着色剂含量最低（或无着色剂基础配方的产品）进行检验。按上述原则抽样进行人体功效试验的，可作为一组产品同时申请注册，每个产品资料中均应附上系列产品的名单、基础配方和着色剂一览表及抽检产品名单。

（七）产品安全评估资料

注册人、备案人需按照《化妆品安全评估技术导则》及相关技术指南开展产品安全评估，形成产品安全评估报告。

必须配合仪器或者工具（仅辅助涂擦的毛刷、气垫、烫发工具等除外）使用的化妆品，需评估配合仪器或者工具使用条件下的安全性；并需提供在产品使用过程中仪器或者工具是否具有化妆品功能，是否参与化妆品的再生产过程，是否改变产品与皮肤的作用机制等情况的说明资料。

二、进口化妆品注册备案资料补充

根据相关规定，如果化妆品的最后一道接触内容物的工序在境外完成，那么该产品应按照进口产品进行管理。进口化妆品的注册备案资料要求与国产化妆品的上述要求基本一致，各部分资料应补充如下内容。

（一）《化妆品注册备案信息表》相关资料

1. 产品名称　应包括中文名称和外文名称。

2. 主体信息　境外注册人、备案人及境内责任人信息。

3. 生产信息　委托境外企业生产的化妆品，应当提交委托关系文件。委托关系文件应当至少载明产品名称、委托方、受托生产企业名称、生产地址、本产品接受委托的日期、受托生产企业法人或者法人授权人的签章。注册人、备案人与受托生产企业属于同一集团公司的，可提交属于同一集团公司的证明资料及企业集团出具的产品质量保证文件，以确认委托关系。

委托关系文件、同一集团公司的证明资料可同时列明多个产品。这些产品申请注册或者办理备案时，其中一个产品可使用原件，其他产品可使用复印件，并说明原件所在的产品名称，以及相关受理编号、注册证号或者备案编号等信息。

4. 境外已上市销售证明　需提供由化妆品注册人、备案人所在国或生产国（地区）政府主管部门或者行业协会等机构出具的已上市销售证明文件，境内注册人、备案人委托境外生产企业生产的和产品配方专为中国市场设计的除外。已上市销售证明文件应当至少载明注册人、备案人或者生产企业的名称、产品名称、出具文件的机构名称，以及文件出具日期，并由机构签章确认。

（1）组合包装产品同时存在进口部分和国产部分的，仅提交进口部分的已上市销售证明文件。

（2）专为中国市场设计销售包装的，应当提交该产品在化妆品注册人、备案人所在国或生产国（地区）的已上市销售证明文件，同时提交产品配方、生产工艺与化妆品注册人、备案人所在国或者生产国（地区）产品一致的说明资料。

已上市销售证明文件可同时列明多个产品。这些产品申请注册或者办理备案时，其中一个产品可使用原件，其他产品可使用复印件，并说明原件所在的产品名称，以及相关受理编号、注册证号或者备案编号等信息。

5. 专为中国市场设计的产品配方资料　除境内委托境外生产产品外，产品配方专为中国市场设计的，应当提交以下资料：

（1）针对中国消费者的肤质类型、消费需求等进行配方设计的说明资料。

（2）在中国境内选用中国消费者开展消费者测试研究或者人体功效试验资料。

（二）产品配方

产品配方成分名称应参照中国相关法规进行填报，但由于国内外法规差异性，进口产品原包装标注成分 INCI 名称与填报配方不一致的，需予以说明。

（三）产品名称命名依据

进口产品应当对外文名称和中文名称分别进行说明，并说明中文名称与外文名称的对应关系（专为中国市场设计无外文名称的除外）。

（四）产品标签样稿

进口化妆品应当提交生产国（地区）产品的原销售包装（含说明书），以及外文标签的中文翻译件。

三、仅供出口化妆品备案

仅供出口的特殊化妆品和普通化妆品，应当在注册备案信息服务平台进行备案，由生产企业提交以下资料：①产品名称；②拟出口国家（地区）；③产品标签图片，包括产品销售包装正面立体图、产品包装平面图和产品说明书（如有）。

资料卡 ......

普通化妆品年度报告

根据《条例》《办法》规定，《国家药监局关于实施〈化妆品注册备案资料管理规定〉有关事项的公告》（2021年第35号）进一步明确自2022年1月1日起，通过原注册备案平台和新注册备案平台备案的普通化妆品，统一实施年度报告制度。备案人应当于每年1月1日至3月31日期间，通过新注册备案平台，提交备案时间满一年普通化妆品的年度报告。逾期未按要求进行年度报告的备案产品，监管部门将依照《办法》第五十八条规定，责令限期整改；备案人仍未按要求在规定期限内改正的，监管部门将依照《办法》第五十九条规定，取消相关产品备案。（国家药监局2022年4月8日发布《化妆品监督管理常见问题解答（四）》）

......

第三节　化妆品注册备案的变更、延续及注销

一、注册备案的变更

已经注册的特殊化妆品注册事项发生变化的，需在拟变更产品生产或者进口前提交相应资料，完成相应的变更之后，方可生产或者进口。国家药监局根据变化事项对产品安全、功效的影响程度实施分类管理。

表6-12　化妆品注册事项变化分类情形

情况类型	申请方式
不涉及安全性、功效宣称的事项发生变化	注册人需及时向国家药监局备案
涉及安全性的事项发生变化的，以及生产工艺、功效宣称等方面发生实质性变化	注册人需向国家药监局提出产品注册变更申请
产品名称、配方等发生变化，实质上构成新的产品	注册人需重新申请注册

已备案产品的备案事项发生变更的，需在拟变更产品上市或者进口前提交相应资料，完成相应的变更之后，方可上市或者进口。变更前已生产、上市或者进口的产品可以销售至保质期结束。

以下介绍法规允许的注册备案变更的几种情形，以及除特殊化妆品变更申请表或普通化妆品变更信息表外，所需提交的其他资料。

（一）企业名称或住所地址变更

已注册或者备案产品的注册人、备案人、境内责任人或者生产企业的生产场地未发生实际改变，但其企业名称、住所地址等发生变化的，需通过注册备案信息平台先完成相关信息更新，再对涉及的特殊化妆品注册证或者普通化妆品备案信息，以及产品标签样稿的上述相关信息分别进行一次性变更。

（二）产品名称变更

已经注册备案的化妆品，无正当理由不得随意改变产品名称，如有特殊情形导致产品名称发生变化的，需合理说明理由并提交产品名称相关资料（产品名称命名依据等）。

（三）生产场地变更

生产场地改变或者增加的，需提交以下资料：

（1）拟变更场地生产产品的微生物和理化检验报告。

（2）拟变更备案产品仅通过产品安全评估方式评价产品安全，且拟增加的生产企业不能提供其所在国（地区）政府主管部门出具的生产质量管理体系相关资质认证文件的，需提交该产品的相关毒理学试验资料。

（3）拟变更产品委托生产关系发生改变的，国产产品需对变化的委托生产关系进行确认；进口产品需提交委托关系文件或者属于同一集团公司的证明资料，以及企业集团出具的产品质量保证文件。

（四）产品配方变更

产品配方不得随意改变，但因原料来源改变等原因导致产品配方发生微小变化的情况除外。

（1）已注册或者备案产品所使用原料的生产商、原料质量规格增加或者改变的，所使用的原料在配方中的含量，以及原料中具体成分的种类、比例均未发生变化的，需通过注册备案信息平台对原料生产商信息和原料安全信息进行更新维护。涉及产品安全评估资料发生变化的，还需进行产品安全评估资料变更。

（2）已注册或者备案产品所使用原料的生产商、原料质量规格增加或者改变的，原料在配方中的含量和原料中主要功能成分含量及溶剂未发生变化，为了保证原料质量而添加的微量稳定剂、抗氧化剂、防腐剂等成分发生种类或者含量变化的，需提交以下拟变更资料：①产品配方；②发生变更的情况说明（包括变更的原因，变化的成分在原料中的使用目的等）；③产品安全评估资料；④产品执行的标准（如涉及）；⑤产品标签样稿（如涉及全成分标注、安全警示用语等变更事项）。

（五）产品执行的标准变更

产品执行的标准中生产工艺简述、微生物和理化指标及质量控制措施、使用方法、安全警示用语、贮存条件、使用期限等发生变化的，需提交拟变更产品执行的标准文件，并按变化的具体事项提交资料：

（1）涉及生产工艺简述变化的，需提交发生变更的情况说明，并提交拟变更产品的微生物和理化检验报告。

（2）涉及产品使用方法变更的，需提交拟变更产品的产品安全评估资料。

（3）涉及产品使用期限延长的，需提交拟变更产品的稳定性研究资料。

（4）涉及产品安全评估资料内容发生变化的，需提交产品安全评估资料。

（5）涉及进口产品原销售包装和标签变化的，需提交拟变更产品的原销售包装（含说明书）和外文标签的中文翻译件。

（6）涉及产品标签样稿变化的，还需按照本章节第（六）条要求进行产品标签样稿变更。

（六）产品标签样稿变更

产品标签样稿内容发生变化的，需提交拟变更的产品标签样稿，并按变化的具体事项提交资料：

（1）防晒类化妆品增加 PA、广谱防晒或者浴后 SPF 等标识的，需提交拟变更产品相应的功效试验报告。

（2）祛斑美白类化妆品增加祛斑或者美白功效宣称的，需提交拟变更产品相应的人体功效试验报告。

（3）涉及进口产品原销售包装和标签变化的，需提交拟变更产品的原销售包装（含说明书）和外文标签的中文翻译件。

（七）产品安全评估资料变更

产品安全评估资料内容发生变化的，需提交拟变更的产品安全评估资料；化妆品安全评估人员发生变化的，还需提交拟变更化妆品安全评估人员的相关信息。

（八）产品分类变更

产品分类发生变化的，需提交拟变更产品分类要求补充或者更新的资料；涉及已注册特殊化妆品拟增加染发、烫发、祛斑美白、防晒、防脱发功效或者新功效的，需按照本章第二节的要求补充提交资料。

（九）注册人变更

注册人因公司吸收合并、新设合并、分立等原因发生改变的，由新的境内注册人或者具有新的境外注册人相应用户权限的境内责任人提交以下资料，对涉及的特殊化妆品注册证进行一次性变更：

（1）公司合并注销、分立、成立全资子公司或者由同一集团内不同子公司运营的声明及相关文件。

（2）利益相关方（如原注册人，新注册人，境内责任人等）及其法定代表人对特殊化妆品注册证所有权归属无异议的声明及其公证文件原件。

（十）境内责任人变更

变更境内责任人的，需提交以下资料：

（1）拟变更境内责任人的产品清单。

（2）原境内责任人盖章同意更换境内责任人的知情同意书，或者能够证明境内责任人发生变更生效的判决文书。

（3）拟变更境内责任人承担产品（含变更前已上市的产品）原境内责任人相关各项责任的承诺书。

（十一）销售包装变更

已注册或者备案产品的销售包装发生变化的，在新销售包装产品上市前，重新上传产品销售包装的标签图片或者对拟变更部分予以备注说明。

（十二）其他

涉及其他事项变更的，需提交拟变更事项的情况说明，并根据具体情况提交相关资料。

二、注册证书的延续

特殊化妆品注册证有效期 5 年。有效期届满需要延续注册的，化妆品注册人需在规定期限内提出延续注册的申请。除下述两种不予延续注册的情形外，国务院药品监督管理部门在特殊化妆品注册证有效期届满前作出准予延续的决定；逾期未作决定的，视为准予延续。

不予延续注册的两种情形：①注册人未在规定期限内提出延续注册申请；②强制性国家标准、技术规范已经修订，申请延续注册的化妆品不能达到修订后标准、技术规范的要求。

（一）延续程序和时限

特殊化妆品注册证有效期届满需要延续的，注册人需在产品注册证有效期届满前90个工作日至30个工作日期间提出延续注册申请，并承诺符合强制性国家标准、技术规范的要求。注册人需对提交资料和作出承诺的真实性、合法性负责。

逾期未提出延续注册申请的，受理机构不再受理其延续注册申请。

受理机构在收到延续注册申请后5个工作日内对申请资料进行形式审查，符合要求的予以受理，并自受理之日起10个工作日内向申请人发出新的注册证。注册证有效期自原注册证有效期届满之日的次日起重新计算。

药品监督管理部门对已延续注册的特殊化妆品的申报资料和承诺进行监督，经监督检查或者技术审评发现存在不符合强制性国家标准、技术规范情形的，需依法撤销特殊化妆品注册证。

（二）资料要求

申请特殊化妆品注册证有效期延续的，需提交以下资料：

（1）注册延续申请表。

（2）产品自查情况说明，主要内容包括：①生产（进口）销售证明材料（限上一注册周期）；②监督抽检、查处、召回情况（限上一注册周期）；③该产品不良反应统计分析情况及采取措施；④其他需要说明的内容。

（3）根据现行法规、标准调整情况，需提交相应的产品检验报告。

三、注册备案的注销

已经注册的产品不再生产或者进口的，注册人应当主动申请注销注册证。

已经备案的产品不再生产或者进口的，备案人应当及时报告承担备案管理工作的药品监督管理部门注销备案。

> **知识拓展**
>
> **主动注销与强制注销的区别**
>
> 对不再生产、进口的普通化妆品，备案人可在备案平台主动申请注销。备案人主动注销产品既有利于维护消费者的知情权，同时提高了监管部门效率。申请主动注销的产品，如不存在违反法律法规的情形，备案信息注销前已上市的相关产品，可以销售至保质期结束。
>
> 而监管部门取消备案是对违法行为的惩罚措施，按照《条例》六十五条规定，备案部门取消备案的产品自取消备案之日起不得上市销售、进口，仍然上市销售、进口该产品的，监管部门将按照规定依法予以处罚。

第四节　法律责任与案例分析

一、特殊化妆品相关违法情形

（一）生产经营或者进口未经注册的特殊化妆品

由负责药品监督管理的部门没收违法所得、违法生产经营的化妆品和专门用于违法生产经营的原料、包装材料、工具、设备等物品；违法生产经营的化妆品货值金额不足 1 万元的，并处 5 万元以上 15 万元以下罚款；货值金额 1 万元以上的，并处货值金额 15 倍以上 30 倍以下罚款；情节严重的，责令停产停业、由备案部门取消备案或者由原发证部门吊销化妆品许可证件，10 年内不予办理其提出的化妆品备案或者受理其提出的化妆品行政许可申请，对违法单位的法定代表人或者主要负责人、直接负责的主管人员和其他直接责任人员处以其上一年度从本单位取得收入的 3 倍以上 5 倍以下罚款，终身禁止其从事化妆品生产经营活动；构成犯罪的，依法追究刑事责任。

（二）生产经营不符合化妆品注册资料载明的技术要求的化妆品

由负责药品监督管理的部门没收违法所得、违法生产经营的化妆品和专门用于违法生产经营的原料、包装材料、工具、设备等物品；违法生产经营的化妆品货值金额不足 1 万元的，并处 1 万元以上 5 万元以下罚款；货值金额 1 万元以上的，并处货值金额 5 倍以上 20 倍以下罚款；情节严重的，责令停产停业、由备案部门取消备案或者由原发证部门吊销化妆品许可证件，对违法单位的法定代表人或者主要负责人、直接负责的主管人员和其他直接责任人员处以其上一年度从本单位取得收入的 1 倍以上 3 倍以下罚款，10 年内禁止其从事化妆品生产经营活动；构成犯罪的，依法追究刑事责任。

（三）未按照规定申请特殊化妆品变更注册

由原发证的药品监督管理部门责令改正，给予警告，处 1 万元以上 3 万元以下罚款。

（四）申请化妆品注册时提供虚假资料或者采取其他欺骗手段

不予行政许可，已经取得行政许可的，由作出行政许可决定的部门撤销行政许可，5 年内不受理其提出的化妆品相关许可申请，没收违法所得和已经生产、进口的化妆品；已经生产、进口的化妆品货值金额不足 1 万元的，并处 5 万元以上 15 万元以下罚款；货值金额 1 万元以上的，并处货值金额 15 倍以上 30 倍以下罚款；对违法单位的法定代表人或者主要负责人、直接负责的主管人员和其他直接责任人员处以其上一年度从本单位取得收入的 3 倍以上 5 倍以下罚款，终身禁止其从事化妆品生产经营活动。伪造、变造、出租、出借或者转让化妆品许可证件的，由负责药品监督管理的部门或者原发证部门予以收缴或者吊销，没收违法所得；违法所得不足 1 万元的，并处 5 万元以上 10 万元以下罚款；违法所得 1 万元以上的，并处违法所得 10 倍以上 20 倍以下罚款；构成违反治安管理行为的，由公安机关依法给予治安管理处罚；构成犯罪的，依法追究刑事责任。

案例

1. 广州市白云区 2022 年 9 月公布的一则行政处罚信息，广州市×××化妆品有限公司生产的名称为"××佳颜美白祛斑霜（晚霜）"（批号：2021/01/18，净含量：15g)"产品 6 盒（套盒），该产品外包装盒上标有"被委托方：广州市×××化妆品有限公司，××××shu×束靓肤王，执行标准：QB/T 1857（O/W)，国妆特字 G20180×××"等信息，该特殊化妆品涉嫌未注册，被罚没 56131 元，责令停止生产未经注册的特殊化妆品的行为。

2. 上海市 2022 年 12 月公布的一则处罚信息显示，×××（上海）化妆品有限公司生产的为"×××染发膏紫罗兰 12（配合 3%，6%，9% 威×××双氧乳使用)"的产品中检出的间苯二酚（检出浓度为 0.0032%)，未达到注册资料产品配方表中标注的间苯二酚实际成分含量 0.004%，违反了《化妆品监督管理条例》二十九条第二款"化妆品注册人、备案人、受托生产企业应当按照化妆品注册或者备案资料载明的技术要求生产化妆品。"的规定，被没收违法所得 3810.6 元；没收涉案产品 2572 支；罚款 607634.6 元。

二、普通化妆品相关违法情形

（一）上市销售、经营或者进口未备案的普通化妆品

由负责药品监督管理的部门没收违法所得、违法生产经营的化妆品，并可以没收专门用于违法生产经营的原料、包装材料、工具、设备等物品；违法生产经营的化妆品货值金额不足 1 万元的，并处 1 万元以上 3 万元以下罚款；货值金额 1 万元以上的，并处货值金额 3 倍以上 10 倍以下罚款；情节严重的，责令停产停业、由备案部门取消备案或者由原发证部门吊销化妆品许可证件，对违法单位的法定代表人或者主要负责人、直接负责的主管人员和其他直接责任人员处以其上一年度从本单位取得收入的 1 倍以上 2 倍以下罚款，5 年内禁止其从事化妆品生产经营活动。

（二）生产经营不符合化妆品备案资料载明的技术要求的化妆品

由负责药品监督管理的部门没收违法所得、违法生产经营的化妆品和专门用于违法生产经营的原料、包装材料、工具、设备等物品；违法生产经营的化妆品货值金额不足 1 万元的，并处 1 万元以上 5 万元以下罚款；货值金额 1 万元以上的，并处货值金额 5 倍以上 20 倍以下罚款；情节严重的，责令停产停业、由备案部门取消备案或者由原发证部门吊销化妆品许可证件，对违法单位的法定代表人或者主要负责人、直接负责的主管人员和其他直接责任人员处以其上一年度从本单位取得收入的 1 倍以上 3 倍以下罚款，10 年内禁止其从事化妆品生产经营活动；构成犯罪的，依法追究刑事责任。

（三）未按照规定更新普通化妆品备案信息

由承担备案管理工作的药品监督管理部门责令改正，给予警告，处 5000 元以上 3 万元以下罚款。

（四）备案时提供虚假资料

由备案部门取消备案，3 年内不予办理其提出的该项备案，没收违法所得和已经生产、进口的化妆品；已经生产、进口的化妆品货值金额不足 1 万元的，并处 1 万元以上 3 万元以下罚款；货值金额 1 万元以上的，并处货值金额 3 倍以上 10 倍以下罚款；情节严重的，责令停产停业直至由原发证部门吊销化妆品生产许可证，对违法单位的法定代表人或者主要负责人、直接负责的主管人员和其他直接责任人员处以其上一年度从本单位取得收入的 1 倍以上 2 倍以下罚款，5 年内禁止其从事化妆品生产经营活动。

已经备案的资料不符合要求的，由备案部门责令限期改正，其中，与化妆品安全性有关的备案资料不符合要求的，备案部门可以同时责令暂停销售、使用；逾期不改正的，由备案部门取消备案。

备案部门取消备案后，仍然上市销售、进口该普通化妆品的，按照上市销售、经营或者进口未备案普通化妆品的情形给予处罚。

 案例

1. 2022 年 3 月，××市市场监管局根据前期掌握线索对××某科技有限公司仓库进行检查，发现当事人在未取得产品备案的情况下，委托广东某公司生产浴盐类化妆品。经查，当事人上市销售的未备案化妆品货值金额 37146.15 元，违法所得 3600.69 元。2022 年 5 月，金华市市场监管局对当事人作出没收违法产品 7147 盒，没收违法所得 3600.69 元并处罚款 13 万元的行政处罚。

2. 2021 年 8 月，药品监督管理部门监测发现，有消费者因使用广州××化妆品有限公司生产的"××透然净颜套"化妆品出现化妆品不良反应。省药品监督管理部门立即组织对涉案公司和相关化妆品采取风险控制措施，并深入开展调查。经查，该公司于 2021 年 5 月生产的"××透然净颜套"内含有标示名称为"透然靓肤液""多肽修护精华液"的两款化妆品，均被检出产品备案资料未载明且标签未标注的成分"水杨酸"。该公司生产不符合化妆品备案资料载明的技术要求的化妆品行为，违反《化妆品监督管理条例》第二十九条第二款规定。鉴于涉案产品引起消费者出现化妆品不良反应，且该公司在调查过程中提供虚假证明材料故意逃避调查，违法行为情节严重，依据《化妆品监督管理条例》第六十条第二项规定，省药品监督管理部门对该公司处以罚款 4 万元的行政处罚，对其法定代表人处以 10 年内禁止从事化妆品生产经营活动的行政处罚，并依法注销了该公司化妆品生产许可证。

3. 2022 年 3 月初，××市市场监管部门药品科执法人员在备案后监督检查中发现某国际贸易有限公司在明知"××酵母精华水"备案提交的生产配方及生产工艺资料与事实不符，依然备案提交了虚假的生产配方及生产工艺。与此同时，该公司在同一时期备案的其他 3 款产品（"××控油精华水""××鎏金焕颜补水面膜""××"胶原蛋白光感面膜）也存在类似问题，涉案产品货值金额为 136460.57 元，违法所得 64776.23 元。省药品监督管理部门依法对该当事人进行行政处罚：责令当事人改正；3 年内不予办理当事人提出的该项备案，没收涉案库存产品，没收违法所得 64776.23 元；并处罚款 250000 元。

思考题

1. 化妆品注册人和备案人有哪些要求？
2. 化妆品注册和备案有哪些区别？
3. 生产或者经营的化妆品未注册和未备案处罚一样吗？为什么？

第七章　化妆品包装与标签监管与法规

1. 掌握　化妆品标签的定义及各种包装形式；化妆品标签的基本要求和原则；化妆品标签禁止标注的内容。

2. 熟悉　化妆品标签的相关法规；化妆品包装的基本功能和外观要求。

3. 了解　标签必须标注的内容；如何合规设计化妆品的标识内容。

化妆品包装与标签监管与法规是化妆品行业的重要环节，它确保了产品的信息透明和消费者的权益。正确的包装不仅能提升产品形象，还能保障产品的安全性和有效性。而准确的标签信息则能让消费者更好地了解和使用产品。

第一节　化妆品的包装要求

化妆品在其漫长的发展历史中，为满足不同的使用需求逐渐被发展成各种形态，有常见的液体、膏、霜或乳状，也有加入了蜡、油脂等固化的蜡状体，或辅以无纺布等基质材料的敷贴等。为了更好地实现化妆品的使用价值，制造者同时设计了适合各种形态化妆品的包装，目的既是为了便于储藏、运输等商品流通的必要环节，更为了保护产品，避免产品发生损坏变质，确保质量完好和数量完整。

一、化妆品包装的功能分类

化妆品作为一种时尚消费品，包装不只是容器，还涉及产品宣传和产品质量。化妆品包装一般分为盛装化妆品的容器（即内包装，直接接触内容物）及外包装。化妆品包装的样式和包装材质的质量直接决定了产品的外在形象。化妆品包装具有多重功能，主要包括保护、宣传、标注等三大功能。

（一）保护功能

化妆品包装容器的主要目的是储存产品，使其不受储存、运输和处理等各种原因导致的降解和损坏的影响，同时保护化妆品不受人们日常活动所造成的生物、化学、热、电、压力等因素的损害，由于包装的外观与状态将直接影响其营销效果，因此化妆品包装容器需要不容易受到这些因素的损害。

（二）宣传功能

化妆品包装不仅要展现美感，还需要向消费者传达品牌意识，是消费者最初看到的品牌形象。化妆品品牌意识大部分是与情感联系在一起的，化妆品包装则是通过激发消费者对品牌情感的认同感来增强品牌意识。

（三）标注功能

化妆品包装通过标注功能向消费者阐述产品的成分、功能、生产商及如何使用等信息，同时方便对化妆品信息进行追溯。

随着市场的发展和消费者需求的变化，化妆品包装的功能也在不断扩展和升级。例如，一些高端化妆品品牌会注重包装的交互性和体验性，通过设计独特的开启方式、结构等，增强消费者的使用体验和品牌忠诚度。同时，环保和可持续性也成为了化妆品包装的重要趋势，许多品牌开始采用可回收、可降解的包装材料，以减少对环境的影响。

资料卡 --

限制过度包装

《限制商品过度包装要求　食品和化妆品》（GB 23350—2009）曾将"过度包装"一词定义为"超出适度的包装需求，其包装空隙率、包装层数、包装成本超过必要程度的包装"。在上述标准的 2021 年最新修订中（GB 23350—2021），其限量要求明确：粮食及其加工品不应超过三层，其他商品不应超过四层。

此处的"其他商品"即包含了化妆品、牙膏及各类食品。此外，本标准还规定了不同类型商品的包装空隙率。所谓"包装空隙率"，即包装内去除内装物占有的必要空间容积与包装总容积的比率。而对于包装成本的控制，除直接与内装物接触的包装之外，所有包装成本的总和不应超过商品销售价格的 20%。国家出台这一行业规定，其目的显而易见，就是为了遏制生产企业或商家的过度包装行为。

二、化妆品包装的外观分类

由于化妆品的形态各异，化妆品包装同样具有不同外观，以匹配不同的产品防护需求和消费习惯。

（一）基本准则

直接接触化妆品原料的包装材料应当安全，不得与原料发生化学反应，不得迁移或释放对人体产生危害的有毒有害物质。

（二）包装分类

根据化妆品的包装形式和材料品种分为：

1. 瓶　包括塑料瓶、玻璃瓶等。

2. 盖　包括外盖、内盖、（塞、垫、膜）等。

3. 袋　包括纸袋、塑料袋、复合袋。

4. 软管　包括塑料软管、复合软管、金属软管等。

5. 盒　包括塑纸盒、塑料盒、金属盒等。

6. 喷雾罐　包括耐压式的铝罐、铁罐等。

7. 锭管　包括唇膏管、粉底管、睫毛膏管等。

8. 化妆笔。

9. 喷头　包括气压式、泵式。

10. 外盒　包括花盒、塑封、中盒、运输包装等。

（三）具体要求

1. 瓶　瓶身平稳，表面光滑，瓶壁厚薄均匀，无明显疤痕、变形，不应有冷爆和裂痕；

瓶口应端正、光滑，无毛刺（毛口），螺纹、卡口配合结构完好、端正；瓶与盖配合严紧，无滑牙、松脱，无泄露现象；瓶内外确保洁净，不对内装物造成污染。

2. 盖 ①内盖应完整、光滑、洁净，不变形；与瓶、外盖配合良好。②外盖应端正、光滑，无破碎、裂纹、毛刺（毛口）；色泽均匀一致；螺纹配合结构完好；加有电化铝或烫金外盖的色泽应均匀一致；翻盖类外盖应翻起灵活，连接部位无断裂。

3. 袋 不应有明显皱纹、划伤、空气泡；色泽均匀一致；封口牢固，无开口、穿孔、漏料现象；复合袋应复合牢固、镀膜均匀。

4. 软管 管身应光滑、整洁、厚薄均匀，无明显划痕，色泽均匀一致；封口要牢固、端正，无开口、皱褶现象（模具正常压痕除外）；软管的复合膜应无浮起现象。

5. 盒 盒面应光滑、端正，无明显露底划痕、毛刺（毛口）和严重瘪压、破损现象；开启松紧度适宜（测试时可取花盒，捏住盖边，底不自落为合格，不可用手指强行剥开）；盒内镜面、内容物应粘贴牢固，镜面映像良好。

6. 喷雾罐 罐体平整，无锈斑，焊缝平滑，无明显划伤、凹罐现象，色泽均匀一致；喷雾罐卷口应平滑，无皱褶、裂纹和变形。

7. 锭管 管体应端正、平滑，无裂纹、毛刺（毛口），无明显划痕，色泽均匀一致；部件配合松紧适宜，保证内容物能正常旋出或推出。

8. 化妆笔 笔杆和笔套配合应松紧适宜，光滑、端正，不开胶，漆膜不开裂。

9. 喷头 端正、清洁，无破损和裂痕现象；组配零部件应完整无缺，确保喷液畅通。

10. 外盒

（1）花盒 与中盒包装配套严紧；清洁、端正、平整，盒盖盖好，无皱褶、缺边、缺角现象；黏合部位粘贴牢固，无粘贴痕迹、开裂和互相粘连现象；产品无错装、漏装、倒装现象。

（2）中盒 除与花盒要求一致以外，还应根据需要标明产品名称、规格、装盒数量和生产者名称。

（3）塑封 黏接牢固，无开裂现象；表面应清洁，无破损现象；无错装、漏装、倒装现象。

（4）运输包装 整洁、端正、平滑，封箱牢固；产品无错装、漏装、倒装现象；运输包装的标志应清楚、完整、位置合适，并根据需要应标明产品名称、生产者名称和地址、净含量、产品数量、整箱质量（毛重）、体积、生产日期和保质期或生产批号和限期使用日期。根据需要选择标注 GB/T 191 中的图示标志。

第二节　化妆品标签监管与法规概述

化妆品作为大市场中的日常消费品，主要由消费者自主选择，因此，产品标签向消费者传递的产品基本信息、属性特征、功效宣称和安全警示等内容，是影响消费者购买的重要途径，其安全使用也与标签传递的信息直接相关。因此，化妆品合法、准确的标签标注是消费者正确、合理、安全使用产品的必要保障。加强化妆品标签管理，确保必要的信息传递和风险交流，禁止违规标注和宣称，能够切实维护消费者合法健康权益，也是化妆品安全监管的重要组成部分。

一、化妆品标签的定义及形式

根据国家药监局发布的《化妆品标签管理办法》明确："本办法所称化妆品标签，是指产品销售包装上用以辨识说明产品基本信息、属性特征和安全警示等的文字、符号、数字、图案等标识，以及附有标识信息的包装容器、包装盒和说明书。"

这里所指的销售包装是指以销售为目的，消费者购买单件或组合包装的化妆品时与内装物一起到达消费者手中的包装，包括瓶、袋、罐等包装容器，或用于放置容器的小包装（花盒），不包括运输时用于保护商品的中盒、瓦楞箱。根据消费者需求将多个单件产品，置于一个外包装物中，作为整体到达消费者手中，若每个单件产品具有独立的销售包装，该情况下外包装物不是产品销售包装。

此外，定义中的文字、符号、数字及图案是指在化妆品标识中有特定含义内容的各种表现形式。

1. 文字　指语言的书写符号，人与人之间交流信息的约定俗成的视觉信号系统。这些符号要能灵活地书写由声音构成的语言，使信息流传久远。

2. 符号　指记号、标识。在一种认知体系中，符号是指代表一定意义的意象，可以是图形图像、文字组合，也可以是声音信号、建筑造型，甚至可以是一种思想文化、一个时事人物。

3. 数字　有多重含义，可以是表示数目的文字、表示数目的符号、数量的意思，也可以是表示率（比率等）的概念等。

4. 图案　指图形的设计方案。广义指对某种器物的造型结构、色彩、纹饰进行工艺处理而事先设计的施工方案，制成图样，通称图案。有的器物（如某些木器家具等）除了造型结构，别无装饰纹样，亦属图案范畴（或称立体图案）。狭义则指器物上的装饰纹样和色彩而言。

资料卡

化妆品"标识"与"标签"的区别

"标识"的定义：是指用以表示化妆品名称、品质、功效、使用方法、生产和销售者信息等有关文字、符号、数字、图案及其他说明的总称（原国家质量监督检验检疫总局《化妆品标识管理规定》）。而早在 2008 年，《消费品使用说明　化妆品通用标签》（GB 5296.3）中对"标签"定义为"粘贴或连接或印在化妆品销售包装上的文字、数字、符号、图案和置于销售包装内的说明书"。由此可见，"标识"定义不困于其展现形式，重于消费者获取的信息本身，范畴更广，而"标签"定义则更为具象。

《化妆品标签管理办法》中规范的标签定义，实际上是对原有法规中"标识"与"标签"进行了融合，既明确了标识的内容，更简单来说，化妆品标签是标识内容的载体，是标识的表现形式。

此外，《化妆品标签管理办法》中还明确了化妆品标签的三种不同展现形式。

1. 包装容器　是指直接接触化妆品内容物的包装材料，把标识内容印刷或粘贴在产品包装容器上。通常情况下，产品同时具有外面小包装（花盒）时，包装容器可附有部分标识内容。

2. 包装盒　是指产品容器外的小包装（花盒），把标识内容直接部分或全部印刷在小包装（花盒）上。

3. 说明书 是指置于小包装（花盒）内或以其他形式随附于产品的说明性材料，把标签所需标注的部分标识内容印刷在说明书上。

为保障消费者的知情权和选择权，便于消费者正确使用化妆品并知晓相关注意事项，《化妆品监督管理条例》和《化妆品标签管理办法》要求化妆品的最小销售单元应当有标签，且在中国上市销售的化妆品必须有中文标签。

 例

化妆品无中文标签被罚近 100 万

近日，××市市场监督管理局发布一则行政处罚决定书，据显示，2021 年 3 月 4 日，本局接到消费者林女士的投诉举报，反映其在××网络科技有限公司（以下简称"当事人"）经营的某微商城店铺"××美妆"上购买的进口隔离乳无中文标签。

经查，当事人所经营的进口化妆品购进渠道包括从国内授权代理商处购进及通过"个人带货"两种。其中从国内授权代理商处购进的进口化妆品粘贴有中文标签（部分产品有对应中文标签但尚未加贴）；通过"个人带货"渠道购进的进口化妆品无中文标签，仅能提供部分化妆品免税店购物原始单据。

对于当事人经营无中文标签进口化妆品的行为，根据《化妆品监督管理条例》第六十一条第五项"有下列情形之一的，由负责药品监督管理的部门没收违法所得、违法生产经营的化妆品，并可以没收专门用于违法生产经营的原料、包装材料、工具、设备等物品；违法生产经营的化妆品货值金额不足 1 万元的，并处 1 万元以上 3 万元以下罚款；货值金额 1 万元以上的，并处货值金额 3 倍以上 10 倍以下罚款；情节严重的，责令停产停业、由备案部门取消备案或者由原发证部门吊销化妆品许可证件，对违法单位的法定代表人或者主要负责人、直接负责的主管人员和其他直接责任人员处以其上一年度从本单位取得收入的 1 倍以上 2 倍以下罚款，5 年内禁止其从事化妆品生产经营活动：……（五）生产经营标签不符合本条例规定的化妆品。"的规定，鉴于当事人在调查过程中能积极配合本局调查、如实陈述违法事实、及时提供相关材料，本着教育与处罚相结合的原则，本局决定责令当事人改正违法行为，并作出如下行政处罚：

1. 没收无中文标签进口化妆品 21 箱；
2. 没收违法所得 138610.72 元；
3. 罚款 857206.88 元，上缴国库。

二、化妆品标签相关法规

在我国，对化妆品标签的监管法律法规构成比较复杂，从法律层面、行政法规层面、部门规章层面，再到一系列规范性文件和国家标准，均对化妆品标签做出相关要求，表 7-1 列举出各个主要监管法规：

表 7 - 1 化妆品标签主要监管法规

法律性质	法律法规名称	发布日期	实施日期	制定机构	发布文号
法律	《中华人民共和国产品质量法》(2018 年修正)	2018.12.29	2018.12.29	全国人民代表大会常务委员会	中华人民共和国主席令第二十二号
	《中华人民共和国广告法》(2021 年修正)	2021.4.29	2021.4.29	全国人民代表大会常务委员会	中华人民共和国主席令第八十一号
行政法规	《化妆品监督管理条例》	2020.6.16	2021.1.1	国务院	中华人民共和国国国务院令第 727 号
部门规章	《化妆品生产经营监督管理办法》	2021.8.2	2022.1.1	国家市场监督管理总局	国家市场监督管理总局令第 46 号
	《化妆品标识管理规定》	2007.8.27	2008.9.1	原国家质量监督检验检疫总局	国家质量检验总局令第 100 号
	《化妆品标签管理办法》	2021.6.3	2022.5.1	国家药品监督管理局	国家药监局 2021 年第 77 号
	《化妆品功效宣称评价规范》	2021.4.9	2021.5.1	国家药品监督管理局	国家药监局 2021 年第 50 号
	《化妆品注册备案资料管理规定》	2021.3.4	2021.5.1	国家药品监督管理局	国家药监局 2021 年第 32 号
规范性文件	《儿童化妆品监督管理规定》	2021.10.8	2022.5.1（标签以外规定 2022.1.1 实施）	国家药品监督管理局	国家药监局 2021 年第 123 号
	《防晒化妆品防晒效果标识管理要求》	2016.5.26	2016.5.26	原国家食品药品监督管理总局	食品药品监管总局 2016 年第 107 号
	《化妆品安全技术规范》(2015 年版)	2015.12.23	2016.12.1	原国家食品药品监督管理总局	食品药品监管总局 2015 年第 268 号
	《化妆品命名规定》及《化妆品命名指南》	2010.2.5	2010.2.5	原国家食品药品监督管理局	国食药监许〔2010〕72 号
	《定量包装商品计量监督管理办法》	2023.3.16	2023.6.1	国家市场监督管理总局	国家市场监督管理总局令第 70 号
国家标准	《消费品使用说明 化妆品通用标签》(GB 5296.3—2008)	2008.6.17	2009.10.1	原国家食品药品监督管理总局	—

第三节　化妆品标签与标识内容规定

依据《化妆品标签管理办法》第七条，化妆品中文标签应当至少包括以下内容：①产品中文名称、特殊化妆品注册证书编号；②注册人、备案人的名称、地址，注册人或者备案人为境外企业的，应当同时标注境内责任人的名称、地址；③生产企业的名称、地址，国产化妆品应当同时标注生产企业生产许可证编号；④产品执行的标准编号；⑤全成分；⑥净含量；⑦使用期限；⑧使用方法；⑨必要的安全警示用语；⑩法律、行政法规和强制性国家标准规定应当标注的其他内容。具有包装盒的产品，还应当同时在直接接触内容物的包装容器上标注产品中文名称和使用期限。

以下将详细介绍化妆品标签各项内容的具体要求。

一、化妆品标签总体要求

1. 明确主体责任　化妆品注册人、备案人对化妆品标签的合法性、真实性、完整性、准确性和一致性负责。

2. 中文标签为主　化妆品的最小销售单元，依据本章第一节的内容，即交付于消费者的最小包装，应当有中文标签且内容应当与产品注册或者备案的相关内容一致，换句话说，应与申报资料中的产品标签样稿一致。值得注意的是，中文标签主要指的是使用规范汉字（简体字）编写的标识内容，当使用其他文字或者符号时，应当在产品销售包装可视面使用规范汉字对应解释说明，以免消费者难以理解或产生误解（网址、境外企业的名称和地址，以及约定俗成的专业术语，如 PA、UVA 等必须使用其他文字的除外）。对于进口产品则须加贴中文标签，并确保有关产品安全、功效宣称的内容与原外文所注标签内容对应一致。

3. 设计、印刷要求　除注册商标之外，中文标签同一可视面上其他文字字体的字号应当小于或者等于相应的规范汉字字体的字号。化妆品注册人、备案人在标签设计、材料或印刷工艺选择时，应充分考虑其可能被使用的场景，合理设计、选择，并对标签实施必要的保护措施，确保化妆品标签清晰、持久，易于辨认、识读，不得有印字脱落、粘贴不牢等现象。

二、化妆品标签需标注的内容及示例

（一）产品中文名称、特殊化妆品注册证书编号

化妆品产品中文名称一般按商标名、通用名和属性名三部分顺序组成，并如实标注在标签上。具有包装盒的产品，应同时在直接接触内容物的包装容器上标注其中文名称。特殊化妆品还应在销售包装可视面标注国家药监局核发的注册证书编号。以下为产品名称各组成部分的命名和标注要求：

1. 商标名　即指商标，是指任何能够将自然人、法人或者其他组织的商品与他人的商品区别开的可视性标志。商标名的使用除符合国家商标有关法律法规的规定外，还应当符合国家化妆品管理相关法律法规的规定，不得以商标名的形式宣称医疗效果或者产品不具备的功效。

示例 7-1："×医生"为注册商标。因"医生"涉及医疗术语，故该商标不能作为化妆品商标名。

此外，以暗示含有某类原料的用语作为商标名，产品配方中含有该类原料的，应当在销售包装可视面对其使用目的进行说明；产品配方不含有该类原料的，应当在销售包装可视面明确标注产品不含该类原料，相关用语仅作商标名使用。

示例7-2：产品名称"×高粱®面霜"中"×高粱"为注册商标。虽此"梁"非彼"梁"，但因具有暗示"高粱"这类原料，还应进行相应说明。

产品名称：×高粱®※面霜

※本产品不含有高粱及相关原料，"高粱"仅作商标名使用。

产品名称注册商标使用字母、汉语拼音、数字、符号等的，应当在产品销售包装可视面对其含义予以解释说明。

示例7-3：产品名称"Lo.li®××精华水"中"Lo.li"为产品名称中的商标名，因为字母与符号的组合，应解释其含义；如无特别含义，也可备注其"无具体含义"。

产品名称：Lo.li®××精华水※

※"Lo.li"为注册商标，中文音译为罗里。

---

2. 通用名　可以是表明产品原料或者描述产品用途、使用部位等的文字，应当准确、客观。使用具体原料名称或者表明原料类别的词汇的，应当与产品配方成分相符，且该原料在产品中产生的功效作用应当与产品功效宣称相符。若使用原料别名或原料类别名称的，需备注说明成分中对应的具体原料名称。

示例7-4：产品"××芦荟面膜"，功效宣称为修护，则产品配方中应包含芦荟，并且芦荟的使用目的应当与修护相关。

示例7-5：产品名称"××辅酶Q10水"中"辅酶Q10"是化妆品成分泛醌（UBIQUI-NONE）的别名，用作产品名称或标签宣传需备注清晰。

产品名称：××辅酶Q10※水

※辅酶Q10对应成分为泛醌。

使用动物、植物或者矿物等名称描述产品的香型、颜色或者形状的，配方中可以不含此原料，命名时可以在通用名中采用动物、植物或者矿物等名称加香型、颜色或者形状的形式，也可以在属性名后加以注明。

示例7-6："××小苍兰香沐浴露"或者"××沐浴露（小苍兰香）""××唇膏 西瓜红"。

3. 属性名　是指表明产品的客观物理形态的用词，如膏、霜、水、液、粉等。用词应当表明产品真实的物理性状或者形态。约定俗成、习惯使用的化妆品名称可以省略属性名，如：眼影、口红、面膜、眼膜、粉底、唇彩、腮红、护发素、精华素、胭脂等。

示例7-7："××××乳液"的实际内容物为膏状，则将被判为不合理使用属性名。

4. 后缀　不同产品的商标名、通用名、属性名相同时，其他需要标注的内容应当在属性名后加以注明。常见的后缀包括同系列产品的颜色、色号、气味等，也可以展现特殊的使用特性。

示例7-8："××手霜（滋润型）"和"××手霜（清爽型）"。

5. 其他注意事项

（1）商标名、通用名或者属性名单独使用时符合本条上述要求，组合使用时可能使消费者对产品功效产生歧义的，应当在销售包装可视面予以解释说明。

示例 7-9："××美"商标名与"白池花卸妆油"组合使用，可能引起消费者误解本品具有美白功效，应进一步解释说明。

> 产品名称：××美®白池花卸妆油※
>
> ※××美为注册商标，白池花指成分中的"白池花（LIMNANTHES ALBA）籽油"，产品无美白功效。

（2）化妆品标签中往往由于宣传推广的原因，使用了尚未被行业广泛使用，可能导致消费者不易理解，但又不属于禁止标注内容的创新用语，这些词语也常常被利用在产品名称上，此时，化妆品企业应当在相邻位置对其含义进行解释说明。

示例 7-10：产品名称"××仿生膜面霜"中"仿生膜"为创新用语，消费者不易理解，应解释其含义。

> 产品名称：××仿生膜※面霜
>
> ※仿生膜是指使用产品后，在皮肤表面形成类似皮脂膜结构和功能的保护膜。

（3）产品中文名称应当标注在销售包装展示面的显著位置，如果因化妆品销售包装的形状和/或体积的原因，无法标注在销售包装的展示面位置上时，可以标注在其可视面上，且至少有一处以引导语（如"产品名称："）引出。系列产品的序号或色标号允许标注在销售包装的可视面上。

（4）具有包装盒的产品，还应当同时在直接接触内容物的包装容器上标注产品中文名称。

（5）特殊化妆品应在销售包装可视面标注国家药监局核发的注册证书编号，引导语为"特殊化妆品注册证书编号："。

（二）各类主体信息注册人、备案人、境内责任人信息

化妆品标签上所涉及的各类主体，主要有以下方面。

1. 注册人、备案人 即产品注册证书或者备案信息所载明的，依法对化妆品质量安全和功效宣称负责的企业，以下简称"注备人"。涉及信息主要为企业名称、地址。

2. 生产企业 即生产企业名称和地址应当标注完成最后一道接触内容物的工序的生产企业。

3. 境内责任人 注备人在境外的，应当指定我国境内的企业法人作为境内责任人，协助办理注册、备案，以及产品上市后的不良反应监测、召回等质量安全工作。

以上主体信息应分别以上述主体相应的引导语引出。当化妆品注册人或者备案人与生产企业相同时，可使用"注册人/生产企业"或者"备案人/生产企业"作为引导语，进行简化标注。

注册人、备案人同时委托多个生产企业完成最后一道接触内容物的工序的，可以同时标注各受托生产企业的名称、地址，并通过代码或者其他方式指明产品的具体生产企业。生产企业为境内的，还应当在企业名称和地址之后标注化妆品生产许可证编号，以相应的

引导语引出。

以下列举出几种常见的注册人、备案人、生产企业信息标注方式：

示例7-11：A公司作为注备人自主生产时，可参考以下标注：

> 产品名称：××洗发水
>
> 备案人/生产企业：A公司
>
> 地址：A地址
>
> 化妆品生产许可证编号：（A公司A地址对应许可证编号）×××××××

示例7-12：A公司作为注备人，委托B公司生产时（无论其余工序是否由B公司完成，只要最后一段灌装工序在B公司完成，可参考以下标注：

> 产品名称：××洗发水
>
> 备案人：A公司
>
> 地址：A地址
>
> 生产企业：B公司
>
> 地址：B地址
>
> 化妆品生产许可证编号：×××××××（B公司B地址对应许可证编号）

示例7-13：A公司作为注备人，同时委托B公司和C公司生产时（最后一段灌装工序在B公司或C公司完成），可参考以下标注：

> 产品名称：××洗发水
>
> 备案人：A公司
>
> 地址：A地址
>
> 生产企业：B公司（代码B）
>
> 地址：B地址
>
> 化妆品生产许可证编号：×××××××（B公司B地址对应许可证编号）
>
> 生产企业：C公司（代码C）
>
> 地址：C地址
>
> 化妆品生产许可证编号：×××××××（C公司C地址对应许可证编号）
>
> 实际生产企业见批号见生产批号前字母代码

示例7-14：A公司为国外备案人，委托国外B公司生产产品，并由国内D公司作为境内责任人申请进口备案，加贴中文标贴时可参考以下标注：

> 产品名称：××唇膏
>
> 备案人：A公司
>
> 地址：A地址
>
> 生产企业：B公司（代码B）
>
> 地址：B地址
>
> 境内责任人：D公司
>
> 地址：D地址

（三）产品执行的标准编号

产品执行的标准编号，与特殊化妆品注册证书编号或普通化妆品备案编号相同，应当在销售包装可视面标注，并以相应的引导语（如"产品执行的标准编号："）引出。

此外，产品标签上往往标注除产品执行的标准编号以外的国家标准、行业标准或其他相关标准编号，表示产品执行了相关标准的质量要求，其标注应当符合相关法律法规要求，内容应当真实、完整、准确。

示例 7-15：某产品"××芦荟乳"经广东某地级市药品监督管理部门备案，同时执行国家标准 GB/T 29665—2013《护肤乳液》中的水包油型产品的质量要求，可参考以下标注：

产品名称：××芦荟乳 产品执行的标准编号：粤 G 妆网备 字 20×××××××，GB/T 29665 （O/W）	或	产品名称：××芦荟乳 产品执行的标准编号：粤 G 妆网备 字 20××××××× 执行标准：GB/T 29665（O/W）

（四）全成分

化妆品标签应当在销售包装可视面标注化妆品全部成分的原料标准中文名称，以"成分"作为引导语引出，并按照各成分在产品配方中含量的降序列出。配方中存在含量不超过 0.1%（W/W）的成分的，所有不超过 0.1%（W/W）的成分应当以"其他微量成分"作为引导语引出另行标注，可以不按照成分含量的降序列出。以复配或者混合原料形式进行配方填报的，应当以其中每个成分在配方中的含量作为成分含量的排序和判别是否为微量成分的依据。

此处应明确的是，化妆品全部成分是指生产者按照产品的设计，在生产过程中有目的地添加到产品配方中，并在最终产品中起到一定作用的所有成分。如：防腐剂、防晒剂、染发剂、着色剂、保湿剂、pH 调节剂等。参考国家药监局 2019-01-10 发布的《化妆品监督管理常见问题解答（一）》，为了保证化妆品原料质量而在原料中添加的极其微量的抗氧化剂、防腐剂、稳定剂等成分，虽然在申请注册或者进行备案时以该原料复配的形式进行产品配方填报，但不属于化妆品的成分，可以不在产品标签上进行标注；当然企业为保障消费者知情权，也可以在产品标签进行标注。

符合以下条款的成分，可不必标注于标签上：

（1）原料中所含的带入成分（含微量杂质），在产品中的含量极小，远小于能发挥起效果所必须的量时，可不必标注。

示例 7-16：添加到油脂中用于保护油脂不被氧化的"丁羟甲苯"等抗氧化剂；或植物提取液中添加了确保原料保质期内不受微生物侵扰的"山梨酸"等防腐剂。

示例 7-17：混在原料中的微量杂质（在生产工艺技术上，这些杂质不可避免地存在于原料中，这些微量杂质的存在不影响原料安全评价和使用），如硬脂酸中的微量软脂酸等脂肪酸，或三乙醇胺中的单乙醇胺和二乙醇胺。

示例 7-18：存在于反应生成物中的微量为反应物或反应副产物，如鲸蜡醇聚醚-24 中未反应的聚乙二醇，和副产物鲸蜡醇聚醚-23、鲸蜡醇聚醚-25。

（2）虽在生产工艺中特意添加，但依照工艺设计，不与其他成分发生化学反应，亦在后续工序中可进行去除的加工助剂，亦可不必标注。

示例 7-19：在湿法制造固体粉底过程中添加的乙醇，成型后将乙醇挥发干。

（五）净含量

《定量包装商品计量监督管理办法》中明确规定：净含量是指去除包装容器和其他包装

材料后内装商品的量。同时，该办法第九条规定：批量定量包装商品的平均实际含量应当大于或者等于其标注净含量。用抽样的方法评定一个检验批的定量包装商品，应当按照本办法相关规定进行抽样检验和计算。

净含量的标注应符合《定量包装商品计量监督管理办法》的有关规定，具体为：净含量的标注由"净含量"（中文）、数字和法定计量单位（或者用中文标示的计数单位）三个部分组成。根据《定量包装商品净含量计量检验规则（JJF 1070—2023)》要求，应基于消费者的使用和贸易习惯标注净含量。

通常固体商品、气体商品或者液化的气体商品，使用质量单位标注；液体商品，使用体积单位标注，也可以使用质量单位标注；半固体或半流体的商品，使用质量单位标注，也可以使用体积单位标注；计数标注的商品，净含量标注应做到能清晰地识别，如"50根""100 只""3 件"。

 资料卡 -

认识"展示面"及"可视面"

展示面：化妆品在陈列时，除底面外能被消费者看到的任何面。

可视面：化妆品在不破坏销售包装的情况下，能被消费者看到的任何面。

按照目前化妆品相关法规要求，除净含量必须标注在包装的展示面外，其他信息均可标注于可视面。值得注意的是，产品中文名称应标注在可视面的显著位置，而按照一般企业的做法，产品名称作为化妆品被识别的重要ID，被标注于产品陈列的主要版面。

化妆品净含量不大于15g或者15ml的小规格包装产品，仅需在销售包装可视面标注产品中文名称、特殊化妆品注册证书编号、注册人或者备案人的名称、净含量、使用期限等信息，其他应当标注的信息可以标注在随附于产品的说明书中。

- -

案例

净含量不合格，一化妆品公司被处罚

当事人于2020年4月27日生产了同批次500盒键盘指尖九色眼影（产品标称净含量9克）。

2020年9月2日，××商品检验检测研究院根据《××市市场监督管理局关于开展2020年度定量包装商品净含量和过度包装监督抽查的通知》对当事人进行定量包装商品净含量监督抽查。

该款产品经监督抽查后，于2020年10月10日当事人收到浦江县产商品检验检测研究院出具的定量包装商品净含量计量检验报告（报告编号为WDB2020002），报告显示"该检验批的净含量标注合格，净含量不合格"，当事人对检测结果无异议，且未在法定期限内申请复检。

当事人生产该批次键盘指尖九色眼影成本价为1.7元/盒，销售价为1.9元/盒，故当事人检验批违法货值金额为950元。

处罚结果：责令改正并决定对当事人处2000元罚款。

（六）使用期限

产品使用期限应当按照下列方式之一在销售包装可视面标注，并以相应的引导语引出：

1. 生产日期和保质期 生产日期应当使用汉字或者阿拉伯数字，以四位数年份、二位数月份和二位数日期的顺序依次进行排列标识。保质期应与产品执行的标准中的使用期限保持一致。

2. 生产批号和限期使用日期 生产批号的编码规则由企业自定，限期使用日期可采用四位数年份、二位数月份、二位数日期的顺序依次进行排列标识，也可按四位数年份、二位数月份的顺序标识。如标注 202509，表示 2025 年 9 月 1 日前使用。

具有包装盒的产品，应同时在直接接触内容物的包装容器上标注使用期限时，除可以选择上述方式标注外，还可以采用标注生产批号和开封后使用期限的方式。

销售包装内含有多个独立包装产品时，每个独立包装应当分别标注使用期限，销售包装可视面上的使用期限应当按照其中最早到期的独立包装产品的使用期限标注；也可以分别标注单个独立包装产品的使用期限。

（七）使用方法

化妆品根据产品使用需要或者在标识中难以反映产品全部信息时，应当增加使用说明。使用说明应通俗易懂，需要附图时须有图例示。

为保证消费者正确使用，需要标注产品使用方法的，应当在销售包装可视面或者随附于产品的说明书中进行标注。

（八）必要的安全警示用语

存在下列情形之一的，应当以"注意"或者"警告"作为引导语，在销售包装可视面标注安全警示用语：

1. 限用成分 法律、行政法规、部门规章、强制性国家标准、技术规范对化妆品限用组分、准用组分有警示用语和安全事项相关标注要求的。

（1）如含有水杨酸及其盐类的产品必须标印"含水杨酸""三岁以下儿童勿用"，含有苯酚磺酸锌的产品必须标印"避免接触眼睛"。

（2）既可作为防腐剂也可作为限用组分使用的化妆品原料，如果不作为防腐剂使用的，该原料功能必须标注在标签上。

2. 特殊人群 法律、行政法规、部门规章、强制性国家标准、技术规范对适用于儿童等特殊人群化妆品要求标注的相关注意事项的：

（1）儿童化妆品应当在销售包装展示面标注国家药监局规定的"小金盾"儿童化妆品标志。非儿童化妆品不得标注儿童化妆品标志。

（2）儿童化妆品应当以"注意"或者"警告"作为引导语，在销售包装可视面标注"应当在成人监护下使用"等警示用语。

（3）家用护肤产品，如宣称全家使用，认定为适用儿童，按照儿童用品要求标注；如实际不适用于儿童，应标注"儿童禁止使用"。

3. 安全警示 法律、行政法规、部门规章、强制性国家标准、技术规范规定其他应当标注安全警示用语、注意事项的：

例如，含酒精等有机溶剂的香水、指甲油产品，以及含推进剂的气雾剂压力罐产品等易燃性产品，应标注"警告/注意事项：易燃品，切勿靠近高温和火源"等类似警示用语。

（九）法律、行政法规和强制性国家标准规定应当标注的其他内容

包括但不限于以下内容：

1. 产品质量检验合格证明 《中华人民共和国产品质量法》第二十七条规定，"产品或者其包装上的标识必须真实，并符合下列要求"其中第（一）条就是"有产品质量检验合格证明"。

产品质量检验合格证明是指从生产者或其产品质量检验机构、验证人员等，未标明出厂的产品经质量检验合格而附于产品包装上的合格证书、合格标签等标识。产品质量检验合格证明的形式主要有三种：合格证书、合格标签和合格印章。

一般化妆品产品可以采用直接印刷或喷码的方式将合格标识印于产品标签上。

2. 防晒产品防晒效果标识 对于具有防晒功效的产品，还应按国家相关法规要求标注防晒效果标识。

（1）紫外线 UVB 防晒指数（SPF）标识 SPF 值，是防晒化妆品保护皮肤，避免日晒红斑的一种性能指标。经常代表 UVB 的防护效果，以产品实际测定的 SPF 值为依据。当产品的实测 SPF 值小于 2 时，不得标识防晒效果；当产品的实测 SPF 值在 2～50（包括 2 和 50，下同）时，应当标识该实测 SPF 值；当产品的实测 SPF 值大于 50 时，应当标识为 SPF50 ＋。宣称具有防水效果的防晒化妆品，可同时标注洗浴前及洗浴后 SPF 值，或只标注洗浴后 SPF 值，不得只标注洗浴前 SPF 值。（备注：防晒化妆品未经防水性能测定，或产品防水性能测定结果显示洗浴后 SPF 值减少超过 50% 的，不得宣称防水效果。）

（2）长波紫外线 UVA 防护效果（PFA 值）标识 PFA 值，是测定和反映防晒化妆品长波紫外线 UVA 防护效果的指征值。当防晒化妆品临界波长（CW）≥370nm 时，可标识广谱防晒效果。长波紫外线（UVA）防护效果的标识应当以 PFA 值的实际测定结果为依据，在产品标签上标识 UVA 防护等级 PA。当 PFA 值小于 2 时，不得标识 UVA 防护效果；当 PFA 值为 2～3 时，标识为 PA ＋；当 PFA 值为 4～7 时，标识为 PA ＋＋；当 PFA 值为 8～15 时，标识为 PA ＋＋＋；当 PFA 值大于等于 16 时，标识为 PA ＋＋＋＋。

3. 儿童化妆品的标注

（1）儿童化妆品标志 根据《儿童化妆品监督管理规定》第六条规定，儿童化妆品应当在销售包装展示面标注国家药品监督管理局规定的儿童化妆品标志，即"小金盾"标志。非儿童化妆品不得标注儿童化妆品标志"小金盾"。同时，儿童化妆品应当以"注意"或者"警告"作为引导语，在销售包装可视面标注"应当在成人监护下使用"等警示用语。

图 7 - 1 儿童化妆品标志"小金盾"

（2）易致敏香料组分 儿童化妆品所用的香精以及芳香植物油类原料中如果含有国内外权威机构发布的 24 种可能易致敏香料组分（如：戊基肉桂醛、茴香醇、苯甲醇等），原则上应当对产品中可能易致敏香料组分的含量进行计算，若其在驻留类产品中 ＞0.001%、在淋洗类产品中 ＞0.01% 时，应当对儿童使用安全性进行充分评估，并在产品标签中标注，可以在标签全成分中标注具体香料组分名称，也可以在标签其他位置处标注。

三、化妆品标签禁止宣称内容

化妆品标签的"十二大禁止标注"：

（1）禁止使用医疗术语、医学名人的姓名、描述医疗作用和效果的词语或者已经批准的药品名明示或者暗示产品具有医疗作用。如：抗炎、促进伤口愈合等。

（2）禁止使用虚假、夸大、绝对化的词语进行虚假或者引人误解的描述。如："全网销量第一"等。

（3）禁止利用商标、图案、字体颜色大小、色差、谐音或者暗示性的文字、字母、汉语拼音、数字、符号等方式暗示医疗作用或者进行虚假宣称。如：暗示医疗的十字图案。

（4）禁止使用尚未被科学界广泛接受的术语、机制编造概念误导消费者。如："干细胞化妆品"。

（5）禁止通过编造虚假信息、贬低其他合法产品等方式误导消费者。如："无硅油""孕妇可用"等。

（6）禁止使用虚构、伪造或者无法验证的科研成果、统计资料、调查结果、文摘、引用语等信息误导消费者。如：不能提供真实充分的证明资料的情况。

（7）禁止通过宣称所用原料的功能暗示产品实际不具有或者不允许宣称的功效。如：普通化妆品宣称 377 美白，烟酰胺亮肤等（美白是特殊化妆品功效）。

（8）禁止使用未经相关行业主管部门确认的标识、奖励等进行化妆品安全及功效相关宣称及用语。如："荣获 FDA 认证"（在美国，除部分特殊化妆品按 OTC 药物管制外，化妆品并不需要获得类似于药物的 FDA 认证）。

（9）禁止利用国家机关、事业单位、医疗机构、公益性机构等单位及其工作人员、聘任的专家的名义、形象作证明或者推荐。如："×××皮肤科医生推荐"等。

（10）表示功效、安全性的断言或者保证。如：100% 安全有效等。

（11）禁止标注庸俗、封建迷信或者其他违反社会公序良俗的内容。如："吸金能量水"等。

（12）法律、行政法规和化妆品强制性国家标准禁止标注的其他内容。

除上述禁止标注内容以外，在产品标签上标注产品名称中的商标名以外的其他商标，导致消费者对化妆品生产者和责任主体产生误解的，均属于应当禁止的标签标注行为。化妆品注册人、备案人、境内责任人、受托生产企业都是法规明确规定的生产责任主体，其他与产品生产者相关的概念、用语、表述，包括"监制""出品""品牌授权人"等，因法规无明确定义，词语本身含义也比较模糊，消费者、企业对这些词语的理解并不一致。商家以类似用语标注企业或者组织信息，将导致消费者对产品生产者和责任主体产生误解，属于《条例》规定的"虚假或者引人误解的内容"，不得在产品标签上进行类似标注。

另外，还有一点值得关注的是关于儿童化妆品，依据《儿童化妆品监督管理规定》，儿童化妆品标签不得标注"食品级""可食用"等词语或者食品有关图案，非儿童化妆品不得以"适用于全人群""全家使用"等词语，或者利用商标、图案等形式暗示产品使用人群包含儿童。

化妆品标签若违反上述规定进行标注，按照《化妆品监督管理条例》相关规定，将由负责药品监督管理的部门，对化妆品注册人或备案人没收违法所得、违法生产经营的化妆品，并可以没收专门用于违法生产经营的原料、包装材料、工具、设备等物品；违法生产经营的化妆品货值金额不足 1 万元的，并处 1 万元以上 3 万元以下罚款；货值金额 1 万元以上的，并处货值金额 3 倍以上 10 倍以下罚款。

　　而对于情节严重的，责令停产停业、由备案部门取消备案或者由原发证部门吊销化妆品许可证件，对违法单位的法定代表人或者主要负责人、直接负责的主管人员和其他直接责任人员处以其上一年度从本单位取得收入的 1 倍以上 2 倍以下罚款，5 年内禁止其从事化妆品生产经营活动。

> **▶ 知识拓展**
>
> **什么是化妆品标签"瑕疵"？**
>
> 　　化妆品标签存在文字、符号、数字的字号不规范，或者出现多字、漏字、错别字、非规范汉字的；使用期限、净含量的标注方式和格式不规范等的；化妆品标签不清晰难以辨认、识读，或者部分印字脱落或者粘贴不牢的；化妆品成分名称不规范或者成分未按照配方含量的降序列出的；未按规定使用引导语的；产品中文名称未在显著位置标注的；以及其他违反《化妆品标签管理办法》规定但不影响产品质量安全且不会对消费者造成误导的情形，按照《化妆品监督管理条例》第六十一条第二款规定，由负责药品监督管理的部门责令改正；拒不改正的，处 2000 元以下罚款。

💡 思考题

　　1. 化妆品包装和标签的主要法规有哪些？它们的主要目的是什么？

　　2. 如何防止化妆品包装和标签上的虚假宣传或误导性信息？

　　3. 化妆品监管机构在化妆品包装和标签方面的职责是什么？

　　4. 如果化妆品的标签上标注了某些功效（如祛斑美白、抗皱、祛痘等），这些功效是否必须经过特定的认证或验证？如果未经认证或验证，标注这些功效是否违法？

PPT

第八章　化妆品生产监管与法规

📖 **知识要求**

1. **掌握**　我国化妆品生产监管法规的框架体系。
2. **熟悉**　化妆品生产监管所涉及的主要法规的要点，注意事项等。
3. **了解**　化妆品生产监管所依据的法规常识；化妆品生产企业在转化、落实法规要求过程中的一些典型/经验性做法；常见的违规情形及应担法律责任。

第一节　化妆品生产监管体系

一、化妆品生产监管的法规框架

我国化妆品现行监督管理按照产品生命周期分为产前、生产和产后三个大的环节，图8-1。

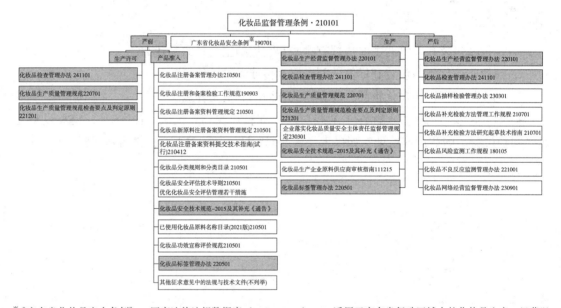

※《广东省化妆品安全条例》- 国家法律法规数据库（npc.gov.cn）——适用于广东省行政区域内的化妆品生产、经营以及相关安全监督管理等活动。

图8-1　化妆品监管体系-法规框架

注：①《广东省化妆品安全条例》属地方性法规，未列入本框架。

②《儿童化妆品监督管理规定》《牙膏监督管理办法》分别在本书其他章节作阐述，故未列入本框架。

③化妆品的注册和备案监管在前面相关章节专门阐述。

④本框架按照产前、生产和产后的顺序整理，并不是严谨划分。因有的规章在化妆品的整个生命周期或多个生命环节（阶段）都会涉及（或适用），比如：《化妆品标签管理办法》《化妆品安全技术规范》等。所以，做此编排的目的旨在帮助读者搭建一个总括性的监管法规体系框架，同时方便说明相应监管和对应法规在本书中的编排位置。

产前，以《化妆品注册备案管理办法》及其配套规章、技术规范等构成监管分支体系，在第八章阐释。

产后，以《化妆品生产经营监督管理办法》中有关经营的监督管理，以及《化妆品网络经营监督管理办法》为主要内容，在第九章阐述。而有关监督抽查/抽样检验、风险监测及不良反应监测等内容则安排在第十五章阐述。

二、化妆品生产的监管机制

（一）三大准入与重点监管机制

1. 原料准入　化妆品生产的监管始于原料的准入，确保使用的原料安全、合规，从源头上保障化妆品的质量和安全，又同时兼顾企业发展的创新需求，《化妆品监督管理条例》（以下简称《条例》）从法规制度、标准、技术导则等多个层面建立了"原料准入"的监管机制。

（1）新原料准入制度的革新与亮点　与1989年发布的《化妆品卫生监督条例》相比，《条例》的内容有很多新的变化，其中新原料的分类与管理，以及鼓励技术创新是《条例》的一大突出亮点。包括创新性地将分类管理思路应用到原料准入管理，同时设置新原料监测期。另外，《条例》还强调原料安全，包括强调原料使用达标、合规；专门针对原料设置处罚条款。而通过"新原料分类管理"的思路，《条例》还明确指出了鼓励技术创新（图8-2）。

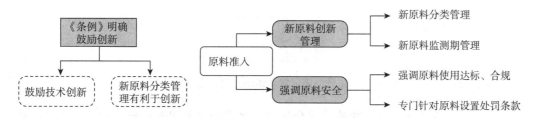

图8-2　原料准入监管与鼓励创新

（2）化妆品原料供应商审核指南　2011年12月15日，国家食品药品监督管理局《关于印发化妆品生产企业原料供应商审核指南的通知》（食药监办保化〔2011〕186号）详细列明了对原料供应商的审核要求。指南中指出："生产企业应根据实际情况，建立和完善原料供应商评价机制，确保采购的原材料符合相关法规和标准。"这强调了生产企业对原料供应商的审核和评价，以确保采购的原材料符合法规和标准。

该通知的精神在后来的《化妆品监督管理条例》《化妆品生产经营监督管理办法》《化妆品生产质量管理规范》等法规中均有相应的体现。

2. 产品准入

（1）全面的监管机制改革　在化妆品生产监管中，产品准入是确保化妆品质量和安全的重要环节。国家市场监督管理总局通过制定以《条例》为核心的一系列法规和规范，建立了严格的产品准入监管机制。从产品的质量、安全、标签信息、功效宣称等方面进行全面监管，以保障消费者的健康和权益。这一机制有助于保障消费者的权益，推动化妆品行业的健康可持续发展。

（2）创新的监管模式　为贯彻落实新颁布的《条例》，加强化妆品注册和备案管理，保障消费者健康权益，规范和促进化妆品行业健康发展，国家市场监督管理总局颁布了《化妆品注册备案管理办法》（以下简称《办法》）。《办法》落实"四个最严"要求，即用最严谨的标准、最严格的监管、最严厉的处罚、最严肃的问责要求把控好化妆品安全。《办法》还突出问题导向，细化了《条例》确定的原则制度，严格审批审评和备案管理，强化风险控制；深化"放管服"改革，鼓励研发企业创新，优化注册备案程序，落实各方主体责任和监管责任。

3. 生产准入 化妆品生产准入监管机制旨在确保化妆品的生产过程符合质量和安全标准，保障消费者的健康和权益。以下从不同方面叙述化妆品生产准入的监管机制，结合相关法规条款进行论述。

（1）立法初衷与国家市场监管思维 《化妆品监督管理条例》第一条明确指出"为了规范化妆品生产经营活动，加强化妆品监督管理，保证化妆品质量安全，保障消费者健康，促进化妆品产业健康发展，制定本条例。"这表明化妆品监督管理的立法初衷（图8-3）。市场监管总局负责监督管理化妆品的全生命周期安全，维护市场秩序和消费者权益。

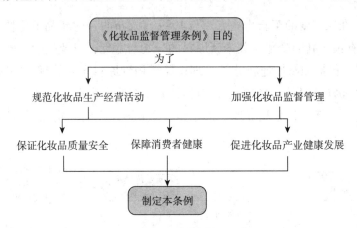

图8-3 《化妆品监督管理条例》立法三大根本目的

（2）化妆品生产质量管理规范 《化妆品生产质量管理规范》要求化妆品生产企业在生产过程中遵循一系列质量管理要求。其中，对于原材料的管理，该规范明确规定："生产企业应设立合格原材料验收区，进行原材料的验收检查，不合格原材料应及时退货或处理。"这一条款强调了原材料管理的重要性，确保原材料符合国家标准和质量要求。

（二）过程监管：生产质量—飞行检查、质量监督抽查

1. 化妆品检查管理 国家药监局于2024年4月26日（2024年第52号）公告发布《化妆品检查管理办法》，进一步理顺化妆品的监督工作。公告明确，为加强化妆品监督管理，规范化妆品检查工作，根据《化妆品监督管理条例》《化妆品注册备案管理办法》《化妆品生产经营监督管理办法》等法规、规章，国家药监局组织制定了《化妆品检查管理办法》，共八章47条，自2024年11月1日起施行。

（1）检查分类 《化妆品检查管理办法》第七条，根据检查的性质和目的，化妆品检查分为许可检查、常规检查、有因检查和其他检查（图8-4）。

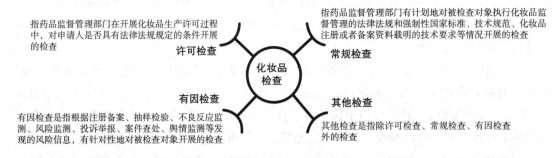

图8-4 化妆品监督检查的分类

（2）检查方式 《化妆品检查管理办法》第八条，根据检查的方式，化妆品检查分为现场检查和非现场检查（图8-5）。现场检查为化妆品检查的主要方式。

图8-5　化妆品检查的两大方式

（3）检查程序和要求　不同类别检查的要求不同，《化妆品检查管理办法》在第二章第10~20条，明确检查启动、检查人员、出示证件、检查实施与记录、陈述申辩、检查审核报告、风险控制、限期整改及复查、检查信息公开等的程序和要求。

《化妆品检查管理办法》的第三、第四、第五章，分别明确了不同类别的不同检查要求（图8-6）：

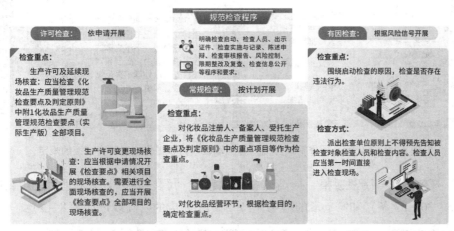

图8-6　化妆品检查程序和对三种检查类别的不同要求

（4）保障企业合法权益和严格检查纪律　在保障企业合法权益和严格检查纪律方面，《化妆品检查管理办法》分别作出相应的明确规定（图8-7）：

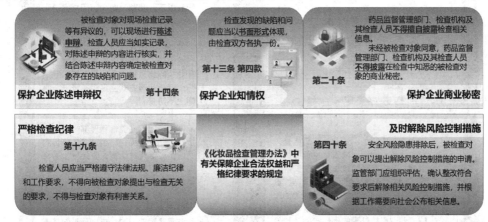

图8-7　《化妆品检查管理办法》保障企业合法权益和严格纪律要求

（5）补强检查取证效力和强化稽查检查衔接　《化妆品检查管理办法》在第二章（的第13条）和第六章分别作出相应的明确规定（图8-8）：

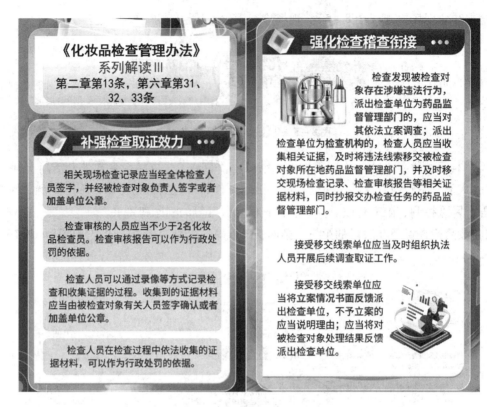

图 8 - 8 《化妆品检查管理办法》补强取证效力和强化检查稽查衔接的规定

（6）规范协查与线索通报，提高监督执法水平 《化妆品检查管理办法》在第六章（的第35、36、37条）和第七章的第41条分别作出相应的明确规定（图8-9）：

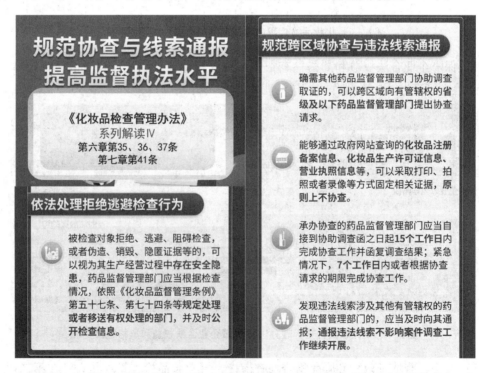

图 8 - 9 《化妆品检查管理办法》规范协查与线索通报和提高监督执法水平的规定

2. 化妆品生产飞行检查

（1）化妆品安全高风险信息"直通车"制度 化妆品安全高风险信息"直通车"制度

（以下简称"直通车"制度）从化妆品安全风险信息的类型、程度、发生频率、舆论关注度等方面考量，列出八种可能涉及化妆品安全高风险信息的情形，并规定了相关应对措施。2021年下半年，该制度在国家药监局食品药品审核查验中心组织的化妆品飞行检查中试行，取得初步成效。

（2）化妆品飞行检查制度　2013年12月16日，国家食品药品监督管理总局印发了《关于调整化妆品注册备案管理有关事宜的通告》（2013年第10号通告），对化妆品注册备案管理工作做出了调整，规定国产非特殊用途化妆品实行告知性备案；省级食品药品监管部门应当在备案后3个月内组织开展对备案产品的检查并将检查结果放至官网上供公众查询。检查的形式包括日常监督检查和飞行检查。

飞行检查是食品药品监管部门针对行政相对人开展的不预先告知的监督检查，具有突击性、独立性、高效性等特点。以近年来在监督抽检中发现不合格产品的、被监管部门通报的、被投诉举报的和风险监测过程中发现存在问题的化妆品生产经营企业为飞行检查的对象。

为规范化妆品生产许可和监督检查工作，指导化妆品注册人、备案人、受托生产企业贯彻执行《化妆品生产质量管理规范》，根据《化妆品监督管理条例》及《化妆品生产经营监督管理办法》等法规、规章，国家药监局组织制订了《化妆品生产质量管理规范检查要点及判定原则》（以下简称《判定原则》），自2022年12月1日起施行。公告明确：

①负责药品监督管理的部门依据《化妆品生产质量管理规范》及《化妆品生产质量管理规范检查要点及判定原则》对化妆品注册人、备案人、受托生产企业（以下统称为"企业"）开展检查，并对企业执行《化妆品生产质量管理规范》的情况进行综合判定。

②对检查判定为"生产质量管理体系存在缺陷"的企业，负责药品监督管理的部门应当督促其在规定时间内完成整改并提交整改报告，必要时可以组织现场复查。企业违法行为轻微，没有造成危害后果，整改后符合《化妆品生产质量管理规范》要求的，依法不予行政处罚。

③对检查判定为"生产质量管理体系存在严重缺陷"的企业，负责药品监督管理的部门应当依据《化妆品监督管理条例》第五十四条的规定，采取责令暂停生产、经营等紧急控制措施，及时控制产品风险。企业应当在规定的时间内完成整改，并向负责药品监督管理的部门提交整改报告。负责药品监督管理的部门应当对企业进行现场复查，确认整改符合要求后，方可恢复其生产、经营。

④对检查判定为"生产质量管理体系存在严重缺陷"的企业，负责药品监督管理的部门应当根据《化妆品监督管理条例》第六十条第（三）项、《化妆品生产经营监督管理办法》第五十九条等规定立案调查。

《判定原则》的附件《化妆品生产质量管理规范检查要点（实际生产版）》（以下简称《实际生产版检查要点》）和《化妆品生产质量管理规范检查要点（委托生产版）》（以下简称《委托生产版检查要点》）分别作为药品监督管理部门对化妆品生产企业、经营企业的飞行检查的落地指导文件，在监管实践中发挥着重要作用。广东省化妆品"双随机、公开"监督检查流程如图8-10所示。

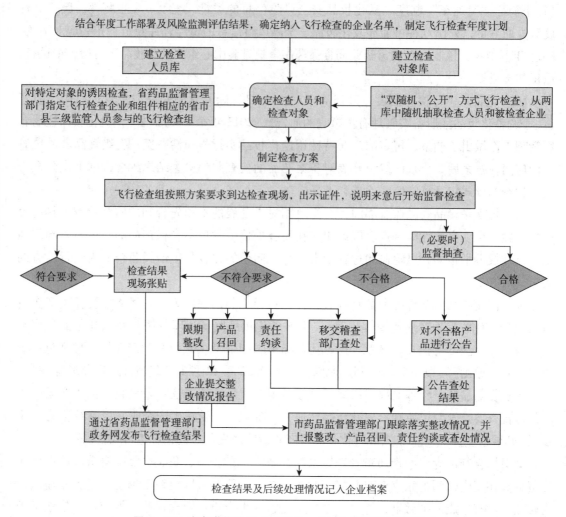

图 8-10 广东省化妆品"双随机、公开"监督检查流程图

3. 化妆品日常监督检查 《化妆品生产质量管理规范检查要点及判定原则》明确对从事化妆品生产活动的化妆品注册人、备案人、受托生产企业日常监督检查规定如下：

负责药品监督管理的部门应当依据图 8-11 对已取得化妆品生产许可证的企业生产质量管理规范执行情况开展全部或者部分项目监督检查。

（1）现场检查中未发现企业存在不符合规定项目的，应当判定为"检查未发现生产质量管理体系存在缺陷"。

（2）现场检查中发现企业存在以下情形之一的，应当判定为"生产质量管理体系存在严重缺陷"：

1）关键项目不符合规定。

2）关键项目瑕疵数与其他重点项目不符合规定数总和大于 6 项（含）。

3）重点项目不符合规定数、重点项目瑕疵数、一般项目不符合规定数总和大于 16 项（含）。

（3）现场检查中发现企业存在不符合规定项目，但未存在上述应当判定为"生产质量管理体系存在严重缺陷"情形的，应当判定为"生产质量管理体系存在缺陷"。

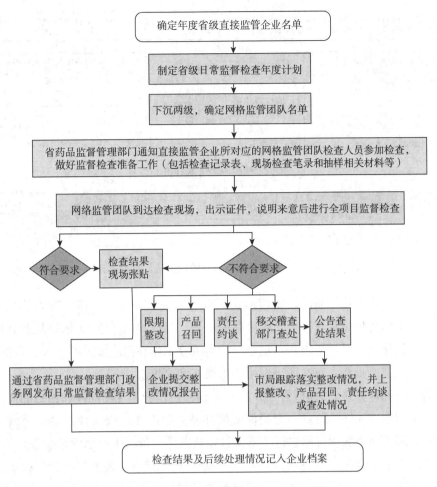

图 8 - 11　化妆品日常监督检查工作流程图

4. 化妆品质量监督抽查　抽样检验作为化妆品上市后监管的重要手段之一，是打击化妆品违法违规行为最主要、最精准的线索来源之一。2021 年以来，随着《化妆品监督管理条例》《化妆品生产经营监督管理办法》相继发布实施，原国家食品药品监督管理总局办公厅于 2017 年依据《化妆品卫生监督条例》（1990 年施行）制定发布的《化妆品监督抽检工作规范》已不符合上位法规定和监管需要。为加强化妆品监督管理，规范化妆品抽样检验工作，根据《化妆品监督管理条例》《化妆品生产经营监督管理办法》等法规、规章，国家药监局组织制定了《化妆品抽样检验管理办法》，于 2023 年 1 月 11 日（2023 年第 5 号公告）公布，自 2023 年 3 月 1 日起施行（图 8 - 12）。

（1）规范抽检全环节程序，维护企业合法权益　《化妆品抽样检验管理办法》（简称《抽检管理办法》）共八章 61 条，从计划制定、抽样、检验和结果报送、异议和复检、核查处置到信息公开等全环节，对监管部门、检验机构、化妆品生产经营者三方在抽检相关工作中的责任、权利、义务等要求进行了明确，规范了抽样检验全环节工作程序，落实了线上线下一体化监管原则，强化了不符合规定产品核查处置工作要求，也强调了对生产经营者合法权益的保护，有助于进一步提升化妆品质量安全治理水平。

（2）突出问题导向，着力提升抽检工作效能　《抽检管理办法》的整体条款设置，坚持精准发力、增强靶向性，着力将有限的监管资源发挥出最大的监管效能。

（3）加大网络监管力度，明确网络抽检程序　近年来，网络销售已成为我国化妆品主

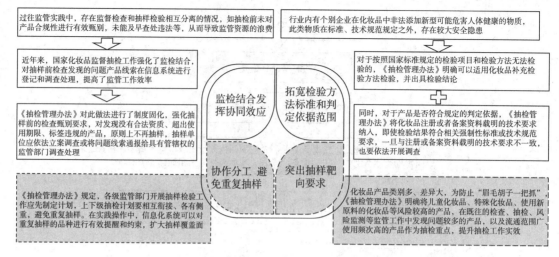

过往监管实践中，存在监督检查和抽样检验相互分离的情况，如抽检前未对产品合规性进行有效甄别，未能及早查处违法等，从而导致监管资源的浪费

行业内有个别企业在化妆品中非法添加新型可能危害人体健康的物质，此类物质在标准、技术规范规定之外，存在较大安全隐患

近年来，国家化妆品监督抽检工作强化了监检结合，对抽样前检查发现的问题产品线索在信息系统进行登记和调查处理，提高了监管工作效率

对于按照国家标准规定的检验项目和检验方法无法检验的，《抽检管理办法》明确可以适用化妆品补充检验方法检验，并出具检验结论

《抽检管理办法》对此做法进行了制度固化，强化抽样前的检查甄别要求，对发现没有合法资质、超出使用期限、标签违规的产品，原则上不再抽样，抽样单位应依法立案调查或将问题线索通报给具有管辖权的监管部门调查处理

同时，对于产品是否符合规定的判定依据，《抽检管理办法》将化妆品注册或者备案资料载明的技术要求纳入，即使检验结果符合相关强制性标准或技术规范要求，一旦与注册或备案资料载明的技术要求不一致，也要依法开展调查

监检结合发挥协同效应　拓宽检验方法标准和判定依据范围

协作分工　避免重复抽样　突出抽样靶向要求

《抽检管理办法》规定，各级监管部门开展抽样检验工作应先制定计划，上下级抽检计划要相互衔接、各有侧重，避免重复抽样。在实践操作中，信息化系统可以对重复抽样的品种进行有效提醒和约束，扩大抽样覆盖面

化妆品产品类别多、差异大，为防止"眉毛胡子一把抓"，《抽检管理办法》明确将儿童化妆品、特殊化妆品、使用新原料的化妆品等风险较大的产品，在既往的检查、抽检、风险监测等监管工作中发现问题较多的产品，以及流通范围广使用频次高的产品作为抽检重点，提升抽检工作实效

图 8 - 12　《化妆品抽样检验管理办法》核心思想

要销售方式之一。由于化妆品网络销售形式具有复杂性、多元性和违法行为的隐蔽性，一些网络渠道售卖的化妆品真假掺杂，质量参差不齐。2017 年出台的《化妆品监督抽检工作规范》并未对网络抽样具体要求进行规定，使得抽检工作在网络渠道不能有效实施。《抽检管理办法》顺应监管形势，首次明确网络抽检模式和要求。

①明确网络抽样方式：《抽检管理办法》将抽样工作分为现场抽样和网络抽样。鉴于网络抽检非现场和被动采样的特点，为确保所抽样品的随机性和代表性，要求网络抽样应当以消费者名义模拟网络购物流程进行，不得告知被抽样化妆品生产经营者购买目的。

②规范网络抽检程序：《抽检管理办法》要求抽样人员在实施网络抽检过程中登记基本信息，并通过截图、拍照或者录像等方式记录被抽样化妆品生产经营者信息、样品购买网址、样品网页展示信息、订单信息和支付记录等；收到样品后，还需对递送包装信息、样品包装等进行查验，并通过拍照或者录像等方式记录拆封过程，实现全程信息留痕，保障抽样过程公正性。在此基础上，根据网络抽样的非在场特点，《抽检管理办法》免除了被抽样生产经营者做抽样文书和封签上签字盖章的要求。

③强化网络抽检经费保障：网络抽检是模拟消费者购物过程进行抽样，难以开具抬头为实际抽检单位的购样发票。对此，《抽检管理办法》规定，监管部门要制定支持网络抽样的财务报销制度，以方便网络抽检工作的开展。

（4）深挖彻查违法产品，加大风险防控力度　不符合规定产品的处置可能涉及化妆品注册人、备案人、受托生产企业、经营者、电商平台等多方及其相应的监管机构，工作流程、时限和具体措施事关核查处置工作的实际效果。《抽检管理办法》以专章形式对核查处置工作予以明确。

①强化全链条核查：《抽检管理办法》规定，核查处置部门收到不符合规定的检验报告之日起 15 个工作日内要对涉及的化妆品生产经营者依法立案调查。其中，涉及检出禁用原料或可能危害人体健康物质的应立即立案，调查和风险控制工作在企业申请复检和异议的处理期间正常进行。

②核查处置部门应于收到产品不符合规定的检验报告之日起 90 日内完成核查处置工作并依法作出处罚。《抽检管理办法》规定，核查处置部门对所涉及注册人、备案人、受托生产企业的相关产品生产质量管理情况开展核查，其中对检出禁用原料或可能危害人体健康

物质的，还要求对该企业其他批次产品或同类产品进行跟踪抽检，根据调查结果采取与问题产品类别和可能影响范围相对应的责令暂停生产经营等紧急控制措施。

③《抽检管理办法》强化了经营环节全链条风险防控的要求，要从被抽检经营者逐级溯源，向产品来源或流向等涉及地区监管部门进行协查或通报违法线索，控制全链条安全风险。

④规范样品真实性异议审查：近年来，在抽检发现产品不符合规定后，常出现标签标示注册人、备案人、境内责任人"声称属假冒产品、否认生产或者进口"的情况。其中，有些经调查后可以确认属于假冒产品，但也有些属于隐瞒真实情况、虚假否认生产或者进口的。对虚假否认生产或者进口的行为，如不严厉打击，将助长此类现象蔓延，对化妆品行业带来较大负面影响。

为此，《抽检管理办法》明确规定了核查处置部门对样品真实性异议的审查要求，一旦企业否认样品为己方生产或进口的，核查处置部门结合企业提交的证明材料、经营环节溯源等情况，综合判断并出具样品真实性异议审查意见。而经核实企业存在提供虚假信息、隐瞒真实情况的，监管部门将对其依法从重从严处罚，并在公开抽检结果时予以曝光。

⑤落实风险防控主体责任：为进一步压实注册人、备案人主体责任，从源头控制风险，《抽检管理办法》明确，化妆品注册人、备案人收到不符合规定的检验报告和结果告知书后，应当立即对相关产品进行风险评估和自查整改，根据三类情形（检出禁用原料或者可能危害人体健康物质、微生物超标、其他项目不符合规定三种情形）区别响应，分类采取不同范围的停产停售、召回等风险控制措施。自查发现化妆品生产质量管理体系存在严重风险隐患的，应当立即对全部产品停产停售，待影响因素消除后方可恢复生产。

（5）坚持公正公开，维护企业合法权益 《抽检管理办法》按照"守底线保安全"与"追高线促发展"两者有机统一的要求，明确抽检全过程的程序、时限和要求，并从抽样、核查处置、信息公开等多个环节，力求减轻企业负担，保障企业合法权益。

①强化抽样工作公正性：抽样工作直接关系到企业利益，《抽检管理办法》强化了抽样过程的规范管理。如明确禁止抽样人员泄露被抽样化妆品生产经营者的商业秘密；要求现场抽样的样品从被抽样化妆品生产经营者待销售的产品中随机抽取样品，体现抽样过程的公正性。同时，落实《化妆品监督管理条例》规定的付费购样要求，对具体抽样付费方式和价格标准进行了细化规定，以减轻企业负担。

②保障企业异议申请和复检权利：《抽检管理办法》第五章明确了可以异议申请和复检的情形，规定了申请、受理、审查、实施、结果通报的具体规则。除微生物检验项目不符合规定、样品超过使用期限、因特殊原因导致复检备份样品无法进行复检和逾期提交申请等情形外，被抽样产品的生产经营者对检验结论有异议的，均可提出复检申请；境外化妆品注册人、备案人可授权委托其境内责任人申请复检。为确保公正性，复检机构明确由复检受理部门在化妆品抽样检验复检机构名录中随机确定。

③《抽检管理办法》还明确，化妆品注册人、备案人、受托生产企业可对样品真实性提出异议，化妆品生产经营者可以对检验方法、标准适用提出异议。

④维护合法企业商誉：《抽检管理办法》第七章对抽检信息公开进行了规定，强调如化妆品注册人、备案人、受托生产企业、境内责任人提出样品真实性异议，经上述企业所在地核查处置部门综合判断情况属实的，抽检不符合规定的产品确实为假冒产品的，组织抽检部门在公开抽检结果时予以特别说明，以维护合法企业商誉。

（三）生产质量安全主体责任

为督促企业落实化妆品质量安全主体责任，强化企业质量安全责任意识，规范化妆品质量安全管理行为，保证化妆品质量安全，根据《化妆品监督管理条例》《化妆品注册备案管理办法》《化妆品生产经营监督管理办法》《化妆品生产质量管理规范》等，国家药监局组织制定了《企业落实化妆品质量安全主体责任监督管理规定》（以下简称《主体责任监管规定》）并于2022年12月29日（2022年第125号公告）公布，自2023年3月1日起施行。

1.《主体责任监管规定》与《条例》等的关系 《主体责任监管规定》与《化妆品生产质量管理规范》均是国家药监局印发的规范性文件，都围绕质量管理提出具体要求。但两者并非从属关系，内容侧重不同。《主体责任监管规定》侧重责任到人，将质量安全风险动态防控机制落实到人，《化妆品生产质量管理规范》是侧重对企业提出生产质量管理的有关要求。因此不能简单地以其中一个替代另一个。为了提高管理效率，可以结合《化妆品生产质量管理规范》落实《主体责任监管规定》。

《化妆品监督管理条例》提出化妆品注册人、备案人制度，质量安全负责人制度。

《化妆品生产经营监督管理办法》第二十七条强调，化妆品注册人、备案人、受托生产企业应当建立化妆品质量安全责任制，落实化妆品质量安全主体责任。

化妆品注册人、备案人、受托生产企业的法定代表人、主要负责人对化妆品质量安全工作全面负责，充分体现了在化妆品立法环节对关键岗位人员在企业质量安全管理中作用的高度重视，由此建立符合化妆品行业特点和发展规律的责任体系。

2.《主体责任监管规定》核心内容 《主体责任监管规定》共五章33条，针对企业落实质量安全主体责任的重中之重，关键岗位人员，通过建立履职管理、保障、激励等机制，引导、促进企业落实化妆品质量安全主体责任，提升行业安全管理水平。

一是明确质量安全关键岗位要求。企业法定代表人（主要负责人）对化妆品质量安全工作全面负责，应当加强化妆品质量安全管理和相关法律法规知识学习，具备对化妆品质量安全重大问题正确决策的能力。企业质量安全负责人应当协助法定代表人承担相应的产品质量安全管理和产品放行职责；应当具备专业知识应用、法律知识应用、组织协调、风险研判等相应履职能力；应当负责组织落实本企业化妆品质量安全责任制；应当定期对本企业质量安全相关部门落实化妆品质量安全责任制情况进行评估，并将评估结果报告法定代表人。

二是建立质量安全管理机制。企业应当建立基于化妆品质量安全风险防控的动态管理机制，结合企业实际，建立并执行化妆品注册备案资料审核、生产一致性审核、产品逐批①放行、有因启动自查、质量管理体系自查等工作制度和机制，并对质量安全负责人加强考核培训。

3.《主体责任监管规定》五大要点

（1）企业落实主体责任，关键岗位人员至关重要 企业的管理，核心是人员的管理；人员的管理，关键是责权的管理。《化妆品监督管理条例》提出化妆品注册人备案人制度、质量安全负责人制度；《化妆品生产经营监督管理办法》第二十七条强调"化妆品注册人、

---

① 批：在同一生产周期、同一工艺过程内生产的，质量具有均一性的一定数量的化妆品——自《化妆品生产质量管理规范》（本章均简称《规范》）的名词解释。

备案人、受托生产企业应当建立化妆品质量安全责任制，落实化妆品质量安全主体责任。化妆品注册人、备案人、受托生产企业的法定代表人、主要负责人对化妆品质量安全工作全面负责"。这是重视关键岗位人员作用在化妆品立法环节的体现。

化妆品注册人、备案人制度，建立了符合化妆品行业特点和发展规律的责任体系。《主体责任监管规定》紧扣化妆品注册人、备案人制度，抓住化妆品注册人、备案人、受托生产企业的"法定代表人"和"质量安全负责人"这两个关键岗位人员，按照权责一致的理念，对其工作职责、管理要求、运行机制等做出相应规定，打通企业质量安全管理的"微循环"、创建有效的"内循环"，对企业质量安全管理水平的提升具有重要意义。

（2）法定代表人应对化妆品质量安全工作全面负责　化妆品企业的法定代表人是依法代表企业行使权利、履行义务的负责人，是化妆品企业的管理核心。《主体责任监管规定》要求"企业法定代表人（或者主要负责人，下同）对化妆品质量安全工作全面负责，应当负责提供必要的资源，合理制定并组织实施质量方针，确保实现质量目标"。这明确了法定代表人在化妆品质量安全管理中"全面负责"的核心地位。

基于部分企业的法定代表人并不直接参与企业的生产经营（而是委托其他人员对企业进行全面管理）的行业实际，《主体责任监管规定》创新提出了法定代表人委托他人代为履行化妆品质量安全全面管理工作的要求。这里要注意三点：

一是被委托人应当是对企业进行全面管理的人员。被委托人在企业内部运行中，应当具有等同或近似于法定代表人的权力，能够调动企业各方面力量保障和支持质量安全管理工作。

二是法定代表人的法律责任不转移。如果企业发生违法行为，法定代表人仍然要依法承担相应的责任。《化妆品监督管理条例》施行两年来，对化妆品企业处罚到人的范例并不鲜见，相关违法企业的法定代表人被罚款、禁业。因此，《主体责任监管规定》要求法定代表人要选好被委托人、管好被委托人。

三是法定代表人也应当具备必要知识能力。针对法定代表人"对化妆品质量安全工作全面负责"等重要职责，法定代表人或其被委托人也应当学习化妆品质量安全管理和相关法律法规知识，以确保其具备对化妆品质量安全重大问题正确决策的能力。

（3）有效履职，是质量安全负责人制度的关键　化妆品是健康相关产品，质量安全直接关乎消费者健康。化妆品的质量安全管理有较强的专业性，这对企业的管理人员提出了更高的要求。《化妆品监督管理条例》提出了质量安全负责人制度，强调质量安全负责人在知识、经验方面的任职条件。《化妆品生产经营监督管理办法》进一步明确了质量安全负责人协助法定代表人承担相应的产品质量安全管理和产品放行职责。因此，质量安全负责人须具备较强的专业素质、较高的管理能力，应参与企业的质量管理决策。

质量安全负责人制度的丰富内涵，是质量安全负责人的有效履职。质量安全负责人有效履职的三个条件：

一是履职能力。《化妆品监督管理条例》要求质量安全负责人具备"化妆品质量安全相关专业知识，5年以上化妆品生产或者质量管理经验"，强调的就是质量安全负责人的履职能力。《主体责任监管规定》从专业知识应用能力、法律知识应用能力、组织协调能力、风险研判能力等方面，进一步明确了质量安全负责人的能力要求。当然，质量安全负责人能力不是天然具备、一蹴而就的，而是需要不断提升、不断完善的，《主体责任监管规定》通过提出企业应当为质量安全负责人提供学习培训条件，明确质量安全负责人学习培训要求，引导质量安全负责人不断提升履职能力。

二是履职保障。"质量安全负责人不好干"是很多质量人的心声，其实质量安全负责人能不能履职、好不好履职与法定代表人的授权和支持密切相关。《主体责任监管规定》提出法定代表人有保障质量安全负责人开展质量安全管理工作的义务，质量安全负责人可以向法定代表人直接汇报。质量安全管理有"靠山"，质量安全负责人履职才有保障。

三是履职机制。质量安全负责人制度的实施，需要依托质量安全责任制，将质量安全责任逐级落实。《主体责任监管规定》将质量安全责任制作为质量安全负责人实施质量管理的重要抓手，建立了质量安全负责人与质量安全相关部门落实质量安全责任制的协调机制。企业质量安全相关部门需要向质量安全负责人报告质量安全风险识别、判断和控制情况，质量安全负责人定期对质量相关部门的工作进行评估，并将评估结果报告法定代表人，从而形成了质量安全负责人履职的有效路径。

（4）质量安全风险防控的动态管理机制，应落实到人 《主体责任监管规定》针对化妆品质量安全管理中的重点环节，提出了化妆品注册备案资料审核、生产一致性审核、产品逐批放行、有因启动自查、质量管理体系自查等五项质量安全风险防控动态管理机制，并明确具体要求。化妆品注册备案资料审核是针对质量安全负责人"审核化妆品注册、备案资料"这一职责的细化解答。生产一致性审核、产品逐批放行是化妆品生产质量管理的关键环节，《化妆品生产质量管理规范检查要点及判定原则》将其设定为"双星号"的关键项目。风险管理是化妆品上市后管理的主要思路，有因启动自查、质量管理体系自查有利于企业及时发现、控制偶发风险和系统性风险，也是落实《化妆品生产经营监督管理办法》有关规定的具体措施。

这五项机制是对现有化妆品法规、规章等规定的细化落实，细化落实过程中强调质量安全管理关键人员，特别是质量安全负责人的具体履职要求，具有很强的指导意义。此外，《主体责任监管规定》还强化了质量安全负责人在产品质量安全重大风险处置工作中的否决建议权，有利于质量安全负责人在企业质量安全管理中发挥关键的"踩刹车"作用。

（5）监管措施和惩戒机制为制度的执行护航 良好化妆品行业秩序的保障，离不开合理的责任体系、明确的管理要求和有效的监督执法。监督执法作为管理链条的最后一环，发挥着不可替代的作用。

在监管方面，负责药品监督管理的部门既要对企业落实《主体责任监管规定》要求的情况进行检查，督促企业依法落实主体责任；又要针对质量安全负责人履职能力直接开展抽查考核，在企业自我管理的基础上，再加一道"紧箍咒"，把"履职能力"这一重点和薄弱点管起来，促进全行业质量安全负责人履职能力的有效提升。对于监管部门在履职能力抽查考核工作中要明确"管"是途径、"促"是目标，既要监督质量安全负责人依法履职，也要尊重行业发展规律，循序渐进地将质量安全负责人的能力提起来，把化妆品质量安全水平提上去。

在惩戒机制方面，《主体责任监管规定》一是明确了《化妆品监督管理条例》第六十一条"未依照本条例规定设质量安全负责人"的具体情形，回应了执法实践中违法认定的问题；二是明确《化妆品监督管理条例》处罚到人中"直接负责的主管人员""其他直接责任人员"的范围，有利于引导企业关键人员知法守法、履职尽责；三是按照过罚相当的原则，明确质量安全负责人等人员已履行质量安全义务、没有主观过错的，应当尽职免责。配合监管部门查处违法有立功表现的，应当依法从轻或者减轻处罚。惩戒机制的松紧绳，既扣住了违法者的手腕，也松开了履职尽责人员的脖颈。

其相关内容，在本章第三节将结合《化妆品生产质量管理规范》等作关联解读。

第二节　化妆品生产许可管理

一、化妆品生产许可制度概述

1949 年以前，中国化妆品工业生产大多为手工作坊，技术落后且品种较少。建国初期，我国化妆品生产企业很少，只有少数大城市有化妆品生产，既没有专门的法律法规，也没有专门的行政管理部门。至 20 世纪 80 年代，化妆品才作为一个独立行业受到社会关注，由原轻工业部负责管理化妆品行业。

1986 年 12 月，国家轻工业部颁布了《化妆品生产管理条例》，是中国最早实行化妆品生产许可证的条例，该条例下的生产许可证有效期三年，也明确规定未取得化妆品生产许可证的单位，不得从事化妆品生产。自此，化妆品被作为一个独立行业纳入政府管理。

1989 年 11 月 13 日，卫生部颁布了《化妆品卫生监督条例》（卫生部令第 3 号），对化妆品生产企业的卫生监督实行卫生许可证制度。化妆品生产企业卫生许可证由省、自治区、直辖市卫生行政部门批准并颁发。化妆品生产企业卫生许可证有效期四年，每 2 年复核 1 次。未取得化妆品生产企业卫生许可证的单位，不得从事化妆品生产。

1999 年，工业产品生产许可证改由国家质量技术监督局统一组织审查发证，从而结束"证"出多门的历史。

2001 年，国家质量技术监督局出台《化妆品产品生产许可证换（发）证实施细则》，将化妆品生产许可证的有效期改为五年，进行了化妆品行业历史上的第一次换（发）证工作。

2008 年，国务院机构改革方案确定化妆品卫生监督管理职责由卫生部划入国家食品药品监督管理局，化妆品卫生许可证进行变更。

2013 年，国务院机构改革和职能转变方案，将原国家质量监督检验检疫总局化妆品生产行政许可、强制检验的职责，划入原国家食品药品监督管理总局。将化妆品生产行政许可与化妆品卫生行政许可两项行政许可整合为一项行政许可，标志着"两证合一"政策正式确立（图 8 - 13）。

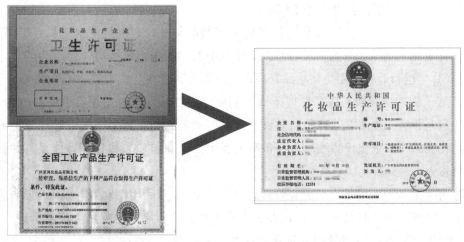

图 8 - 13　化妆品生产许可"二证合一"

2015 年 3 月 17 日，国家食品药品监督管理总局通过官方网站发布了《化妆品生产许可工作指南（暂行）》和《化妆品生产许可检查要点（暂行）》，公开征求社会各界意见。2015 年 12 月 15 日，发布《关于化妆品生产许可有关事项的公告》（2015 年第 265 号）及《总局关于做好化妆品生产许可有关工作的通知》（食药监药化监〔2015〕265 号）。

公告中发布了《化妆品生产许可工作规范》和《化妆品生产许可检查要点》。首次明确从事化妆品生产应当取得食品药品监管部门核发的化妆品生产许可证（图 8－14），即原持有全国工业产品生产许可证和化妆品生产企业卫生许可证的化妆品生产企业于 2016 年 12 月 31 日前完成替换为新版化妆品生产许可证一证，标志着化妆品生产许可"两证合一"正式施行。

在通知中，明确要求各省（区、市）食品药品监管部门要严格执行换证工作的时限要求，确保于 2016 年 12 月 31 日前完成换证工作，从 2017 年 1 月 1 日起没有取得新的化妆品生产许可证的企业，必须停止生产。

2016 年，国家食品药品监督管理总局出台了 105 条《化妆品生产许可检查要点》已按照 GMP 标准来评定生产企业的获证资格，化妆品生产企业必须设立质量负责人，这一波换证热潮让不少化妆品企业从此退出江湖。

图 8－14　原国家食品药品监督管理总局 2015 年第 265 号公告发布的化妆品生产许可证样式

2018 年，国务院机构改革组建国家市场监督管理总局，明确国家药品监督管理局由国家市场监督管理总局管理，具体负责化妆品安全监督、标准、产品注册/备案、产品质量和上市后风险等全产业链的监督管理工作。

2019 年 3 月 2 日，国务院公布《国务院关于修改部分行政法规的决定》，其中第四十五条对《化妆品卫生监督条例》进行修改。将其中的"卫生行政部门"修改为"化妆品监督管理部门"，进口非特殊用途化妆品管理审批改为备案管理。

2021 年，随着《化妆品监督管理条例》实施，化妆品行业正式开启了化妆品监管 2.0 时代，生产企业应当按照国务院药品监督管理部门制定的化妆品生产质量管理规范的要求组织生产化妆品，要求化妆品注册人、备案人和生产企业需建立质量管理体系，并设立质量安全负责人。

2021 年 8 月 2 日，国家市场监督管理总局令第 46 号公布《化妆品生产经营监督管理办法》（自 2022 年 1 月 1 日起施行）。该办法第五条规定"国家对化妆品生产实行许可管理。从事化妆品生产活动，应当依法取得化妆品生产许可证"。并在第二章专章"生产许可"对化妆品生产许可证的申请、受理、核查，生产许可证正、副本，载明内容及格式，有效期及延续，变更，注销等作出明确规定。

2021 年 11 月 26 日，国家药监局发布《国家药监局关于贯彻执行＜化妆品生产经营监督管理办法＞有关事项的公告（2021 年第 140 号）》，发布最新的化妆品生产许可证（模板），许可证上不再标注质量安全负责人，但并不意味着企业不需要设立质量安全负责人。明确自 2022 年 1 月 1 日起，新办化妆品生产许可和许可证变更、延续，依据《办法》的规定执行。此前已取得的化妆品生产许可证在有效期内继续有效，具备儿童护肤类、眼部护肤类化妆品生产条件但未在生产许可证的生产许可项目中特别标注的，应当于 2022 年 7 月 1 日前更换新版化妆品生产许可证。我国化妆品生产企业迎来第四次生产许可换证（图 8 － 15，图 8 － 16）。

图 8 － 15　国家药品监督管理局 2021 年第 140 号公告发布的化妆品生产许可证样式—正本

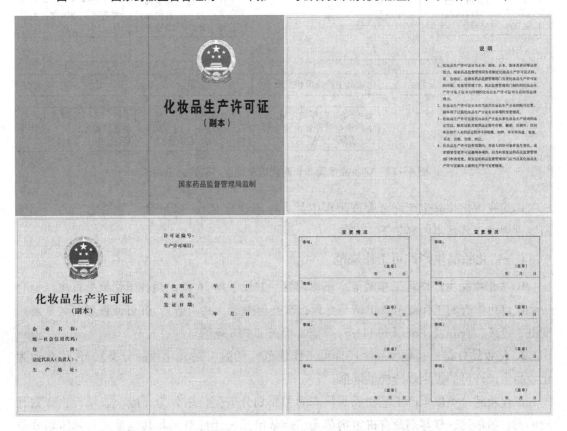

图 8 － 16　国家药品监督管理局 2021 年第 140 号公告发布的化妆品生产许可证样式—副本

2022 年 1 月 7 日，国家药监局正式发布《化妆品生产质量管理规范》，于 2022 年 7 月 1 日起施行。该规范是化妆品生产质量管理的基本要求，化妆品注册人、备案人、受托生产企业应当遵守本规范。牙膏生产质量管理按照本规范执行。

2022 年 10 月 25 日，国家药监局关于发布《化妆品生产质量管理规范检查要点及判定原则》的公告（2022 年第 90 号）（以下简称《检查要点》），于 2022 年 12 月 1 日起施行。《检查要点》包括化妆品生产质量管理规范检查判定原则，以及"实际生产版检查要点""委托生产版检查要点" 2 个附件。"实际生产版检查要点"共有检查项目 81 项，其中重点项目 29 项（含关键项目 3 项，其他重点项目 26 项），一般项目 52 项。"委托生产版检查要点"共有检查项目 24 项，其中重点项目 9 项（含关键项目 1 项，其他重点项目 8 项），一般项目 15 项。《检查要点》的实施，对进一步规范化妆品生产质量管理，促进化妆品行业高质量发展，提升我国化妆品生产管理水平具有重大意义。

二、化妆品生产许可的核查机制

在《化妆品监督管理条例》实施之前，原国家食品药品监督管理总局 2015 年第 265 号公告（《关于化妆品生产许可有关事项的公告》）在其附件 2 发布了《化妆品生产许可工作规范》作为化妆品生产许可的申请、受理、核查、换发证等管理的规范（图 8 - 17）。

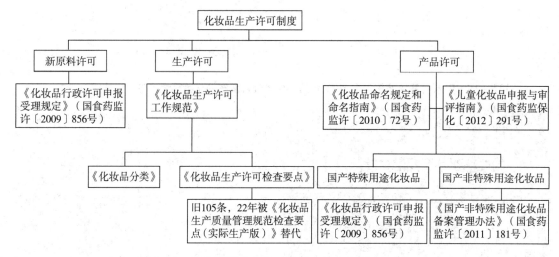

图 8 - 17　化妆品监管 2.0 时代前夜的生产许可制度框架

作为我国化妆品生产许可管理历程中具有标志性意义（"二证合一"落地）的一部部门监管规章，其基本内容如下。

（一）化妆品生产许可工作规范

1.《化妆品生产许可工作规范》基本内容　共设五章 36 条，是我国化妆品首次二证合一生产许可审查的工作规范：申请与受理，审查与决定（共 4 条），许可证管理（共 7 条），变更、延续、补办及注销（共 11 条），监督检查（共 8 条）。

2. 化妆品分类　《化妆品生产许可工作规范》的附 1 是《化妆品分类》，作用在于为化妆品生产许可的类别划分提供依据。

该化妆品分类以生产工艺和成品状态为主要划分依据，划分为一般液态单元、膏霜乳液单元、粉单元、气雾剂及有机溶剂单元、蜡基单元、牙膏单元和其他单元。具体划分单元和类别见表 8 - 1。

表 8 – 1　化妆品单元和类别划分

单元	类别
一般液态单元	护发清洁类，护肤水类，染烫发类，啫喱类
膏霜乳液单元	护肤清洁类，护发类，染烫发类
粉单元	散粉类，块状粉类，染发类，浴盐类
气雾剂及有机溶剂单元	气雾剂类，有机溶剂类
蜡基单元	蜡基类
牙膏单元	牙膏类
其他单元	

注：具有抗菌、抑菌功能的特种洗手液、特种沐浴剂，香皂和其他齿用产品不在发证范围。

3. 化妆品生产许可检查要点　《化妆品生产许可工作规范》的附 3《化妆品生产许可检查要点》，正式确立了《药品生产质量管理规范》，全文共设 105 条（实际 104 条），业内简称"旧 105 条"。共规定了 104 项检查项目，见"表 8 – 2《化妆品生产许可检查要点》章节项目分布"。

表 8 – 2　《化妆品生产许可检查要点》章节项目分布

章目		条目	项数	关键项	一般项	推荐项	备注
第一章	机构与人员	第 1 ~ 10 条	10	4	6		
第二章	质量管理	第 11 ~ 34 条	24	8	15		1
第三章	厂房与设施	第 35 ~ 48 条	14	5	9		
第四章	设备	第 49 ~ 59 条	11	3	8		
第五章	物料与产品	第 60 ~ 75 条	16	1	15		
第六章	生产管理	第 76 ~ 89 条	14	2	10	2	
第七章	验证	第 90 ~ 94 条	5			5	
第八章	产品销售、投诉、不良反应与召回	第 95 ~ 105 条	10	3	7		
合计			104	26	70	8	

《化妆品生产许可检查要点》关键项目 26 项，分布在质量管理（8 项），厂房与设施（5 项），机构与人员（4 项），设备（3 项），产品销售、投诉、不良反应与召回（3 项），生产管理（2 项），物料与产品（1 项）；一般项目 70 项、推荐项目 8 项（在检查表中标注"推荐"，推荐项的内容不作为现场检查的硬性要求）。

按照《化妆品生产许可工作规范》附 3 规定，检查中发现不符合要求的项目统称为"缺陷项目"，缺陷项目分为"严重缺陷"和"一般缺陷"。其中关键项目不符合要求者称为"严重缺陷"，一般项目不符合要求者称为"一般缺陷"。

《化妆品生产许可检查要点》规定检查结果按以下规则评定：

（1）如果拒绝检查或者拒绝提供检查所需要的资料，隐匿、销毁或提供虚假资料的（包括计算机系统资料），直接判定不通过。

（2）严重缺陷项目达到 5 项以上（含 5 项），判定不通过。

（3）所有缺陷项目之和达到 20 项以上（含 20 项），判定不通过。

（4）对于申请换发生产许可证的企业，检查中发现的缺陷项目能够立即改正的，应立即改正；不能立即改正的，必须提供整改计划。企业在提交整改报告和整改计划并经省级食品药品监督管理部门再次审核达到要求的，方可获得通过。

按照《化妆品生产许可检查要点》现场核查的通过标准为：严重缺陷 < 5 项，且所有缺陷 < 20 项。

（二）现行生产许可核查机制

《化妆品生产许可工作规范》是依据原《化妆品卫生监督管理条例》而制定的规范性文件（图 8-18）。自《化妆品监督管理条例》和《化妆品生产经营监督管理办法》《化妆品生产质量管理规范》等法规和有关文件出台实施后，《化妆品生产许可工作规范》自然失效。如国家药监局另有规定的，从其规定执行。

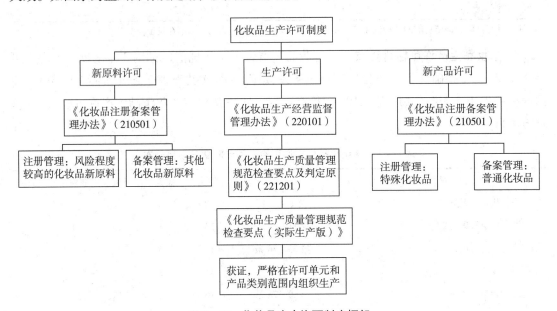

图 8-18 化妆品生产许可制度框架

《化妆品生产经营监督管理办法》第五条规定"国家对化妆品生产实行许可管理。从事化妆品生产活动，应当依法取得化妆品生产许可证"。

2022 年 1 月，国家药监局以 2022 年第 1 号公告发布《化妆品生产质量管理规范》。2022 年 10 月，国家药监局以 2022 年第 90 号公告发布《化妆品生产质量管理规范检查要点及判定原则》，在其"化妆品生产质量管理规范检查分类及判定原则"中明确下列两种核查情况及判定的原则。

1. 生产许可现场核查 规定省级药品监督管理部门应当依据《化妆品生产质量管理规范检查要点（实际生产版）》组织对化妆品生产许可申请人开展生产许可现场核查（表 8-3）。

检查项目共 81 项，其中重点项目 29 项（包括：关键项目 3 项，其他重点项目 26 项），一般项目 52 项。现场检查应当对照所检查项目，逐一作出该项目"符合规定"或者"不符合规定"的检查结论；对于重点项目，还可以根据检查情况作出"存在瑕疵"的检查结论。凡作出"不符合规定"或者"存在瑕疵"检查结论的，应当记录存在的具体问题；对于不适用的检查项目，应当标注"不适用"。

重点项目"存在瑕疵"判定标准为：经综合研判，被检查对象基本符合本检查项目的要求，但存在局部不规范、不完善的情形，且上述不规范、不完善的情形能够及时改正或者消除，不构成对产品质量安全的实质性影响。

表8-3　《化妆品生产质量管理规范检查要点（实际生产版）》章条和不同项目分布

章目		CMPA条目	条数	项数	关键项目	其他重点项目	一般项目	特别项
第二章	机构与人员	第4~11条	11	12		4	8	第5、11项
第三章	质量保证与控制	第12~18条	7	16		5	11	第22项
第四章	厂房设施与设备管理	第19~27条	9	17		5	12	无
第五章	物料与产品管理	第28~34条	7	14	1	7	6	第49、50、52、54、57、58、59项
第六章	生产过程管理	第35~45条	11	16	2	2	12	第73项
第八章	产品销售管理	第58~63条	6	6		3	3	第76、77、80、81项
合计			51	81	3	26	52	

注：特别项的序号，对应《化妆品生产质量管理规范检查要点（实际生产版）》的项序号。

（1）现场核查中未发现企业存在不符合规定项目的，应当判定为"现场核查通过"。

（2）现场核查中发现企业存在以下情形之一的，应当判定为"现场核查不通过"：

①关键项目不符合规定。

②关键项目瑕疵数与其他重点项目不符合规定数总和大于6项（含）。

③重点项目不符合规定数、重点项目瑕疵数、一般项目不符合规定数总和大于16项（含）。

（3）现场核查中发现企业存在不符合规定项目，但未存在上述应当判定为"现场核查不通过"情形的，应当判定为"整改后复查"。判定为"整改后复查"的企业，应当在规定时间内完成整改，并向省、自治区、直辖市药品监督管理部门提交整改报告。省、自治区、直辖市药品监督管理部门收到整改报告后，可以根据实际情况对该企业组织现场复查，确认整改符合要求后，判定为"现场核查通过"；对于规定时限内未提交整改报告或者复查发现整改项目仍不符合规定的，应当判定为"现场核查不通过"。

2. 生产许可延续后现场核查　省级药品监督管理部门应当在其向化妆品生产许可延续申请人换发新化妆品生产许可证之日起6个月内，对申请人延续许可的申报资料和承诺进行监督，依据附1组织对该企业开展现场核查，核查结果为上述"现场核查不通过"的，应当依法撤销化妆品生产许可；核查结果为上述"整改后复查"，且在规定时限内未提交整改报告或者复查发现整改项目仍不符合规定的，应当依法撤销化妆品生产许可。

3. 化妆品注册备案要求　2021年1月7日，国家市场监督管理总局令第35号公布《化妆品注册备案管理办法》，为规范化妆品注册和备案行为确立了行业遵循的规范。《化妆品注册备案管理办法》是在以《化妆品监督管理条例》为核心构建的全新化妆品法规体系进程中的重要组成部分。《化妆品注册备案管理办法》在以往化妆品行政许可与备案相关规定的基础上，兼顾监管工作要求与行业现状，进一步规范了化妆品注册备案的工作流程和管理机制。是我国首部专门针对化妆品注册备案管理的部门规章。

加强注册备案管理，强化注册人/备案人对化妆品和新原料质量安全责任、强调功效的科学依据、保密和保护化妆品成分和配方知识产权等。

《化妆品注册备案管理办法》细化落实了化妆品、化妆品新原料注册人、备案人的责任义务及准入条件，加强对产品责任源头监管。明确化妆品、化妆品新原料注册人、备案人依法履行产品注册、备案义务，对化妆品、化妆品新原料的质量安全负责。化妆品、化妆品新原料注册人、备案人申请注册或者进行备案时，应当遵守有关法律、行政法规、强制性国家标准和技术规范的要求，对所提交资料的真实性和科学性负责。此外，境外注册人、备案人的境内责任人，应当履行以注册人、备案人的名义，办理化妆品、化妆品新原料注册、备案；协助注册人、备案人开展化妆品不良反应监测、化妆品新原料安全监测与报告工作等5项义务。

三、化妆品生产许可申办实务

（一）生产许可设定的法律法规依据

现行法规体系中有关生产许可的规定，集中在《化妆品监督管理条例》（在本节简称《条例》）和《化妆品生产经营监督管理办法》（在本节简称《办法》），从必备条件，到申请、受理，核查到决定、颁证，变更、延续和注销的相关要求。

1. 申请化妆品生产许可的必备条件（表8-4）

表8-4 化妆品生产许可申请必备

序号	《化妆品监督管理条例》第二十六条	《化妆品生产经营监督管理办法》第九条
1	是依法设立的企业	是依法设立的企业
2	有与生产的化妆品相适应的生产场地、环境条件、生产设施设备	有与生产的化妆品品种、数量和生产许可项目等相适应的生产场地，且与有毒、有害场所，以及其他污染源保持规定的距离；有与生产的化妆品品种、数量和生产许可项目等相适应的生产设施设备且布局合理，空气净化、水处理等设施设备符合规定要求
3	有与生产的化妆品相适应的技术人员	有与生产的化妆品品种、数量和生产许可项目等相适应的技术人员
4	有能对生产的化妆品进行检验的检验人员和检验设备	有与生产的化妆品品种、数量相适应，能对生产的化妆品进行检验的检验人员和检验设备
5	有保证化妆品质量安全的管理制度	有保证化妆品质量安全的管理制度

2. 资料递交/受理部门、行政许可机关　《条例》第二十七条第一款和《办法》第十条规定：从事化妆品生产活动，化妆品生产许可申请人应当向所在地省、自治区、直辖市人民政府药品监督管理部门提出申请，提交其符合《条例》第二十六条、《办法》第九条规定条件的证明资料，并对资料的真实性负责。

3. 受理、处理规定　《办法》第十一条　省、自治区、直辖市药品监督管理部门对申请人提出的化妆品生产许可申请，应当根据下列情况分别作出处理：

（一）申请事项依法不需要取得许可的，应当作出不予受理的决定，出具不予受理通知书；

（二）申请事项依法不属于药品监督管理部门职权范围的，应当作出不予受理的决定，出具不予受理通知书，并告知申请人向有关行政机关申请；

（三）申请资料存在可以当场更正的错误的，应当允许申请人当场更正，由申请人在更正处签名或者盖章，注明更正日期；

（四）申请资料不齐全或者不符合法定形式的，应当当场或者在5个工作日内一次告知申请人需要补正的全部内容以及提交补正资料的时限。逾期不告知的，自收到申请资料之日起即为受理；

（五）申请资料齐全、符合法定形式，或者申请人按照要求提交全部补正资料的，应当受理化妆品生产许可申请。

省、自治区、直辖市药品监督管理部门受理或者不予受理化妆品生产许可申请的，应当出具受理或者不予受理通知书。决定不予受理的，应当说明不予受理的理由，并告知申请人依法享有申请行政复议或者提起行政诉讼的权利。

4. 办理时限规定 《条例》第二十七条第二款规定，省、自治区、直辖市人民政府药品监督管理部门应当对申请资料进行审核，对申请人的生产场所进行现场核查，并自受理化妆品生产许可申请之日起30个工作日内作出决定。对符合规定条件的，准予许可并发给化妆品生产许可证；对不符合规定条件的，不予许可并书面说明理由。

《办法》第十二条规定，省、自治区、直辖市药品监督管理部门应当对申请人提交的申请资料进行审核，对申请人的生产场所进行现场核查，并自受理化妆品生产许可申请之日起30个工作日内作出决定。

《办法》第十三条第一款规定，省、自治区、直辖市药品监督管理部门应当根据申请资料审核和现场核查等情况，对符合规定条件的，作出准予许可的决定，并自作出决定之日起5个工作日内向申请人颁发化妆品生产许可证；对不符合规定条件的，及时作出不予许可的书面决定并说明理由，同时告知申请人依法享有申请行政复议或者提起行政诉讼的权利。

5. 生产许可项目和类别划分 《办法》第十六条 化妆品生产许可项目按照化妆品生产工艺、成品状态和用途等，划分为一般液态单元、膏霜乳液单元、粉单元、气雾剂及有机溶剂单元、蜡基单元、牙膏单元、皂基单元、其他单元。国家药监局可以根据化妆品质量安全监督管理实际需要调整生产许可项目划分单元。

相较《化妆品生产许可工作规范》的《化妆品分类》划分，多了一个皂基单元（表8-5）。

表8-5 化妆品生产单元和类别表

单元	类别	备注
一般液态单元	护发清洁类，护肤水类，染烫发类，啫喱类	
膏霜乳液单元	护肤清洁类，护发类，染烫发类	
粉单元	散粉类，块状粉类，染发类，浴盐类	根据《办法》第十六条规定：具备儿童护肤类、眼部护肤类化妆品生产条件的，应当在生产许可项目中特别标注
气雾剂及有机溶剂单元	气雾剂类，有机溶剂类	
蜡基单元	蜡基类	
牙膏单元	牙膏类	
皂基单元	宣称具有特殊化妆品功效的香皂类产品	
其他单元		

6. 生产许可证有效期、标注内容等 《条例》第二十七条第三款：化妆品生产许可证有效期为5年。有效期届满需要延续的，依照《中华人民共和国行政许可法》的规定办理。

《办法》第十三条第二款：化妆品生产许可证发证日期为许可决定作出的日期，有效期为5年。

《办法》第十四条：化妆品生产许可证分为正本、副本。正本、副本具有同等法律效力。

国家药监局负责制定化妆品生产许可证式样。省、自治区、直辖市药品监督管理部门负责化妆品生产许可证的印制、发放等管理工作。

药品监督管理部门制作的化妆品生产许可电子证书与印制的化妆品生产许可证书具有

同等法律效力。

《办法》第十五条：化妆品生产许可证应当载明许可证编号、生产企业名称、住所、生产地址、统一社会信用代码、法定代表人或者负责人、生产许可项目、有效期、发证机关、发证日期等。

化妆品生产许可证副本还应当载明化妆品生产许可变更情况。

7. 生产许可的变更、延续和注销规定 《化妆品生产经营监督管理办法》对化妆品生产许可的变更、延续和注销在其第二章明确规定：

第十七条规定，化妆品生产许可证有效期内，申请人的许可条件发生变化，或者需要变更许可证载明事项的，应当向原发证的药品监督管理部门申请变更。

第十八条规定，生产许可项目发生变化，可能影响产品质量安全的生产设施设备发生变化，或者在化妆品生产场地原址新建、改建、扩建车间的，化妆品生产企业应当在投入生产前向原发证的药品监督管理部门申请变更，并依照本办法第十条的规定提交与变更有关的资料。原发证的药品监督管理部门应当进行审核，自受理变更申请之日起30个工作日内作出是否准予变更的决定，并在化妆品生产许可证副本上予以记录。需要现场核查的，依照本办法第十二条的规定办理。

因生产许可项目等的变更需要进行全面现场核查，经省、自治区、直辖市药品监督管理部门现场核查并符合要求的，颁发新的化妆品生产许可证，许可证编号不变，有效期自发证之日起重新计算。

同一个化妆品生产企业在同一个省、自治区、直辖市申请增加化妆品生产地址的，可以依照本办法的规定办理变更手续。

第十九条规定，生产企业名称、住所、法定代表人或者负责人等发生变化的，化妆品生产企业应当自发生变化之日起30个工作日内向原发证的药品监督管理部门申请变更，并提交与变更有关的资料。原发证的药品监督管理部门应当自受理申请之日起3个工作日内办理变更手续。

质量安全负责人、预留的联系方式等发生变化的，化妆品生产企业应当在变化后10个工作日内向原发证的药品监督管理部门报告。

第二十条规定，化妆品生产许可证有效期届满需要延续的，申请人应当在生产许可证有效期届满前90个工作日至30个工作日期间向所在地省、自治区、直辖市药品监督管理部门提出延续许可申请，并承诺其符合本办法规定的化妆品生产许可条件。申请人应当对提交资料和作出承诺的真实性、合法性负责。

逾期未提出延续许可申请的，不再受理其延续许可申请。

第二十一条规定，省、自治区、直辖市药品监督管理部门应当自收到延续许可申请后5个工作日内对申请资料进行形式审查，符合要求的予以受理，并自受理之日起10个工作日内向申请人换发新的化妆品生产许可证。许可证有效期自原许可证有效期届满之日的次日起重新计算。

第二十二条规定，省、自治区、直辖市药品监督管理部门应当对已延续许可的化妆品生产企业的申报资料和承诺进行监督，发现不符合本办法第九条规定的化妆品生产许可条件的，应当依法撤销化妆品生产许可。

第二十三条规定，化妆品生产企业有下列情形之一的，原发证的药品监督管理部门应当依法注销其化妆品生产许可证，并在政府网站上予以公布：

（1）企业主动申请注销的。

（2）企业主体资格被依法终止的。

（3）化妆品生产许可证有效期届满未申请延续的。

（4）化妆品生产许可依法被撤回、撤销或者化妆品生产许可证依法被吊销的。

（5）法律法规规定应当注销化妆品生产许可的其他情形。

化妆品生产企业申请注销生产许可时，原发证的药品监督管理部门发现注销可能影响案件查处的，可以暂停办理注销手续。

（二）化妆品生产许可证申办实务

本小节将化妆品生产企业申请化妆品生产行政许可的重要节点、注意事项，按照工作的先后顺序予以阐述。

1. 企业定位、厂址选择

（1）重要节点　化妆品生产场所新建时需确保厂址选择应注意生产场地选址应当不受有毒、有害场所以及其他污染源的影响。［化妆品生产质量管理规范检查要点（实际生产版）第十九条］

（2）申报材料要点　提供《厂区总平面图》，要求材料包括厂区周围 30 米范围内环境卫生情况，并在图中备注相关卫生情况（图 8 - 19），例如：企业定位及周边环境厂区 30 米内无污染源、无学校、无住宅区。

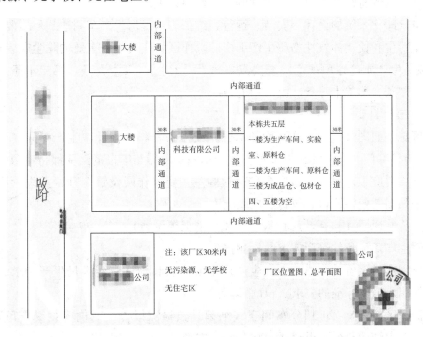

图 8 - 19　广东政务服务网—申报资料—厂区总平面图（示例样本）

（3）现场审核常见问题—厂区选址

①厂房周围 30 米内存在有害气体、粉尘、放射性物质和其他扩散性污染源。如垃圾场、公厕、屠宰场、多粉尘物料堆场等。

②生产过程可能产生有毒有害气体、液体、粉尘的车间，与居民区未保持不少于 30 米安全防护距离。

③地址重叠，场地存在重复领证。

④厂房产权证明与生产地址不一致：产权证书、租赁备案凭证、生产地址，三者均不

一致或其中两者不一致。包括地址文字内容的不一致，生产地址范围超出产权证书（及租赁备案）范围等。

⑤产权证明（及租赁备案）的有效期限与生产许可申报有效期不符：往往出现产权证明有效期短过生产许可有效期（新办、延续、变更，各有规定期限）。

2. 平面布局、装修设计，装修和验收

（1）注意事项 企业应当具备与生产的化妆品品种、数量和生产许可项目等相适应的生产场地和设施设备。

企业应当按照生产工艺流程及环境控制要求设置生产车间，不得擅自改变生产车间的功能区域划分。生产车间不得有污染源，物料、产品和人员流向应当合理，避免产生污染与交叉污染。企业应当根据生产环境控制需要设置二次更衣室。

企业应当按照产品工艺环境要求，在生产车间内划分洁净区、准洁净区、一般生产区，生产车间环境指标应当符合本规范附2的要求。不同洁净级别的区域应当物理隔离，并根据工艺质量保证要求，保持相应的压差。

生产车间应当保持良好的通风和适宜的温度、湿度。根据生产工艺需要，洁净区应当采取净化和消毒措施，准洁净区应当采取消毒措施。

生产车间应当配备防止蚊蝇、昆虫、鼠和其他动物进入、孳生的设施，并有效监控。物料、产品等贮存区域应当配备合适的照明、通风、防鼠、防虫、防尘、防潮等设施，并依照物料和产品的特性配备温度、湿度调节及监控设施。

企业空气净化系统的设计、安装、运行、维护应当确保生产车间达到环境要求。

易产生粉尘和使用挥发性物质生产工序的操作区域应当配备有效的除尘或者排风设施。

［化妆品生产质量管理规范检查要点（实际生产版）第十九条、第二十条、第二十一条、第二十二条、第二十三条、第二十七条］

（2）申报材料要点

①厂区总平面图（生产车间平面图部分）要求：材料清晰反映生产车间（含各功能车间布局）、检验部门、仓库的具体位置；生产车间平面图与申报范围要保持一致；生产车间功能间设置要适应工艺要求，布局合理；检验室主要操作间设置合理，需设置微生物检验室；仓库平面图需包括原料、包材、成品仓库。

②施工装修说明（包括装修材料、通风、消毒等设施）。

③证明生产环境条件符合需求的检测报告。

④生产用水卫生质量检测报告：生产用水的水质和水量应当满足生产要求，水质至少达到生活饮用水卫生标准的要求（pH值除外）。

⑤准洁净区按表8-24划分车间空气细菌总数检测报告（有内容物暴露风险的区域，生产车间空气中细菌总数不得超过1000个/立方米）。

⑥生产车间和检验场所工作面混合照度的检测报告：生产车间工作面混合照度检测报告需满足指标：工作面混合照度不得小于220lx，检验场所工作面混合照度不得小于450lx。

⑦生产眼部护肤类、儿童护肤类化妆品的牙膏，其生产车间的半成品贮存、填充灌装间、清洁容器与器具储存间空气洁净度应达到《化妆品生产质量管理规范》附件2《化妆品生产车间环境要求》，生产车间空气检测报告需满足的指标，见表8-24《GB 50457—2008 医药工业洁净厂房设计规范》30万级标准；需同时提供空气净化系统竣工验收文件；空气净化系统竣工验收文件应包括施工方盖章的验收说明、空气净化系统在车间分布的平面布局图。

知识拓展

《化妆品生产质量管理规范》里常见名词的名词解释

1. 生产车间　从事化妆品生产、贮存的区域，按照产品工艺环境要求，可以划分为洁净区、准洁净区和一般生产区。

2. 洁净区　需要对环境中尘粒及微生物数量进行控制的区域（房间），其建筑结构、装备及使用应当能够减少该区域内污染物的引入、产生和滞留。

3. 准洁净区　需要对环境中微生物数量进行控制的区域（房间），其建筑结构、装备及使用应当能够减少该区域内污染物的引入、产生和滞留。

4. 一般生产区　生产工序中不接触化妆品内容物、清洁内包材，不对微生物数量进行控制的生产区域。

5. 内包材　直接接触化妆品内容物的包装材料。

6. 批号　用于识别一批产品的唯一标识符号，可以是一组数字或者数字和字母的任意组合，用以追溯和审查该批化妆品的生产历史。

7. 半成品　是指除填充或者灌装工序外，已完成其他全部生产加工工序的产品。

8. 成品　完成全部生产工序、附有标签的产品。

9. 物料　生产中使用的原料和包装材料。外购的半成品应当参照物料管理。

10. 工艺用水　生产中用来制造、加工产品，以及与制造、加工工艺过程有关的用水。

（3）现场审核常见问题

①厂房设计和布局不合理，不符合生产工艺流程要求。

②辅助功能间设置不全，如缺少容器具清洗存放间、清洁工具清洗存放间。

③更衣室衣柜、鞋柜、非手接触式流动水洗手及消毒设施等设配备不全。

④车间采用临建搭棚，建筑结构易漏水、积水、长霉；车间地面不平整，有积水、渗水情况。

⑤生产区域卫生状况差，存在明显的灰尘、污渍或异味。

⑥车间内墙壁及顶棚表面脱落、起灰、渗水、长霉；面积偏小，制作、灌装、包装间总面积小于 100 平米，各主要功能间的面积小于 10 平米。

⑦生产车间缺少部分功能间：如原料预进间、洗瓶间等。

⑧各功能车间工艺布局上下不衔接，工序分开，如洗瓶间与消毒瓶间工序分开，上下不衔接。

⑨存在"串岗"，将操作功能间作为通道，人流、物流未分开。

⑩粉类与其他类别产品（如洗护类）的生产共用车间，粉类车间未设置成独立车间。

⑪生产粉类、香水类、指甲油、气雾剂等易燃易爆类产品，未设独立的车间和设备。

⑫ 粉类车间无除尘和粉尘回收设施。

⑬生产有机溶剂类和气雾剂的车间未经公安消防部门的消防设计审核和消防验收。

⑭车间没有净化或消毒处理设施；空间密闭不通风。

⑮未配备空气净化空调系统的日常操作和维护人员，或人员操作技能不能满足要求。

⑯无包材清洗、消毒的设施，如酒精、紫外灯、臭氧消毒机，环氧乙烷灭菌设施等。

⑰生产线设备陈旧，无法满足生产需求或不符合工艺要求。

⑱清洁和消毒设施不足或不符合要求，清洁和消毒计划不合理，无法保证生产环境的卫生。

⑲洁净车间温湿度监控设施、压差指示装置安装不全。

⑳排水管道未设置返水弯与排水口连接处未密封。

㉑清洁区的墙壁与地板、天花板的交界处弧形未密封、松动或不便于清洁。

㉒仓储分区不明确；货物码放未离地离墙、码放混乱、未分批存放应急照明、通风及四防设施配备不全。

3. 设备选型、采购和安装验收

（1）注意事项　生产设备应当便于清洁、操作和维护。

易产生粉尘、不易清洁等的生产工序使用专用的生产设备。

企业应当配备与生产的化妆品品种、数量、生产许可项目、生产工艺流程相适应的设备，与产品质量安全相关的设备应当设置唯一编号。管道的设计、安装应当避免死角、盲管或者受到污染，固定管道上应当清晰标示内容物的名称或者管道用途，并注明流向。

所有与原料、内包材、产品接触的设备、器具、管道等的材质应当满足使用要求，不得影响产品质量安全。

［化妆品生产质量管理规范检查要点（实际生产版）第十九条、第二十三条、第二十四条］

（2）申报材料要点

①车间设备配置图：与申报范围的车间平面图、生产工艺和设备清单等均需保持一致。

②检验室设备配置图：申报时需附上，并确保与检验设备清单保持一致。

③空气净化系统竣工验收文件：需提交施工方盖章确认的施工验收报告；需提交空气净化系统设计图纸，确保设计合理，并附上主要设备清单及简述。

④车间空气洁净度检测报告：检验报告所附车间平面布局图，与同步提交的布局图、现场实际布局务必保持两两相符、三者一致。确保报告日期在一年内。

⑤出具检验报告的检测机构：需确保具备所检项目的 CMA 认证资质。

⑥生产车间空气检验报告：确保检测项目齐全，确保不漏项，检测报告参数需符合标准要求。

⑦检测报告附图：需确保与实际功能键平面图保持一致。

⑧检测报告：包含但不仅限于灌装间、清洁容器贮存间。

（3）现场审核常见问题

①缺少必备的生产设备，如：生产液态类，无机械搅拌设备；生产膏霜，无真空乳化设备；生产粉类，无混合搅拌粉设备；生产蜡基类，无熔化及倒模设备；生产气雾剂，无咬口及推进剂充填设备；生产有机溶剂，无防爆机械混合搅拌设备。

②小试设备：规格小，与产品的工艺、产量不相适应。

③生产设备未接水、接电、安装到位，或者设备锈蚀、损坏，无法正常运转。

④生产设备未进行安装确认；设备管路、线路等均未连接。

⑤未建立并保存设备采购、安装、确认的文件和记录。

⑥未建立设备操作规程；未设置设备状态标识、清洁标识或设置不规范。

⑦水处理设备不同用途的生产用水的管道未进行标识；未标识水系统的取样点；未建

立水处理系统；无定期清洗、消毒的制度与记录；工艺用水管理不完善；未规定取样频率、取样点、监测指标等；现场监测设施配备不齐全。

⑧更衣室未配备衣柜，采用挂衣架；无阻拦式换鞋柜；未配备非接触式的流动洗手消毒设施；衣柜、换鞋柜采用木柜材质。

⑨具资质的检验机构出具的检验报告中所附的平面布局图，与同步提交的平面布局图、生产车间现场的实际布局（尤其是开窗、设备摆放）不符。

4. 实验室布局、装修和仪器设备配置

（1）注意事项　企业应当建立与生产的化妆品品种、数量和生产许可项目等相适应的实验室，至少具备菌落总数、霉菌和酵母菌总数等微生物检验项目的检验能力，并保证检测环境、检验人员，以及检验设施、设备、仪器和试剂、培养基、标准品等满足检验需要。重金属、致病菌和产品执行的标准中规定的其他安全性风险物质，可以委托取得资质认定的检验检测机构进行检验。

[化妆品生产质量管理规范检查要点（实际生产版）第十七条]

（2）申报材料要点

①检验室平面图：检验室主要操作间设置应合理，设置微生物检验室。

②检验室设备配置图：需提供并确保与检验设备清单一致。

（3）现场审核常见问题

①未设立独立检验室，与其他厂共用检验室；布局不合理，未设立微生物检验室，位于生产车间内部。

②未配备微生物检验必备的仪器设备，如超净工作台、生化培养箱、恒温培养箱、灭菌锅等。

③检验仪器设备故障、无电源、插座、无水清洗和排水设施，无法正常使用。

④实验室设备数量或种类不足，无法满足生产需求。

⑤设备老化或维护不当，影响其性能和精度。

⑥实验室的温度、湿度、空气洁净度等环境条件不符合标准要求。

⑦存在明显的噪音、振动、电磁干扰等不良环境因素。

5. 试产和相关验证

（1）注意事项

①试产前应完成相关的工艺验证，并保存记录备查。

②试产时间应在完成质量管理体系试运行，满足生产许可申报要求的"人、机、料、法、环"的生产五要素配备后方可开展。

③试产过程使用的原物料、生产现场记录、生产原始记录、生产过程产生的半成品、成品及留样等，应按照实际生产操作进行妥善存放，方便后续现场检查环节备查。

④出于企业保密目的，需要对生产过程使用的原物料及半成品、成品等进行编码管理的，在现场检查前应提供编码与实际原物料/产品名称存在对应关系的原物料/产品清单，用于证明企业记录的一致性和可追溯性。

（2）申报材料要点

①申报时提交的试产记录应与现场检查时提供的试产记录保持一致，并确保真实。

②申报时提交的试产记录具体要求，应与各企业所在地所属的生产许可申报监管部门进行确认。

③生产许可申报时需按照申报产品的单元类别，各准备一批试生产记录，生产记录应当至少包括生产指令、领料、称量、配制、填充或者灌装、包装、产品检验，以及放行等内容。

（3）现场审核常见问题

①生产工艺流程设计不合理，导致产品质量不稳定或不符合标准要求。

②生产过程中的工艺参数控制不严格，导致产品质量波动。

③生产工艺操作不规范，存在交叉污染的风险。

④生产过程中缺乏有效的质量控制措施，导致产品质量不稳定。

⑤批生产记录不完整或存在虚假记录，无法追溯生产过程。

6. 人员配备、质量体系搭建和试运行

（1）注意事项　从事化妆品生产活动的化妆品注册人、备案人、受托生产企业（以下统称"企业"）应当建立与生产的化妆品品种、数量和生产许可项目等相适应的组织机构，明确质量管理、生产等部门的职责和权限，配备与生产的化妆品品种、数量和生产许可项目等相适应的技术人员和检验人员。

企业应当建立化妆品质量安全责任制，明确企业法定代表人（或者主要负责人，下同）、质量安全负责人、质量管理部门负责人、生产部门负责人以及其他化妆品质量安全相关岗位的职责，各岗位人员应当按照岗位职责要求，逐级履行相应的化妆品质量安全责任。

企业应当设质量安全负责人，质量安全负责人应当具备化妆品、化学、化工、生物、医学、药学、食品、公共卫生或者法学等化妆品质量安全相关专业知识，熟悉相关法律法规、强制性国家标准、技术规范，并具有5年以上化妆品生产或者质量管理经验。

企业应当建立健全化妆品生产质量管理体系文件，包括质量方针、质量目标、质量管理制度、质量标准、产品配方、生产工艺规程、操作规程，以及法律法规要求的其他文件。

［化妆品生产质量管理规范检查要点（实际生产版）、第四条、第五条、第七条、第十二条］

（2）申报材料要点

①提交的"质量安全负责人"简历及证明材料需满足"要点"的要求，具备相关专业知识和5年以上化妆品生产或者质量安全管理经验。对于"化妆品生产或者质量安全管理经验"的认定，国家药监局综合司在给吉林省、重庆市药品监督管理局的复函中指出：根据《化妆品监督管理条例》第三十二条第二款规定，化妆品质量安全负责人应当具备化妆品质量安全相关专业知识，并具有5年以上化妆品生产或者质量安全管理经验。考虑到当前化妆品行业发展的迫切需要，对于"化妆品生产或者质量安全管理经验"的认定，应当符合法规立法原意和监管实际。鉴于药品、医疗器械、特殊食品等健康相关产品的生产或者质量安全管理的原则与化妆品生产或者质量安全管理的原则基本一致，在监管实践中，化妆品质量安全负责人在具备化妆品质量安全相关专业知识的前提下，其所具有的药品、医疗器械、特殊食品生产或者质量管理经验可以视为具有化妆品生产或者质量安全管理经验。

②提交的化妆品生产质量管理体系文件应健全完善，有针对性和可操作性。

（3）现场审核常见问题

1）人员管理与配备

①关键岗位人员未经培训或资质不足，无法胜任工作。

②企业负责人、生产负责人、质量负责人不熟悉化妆品有关卫生法规、标准和规范性文件。

③检验员配备与资质不符合要求：无专职检验员；检验员不具备微生物学相关的基础知识，不了解相关国家标准及规范性标准，不熟悉相关法规知识等；检验员上岗前未经培训，无相关资质证明资料。

④人员健康检查未按规定进行，直接从事化妆品生产的检验员、配制员、生产负责人、质量负责人等人员无健康证明，存在传染病等安全隐患。

⑤人员操作不规范或技能水平不足，影响产品质量和生产效率。

⑥培训计划不完整或缺乏针对性，无法满足岗位需求。培训内容与实际操作脱节，导致员工技能水平不足。

2）物料管理

①未建立原材料的采购、验收、检验、储存、使用制度；相关制度未规定专人负责。

②原料采购渠道不规范，缺乏对原料供应商的质量评估和审核，供应商资质不明或质量不稳定，无法保证原料质量的稳定性。

③未建立所使用原料及供应商档案：未执行索证索票制度，未向原料供应商索取相应的检验报告或品质保证证明材料，如 COA、MSDS、质量规格等；零星提供几张检验报告，未分类、整理、归档，无供应商盖章。

④原材料验收程序不严格，检验流程不规范，存在不合格原料入库甚至被误用于生产的风险。

⑤原料未按待检、合格、不合格分区存放：不合格原料未及时处理，或无处理记录；不同品种和批次的原料未分开存放，存在污染、混淆；原料包装无中文标识信息；将领料记录当出库记录，无详细的入、出库记录；未先进先出，未定期检查和盘点。

⑥原料储存条件差，缺乏必要的防潮、防虫措施，导致原料受损或污染。

⑦直接接触化妆品的容器和辅料的材质存在有毒有害物质，如重金属、微生物等；未规定包材消毒、消毒处理的制度。

⑧物料未定期进行合规性评价；原料索证索票不全，例如供应商资质证明文件、法定票据等；索取的原料检验报告项目不全且未进行自检或送检，例如甘油未检测；二甘物料验收时未验收，实际重量后期仅采用减重法记录；库存、余量不能判别包装重量，导致盘点时的账、物、卡不一致，物料货位卡标识信息不全，例如缺少供应商/代号、物料名称（INa）代号、批号、来料日期/生产日期等；产品标签标识、说明书等不符合相关法规要求且尚未备案未设置留样室/柜。

3）生产过程管理

①在原料仓进行拆包、称量、制作：如在制作间、静置间、外包间进行灌装操作。

②在灌装间进行制作、静置、包材拆包清洁。

③设备、容器、工具使用前未清洗和消毒。

④车间地面和墙裙不整洁，积水；车间存放风扇、扫帚、拖把等杂物。

⑤擅自变更功能间（区）用途和已许可的布局。

⑥不合格品、废弃物未固定存放，未及时处理。

4）成品检验

①质量检验设备不足或精度不够，无法保证检验结果的准确性。

②检验人员技能水平不足，缺乏对检验标准的理解和掌握。

③成品检验流程不规范，存在漏检或误检的风险。

④检验设备老化或精度不足，影响检验结果的准确性。

⑤成品未按品种分批堆放；成品储存条件差，导致产品变质或受损；成品贮存在露天、临时搭棚下，不符合标准的规定。

⑥成品无检验状态标识，未按待检、合格、不合格分开贮存。

⑦不合格品未隔离封存，无处理记录。

⑧成品无出入库记录；出入库记录中品名、批号信息不完整，批号、日期、数量不一致，无法解释清楚。

5）质量管理

①无健全的检验制度、检验标准、检验方法。

②检验仪器设备未按期检定校准。压力灭菌设备的压力表未按周期检定。

③未建立化妆品不良反应监测报告制度。

④未建立质量问题或缺陷产品召回制度。

⑤文件管理制度不能有效执行；文件、制度签发表头混乱（签字、日期缺失制定、审核、签发为同一人签字、日期全为打印且无原始稿）。

⑥不能确定文件是否受控或有效检验仪器不全，例如未配备生化培养箱、pH 计等。

⑦微生物检验室不符合要求，未建立原料、包材检验标准。

⑧未按规定进行处理和记录，原始检验记录信息不全，例如可追溯的样品信息、检验方法、判定标准、检验所用仪器设备等。

⑨取样管理规程未对抽样方法、取样数量、样品处理、频率等做出明确规定。

⑩实验室的试剂、试液、培养基未建立购买记录。

⑪未建立合格供应商名录或名录必要项目不完整。

⑫未建立不合格品分类、统计制度及记录。

⑬未定期开展内部审核；无内审报告。

6）文件记录

①文件管理制度不健全，文件管理混乱，技术文件、质量标准等缺失或不完整。

②记录填写不规范，存在虚假记录或遗漏现象，无法追溯实际操作。

③文件和记录的保存不当，导致资料丢失或损坏。

7. 申报资料整理和递交

（1）注意事项 依据《化妆品监督管理条例》第二十七条第一款、第二款、第三款要求，从事化妆品生产活动，应当向所在地省、自治区、直辖市人民政府药品监督管理部门提出申请，提交其符合本条例第二十六条规定条件的证明资料，并对资料的真实性负责。省、自治区、直辖市人民政府药品监督管理部门应当对申请资料进行审核，对申请人的生产场所进行现场核查，并自受理化妆品生产许可申请之日起 30 个工作日内作出决定。对符合规定条件的，准予许可并发给化妆品生产许可证；对不符合规定条件的，不予许可并书面说明理由。化妆品生产许可证有效期为 5 年。有效期届满需要延续的，依照《中华人民共和国行政许可法》的规定办理。

（2）申报流程、材料及其要求 申请流程、申请材料的形式和具体要求等应参考各所在地生产许可监管部门要求。以下以广东省广州市生产许可的实务为例。

1）生产许可证核发

①申办流程如图8－20所示。〔化妆品生产许可证核发—广东政务服务网（gdzwfw. gov. cn）〕

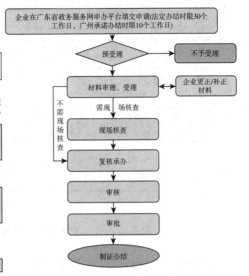

① 受理　　　　时限：5个工作日　　　审批人：局受理人员
办理结果：全网办流程；受理人员在网上对申请材料进行形式审查，申请人符合申请资格，且材料齐全、格式规范、符合法定形式的，予以受理；申请人不符合申请资格或材料不齐全、不符合法定形式的，不予受理；材料不齐全的应一次性告知需要补正的全部材料。
审批标准：
1.核对申请人是否符合申请条件；2.依据办事指南中材料清单逐一核对是否齐全；3.核对每个材料是否涵盖材料要求中涉及的内容和要素。

② 审查　　　　时限：7个工作日　　　审批人：审批处室承办人员
办理结果：全网办流程；受理后，检查组按照《化妆品生产质量管理规范检查要点及判定原则》做出是否通过现场核查的结论（该环节的现场核查和企业整改时间不计入审批承诺时限）。审批处室承办人员根据现场核查结论，在系统提出初步意见，转入决定步骤。
审批标准：
1.企业是否符合《化妆品监督管理条例》《化妆品生产经营监督管理办法》《化妆品生产质量管理规范》《化妆品生产质量管理规范检查要点及判定原则》等法律法规要求。2.申报资料合法、完整和规范。

③ 决定　　　　时限：3个工作日　　　审批人：审批处室处领导、局领导
办理结果：作出是否通过的审批决定，在系统中签署意见转入制证签发环节。
审批标准：
1.处室承办人员的初步意见是否符合《化妆品监督管理条例》《化妆品生产经营监督管理办法》《化妆品生产质量管理规范》《化妆品生产质量管理规范检查要点及判定原则》等法律法规要求。2.各项材料合法、完整和规范。

④ 制证　　　　时限：5个工作日　　　审批人：局窗口工作人员
办理结果：审批决定予以通过，将通过系统制证签发《化妆品生产许可证》电子证照；审批不予以通过，通过系统制作签发电子版《不准予行政许可决定书》。
送达方式：电子证照。

图8－20　化妆品生产许可核发工作流程

②申报材料及其要求（表8－6）

表8－6　化妆品生产许可核发申报材料及其要求

序	材料名称	材料形式	示例样本	材料必要性
1	生产许可申请表	原件：1（电子化）		必要
2	生产设备配置图	原件：1（纸质/电子化）		必要
3	营业执照（已关联电子证照，该材料免提交）	原件：0（纸质/电子化）		必要
4	生产场所合法使用的证明材料	原件：1（纸质/电子化）		必要
5	法定代表人身份证（或护照）（已关联电子证照，该材料免提交）	原件：0（纸质/电子化）	材料空表/样表，可到"国家政务平台/对应省份－市/法人办事/市场监管局/化妆品生产许可"下载	必要
6	委托代理人办理的，须递交申请企业法定代表人、委托代理人身份证明和签订的委托书（已关联电子证照）	原件：0（纸质/电子化）		必要
7	企业质量管理文件	原件：1（纸质/电子化）		必要
8	工艺流程简述及简图	原件：1（纸质/电子化）		必要
9	施工装修说明	原件：1（纸质/电子化）		必要
10	证明生产环境条件符合需求的检测报告	原件：1（纸质/电子化）		必要
11	企业按照《化妆品生产许可检查要点》开展自查并撰写的自查报告	原件：1（纸质/电子化）		必要
12	厂区总平面图	原件：1（纸质/电子化）		必要
13	质量安全负责人简历	原件：1（纸质/电子化）		非必要
14	企业关于申请资料真实性的承诺书	原件：1（纸质/电子化）		
15	许可部门要求的其他资料	原件：0（电子化）		

注：为电子版材料，涉及手写材料应当字迹工整、清晰，复印件申请人均应签名、复印清晰、大小与原件相符。单位名称应与营业执照保持一致。设计图纸、检测报告等扫描件应清晰可辨。申请材料应按要求加盖单位公章。

2）化妆品生产许可证延续申办如图8－21所示。〔化妆品生产许可证延续—广东政务

服务网（gdzwfw. gov. cn）]

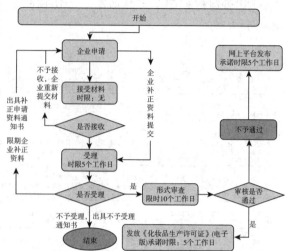

① 受理　　　　　　　时限：5个工作日　　　审批人：局受理人员
办理结果：全网办流程；受理人员在网上对申请材料进行形式审查，申请人符合申请资格且材料齐全、格式规范、符合法定形式的，予以受理；申请人不符合申请资格或材料不齐全、不符合法定形式的，不予受理；材料不齐全的应一次性告知需要补正的全部材料。

审批标准：
1.核对申请人是否符合申请条件；2.依据办事指南中材料清单逐一核对是否齐全；3.核对每个材料是否涵盖材料要求中涉及的内容和要素。

② 决定　　　　　　　时限：7个工作日　　　审批人：审批处室承办人员
办理结果：全网办流程；企业按告知承诺制的要求提交所需材料受理后，市场监督管理部门审批处室承办人员对资料进行形式审查。作出是否通过的审批决定，在系统中签署意见转入制证签发环节。

审批标准：
1.因延续事项实行告知承诺制，企业按照提交材料，市场监督管理部门形式审查是否符合《化妆品监督管理条例》《化妆品生产经营监督管理办法》《化妆品生产质量管理规范》《化妆品生产质量管理规范检查要点及判定原则》等法律法规要求。2.申报资料合法、完整和规范。

③ 制证　　　　　　　时限：5个工作日　　　审批人：局窗口工作人员
办理结果：审批决定予以通过，将通过系统制证签发《化妆品生产许可证》电子证照；审批不予以通过，通过系统制作签发电子版《不准予行政许可决定书》。

送达方式：电子证照。

图 8 - 21　化妆品生产许可证延续办理流程

《化妆品生产经营监督管理办法》第二十条规定"化妆品生产许可证有效期届满需要延续的，申请人应当在生产许可证有效期届满前 90 个工作日至 30 个工作日期间向所在地省、自治区、直辖市药品监督管理部门提出延续许可申请，并承诺其符合本办法规定的化妆品生产许可条件。申请人应当对提交资料和作出承诺的真实性、合法性负责。"

"逾期未提出延续许可申请的，不再受理其延续许可申请。"

相比较核发申办程序，化妆品生产许可证延续的流程更简单，而且按照《化妆品生产质量管理规范检查要点及判定原则》关于生产许可延续后现场核查的规定"省、自治区、直辖市药品监督管理部门应当在其向化妆品生产许可延续申请人换发新化妆品生产许可证之日起 6 个月内，对申请人延续许可的申报资料和承诺进行监督，依据附 1《化妆品生产质量管理规范检查要点（实际生产版）》组织对该企业开展现场核查，核查结果为上述'现场核查不通过'的，应当依法撤销化妆品生产许可；核查结果为上述'整改后复查'，且在规定时限内未提交整改报告或者复查发现整改项目仍不符合规定的，应当依法撤销化妆品生产许可"。

延续事项实行告知承诺制，企业按承诺提交材料（表 8 - 7，含"企业关于申请资料真实性的承诺书""许可证延续申请自查承诺书"），受省药品监督管理部门授权委托的地市市场监督管理局形式审查是否符合《化妆品监督管理条例》《化妆品生产经营监督管理办法》《化妆品生产质量管理规范》《化妆品生产质量管理规范检查要点及判定原则》等法律法规要求。申报资料合法、完整和规范的，在系统中签署意见转入制证签发环节。后期（在发证之日起 6 个月内）择时组织对企业开展现场核查。

表 8 - 7　化妆品生产许可证延续申报材料及其要求

序	材料名称	材料形式	材料要求
1	化妆品生产许可申请表	原件1、复印件0，电子化	必要
4	生产设备配置图	原件1、复印件0，纸质/电子化	必要
15	工商营业执照原件复印件（已关联电子证照，该材料免提交）	原件1、复印件0，纸质/电子化	必要
5	生产场所合法使用的证明材料	原件1、复印件0，纸质/电子化	必要
6	法定代表人身份证（或护照）（已关联电子证照，该材料免提交）	原件1、复印件0，纸质/电子化	必要

续表

序	材料名称	材料形式	材料要求
7	委托代理人办理的，须递交申请企业法定代表人、委托代理人身份证明和签订的委托书（已关联电子证照，该材料免提交）	原件1、复印件0，纸质/电子化	必要
8	企业质量管理文件	原件1、复印件0，纸质/电子化	必要
9	工艺流程简述及简图	原件1、复印件0，纸质/电子化	必要
10	施工装修说明	原件1、复印件0，纸质/电子化	必要
11	证明生产环境条件符合需求的检测报告	原件1、复印件0，纸质/电子化	必要
12	企业按照《化妆品生产许可检查要点》开展自查并撰写的自查报告	原件0、复印件0，电子化	必要
3	厂区总平面图	原件1、复印件0，纸质/电子化	必要
2	质量安全负责人简历	原件1、复印件0，纸质/电子化	必要
14	企业关于申请资料真实性的承诺书	原件1、复印件0，纸质/电子化	必要
17	许可部门要求的其他资料	原件0、复印件0，电子化	非必要
13	许可证延续申请自查承诺书	原件1、复印件0，纸质/电子化	必要
16	有效期内的化妆品生产许可证原件（已关联电子证照，该材料免提交）	原件0、复印件0，电子化	必要

注：为电子版材料，涉及手写材料应当字迹工整、清晰，复印件申请人均应签名、复印清晰、大小与原件相符。单位名称应与营业执照保持一致。设计图纸、检测报告等扫描件应清晰可辨。申请材料应按要求加盖单位公章。

相比较核发所需材料，化妆品生产许可证延续申请所需材料多两项：许可证延续申请自查承诺书、有效期内的化妆品生产许可证原件（已关联电子证照，该材料免提交）。

3）化妆品生产许可证变更申办如图8-22所示。［化妆品生产许可证延续—广东政务服务网（gdzwfw. gov. cn）］

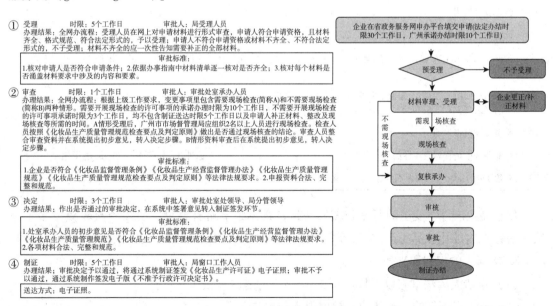

图8-22　化妆品生产许可证变更办理流程

《化妆品生产经营监督管理办法》第十七条规定"化妆品生产许可证有效期内，申请人的许可条件发生变化，或者需要变更许可证载明事项的，应当向原发证的药品监督管理部门申请变更"。

第十八条规定"生产许可项目发生变化，可能影响产品质量安全的生产设施设备发生变化，或者在化妆品生产场地原址新建、改建、扩建车间的，化妆品生产企业应当在投入生产前向原发证的药品监督管理部门申请变更，并依照本办法第十条的规定提交与变更有关的资料。原发证的药品监督管理部门应当进行审核，自受理变更申请之日起 30 个工作日内作出是否准予变更的决定，并在化妆品生产许可证副本上予以记录。需要现场核查的，依照本办法第十二条的规定办理"（表 8 - 8）。

"因生产许可项目等的变更需要进行全面现场核查，经省、自治区、直辖市药品监督管理部门现场核查并符合要求的，颁发新的化妆品生产许可证，许可证编号不变，有效期自发证之日起重新计算"。

表 8 - 8 化妆品生产许可证变更申报材料及其要求

序	材料名称	材料形式	材料要求
1	化妆品生产许可申请表	原件 1、复印件 0，电子化	必要
3	生产设备配置图	原件 1、复印件 0，纸质/电子化	必要
4	工商营业执照（生产地址文字性变化而地理位置等不变更的，提交变更后的营业执照及企业所在地公安机构或街道办、管委会等部门出具的地址变更证明）（已关联电子证照，该材料免提交）	原件 1、复印件 0，电子化	必要
5	生产场所合法使用的证明材料（如土地所有权证书、房产证书或租赁协议等）	原件 1、复印件 0，电子化	必要
6	法定代表人身份证（或护照）复印件（已关联电子证照，该材料免提交）	原件 0、复印件 1，电子化	必要
7	委托代理人办理的，须递交申请企业法定代表人、委托代理人身份证明复印件和签订的委托书（已关联电子证照，该材料免提交）	原件 1、复印件 0，纸质/电子化	必要
8	企业质量管理文件	原件 1、复印件 0，电子化	必要
9	工艺流程简述及简图	原件 1、复印件 0，电子化	必要
10	施工装修说明	原件 1、复印件 0，电子化	必要
11	证明生产环境条件符合需求的检测报告	原件 1、复印件 0，电子化	必要
12	企业按照《化妆品生产许可检查要点》开展自查并撰写的自查报告	原件 1、复印件 0，电子化	必要
2	厂区总平面图（包括厂区周围 30 米范围内环境卫生情况）及生产车间（含各功能车间布局）、检验部门、仓库的建筑平面图	原件 1、复印件 0，电子化	必要
14	质量安全负责人简历	原件 0、复印件 1，纸质/电子化	必要
15	企业关于申请资料真实性的承诺书	原件 0、复印件 1，纸质/电子化	必要
13	有效期内的化妆品生产许可证原件（已关联电子证照，该材料免提交）	原件 1、复印件 0，电子化	必要

化妆品生产许可变更的程序和核发一致，具体细节略有差异。所需资料较核发多了一项（有效期内的化妆品生产许可证原件，该证件已关联电子证照，所以该材料免提交）。

8. 申请人的权利和义务

（1）申请人依法享有以下权利

①符合法定条件的，申请人有权取得本行政许可。

②申请人享有知情权，实施机关应当将本行政许可事项的办理依据、条件、时限、流程，以及需要提交的材料在网上公开。

③申请人有权要求实施机关对公开内容予以说明、解释。

④申请人在办理本行政许可事项中，享有咨询、办理进程查询、投诉的权利。

⑤申请人对本行政许可事项的办理结果有异议的，有权依法申请行政复议或提起行政诉讼。

（2）申请人依法履行以下义务

①承诺提供的全部资料真实、合法，并愿意对资料的真实性、合法性负责。

②承诺企业负责人、质量负责人没有《化妆品监督管理条例》《化妆品生产经营监督管理办法》《化妆品生产质量管理规范》规定的不得从业的情形。

③承诺在经营中技术人员在职在岗并恪守职业道德准则，履行法定义务。

④承诺在未取得化妆品生产许可证前，不从事化妆品生产活动。

⑤承诺遵守《化妆品监督管理条例》《化妆品生产经营监督管理办法》《化妆品生产质量管理规范》等法律、法规、规章的其他有关规定。

⑥承诺生产场所注意安全，防止失火。以上承诺如有违反，自愿接受相关部门依法处罚。

9. 生产许可其他注意事项

（1）一厂多址等情形　《化妆品生产经营监督管理办法》明确规定"一场一证"和"一企一证"的情形：

同一化妆品生产场所，只允许申办一个化妆品生产许可证，不得重复申办。

同一个企业在不同场所申办分厂，按照新申办化妆品生产企业许可证程序办理，在原证上增加新厂区地址［俗称"一厂两址（或多址）"或"一证两址（或多址）"］。如分厂为独立法人，应单独申请生产许可证。

（2）关于实际生产加工地址标注的特殊情况

①特殊情形一、办理国产化妆品注册出现以下情况时的填写方式：

属于自主生产的，企业名称及地址栏填写化妆品生产许可证中载明的"名称"及"住所"信息，"住所"与"生产地址"不一致的，应在备注栏中填写具体的实际生产场所地址信息。

属于委托生产的，企业名称及地址栏填写申请人营业执照中对应的名称及地址信息。实际生产企业名称及地址信息填写化妆品生产许可证中载明的"名称"及"生产地址"信息，涉及多个生产地址的，填写实际生产场所地址信息。

②特殊情形二、若同一产品存在两个或两个以上的实际生产地址的填写方式：

根据《化妆品标签管理办法》要求，生产企业名称和地址应当标注完成最后一道接触内容物的工序的生产企业的名称、地址。注册人、备案人同时委托多个生产企业完成最后一道接触内容物的工序的，可以同时标注各受托生产企业的名称、地址，并通过代码或者其他方式指明产品的具体生产企业。例如，可在对应的实际生产加工地址处进行标记，标记方式可采用字母、数字或符号等。

| 例：
××保湿露
"注册人/生产企业"或者"备案人/生产企业"：
广州××股份有限公司（A）
地址：广东省广州市××路××号
生产企业：广州××化妆品有限公司（B）
地址：广东省佛山市××工业园区××路××街××号
实际生产企业代码见批号末尾字母
（省略了其他需要标注的内容） | 例：
××爽肤水
注册人/备案人：苏州××国际化妆品有限公司
地址：江苏省苏州工业园区××路××街××号
（省略了其他需要标注的内容）
生产企业：××化妆品（广州）有限公司
地址1：广州市花都区××路××号（2-1）
地址2：广州市白云区××路××号（2-2）
（省略了其他需要标注的内容）
生产企业：浙江××化妆品有限公司（3）
地址：浙江省××市××路××号
（省略了其他需要标注的内容）
实际生产企业/地址：均见批号首位数字
（省略了其他需要标注的内容） |

③特殊情形三、一厂（证）多址时产品包装上的生产地址标注：

该情形是指一个生产企业持有一个生产许可证，同时有两个或两个以上的生产地址。[俗称"一厂两址（或多址）"或"一证两址（或多址）"]

《化妆品标签管理办法》第七条规定，化妆品中文标签应当至少包括以下内容：（三）生产企业的名称、地址，国产化妆品应当同时标注生产企业生产许可证编号。

《化妆品标签管理办法》第十条规定：化妆品……和生产企业的名称、地址等相关信息，应当按照下列规定在产品销售包装可视面进行标注：（一）注册人、备案人、境内责任人和生产企业的名称和地址，应当标注产品注册证书或者备案信息载明的企业名称和地址，分别以相应的引导语引出；（三）生产企业名称和地址应当标注完成最后一道接触内容物的工序的生产企业的名称、地址。

一厂（证）两（多）址时，其产品包装上生产企业的地址标注有两种方式可选：

按照前述特殊情形二的方式标注：两个实际生产地址均标注，并用数字、字母对应标记作为区分。

产品只在其中某一个地址生产的，包装上的地址就对应标该实际生产地址即可。

10. 迎接现场核查　资料递交后，要随时关注受理进度，若有补正要求，要及时按要求补正。

资料审核通过后，将有正式的现场审核通知。

准备迎接审核，相应的准备工作，比如：环境卫生、现场参观准备（开关灯、安排必要的生产、审核老师的洁净服、陪同人员安排等）、会议室及参会人员（首/末次会议）、审核老师独立办公室、各种资料材料准备要领、陪审人员（确认审核发现、补充资料，对老师疑问作答），打印机、公章准备，电脑和相应权限账号准备（涉及电子记录/ERP 等管理系统的要提前准备账号和密码）。

现场检查的重要环节　化妆品产品/原料的可追溯性检查（图 8 - 23）

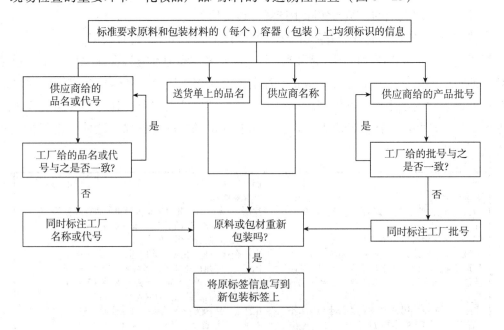

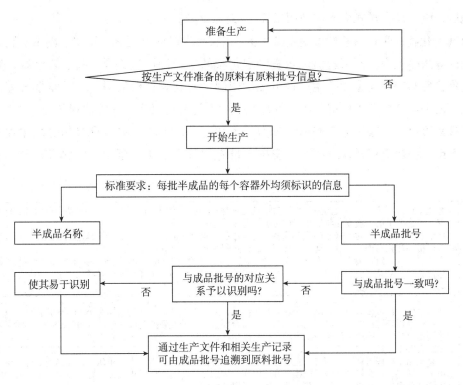

图 8-23 成品追溯到原料的途径

11. 不符合项整改和报告 被检查企业对现场检查记录等有异议的，可以现场进行陈述申辩。检查人员应当如实记录，并对陈述申辩的内容进行核实。

被检查企业应当在规定时间内针对检查发现的问题进行整改，按要求报送整改报告。整改报告应当包括存在的主要问题、问题调查分析与风险评估、风险控制措施、整改后效果等。

被检查对象所在地负责药品监督管理的部门或者检查机构应当督促被检查对象在规定时间内完成整改并提交整改报告，必要时可以组织现场复查。

清晰明白所提出的不符合，（必要时）请教整改措施和要求，确认检查人员提出的各项要求（时间、方式等）。

立即组织分析、分工和整改，认真落实整改措施，严谨开展验证，做好整改记录和证据，及时（可以提前，绝不可延迟）提交报告（要按要求）。

密切关注政务网上的进度。

12. 领证和证书管理

（1）领证 申报办事员应及时查询生产许可申报进度，并领证化妆品生产许可证电子证书。

（2）证书管理

①亮证：生产企业应当在办公场所显著位置摆放化妆品生产许可证正本，使用电子证书的，应将电子证书正本打印并在办公场所显著位置摆放。

2021 年 1 月 1 日起，此前已取得的化妆品生产许可证在有效期内继续有效，新办化妆品生产许可和许可证变更、延续、补发，依照《化妆品监督管理条例》的规定执行。在《条例》配套的化妆品生产许可管理相关规定发布实施前，化妆品生产许可资料要求等依照《化妆品生产许可工作规范》的规定执行，核发新版化妆品生产许可证。发放、使用电子证书的地区，电子证书样式应当与新版纸质证书样式保持一致。

根据《化妆品生产质量管理规范要求》，化妆品生产许可证分为正本、副本。正本、副本具有同等法律效力。国家药监局负责制定化妆品生产许可证式样。省、自治区、直辖市药品监督管理部门负责化妆品生产许可证的印制、发放等管理工作。药品监督管理部门制作的化妆品生产许可电子证书与印制的化妆品生产许可证书具有同等法律效力。

②日常管理：化妆品生产许可证分为正本和副本，正本、副本具有同等法律效力，有效期为5年。企业应根据自身情况，安排人员专门管理变更、延续、补办及注销（图8-24）。

变更	·企业变更许可事项内容应向原许可机关申请变更化妆品生产许可。许可机关应对申请变更内容进行相应核查。符合要求的，换发化妆品生产许可证，原编号、有效期不变。 ·申请变更生产场所时，如新的生产场所不属于原省级食品药品监督管理部门管辖范围的，申请人应当在原许可机关注销原许可证后，凭注销证明向新许可机关重新申请化妆品生产许可。 ·企业名称、法定代表人、生产地址文字性变化(地理位置等不变)或企业住所等登记事项发生变化，而企业生产条件、检验能力、生产技术和工艺等未发生变化的，应当在工商行政管理部门变更后30个工作日内，向许可机关提出变更申请。
延续	·化妆品生产许可证有效期届满，企业继续生产的，应当在生产许可证有效期届满3个月前向原许可机关提出延续申请。许可机关应对申请企业核查。符合要求的，颁发新的化妆品生产许可证，许可证编号不变。 ·逾期提出延续申请或申请不予批准的，化妆品生产许可证自有效期届满之日起失效。
补办	·在化妆品生产许可证有效期内，企业化妆品生产许可证遗失、毁损、无法辨认的，应当向原许可机关作出书面说明，并在媒体或许可机构官网声明作废满15日后，向原许可机关提出补发申请。许可机关应对申请企业提交资料进行审核，符合要求的，予以补发。
销毁	有下列情形之一的，许可机关应依法注销化妆品生产许可证： ·(一)有效期届满未延续的，或者延续申请未被批准的；(二)化妆品生产企业依法终止的； ·(三)化妆品生产许可证依法被撤销、撤回，或被吊销的；(四)因不可抗力导致许可事项无法实施的； ·(五)化妆品生产企业主动申请注销的；(六)法律、法规规定的应当注销行政许可的其他情形。
其他情形	·因分立、合并或业务重组而存续的化妆品生产企业，如生产场所的生产条件、检验能力、生产技术和工艺等未发生变化的，可直接申请变更；因企业分立、合并或业务重组而解散或无生产能力的化妆品生产企业，应当申请注销化妆品生产许可。

图8-24 化妆品生产许可证核发之外的业务情形

第三节 化妆品生产质量管理规范

国家药监局发布《化妆品生产质量管理规范》（本章简称《规范》），自2022年7月1日起正式施行。从事化妆品生产活动的化妆品注册人、备案人、受托生产企业（在本章统称为"企业"），均须按照《规范》要求组织生产化妆品。该规范是《化妆品监督管理条例》重要的落地规范性文件，为进一步落实《化妆品生产经营监督管理办法》、出台《化妆品生产质量管理规范检查要点及判定原则》以规范化妆品生产许可的现场核查、对化妆品生产企业和经营企业开展质量监督工作奠定了基石，也为化妆品的生产、经营企业开展质量管理提供了纲领性全面的标准。

《规范》共9章67条，明确了化妆品生产企业质量管理机构与人员、质量保证与控制、厂房设施与设备管理、物料与产品管理、生产过程管理、产品销售管理等方面的基本要求（图8-25）。

《规范》既考虑落实"放管服"改革精神，结合实际精准施策，又考虑落实注册人、备案人制度，明确委托方主体责任。

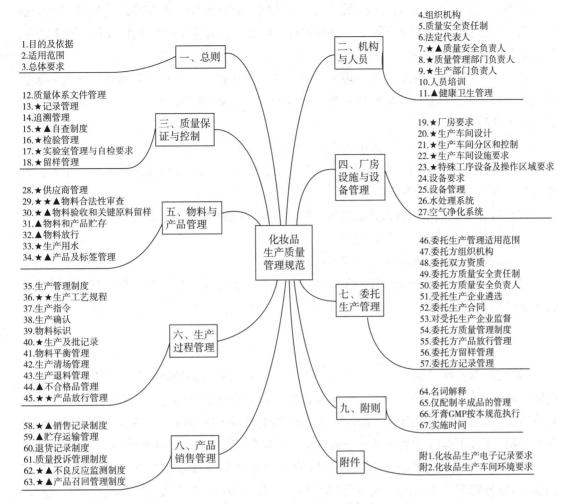

图 8－25 《化妆品生产质量管理规范》框架目录

说明：★为《CGMP 检查要点及判定原则》规定的"其他重点项"；★★为《CGMP 检查要点及判定原则》规定的"关键项"；▲表示若有不符，则可能存在违反《化妆品监督管理条例》的行为，经立案调查违法的应当依法查处。

在《规范》出台前，化妆品企业的质量管理规范文件是《化妆品生产许可检查要点》，但是该规定仅约束化妆品的生产企业，《规范》则在此基础上扩大了规范对象，同时也进一步强化了重点产品和关键环节的要求，加大对生产质量全过程的管理力度：

（1）附 1《化妆品生产车间环境要求》将儿童化妆品、眼部用化妆品、牙膏作为重点产品，明确其半成品贮存、填充、灌装，清洁容器与器具贮存等工序，应符合生产车间洁净区的要求。明确生产施用于眼部皮肤表面，以及儿童皮肤、口唇表面，以清洁、保护为目的的驻留类化妆品的（粉剂化妆品除外），其半成品贮存、填充、灌装、清洁容器与器具贮存应当符合生产车间洁净区的要求。

（2）实行产品"双放行"，即受托生产企业履行出厂放行义务，委托方履行上市放行义务。

（3）明确产品留样数至少达到出厂检验需求量的 2 倍，并应当满足产品质量检验要求。产品为半成品的，留样应密封并附标签。

（4）明确生产工艺参数及工艺过程关键控制点，主要生产工艺应经验证。

（5）考虑到原料安全是保障化妆品质量安全的重要前提，《规范》明确企业应当对关键原料留样，并保存留样记录等。

在落实"放管服"方面,《规范》结合行业实际精准施策,在保障产品质量安全的前提下为企业减负。明确企业配制、半成品贮存、填充、灌装等生产工序采用全封闭管道的,可以不设置半成品贮存间。

在突出重点产品、关键环节管理的同时,又注重实操性,保证政策落地,将进一步提升我国化妆品生产质量管理的整体水平,指导和督促企业持续稳定地生产出质量安全、符合要求的化妆品。

落实和强化注册人、备案人主体责任,明确要求企业:

(1)应建立质量管理体系,确定受托生产企业遴选标准,并对受托生产企业生产活动进行监督(第46、51、53条)。

(2)应设质量安全负责人并承担相应职责(第50条)。

(3)应承担产品上市放行职责(第55条)。

(4)应留样并符合相关要求(第56条)。

(5)应建立并执行记录管理制度,监督受托生产企业保存执行生产质量管理规范的相关记录(第57条)。

一、总则

《规范》第一章"总则"一共3条,明确《规范》制定的目的和依据、《规范》的适用范围,并对化妆品产品的注册人、备案人和生产企业给出了总体要求,为化妆品的生产质量管理提供了基本指导和要求,确保了化妆品从生产到流通的每一个环节都受到有效的监管和控制,从而保障了消费者的安全和权益。本章是《规范》的纲领性条款(图8-26)。

第一条:该条规定了制定本规范的目的是"为规范化妆品生产质量管理"。它基于《化妆品监督管理条例》和《化妆品生产经营监督管理办法》等更高层次的法规、规章,进一步细化和明确了化妆品生产过程中的质量管理要求。这一条款突出了制定这个规范的重要性和依据,表明该规范是为了更好地执行和监督化妆品的生产质量,确保化妆品的安全性和有效性。

第二条:该条明确了这个规范是化妆品生产质量管理的基本要求,说明了《规范》的普遍适用性和强制性——无论是化妆品的注册人、备案人还是受托生产企业,都必须满足这一规范所提出的基本要求,均为其法定的责任和义务。

第三条:该条强调了企业在化妆品生产质量管理中的主体地位和责任。企业需要自主建立和维护生产质量管理体系,确保从源头到终端的每一个环节都能得到严格的管理和控制。同时,企业还需要确保产品的可追溯性,以便在出现问题时能够迅速找出问题源头并采取有效的措施。

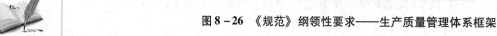

图8-26 《规范》纲领性要求——生产质量管理体系框架

二、机构与人员管理

（一）机构与人员管理概述

质量管理体系的建立和有效运行，需要与之适应的组织机构和适能适岗和数量相当的人员，《规范》第二章"机构与人员"用 8 个条目，为化妆品生产过程中的质量管理提供了明确的方向和准则，详细阐述化妆品生产企业设立组织机构的要求，对质量体系中关键岗位人员的岗位职能职责、任职资质、个人能力、健康和继续教育培训作出了明确的规定，对人员进入生产区域提出了控制要求。

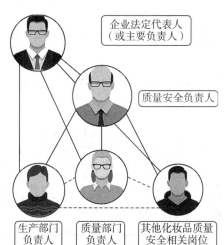

明确各岗职责，各岗位人员应当按照岗位职责要求，逐级履行相应的化妆品质量安全责任

图 8 - 27　逐级履职的质量安全责任制

化妆品注册人、备案人、受托生产企业（本章统称"企业"）应当建立相适应的组织机构，明确质量管理、生产等部门的职责和权限，配备相应的技术人员和检验人员。

企业的质量管理部门应当独立设置，履行质量保证和控制职责，参与所有与质量管理有关的活动。

企业应当建立化妆品质量安全责任制，明确企业法定代表人、质量安全负责人、质量管理部门负责人、生产部门负责人及其他化妆品质量安全相关岗位的职责，各岗位人员应当按照岗位职责要求，逐级履行相应的化妆品质量安全责任。

本节两个核心：一是逐级履职的质量安全责任制，二是质量安全负责人履职。

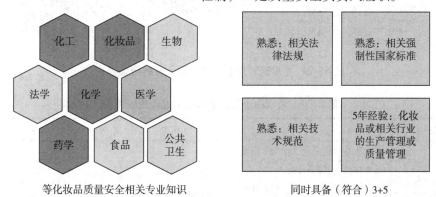

图 8 - 28　质量安全负责人制度

（二）要点解析

1. 组织机构设置 化妆品生产企业必须建立完善的组织机构，确保生产、质量、研发、销售等各个部门之间能够高效协作、相互制约。组织机构的设置应合理、高效，有利于质量管理的实施和监控（图8-29，表8-9）。

（1）**机构和岗位设置** 企业在具体设置部门架构、设计部门及岗位职责权限时，应注意避免以下几种情况：

1）组织部门架构与企业规模、产品特点等不完全适应，出现脱节。

2）不同部门间职责重叠或空缺。

3）部门和（或）岗位职责与权限不匹配。（尤其是质量安全负责人）

4）组织架构图与质量管理手册的描述不一致。（建议直接在质量管理手册中先确定好组织架构，然后逐一梳理、确定职责）

5）对质量管理人员授权不充分，不能保证不受干扰地、独立地履行其质量管理职责。（在任何组织，不论何种组织架构模式，责权对等都是最基本的要求）

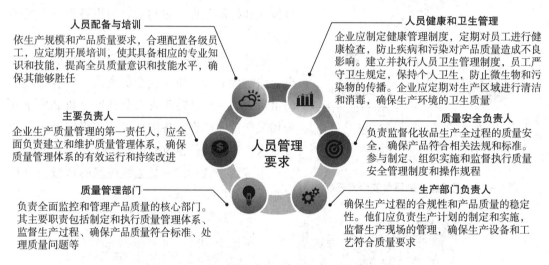

人员配备与培训
依生产规模和产品质量要求，合理配置各级员工，应定期开展培训，使其具备相应的专业知识和技能，提高全员质量意识和技能水平，确保其能够胜任

人员健康和卫生管理
企业应制定健康管理制度，定期对员工进行健康检查，防止疾病和污染对产品质量造成不良影响。建立并执行人员卫生管理制度，员工严守卫生规定，保持个人卫生，防止微生物和污染物的传播。企业应定期对生产区域进行清洁和消毒，确保生产环境的卫生质量

主要负责人
企业生产质量管理的第一责任人，应全面负责建立和维护质量管理体系，确保质量管理体系的有效运行和持续改进

质量安全负责人
负责监督化妆品生产全过程的质量安全，确保产品符合相关法规和标准。参与制定、组织实施和监督执行质量安全管理制度和操作规程

质量管理部门
负责全面监控和管理产品质量的核心部门。其主要职责包括制定和执行质量管理体系、监督生产过程、确保产品质量符合标准、处理质量问题等

生产部门负责人
确保生产过程的合规性和产品质量的稳定性。他们应负责生产计划的制定和实施，监督生产现场的管理，确保生产设备和工艺符合质量要求

图8-29 《规范》对企业机构与人员的管理要求

表8-9 化妆品企业主要岗位职能职责一览表

岗位	职责
法定代表人	对化妆品质量安全工作全面负责； 负责提供必要的资源； 合理制定并组织实施质量方针； 确保质量目标的实现
质量安全负责人	应当协助法定代表人承担下列相应的产品质量安全管理和产品放行职责： （一）建立并组织实施本企业质量管理体系，落实质量安全管理责任，定期向法定代表人报告质量管理体系运行情况； （二）产品质量安全问题的决策及有关文件的签发； （三）产品安全评估报告、配方、生产工艺、物料供应商、产品标签等的审核管理，以及化妆品注册、备案资料的审核（受括生产企业除外）； （四）物料放行管理和产品放行； （五）化妆品不良反应监测管理 《监管规定》16.2 普通化妆品在提交化妆品年度报告前，质量安全负责人应当组织对年度报告内容的真实性、准确性等进行审核；发现问题的，应当立即组织整改

续表

岗位	职责
质量管理部门负责人	（一）所有产品质量有关文件的审核； （二）组织与产品质量相关的变更、自查、不合格品管理、不反应监测、召回等活动； （三）保证质量标准、检验方法和其他质量管理规程有效实施； （四）保证完成必要的验证工作，审核和批准验证方案和报告； （五）承担物料和产品的放行审核工作； （六）评价物料供应商； （七）制定并实施生产质量管理相关的培训计划，保证员工经过与其岗位要求相适应的培训，并达到岗位职责的要求； （八）负责其他与产品质量有关的活动 质量安全负责人、质量管理部门负责人不得兼任生产部门负责人
生产部门负责人	（一）保证产品按照化妆品注册、备案资料载明的技术要求以及企业制定的生产工艺规程和岗位操作规程生产； （二）保证生产记录真实、完整、准确、可追溯； （三）保证生产环境、设施设备满足生产质量需要； （四）保证直接从事生产活动的员工经过培训，具备与其岗位要求相适应的知识和技能； （五）负责其他与产品生产有关的活动
其他人员	配备与其生产的化妆品品种、数量和生产许可项目等相适应的管理人员、操作人员和检验人员；配备的人员是否满足相应的任职条件。 独立设置质量管理部门且配备相应办公场所及专职人员

（2）企业应从两个层面理解并建立质量安全责任制

1）明确质量安全关键管理人员的职责。企业质量安全关键管理人员有五个（类）：

①企业法定代表人（或主要负责人），在《规范》第六条具体规定。

②质量安全负责人，在《规范》第七条具体规定。

③质量管理部门负责人，在《规范》第八条具体规定。

④生产部门负责人，在《规范》第九条具体规定。

⑤其他化妆品质量安全相关岗位，由企业根据部门职能划分和岗位分工做出具体规定。通常应有（可能涉及的）研究开发部门、法规管理部门、采购供应部门、市场及销售部门等。

2）明确各岗位人员应当依岗位职责履行相应的质量安全责任的要求。

企业对化妆品生产质量安全负主体责任，这个主体责任需要进一步细化、明确并分部门、逐层级进行分解，形成覆盖所有相关部门和岗位的化妆品质量安全责任制度，具体需要按照组织机构的部门、岗位的设置，将化妆品质量安全责任分工和岗位职责以体系文件、任命书、授权文件等书面形式予以明确，逐级宣贯落地执行，各岗位人员均应据此逐级履行相应的化妆品质量安全责任。

国家药监局在《企业落实化妆品质量安全主体责任监督管理规定》（在本章简称《监管规定》第四条进一步明确"第四条　企业应当建立化妆品质量安全责任制，明确化妆品质量安全相关岗位的职责，各岗位人员应当按照岗位职责要求，逐级履行相应的化妆品质量安全义务，落实化妆品质量安全主体责任"。

《监管规定》第十二条规定，质量安全负责人应当负责组织落实本企业化妆品质量安全责任制。

企业应当明确质量安全相关部门。各质量安全相关部门应当对本部门的化妆品质量安全风险进行识别和判断，根据风险控制需要提出整改措施，并向质量安全负责人报告。（本款规定，是对《规范》第五条规定的进一步细化，为相关部门配合质量安全负责人履职提供更为具体的制度保障）。质量安全负责人应当定期对本企业质量安全相关部门落实化妆品质量安全责任制情况进行评估，并将评估结果报告法定代表人。（对质量安全负责人落实本企业质量安全责任制的具体工作要求）

3）范例：某企业质量安全责任考核管理办法导图（图8-30）。

目的 合规、赋能、育才、增效、保安全

对象 质量安全负责人、质量部门全员
各部负责人和质量相关的各级干部和员工

内容

履职能力测评

【基本要求】企业法定代表人、主要负责人：对本企业所应遵守的法律法规、标准、企业规章应达到"应知"水平；所有测评者对其所任（拟任/晋升）职务/级履职所需应知应会内容，均应通过考核评估并达标，方可上岗（或晋升）、继任

【测评时机】
1）任前测评（即上岗资格能力确认测评）：新入职者在转正前，转岗（含调岗、降职、晋升等）者在上岗前
2）专项测评（如新规、新文件的实施宣贯）则在有需要时（原则上应在新规、新文件生效前）进行
3）复训基于温故知新强化巩固根据实际需要开展，原则上每年至少全覆盖一次岗位应知应会内容的复训和测评

【复训课时】
1）主管以上≥30课时/年，其中质量安全负责人和质量部门负责人≥40课时/年
2）专业/技术岗≥16课时/年
3）全员（其他）≥8课时/年

【能力测评】
1）理论+实操，线上答题、纸质考卷、抽问、竞答、实操等一种或多种组合形式进行
2）任前、专项、复训测评的过关标准（按100分制量化）。①应知应会类：全员≥90分或更高；②普适类：原则上质量部门要求最高，生产、研究开发-技术部门等同或次之，其他部门干部等同或再次之

履职绩效考评

【考评方式】
由职能部门对各部门、各岗位的质量安全履职情况展开监督检查并量化打分（外部各类检查结果直接纳入）
量化范围包括：各种质量活动（由加减分规则）、公司级自查（内审）、外审、过证、飞检、外部抽查等

【考评周期】每月汇总一次成绩并公布，并按"结果运用"规则处理

结果运用

质量安全负责人 不达标：法定代表人/企业主要负责人做约谈，限期整改达标

履职能力测评结果未通过者
上岗前测评：不得转正或晋升，限期提升再测，通过者方可转正或晋升
专项测评、定期测评：补考。不过者调岗、调薪、降级，取消个人评优资格

履职绩效结果运用
月度：成绩计入当月员工个人月度绩效，直接与薪酬奖金挂钩。优秀与落后者均分别做通报
年度：不达标者冻薪冻职N个月，甚至降薪降职、调岗。末名，其团队和个人不得参与评优

化妆品质量安全责任考核

图8-30 某企业质量安全责任考核管理办法

2. 关于委托履职和协助履职的责任和监督（表 8 – 10）

表 8 – 10　委托履职与协助履职的区分

岗位	履职类别	被委托（或指定）人员条件	必须本人履行职责	监督要求	法律责任转移	被委托（或指定）人员是否承担法律责任
法定代表人	委托履职	系受托对企业进行全面管理的人员	—	签订授权委托书对代为履职情况进行监督，确保代为履职行为可追溯	否	承担（直接负责的主管人员）
质量安全负责人	协助履职	具备相应资质和履职条件	建立并组织实施本企业质量管理体系，产品质量安全问题的决策及有关文件的签发	经法定代表人书面同意，建立协助履职监督制度，形成履职监督记录（确保协助履职行为可追溯）	否	承担（其他责任人员）

3. 质量安全负责人任职资格、能力和履职要求　本条款承接前面第五条，是对企业质量安全负责人资质要求、工作职责的具体要求。

（1）企业设置质量安全负责人及其资质条件　《条例》第三十二条明确规定"化妆品注册人、备案人、受托生产企业应当设质量安全负责人。质量安全负责人应当具备化妆品质量安全相关专业知识，并具有 5 年以上化妆品生产或者质量安全管理经验。"《规范》在这里对质量安全负责人的任职资质具体规定为三个方面：

①具备化妆品、化学、化工、生物、医学、药学、食品、公共卫生或者法学等化妆品质量安全相关专业知识。

②熟悉相关法律法规、强制性国家标准、技术规范。

③具有 5 年以上化妆品生产或者质量管理经验。

在国家药监局的政策问答《药监政策速览（第 34 期）明确化妆品质量安全负责人从业条件认定问题》中，国家药监局指出：

根据《条例》规定，化妆品质量安全负责人应当具备化妆品质量安全相关专业知识，并具有 5 年以上化妆品生产或者质量安全管理经验。

鉴于药品、医疗器械、特殊食品等健康相关产品生产或者质量安全管理的原则与化妆品生产或者质量安全管理的原则基本一致，根据法规立法原意和监管实际，化妆品质量安全负责人在具备化妆品质量安全相关专业知识的前提下，其所具有的药品、医疗器械、特殊食品生产或者质量管理经验，可以视为具有化妆品生产或者质量安全管理经验。

其中，特殊食品是指保健食品、特殊医学用途配方食品和婴幼儿配方食品等。

药监部门应当加强对化妆品质量安全负责人的监督检查和培训指导，考核其是否具备化妆品质量安全相关专业知识和履职能力，督促其依法履职，保证产品质量安全。

（2）履职能力要求　《监管规定》第十条对企业质量安全负责人履职能力给出了具体的要求（图 8 – 31）：

（3）质量安全负责人具体承担职责的规定　《条例》第三十二条明确规定"质量安全负责人承担相应的产品质量安全管理和产品放行职责。"

《规范》给出了质量安全负责人具体承担的五项职责。

第三款则是对质量安全负责人应当独立履行职责，不受企业其他人员干扰的规定，同时对协助履职人员的要求。

企业主要负责人除质量管理方面的职责外，还承担人力资源、研究开发、计划物控、

图 8 – 31 《监管规定》对质量安全负责人履职能力的要求

仓储物流等其他企业运营方面的职责，因此客观上确实需要有一个胜任的质量安全管理助手，来分担质量安全的具体管理工作，以确保质量管理体系的建立和有效运行。从《规范》对质量安全负责人的职责要求，我们可以将该岗位（职务）理解为 ISO9001 等管理体系中的"管理者代表"。

①独立履职要求：不受企业其他人员干扰，是质量安全负责人独立履职的基本要求。这里的"企业其他人员"应包括企业主要负责人。这就要求企业真正做到充分授权、权责对等，质量安全负责人才能独立思考判断和独立决策，才有实现质量目标的可能。

在《监管规定》第十一条中有规定"企业法定代表人应当保障质量安全负责人依法开展化妆品质量安全管理工作，并督促本企业质量安全相关部门配合质量安全负责人工作。法定代表人在作出涉及化妆品质量安全的重大决策前，应当充分听取质量安全负责人的意见和建议。"和第十三条"企业质量安全负责人应当独立履行职责，不受企业其他人员的干扰，不得兼任生产部门负责人等可能影响独立履行职责的工作岗位"是对质量安全负责人独立履职的进一步保障。

②委托及协助履职规定：根据企业质量管理体系运行需要，经法定代表人书面同意，质量安全负责人可以指定本企业的其他人员协助履行以下法定职责（第七条第二款）：

（三）产品安全评估报告、配方、生产工艺、物料供应商、产品标签等的审核管理，以及化妆品注册、备案资料的审核（受托生产企业除外）；

（四）物料放行管理和产品放行；

（五）化妆品不良反应监测管理。

③协助履职行为可溯、委托履职责任不转移：《规范》要求被指定人员应当具备相应资质和履职能力，且其协助履行上述职责的时间、具体事项等应当如实记录，确保协助履行职责行为可追溯。质量安全负责人应当对协助履行职责情况进行监督，且其应当承担的法律责任并不转移给被指定人员。

4. 质量管理部门负责人任职相关要求　质量管理部门是质量管理体系运行的直接管理部门，其工作范围覆盖研产销全过程。因此，部门负责人的法律法规意识、实践经验及其质量管理能力，对质量管理体系的有效运行有决定性作用，对产品质量有直接决定性影响。企业应当按照《规范》要求，根据本企业所生产化妆品的产品品类、生产规模、生产工艺技术和风险控制要求等因素，选配质量管理部门负责人。

《规范》第八条第一款对质量管理部门负责人提出 3 项基本任职条件：

（1）专业知识要求 具备化妆品、化学、化工、生物、医学、药学、公共卫生或者食品等相关专业的教育背景或培训经历。

（2）法规知识要求 具备化妆品质量安全相关专业和法律法规知识。

（3）工作经验要求 具备化妆品生产或者质量管理经验。管理经验的形成需要时间，本条款虽未作明确规定，但实践中一般应当（或原则性要求）有不少于 3 年化妆品生产或质量的管理经历。

企业考察质量管理部门负责人时应注意，上述条件是基础要求，正式任命前须重点考察其实际工作经验与能力，应与其从事的工作、承担的责任相匹配，特别关注其继续教育/持续学习情况（正式入职、任命后也要重视予以保证，并纳入企业考学整体计划安排落实），确保其能够持续熟悉化妆品相关法规，具有足够的法律意识与风险意识，具备足够的管理经验，有能力识别化妆品质量管理中的风险，并根据风险大小，及时做出正确的判断与处理。

企业要及时更换能力不足、履职绩效不合格的质量管理部门负责人。

质量管理部门负责人的岗位职责，一是本条第一款规定的八个方面的内容，二是第四条第二款规定的"其他质量保证和质量控制职责"部门职责负责。

《规范》第八条第二款强调质量安全负责人、质量管理部门负责人不得兼任生产部门负责人。

为保证质量管理的公平性、客观性，要求质量管理部门负责人须专职，体现在两个方面：

一是在企业内部，不能兼任其他部门负责人，尤其是生产部门的负责人。

二是在企业外部，不能在其他企业兼职。

5. 生产部门负责人职责相关 《规范》第九条对生产部门负责人的任职条件和职责范围作了如下规定。

（1）任职条件 生产部门具体实施产品生产行为，是质量管理体系重点控制的环节。生产部门负责人的法规意识、实践经验及其质量管理能力直接决定着产品的质量。

生产部门负责人的任职条件主要体现在三个维度：

①专业知识：具备化妆品、化学、化工、生物、医学、药学、食品、公共卫生或者法学等相关专业知识，一般可理解为相关专业教育背景或培训经历。

②法规知识：具备化妆品质量安全相关专业和法律法规知识。

③工作经验：化妆品生产或者质量管理经验。与质量部门负责人的工作经验年限一样，一般应不少于 3 年为宜。

企业应当依据所生产化妆品的产品特点、生产规模、专业技术要求、风险控制要求等因素综合选择、配备生产部门负责人。在满足上述基本条件的前提下，应重点关注其实际工作经验与能力是否与其从事的工作、承担的职责相匹配。且须对生产部门负责人组织法律法规培训和定期考核，使其能持续熟悉化妆品相关法规，有足够的法律和风险意识，具备足够的生产管理经验。

（2）生产部门负责人的 5 项主责

①保证产品按照化妆品注册、备案资料载明的技术要求，以及企业制定的生产工艺规程和岗位操作规程生产。

②保证生产记录真实、完整、准确、可追溯。

③保证生产环境、设施设备满足生产质量需要。

④保证直接从事生产活动的员工经过培训，具备与其岗位要求相适应的知识和技能。

⑤负责其他与产品生产有关的活动。

化妆品企业主要岗位人员的任职资格如表 8－11 所列：

表 8－11　化妆品企业主要岗位任职资格一览

岗位	专业知识	工作经验
法定代表人	了解化妆品监管相关法律法规	
质量安全负责人	具备化妆品、化学、化工、生物、医学、药学、食品、公共卫生或者法学等化妆品质量安全相关专业知识。熟悉相关法律法规、强制性国家标准、技术规范等	具有 5 年以上化妆品或相关行业生产或者质量管理经验
质量管理部门负责人	具备化妆品、化学、化工、生物、医学、药学、食品、公共卫生或者法学等化妆品质量安全相关专业知识，熟悉相关法律法规、强制性国家标准、技术规范	化妆品生产或者质量管理经验
生产部门负责人	应当具备化妆品、化学、化工、生物、医学、药学、食品、公共卫生或者法学等化妆品质量安全相关专业知识，熟悉相关法律法规、强制性国家标准、技术规范等	化妆品生产或者质量管理经验
其他人员	具备履行岗位职责的法律知识、专业知识以及操作技能，考核合格后方可上岗	

6. 人员培训相关　企业员工培训提出明确要求：规范、严谨其知识和员工全覆盖的培训，培训要有据可查。

（1）培训计划　《规范》第十条第一款强调企业应当制定并实施从业人员的入职培训和年度培训计划，而且通过培训，使得员工既熟悉岗位职责，又要具备相关法律法规知识、专业知识和履行岗位职责的操作技能，且考核合格后才能上岗。重点把握：培训目的、培训对象、培训时机、时间安排、培训内容和方式、培训方式、培训师资、培训效果保障和监测。

（2）培训档案　《规范》第十条第二款规定培训要建立培训档案以及档案包括的主要内容：培训的实施过程、考核，总结和评估应当保留记录，一般应包括培训计划和方案、组织部门、培训时间、授课人、培训资料、培训人员签到表、考卷、考核和评估记录等。

（3）范例　某企业 2022 年度培训计划（表 8－12）

7. 健康卫生管理

《规范》第十一条是对化妆品生产卫生、人员健康相关的要求（图 8－32），特别注意：

（1）健康限制性规定：明确"患有国务院卫生主管部门规定的有碍化妆品质量安全疾病的人员不得直接从事化妆品生产活动"，这是《规范》对从业人员的要求。

目前，国务院卫生主管部门暂未出台有碍化妆品质量安全疾病的范围规定。

企业可暂时参考原《化妆品卫生监督条例》规定的有碍化妆品质量安全疾病的范围：患有痢疾、伤寒、病毒性肝炎、活动性肺结核、手部皮肤病（手癣、指甲癣、手部湿疹、发生于手部的银屑病或者鳞屑）和渗出性皮肤病等疾病的人员，不能直接从事化妆品生产活动。

（2）人员健康的建档保存期限不少于 3 年。

（3）进入车间卫生管理注意：穿戴的严谨规范（先后顺序），指甲长度，手部外伤及发炎，发帽和口罩遮蔽有效性等。

表8-12　某企业某年度培训计划

序	课题名称	课程性质	培训对象		课程级别	课时	培训方式	培训地点	预聘讲师	考核方式	培训时间
			必修人员	选修人员							
1	复工复产安全和质量培训	安全、品质类	全员	/	厂级	4h	PPT+视频	研学社		课堂提问	1月
2	应急演练培训	安全类	全员	/	厂级	1.5h	现场实操	工厂全域		课堂提问	6月
3	安全知识教育培训	安全类	全员	/	厂级	1.5h	PPT现场讲授	多功能厅		笔试	7月
4	典型事故和应急救援范例分析视频观看	安全类	全员	/	厂级	0.5h	视频分享	多功能厅		课堂提问	11月
5	化妆品法规在线培训	合规需求	全体人员	/	厂级	20m/w	PPT录播	企业微信		月度闯关	1~12月
6	GMPc+105条的宣贯	应知应会	全员	/	厂级	2h	采用知识竞赛+现场讲解的方式	多功能厅		现场问答	8月
7	偏差控制、变更控制	应知应会	全员	/	厂级	2h		多功能厅		现场问答	9月
8	文件控制、批记录控制	应知应会	全员	/	厂级	2h		多功能厅		现场问答	10月
9	计量管理规范	应知应会	全员	/	厂级	2h		多功能厅		现场问答	11月
10	洁净区毛巾清洗消毒和使用规程	岗位需求	生产部全员	/	车间/小组级	0.5h	文件讲授+实操	其他		现场问答	5月
11	7S检查标准及要求	岗位需求	生产部	有意生管者	部门	2h	PPT+现场	待定		现场问答	4月
12	企业文化及员工手册讲解	新员工入职	新员工	/	厂级	1h	PPT现场讲授	待定		笔试	适时
13	入职安全培训（三级安全教育）	新员工入职	新员工	/	厂级	0.5h	PPT现场讲授	1F大会议室		笔试	适时
14	岗位安全操作规程	员工转岗	异动员工	/	厂级	0.5h	作业现场讲解	车间		现场实操	适时
15	生产质量应知应会培训	新员工入职	新员工	/	厂级	1h	PPT面授	一楼学院		笔试	1、7月
16	……		……								

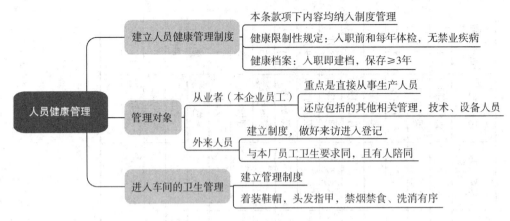

图 8-32 人员健康管理要素

三、质量保证与控制

(一)《规范》第三章概述

本章包括 7 个条款,分别从质量体系文件管理、记录管理、追溯管理、自查制度、检验管理、实验室管理与检验要求、留样管理等 7 个方面对建立和运行质量保证与质量控制的关键内容作出了原则性规定。

国际标准化组织在 ISO 9000 国际标准《质量管理体系基础和术语》中对"质量管理"的定义是:"在质量方面指挥和控制组织的协调的活动"。这些活动通常包括:制定质量方针和质量目标,质量策划、质量控制、质量保证和质量改进。

质量保证和质量控制都是质量管理活动的一部分,两者都是以满足质量要求为目的,但是质量保证活动侧重于为满足质量要求提供使对方信任的证据,而质量控制活动侧重于如何满足质量要求。因此,从某种意义上说质量保证和质量控制是为达到同一目的的两个方面。

质量控制不仅仅是指产品的质量检验,还包括生产过程的质量控制,两者结合是控制产品质量的双重手段。生产过程的质量控制,是指生产企业内部对从原材料进厂到形成最终产品的整个制造过程实施的质量控制,它是贯彻 ISO 9001 质量保证体系的最终落脚点。其职能表现主要在:生产企业根据设计和工艺技术文件规定以及制造质量控制计划的要求,对生产过程中各项影响制造质量的因素(如工作方式与环境条件、设备运行、材料应用等)实施有效控制,从而保证生产正常进行,产品符合设计要求并达到合同或标准规定的质量水平。

化妆品直接作用于人体表面,随着化妆品相关学科和生产技术的进步,新原料的出现和新工艺的产生,极大地推动了化妆品产业的发展,同时也增加了化妆品安全风险,生产过程的质量控制和产品的质量检验对保障化妆品的质量尤为重要。

(二)要点解析

1. 质量管理体系文件

(1)体系文件 具体制度可参考本章第二节"生产许可申办实务"。实践中,企业应重点关注如下必须成文的制度(表 8-13,表 8-14)。

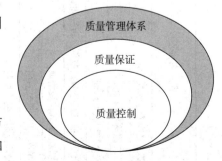

图 8-33 质量保证与质量控制关系图示

表 8-13　企业重点关注文件（部分）1

序号	管理制度	制度的相关要求
1	文件管理制度	确保质量管理体系文件的制定、审核、批准、发放、销毁等得到有效控制
2	记录管理制度	记录应当真实、完整、准确，清晰易辨，相互关联可追溯，不得随意更改，更正应当留痕并签注更正人姓名及日期。标示清晰。存放有序，便于查阅。与产品追溯相关的记录，其保存期限不得少于产品使用期限届满后1年，产品使用期限不足1年的，记录保存期限不得少于2年。与产品追溯不相关的记录，其保存期限不得少于2年
3	追溯管理制度	原料、内包材、半成品、成品制定明确的批号管理规则，与每批产品生产相关的所有记录应当相互关联，保证全部活动可追溯
4	自查制度	包括：自查时间、自查依据、相关部门和人员职责、自查程序结果评估等内容，制定自查方案，形成自查报告。企业应当每年对化妆品生产质量管理规范的执行情况进行自查。出现连续停产1年以上，重新生产前应当进行自查，化妆品抽样检验结果不合格的应当按规定及时开展自查并进行整改
5	检验管理制度	制定原料、内包材、半成品以及成品的质量控制要求：检验项目检验方法和检验频次，明确检验或者确认方法、取样要求、样品管理要求、检验操作规程、检验过程管理要求
6	实验室管理制度	企业应具备菌落总数、霉菌和酵母菌总数等微生物检验项目的检验能力，制定相应的制度以保证检测环境、检验人员以及检验设施、设备、仪器和试剂、培养基、标准品等满足检验需要；重金属、致病菌和产品执行的标准中规定的其他安全性风险物质，可以委托取得CMA资质认定的检验检测机构进行检验，企业需保存委托协议和检测报告；试剂、培养基、标准品的配制、使用、报废和有效期实施管理
7	留样管理制度	每批出厂的产品均应当留样，留样数量至少达到出厂检验需求量的2倍，并应当满足产品质量检验的要求。出厂的产品为成品的，留样应当保持原始销售包装。出厂的产品为半成品的，留样应当密封且能够保证产品质量稳定。留样保存期限不得少于产品使用期限届满后6个月

根据《规范》和《要点》要求，以下制度的相关要求须重视：

表 8-14　企业重点关注文件（部分）2

序号	相关制度	相关要求
1	产品销售记录制度	确保销售产品的出货单据、销售记录和货品实物，三者保持一致。产品销售记录：至少包含产品名称、特殊化妆品注册证编号或者普通化妆品备案编号、使用期限、净含量、数量、销售日期、价格，以及购买者名称、地址和联系方式
2	产品贮存和运输管理制度	依照有关法律法规的规定、产品标签标示的要求贮存、运输产品。定期检查并且及时处理变质或者超过使用期限等质量异常的产品
3	退货记录制度	退货记录内容应当包括退货单位、产品名称、净含量、使用期限、数量、退货原因以及处理结果等内容
4	产品质量投诉管理制度	指定人员负责处理产品质量投诉并记录。质量管理部门应当对投诉内容进行分析评估，并提升产品质量
5	化妆品不良反应监测和评价体系	配备与其生产化妆品品种、数量相适应的机构和人员，按规定开展不良反应监测工作，并形成监测记录
6	产品召回管理制度	①发现产品存在质量缺陷或者其他问题，可能危害人体健康的、立即停止生产、召回以销售产品、停止经营、使用。 ②召回的产品：清晰标识、单独存放，采取补救、无害化处理、销毁等措施。 ③向当地药品监督管理部门报告。 ④受托生产企业应当建立并执行产品配合召回制度。 ⑤召回记录内容应当至少包括产品名称、净含量、使用期限召回数量、实际召回数量、召回原因、召回时间、处理结果向监管部门报告情况等

　　质量管理体系须以文件化的形式呈现，质量管理体系文件的编修审批过程，就是企业对自身质量管理的"立法"过程。《规范》第十二条对企业建立质量管理体系文件明确了原则性要求。

　　第一款规定企业应建立的质量管理体系文件的范围：质量方针、质量目标、质量管理制度、质量标准、产品配方、生产工艺规程、操作规程，以及法律法规要求的其他文件。

第二款明确企业建立并执行文件管理制度的要求：应当有效控制企业质量管理体系文件的制定、审核、批准、发放、销毁等行为。

质量管理体系（图8-34）中第四阶：质量记录表单。一种为已完成的活动或达到的结果提供客观证据的特殊文件。其特殊性表现在当它以空白形式存在时是表单，一旦填写完毕就起到了提供所完成活动的证据作用，则转变为质量记录。质量记录为证明满足质量要求的程度或为质量体系的要素运行的有效性提供客观证据。质量记录的某些目的是证实、可追溯性

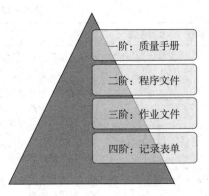

图8-34 质量管理体系结构图

预防措施和纠正措施。除以上四阶文件之外，还有一类特殊的文件——外来文件：包括行业文件、外来法律、法规、规范。文件又分为受控文件和非受控文件。

（2）质量方针和质量目标

1）《质量管理体系 要求》（GB/T 19001—2016/ISO 9001：2015）对质量方针和质量目标的要求是：最高管理者应制定、实施和保持质量方针。

组织应保持有关质量目标的成文信息。策划如何实现质量目标时，组织应确定：要做什么；需要什么资源；由谁负责；何时完成；如何评价结果。

2）质量方针和质量目标两者关系

①质量方针：是对满足要求和持续改进质量管理体系有效性的承诺，由组织的最高管理者正式发布的该组织总的质量宗旨和方向。质量方针必须和组织的总方针相一致，并为制定质量目标提供框架。

②质量目标：是满足产品要求所需的可测量的内容，是指组织在质量方面所追求的目的。通常是一般依据组织的质量方针，对组织的相关职能和层次分别规定质量目标，并与质量方针保持一致。

3）制定质量方针六原则（图8-35）

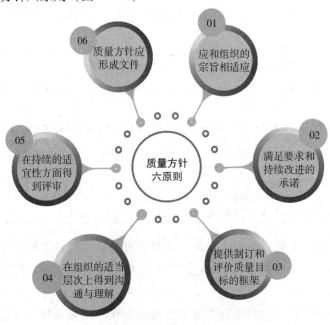

图8-35 质量方针六原则

4）质量目标制定要求：ISO 9001 和《规范》均要求最高管理者组织的相关职能和各层次上建立质量目标，并确保：质量目标是可以测量的，在相关的职能和各层次上必须展开，其内容，应与质量方针提供的框架相一致，且包括持续改进的承诺和满足要求的所有内容。

（3）质量管理体系文件基本要求　规模不同、产品不同、生产工艺不同、人员能力不同的企业，质量管理体系文件的复杂程度可能存在很大的差异。但以下几点却是任何组织的质量管理体系均必须遵循的原则（图 8 - 36）：

合规权威性

质量管理体系所有文件，均应符合国家法律法规的要求，不得与法律法规、国家标准和技术规范相冲突。是体系有效的前提原则。

质量管理体系文件就是企业的"内部法规"，一经签批发布，企业全员必须遵守，不得违反。即使有充分合理的修订理由，也必须执行文件控制程序所规定的修订程序完成修编并经签批发布后方可执行。权威性是体系文件的第一原则

科学适用性

质量管理体系文件的制定应当遵循科学原理、规律，必要时应经过验证和确认。适时对实施效果进行评估，发现偏差或与实际不符、不能发挥应有作用时应及时修订。科学性还要求在编修文件时避免重形式不重内容的做法。体系文件的编写应遵循"简单易懂"原则。质量管理体系文件在合规的前提下必须符合本企业实际，与本企业规模、许可范围/生产品类、资源水平、生产管理能力等相适宜。在考虑体系的引领和指导作用同时，应充分考虑文件要求的可行性。在ISO 9001—2016中对质量方针也有"持续适宜性评审"的要求

质量管理体系四大原则

全面系统性

质量管理体系文件应能够覆盖从物料采购到生产、检验、贮存、销售和召回的全过程，至少涵盖质量方针、质量目标、质量管理制度、质量标准、产品配方、生产工艺规程、操作规程，以及法律法规要求的其他文件等《规范》所要求的内容，具体可参见本章第二节"三、化妆品生产许可申办实务"中所列出的文件（制度和记录）。企业应对其质量管理体系中采用的全部要素、要求和规定，系统而条理地制定方针和程序，所有的文件均应按规定的方法编辑成册，各层次的文件应合理分布

统一协调性

质量管理体系文件的所有规定，应与公司的其他管理规定相协调，不同体系文件之间应相互协调、互相印证；体系文件应与有关技术标准、规范相互协调；应认真处理好各种接口，避免不协调或职责不清。

组织的质量管理体系文件应统一清楚、准确、全面、简单扼要的表达方式，外在的文件风格、格式应统一，内在的接口和逻辑关系也应统一，对同一事项的不可有相互矛盾的不同的文件同时有效。不同组织的文件可具有不同的风格

图 8 - 36　质量管理体系文件的四大原则

2. 记录管理　在 GB/T 19000 - 2016/ISO 9000：2015《质量管理体系　基础和术语》对"记录"的定义是"阐明所取得的结果或提供所完成活动的证据的文件"，其注 1"记录可用于正式的可追溯性活动，并为验证、预防措施和纠正措施提供证据"。

记录是企业实现产品可追溯的基础，是评价质量管理体系运行情况的证据，是发现问题以实现持续改进目标的信息来源。记录是开展预防和纠正措施，持续改进产品质量的依据，是质量问题、投诉、不良事件发生后追溯原因的依据，是内部审核、第三方认证和政府部门监督检查的主要依据。记录是随着活动的开展逐步形成的，企业的生产活动是否符合《规范》的要求，要通过检查相关记录来判定。

（1）记录管理的重要性　《规范》第十三条"与本规范有关的活动均应当形成记录"可见，记录对于企业质量管理体系运行的重要性。不仅化妆品生产企业应当独立满足《规范》的全部要求，建立与《规范》有关的活动的记录并保存必要的验证文件，即使完全委托生产的注册人、备案人也应当对其实际开展的全部生产质量管理的相关活动形成记录，并保存相关证明文件。

（2）建立记录的范围　企业应当结合实际，根据本企业生产规模、产品类别、技术复杂程度，来建立记录系统。

《规范》中涉及的活动，都应当建立记录。这些活动包括但不限：体系文件/记录管理、体系自查，人员培训、健康、卫生管理，环境监控，设施、设备、仪器的清洁、消毒、监测、使用、维护管理，供应商审核评价，物料采购、验收、贮存、使用等管理，产品生产、放行管理，不合格品管理，检验管理，留样管理，实验室管理，销售、退货、投诉、召回、不良反应监测等活动记录。

（3）记录的具体要求

1）记录的管控要求：记录管控包括记录的表单设计、记录填写、保存和处置等。企业在建立质量管理体系时，应逐一识别需要形成的记录，明确规定记录的格式和载体、使用

（提交/归档时限，取用、借阅的审批权限等），存档保管要求（职能/归口部门、场所条件、保存期限和处置要求等）。记录管控基本要求如下（图8-37）：

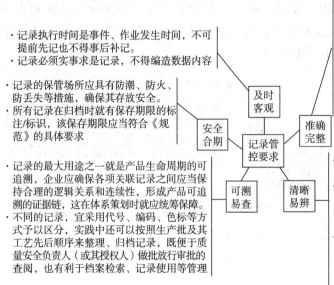

图8-37 记录管控五大原则

2）记录设计和填写要求：质量记录的空白表格样式，称为质量记录表式，属于质量管理体系文件的组成部分。在体系运行过程中，质量记录表式记载了各种有关的实际情况和数据之后，便形成了质量记录。

①记录设计要求：实地反映生产过程状态。制定记录表设计规范，明确质量记录表式的基本设计要求，制定记录控制程序对质量记录实施必要的管理。关注表式的适用性、充分性和必要性、具有可追溯性、栏目设置合理、规范化和标准化、真实性和准确性。

②记录填写要求：实事求是、严肃认真、确保记录的原始性、报表填写必须完整、空白栏目的填写、记录要求准确清晰、记录的唯一性标识、记录报表的日期写全、记录中各处签名、笔误处理。

（4）记录保存要求

1）记录保管的时限要求

①与产品追溯相关的记录，例如批生产、检验记录，其保存期限不得少于产品使用期限届满后1年；产品使用期限不足1年的，记录保存期限不得少于2年。

②与产品追溯不相关的记录，例如质量体系自查记录，外审记录，环境控制记录，制水系统定期清洁、消毒、监测记录，实验室设备和仪器维护、保养、使用校准等管理记录等，其保存期限不得少于2年。

③记录保存期限另有规定的从其规定。例如企业的人员健康档案至少保存3年。

《规范》中有些条款涉及的活动明确提出了建立记录的要求，有些条款对相关活动的记录要求并无直接规定，如人员培训、健康管理、环境监控、供应商遴选评价、质量体系自查及整改、风险控制等，这些活动都是要建立记录的。企业应当根据《规范》的要求一项一项梳理，确定企业要建立的记录的名称、内容、形式等。记录可采用纸质文件也可采用电子文件。

2）记录保管的其他要求

①记录的贮存和保管：按照档案要求立卷贮存和保管。由专人或专门的主管部门负责，建立必要的保管制度，便于检索和存取，保管环境适宜可靠，干燥、通风，并防潮、防火、防蛀、防止损坏、变质和丢失。

②记录的检索：对记录作编目，编目具有引导和路径作用，避免漏项又便于记录的查阅和使用。记录的管理借助计算机软件和互联网，将极大地提高检索和查阅的效率。

③记录的处置：超过规定保存期限的记录，应统一进行处理，制定相应的文件对不同密级记录的处置明确相应等级的管控要求。

（5）电子化或数字化记录的要求 本条款第三款规定，"采用计算机（化）系统生成、保存记录或者数据的，应当符合本规范附1的要求"。这是顺应（适应）信息技术不断发展和提高、ERP等管理系统以及物料条码/二维码的广泛便捷推广应用的现实需求。

3. 追溯管理 可追溯，要从正向、逆向、横向三个路径实现追溯，才能算是可追溯。

（1）正向追溯 物料批号（原料/包材）→配料计划→配料、分装记录→成品检验记录→成品出入库记录（图8-38）。

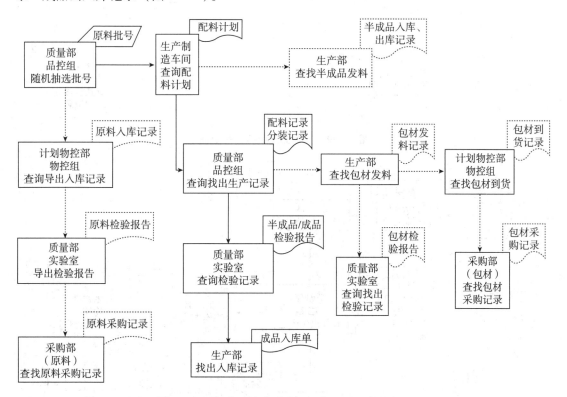

图8-38 某企业追溯流程—正向（以原料为例）

（2）逆向追溯 成品批号→成品检验及配料生产记录→物料领用记录→进货检验记录→物料入库记录→供方送货记录→物料采购记录（图8-39）。

（3）横向追溯 物料批号（半成品/在制品）→物料配料/生产记录→物料出入库记录→生产记录→半成品/成品检验记录→入库记录（图8-40）。

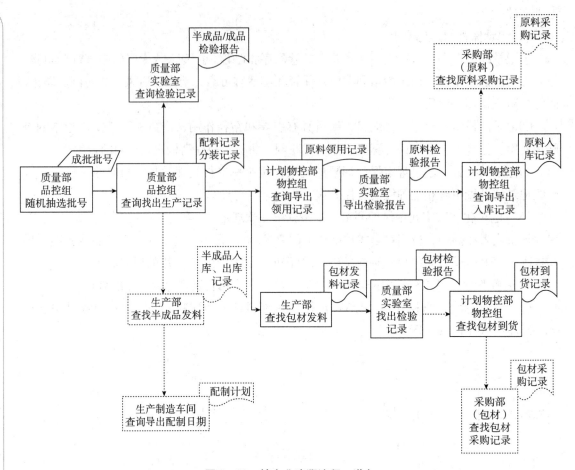

图 8 - 39　某企业追溯流程—逆向

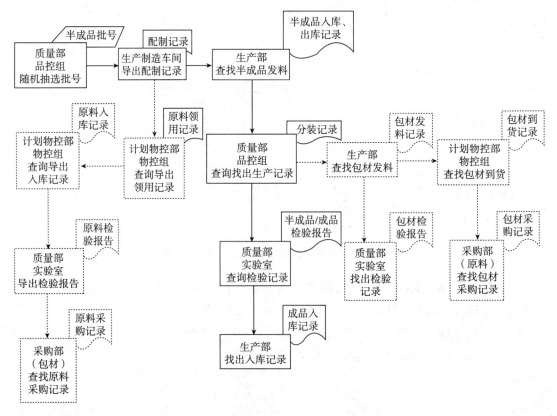

图 8 - 40　某企业追溯流程—横向（以半成品为例）

图 8-38 至图 8-40 中，实线箭头表示每次追溯必须包含的过程，虚线箭头表示可选过程；流程图实线外框表示每次追溯必须收集查看的记录，虚线外框表示可选择追溯的数据。

化妆品生产企业典型追溯模型见图 8-41。

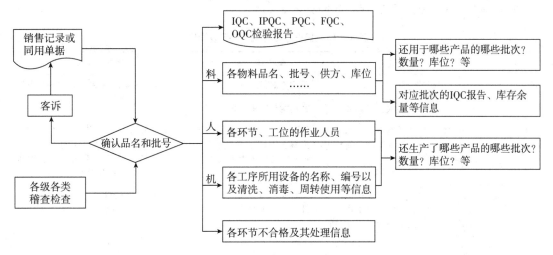

图 8-41　化妆品生产企业典型追溯模型

监管部门的飞行检查，对批记录的要求一向严格，体现在：快速提供、记录完整、清晰真实、（时间和数量）逻辑合理、相互关联溯源清晰。企业应将模拟飞检列入企业的自查计划中，定期开展全面或不定期开展专项的模拟飞检-生产记录追溯检查，查漏补缺并持续提高企业合规能力。

4. 自查制度　自查制度在《规范》第十五条分三款提出具体要求。其依据源自《条例》第三十四条规定：化妆品注册人、备案人、受托生产企业应当定期对化妆品生产质量管理规范的执行情况进行自查；生产条件发生变化，不再符合化妆品生产质量管理规范要求的，应当立即采取整改措施；可能影响化妆品质量安全的，应当立即停止生产并向所在地省、自治区、直辖市人民政府药品监督管理部门报告（图 8-42）。

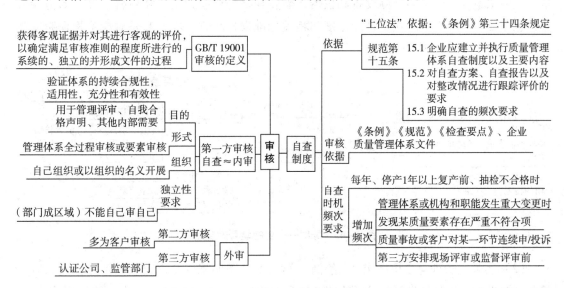

图 8-42　审核和自查制度

　　审核应在图 8 - 42 所述三种情况之一时即启动，选任非审核对象（区域）直接利益相关岗位、胜任人员担任审核员，明确审核依据，进行分工，编制审核计划/审核表并组织开展内部审核。审核发现的不符合项，应采取适当的纠正和纠正措施，并跟踪、确认纠正措施是否实施以及是否圆满完成。审核和不符合整改，均应保留成文信息，作为实施审核方案以及审核结果的证据。三方审核异同见表 8 - 15。

表 8 - 15　第一、二、三方审核异同

项目	第一方审核	第二方审核	第三方审核
定义	由企业组织的内部审核	采购方对供应商的审核	独立的外部审核机构对组织的审核
审核目的	组织内部寻求持续改进的机会	客户购买的决策依据	获取证书
审核方式	由组织依据审核的基本要求和自身特点制定，可以选择滚动式或集中式审核	采购产品的：质量管理体系审核、质量审核、过程质量审核、特殊要求审核等	第一阶段是质量管理体系文件审核；第二阶段是实际运作与特定要求（法律法规、手册、质量管理体系标准）符合程度的审核
前期准备工作	组织的最高领导层组建审核机构或指定某职能机构主管审核工作，培训审核员，制定审核程序，任命管理者代表	了解受审核方情况，预审文件，必要时预防	了解受审核方情况，预审文件，决定是否受理申请，必要时预审
审核计划	编制例行审核计划及追加审核计划	短期内集中审核所有部门和要素的现场审核计划	短时间内集中审核对关键区域和随机抽取区域的计划
不合格问题的分类	按性质分类，目的在于抓住重点问题采取纠正措施，以及评价体系运行情况，也可按严重程度分类	按严重程度分类，目的在于决定是否予以通过认可	按严重程度分类，目的在于决定是否予以通过认证
审核频次	依据企业内审制度	依据采购方《供应商管理制度》	认证后每年至少要进行 1 次
审核员资质	内审员证/内审培训	内审员证/内审培训	审核员必须取得注册审核员资格

5. 检验管理

　　（1）整体要求　在《规范》第十六明确规定企业应建立并执行检验管理制度，制定原料、内包材、半成品以及成品的质量控制要求。要保证质量检验环节的有效性，既需要具备相应的试验设施、检验检测设备和仪器，需要合格的检验人员，需要科学可靠的检验方法，也需要可靠和有效的检验管理制度和相关标准操作规程。本条款是对检验管理制度建立和执行的要求（图 8 - 43）。

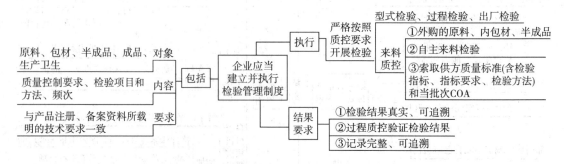

图 8 - 43　导图—企业检验管理制度

　　（2）实验室管理与自检要求　《条例》第二十六条明确，从事化妆品生产活动，应当具备能对生产的化妆品进行检验的检验人员和检验设备。企业应设立与生产的化妆品品种、数量和生产许可项目等相适应的检验人员和实验室。但是，在制定《规范》过程中，还是

在执行层面上综合考虑了我国多数企业的实际情况，对《条例》的要求在严格执行方面有所保留。例如：允许重金属、致病菌和产品执行的标准中规定的其他安全性风险物质，可以委托取得资质认定的检验检测机构进行检验。

6. 留样管理 企业建立并执行产品的留样制度，并明确了留样的具体要求（包括留样方法、留样数量、留样贮存条件、留样时间及留样记录的要求）。

（1）化妆品产品留样的目的和意义 化妆品产品留样具有多重目的和意义，不仅有助于保障产品质量和安全，还能够为企业提供法规遵从性证明、消费者权益保障、产品追溯与召回等方面的支持。具体体现在：产品质量监控、风险预测与防范、法规遵从性证明、消费者权益保障、产品追溯与召回、研发与改进参考、质量控制体系完善、纠纷处理与证据提供。因此，化妆品生产企业应高度重视留样工作，确保留样产品的保存和管理符合相关法规和标准要求。

（2）留样管理的理解与落地 化妆品留样管理是确保产品质量、保障消费者权益以及满足法规遵从性的重要环节。理解并遵守化妆品留样管理的法规要求对于化妆品生产企业而言至关重要。

①建立制度：《规范》第十八条明确要求：企业应建立留样管理制度，包括留样对象、留样方式、留样量、留样标识、留样贮存条件、留样保留时间等内容。

②留样种类与数量：企业应执行留样管理制度，对每批出厂的成品留样，成品留样应当保持原始销售包装。应按规定的贮存条件有序存放，标识清楚，易于查找调取。不低于2倍出厂检验数量是最少留样量要求，如果遇到第三方投诉举报或监督抽检发现严重问题时，2倍检验量未必满足质量检验量要求。

此外，留样还应包括可能涉及安全风险的原材料。

实操中的取样量：按同批半成品批号作为一个成品批取出厂检验量和留样量，每批产品留样数量至少达到出厂检验需求量的2倍（参见表8-16），并应当满足产品质量检验的要求。

表8-16 国家药品监督管理局发布的产品留样数量参考表

序号	产品类别	留样数量参考量
1	祛斑/美白类产品	≥3个包装且总量≥50g或ml
2	护肤类产品	≥3个包装且总量≥80g或ml
3	防晒类产品	≥3个包装且总量≥50g或ml
4	宣称祛痘类产品	≥3个包装且总量≥200g或ml
5（1）	面膜类产品（面贴式）	≥7贴且总量≥140g或ml
5（2）	面膜类产品（涂抹式）	≥7贴且总量≥80g或ml

备注：产品净含量低于1g的，在成品留样同时，可结合其半成品对产品进行留样。

③样品要求：出厂的产品为半成品的，留样应当密封且能够保证产品质量稳定，并有符合要求的标签信息，保证可追溯。

出厂的产品为成品的，留样应当保持原始销售包装。销售包装为套盒形式，对包装内的最小销售单元取样，另留存能够满足质量追溯需求的套盒外包装。取样成品在满足法定要求条件下（完整法定标识、内容物合格），允许取包装有瑕疵产品（例如，封口歪斜、包材外观异常等，但包装标签标识须完整、其他指标合格）作为出厂检验成品和留样。

▶ **知识拓展**

　　基于化妆品行业特点，在《规范》第十八条第二款中对特定套盒形式进行销售的成品，在留样方面设置了有条件的豁免，即销售包装为套盒形式，该销售包装内含有多个化妆品且全部为最小销售单元的，如果已经对包装内的最小销售单元留样，可以不对该销售包装产品整体留样，但应当留存能够满足质量追溯需求的套盒外包装。实践中，企业务必注意本条款的限制条件，并不是所有的套盒包装产品均可豁免留样，只有销售包装内的单件化妆品均为最小销售单元，且每样最小销售单元均按规定留样后，整个套盒留样才可以豁免。

　　④留样时间与期限：法规规定留样保存时间至少超过成品保质期后 6 个月。企业应确保留样产品在规定期限内得到妥善保存，以便必要时开展回顾性分析和检测。

　　⑤留样记录与追溯：企业应建立完善的留样记录制度并保存留样的相应记录，包括留样产品的名称、数量、生产日期、收样日期、贮存地点、保存期限、取样人、接受人等内容，保存条件等信息，以及定期观测或检验记录。留样记录应完整、真实，应能够方便地进行追溯和查询。在需要时，这些记录可以作为企业遵守法规和产品质量的证据。

　　⑥留样异常处理：若发现在使用期限内的留样变质，企业应按照法规要求处理：及时分析原因，召回已上市销售的该批次产品，主动消除安全风险，同时通知监管部门。还可能采取暂停生产等措施。召回产品应严格依规并在监管部门的指导、监督下进行处理。

　　⑦保密与安全要求：留样产品可能涉及商业机密和消费者隐私，企业应遵守相关的保密和安全要求：包括对留样产品进行加密标记、限制访问权限、确保存储安全等措施。

　　⑧监管与违规处理：企业应遵守相关法规要求，并积极配合监管部门的检查和监督。企业应建立内部监管机制，确保留样管理的合规性和有效性。

四、化妆品厂房设施与设备管理

　　《化妆品监督管理条例》第二十六条，从事化妆品生产活动应当具备的五大条件之二是"具有与生产的化妆品相适应的生产场地、环境条件、生产设施设备"。

　　厂房设施与设备主要包括：厂房建筑实体（含门、窗）、内部道路，制水系统、空气净化系统、电气供应设施、照明设施等必要的公用设施，以及生产过程所需的生产设备（含计量器具）及其配套设施、开展检验监测所需的设备、仪器和计量器具等。

　　充分且设计布局合理的厂房设施，加上规范得当的维护保养，适宜且保养得当、正常运转的生产设备，是直接保证生产进度和化妆品质量的必要且重要基础。为确保化妆品的生产质量，企业应当加强对厂房设施与设备的检查、维护和管理，保证其处于完好并能够有效运行的状态。强化清洁、消毒作业及其管控，不对生产环境、设备带来污染或影响，确保生产环境、生产设备均符合要求。随着生产企业广泛采用越来越多的全自动生产设备，以减少人为因素对产品质量的影响，这对设备的日常维护保养和定期检修、规范操作等的要求自然随之越来越高。

　　《规范》的第四章（化妆品厂房设施与设备管理）共有 9 个条款，对化妆品厂房设施与设备管理进行了全面而细致的规定。主要包括生产企业的厂房选址和结构、生产车间设计、生产车间分区和控制、生产车间设施要求、特殊工序设备及操作区域要求、设备要求及设备管理，并对水处理系统、空气净化系统提出具体要求，旨在设定企业"入门"最基本的硬件条件。

（一）化妆品工厂硬件基本要求

《规范》要求企业应当建立并执行生产设备管理制度，进一步明确企业应当具备与生产的化妆品品种、数量和生产许可项目等相适应的生产场地和设施设备，企业应当按照生产工艺流程及环境控制要求设置生产车间，不得擅自改变生产车间的功能区域划分；明确生产车间等场所不得贮存、生产对化妆品质量安全有不利影响的物料、产品或者其他物品。

《规范》还根据各区域的产品类别和生产工序，将化妆品生产车间分为洁净区、准洁净区和一般生产区，以环境参数和其他参数为控制指标对车间环境做详细区分，以保证化妆品的生产安全。详见本章"九、附则之（二）2、化妆品生产车间环境要求"。

所有与原料、内包材、产品接触的设备、器具、管道等的材质应当满足使用要求，不得影响产品质量安全（表8-17）。

表8-17 化妆品生产企业设备设施的基本要求

序号	设施设备	相关要求
1	生产车间—功能区	不得擅自改变生产车间的功能区域划分，避免交叉污染。生产车间更衣室应当配备衣柜、鞋柜，洁净区、准洁净区应当配备非手接触式洗手及消毒设施
2	生产车间—洁净区	洁净区、准洁净区、一般生产区，保持良好的通风和适宜的温度、湿度。洁净区应当采取净化和消毒措施，准洁净区应当采取消毒措施。制定环境监控计划，定期进行监控，每年按照化妆品生产车间环境要求对生产车间进行检测
3	虫害设施	配备防止蚊蝇、昆虫、鼠和其他动物进入，并依照物料和产品的特性配备温度、湿度调节及监控设施
4	除尘或排风设施	易产生粉尘、不易清洁等的生产工序，单独的生产操作区域，专用的生产设备，易产生粉尘和使用挥发性物质
5	生产设备和管道	采购、安装、确认、使用、维护保养、清洁，定期进行检定或者校准。使用规程、状态标识、清洁消毒标识
6	水处理系统	企业制水、水贮存及输送系统的设计、安装、运行、维护应当确保工艺用水达到质量标准要求。水处理系统定期清洁消毒、监测、维护制度
7	空气净化系统	设计、安装、运行、维护应当确保生产车间达到环境要求企业应当建立并执行空气净化系统定期清洁、消毒、监测、维护制度

（二）要点解析

1. 厂房要求对照落实和检查要点

（1）生产车间设备布局图，要求标识清晰具体区域名称，能够说明布局合理及主要生产设备。

（2）厂区总平面图，注明厂区周围远离有害场所30米。

（3）"便于清洁、操作、维护"可通过材质选择和施工实现：墙壁与地板、天花板交界处设为弧形，管道安装与墙留有空间便于洗过清洁，给水、排水口、渠道系统内壁平滑不易结垢等多方面的要求。

2. 生产车间设计对照落实和检查要点

（1）环境控制要求。符合《化妆品生产质量管理规范》附件2。

（2）功能区变更。按《化妆品生产经营监督管理办法》。

（3）生产车间内不得有积水、积料、积尘、蚊虫等污染源。

（4）人流、物流走向图，不会导致物料、产品污染和交叉污染。

（5）现场查看进入车间人员应按一更鞋、二更鞋、更衣、免接触或洗手消毒要求执行。

3. 生产车间分区和控制 化妆品生产车间的分区和控制可分为4个维度（图8-44）：

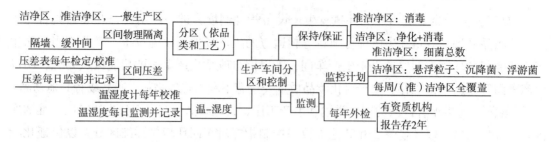

图8-44 导图一生产车间分区和控制

化妆品生产企业车间环境的要求可以归纳为以下六点：

（1）符合《规范》附件2的要求（表8-18）。

（2）物理隔离，保持压差（10Pa和5Pa）。

（3）有净化与消毒设施。

（4）制定环境监控计划。

（5）定期监控，每年检测。

（6）全封闭管道，可不设置半成品贮存间。

表8-18 化妆品生产车间不同品类、洁净区对应检测环境项目和测试方法

序号	品类	洁净区	检测项目	测试方法
1	眼部护肤类化妆品	洁净区	悬浮粒子，浮游菌，沉降菌，静压差	GB/T 16292、GB/T 16293、GB/T 16294
2		准洁净区	空气中细菌菌落总数	GB 15979
3	儿童护肤化妆品	洁净区	悬浮粒子，浮游菌，沉降菌，静压差	GB/T 16292、GB/T 16293、GB/T 16294
4		准洁净区	空气中细菌菌落总数	GB 15979
5	牙膏	洁净区	悬浮粒子，浮游菌，沉降菌，静压差	GB/T 16292、GB/T 16293、GB/T 16294
6		准洁净区	空气中细菌菌落总数	GB 15979
7	其他化妆品	准洁净区	空气中细菌菌落总数	GB 15979

4. 生产车间设施要求 化妆品生产企业在生产车间和物料、产品贮存区域应当采取的一系列措施，以确保生产环境的卫生和质量。企业需要根据自身的生产工艺和环境控制需要，合理配置防止动物进入和孳生的设施、监控设施、照明、通风、防鼠、防虫、防尘、防潮等设施，以及温度、湿度调节及监控设施。同时，企业还需要加强对这些设施的日常维护和管理，确保其正常运行和有效性。这些措施的实施可以有效减少生产过程中的污染和交叉污染风险，保证产品的质量和安全性。

5. 特殊工序设备及操作区域要求 化妆品生产企业在生产过程中对易产生粉尘（如散粉类、指甲油、香水等产品）、不易清洁（如染发类、烫发类、蜡基类）等特定生产工序进行严格控制。通过隔离这些工序、使用专用设备和采取清洁措施，企业可以减少环境污染和交叉污染的风险，确保产品的质量和安全。

6. 设备要求 《规范》第二十四条第一款要求化妆品生产企业在设备配备和管道设计、安装方面要满足生产实际需要，确保设备、管道等基础设施的质量和安全，从而保证产品质量和安全。这也是企业履行社会责任、保障消费者权益的重要体现。重点关注：设

备配备的适应性、设备编号的唯一性、管道设计（尤其注意最大限度消除"三难①"）、安装的合理性、管道标示的清晰性。

第二款要求化妆品生产企业在选择与原料、内包材、产品接触的设备、器具、管道等材质时，必须充分考虑其耐用性、稳定性、适用性，以及是否会对产品质量和安全产生不良影响，同时还要确保符合相关的法规和标准。这样才能确保生产过程的安全性和产品质量的稳定性。

7. 设备管理 《规范》第二十五条是对企业在生产设备管理方面的一个基本要求和指导原则：建立一套完善的生产设备管理制度，涵盖生产设备的全生命周期——从采购到安装、确认、使用、维护保养、清洁等各个环节。定期检定或者校准关键衡器、量具、仪表和仪器。确保生产设备的正常运行和产品质量的稳定，从而提高生产效率、降低生产成本并提升企业的竞争力。

强调企业建立并执行主要生产设备的使用规程，并确保设备状态标识和清洁消毒标识清晰，以避免因误操作导致的设备损坏、产品质量问题或安全事故。"设备状态管理标识"牌范例见图 8 - 45。

图 8 - 45　范例—某企业"设备状态管理标识"牌

强调化妆品生产企业必须建立并严格执行清洁消毒操作规程，确保生产设备、管道、容器和器具的卫生和安全。所选用的润滑剂、清洁剂和消毒剂也须符合相关标准，不得对产品或设备造成污染或腐蚀。

8. 水处理系统 《规范》第 26 条要求化妆品生产企业在设计和维护其制水、水贮存及输送系统时，对其水系统进行全面的管理和控制，以确保其生产出的工艺用水能够持续、稳定地达到质量标准要求。包括系统的设计、安装、运行和维护等环节。旨在保证企业的正常生产运行，避免水质问题可能的隐患。

（1）生产用水的两大用途　化妆品生产企业的生产用水，包括工艺用水和生产辅助用水（清洁用水——用于设备、管道、器具等的水，和传温用水——生产过程中加热或冷却用的水）。

（2）常用的几种生产用水

①自来水：应符合现行国家标准 GB 5749—2022《生活饮用水卫生标准》，主要用于一般生产区清洁卫生、配制车间配料锅夹层冷却间质、玻璃瓶等内包的初洗（要求高的会选用一级纯水）。

②一级纯水：通常为通过炭罐、砂罐、一级反渗透之后的水，已去除了大部分离子、

_____

① 三难：设备及其管道（尤其是洁净区与料体直接接触的）在设计和安装时应最大限度避免难拆卸、难清洗、难监测。

溶解物质和微生物，其电导率一般都可以达到≤10μs/cm。通常用于更衣室洗手、设备初洗、洁净区清洁卫生、玻瓶等内包的初洗（或终洗）等。

③二级纯水：是一级纯水经二级反渗透之后（有的还经过EDI①），已去除水中的颗粒、胶体、有机杂质、重金属离子、细菌、病毒、热原等有害物质和大部分的溶解盐，其电导率一般都可以达到≤5μs/cm，经过EDI的一般都可以达到<1μs/cm。主要用于化妆品产品配方用水、设备终洗、消毒剂配制用水（如稀释乙醇用于消毒）等。

（3）水处理系统维保主要内容和要求　一套完整的水处理系统（图8-46），其维保主要工作有：系统检查与评估、过滤装置维护、反渗透设备维保、消毒杀菌处理、水质定期监测与调控、设备日常清洁与保养、应急预案制定与演练、维保记录与报告。

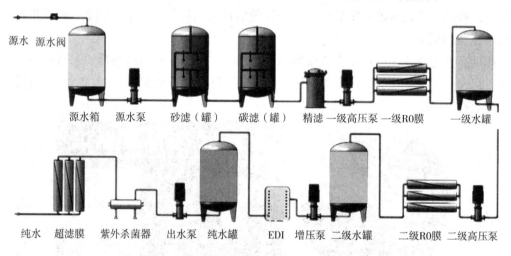

源水　源水阀
源水箱　源水泵　砂滤（罐）　碳滤（罐）　精滤　一级高压泵　一级RO膜　一级水罐

纯水　超滤膜　紫外杀菌器　出水泵　纯水罐　EDI　增压泵　二级水罐　二级RO膜　二级高压泵

图8-46　二级反渗透+EDI水处理系统（示意图）

9. 空气净化系统　化妆品生产企业在空气净化系统的设计、安装、运行、维护等方面都应采取严格的措施，确保生产车间达到所需的环境要求。只有这样，才能确保生产出的化妆品质量和安全性符合相关标准和要求。

关键词：定期清洁、消毒、监测、维护。

落地及检查要点：

（1）企业文件　《设备管理制度》《中央空调操作规程》。

（2）其他凭证　净化系统主要设备清单及简述，空气净化系统竣工验收报告，洁净风管图、空气洁净度检测报告、检定/校准计划及报告，温湿度压差记录（每日监测记录）；每日登记的温湿度压差记录、环境监控计划表、环境卫生检验报告-空气，中央空调空气净化系统年度维护记录表、中央空调风柜设备点检表。

（3）记录　空调定期消毒维护记录表、定期清洁消毒监测记录表、中央空调的设备维护保养维修计划表等。

五、物料与产品管理

（一）物料与产品管理的概述

化妆品物料与产品管理，是指物料（化妆品生产所用的原料和包材）、半成品、成品的

---

① EDI，是指电去离子净水技术，是一种将电渗析和离子交换相结合，实现深度脱盐的制水工艺。

管理。具体包括物料的供应商管理（体现在供应商的准入管理和合作绩效管理等），物料合法性审查管理（物料准入管理），物料的验收和关键原料管理，物料和产品的储存管理，物料的放行管理，生产用水管理，产品及标签管理。根据《规范》和《检查要点》的要求，物料与产品管理涉及的规章制度可参见表 8 – 19。

表 8 – 19　参考—物料管理制度及其对应要求

序号	物料管理制度	相关要求
1	物料供应商遴选制度	物料供应商进行审核和评价，签订采购合同，明确物料验收标准和双方质量责任。建立合格物料供应商名录
2	物料审查制度	建立原料、外购的半成品以及内包材清单，采购前实施审查
3	物料进货查验及记录制度	明确物料验收标准和验收方法，确保实际交付的物料与采购合同、送货票证一致。对关键原料留样，并保存留样记录。留样数量应当满足原料质量检验的要求
4	物料放行管理制度	确保物料放行后方可用于生产，制定不合格物料处理规程。超过使用期限的物料应当按照不合格品管理
5	生产用水保障相关制度	水质至少达到生活饮用水卫生标准要求，每年至少一次对生产用水进行检测。制定工艺用水质量标准、工艺用水管理规程，对工艺用水水质做定期监测
6	标签管理制度	对产品标签进行审核确认，产品销售包装上标注的使用期限不得擅自更改

（二）要点解析

1. 供应商管理

（1）供方管理要求　《规范》第二十八条用两款“4 + 3”个方面明确企业对供应商管理的具体要求（图 8 – 47）：

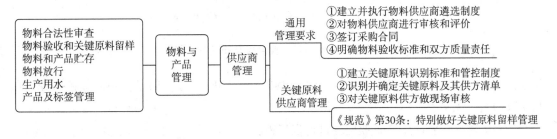

图 8 – 47　物料与产品管理和供应商管理

1）建立并执行物料供应商遴选制度：参见范例—某企业《供应商准入考评管理办法》。

2）对物料供应商进行审核和评价：可以包括供应商的质量管理体系、生产过程、产品质量、交货期等。也有必要对供应商的服务、技术支持和售后服务进行评价。

3）明确物料验收标准和双方质量责任：在采购合同中，企业应明确物料的验收标准，以确保收到的物料符合企业的要求。同时，合同还应明确双方的质量责任，如供应商应提供合格的产品，而企业则有责任按照约定的验收标准进行验收。

4）强调关键原料商的管理：旨在强化原料安全。化妆品关键原料界定维度见图 8 – 48。

①根据审核评价的结果建立合格物料供应商名录并实施动态管理——超过一定时期没有实质性合作（向其采购物料）、合作绩效不达标且未能限期整改达标的（主要从来料合格率、制程不良反馈、合作主动性与配合度、交付准时准量等维度进行定期，一般为月度考核评估），则予删除（图 8 – 49）。

②关键原料对于产品的安全性、功效和质量具有决定性的影响。明确关键原料供应商

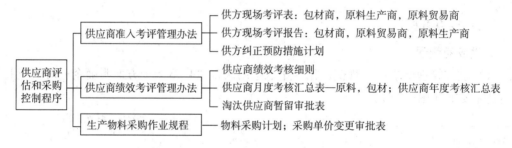

NMPA（2021年第74号）公告·化妆品禁用原料目录[1][2]共1284个（按序号）禁用组分，NMPA（2023年第41号）通告增补"本维莫德"至1285序号

注（1）：化妆品禁用原料包括但不仅限于本表中物质。

注（2）：天然放射性物质和人为环境污染带来的放射性物质未列入限制之内。但这些放射性物质的含量不得在化妆品生产过程中增加，而且也不得超过为保障工人健康和保证公众免受射线损害而设定的基本界限

如：
·主要功效成分
·复配原料
·动植物提取物
·高频利用
·大宗/高值原料
·易变质/难管控原料等

明确或可能含有法定禁用组分的原料

其他企业评估需要重点管控的原料

关键原料

在安全技术规范中只规定"不得检出"但无限值的组分

NMPA（2021年第74号）公告·化妆品禁用植（动）物原料目录[1][2][3]，共109个（按序号）禁用组分

·注（1）：化妆品禁用原料包括但不仅限于化妆品禁用植（动）物原料中物质。

·注（2）：此表中的禁用原料包括其提取物及制品。

·注（3）：明确标注禁用部位的，仅限于此部位；无明确标注禁用部位的，所禁为全株植物，包括花、茎、叶、果实、种子、根及其制剂等

法定限用组分原料

·化妆品准用防腐剂（1）：51个
·化妆品准用防晒剂（1）：27个
·化妆品准用着色剂（1）：157个
·化妆品准用染发剂（1）（2）：75个

·不得检出，绝大多数是禁用的。≥检出限，则为检出。

·未检出：是受制于检测技术手段、检测方法及检测设备等限制，未检出仅是当前技术手段、能力的条件下未检出

·低于检出限，可以认为是未检出。

·例外情况，比如检出限设定的不合理，或者检测仪器的精度不够等，这种情况下，低于检出限的可能是有检出，但是检出结果不准确。因此，在判断低于检出限的是否为未检出时，需要根据实际情况进行判断。拓展：此外，在实际检测中，还需要考虑检测仪器的灵敏度、检出限的设定、检测样品的稳定性等因素，以确保检测结果的准确性

图 8-48 参考—化妆品关键原料界定维度

供应商评估和采购控制程序
├ 供应商准入考评管理办法
│   ├ 供方现场考评表：包材商，原料生产商，原料贸易商
│   ├ 供方现场考评报告：包材商，原料贸易商，原料生产商
│   └ 供方纠正预防措施计划
├ 供应商绩效考评管理办法
│   ├ 供应商绩效考核细则
│   ├ 供应商月度考核汇总表—原料，包材；供应商年度考核汇总表
│   └ 淘汰供应商暂留审批表
└ 生产物料采购作业规程
    └ 物料采购计划；采购单价变更审批表

图 8-49 范例—某企业供应商管理制度框架

并进行重点审核，不仅有助于企业更好地了解关键原料的来源和质量，还能降低因原料问题导致的生产风险。

③必要时，化妆品生产企业应当进行现场审核。

这里的"必要时"通常包括以下几种情形：供应商持续质量问题，供应商的生产环境变更，供应商的质量管理体系变更，重要产品或者新产品引入，法规或者标准更新。

（2）供方管理范例

①某企业《供应商准入考核管理办法（摘要)》

5.4 供应商准入考评

1）供应商准入考评分为现场考评和非现场考评，非现场考评参照《拟准入供方（非现场）评审指南》执行。

2）采购部门组织考评小组对备选供应商进行现场审核，审核的主要内容包括：前置要素、人员培训和卫生、厂房设施、设备、采购和来料、制程控制、实验室检控、储存和防护、可持续共赢九大模块（表8-20a），具体审核细则见"供应商现场考评表"。

3）审核小组依据"供应商现场考评表"的规则予以考评和量化打分，并出具"供应商现场考评报告"，审核不符情况、得分与对应判定级别和处理如表8-20b：

表 8 – 20a　范例—某企业供应商准入考评项目及其要素

序号	类	管控要素
1	前置要素	法规、投诉、不合格、追溯、文控、有害化学品
2	机构和人员	组织架构、培训、人员能力、人员卫生
3	厂房设施	设计、维护、清洁、通风、光照、消防、虫害控制
4	设备	设计、维护、清洁、标识、使用、校准
5	采购和来料	供方管理、索票索证
6	过程控制	工序能力、参数控制、首检、巡检、自检、产品防护、不合格、金属控制
7	实验室检控	实验室管理、标准制定、原材料/半成品/成品检控
8	储存和防护	储存、防护、先进先出、分区、标识
9	可持续共赢	资料配合、系统协同、主动分享、持续提升、供货保障、柔性交付

表 8 – 20b　范例—某企业供应商准入考评结果判定与处理

序	得分	审核不符情况	级别判定	处理
1	≥90	无关键不符合	优秀	录入"合格供应商名单",并与其合作,开始供货。由采购跟进供应商的整改证据,并移交质量部确认
2	≥80	无关键不符合	良好	录入"合格供应商名单",并与其合作,开始供货。不符合项限期 2 个月内完成整改并提交整改证据。由采购跟进整改证据,并移交质量部确认
3	≥60	关键条款无关键不符合且非关键条款 <5 个关键不符合项	有条件通过	采购跟踪改善结果（质量部按需给予辅导）,不超过 3 个月内重审不低于 80 分且无关键不符合,可展开合作。否则不予合作,且 12 个月内不得再次安排考察
4	<60	关键条款有关键不符合或出现 ≥ 5 个非关键条款出现关键不符合	不合格	不予合作,且 24 个月内不得再次安排考察

注：级别判定按审核得分和不符情况中的低级别判定，举例：审核得分 85 分，但存在非关键条款少于 5 个的关键不符合，判定级别为"有条件通过"。

②天津市日用化学品协会2021 年 06 月 08 日发布的团标《T/TDCA 002—2020 化妆品物料供应商评审指南》，该标准涵盖了审核物料供应商的相关管理要求。

③《化妆品生产企业原料供应商审核指南》是 2011 年 12 月 15 日由国家食品药品监督管理局办公室下发的行业指导性文件（食药监办保化〔2011〕186 号）。该指南给出指导意见集中在：准入审核、过程审核、评估管理、现场审核四个方面，其中现场审核强调了文件审核、产品验收与检验内容，对重点原料（新规定义为"关键原料"）供应商的现场审核：生产企业应建立现场审核要点及审核原则，对重点原料供应商提出对生产环境、工艺流程、生产过程、储存条件、质量管理等影响产品质量安全的因素进行现场审核的要求。

2. 物料合法性审查　化妆品生产企业建立并执行物料审查制度，预防不合规或不合格的物料进入生产流程，从而避免产品质量问题或潜在的安全风险，确保企业所使用的物料符合相关法规要求。物料审查要点：

（1）建立原料、外购的半成品以及内包材清单。

（2）明确原料、外购的半成品成分。

（3）留存必要的原料、外购的半成品、内包材质量安全相关信息。

（4）应特别关注。禁用原料的排查、新原料的注册或备案、限用原料的使用范围与条件、符合法律法规和标准、供应商评估。

（5）必要的文件和记录①（参考范例）。《新物料准入确认办法》，在用原料清单（含相关信息），原料、半品、内包的标准，留样台账（留样观察－监测记录），新原料准入评审表、半品稳定性考察评审表、包装相容性测评报告、在用原料清单、在用原料清单，新物料准入评审表。

某企业新原料及其供方准入流程图范例见图8－50。

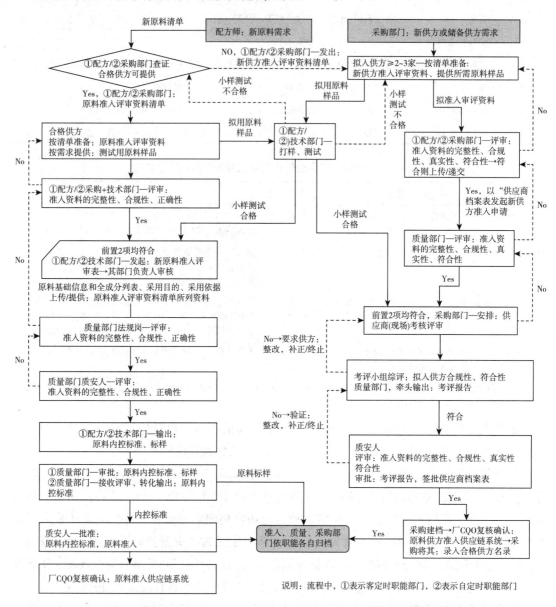

图8－50　范例－某企业新原料及其供方准入流程图

3. 物料验收和关键原料留样

（1）物料管理要求　建立并执行物料进货查验记录制度、物料验收规程、物料验收标准和验收方法，确保实际交付的物料与采购合同、送货票证一致，这是保障化妆品质量和安全的前置基础。

（2）原料管理具体要求　关键原料须留样，留样必有明确的标签和足够的数量。

---

① 文件和记录：为参考名称，所列仅供参考。实践中应根据企业实际命名和编写、设计。本章范例所指文件和记录，均同。

（3）参考资料

①上海日用化学品行业协会2021年12月31日发布的团标《T/SHRH 040—2021 东方美谷化妆品内包材验收管理规范 第1部分：通用管理要求》。

②上海日用化学品行业协会2023年7月30日发布的团标《T/SHRH 040.2—2023 东方美谷化妆品内包材验收管理规范 第2部分：通用检测方法》。

③必要的文件《物料查验制度》《检验与试验控制程序》《物料检验取样规程》《××（原料）检验标准》《包材检验标准 通用抽样检验规则》《包材通用标准 特殊项目检测方法》《原材料供货入库要求》《包材检验标准 泵头、喷头》《留样管理制度》，原料储存条件一览表等。基本的记录：采购合同、送货单、检验报告、物料标签、COA、采购订单、记录–物料到货查验、关键原料清单，原料留样观察台账、留样台账。

4. 物料和产品贮存

（1）企业物料和产品贮存要求

①按规定的条件贮存，确保质量稳定。

②物料应当分类按批摆放，明确标示。

③特定要求：企业的物料名称用代码标示的，应当制定代码对照表，原料代码应当明确对应的原料标准中文名称。

（2）必要的文件和记录 原料品质状态标识管理规范（制度），记录–物料标签，"贮存条件一览表""内控标准"或"物料标签"明确、明示储存条件；标签、ERP/WMS系统标明质量状态，供应商名录（含代码）、原料代码对照表，物料台账、收发存票据、ERP系统等。

5. 物料放行

（1）《规范》对物料放行的要求 《规范》第64条对"物料"有明确定义"物料：生产中使用的原料和包装材料""外购的半成品应当参照物料管理"。

《规范》第32条要求，企业应建立并严格执行物料放行管理制度，详细规定物料从入库、检验、储存到最终放行的整个过程，规定放行应满足特定标准和条件，以及每一步骤中的具体要求、责任部门和人员、相关的时间节点等。还应明确物料放行后–使用中注意事项。物料被放行即可用于生产，在使用过程中仍需要保持对物料质量的监控。

第32条第2款，是对化妆品生产企业处理不合格物料以及超过使用期限的物料的具体要求。通过建立并执行不合格物料处理规程以及加强对超过使用期限物料的管理，化妆品生产企业可以确保不合格物料得到妥善处理，有效保障产品质量和消费者的安全。也有助于企业提高自身竞争力和可持续发展能力。不合格物料处理，应遵循的步骤与原则如下：

①基本步骤：检验与识别→隔离与标记→追溯与调查→处置与报废。

②基本原则：记录与报告、预防与纠正、法规遵从性、持续改进。

《化妆品监督管理条例》第三十条明确规定"不得使用超过使用期限、废弃、回收的化妆品或者化妆品原料生产化妆品"。第五十九条对"在化妆品中非法添加可能危害人体健康的物质，或者使用超过使用期限、废弃、回收的化妆品或者原料生产化妆品"的行为，给出了最严厉的处罚规定——没收违法所得、违法生产经营所用设备工具，最高可并处货值金额15倍以上30倍以下罚款；情节严重的，最严可吊销化妆品许可证件，10年内不予办理化妆品备案或行政许可申请，对违法单位的相关责任人员处以其上一年度从本单位取得收入的3倍以上5倍以下罚款，终身禁止其从事化妆品生产经营活动；构成犯罪的，依法追究刑事责任。

（2）范例—化妆品生产企业原料管理规范

①上海日用化学品行业协会 2019 年 01 月 30 日发布的团标：《T/SHRH 016—2019 化妆品生产企业原料管理规范》。

②广东省日化商会 2018 年 12 月 29 日发布的团标：《T/GDCDC 009—2018 化妆品生产企业原料管理规范》。

③必要的文件和记录：文件《不合格控制程序》《物料放行管理制度》，放行审核记录、不合格实物标签、不合格处理记录。

6. 生产用水　工艺用水的质量直接关系到产品的质量和安全性。（《规范》第三十三条）生产用水的水质至少达到生活饮用水卫生标准（《生活饮用水卫生标准》GB 5749），是化妆品生产企业应当遵循的最低要求。对于小型集中式供水①或分散式供水②，化妆品生产企业同样需要选择取得资质认定的检验检测机构每年至少一次水质检测。企业应建立完善的水处理操作和消毒规程，对生产用水设施定期检查和维护，确保生产用水的卫生质量。

必要的文件和记录：《化妆品生产用水内控标准》《化妆品生产用水内控标准》《水处理维护保养规程》《水处理系统操作规程》《纯水分配系统操作规程》《生产用水现场监测指引》，生产用水监测报告、生产用水外检报告（第三方有资质单位）、生产用水检验报告。

7. 产品及标签管理　标签管理的两个要点：一是建立并执行标签管理制度，对产品标签作审核确认。二是内包材标签标注是在完成最后一道接触内容物生产工序（即灌装工序）的生产企业内完成。

（1）化妆品产品必须符合相关法律法规、强制性国家标准、技术规范和化妆品注册、备案资料载明的技术要求。

（2）标签是消费者了解产品信息的重要途径，标签的准确性和合规性对于消费者选择和使用化妆品至关重要。企业标签管理制度应明确标签文案撰写、设计、审核、制作、标样审核和签发、变更、使用等流程。

（3）化妆品产品销售包装上标注的使用期限不得擅自更改，是《化妆品监督管理条例》第三十四条第三款明确规定的。擅自更改化妆使用期限的行为不仅违反了法律法规，也损害了消费者的知情权和选择权。

六、化妆品生产过程管理

（一）生产过程管理的概述

化妆品生产过程管理，《规范》第 35—45 条分别要求企业应建立并执行的生产管理制度，具体包括工艺和操作管理（工艺过程关键控制点、验证③主要生产工艺）、生产指令管理、物料领用和查验管理、生产环境管理、生产设备管理、生产过程管理、生产记录管理、

---

① 小型集中式供水（small central water supply），是指日供水量在1000m³ 以下（或供水人口在1 万人以下）的集中式供水。是 2016 年全国科学技术名词审定委员会公布的地方病学名词，出自《地方病学名词》第一版。

② 分散式供水是指分散居户直接从水源取水，无任何设施或仅有简易设施的供水方式。这种供水方式通常是由用户自己直接从水源（如井、泉、河流等）取水，不经过集中处理或只经过简单的处理。因此，分散式供水的安全性和稳定性相对较低，存在较高的风险，如水质不达标、水源受污染等。

③ 验证：证明任何操作规程或者方法、生产工艺或者设备系统能够达到预期结果的一系列活动。——自《规范》之名词解释。

物料平衡①管理、生产清场管理、退仓物料管理、不合格品管理、产品放行管理以及有关追溯管理等方面的制度（表 8 – 21）。

表 8 – 21　"化妆品生产过程管理"相关制度的基本要求

序号	管理制度	基本要求
1	生产管理制度	与生产的化妆品品种、数量和生产许可项目等相适应
2	生产工艺规程和岗位操作规程	确保按照化妆品注册、备案资料载明的技术要求生产产品。明确生产工艺参数及工艺过程的关键控制点，主要生产工艺应当经过验证
3	生产指令	包括产品名称、生产批号（或者与生产批号可关联的唯一标识符号）、产品配方、生产总量、生产时间等内容。生产部门应当根据生产指令进行生产。领料人应当核对所领用物料的包装、标签信息等，填写领料单据
4	生产前确认	对生产车间、设备、器具和物料进行确认，内包材使用前进行清洁消毒
5	生产过程标识记录	清晰标识：名称或者代码、生产日期或者批号、数量。生产工艺规程和岗位操作规程进行控制，并填写记录。生产记录应当至少包括生产指令、领料、称量、配制、填充或者灌装、包装、产品检验以及放行等内容
6	生产后检查	检查物料平衡，设定限度范围
7	生产退料	退仓物料应当密封并做好标识，必要时重新包装。退仓物料的名称或者代码、生产日期或者批号、数量等
8	不合格品管理制度	应及时分析不合格原因，不合格品经评估确认能够返工的，编制返工方案文件并经质量部门负责人批准后方可返工，不合格品的销毁、返工等处理措施应当经质量管理部门批准并记录。半成品超过使用期限未填充或者灌装的，应当及时按照不合格品处理
9	产品放行管理制度	确保产品经检验合格且相关生产和质量活动记录经审核批准后，方可放行。上市销售的化妆品应当附有出厂检验报告或者合格标记等形式的产品质量检验合格证明

（二）要点解析

1. 按照注册备案要求执行生产工艺和操作规程　《规范》第三十六条要求，化妆品生产企业应按照化妆品注册、备案资料载明的技术要求建立并执行产品生产工艺规程和岗位操作规程。根据产品的特性和生产过程中的关键环节，明确生产工艺参数及关键控制点（如用料和用量，工艺温度，时间，速度，压力，过滤网目数，喷码内容等）。某化妆品企业生产过程见图 8 – 51，图 8 – 52。

主要生产工艺：是指在产品制造过程中对产品质量、性能和特性起关键作用的一系列加工步骤和方法。具有关键性、决定性、核心性、稳定性。其重要性体现在保证产品质量、实现产品功能、提高生产效率、控制生产成本、形成企业特色等方面。通过对新工艺、新设备、新原料等进行试验、验证，同步识别、预防和应对生产过程中可能出现的异常，确保主要生产工艺的稳定性和可靠性。

必要的文件和记录：《验证控制程序》《包装生产工艺制作操作指引》《制造工艺制作指引》，各岗位操作规程、工艺规程编制指引、生产工艺规程文件、《料体工艺验证作业要求》，验证方案、验证报告。

2. 依据生产计划下达准确的生产指令　《规范》第三十七条要求。生产指令应当包括产品名称、生产批号（或者与生产批号可关联的唯一标识符号）、产品配方、生产总量、生产时间等内容。生产部门应当根据生产指令进行生产。领料人应当核对所领用物料的包装、

---

① 物料平衡：产品、物料实际产量或者实际用量及收集到的损耗之和与理论产量或者理论用量之间的比较，并考虑可以允许的偏差范围。——自《规范》之名词解释。

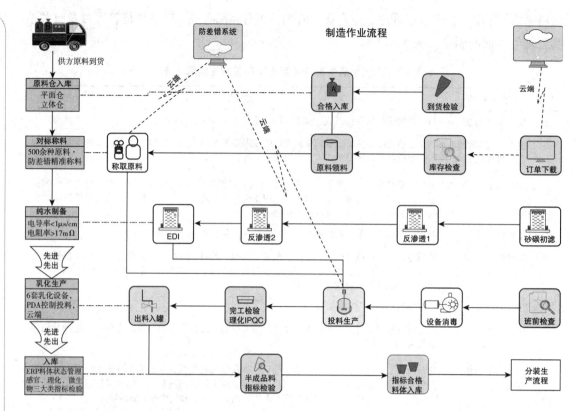

图 8-51 某化妆品企业生产全过程—制造作业（简图）

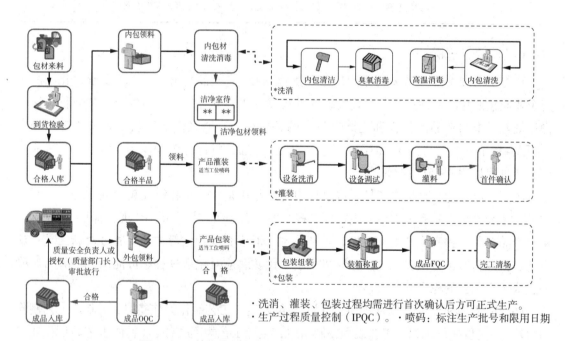

图 8-52 某化妆品企业生产全过程—分装作业（简图）

标签信息等，确保所领物料与生产指令中的要求一致。填写领料单据，详细记录领用的物料信息、数量、领用人、领用时间等关键数据。这不仅有助于企业进行物料管理和成本核算，还为产品质量追溯提供了重要的依据。

3. 生产前确认车间、设备、物料等符合要求 《规范》第三十八条要求。生产车间没有污染物和交叉污染的风险，设备性能稳定可靠，器具没有残留物或污染物，所使用的原料、内包材等符合质量标准，无过期或不合格的情况。

强调：内包材在使用前，应按照规程清洁消毒。可对内包材的卫生符合性作评估确认，例如通过对供应商生产环境、制造及储运过程的评估与监测，定期对来货做微生物检测等手段，以确保其符合卫生标准。

定期清理和消毒生产车间和设备，检查设备的运行状况，以及更新和维护物料的质量信息等。有助于企业及时发现问题并采取相应措施，确保生产过程的顺利进行。

4. 对物料及半成品进行清晰标识和可追溯管理　《规范》第三十八条明确化妆品生产企业对生产过程使用的物料（原料和包材）以及半成品的全程清晰标识和可追溯性要求：

（1）全程清晰标识意味着企业必须对每一个物料和半成品均须标明物料的名称或代码、生产日期或者批号、数量等信息。

（2）标识必须是可以追溯的，具体要求见"追溯管理"。

（3）化妆品生产企业需要建立完善的标识和追溯体系，以实现上述要求。包括制定详细的标识规范、培训员工正确执行标识和追溯操作、建立相应的记录和存档机制等。同时，企业还需要加强内部管理，确保标识和追溯信息的真实、准确和完整。

5. 按规程控制生产过程并完整记录　《规范》第四十条要求，化妆品企业应当对生产过程按照生产工艺规程和岗位操作规程进行控制，并真实、完整、准确地填写生产记录。以确保产品的质量和安全，提高企业的生产效率和成本控制。

（1）生产工艺规程和岗位操作规程，应当明确每个生产环节的具体要求、操作步骤和注意事项，以确保员工能够按照规定的标准进行操作。还应对规程作定期审查和适时更新，以适应产品配方、生产设备、原料变化等因素。

（2）建立严格的生产记录制度。生产记录是反映生产过程真实情况的重要文件，应当真实、完整、准确地填写。生产记录应当至少包括生产指令、领料、称量、配制、填充或者灌装、包装、产品检验以及放行等内容。

6. 检查生产后的物料平衡，异常情况需查明原因　《规范》第四十一条要求，化妆品企业应当在生产后检查物料平衡，确认物料平衡符合生产工艺规程设定的限度范围。这既是保障产品质量的需要，也是企业社会责任的体现。物料平衡是指在生产过程中，投入的原料、使用的物料与最终产出的产品之间应当保持一定的平衡关系。通过检查物料平衡，企业可以及时发现生产过程中的偏差和问题，从而采取相应的措施进行调整和纠正，确保生产过程的准确性和产品质量的安全性。

（1）企业应当基于生产工艺规程的要求和实际生产经验，来设定合理的物料平衡限度范围，既能保证生产过程的灵活性，又能确保产品质量的安全性。

（2）每批生产结束，应及时检查物料平衡，确认平衡率（或差异）是否符合生产工艺规程设定的限度范围，如果超限则应立即查明原因。原料的误差、设备的故障、操作的不当等原因均有可能。

在查明原因后，企业应当评估是否存在潜在的质量风险。如果确认无潜在质量风险，方可进入下一工序。如果存在潜在的质量风险，企业应当采取相应的措施进行纠正和改进，确保产品质量的安全性和稳定性。

（3）企业还应当建立完善的记录和报告机制，对物料平衡检查结果进行记录和存档。这些记录可以帮助企业追溯生产过程、分析问题原因，并为未来的生产提供参考和借鉴。

7. 及时清场并做好清洁消毒记录　企业应确保生产车间、生产设备、管道、容器和器具等在生产后得到彻底的清洁和消毒，防止微生物、杂质和其他污染物的残留，从而避免对产品造成不良影响。清场的目的还在于避免物料的混淆、错用。

清洁消毒工作应当遵循特定的操作规程，确保每一个步骤都得到有效执行，每次清洁消毒后都应当有清晰标明清洁消毒的日期和有效期限。记录清洁消毒的过程和结果有助于企业追踪可能的问题和污染源，还可作为监管部门进行检查时的依据。

从表 8 – 22 可见，生产清场管理不是单纯的物料实物和账目的清点与核对。而应站在系统的思维角度来设计、编制、落实相应规制。

表 8 – 22　范例—某企业对生产清场管理相关作业项重难点识别清单

序号	作业项	重点	难点	备注
1	设备清洁与维护	确保生产设备的彻底清洁，避免批次间污染和产品质量问题	设备复杂结构导致清洁难度大，不同设备、材质的清洁方法选择	
2	物料管理与盘点	保证物料在清场过程中的准确数量、状态与位置，避免误用、错放或丢失	物料种类繁多，盘点易出错；生产过程中的动态物料管理	
3	作业人员培训	提高作业人员的清场意识和操作技能，确保清场工作的有效执行	培训内容的专业性和针对性，以及培训效果的评估与持续跟进	
4	安全与卫生管理	确保清场过程符合安全规范，避免事故发生；保持生产现场整洁、卫生	安全隐患的排查与预防，以及卫生标准的持续维护	
5	生产流程优化	通过优化生产流程，提高清场效率，减少时间和资源的浪费	流程优化方案的制定与实施，以及与现有生产体系的融合	
6	质量控制与检验	确保清场后产品质量符合预期标准，防止不良品流入市场	质量检验标准的制定与更新，以及质量控制手段的有效性验证	
7	废弃物处理与环保	合规处理生产废弃物，减少对环境的影响	废弃物分类的准确性和处理方式的环保性，以及环保法规的遵守	
8	记录管理与追溯	建立完善的记录管理体系，确保清场过程的可追溯性	记录内容的完整性、准确性与及时性，以及追溯系统的有效运行	

8. 及时将结存物料退回仓库，妥善处理　《规范》第四十三条是"生产清场管理"作业的延续。化妆品生产企业在生产过程中，不可能所有物料都刚好用完。未用完结存的物料应密封、标识，及时退回仓库，确保其质量和避免混淆或误用。维护生产现场的整洁，确保物料得当储存以保质。

退仓物料应被密封（含受损包装重新包装），以防止各种污染。退仓物料标识内容至少包括物料的名称（或代码，或二者均有）、批号、数量、生产日期和保质期或限用日期等信息。便于快速准确地识别物料，避免错混。

仓库员接收退料时，应按退料单据核对物料标识信息，确保二者一致，防止误收或漏收。

9. 建立不合格品管理制度，明确返工规定　化妆品生产企业应建立并执行严格的不合格品管理制度，及时识别、隔离和处理不符合质量标准的产品，防止其流入市场给消费者带来潜在危害。通过深入分析不合格原因、严格处理措施审批和记录等措施，持续提高产品质量水平，保障消费者健康安全（图 8 – 53 至图 8 – 55）。

对能返工的不合格品，企业应编制返工控制文件，详细规定返工的具体步骤、方法、质量标准等，确保返工后的产品能够达到合格标准。同时，返工操作应当经过质量管理部门的批准，确保返工过程的质量控制。

对不能返工的不合格品，企业应采取销毁等处理措施。这些措施同样需要经过质量管理部门的批准，并记录在案。销毁过程应当符合相关法规和环保要求，确保不会对环境造成污染。

此外，企业应建立详细的不合格品处理记录。这些记录应包括不合格品的名称、数量、不合格原因、处理措施等信息，以便企业进行质量追溯和问题分析。这些记录还可以作为监管部门进行检查时的依据。

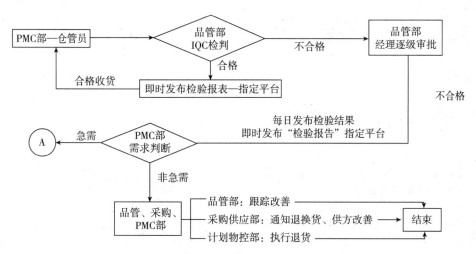

图8-53 范例—某企业来料不合格控制流程（局部）

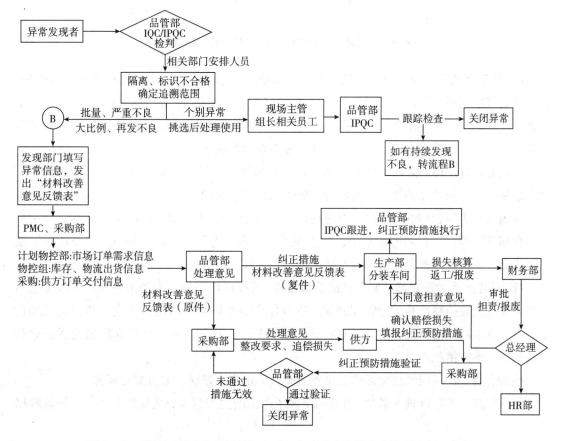

图8-54 范例—某企业原材料入库后不良（非生产导致）控制流程（局部）

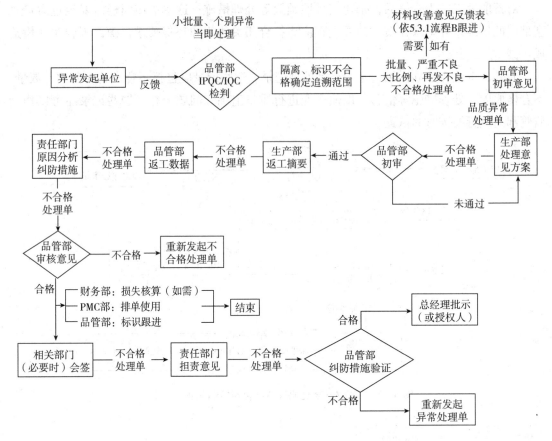

图 8-55 范例—某企业分装（制程）不合格控制流程

10. 规定半成品使用期限，超期按不合格品处理 半成品作为生产过程中的中间产物，其质量直接影响到最终产品的稳定性和安全性。《规范》第四十二条第二款要求，化妆品生产企业应对半成品的使用期限做出明确规定，半成品使用期限需要基于稳定性测试数据确定并在生产工艺文件中明确，并及时处理超过期限的半成品。

半成品超过使用期限而未填充或灌装，应及时将其按照不合格品处理（不能再被用于生产最终产品，而是作销毁、或其他符合法规和标准的处理）。

为确保半成品管理的有效性，企业还应建立相应的记录（半成品的生产日期、使用期限、存储条件等信息）和追溯系统，以便在需要时进行追溯和分析。同时，企业还应定期对半成品进行质量检查和评估，确保其质量和安全性。

11. 建立产品放行制度，确保产品质量合格 《规范》第四十五条第一款，要求化妆品生产企业建立并执行产品放行管理制度，以确保产品经检验合格且相关生产和质量活动记录经审核批准后才能放行。这既是化妆品企业的基本责任和义务，也是保障消费者健康和权益的重要保障措施。

检验合格：产品应经过全面的质量检验并被判定为合格时，方可提交审批。

记录审核：放行审核人员①应对详细记录了产品的生产过程、质量控制环节、检验数据

---

① 放行审核人员：《化妆品生产质量管理规范》第七条规定"物料放行管理和产品放行"是化妆品企业质量安全负责人的职责，同时规定"根据企业质量管理体系运行需要，经法定代表人书面同意，质量安全负责人可以指定本企业的其他人员协助履行该职责"。如果质量安全负责人指定他人协助履行产品放行职责的，"应当对协助履行职责情况进行监督，且其应当承担的法律责任并不转移给被指定人员"。

等生产和质量活动记录进行仔细审查，确保它们的真实性、完整性和准确性，方可作出产品放行决定。

放行管理：产品放行管理制度应明确放行的条件和流程，确保产品只有在满足上述两个条件后才能被放行。同时，企业应建立相应的放行记录（每次放行的产品名称、批次、检验和审核结果等信息）并定期备份和保存，以备监管部门的检查和审核（图 8-56）。

持续改进：企业应定期对产品放行管理制度进行评估和改进，以适应不断变化的市场需求和法规要求。建立并执行有效的监督和追溯机制，确保产品质量问题的及时发现和处理。

成品逐批审核放行单

企业Logo　　　　　　　　　　　　　　　　　　　　　　　　　　　TQ031 A.3

成品编码			品名					
数量			批号					
No	阶段	涉及单据	审核标准			记录存档	结果判定	备注
1	采购入库	采购收货单—包材	所用物料均为合格供应商提供，按要求入库，有合格检验报告。			PDF格式存档		
2		采购收货单—原料						
3	来料检验	包材检验报告	按批准检验标准执行检验和判定，有对应批号合格检验报告。			PDF格式存档		
4		原料检验报告						
5	领料环节	生产领料单—包材	按生产指令进行领料，领料单与需求一致，有物料编号、名称、批号、申请数量、实发数量等。			PDF格式存档		
6		生产领料单—原料						
7		生产领料单—半成品				PDF格式存档		
8		生产领料单—在制品						
9	半品生产环节	半成品批生产配料单	各工序生产操作、数据记录有操作人、复核人签名确认，数据记录真实、准确无误。			纸质存档		
10		生产工艺记录						
11	包装生产环节	生产检查记录	各工序生产操作、数据记录有操作人、复核人签名确认，数据记录真实、准确无误。			纸质存档		
12		车间品质确认表						
13		内包材清洗消毒传递卡						
14	产品检验	半成品检验报告	取样按《取样规程》执行，按批准的检验方法进行检验，并有合格检验报告。			PDF格式存档		
15		成品检验报告						
16	产品质量安全问题处理	品质异常单/偏差处理单	生产过程偏差处理按批准程序执行，偏差处理结果应符合规定，且已关闭。			纸质存档 □有偏差 □无偏差		
17	成品入库	生产入库单	产品已按分装标准生产完毕，单据有产品编码、名称、批号、进仓数量等。			PDF格式存档		
结论	□产品合格、批记录符合要求，同意放行： □缺失记录，补齐				备注：			
注：①PDF格式存档记录在ERP系统中确认存档信息，如有需要再打印提交。 ②纸质存档记录单据在生产结束2天内交至质量部保专员检查后存档。 ③确认各项记录时，符合的打"√"，无该表单的空格用斜杠"\"划掉。 ④本表每批成品一张，质量部品保专员确认各项记录真实无异常并做归档，交由质量部安全负责人审批。								

检查人/日期：　　　　　　　　　　　　　　质量安全负责人/日期：

图 8-56　范例—某企业"成品逐批审核放行单"

《规范》第四十五条第二款规定，上市销售的化妆品附有出厂检验报告或者合格标记等形式的产品质量检验合格证明。这不仅是生产企业对产品质量自信的表现，也是向消费者传递产品安全信息的重要方式。

首先，出厂检验报告是由化妆品生产企业在产品出厂前进行的全面质量检验后出具的正式文件。

其次，合格标记是另一种形式的产品质量检验合格证明，标记通常是一个特殊的标识或标签，直接贴在产品包装上或附在产品说明书中。其设计和使用应符合相关法规和标准的要求，以确保其真实性和有效性。

七、化妆品委托生产管理

（一）委托生产管理概述

《规范》第七章从 46 条到 57 条共 12 条对化妆品委托生产管理提出明确要求。

为进一步落实注册人、备案人制度，《规范》设置"委托生产管理"专章，明确委托方应当承担的主体责任。委托方应当建立质量管理体系，设置质量安全负责人，确定对受托生产企业的遴选标准，并对受托生产企业的生产活动进行监督。《规范》同时明确委托方和受托生产企业对产品实行"双放行"，强调受托生产企业履行出厂放行义务，委托方履行产品上市销售放行义务。

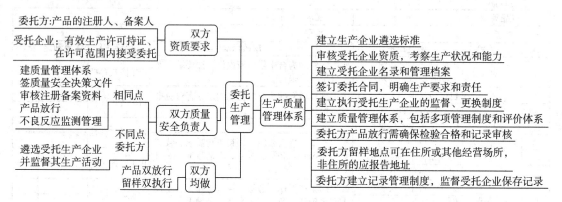

图 8-57　委托生产管理要点结构

1. 明确委托方质量安全负责人职责　无论委托方还是受托生产企业，都需要建立质量管理体系并有效运行、持续改善，双方都需要设立各自的质量安全负责人并明确其职责。双方质量安全负责人法定的资质条件要求相同，但其应承担的具体职责有所差异（表 8-23）。

表 8-23　委托方与受托生产企业的质量安全负责人职责对比

序号	生产企业的质量安全负责人	委托方的质量安全负责人	说明	
1	建立并组织实施本企业质量管理体系，落实质量安全管理责任，定期向法定代表人报告质量管理体系运行情况		不可委托	独立履职不受企业其他人员的干扰
2	产品质量安全问题的决策及有关文件的签发			
3	审核化妆品注册、备案资料（受托生产企业除外）	审核化妆品注册、备案资料（含产品安评报告、配方、生产工艺、产品标签等）		
4	—	受托生产企业遴选和生产活动的监督管理	经法定代表人书面同意，可制定本企业他人协助履职	
5	物料供应商审核管理，物料放行管理	审核管理物料供应商、物料放行（委托方采购、提供物料的）		
6	产品放行			
7	化妆品不良反应监测管理			

2. 强化受托生产企业生产活动监督　《条例》《办法》均规定委托方应对受托生产企业的生产活动进行监督，并设定了相应违法行为的法律责任。委托方对受托生产企业生产活动的监督是否到位，直接关系到能否确保受托生产企业依法合规生产。《规范》第五十三条提出，委托方应当建立并执行受托生产企业生产活动监督制度，但未限定采取哪些措施、

如何开展监督。在具体实践中，广泛运用的方式有：派驻现场监督，不定期"飞行检查"，交付产品抽检等之一或多种方式结合。

基于源头把关理念，企业在遴选受托生产企业时就应严格做好相关资质审核和考察评估，施行准入管理（建立受托生产企业名录和管理档案）和动态监督（设定相应的淘汰退出红线）。委托生产前签订委托生产合同，明确质量安全责任。

分段或一品多厂委托生产的，应根据委托加工（工艺及质量相关）内容，采取灵活、有效、可靠的监督措施。

3. 实行产品双放行制度　化妆品委托生产实行双放行制度是在《规范》第五十五条明确提出的：委托方应当建立并执行产品放行管理制度，在受托生产企业完成产品出厂放行的基础上，确保产品经检验合格且相关生产和质量活动记录经审核批准后，方可上市放行。受托生产企业产品经检验合格且相关生产和质量活动记录经审核批准，完成产品出厂放行；委托方确保产品经检验合格，并且审核批准相关生产和质量活动记录，完成上市放行，产品可上市销售。

根据《规范》，委托双方需要开展两项看似相同但本质各有侧重的工作：确保产品检验合格、审核批准相关记录。

4. 要求委托双方均留样　化妆品委托生产实行双留样制度，是在《规范》第五十六条明确的。委托双方留样的主要目的是保证产品质量安全可追溯，委托双方的留样分别用于各自质量管理涉及环节的产品质量追溯。注意两点：

（1）留样地点的要求：受托生产企业应当按照《规范》第十八条规定实施留样。

住所或者主要经营场所所在地，通常为不超出同一地级市或者同一直辖市的行政区域内。留样地点不是委托方的住所或者主要经营场所的，委托方应当将留样地点的地址等信息在首次留样之日起20个工作日内，按规定向所在地负责药品监督管理的部门报告。

境外委托方应对其进口中国的每批次产品进行留样（分多次进口同一生产批次产品时，应于首次进口时留样），样品和记录由境内责任人保存，样品留存地点的选择参照上述委托方留样地点要求。

（2）留样数量的要求：委托生产的双方均要求留样且留样数量是一样的（产品均应当留样，留样数量至少达到出厂检验需求量的2倍，并应当满足产品质量检验的要求），具体可参考国家药监局《化妆品监督管理常见问题解答（三）》中的"化妆品注册人、备案人产品留样数量参考表"确定（表中未列明的产品类型，企业依法要求自行确定留样数量）；对于净含量低于1g的彩妆类产品，可采用成品（完整销售包装，含批号和限用日期的标注）加半成品方式进行留样。

八、产品销售管理

产品销售管理是生产质量管理的最后一个环节。《规范》第58条至第63条共6条，要求企业（注册人、备案人、受托生产企业）应建立并执行：产品销售记录、贮存运输管理、退货记录、质量投诉管理、不良反应监测和评价、产品召回管理等制度（图8-58，图8-59）。

产品销售记录应包含多项具体信息。

按规定贮存和运输产品，及时处理质量异常产品。

建立质量投诉管理制度，指定人员处理并分析评估。

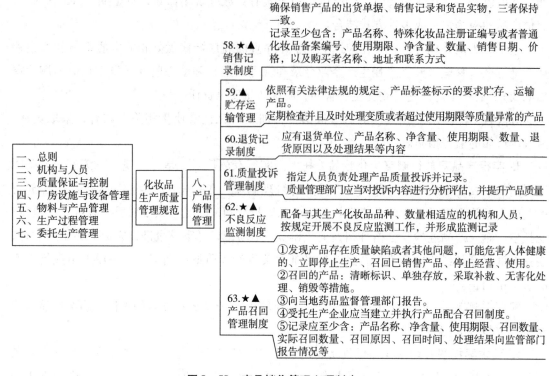

图 8-58 产品销售管理六项制度 I

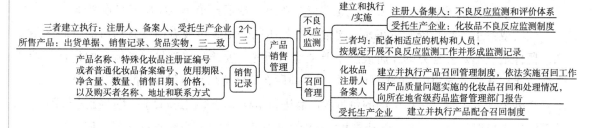

图 8-59 产品销售管理六项制度 II

建立不良反应监测体系，配备相应机构和人员并形成记录。

依法实施产品召回，停止生产、通知相关方，记录召回和通知情况，对召回产品进行标识、存放并采取相应措施。

受托生产企业应建立配合召回制度并予以配合，召回记录应包括多项内容。

产品销售管理《规范》的对象是化妆品产品的注册人、备案人和受托生产企业，重点在销售记录及其三个一致，不良反应监测工作和召回管理。

九、附则

《规范》第九章三个要点：名词解释，仅半成品生产的企业管理，牙膏管理。

两个附件：化妆品生产电子记录要求、化妆品生产车间环境要求。

（一）三个要点

在《规范》中统一的用语共 14 个：批、批号、半成品、物料、成品、产品、工艺用水、内包材、生产车间、洁净区、准洁净区、一般生产区、物料平衡、验证。

仅从事半成品配制的化妆品注册人、备案人以及受托生产企业应当按照本规范要求组织生产。其出厂的产品标注的标签应当至少包括产品名称、企业名称、规格、贮存条件、使用期限等信息。旨在确保生产过程中有规范可遵循，出厂产品的标签有必要信息，以保障产品的安全性和可追溯性。

牙膏生产质量管理按照本规范执行。市场监管总局发布《牙膏监督管理办法》自2023年12月1日起实施，共25条。即牙膏生产既要遵守《规范》也要遵守《牙膏监督管理办法》。

（二）两个附件

1. 化妆品生产电子记录要求 为确保数据真实、完整、准确、可追溯，《规范》附件1明确要求企业应制定电子记录系统的操作规程，并对电子记录与纸质记录并存的情况做出规定（图8-60）。

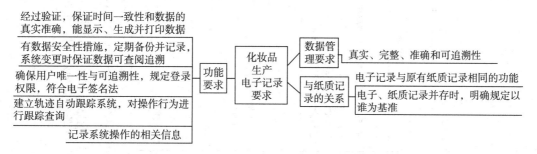

图8-60 电子记录要求

【参考】广东省化妆品学会2021年7月16日发布的团标：《T/GDCA 005—2021化妆品生产企业智能制造信息化系统实施指南》，包括系统架构、系统功能、系统验证、系统实施路径（图8-61）。

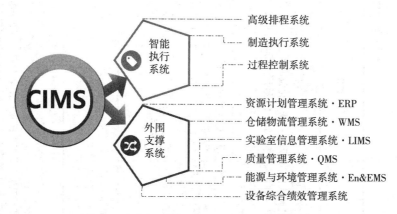

图8-61 范例—T/GDCA 005—2021标准框架

2. 化妆品生产车间环境要求 《规范》对生产车间的定义是"从事化妆品生产、贮存的区域"，按照产品工艺环境要求划分为洁净区、准洁净区和一般生产区（表8-24）。

表 8 – 24 化妆品生产车间环境要求

区域	工艺环境要求	产品类别	生产工序	控制指标	
				环境参数	其他参数
洁净区	需要对环境中尘粒及微生物数量进行控制的区域（房间），其建筑结构、装备及使用应当能够减少该区域内污染物的引入、产生和滞留	眼部护肤类化妆品④、儿童护肤类化妆品④、牙膏	半成品贮存①、填充、灌装、清洁容器与器具贮存	悬浮粒子②：≥0.5μm 的粒子数 ≤10500000 个/m³ ≥5μm 的粒子数 ≤60000 个/m³ 浮游菌②：≤500cfu/m³ 沉降菌②：≤15 cfu/30min	静压差：相对于一般生产区 ≥10Pa 相对于准洁净区 ≥5Pa
准洁净区	需要对环境中微生物数量进行控制的区域（房间），其建筑结构、装备及使用应当能够减少该区域内污染物的引入、产生和滞留	眼部护肤类化妆品④、儿童护肤类化妆品④、牙膏	称量、配制、缓冲、更衣	空气中细菌菌落总数③：≤1000cfu/m³	/
		其他化妆品	半成品贮存①、填充、灌装、清洁容器与器具贮存、称量、配制、缓冲、更衣		
一般生产区	生产工序中不接触化妆品内容物、清洁内包材，不对微生物数量进行控制的生产区域	/	包装、贮存等	保持整洁	

注：①企业配制、半成品贮存、填充、灌装等生产工序采用全封闭管道的，可以不设置半成品贮存间。
②测试方法参照《GB/T 16292 医药工业洁净室（区）悬浮粒子的测试方法》《GB/T 16293 医药工业洁净室（区）浮游菌的测试方法》《GB/T 16294 医药工业洁净室（区）沉降菌的测试方法》的有关规定。
③测试方法参照《GB 15979 一次性使用卫生用品卫生标准》或者《GB/T 16293 医药工业洁净室（区）浮游菌的测试方法》的有关规定。
④生产工序中不接触化妆品的（粉剂类化妆品除外），其半成品贮存、填充、灌装、清洁容器与器具贮存应当符合生产车间洁净区的要求。

第四节 化妆品产品质量管理

一、化妆品产品质量相关的基本概念

（一）化妆品质量特性

化妆品质量特性见图 8 – 62。

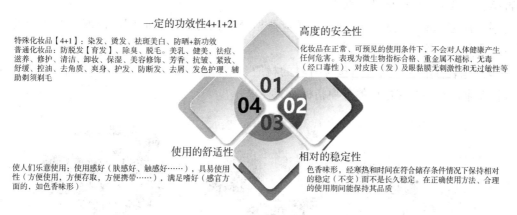

一定的功效性4+1+21

特殊化妆品【4+1】：染发、烫发、祛斑美白、防晒+新功效
普通化妆品：防脱发【育发】、除臭、脱毛、美乳、健美、祛痘、滋养、修护、清洁、卸妆、保湿、美容修饰、芳香、抗皱、紧致、舒缓、控油、去角质、爽身、护发、防断发、去屑、发色护理、辅助剃须剃毛

高度的安全性

化妆品在正常、可预见的使用条件下，不会对人体健康产生任何危害。表现为微生物指标合格、重金属不超标、无毒（经口毒性）、对皮肤（发）及眼黏膜无刺激性和无过敏性等

使用的舒适性

使人们乐意使用：使用感好（肤感好、触感好……），具易使用性（方便使用，方便存取，方便携带……），满足嗜好（感官方面的，如色香味形）

相对的稳定性

色香味形，经寒热和时间在符合储存条件情况下保持相对的稳定（不变）而并非长久稳定。在正确使用方法、合理的使用期间能保持其品质

图 8 – 62　化妆品质量四特性

（二）化妆品安全通用要求

化妆品安全通用要求见图 8 – 63。

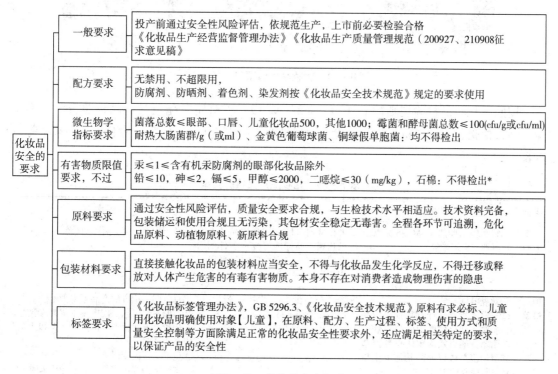

一般要求	投产前通过安全性风险评估，依规范生产，上市前必要检验合格 《化妆品生产经营监督管理办法》《化妆品生产质量管理规范（200927、210908征求意见稿》
配方要求	无禁用、不超限用， 防腐剂、防晒剂、着色剂、染发剂按《化妆品安全技术规范》规定的要求使用
微生物学指标要求	菌落总数≤眼部、口唇、儿童化妆品500，其他1000；霉菌和酵母菌总数≤100(cfu/g或cfu/ml) 耐热大肠菌群/g（或ml）、金黄色葡萄球菌、铜绿假单胞菌：均不得检出
有害物质限值要求，不过	汞≤1≤含有机汞防腐剂的眼部化妆品除外 铅≤10，砷≤2，镉≤5，甲醇≤2000，二噁烷≤30（mg/kg），石棉：不得检出*
原料要求	通过安全性风险评估，质量安全要求合规，与生检技术水平相适应。技术资料完备，包装储运和使用合规且无污染，其包材安全稳定无毒害。全程各环节可追溯，危化品原料、动植物原料、新原料合规
包装材料要求	直接接触化妆品的包装材料应当安全，不得与化妆品发生化学反应，不得迁移或释放对人体产生危害的有毒有害物质。本身不存在对消费者造成物理伤害的隐患
标签要求	《化妆品标签管理办法》，GB 5296.3，《化妆品安全技术规范》原料有求必标、儿童用化妆品明确使用对象【儿童】，在原料、配方、生产过程、标签、使用方式和质量安全控制等方面除满足正常的化妆品安全性要求外，还应满足相关特定的要求，以保证产品的安全性

（左侧纵标：化妆品安全的要求）

图 8 – 63　化妆品安全要求

二、化妆品产品质量管理

1. 化妆品的质量标准 化妆品的质量标准可分为五类（图 8 – 64）：

（1）原料标准 安全、合规、感官理化、有害物质及微生物指标、稳定性和功效功能指标及其要求。

（2）配方标准 成分合规安全、比例、规格，稳定性、功效性等指标及其要求。

（3）产品标准 明确化妆品产品的安全性、稳定性、相容性、功效性以及感官、理化、有害物质、微生物等指标及其要求。

（4）工艺标准 产品生产过程中所应严格遵照执行的各种时间、速度、温度、压力、真空及作业先后顺序等操作规程。

（5）包装标准 产品所用包装材料的材质、结构、功能、工艺以及满足产品安全性、相容性要求，产品标签标识的各项指标及其要求。

图 8 – 64 化妆品检验项目（指标）

按照《化妆品检验规则》（GB/T 37625—2019）的规定，化妆品产品检验分为定型检验、型式检验和出厂检验，化妆品检验项目见图 8 – 64，其对应内容、检验目的和频率等见表 8 – 25。

表 8 – 25 化妆品产品检验类型

类型	内容	目的	频率
定型检验	感官、理化性能、卫生指标以及可靠性、毒理学等	考核试制阶段中试制样品是否已达到产品标准或技术条件的全部内容。定型检验报告可以作为提请鉴定定型的条件之一	新品上市前，可靠后不再检验
型式检验	①常规项目 ②非常规检验：针对每批化妆品检验对其理化性能中的耐热性能和耐寒性能以及除菌落总数霉菌和酵母菌总数以外的其他卫生指标进行检验的项目	验证产品配方工艺执行到位，产品品质稳定可靠	①每年同一配方的产品不得少于一次 ②当原料、工艺、配方发生重大改变时 ③化妆品首次投产或停产 6 个月以上后恢复生产时 ④生产场所改变时 ⑤主管部门提出进行型式检验要求时

类型	内容	目的	频率
出厂检验	常规检验：针对每批化妆品检验对其感官、理化性能指标（耐热和耐寒除外）、净含量、包装外观要求和卫生指标中的菌落总数、霉菌和母菌总数进行检验的项目	确保每批次产品合格方可出厂	每批次产品出厂前。有条件豁免部分常规检验项目（菌落总数、霉菌和酵母菌总数除外）

注：可靠性：为了解、分析、提高和评价产品在设计、材料和工艺方面的各项性能，改善产品的完好性而进行的试验的总称。可靠性试验项目由企业内部根据产品的特点自己确定。如：防腐挑战性试验、长期稳定性试验、运输包装跌落。

有条件豁免：经过风险评估，并在一定周期内开展适当频次的检验、试验、验证、确认等活动，若积累的相关数据能够证明其适用性，出厂检验时可豁免部分常规检验项目（菌落总数、霉菌和酵母菌总数除外）。

具体到检验作业，可对应为以下六种检验（图8-65）：

（1）有害物质检验 包括《化妆品安全技术规范》中规定的汞、铅、砷、镉、甲醇、二噁烷、石棉，以及禁用物质检测和限用物质的限量检测。

（2）微生物检验 具体指标及其要求见表8-26。

表8-26 化妆品中微生物指标限值

微生物指标	限值	备注
菌落总数（cfu/g 或 cfu/ml）	≤500	眼部化妆品、口唇化妆品和儿童化妆品
	≤1000	其他化妆品
霉菌和酵母菌总数（cfu/g 或 cfu/ml）	≤100	
耐热大肠菌群/g（或 ml）	不得检出	
金黄色葡萄球菌/g（或 ml）	不得检出	
铜绿假单胞菌/g（或 ml）	不得检出	

（3）安评和功效评价 化妆品安全评价是指对化妆品的安全性进行评估，以确定其在正常使用条件下对人体是否安全。化妆品功效评价则是评估化妆品在特定功能方面的效果。均属定型检验类。

（4）稳定性和相容性测试 化妆品稳定性可对标定型检验的"可靠性"，是指对化妆品在不同条件下（如温度、湿度、光照等）的质量和性能进行检测，以确定其在一定时间内是否能保持原有的特性和功效。主要包括化学稳定性、物理稳定性、功效稳定性、储存稳定性。化妆品相容性测试则是评估化妆品各成分之间以及与其他物质（如包装材料）的相互适应性。包含成分间相容性、与包装材料相容性、与其他产品（同时使用的）相容性。也属定型检验类。

（5）理化检验 化妆品的理化指标包括耐热、耐寒、pH 值、泡沫、有效物、酸值、碘值和皂化值、泡沫度等，这些指标用于评估化妆品的理化性质和功效。具体的化妆品检测标准可能因产品类型、用途和生产工艺等因素而有所不同，属常规检验类。

（6）感官检验 通过视觉、嗅觉、触觉等检测的项目（颜色、色泽、香气、形态/形状/性状和肤感等），属常规检验类。

2. 化妆品执行标准 我国较为完善的化妆品质量标准可分为两大层级：政府主导类、市场主导类（表8-27）。

（1）国家标准 由国家标准化管理委员会负责制定和发布，具有强制性和普适性。国家标准是化妆品产品质量的基础，规定了化妆品的基本质量要求、安全性要求、稳定性要求等。国家标准分强制性和推荐性两类。

（2）地方标准 在国家标准、行业标准之外，由地方制定的具有地方特色的标准。地方标准均为推荐性标准。

（3）行业标准 由政府（国家有关部门）或行业协会（化妆品行业的主要是轻工业联合会）制定，针对特定类型的化妆品或特定生产环节提出具体要求，分技术要求类和检验方法类。行业标准通常更加具体和详细，为化妆品企业提供更加明确的指导。

（4）团体标准 由社团制定发布，社会及企业自愿采用。

（5）企业标准 在没有国标、行标等采用（不适合企业产品）时，或者是为了提高产品质量以增强竞争力，化妆品企业根据自身生产和管理需要制定的标准。企业标准应不低于国家标准和行业标准的要求，并在生产过程中严格遵守，以确保产品质量的稳定性和可靠性。

表 8 - 27　范例—某企业对生产清场管理相关作业项重难点识别清单

主导	侧重点	层级	性质特点	分类	范例
政府主导	保基本	国家标准	国家标准是由国家标准化管理委员会发布	强制性国家标准	GB 23350—2021《限制商品过度包装要求 食品和化妆品》、GB 5749—2022《生活饮用水卫生标准》
				推荐性国家标准	GB/T 37625—2019《化妆品检验规则》、GB/T 29665—2013《护肤乳液》、GB/T 29680—2013《洗面奶、洗面膏》
		地方标准	地方标准是指在国家标准、行业标准之外，由地方制定的具有地方特色或特定需求的标准。具有地域性、补充性、特色性、促进地方发展、保障地方安全、推动地方创新等特点和作用	推荐性地方标准	广州市市场监督管理局发布的 DB 4401/T 211—2023《化妆品经营质量管理规范》、上海市徐汇区市场监督管理局发布的 DB 31—104/Z 016—2023《化妆品经营者分级分类监管规范》、上海市市场监督管理局发布的 DB31/T 12—2023《化妆品皮肤病评判技术规范》、山东省市场监督管理局发布的 DB37/T 4612—2023《化妆品生产企业批生产记录通用管理规范》
		行业标准	由国家有关部门或行业协会制定的，用于指导特定行业内的生产活动	技术要求	QB/T 1857—2013《润肤膏霜》
				检验方法	QB/T 1684—2015《化妆品检验规则》、QB/T 4617—2013《化妆品中黄芩苷的测定　高效液相色谱法》
市场主导	提高竞争力	团体标准	由社会团体（行业协会、联合会、企业联盟等）按照自己确立的制定程序，自主制定、发布、采纳，具有"短""平""快"的特点，它快速反映市场需求，以促进高新技术的迅速推广和应用，由社会自愿采用		中国日用化工协会发布 T/CHCIA 010—2023《化妆品皮肤微生态评测指南　微生物组学（扩增子测序）》 广东省化妆品学会发布的 T/GDCA 011—2022《化妆品　纯净美妆通则》 广东省日化商会发布的 T/GDCDC 008—2018《化妆品委托生产管理规范》 浙江省健康产品化妆品行业协会的 T/ZHCA 603—2021《化妆品生产企业消毒技术规范》 广东省化妆品科学技术研究会的 T/GDICST 003—2023《化妆品舒缓功效评价　脂多糖诱导巨噬细胞炎症因子 IL‐6 测定方法》 广东省化妆品科学技术研究会的 T/GDICST 001—2023《化妆品稳定性测试指南》 广东省日化商会发布的 T/GDCDC 011—2019《化妆品生产企业微生物控制规范》
		企业标准	企业标准是由化妆品企业根据自身情况和市场需求制定的，用于指导企业的生产和管理。企业标准应不低于国家标准和行业标准的要求		

执行标准常用查询平台：
国家标准全文公开系统：http://www.gb688.cn/bzgk/gb/index；
企业标准信息公共服务平台：http://www.cncpbz.com.cn/；
广东省企业标准信息服务平台：http://www.gdbz.org.cn/；
全国团体标准信息平台：http://www.ttbz.org.cn/；
食品伙伴网下载中心：http://down.foodmate.net/standard/index.html

3. 化妆品质量标准体系 中国化妆品生产质量的标准体系是一个多层次、多维度的结构，包括国家标准、行业标准和企业标准等多个层级，涵盖质量要求、安全性要求、稳定性要求、微生物指标、原料质量、生产工艺、产品检验、安全卫生和包装标识等多个方面。这一体系的建立和实施，为化妆品行业的健康发展提供了有力的保障，也为消费者的权益提供了坚实的支撑（图8-65）。

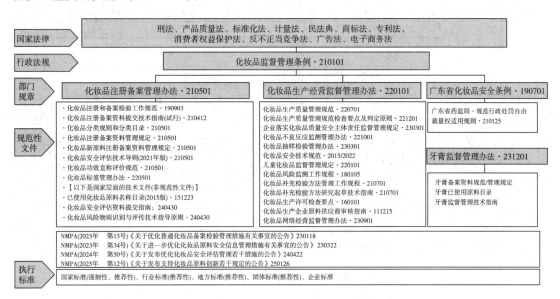

图8-65 化妆品适用法规与标准层级关系

根据 GB/T1 3017—2018《企业标准体系表编制指南》，梳理化妆品质量标准体系表见图8-66。

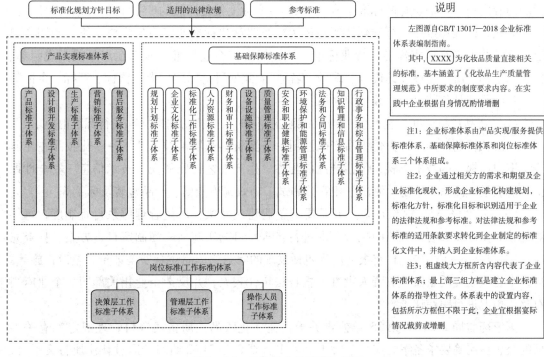

图8-66 化妆品企业标准体系表

在图8-66的基础上,结合《化妆品生产质量管理规范》的具体要求,将其中的建章立制梳理得出化妆品标准体系图(图8-67):

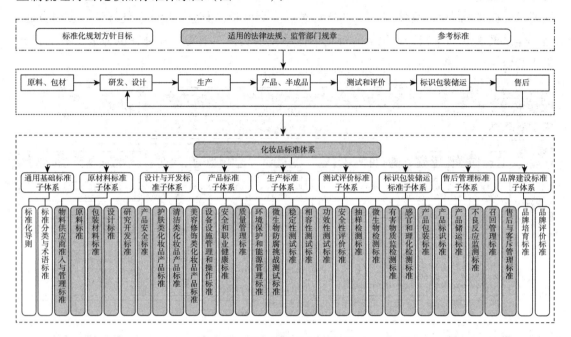

图8-67 化妆品标准体系

4. 化妆品质量管理 将《规范》所要求的各项制度建立完善,对应到图8-67形成满足监管要求、符合企业实际(能落地)的标准体系,严格执行,持续改善。

(1)产品标准标注

①执行的标准:根据《化妆品标签管理办法》第七条要求化妆品中文标签应当至少包括的内容之一"产品执行的标准编号",该编号实际上就是产品的产品注册号或备案号。

②执行标准:按照《标准化法实施条例》第四章"标准的实施与监督"第二十四条规定"企业生产执行国家标准、行业标准、地方标准或企业标准,应当在产品或其说明书、包装物上标注所执行标准的代号、编号、名称"。此处所指标准,指"国标、行标、企标"。

化妆品产品包装上两个编号均须标注。

(2)产品执行标准 企业生产的产品则必须同时符合执行的标准和执行标准的要求。

产品执行的标准,即为化妆品产品注册、备案资料载明的技术要求——化妆品在注册或备案时所提交的技术资料,包括产品的配方、生产工艺、原料安全技术信息、安全性评价、防腐挑战测试、稳定性测试、相容性测试、功效宣称依据、产品包装及标签等。

(3)年度报告 《规范》第十五条要求企业建立并执行质量管理体系自查制度,每年对化妆品生产质量管理规范的执行情况进行自查:自查实施前应当制定自查方案,自查完成后应当形成自查报告。自查报告应当包括发现的问题、产品质量安全评价、整改措施等。自查报告应当经质量安全负责人批准,报告法定代表人,并反馈企业相关部门。企业应当对整改情况进行跟踪评价。

国家药监局2021年 第35号公告关于实施《化妆品注册备案资料管理规定》有关事项的公告,明确要求备案人应当于每年1月1日至3月31日期间,通过新注册备案平台,提交备案时间满一年普通化妆品的年度报告。

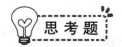

思考题

1. 我国化妆品生产监管体系的构成和主要内容？
2. 我国化妆品监督检查适用的法规和标准主要有哪些？存在哪些需要尽快完善的短板？
3. 简述化妆品生产许可的审批流程
4. 化妆品生产许可延续申请需要提交哪些材料？
5. 企业在获得化妆品生产许可后，应如何进行日常生产管理以确保合规？

PPT

第九章　化妆品经营监管与法规

📖 **知识要求**

1. 掌握　化妆品经营监管法规的框架和要点。

2. 熟悉　《化妆品监督管理条例》《化妆品生产经营监督管理办法》《化妆品网络经营监督管理办法》和《儿童化妆品监督管理规定》等法规中经营相关的主要内容和要求，以及化妆品经营常见违法情形及相应的责任。

3. 了解　化妆品经营监管机制的基本概念和运作方式；新时代化妆品线下与线上经营业态的发展情况以及相关的法规监管；中国化妆品经营监管的新时代特点。

近年来，我国化妆品市场呈现多方面显著特征，包括市场规模扩大、消费者需求多样化、网络销售扩大和科技创新推动等。化妆品经营新业态法规建设与创新监管实践包括《化妆品监督管理条例》《化妆品生产经营监督管理办法》《化妆品网络经营监督管理办法》《电子商务法》和《互联网广告管理办法》等法规，以及利用人工智能与大数据技术进行监管创新。

第一节　化妆品经营法规框架与要点概述

随着我国化妆品市场的蓬勃发展，新时代下的化妆品经营法规与监管显得尤为重要。化妆品的广泛应用和多元化趋势，使得其监管更具挑战性。本节将重点介绍我国化妆品经营法规框架及关键要点，分析其在细化监管制度、创新监管方式、重点环节、产品和企业监管，以及监督管理与法律责任方面的重要作用。

一、化妆品经营监管法规框架

在新时代背景下，国家市场监督管理总局构建了一套完整的"化妆品经营监管法规框架"，旨在加强对化妆品市场的监管，保障消费者权益，推动整个行业的健康有序发展。该法规框架以《化妆品监督管理条例》（以下简称《条例》）为核心，由一系列配套法律法规和管理办法组成，涵盖了化妆品经营的各个环节，从生产到销售，从产品质量到宣传推广，从销售渠道到售后服务，形成了一个系统完备的监管法规框架（图9-1）。

二、化妆品经营法规要点

（一）《化妆品监督管理条例》

作为整个法规框架的核心，《条例》第三章明确了化妆品经营的基本原则和要求，为化妆品市场的健康发展提供了坚实的法律依据（图9-2）。

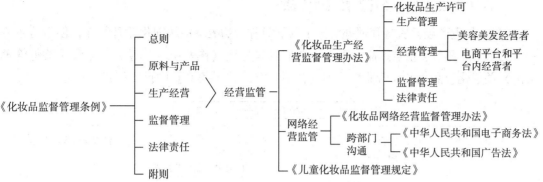

图 9 - 1　化妆品经营监管法规框架

图 9 - 2　《化妆品监督管理条例》中化妆品经营内容

（二）《化妆品生产经营监督管理办法》

《化妆品生产经营监督管理办法》（以下简称《办法》）从细化监管制度，创新监管方式，突出重点环节、重点产品、重点企业监管等方面（图9-3），落实《化妆品监督管理条例》关于化妆品生产经营监督管理的各项规定，是《条例》的重要配套文件之一。

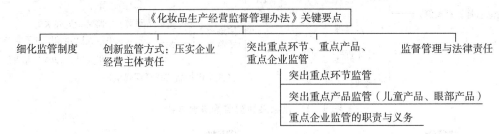

图9-3 《化妆品生产经营监督管理办法》关键要点

1. 细化监管制度 对化妆品生产、销售等环节进行了细致的规定，包括产品许可、原料采购、生产工艺等。

2. 创新监管方式 压实企业经营主体责任 在创新监管方式方面，《办法》落实"放管服"改革要求，对化妆品生产许可延续实行告知承诺制；对因生产许可变更而进行全面现场核查的，变更后生产许可证有效期自发证之日起重新计算5年，为企业减负。

为压实企业主体责任，《办法》创新化妆品注册人和备案人产品留样制度、产品抽样检验不合格后启动企业自查制度，明确对化妆品原料、直接接触化妆品的包装材料的供应商、生产企业可以开展延伸检查等，引导化妆品生产经营者切实落实主体责任，建立健全质量控制体系，保证产品质量安全（图9-4）。

■ 化妆品注册人、备案人应当依法建立化妆品生产质量管理体系履行产品不良反应监测、风险控制、产品召回等义务，对化妆品的质量安全和功效宣称负责。

进货查验记录制度

■ 化妆品经营者应当建立并执行进货查验记录制度，查验直接供货者的市场主体登记证明、特殊化妆品注册证或者普通化妆品备案信息、化妆品的产品质量检验合格证明并保存相关凭证。

图9-4 《化妆品生产经营监督管理办法》总则与进货查验制度

3. 突出重点环节、重点产品、重点企业监管 《办法》在经营监管方面，突出了对重点产品和重点环节的监管。

《办法》特别关注儿童产品、眼部产品等高风险品类，严格控制其生产和销售。其中儿童化妆品监管重点包括：明确儿童护肤类化妆品应具备严格的生产条件，并在化妆品生产许可证上进行特别标注；要在标签上明确标注为儿童化妆品；应避免与食品药品混淆，防止误食误用；生产销售儿童玩具，应防止被误用为儿童化妆品（图9-5）。

儿童化妆品

按照国家药监局的规定
在产品标签上进行标注

- 化妆品注册人、备案人、受托生产企业应当采取措施避免产品性状、外观形态等与食品、药品等产品相混淆，防止误食、误用。

- 生产、销售用于未成年人的玩具、用具等，应当依法标明注意事项，并采取措施防止产品被误用为儿童化妆品。

图9-5　《化妆品生产经营监督管理办法》重点产品监管

对于委托生产化妆品、网络经营化妆品、美容美发机构使用化妆品等重点环节的监管，《办法》强化监管措施，明确监管要求，如：对美容美发机构提出了新要求：应履行化妆品经营者义务，做好进货查验记录，不得向消费者明示、暗示医疗作用，需在经营场所显著位置展示产品销售包装。另外，《办法》还明确了免费试用、赠予、兑换均属于经营行为（图9-6）。

美容美发机构

展示销售包装

- 美容美发机构经营中使用的化妆品以及宾馆等为消费者提供的化妆品应当符合最小销售单元标签的规定。

- 美容美发机构应当在其服务场所内显著位置展示其经营使用的化妆品的销售包装。

图9-6　《化妆品生产经营监督管理办法》重点环节监管

针对网络经营化妆品，《办法》明确了对电商平台和平台内经营者的新要求：平台应对平台内经营者实名登记并管理。平台发现违法经营化妆品的，应当删除、屏蔽、断开链接直至停止提供平台服务，并报告药监部门。入驻经营者应全面、真实、准确披露与注册或者备案资料一致的化妆品标签等信息（图9-7）。

电子商务平台

- 电子商务平台内化妆品经营者以及通过自建网站、其他网络服务经营化妆品的电子商务经营者应当在其经营活动主页面。

- 披露与化妆品注册或者备案资料一致的化妆品标签等信息。

- 化妆品电子商务平台经营者发现有因化妆品质量安全相关犯罪被人民法院判处刑罚的等4种严重违法行为的，应当立即停止向平台内化妆品经营者提供电子商务平台服务。

全面
真实
准确

图9-7　《化妆品生产经营监督管理办法》化妆品经营者的监管

（三）《化妆品网络经营监督管理办法》

为了应对新时代下化妆品市场的新业态和新挑战，国家市场监督管理总局制定了一系列与之相关的管理办法（图9-8），《化妆品网络经营监督管理办法》明确了平台内经营者义务、细化平台管理责任，其他跨部门的法规还有《互联网广告管理办法》《网络直播营销管理办法》等。这些法规为化妆品经营在互联网和网络直播领域提供了具体的指导和规定，强化了化妆品宣传和销售活动的合规性和监管措施，有助于防止虚假宣传、欺骗消费者等问题的发生。通过明确的规定和责任追溯机制，可以有效提升化妆品市场的透明度和诚信度，维护市场秩序，保障消费者的合法权益。这有助于应对新业态下的挑战，维护消费者权益和行业的健康发展。

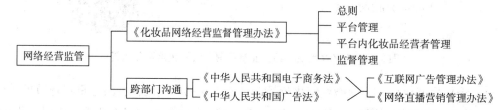

图9-8 网络经营监管法规构架

1. 《化妆品网络经营监督管理办法》 明确平台内经营者义务（图9-9）。

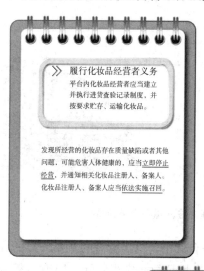

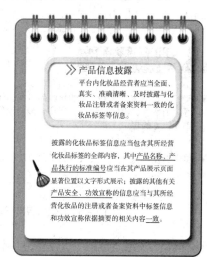

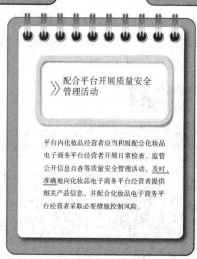

图9-9 国家药品监督管理局网站—明确平台内经营者义务

2.《化妆品网络经营监督管理办法》　细化平台管理责任（图9-10）。

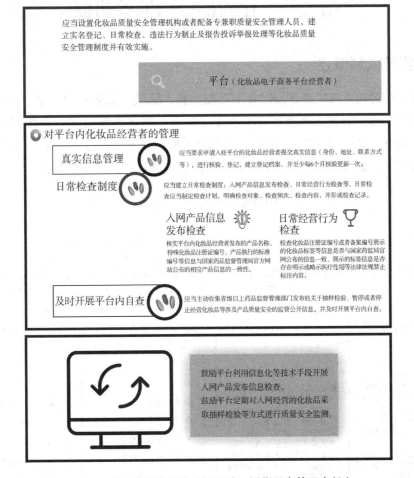

图9-10　国家药品监督管理局网站—细化平台管理责任之一

（四）《儿童化妆品监督管理规定》

　　为了规范儿童化妆品生产经营活动，加强儿童化妆品监督管理，确保儿童化妆品的质量和安全，以保障儿童消费者的权益，避免儿童使用不适合的化妆品带来的潜在风险，国家药监局根据《化妆品监督管理条例》等法律法规，制定了《儿童化妆品监督管理规定》，并提出了更严格的经营监管要求（图9-11）。

图9-11　儿童化妆品经营监管要求

第二节 化妆品经营监管机制

一、监管机制概述

中国化妆品经营监管机制在新时代下日趋完善，涵盖了监管法规框架、监管主体、监管流程、监管措施、委托生产监管、合规重点监管、创新监管方式、法律责任与处罚等多个方面（图9-12）。通过这一机制，我国的化妆品市场得以有序、安全、健康地发展，为消费者提供优质的化妆品产品，维护了市场秩序，保障了消费者的权益。

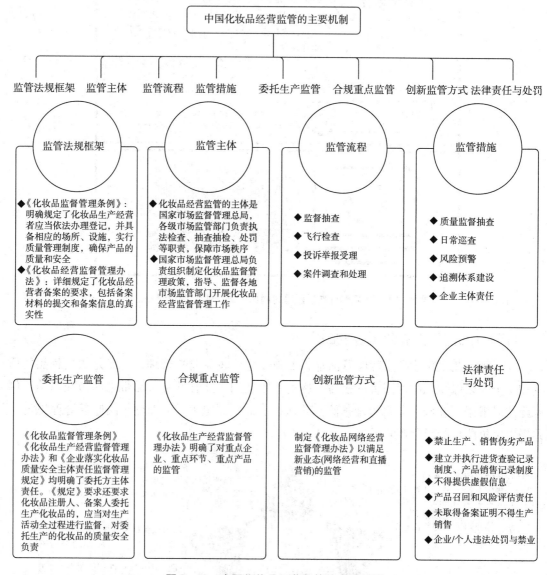

图9-12 中国化妆品经营监管的主要机制

二、化妆品经营主体的法律责任与处罚形式

化妆品经营主体是指销售化妆品的经销商、零售商等。对于违规行为，监管部门也会采取相应的处罚措施。化妆品经营主体在销售过程中也有相应的法律责任和处罚形式，主

要包括以下方面。

（一）产品的质量安全责任

根据《化妆品监督管理条例》《中华人民共和国产品质量法》和《化妆品生产经营监督管理办法》的相关规定，化妆品经营者对产品负有质量安全责任。

现行的《化妆品监督管理条例》，相较于法律责任较轻的《化妆品卫生监督条例》，一是细化给予行政处罚的情形，根据违法行为的性质、情节、危害程度，设置严格的法律责任，有过必有罚、过罚相当。二是加大处罚力度，综合运用没收、罚款、责令停产停业、吊销许可证件、市场和行业禁入等处罚措施，大幅提高罚款数额。三是增加"处罚到人"规定，对严重违法单位的法定代表人或主要负责人、直接负责的主管人员和其他直接责任人员处以罚款，一定期限直至终身禁止从事化妆品生产经营活动。

化妆品经营主体生产经营不符合强制性国家标准、技术规范或者不符合化妆品注册、备案资料载明的技术要求的化妆品，或未按照化妆品生产质量管理规范的要求组织生产等情形，需按《条例》的第六十条规定进行处罚（图9-13）。

《化妆品监督管理条例》第六十条

有下列情形之一的，由负责药品监督管理的部门没收违法所得、违法生产经营的化妆品和专门用于违法生产经营的原料、包装材料、工具、设备等物品；违法生产经营的化妆品货值金额不足1万元的，并处1万元以上5万元以下罚款；货值金额1万元以上的，并处货值金额5倍以上20倍以下罚款；情节严重的，责令停产停业、由备案部门取消备案或者由原发证部门吊销化妆品许可证件，对违法单位的法定代表人或者主要负责人、直接负责的主管人员和其他直接责任人员处以其上一年度从本单位取得收入的1倍以上3倍以下罚款，10年内禁止其从事化妆品生产经营活动；构成犯罪的，依法追究刑事责任。

(一)使用不符合强制性国家标准、技术规范的原料、直接接触化妆品的包装材料，应当备案但未备案的新原料生产化妆品，或者不按照强制性国家标准或者技术规范使用原料；

(二)生产经营不符合强制性国家标准、技术规范或者不符合化妆品注册、备案资料载明的技术要求的化妆品；

(三)未按照化妆品生产质量管理规范的要求组织生产；

(四)更改化妆品使用期限；

(五)化妆品经营者擅自配制化妆品，或者经营变质、超过使用期限的化妆品；

(六)在负责药品监督管理的部门责令其实施召回后拒不召回，或者在负责药品监督管理的部门责令停止或者暂停生产、经营后拒不停止或者暂停生产、经营。

图9-13　《条例》中法律责任及处罚相关规定

化妆品经营者应对儿童化妆品负质量安全责任。化妆品经营者在销售儿童化妆品时，应当确保符合国家相关标准，不得含有有害成分（图9-14）。一旦儿童化妆品存在安全问题，相关经营者将承担相应的法律责任。

《儿童化妆品监督管理规定》第二十条

负责药品监督管理的部门依法查处儿童化妆品违法行为时，有下列情形之一的，应当认定为《化妆品监督管理条例》规定的情节严重情形：

(一)使用禁止用于化妆品生产的原料、应当注册但未经注册的新原料生产儿童化妆品；

(二)在儿童化妆品中非法添加可能危害人体健康的物质。

图9-14　儿童化妆品质量安全责任相关规定

《中华人民共和国产品质量法》（简称《产品质量法》）。

第十二条 产品质量应当检验合格，不得以不合格产品冒充合格产品。

第十三条 可能危及人体健康和人身、财产安全的工业产品，必须符合保障人体健康和人身、财产安全的国家标准、行业标准；未制定国家标准、行业标准的，必须符合保障人体健康和人身、财产安全的要求。

禁止生产、销售不符合保障人体健康和人身、财产安全的标准和要求的工业产品。具体管理办法由国务院规定。

第十五条 国家对产品质量实行以抽查为主要方式的监督检查制度，对可能危及人体健康和人身、财产安全的产品，影响国计民生的重要工业产品以及消费者、有关组织反映有质量问题的产品进行抽查。抽查的样品应当在市场上或者企业成品仓库内的待销产品中随机抽取。监督抽查工作由国务院市场监督管理部门规划和组织。县级以上地方市场监督管理部门在本行政区域内也可以组织监督抽查。法律对产品质量的监督检查另有规定的，依照有关法律的规定执行。

国家监督抽查的产品，地方不得另行重复抽查；上级监督抽查的产品，下级不得另行重复抽查。

根据监督抽查的需要，可以对产品进行检验。检验抽取样品的数量不得超过检验的合理需要，并不得向被检查人收取检验费用。监督抽查所需检验费用按照国务院规定列支。

生产者、销售者对抽查检验的结果有异议的，可以自收到检验结果之日起十五日内向实施监督抽查的市场监督管理部门或者其上级市场监督管理部门申请复检，由受理复检的市场监督管理部门作出复检结论。

第十六条 对依法进行的产品质量监督检查，生产者、销售者不得拒绝。

第十七条 依照本法规定进行监督抽查的产品质量不合格的，由实施监督抽查的市场监督管理部门责令其生产者、销售者限期改正。逾期不改正的，由省级以上人民政府市场监督管理部门予以公告；公告后经复查仍不合格的，责令停业，限期整顿；整顿期满后经复查产品质量仍不合格的，吊销营业执照。

监督抽查的产品有严重质量问题的，依照本法第五章的有关规定处罚。

第十八条 县级以上市场监督管理部门根据已经取得的违法嫌疑证据或者举报，对涉嫌违反本法规定的行为进行查处时，可以行使下列职权：

（一）对当事人涉嫌从事违反本法的生产、销售活动的场所实施现场检查；

（二）向当事人的法定代表人、主要负责人和其他有关人员调查、了解与涉嫌从事违反本法的生产、销售活动有关的情况；

（三）查阅、复制当事人有关的合同、发票、帐簿以及其他有关资料；

（四）对有根据认为不符合保障人体健康和人身、财产安全的国家标准、行业标准的产品或者有其他严重质量问题的产品，以及直接用于生产、销售该项产品的原辅材料、包装物、生产工具，予以查封或者扣押。

第二十二条 消费者有权就产品质量问题，向产品的生产者、销售者查询；向市场监督管理部门及有关部门申诉，接受申诉的部门应当负责处理。

第二十三条 保护消费者权益的社会组织可以就消费者反映的产品质量问题建议有关部门负责处理，支持消费者对因产品质量造成的损害向人民法院起诉。

第二十四条 国务院和省、自治区、直辖市人民政府的市场监督管理部门应当定期发布其监督抽查的产品的质量状况公告。

《产品质量法》第五章"罚则"分别对以下情形的处罚作出明确规定（表9-1）：

表9-1　《中华人民共和国产品质量法》罚则（摘要）

条目	违法情形	罚则	备注
第四十九条	生产、销售不符合保障人体健康和人身、财产安全的国家标准、行业标准的产品	责令停止生产、销售，没收违法生产、销售的产品，并处违法生产、销售产品（包括已售出和未售出的产品，下同）货值金额等值以上三倍以下的罚款；有违法所得的，并处没收违法所得；情节严重的，吊销营业执照；构成犯罪的，依法追究刑事责任	
第五十条	在产品中掺杂、掺假，以假充真，以次充好，或者以不合格产品冒充合格产品	责令停止生产、销售，没收违法生产、销售的产品，并处违法生产、销售产品货值金额百分之五十以上三倍以下的罚款；有违法所得的，并处没收违法所得；情节严重的，吊销营业执照；构成犯罪的，依法追究刑事责任	
第五十一条	生产国家明令淘汰的产品的，销售国家明令淘汰并停止销售的产品	责令停止生产、销售，没收违法生产、销售的产品，并处违法生产、销售产品货值金额等值以下的罚款；有违法所得的，并处没收违法所得；情节严重的，吊销营业执照	
第五十二条	销售失效、变质的产品	责令停止销售，没收违法销售的产品，并处违法销售产品货值金额二倍以下的罚款；有违法所得的，并处没收违法所得；情节严重的，吊销营业执照；构成犯罪的，依法追究刑事责任	
第五十三条	伪造产品产地的，伪造或者冒用他人厂名、厂址的，伪造或者冒用认证标志等质量标志的	责令改正，没收违法生产、销售的产品，并处违法生产、销售产品货值金额等值以下的罚款；有违法所得的，并处没收违法所得；情节严重的，吊销营业执照	
第五十四条	产品标识不符合本法第二十七条规定的	责令改正；有包装的产品标识不符合本法第二十七条第（四）项、第（五）项规定，情节严重的，责令停止生产、销售，并处违法生产、销售产品货值金额百分之三十以下的罚款；有违法所得的，并处没收违法所得	
第五十五条	销售者销售本法第四十九条至第五十三条规定禁止销售的产品，有充分证据证明其不知道该产品为禁止销售的产品并如实说明其进货来源的	可以从轻或者减轻处罚	
第五十六条	拒绝接受依法进行的产品质量监督检查的	给予警告，责令改正；拒不改正的，责令停业整顿；情节特别严重的，吊销营业执照	
第六十一条	知道或者应当知道属于本法规定禁止生产、销售的产品而为其提供运输、保管、仓储等便利条件的，或者为以假充真的产品提供制假生产技术的	没收全部运输、保管、仓储或者提供制假生产技术的收入，并处违法收入百分之五十以上三倍以下的罚款；构成犯罪的，依法追究刑事责任	

《中华人民共和国产品质量法》也指出了化妆品生产经营者需确保产品质量安全的要求，违反相关要求应按法规进行处罚，包括"不符合国家标准、行业标准等质量安全要求的罚则、掺杂掺假、以假充真、以次充好的罚则、生产、销售国家明令淘汰的产品的罚则、销售失效、变质产品的罚则、伪造质量标志的罚则、产品标识不符合法规要求的罚则"等要求（图9-15）。

（二）保障消费者权益

化妆品经营者应保障消费者权益，不得虚假宣传误导消费者，不得销售假冒伪劣产品。

《化妆品监督管理条例》第十三条规定：化妆品经营者应当将销售的化妆品标签、说明书等产品信息向消费者提供，并不得夸大宣传，欺骗消费者。

不符合国家标准、行业标准等质量安全要求的罚则 01	掺杂掺假、以假充真、以次充好的罚则 02	生产、销售国家明令淘汰的产品的罚则 03
第四十九条：生产、销售不符合保障人体健康和人身、财产安全的国家标准、行业标准的产品，责令停止生产、销售没收违法生产、销售的产品，并处违法生产、销售产品（包括已售出和未售出的产品，下同）货值金额等值以上三倍以下的罚款；有违法所得的，并处没收违法所得；情节严重的，吊销营业执照，构成犯罪的，依法追究刑事责任。	第五十条：在产品中掺杂、掺假，以假充真、以次充好或者以不合格产品冒充合格产品的，责令停止生产、销售，没收违法生产、销售的产品，并处违法生产、销售产品货值金额百分之五十以上三倍以下的罚款；有违法所得的，并处没收违法所得；情节严重的，吊销营业执照；构成犯罪的，依法追究刑事责任。	第五十一条：生产国家明令淘汰的产品的，销售国家明令淘汰并停止销售的产品的，责令停止生产、销售，没收违法生产、销售的产品，并处违法生产、销售产品货值金额等值以下的罚款；有违法所得的，并处没收违法所得；情节严重的，吊销营业执照。

销售失效、变质产品的罚则 04	伪造质量标志的罚则 05	产品标识不符合法规要求的罚则 06
第五十二条：销售失效、变质的产品的，责令停止销售，没收违法销售的产品，并处违法销售产品货值金额二倍以下的罚款；有违法所得的，并处没收违法所得；情节严重的，吊销营业执照；构成犯罪的，依法追究刑事责任。	第五十三条：伪造产品产地的，伪造或者冒用他人厂名、厂址的，伪造或者冒用认证标志等质量标志的，责令改正没收违法生产、销售的产品，并处违法生产、销售产品货值金额等值以下的罚款；有违法所得的，并处没收违法所得；情节严重的，吊销营业执照。	第五十四条：产品标识不符合本法第二十七条规定的，责令改正；有包装的产品标识不符合本法第二十七条第（四）项、第（五）项规定，情节严重的，责令停止生产、销售，并处违法生产、销售产品货值金额百分之三十以下的罚款；有违法所得的，并处没收违法所得。

图 9 – 15 《中华人民共和国产品质量法》—罚则

根据《中华人民共和国广告法》第四条和《互联网广告管理办法》的相关规定，广告不得含有虚假或者引人误解的内容，不得欺骗、误导消费者。广告主应当对广告内容的真实性负责。一旦经营者虚假宣传导致消费者受损，可能会被追究法律责任（图 9 – 16）。

《中华人民共和国广告法 》第五十五条

- 违反本法规定，发布虚假广告的，由市场监督管理部门责令停止发布广告，责令广告主在相应范围内消除影响，处广告费用三倍以上五倍以下的罚款，广告费用无法计算或者明显偏低的，处二十万元以上一百万元以下的罚款；两年内有三次以上违法行为或者有其他严重情节的，处广告费用五倍以上十倍以下的罚款，广告费用无法计算或者明显偏低的，处一百万元以上二百万元以下的罚款可以吊销营业执照，并由广告审查机关撤销广告审查批准文件、一年内不受理其广告审查申请。
- 广告经营者、广告发布者明知或者应知广告虚假仍设计、制作、代理发布的，由市场监督管理部门没收广告费用，并处广告费用三倍以上五倍以下的罚款，广告费用无法计算或者明显偏低的，处二十万元以上一百万元以下的罚款；两年内有三次以上违法行为或者有其他严重情节的，处广告费用五倍以上十倍以下的罚款，广告费用无法计算或者明显偏低的，处一百万元以上二百万元以下的罚款，并可以由有关部门暂停广告发布业务、吊销营业执照、吊销广告发布登记证件。广告主、广告经营者、广告发布者有本条第一款、第三款规定行为构成犯罪的，依法追究刑事责任。

图 9 – 16 中华人民共和国广告法关于虚假广告处罚措施的有关规定

化妆品经营者不得销售假冒伪劣产品，一旦涉及假冒伪劣问题，可能面临民事赔偿和刑事处罚。根据《中华人民共和国刑法》《最高人民法院 最高人民检察院 关于办理生产、销售伪劣商品刑事案件具体应用法律若干问题的解释》等相关规定，生产者和经营者制造、销售假冒伪劣商品，将受到法律追究（图 9 – 17）。

（三）网络交易经营者主体责任

根据《中华人民共和国网络安全法》《中华人民共和国电子商务法》《中华人民共和国广告法》《中华人民共和国反不正当竞争法》《网络信息内容生态治理规定》《网络交易监督管理办法》等法律、行政法规和国家有关规定，网络交易经营者应承担经营主体的相关责任包括依法建立并执行进货查验记录制度，依法履行信息公示、协助配合政府监管部门监督管理、保护消费者权益和保护网络安全与个人信息的义务（图 9 – 18）。违反相关规定将由县级以上人民政府的相关监管部门依照《中华人民共和国电子商务法》

《中华人民共和国刑法》第一百四十条

- 生产者、销售者在产品中掺杂、假，以假充真，以次充好或者以不合格产品冒充合格产品，销售金额五万元以上不满二十万元的，处二年以下有期徒刑或者拘役，并处或者单处销售金额百分之五十以上二倍以下罚金；销售金额二十万元以上不满五十万元的处二年以上七年以下有期徒刑，并处销售金额百分之五十以上二倍以下罚金；销售金额五十万元以上不满二百万元的，处七年以上有期徒刑，并处销售金额百分之五十以上二倍以下罚金；销售金额二百万元以上的，处十五年有期徒刑或者无期徒刑，并处销售金额百分之五十以上二倍以下罚金或者没收财产。

《最高人民法院　最高人民检察院　关于办理生产、销售伪劣商品刑事案件具体应用法律若干问题的解释》

- 刑法第一百四十条规定的"在产品中掺杂、掺假"，是指在产品中掺入杂质或者异物，致使产品质量不符合国家法律、法规或者产品明示质量标准规定的质量要求，降低、失去应有使用性能的行为。刑法第一百四十条规定的"以假充真"，是指以不具有某种使用性能的产品冒充具有该种使用性能的产品的行为。刑法第一百四十条规定的"以次充好"，是指以低等级、低档次产品冒充高等级、高档次产品，或者以残次废旧零配件组合、拼装后冒充正品或者新产品的行为。
- 刑法第一百四十条规定的"不合格产品"，是指不符合《中华人民共和国产品质量法》第二十六条第二款规定的质量要求的产品。对本条规定的上述行为难以确定的，应当委托法律、行政法规规定的产品质量检验机构进行鉴定。

图 9 – 17　假冒伪劣产品相关法律法规

《中华人民共和国税收征收管理法》《中华人民共和国专利法》《中华人民共和国商标法》《中华人民共和国反不正当竞争法》和《中华人民共和国反垄断法》等有关规定给予警告、罚款等行政处罚。

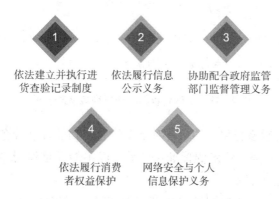

图 9 – 18　网络交易经营者应承担的主体责任

第三节　新时代化妆品线下与线上经营业态与法规监管

当今新时代，化妆品行业的线下与线上经营业态正经历着前所未有的变革和创新。消费者需求的多样化、科技的不断进步以及市场竞争的不断升级，共同塑造了这一行业的新面貌。在这个背景下，法规与监管的建设变得尤为重要，以保障消费者权益、维护市场秩序，促进化妆品行业的可持续健康发展。

一、国内化妆品市场经营业态发展情况

国内化妆品市场经营业态特点在近年来呈现出多方面的显著特征，这些特点在一定程度上反映了消费者需求的变化、科技创新的推动以及市场竞争的演进。

化妆品经营业态特点

1. 中国化妆品市场规模持续扩大　中国化妆品市场在过去十年中呈现出强劲的增长态势，根据弗若斯特沙利文的数据（图9-19），2021年，中国化妆品市场规模达到了9468亿元。从2015年到2021年，中国化妆品市场的复合年增长率（CAGR）为12.0%，而同期全球化妆品市场的复合年增长率仅为2.2%，远低于中国化妆品市场的增速。沙利文预测，从2021年开始，中国化妆品市场规模将以9.4%的复合年增长率增长，预计到2026年将达到14822亿元。目前已经成为全球最大的化妆品市场之一。随着经济的发展和人民生活水平的提高，消费者对化妆品的需求不断增加，市场规模持续扩大。

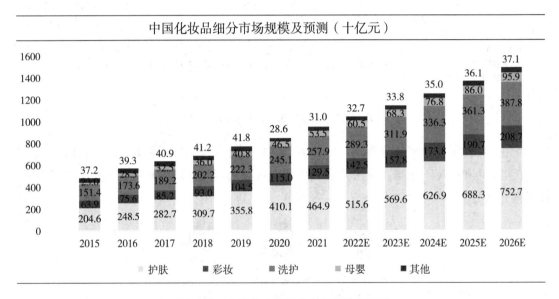

图9-19　中国化妆品细分市场规模及预测

2. 化妆品消费者需求多样化　消费者对于个性化、功能性和绿色环保的化妆品需求逐渐增加，呈现出多样化趋势。传统的标准化产品已经不能满足消费者的需求，个性化定制和功能性化妆品逐渐受到青睐。

中国的化妆品网络销售不断扩大，包括传统行业、电商平台、自营电商和第三方平台等。这种发展既有积极影响也存在着问题，如质量不一、覆盖率低、不平衡的销售水平等。未来趋势显示中国网络消费用户数量迅速增长，但相较于发达国家，网络环境和市场秩序仍存在差距。自2016年以来，随着智能手机、4G网络和Wi-Fi的普及，抖音、快手等短视频直播平台迅速成为人们日常生活的重要组成部分。人们每天花费大量时间在这些平台上观看短视频。2020年直播电商行业逐渐崛起。5G网络技术的应用使得电商直播传播速度更快，用户观看直播更加流畅，消费体验也得到了提升。截至2021年12月，中国直播电商用户规模达到4.64亿，较2020年12月增长7579万，占整体网民的44.9%。在"宅经济"的影响下，许多线下企业开始重视直播电商的发展，纷纷入驻抖音、快手等电商平台，将直播带货作为新的销售突破口。直播电商行业的发展可以分为三个阶段（图9-20）：

第一个阶段是2016—2017年，这是直播电商的初探期，也可以称为萌芽期，因为2016年被认为是直播电商的元年。第二个阶段是2018年，这是直播电商的加速期。第三个阶段从2019年至今，这是直播电商的爆发期。

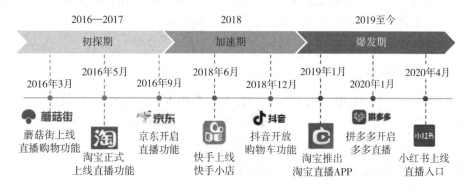

图9-20　我国直播电商发展历程

3. 科技创新催生化妆品经营新业态　在化妆品产业欣欣向荣的发展时代，个性化定制化妆品已从单纯满足消费者对于"高端""尊贵"的身份体验逐渐过渡到互联网环境下注重科技与功能的新阶段。通过这种"一对一"的创新定位，给消费者带来更佳的服务体验，让品牌凝聚更多忠实的用户，从而在日益激烈的市场竞争中稳占一席，将会是越来越多的品牌制造商跳脱传统零售渠道的选择。一方面，支持新业态的发展有利于进一步优化营商环境，充分激发市场活力。另一方面，新业态所带来的问题也应被充分关注和思考，在顺应产业发展趋势的同时如何建立和完善相应的监管方案有待进一步研究。智能化妆品定制和虚拟试妆技术在市场上也逐渐受到关注，满足了消费者个性化需求。科技的进步为化妆品行业带来了新的商机，同时也推动了新业态的涌现。

4. 化妆品消费者健康安全意识增强　化妆品安全事件引发了广泛关注，消费者对于产品的健康安全性提出更高要求。消费者对于化妆品的质量和安全问题更加关注，品牌信誉和产品质量成为消费者购买的重要考量因素。

5. 线下零售不断迭代升级　知名化妆品品牌通过开设线下专柜和专营店，以及提供个性化服务，提升了消费者的购物体验。线下零售不再局限于简单的销售，更注重为消费者创造全方位的购物体验。

6. 化妆品品牌开始注重品牌差异化竞争　化妆品品牌通过独特的品牌定位和创新的营销策略来吸引消费者。品牌的影响力在市场竞争中扮演着重要角色，差异化竞争成为品牌发展的关键策略。

二、新时代化妆品线下经营的法规与监管

在新时代，化妆品线下经营持续升级，消费者对购物体验和产品品质的要求不断提高。为了保障消费者权益和市场秩序，我国制定了一系列法规和监管措施，对化妆品线下经营进行规范和监督。

（一）门店管理与经营许可

化妆品线下门店需要依法办理相关经营许可手续，确保经营者具备合法资质。根据《化妆品监督管理条例》第十条规定，化妆品经营者应当按照法律法规的规定，取得化妆品经营许可证，方可经营化妆品。

（二）产品合规与质量监管

化妆品线下经营者要确保所销售的化妆品符合国家相关标准和法规要求。根据《化妆品监督管理条例》第十一条规定，化妆品经营者应当销售符合国家标准的化妆品，不得销售违禁化妆品或者不符合安全标准的化妆品。这一规定保障了消费者购买化妆品的合法权益，防止不合格产品进入市场。

（三）产品信息披露与宣传

化妆品线下经营者在销售过程中应当向消费者提供准确、真实的产品信息。根据《化妆品监督管理条例》第十三条规定，化妆品经营者应当将销售的化妆品标签、说明书等产品信息向消费者提供，并不得夸大宣传，欺骗消费者。这一规定保障了消费者购买化妆品时获得真实、全面的信息，避免虚假宣传误导消费者。

（四）售后服务与投诉处理

化妆品线下经营者应当提供完善的售后服务，保障消费者的合法权益。根据《中华人民共和国消费者权益保护法》第二十一条规定，经营者应当为消费者提供产品的保修、退换货等售后服务，并及时受理消费者的投诉和意见。这一规定强化了消费者在购买后的权益保障，鼓励经营者提供更好的售后服务。

（五）安全管理与应急处置

化妆品线下门店应当建立健全的安全管理制度，制定应急处置预案，确保消费者在购物过程中的人身安全。根据《化妆品监督管理条例》第十五条规定，化妆品经营者应当建立安全管理制度，确保化妆品的安全使用。这一规定重视了消费者的人身安全，要求门店在经营过程中采取必要的安全措施。

三、化妆品网络销售经营模式的机遇与现实问题

（一）化妆品网络销售的发展与机遇

迄今为止，我国的互联网发展仅有不到三十年的历史，但已经历经了从"桌面互联网"走向"移动互联网"再到"智能互联网"三个重要跃迁过程。CNNIC 第 45 次调查报告显示，截至 2020 年 3 月，我国网民规模达 9.04 亿，较 2018 年底增长 7508 万，互联网普及率达 64.5%，较 2018 年底提升 4.9 个百分点。随着网民人数的持续攀升，我国化妆品零售的线上渗透率也逐年提升。调查数据显示，2020 年护肤品网络零售额占比已达 84.2%。在微信群等社交渠道的模式下，2020 年中国社交电商行业交易规模高达 29540 亿元。上述数据显示，当前，我国化妆品零售的线上渗透率不断提升，网络零售已经成为化妆品销售的主要渠道。

（二）化妆品网络销售的主要渠道

1. 传统电商平台渠道 包括京东、淘宝、拼多多等电商平台的 B 端和 C 端销售商、B2C 平台自营、品牌官网商城、线上品牌集合店、团购平台和跨境电商平台等。

2. 直播电商渠道 随着网红经济兴起，直播电商成为重要的新兴渠道，分为电商平台渠道和内容平台渠道，主播依托传统电商平台或娱乐平台进行直播带货。

3. 社交电商渠道 社交媒体平台如微博和微信兼具电商属性，明星代言人或品牌大使在这些平台上推广产品信息，成为重要的销售渠道。

4. 其他渠道　包括内置广告链接、海淘个人代购等多种新兴网络销售渠道。

（三）化妆品直播销售存在的现实问题和法律关系特点

化妆品直播带货在社交媒体平台上的影响力日益增强，成为一种有效的销售方式。然而，也存在许多现实问题，包括主播偷税漏税、流量弄虚造假、虚假宣传广告、产品质量参差不齐、价格欺诈、消费者维权困难、监管缺失、直播带货广告监管漏洞以及监管部门力量不足等。这些问题给直播带货行业带来了负面影响，需要更加有效的监管和合规措施，以确保行业健康有序发展。

化妆品直播电商产业链主要由供应端、销售端、需求端和监管端四个部分构成。明确界定化妆品供应端和直播销售端中各参与主体的法律地位及其之间的关系，对于维护需求端的合法权益以及实现监管端的有效监管具有至关重要的作用。化妆品直播销售的各个主体法律关系如下（图9-21）。

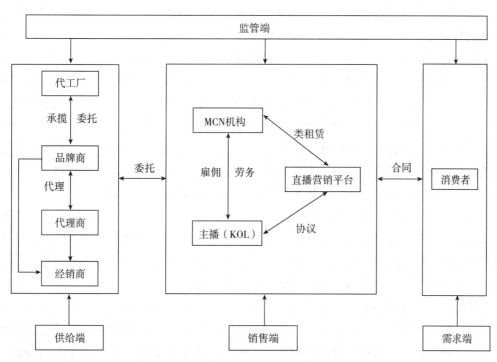

图9-21　化妆品直播电商法律关系示意图

1. 供应端关系　化妆品供应端涉及品牌商、代工厂、代理商和经销商。多数小规模品牌商选择代加工模式，与代工厂形成承揽合同关系。代工厂在产品设计和销售中的责任逐步增加。品牌商对产品质量负主要责任。代理商以品牌商名义销售，而经销商独立承担责任。随着流通复杂化，代理商与经销商角色可能重叠。

2. 直播销售端关系　化妆品直播销售涉及直播营销平台、主播和MCN机构。主播被定义为营销人员，MCN机构为服务机构。商家可通过MCN机构或主播进行直播销售。达人直播是商家委托第三方主播推销，涉及多方主体，主播与MCN机构签约并由其承担责任，商家与主播之间存在委托关系，主播身份复杂，可能同时是中介人、广告代言人和经营者。店铺自播是商家自建或代运营直播间销售自有产品，主播是商家员工，法律关系较明确。

（四）社交电商监管仍显乏力

近年来，我国的许多社交媒体兴起，且兼具了显著的电商属性，特别是像微博和微信等平台成为新兴电商时代引流的重要媒体渠道。例如，微热点发布的相关数据显示，微博是护肤品相关信息的主要传播平台，占比高达90.20%，主因是明星代言人或品牌大使在各自微博上推广其代言的护肤产品信息，被粉丝及网友大量转发和评论。除微博外，微信群和朋友圈也是化妆品销售的重要渠道之一，其中，最常见和最广为人知的就是面膜的销售。但由于我国的《电子商务法》《化妆品监督管理条例》主要是对正规的化妆品企业和正规的电商销售平台发挥作用，社交电商渠道、直播带货、个人海淘等多种网络销售渠道，我国对其监管仍显乏力。

（五）新零售模式实现线上线下多渠道结合

"新零售"一词在云栖大会上被提出，其结合网络技术，是运用大数据与AI技术等手段，从生产角度出发，对所销售的产品经流通渠道到销售至终端消费者的一系列过程进行创新改造，进一步融合线上服务与线下体验的零售新模式。伴随着新技术的发展，新零售时代化妆品行业呈现出快速增长，这带来了产业结构的调整和市场生态圈的重建，使市场面临挑战和机会。中国的化妆品市场规模从2017年的6305亿元增长到2021年的9468亿元，年均复合增长率达10.7%。中国的经济发展引领了消费升级，尤其在新零售时代，化妆品行业迎来了大量新企业和品牌的涌现。然而，新生品牌在产品质量和市场监管方面存在问题，部分采用夸大宣传和偷工减料等竞争手段，引发监管和市场混乱。传统品牌也加入竞争，进一步加剧了市场竞争。虽然有化妆品法规出台，但仍未能控制新品牌注册数量的增长，这可能引发行业内部恶性竞争和社会不公平现象。尽管市场繁荣，但也潜藏危机，可能扰乱市场秩序和社会稳定，同时可能阻碍行业的技术创新。因此，需要在新零售时代维护合规市场竞争，加强监管，促进技术创新，以确保行业持续健康发展。

新零售时期，政府、新品牌与新媒体平台形成了博弈的三方关系（图9-22）。新媒体平台逐渐成为主要宣传销售的平台媒介，兼具了广告宣传与零售的双重功能，一方面平台品牌方提供产品信息的展示，或提供平台给KOL推介产品功能，为品牌企业提供直接销售产品到消费者的零售服务平台；一方面又接受政府的监管监督，如果有任何违法违规事件，或是为品牌企业的违法违规行为提供便利，可能会受到政府的罚款。品牌方利用新零售平台销售产品展示产品信息，通过KOL在平台推荐自己的产品，同时其各种宣传行为也要受到政府的监管监督，任何违规行为都可能受到政府的罚款和惩戒。政府在这个市场经营过程中提供监管，使得品牌企业、媒体平台，都合法经营销售，提供合法合规的产品和服务，维持市场有序运转，健康发展。

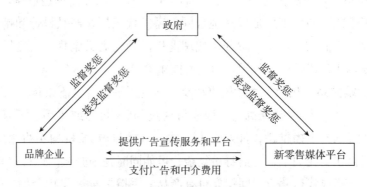

图9-22 政府、新品牌与新媒体平台的三方关系

四、化妆品经营新业态法规建设与创新监管实践

(一) 化妆品经营新业态法规与政策框架 (图9-23)

《中华人民共和国电子商务法》：为化妆品新业态监管提供了法律依据，明确了电子商务经营者的权利义务，规范了电子商务交易行为。

《互联网广告管理办法》：对化妆品网络宣传进行了规范，禁止虚假宣传、夸大宣传等不良行为。

《网络交易监督管理办法》：明确了电商平台的监管要求，包括信息披露、交易诚信、商品质量等方面。

《化妆品网络经营监督管理办法》：针对化妆品类别的网络经营平台和进驻企业进行了监管，保障了网络销售的产品质量和安全。

《网络直播营销管理办法（试行）》：对直播带货的监管措施进行了规范，保护了消费者的权益。

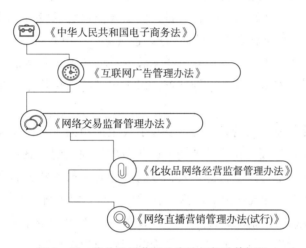

图9-23　化妆品经营新业态法规与政策框架

(二) 科技驱动下的监管创新

人工智能与大数据在化妆品市场监管中的应用：人工智能和大数据技术能够对化妆品市场进行全面监测和分析，发现异常情况并采取相应措施。通过数据分析，监管部门可以及时了解市场动态，发现不合规行为，从而提高监管效率。

"数字辨妆"体系的构建及其对化妆品安全监管的影响主要是"数字辨妆"体系整合了化妆品的生产、流通、消费等环节的数据，实现全链条监管。这种体系能够强化数据驱动的监管，支持智能化监管决策，有效防范和化解风险。在2021年，浙江省台州市的网络监管分局曾就利用数字化手段进行专题汇报，探索了一种可复制、可推广的"台州经验"，该经验涉及化妆品网络经营监管，融合了协同监管与技术赋能、线上监测与线下核查、案件查办与行业规范等方面。另外，台州市局还对构建化妆品一体化数字监管体系进行了进一步阐述。自2016年起，该局持续研究化妆品网络销售市场监管的新模式，并通过开发和应用"三云三慧"系统来解决化妆品网络销售监管实践中的困难，包括发现难、固证难、落地难和分析难等问题，以提高网络抽检的精准性、案件查办的效率以及网络监管的时效性。

（三）新业态监管实践

1. 直播带货监管的成效及其对新型化妆品销售模式的影响 《网络直播营销管理办法（试行）》规定了直播带货的监管措施，包括主播资质要求、宣传规范和虚假宣传的处罚等。《办法》体现新业态下管网治网的积极探索，包括：

创新提出直播营销平台"事前预防、事中警示、事后惩处"原则。

突出强调直播间运营者和直播营销人员5个重点环节和8条底线。

首次明确直播营销人员的服务机构身份，MCN法律责任压实。

商务部中国国际电子商务中心研究院发布的《2021年中国直播电商产业研究报告》显示，截至2020年12月，我国网络直播用户规模达6.17亿，其中电商直播用户3.88亿，列各类网络直播用户数量第一。《办法》对直播营销的规范，直接影响3.88亿人的购物体验，也惠及了更多的消费者。这一举措加强了对直播带货行为的规范，保护了消费者的知情权和选择权。同时，直播带货也为新型化妆品销售模式带来了新机遇，有效推动了行业的发展。

2. 化妆品智能定制的监管策略及探索 化妆品智能定制是科技创新带来的新业态，需要制定相应的监管策略。2022年11月10日，国家药监局官网发布了《国家药监局综合司关于开展化妆品个性化服务试点工作的通知》。各试点省（市）可择优选取1~3家注册人、备案人作为个性化服务试点企业，重点围绕彩妆、护肤等普通化妆品，在皮肤检测、产品跟踪、个性化护肤服务方案等方面进行试点，但不包括特殊化妆品、儿童化妆品和使用新原料的化妆品。

为规范"定制化妆品"监管，上海市发布了《上海市浦东新区化妆品产业创新发展若干规定》和《上海市浦东新区化妆品现场个性化服务管理细则（试行）》。"细则"显示化妆品现场个性化服务，是指化妆品备案人、境内责任人根据消费者的个性化需求，对其备案的普通化妆品（不含儿童化妆品、眼部护肤类化妆品、使用新原料的化妆品等），在经营场所设置的专用区域内，现场提供分装、包装服务且涉及直接接触化妆品内容物（图9-24）。据有关分析指出，目前定制化妆品面临着企业成本居高不下、行业经营尝新试错成本过高、市场与消费者教育等问题。但品牌一直持之以恒坚持做定制护肤，是因为这个赛道未来可期。有研发人员直言，当下很多品牌推出的"定制化妆品"仍然是一个伪概念，并不会是针对个体定制，而是把皮肤划分若干类型，通过大量SKU进行排列组合，最多只能称之为细分产品。

上海市药品监督管理局

政策解读

上海市浦东新区
化妆品现场个性化服务管理细则
(试行)

2023年7月17日，上海市药监局印发
《上海市浦东新区化妆品现场个性化服务管理细则(试行)》
（以下简称《细则》），自2023年8月20日起施行。

一、《细则》出台的背景和依据是什么？

背 景

为充分发挥浦东新区化妆品产业发展核心区的功能，推动产业创新发展和促进消费，助力建设国际消费中心城市，2022年7月21日上海市第十五届人民代表大会常务委员会第四十二次会议通过《上海市浦东新区化妆品产业创新发展若干规定》（以下简称《若干规定》），明确了培育化妆品领域个性化服务等新模式新业态。

依 据

《化妆品监督管理条例》
《化妆品注册备案管理办法》
《化妆品生产经营监督管理办法》
《化妆品生产质量管理规范》

高起点 高标准 ≫ 推进化妆品个性化服务，确保消费者用妆安全

二、《细则》的适用范围和主要内容是什么？

适用范围

本市化妆品备案人
境内责任人
　　在浦东新区设立的
　　经营场所内
　　　　　　普通化妆品

—不含儿童化妆品、眼部护肤类化妆品、使用新原料的
化妆品等—

主要内容

《细则》

共8章34条

· 总则
· 现场个性化服务许可与产品备案管理
· 机构与人员
· 质量保证与控制
· 操作区域与设备管理
· 物料与产品管理
· 服务过程管理
· 附则

三、《细则》起草的原则和思路是什么？

原则&思路

风险管理	前提：确保产品质量、有效防控安全风险
	强化：化妆品现场服务过程管理、产品信息可追溯

充分考虑业态发展规模 科学设定化妆品现场个性化服务许可条件&产品备案要求，防止门槛过低或过高而造成的行业无序发展和不可操作，申请人应具备良好的生产质量管理体系	业态适度发展

因业施策	充分考虑化妆品现场个性化服务与传统生产模式的区别		
	原则性灵活性相结合	优化检验、留样等环节	过程风险可控产品信息可追溯

建立&执行 与个性化服务模式相适应的质量管理制度	明确服务过程的关键控制点确保能够持续稳定地开展服务	企业质量安全主体责任

事中事后监管	明确市区两级工作职责	形成监管合力	保障现场个性化服务化妆品质量安全

四、申请化妆品现场个性化服务应当具备什么条件？

申请条件

主体	· 化妆品的备案人 · 与现场个性化服务化妆品的境外备案人同属一个集团且有境外备案人授权开展该化妆品现场个性化服务的境内责任人
能力	· 全过程风险评估和风险控制 · 产品不良反应监测与评价
设备	· 有相适应的场地、环境条件、服务和检验设施设备
人员	· 有相适应的技术人员和检验人员
制度	有相适应的物料验收、服务过程及质量控制、设备管理、产品检验及留样等保证化妆品质量安全的管理制度

五、如何申请化妆品现场个性化服务？

申请方式

· 向浦东新区市场监督管理局提出申请，提交其符合本细则第五条、第六条规定条件的证明资料，并对证明资料的真实性负责。
· 经审查符合要求的，核发化妆品生产许可证，生产许可项目注明"现场个性化服务"。
· 化妆品现场个性化服务申请人在本市已持有化妆品生产许可证，申请在浦东新区增加化妆品现场个性化服务地址的，应当向浦东新区市场监督管理局提出申请，依法办理变更手续。

图9-24　《上海市浦东新区化妆品现场个性化服务管理细则（试行）》政策解读

3. 跨部门合作与国际交流　在新业态监管中，跨部门合作十分重要。不同部门之间需要加强信息共享、资源协同，形成合力，共同应对新业态带来的挑战。同时，国际交流也是促进新业态监管的有效方式，借鉴其他国家的经验和做法，进一步完善我国的监管体系。

4. 科技与监管的更深度融合对化妆品市场的影响　随着科技的不断进步，化妆品市场将迎来更深度的科技与监管融合。人工智能、大数据、物联网等技术将更广泛地应用于化妆品监管领域，实现更精准、高效的监管手段。例如，基于大数据的风险预警系统可以及时识别异常情况，人工智能可以辅助监管部门分析复杂的市场数据，提供决策支持。科技与监管的融合将进一步提升监管效率，保障消费者权益。

2021年4月9日，浙江省宁波市召开"数字药监"建设工作部署会暨进口美妆真品示范区建设现场推进会，正式上线宁波进口美妆防伪溯源平台，实现进口美妆信息正向可追

溯、逆向可溯源、信用可查询、全程可管控。"数字药监"是全国首个进口美妆防伪溯源平台,这一平台基于大数据支持,采用二维码溯源技术,保证了进口美妆产品信息的可追溯性。此举旨在防止产品被假冒及串货,保障产品的质量和信誉,同时提供更多信息给消费者,使他们更清晰地了解购买的化妆品。平台还帮助监管部门对进口美妆产品进行监管与追溯,推动行业的高效监管。

5. 中国在化妆品监管领域的国际地位与合作前景 中国化妆品市场在全球范围内具有重要地位,对其监管的要求和举措对其他国家也具有一定的借鉴意义。随着我国经济的发展和科技的进步,中国在化妆品监管领域的国际地位将进一步提升。同时,不同国家之间的化妆品监管合作也将更加紧密,共同应对化妆品市场中的跨境挑战,保障全球消费者的权益。

新时代下,化妆品行业的线下与线上经营业态正处于快速发展和变革之中。消费者的多样化需求、科技创新的推动以及市场竞争的加剧,为行业带来了新的商机和挑战。在这一背景下,法规与监管的建设变得尤为重要,需要针对新业态的特点和发展趋势,不断创新监管手段,保障消费者的权益,促进行业的健康可持续发展。同时,跨部门合作与国际交流也是推动新业态监管的关键,只有通过多方合作,才能更好地应对行业的变革和挑战,共同创造一个安全、健康、有活力的化妆品市场。

通过对化妆品经营违法情形与责任的深入分析,可以更好地理解化妆品市场监管的现状、问题和未来发展趋势,从而为未来的从业者提供有关法规与监管的必要知识,促进化妆品市场的健康有序发展。

第四节　化妆品经营违法情形与责任

化妆品作为日常生活中不可或缺的消费品,其经营和销售行为必须受到严格的法规与监管。在新时代,随着消费者需求的多样化和科技创新的推动,化妆品市场呈现出新的业态和模式,但同时也带来了一系列新的违法情形。本节将深入探讨化妆品经营违法案例以及相应的法律责任,以便为未来的从业者提供必要的法规和监管知识。

一、化妆品违法案件与抽检核查情况

据国家药监局发布的药品监督管理统计年度数据(2022年)显示(表9-2):2022年全年违法案件合计28289件;其中违法主体为经营企业的合计17221件,占比60.88%,违法主体为美容美发机构的合计7182件,占比25.39%。

表9-2　2022年全国查处化妆品案件情况

项　目		计量单位	一般程序案件	简易程序案件	合计
案件数		件	27508	781	28289
其中:涉及互联网		件	653	22	675
案件来源	投诉举报	件	2062	53	2115
	监督抽验	件	1538	14	1552
	执法检验	件	807	38	845
	日常监管和专项检查	件	21569	650	22219
	其他部门通报	件	509	5	514
	其他	件	1023	21	1044

续表

项　目		计量单位	一般程序案件	简易程序案件	合计
货值	2万元以下	件	27052	781	27833
	2万—20万元	件	363	—	363
	20万元—50万元	件	31	—	31
	50万元—1000万元	件	45	—	45
	1000—1亿元	件	14	—	14
	1亿元以上	件	3	—	3
主要违法主体	生产企业	件	632	8	640
	经营企业	件	16727	494	17221
	美容美发机构	件	6958	224	7182
	其他	件	3191	55	3246
货值金额		万元	104009.06	2.97	104012.03
没收违法所得金额		万元	2173.99	—	2173.99
捣毁制假售假窝点		个	43		43
责令停产停业		户	16		16
其中：生产企业		户	4		4
美容美发机构		户	8		8
撤销批准文号或备案号		件	0		0
吊销许可证		件	4		4
移送司法机关案件数		件	147		147
刑事判决书		件	5		5
刑事处罚		人	11		11
行政处罚案件信息公开数		件	21068	—	21068

化妆品抽样检验是《化妆品监督管理条例》规定的化妆品上市后监管的重要手段，对及时发现化妆品安全风险、依法查处化妆品违法行为具有重要作用。2022年，国家药监局以习近平新时代中国特色社会主义思想为指导，落实"四个最严"的要求，组织在全国范围内开展国家化妆品监督抽检工作，加大对化妆品非法添加禁用原料等违法行为的打击力度，保障公众用妆安全。

2022年，全国药品监督管理部门坚持问题导向、聚焦监管关切，以问题多发的品种、场所以及近年来抽检不符合规定的产品涉及的企业为重点对象，组织对染发类、祛斑美白类、彩妆类、防晒类、儿童类、宣称祛痘类、面膜类、普通护肤类、洗发护发类、指（趾）甲油类、牙膏等11类化妆品开展抽检，共抽检20368批次产品。经33家化妆品检验机构依据《化妆品安全技术规范（2015年版）》等检验，其中19880批次产品符合规定，占比为97.60%。对不符合规定产品涉及的化妆品生产经营者，各省（区、市）药品监督管理部门组织依法核查处置，发现违法行为的，严肃查处；涉嫌犯罪的，依法移送公安机关。在抽检的11类化妆品中，祛斑美白类、儿童类、普通护肤类产品等8类化妆品抽检符合规定批次占比均达到97%以上（图9-25）。

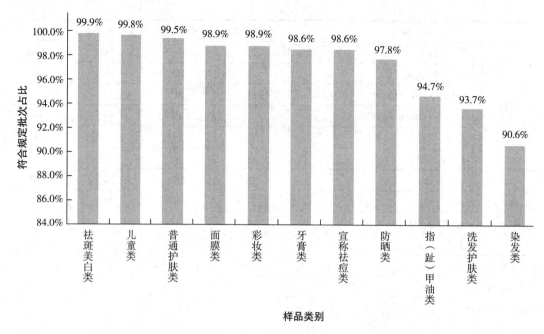

图 9 – 25　2022 年 11 类化妆品抽检符合规定批次占比图

二、违规经营案例分析

（一）虚假宣传误导案例

在化妆品市场中，虚假宣传和误导消费者的现象时有发生。一些经营者为了提高产品的销售量，可能夸大产品功效，甚至宣传虚假的治疗效果。例如，某品牌宣称其护肤品能够在短时间内消除皱纹，让肌肤恢复如少女般的状态，然而实际效果却并未达到所宣传的效果。

经营冒用他人厂名厂址的化妆品、发布虚假广告案

（1）基本案情

2019 年 9 月 24 日，潘某某、吴某某、赵某等多人向药监部门举报称：××公司（以下称"当事人"）存在未在注册地址开展经营活动、销售不符合卫生标准化妆品、虚假宣传等多项违法行为。

接报后，苏州工业园区市场监督管理局执法人员对当事人情况进行了初步核实，经审批，2019 年 10 月 16 日予以立案调查。立案后，办案人员对当事人注册地址进行现场检查，询问当事人的委托代理人张某某，调查涉案化妆品生产企业，询问全国各地多名涉案化妆品的经销商等，于 2020 年 8 月完成案件调查。经查，认定当事人存在以下行为：1. 当事人未在营业执照注册地址开展经营活动；2. 当事人经营冒用××公司厂名、厂址的美颜霜，共查实两个批次，合计 2506 盒，货值金额为 348334 元；3. 当事人经营美颜霜的过程中发布虚假广告：宣称其产品为"CCTV 央视合作伙伴品牌"以及"一瓶解决肌肤 10 大问题——暗黄、粗糙、痘痘、痘印、湿疹、玫瑰糠疹、色斑、激素脸过敏、毛孔粗大、肤色暗沉"等，以上内容均存在虚假。

处理结果：针对以上行为，苏州工业园区市场监督管理局在江苏省药监局和苏州检查分局的指导下，认定当事人的行为违反了《化妆品标识管理规定》第八条、《中华人民共和国产品质量法》第三十七条、《中华人民共和国公司登记管理条例》第二十九条、《中华人民共和国广告法》第二十八条的规定，最终作出责令当事人停止销售冒用他人厂名厂址的产品、在相应范围内消除虚假广告影响，并给予罚款94万元，吊销营业执照的行政处罚。2020年10月13日对当事人下发《行政处罚决定书》。

刑法第一百四十条规定的"不合格产品"，是指不符合《中华人民共和国产品质量法》第二十六条第二款规定的质量要求的产品。

对本条规定的上述行为难以确定的，应当委托法律、行政法规规定的产品质量检验机构进行鉴定。

（2）典型意义　本案是一起典型的网络销售化妆品违法案件，包含了该类违法行为的一些典型特点：如不在营业执照注册地实际经营、发布虚假广告等。本案调查持续一年之久，其间涉及产品多次送检、产品双方认定、案件异地协查、外调核查取证、远程在线询问、咨询上级监管单位意见等诸多环节，也经历了当事人不予配合行政调查的情形，最终办案人员收集了充分的证据并确认了其违法事实。

强化案件查办交流，行刑衔接提前介入。案件调查之初，围绕当事人涉嫌经营不符合卫生标准化妆品的行为，办案人员及时与苏州市公安局园区分局开展"行刑衔接"提前介入工作，并同时向苏州工业园区人民检察院通报相关案情。经商定，市场监管局与公安局开展联合办案，共同派办案人员赴涉案化妆品生产单位（××公司）所在地山东省单县开展调查取证，在山东省药监局区域检查第六分局的配合下，对该款化妆品生产信息进行了全面核查，判定当事人经营不符合卫生标准化妆品的依据不足。但在调查中，发现当事人所销售的批号为20190112和20190122的两批次美颜霜并非为××公司生产，最终确认当事人经营冒用他人厂名、厂址的化妆品的违法事实。

多方拓展取证，固定违法事实。为了查实当事人经营冒用他人厂名厂址的化妆品的具体数量和金额，办案人员联系到了分散于全国10余个省市的共计14名该款化妆品的经销商。因无法实地对这些经销商进行取证调查，办案人员最终通过远程实物取证、在线视频询问等方式完成了对该14名经销商的询问调查，并逐一获取其购买记录、支付记录、物流信息等证据材料，最终查实当事人经营冒用他人厂名厂址的化妆品的数量共计2506盒，货值金额为348334元。

针对当事人"零口供"，说理充分、程序完备。本案在行政调查的中后期，当事人不配合行政调查，法定代表人无法联系、委托代理人借故不接受询问调查，对此，办案人员一方面严格遵守并执行法律规定的行政程序，如向当事人确认的地址送达法律文书、下达"限期提供材料通知书"等，充分保障当事人权利同时告知其应尽的法律义务；另一方面，及时转变办案思路，围绕下游经销商开展证据收集工作、梳理比对证人证言，形成完整证据锁链，最终在"零口供"情况下依法认定当事人的违法事实，并作出行政处罚。

（二）假冒伪劣产品案例

假冒伪劣化妆品是严重威胁消费者健康和权益的问题之一。一些不法分子为了牟取暴利，可能制造和销售假冒化妆品，这些产品通常以低廉的价格出售，但成分和质量却无法保证。消费者在购买这些假冒伪劣产品后，可能引发过敏、皮肤问题等健康隐患。

"刷单炒信"案

（1）基本案情

2020年05月11日，国家市场监督管理总局发布的《广东公布10起反不正当竞争执法典型案例》显示：×××化妆品公司（以下称"当事人"）在未取得化妆品生产许可证的情况下擅自生产 2 款×××（品牌）遮瑕膏。同时，当事人为提高拼多多平台"×××（品牌）官方旗舰店"的销量，采用刷单形式，虚假提高该网店销售数据及好评率。截至 2019 年 7 月 22 日，当事人共刷单 1927 单。

（2）典型意义　案例强调了合规经营的重要性：该案例中，×××化妆品公司因未取得化妆品生产许可证和采用刷单形式虚假提高销售数据及好评率而受到处罚。当事人违反了《化妆品卫生监督条例》第五条第三款"未取得化妆品生产许可证的单位，不得从事化妆品生产"的规定，构成无证经营化妆品行为，违反了《中华人民共和国反不正当竞争法》第八条第一款"经营者不得对其商品的性能、功能、质量、销售状况、用户评价、曾获荣誉等作虚假或者引人误解的商业宣传，欺骗、误导消费者"的规定，构成虚假宣传行为。执法机关依法责令当事人立即停止违法行为，没收违法生产的产品和生产材料，并处罚款 20 万元。这表明，合规经营是企业生存和发展的基础，任何违反法律法规的行为都将受到严厉的惩罚。

案例强调了监管部门对不正当竞争行为的打击力度和消费者权益保护的重要性：《中华人民共和国反不正当竞争法》第八条规定，经营者不得对其商品的性能、功能、质量、销售状况、用户评价、曾获荣誉作虚假或引人误解的商业宣传，欺骗、误导消费者；不得通过组织虚假交易等方式，帮助其他经营者进行虚假或者引人误解的商业宣传。虚假宣传和"刷单炒信"等组织虚假宣传行为是当前比较常见的不正当竞争行为，经营者在商业宣传活动中，要遵循诚实守信原则，严格遵守《中华人民共和国反不正当竞争法》《中华人民共和国广告法》等有关规定，确保提供的商品和服务信息真实可靠。该案例中，执法机关依法责令当事人立即停止违法行为，并处以罚款 20 万元。这表明，监管部门对于不正当竞争行为采取了零容忍的态度，对于违反法律法规的企业将坚决予以打击。另外，当事人采用刷单形式虚假提高销售数据及好评率，欺骗消费者。这表明，保护消费者权益是企业应尽的责任，任何损害消费者权益的行为都将受到法律的制裁。

（三）儿童化妆品安全问题案例

儿童化妆品的安全问题备受关注。一些化妆品可能含有对儿童健康有害的成分，例如重金属等。在一些案例中，儿童化妆品的成分未经严格测试和审批，可能对儿童的皮肤和健康造成潜在危害。

使用化妆品禁用原料生产化妆品案

（1）基本案情

2022 年 3 月，广东省药品监督管理局综合分析研判掌握的案件线索，联合公安机关对××××公司进行突击检查，并抽检部分化妆品。经查，该公司 2021 年 11 月至 2022 年 3 月期间生产的×××（品牌）婴肤霜、×××（品牌）益生元身体乳，被检出含有化妆品禁用原料氯倍他索丙酸酯、卤倍他索丙酸酯、赛庚啶，货值金额为 212667 元。广东省药品监督管理局依法将案件移送公安机关，公安机关已依法立案侦查。同时，鉴于涉案产品属于儿童化妆品，违法行为情节严重，2022 年 10 月，广东省药品监督管理局对该公司使用禁用原料生产化妆品的行为，依据《化妆品监督管理条例》第五十九条第三项规定，作出吊销其化妆品生产许可证、取消其化妆品产品备案、10 年内不予办理其提出的化妆品备案和受理其提出的化妆品行政许可申请的行政处罚，对该公司法定代表人吴某某、生产负责人莫某某作出终身禁止其从事化妆品生产经营活动的行政处罚。

（2）典型意义　该案例的典型意义在于强调了化妆品生产企业的合规责任、强调对儿童化妆品的特殊监管、强调了监管部门与公安机关的联合执法，以及强调了对违法行为的严厉打击。

化妆品生产企业必须严格守法承担合规责任：该案例中，××××公司因生产含有禁用原料的化妆品而受到严厉处罚。这表明，化妆品生产企业必须严格遵守相关法律法规和标准，确保产品的安全性和合规性。任何违反规定的行为都将受到严厉的惩罚。

针对儿童化妆品等重点产品的特殊监管。该案例中，药品监督管理部门依法给予涉案企业吊销化妆品生产许可证、取消其产品备案等处罚，给予涉案企业法定代表人终身禁业处罚，并首次给予涉案企业生产负责人终身禁业的顶格处罚，对不法分子形成有力震慑，这表明，监管部门对于儿童化妆品的监管更加严格，要求企业必须更加注重产品的安全性和合规性，确保不会对儿童的健康造成危害，体现了监管部门坚决守护儿童用妆安全的坚定决心。

监管部门联合执法，维护市场秩序和消费者权益。该案例中，药品监督管理部门主动出击深挖案源线索，畅通涉案产品检验绿色通道，深化案件行刑衔接，联合公安机关有力打击了儿童化妆品非法添加违法犯罪行为。这表明，监管部门与公安机关在打击化妆品违法行为方面形成了紧密的合作关系，共同维护市场秩序和消费者权益。

监管部门对化妆品违法行为零容忍。该案例中，当事人使用化妆品禁用原料生产儿童化妆品或者在儿童化妆品中非法添加可能危害人体健康的物质，属于《化妆品生产经营监督管理办法》第六十一条规定的情节严重情形，对此类违法行为，应当依法从重从严处罚。广东省药品监督管理局对涉案企业进行了吊销化妆品生产许可证、取消产品备案、10 年内不予办理其提出的化妆品备案和受理其提出的化妆品行政许可申请的行政处罚，对法定代表人吴某某、生产负责人莫某某作出终身禁止其从事化妆品生产经营活动的行政处罚。这表明，监管部门对于化妆品违法行为采取了零容忍的态度，对于严重违法的企业将坚决予以严厉打击。

（四）网络直播化妆品销售违规案例

根据 2021 年上海市市场监督管理局开展的"6·18"促销季网络专项监测数据显示，监测中的上海市网络主体 902181 家，发现涉嫌不合规线索 117 条，其中涉及违法广告占82.05%，不正当竞争占 13.68%，商品经营资质信息异常占 4.27%。监测发现化妆品虚假宣传问题频现，化妆品类产品在销售宣传时存在较多问题，如普通化妆品使用"皮肤解毒剂、抗炎舒敏""全面抗炎""美白祛斑"等医疗用语宣传，涉嫌违反了《化妆品监督管理条例》《化妆品标识管理办法》《广告法》等相关规定。

随着网络直播的兴起，化妆品也逐渐通过网络直播平台进行销售。然而，一些网络主播可能在直播中夸大产品功效，甚至虚构使用效果，误导消费者。这种虚假宣传的行为可能导致消费者误判产品的真实效果，从而影响消费者权益。

1. 直播虚假宣传案

（1）基本案情

2023 年 5 月，北京市密云区市场监督管理局依据举报线索，对××××× 有限公司虚假宣传行为立案调查。

经查，2022 年 8 月至 2023 年 5 月，当事人在某平台直播间推荐、销售化妆品时，直播背景中标示了"专研抗老"等字样。另外，2022 年 11 月至 2023 年 5 月，当事人在某平台旗舰店主页面及 23 款产品陈列背景上宣称"专研抗老"。经查明，上述化妆品均无抗老功能，当事人存在虚假宣传的违法行为。执法机关依据《中华人民共和国反不正当竞争法》等规定，责令当事人停止违法行为，并处罚款 20 万元。

（2）典型意义　直播间通过背景板、提示板、字幕等形式表述虚假内容，同样构成对所售商品功能作虚假或者引人误解的商业宣传行为。通过查处此类违法行为，进一步规范了网络市场竞争秩序。

2. 利用直播方式对医美产品进行虚假宣传案

（1）基本案情

2022 年 1 月 30 日，山东省济南高新区市场监管部依法对××××××有限公司对其商品的功能、用户评价等作虚假或者引人误解商业宣传的违法行为作出罚款 5 万元的行政处罚。

2021 年 9 月 30 日，济南高新区市场监管部根据有关线索，对××××××有限公司经营场所进行现场检查。经查，2021 年 9 月 5 日，当事人在某平台直播间对其销售的"×××（品牌）冻干粉"产品进行直播宣传时，通过展示板宣称该产品"含有左旋 VC、依克多因、辅酶 Q10 等成分，以上成分具有延缓肌肤衰老等功效"。在截取视频的第 40 秒处，宣传 11 万单好评率 100%，视频第 01 分 02 秒处，宣传"×××（品牌）"所有的产品好评率都是 100%。主播所使用的展示板、直播时使用的宣传用语均由当事人提供。当事人无法提供"×××（品牌）冻干粉"产品具有与左旋 VC、依克多因、辅酶 Q10 等主要成分同样功效的证明材料。该平台数据显示，有一款"×××（品牌）多效眼霜"的商品评价为"好评率 99%"，未达到好评率 100%。当事人的行为违反了《中华人民共和国反不正当竞争法》第八条第一款的规定，济南高新区市场监管部依法对当事人作出行政处罚。

（2）典型意义　伴随着人们生活质量的提高，医疗美容行业迅速发展，出现了虚假宣传、仿冒混淆和诱导消费等行业乱象问题，不仅破坏医疗美容行业竞争秩序，甚至还威胁到消费者的身体健康和生命安全。市场监管部门将依法严厉查处医疗美容领域不正当竞争行为，切实规范行业竞争秩序，维护消费者生命健康安全。

案例的典型意义在于提醒消费者和企业要遵守法规和商业道德，共同维护直播电商市场的公平竞争秩序和消费者的合法权益。只有这样，才能促进直播电商行业的健康、可持续发展。

三、中国化妆品经营监管 2.0 时代开启

2021 年 1 月 1 日起，《化妆品监督管理条例》替代实施了三十年来的《化妆品卫生监督条例》，是中国化妆品史上最严的监管法规，其正式实施，开启了化妆品监管的 2.0 时代。

（一）《化妆品监督管理条例》重塑行业发展规则

法律在产业发展中扮演着至关重要的角色，它不仅为产业确立了发展方向，还在很大程度上决定了产业的发展空间。与时俱进的法律能够有效地引导和促进行业的发展，而滞后的法律则可能成为行业发展的瓶颈。对于化妆品行业来说，这一点尤为重要。

就规模而言，我国化妆品生产企业数量众多，达到 4000 余家，但其中 90% 为中小型企业，化妆品经营水平参差不齐。从产品特点来看，化妆品作为快速消费品，具有产品区域性和季节性强、种类多样、销售周期短等特征。此外，化妆品的产品概念、配方和包装调

整频繁，销售渠道灵活多变，消费者需求高度个性化，营销概念和推广策略也相应地呈现出个性化的特点。

《化妆品卫生监督条例》自 1989 年发布并于 1990 年实施以来，在规范化妆品生产经营行为、加强化妆品监管方面发挥了积极的作用。然而，随着经济社会和化妆品产业的快速发展，该《条例》逐渐暴露出滞后性。特别是在化妆品消费需求迅速增长，新概念、新原料、新技术和新渠道不断涌现的背景下，《化妆品卫生监督条例》已难以满足当前化妆品行业的发展需求。

具体而言，《化妆品卫生监督条例》存在以下问题：重事前审批和政府监管，轻企业自律和事后监管；监管手段相对匮乏，法律责任比较粗放；对违法行为的处罚力度较弱；没有建立以企业为主体的系统化风险管理制度。这些问题导致该《条例》难以有效规范化妆品生产经营秩序，与产业升级需求相背离，也与国际化妆品监管趋势不同步。

针对上述问题，2013 年《化妆品卫生监督条例》修订被列入国务院立法工作计划。经过长时间的调研和审议，2020 年 1 月 3 日国务院常务会议审议通过了《化妆品监督管理条例》（以下简称新《条例》）。2020 年 6 月 16 日，新《条例》正式公布，并自 2021 年 1 月 1 日起实施。

新《条例》作为我国化妆品监管的基本法，将对下一阶段我国化妆品行业的发展产生根本性影响。新《条例》不仅细化了违法行为的法律后果、加大了处罚力度、极大地加重了违法成本，还通过系统性地重塑化妆品行业规则，为行业的高质量发展奠定了基础。从化妆品范畴、原料、产品宣称到生产、经营责任等全视角，新《条例》均作出了明确规定，层层责任明确到人，展现了立法的进步与决心。

总体而言，《化妆品监督管理条例》的出台标志着我国化妆品行业法规监管进入了一个新的阶段。该条例通过重塑行业发展规则、明确各方责任、加大处罚力度等手段，旨在引导并促进化妆品行业的健康、有序和高质量发展。

（二）新《条例》细化违法情形，加大处罚力度，大幅加重违法成本

现行的《化妆品监督管理条例》对化妆品的违法责任进行了细化，全面涵盖各种违法情形，为规范执法标准明确了边界。主要表现在以下方面：

首先，对于罚款金额，生产经营者的违法行为将受到更严厉的处罚。罚款基数由原来的违法所得调整为产品货值金额，并且规定了最低罚款额度。这一举措使得处罚金额大大增加，最高时可以达到货值金额的 30 倍，这意味着可能会出现天价罚单。

其次，新《条例》规定，对于生产企业存在的违法行为，除了对企业进行处罚外，还会对企业负责人、质量安全负责人、安全评估人员等负有责任的自然人进行处罚。这扩大了责任主体，使得相关责任人员也必须承担相应的法律责任。

此外，新《条例》还启用了新的行政处罚种类"资格罚"。对于特定的违法行为，化妆品经营单位和个人将面临 3 年、5 年或终身化妆品行业禁入处罚。这种处罚方式有效地剥夺了违法者在行业内从事相关活动的资格，加大了违法成本，净化了行业竞争环境。

《化妆品监督管理条例》的出台旨在确保产品安全和促进行业发展。它为化妆品企业打造了公平竞争的市场环境，明确了各方责任，是立法的进步，也是化妆品行业未来发展的方向。这一《条例》的出台将极大地引导和促进我国化妆品行业的高质量发展。站在中国化妆品行业发展 30 年的关键时期，新《条例》系统性地重塑了化妆品行业规则，从全视角设计了化妆品行业发展规则，层层责任明确到人，这将对我国化妆品行业发展产生深远影响。

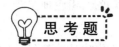 思考题

1. 就《化妆品监督管理条例》《化妆品生产经营监督管理办法》《化妆品网络经营监督管理办法》和《儿童化妆品监督管理规定》等法规的主要内容和要求展开讨论，分析其对化妆品经营者的影响和要求。

2. 结合化妆品经营主体的法律责任与处罚形式，思考在实际经营中如何遵守相关法规，以避免违法违规行为，并保障企业的合法经营。

3. 对新时代化妆品线下与线上经营业态的发展情况进行分析，探讨在不同经营模式下如何应对相关的法规监管，以保证经营的合规性和持续发展。

4. 针对中国化妆品经营监管 2.0 时代开启的背景，探讨应对新时代特点所需的策略和措施，以促进化妆品市场的健康有序发展。

第十章　化妆品使用监管与法规

PPT

知识要求

1. **掌握**　化妆品使用与监管的范围。
2. **熟悉**　不同场景化妆品使用监管要求。
3. **了解**　化妆品使用过程中常见的违法情形。

为保障消费者的合法权益，保证化妆品的质量安全，规范化妆品企业的行为，国家卫生部于 1989 年制定并颁布了我国第一部化妆品行政法规《化妆品卫生监督条例》，主要针对化妆品生产企业、生产经营企业、生产销售等环节进行规范；随着化妆品行业的蓬勃发展，又陆续制定并颁发了《化妆品安全技术规范》《进出口化妆品监督检验管理办法》《化妆品标识管理规定》等一系列行政法规与技术法规。化妆品的使用与监管，需要一个完善而科学的监管体系进行支撑。本章对化妆品的使用做出了具体分类和监管要求，对企业、行业和监管部门都提出了相应的要求，以及对化妆品个性化服务定制的监管与要求，同时概述了产品在使用过程中引发的违法责任问题。

第一节　化妆品使用监管与法规概述

随着人民生活水平的不断提高，人们对化妆品的质量要求在不断地提升。自 1989 年颁布《化妆品卫生监督条例》以来，中国化妆品制造经过近 40 年的磨炼，已逐步走向全球。跟随行业步伐，国家对于化妆品的监督管理也在不断地与世界接轨，相对应的监督管理规范，也在不断的更新换代。2020 年 6 月，《化妆品监督管理条例》（以下简称《条例》）公布，《条例》自 2021 年 1 月 1 日起施行。《条例》是为规范化妆品生产经营活动，加强化妆品监督管理，保证化妆品质量安全，保障消费者健康，促进化妆品产业健康发展制定。《条例》共六章八十条，从原料和产品、生产经营、监督管理、法律责任四个方面对化妆品生产经营活动及其监督管理予以规范。同时，以《条例》这个法规内容为中心思想，同步制定并颁发了一系列监督管理相关的法规。其中与化妆品使用相关的法规包括但不限于：《化妆品生产经营监督管理办法》《化妆品标签管理办法》《化妆品生产质量管理规范》等一系列监管法规。

一、化妆品使用与监管范围

随着化妆品行业的蓬勃发展，化妆品的销售模式也在不断地发展与变化：从原来的传统终端大卖场销售渠道、批发销售渠道，到现在的社交媒体、互联网＋平台、上门提供产品销售与服务等销售方式。销售模式的不断变化与升级，使人们对化妆品的消费方式也在悄然发生着变化：人们对美的追求不再限于单纯地购买产品使用产品，而是从产品的购买、使用转化为产品购买＋服务＋使用的方式。而这种产品购买＋服务＋使用的方式，与传统意义上的购买产品存在什么差异？给消费者带来的变化是什么？产品的生产厂家，能保障产品的质量安全吗？在产品的服务过程中，行为合规吗？我国现行的监管如何对此类产品销售、产品使用的服务过程进行监管？

化妆品质量的安全风险可能出现在生产、经营、使用的任何环节，所以《条例》强化了社会共治、风险管理、全程管理等方式，以保证化妆品的质量安全。

社会共治：《条例》的亮点之一，化妆品是供消费者自主选择的，是大市场、大流通的日用消费品，所以化妆品的安全、消费者的使用安全需要社会各方共同参与，共同维护。《条例》着力于构建企业主责、政府监管、行业自律、社会监督的社会共治的治理格局，设立了监管信息的公开、企业功效宣称依据强制公开、安全风险信息交流、有奖举报、信用监管和联合惩治等一系列的监管制度和机制，这样比较有利于形成社会共治的强大合力。同时，按照责任治理的理念，强化了企业的质量安全主体责任。设立了注册人、备案人制度，注册人、备案人是化妆品的"出品人"，要对产品的质量安全和功效宣称负责，要依法承担化妆品质量安全的法律责任，这体现了权责利一致的精神。

风险管理：对于化妆品来说，产品监管的行政资源是非常有限的，这种情况下需要引入风险管理的理念。即较高风险产品采取干预度较高的手段，低风险产品采取干预度较低的手段。《条例》规定了国家按照风险程度对化妆品和化妆品原料实行分类管理，对于特殊的化妆品和风险较高的新原料实行注册管理，对于普通的化妆品和一般风险的新原料实行备案管理。这样的管理方式能够更科学地分配监管资源，建立高效的监管体系，同时也有利于落实简政放权的要求，优化营商环境，加快产品的上市速度，满足消费者的需求。

全程管理：在上市前要求注册人、备案人在注册备案前充分开展化妆品的安全性评估，确认没有安全问题时才能够注册和备案，并公布功效宣称的科学依据。在生产环节，要按照生产质量管理规范的要求组织生产，并设立质量安全负责人。同时，在委托生产的管理时，明确了委托方和受托方的责任和义务。在经营环节，要求化妆品的经营者要履行进货查验、贮存运输的义务，避免在经营环节出现安全性问题。同时，也针对现在的电子商务平台、集中交易场所等经营环节、重点领域作出了相应的管理要求。此外，《条例》也设立了安全风险监测与评价、不良反应监测与评价、产品召回、安全再评估等制度，充分体现了全程治理的理念。因此，从整体来看，《条例》内容彰显了对于化妆品监管的大局观和前瞻性：对上述提及的不断在变化的销售模式已经有了相应的监管措施。同时搭配与之配套的监管要求，将为消费者提供强有力的质量安全保障。

因此，为更好概述化妆品使用的监管范围，将其进行分类概括与描述：

（1）美容行业，即美容、美发机构（包括宾馆）　指涉及美容、美发、美甲、化妆品、水疗（SPA）、宾馆等相关领域的服务和产品提供商、生产商和经营者所组成的产业链。该行业旨在满足消费者对美丽和健康的需求，提供个性化和专业的服务和产品，促进个人形象的提升，提高生活品质和幸福感。该行业具有广泛的市场需求和潜力，是一个快速发展和不断创新的行业。从街头巷尾的美甲小铺、商场楼宇中的标准化连锁美容店和美发店，到提供上门服务的美容美甲项目，美业已成为实体经济的重要组成部分。而通过这种方式进行化妆品消费与使用的，都是化妆品监督管理的其中一个环节。

（2）展销会平台　为推介企业产品，扩大影响，开辟潜在市场客户，同时也为企业发展创造良好的社会氛围。利用展销会等模式进行产品销售也是化妆品销售的主要方式之一。这类展销会形式的出现，可以汇聚化妆品行业的最新产品信息，也为参展商和采购者提供相互认识、相互洽谈并实现交易的平台。同时，许多展会的参展方都不约而同地选择一些很简单易行的宣传方式来吸引目标客户。比如：发放宣传单，组织小表演，现场演示，体验，礼品赠送，化妆品小样赠送等。而在展销会期间，由参展方赠送给消费者使用的化妆品样品或试制化妆品；包括人们在逛商场时碰到的企业宣传——化妆品小样派发；或者在其他任何场合碰到的化妆品小样的免费派发使用，都属于化妆品监督管理的范围。

（3）个性化定制与服务　随着化妆品消费升级，消费者多元化选择、个性化服务的需求逐步显现。作为化妆品行业的细分领域，"个性化服务"被认为是大数据时代化妆品行业的潜力股，也被认为是进一步满足消费者需求、推动品牌建设和产业高质量发展的重点方向。在商场、门店等消费环境中开展化妆品分装、调配；或者现场化妆、上门定制化妆等活动与方式，与传统的规模化生产存在差异，为市场监管带来新的挑战。正因如此，化妆品个性化服务不仅要在原料、功效、科技等研发层面实现突破，更需要在安全评估、质量管控、运营规范、操作环境、后续监管、人员配置等方面持续完善。而指导企业建立与其个性化服务模式相适应的质量管理体系，对产品备案、检验检测、物料与产品留样、销售管理、产品追溯等各环节制定操作规范，把握每种服务模式的质量安全关键控制点，切实保障个性化服务产品质量，促进化妆品行业的高质量发展，是监管过程中不可缺少的内容。

上面提及的三种化妆品使用方式，与传统意义上的产品销售模式有所区别，本章节将对其进行讨论。

二、化妆品使用法规与监管现状

化妆品的使用与监管，需要一个完善而科学的监管体系进行支撑，这个体系包括了：法律法规体系、技术标准与规范体系，同时还包括政府组织体系、企业自律体系、消费者认识体系及社会共治体系。

《条例》在很大程度上规范了化妆品的使用与监管，对企业、行业、监管部门都提出了相应的要求。但从各体系来看，基层的检测技术力量支撑比较薄弱，对日常监督需要的抽检结果汇集和预警存在一定的滞后现象；在基层的专业监管人员数量与质量方面，随着国家行政职能部门的改革与划分，化妆品的专业监管人员合并与精简，同时还存在化妆品专业监管人员缺乏的问题；相对于基层的问题而言，上层"建筑"，专业性的技术标准的缺乏，是现行化妆品使用监管现状的关键所在。

第二节　美容、美发机构化妆品使用与监管

随着人们的生活水平提高和对自身外貌的重视程度不断增加，美容行业的市场需求不断扩大，其市场规模已经超过4000亿，包括化妆品、护肤品、美容仪器等多个子行业。

在美容美发机构或者美甲店等类似场所，消费者通过购买产品、购买服务来实现产品使用的过程，都属于化妆品经营管理的监管范围。比如：消费者在美发店购买染发膏，服务人员为其进行染发；消费者在美容院购买精油，服务人员结合按摩手法，为消费者提供美容服务；消费者在美甲店，服务人员使用指甲油等化妆品为顾客提供美甲服务；美甲店人员依据消费者要求提供上门美甲服务；有一定资历的美容人员，在家里开设美容院，为顾客提供化妆品护肤服务等类似的购买消费场景，均属于化妆品使用类型。但诸如上述这么多的服务类型，哪些是符合我们现行监督管理要求的？哪些又是属于违法行为？消费者自身在什么情况需要承担相应的责任？作为化妆品行业的从业人员，应该清楚地知道上述

服务方式的合法性及其要求。同时，有责任和义务对消费者进行适当的普及。

美容、美发、美甲等类似的为顾客提供服务的场所，统一简称为"美容机构"。由经营方人员将产品结合服务进行销售的过程就是美容机构经营的过程。按照美容机构的监督管理要求，将分两个板块来进行描述：管理制度要求和销售要求。

一、管理制度要求

依据化妆品法律法规的相关要求，美容机构的主体也是化妆品的经营者，应当提供经营者的市场主体登记证明，以确保经营者有保障产品质量安全的能力，有承担相关法律责任的能力。依据相关监督管理的职责要求，对于美容机构最直接的监管要求来自《条例》第四十二条：美容美发机构、宾馆等在经营中使用化妆品或者为消费者提供化妆品的，应当履行本条例规定的化妆品经营者义务。美容机构经营者的职责与要求流程大致可包括：产品的进货、产品的销售、产品的储存管理、产品售后服务几个环节。

1. 产品的进货 美容机构经营者应当建立并执行进货查验记录制度，查验供货者的市场主体登记证明、化妆品注册或者备案情况、产品出厂检验合格证明，如实记录并保存相关凭证。记录和凭证保存期限应当真实、完整，保证可追溯，保存期限不得少于产品使用期限届满后1年；产品使用期限不足1年的，记录保存期限不得少于2年。同时，还应当如实记录化妆品的进货情况，记录内容包括：化妆品名称、特殊化妆品注册证号或者普通化妆品备案编号、使用期限、产品净含量、购进的数量、供应商的名称、地址、联系方式、购进日期。

2. 产品的销售 美容机构经营者应当建立并执行产品销售记录制度。应当如实记录产品的销售情况；记录内容包括：化妆品名称、产品批号及限用日期、数量、销售日期、联系人、联系电话等信息，用于产品追溯；当产品出现质量问题制度，或不良反应投诉时，经营者能够及时查阅产品的进、出记录，实现产品溯源，最终确保产品质量安全，保障消费者权益。

3. 产品的储存管理 美容机构经营者应当建立物料和产品储存管理制度，按照有关法律、法规要求和化妆品标签标识要求，对化妆品的贮存过程、运输过程做定期检查，并及时处理变质、损坏或者超过使用期限的化妆品，以确保产品的质量与安全。

4. 产品售后服务及责任 当产品的化妆品注册人、备案人发现化妆品存在质量缺陷或者其他问题，可能危害人体健康的，应当立即停止生产，召回已经上市销售的化妆品，通知相关化妆品经营者和消费者停止经营、使用，并记录召回和通知情况。化妆品注册人、备案人应当对召回的化妆品采取补救、无害化处理、销毁等措施，并将化妆品召回和处理情况向所在地省、自治区、直辖市人民政府药品监督管理部门报告。因此，化妆品美容机构经营者发现其经营的化妆品有前述情形的，应当立即停止经营，并通知相关化妆品注册人、备案人。化妆品注册人、备案人应当立即实施召回。化妆品注册人、备案人实施召回的，化妆品美容机构经营者应当予以配合。如果化妆品美容机构经营者未依照法规要求实施召回或者停止经营的，负责药品监督管理的部门责令其实施召回或者停止经营。

如果美容机构经营者是采用统一配送的方式进行产品销售的连锁店，可以由美容机构经营者的总部统一建立上述相应的管理制度，统一进行日常购进记录、日常销售记录的查验与保存。但是，这些美容机构经营者的分部，应能随时调取和使用所经营化妆品的相关文件、记录、凭证等资料。

对化妆品美容机构经营者的要求及管理制度的建立，这不仅是一种保障消费者权益的方式，更是保护经营者自身的一种非常好的管理手段。经营者在建立这些管理制度与文件时，建议包括以下内容：追溯管理制度、物料供应管理制度、产品运输管理制、投诉管理制度、不良反应监测制度、产品销售与退货管理制度、索证索票管理制度、物料采购管理制度、物料验收管理制度、供应商管理制度、召回管理制度等，以及与产品质量安全管理相关的制度文件。

二、产品标签要求

美容机构当在其服务场所的显著位置展示其经营使用的化妆品的销售包装，以便于消费者查阅化妆品标签的全部信息，并按照化妆品标签或者说明书的要求，正确使用或者引导消费者正确使用化妆品。同时，还建议经营者将化妆品的特殊化妆品注册证或普通产品备案凭证与产品一同进行展示，以便于消费者查询了解产品的全部信息。所展示的产品销售包装的标签，应当符合最小销售单元标签的规定。最小销售单元标签的要求包括以下信息：

1. 产品中文名称、特殊化妆品注册证书编号；

2. 注册人、备案人的名称、地址，注册人或者备案人为境外企业的，应当同时标注境内责任人的名称、地址；

3. 生产企业的名称、地址，国产化妆品应当同时标注生产企业生产许可证编号；

4. 产品执行的标准编号；

5. 全成分；

6. 净含量；

7. 使用期限；

8. 使用方法；

9. 必要的安全警示用语；

10. 法律、行政法规和强制性国家标准规定应当标注的其他内容。

具有包装盒的产品，还应当同时在直接接触内容物的包装容器上标注产品中文名称和使用期限。

上述对产品标签的要求，如：使用期限（使用期限可能包括的信息：生产日期和保质期，或者批号和限期使用日期）。这些信息意味着化妆品的生产过程得到了记录与标识，意味着化妆品的标签内容是在出厂前就已经完成了全部的标识，而不是在出厂后或者在销售过程中进行的标识。这一环节就明确表示了化妆品的经营者不能自行配制或者分装化妆品！

第三节 展销会等相关场所化妆品使用与监管

商家为了展示产品和技术、拓展渠道、促进销售、传播品牌，会定期或者不定期地举办聚集型的活动，这类活动统称为展销会。比如每年的3月和9月，广州市举办的美容美发博览会，将会有生产企业、品牌方、原料供应商、生产设备供应商，以及化妆品相关的上、下游企业参会。这种由活动举办方提供平台，商家聚集展示产品或技术、渠道的展会，或者由商家自发组织聚集进行产品或技术展示的展会，都可统称为展销会。这类集中交易活动的举办，我国的相关法律法规对其有着一定的监督管理要求。而这些要求主要通过以下两个方面来体现：对展销会举办方资质的要求，过程管理的要求。以确保展销会涉及的化妆品的质量安全符合我国监管法规的要求，以保障消费者权益。

在展销会期间，商家为了提升品牌的认知度，提升消费者对产品的体验感，往往会派发小样给消费者试用，这类试用小样可能会有以下信息标识：试用装、小样、赠品、试用品等字样。另外，化妆品试用小样传递给消费者的方式，也不仅仅局限在展销会中出现，还出现在我们的日常生活中，比如：日常购买正价化妆品时，商家附带赠送小样装产品；某电商平台正常销售试用装小样；某品牌开展宣传活动，在商场派发试用装小样。无论通过哪种渠道进行试用装小样的派发、销售，其目的为了传递一个信息给消费者：产品为试用装小样，仅供消费者试用的商品。据不完全统计，因试用装小样方便携带、价格优势、能优先体验等特点，受到 95 后年轻消费者的青睐，并逐步发展成一个具有百亿市场的"小样经济"。但与此同时，试用装小样给消费者带来的问题也层出不穷：使用后皮肤溃烂无法找到店家；产品标签除了产品名称，没有任何厂家信息标识；可能是假冒伪劣产品又无法证实等。而由此带给我们的问题是：这些供消费者试用的小样，是否属于监督管理部门监管的范围？这类产品的生产资质、销售资质有什么要求？产品标签标识有什么要求？将在本章节进行解惑。

一、展销会及相关平台的销售模式

展销会举办方的资质要求有哪些？针对化妆品集中交易市场开办者、展销会举办者应当审查入场化妆品经营者的市场主体登记证明（有效的文件应为工商注册的相关证明文件，如营业执照等）；由展销会举办方承担入场化妆品经营者管理责任，且定期对入场化妆品经营者进行检查；发现入场化妆品经营者有违反本条例规定行为的，应当及时制止并报告所在地县级人民政府负责药品监督管理的部门。需要注意的是，这里提及的市场主体登记证明，包括了以下企业或者组织：①依法登记领取营业执照的个人独资企业；②合伙企业；③中外合作经营企业、外资企业；④依法成立的社会团体的分支机构、代表机构等。

化妆品展销会举办者应当建立相应的质量管理体系文件。这些文件应至少包括：

（1）应当建立并保证化妆品质量安全的管理制度并有效实施，承担入场化妆品经营者管理责任，督促入场化妆品经营者依法履行义务，每年或者展销会期间至少组织开展一次化妆品质量安全知识培训。即是要求展销会举办方承担一定的、展会期间的产品质量安全责任，并且把这个质量安全责任制度的要求，传递给所有参加展会的人员。上述要求可以概述为：展销会举办者应建立文件、记录管理制度，其中包括化妆品质量安全管理制度、培训管理制度、人员培训记录等文件。

（2）涉及平台销售的，平台应当建立入场化妆品经营者档案，审查入场化妆品经营者的市场主体登记证明。同时，应当建立经营者档案，档案记录的信息应至少包括：经营者名称或者姓名、联系方式、住所等信息，如涉及生产许可资质的（如，化妆品生产许可证），还应要求经营者提供相应的资质证明文件。入场化妆品经营者档案信息应当及时核验更新，保证真实、准确、完整，保存期限不少于经营者在场内停止经营后 2 年。

（3）应当建立化妆品检查制度，对经营者的经营条件以及化妆品质量安全状况进行检查，并形成检查记录存档备查（文件记录存档时间应不少于 2 年）。发现入场化妆品经营者有违反化妆品监督管理条例以及本办法规定行为的，应当及时制止，依照管理规定或者与经营者签订的协议进行处理，并向所在地县级负责药品监督管理的部门报告。为更进一步地确保展销会的质量安全，鼓励建立化妆品抽样检验、统一销售凭证格式等制度，以更全面的保障消费者权益。

药品监督管理部门是化妆品质量安全监管的主管部门。化妆品展销会举办者应当在展销会举办前向所在地县级负责药品监督管理的部门报告展销会的时间、地点等基本信息，并建议形成相应的文件记录，存档备查。

二、试用装小样的销售模式

试用装小样大致都有以下特点：净含量小（从 0.1～20ml 不等，也有可能小于或大于这个范围）；受净含量小的影响，产品的包装也比较小，从而导致标签上面显示的信息有限，有些甚至可能只有产品名称；产品标签上大多标识"非卖品、赠品、试用装"等字样；包装的材质普遍以铝膜袋的形式出现，也有塑料软管、塑料瓶、玻璃瓶等材质。针对这类试用装小样，《化妆品生产经营监督管理办法》明确要求：以免费试用、赠予、兑换等形式向消费者提供化妆品的，应当依法履行《化妆品监督管理条例》以及本办法规定的化妆品经营者义务；《化妆品标签管理办法》明确要求：以免费试用、赠予、兑换等形式向消费者提供的化妆品，其标签均适用本管理办法。综上所述，试用装小样的生产、销售、标签标识等要求，均与正常销售的产品完全一样：由符合监管要求的工厂生产且产品符合国家相关标准要求，由符合监管要求的商家经营销售，产品的标签标识符合相关法规要求。详细解析如下。

1. 试用装小样的生产要求　生产试用装小样的生产厂家，实质上就是我们所说的注册人、备案人（以下简称"注备人"）。如果产品是委托加工生产出来的，即存在受托生产企业（产品的实际生产厂家），但承担产品质量安全责任的仍是注备人。注备人应该具备以下资质：①应该是依法设立的企业或者其他组织（应有工商登记），确保产品可追溯的负责人；②对产品和原料的合法、合规性负责，确保产品符合法规、标准要求；③对受托生产企业的生产活动的监督管理，确保产品的合格；④按照法定要求组织生产（此处的法定要求的生产要求，参考产品的生产要求，在此不再重复赘述），确保产品的安全与合格；⑤有建立化妆品相适应的质量管理体系，即表明这个生产企业，具备一定的技术研发能力，具备一定保障产品生产安全的能力，具备一定的发现问题、解决问题的能力，确保产品质量安全；⑥当产品出现质量问题时，应当依据相关法规要求，有召回产品的能力，并承担相应的责任；⑦当消费者使用产品出现过敏等不良反应时，应有处理该问题的能力，并承担相应的责任，同时应向监管部门报告不良反应事件；⑧获得由药品监督管理部门颁发的化妆品生产许可证。

2. 试用装小样的经营销售要求　试用装小样的经营销售者，可能存在很多种形式，但这些销售方式与日常正价购买产品的方式没有区别。因此，对这类产品的经营销售方的监管要求也是同样的。在日常生活中，比较常见的经营销售形式举例如下：个体商户、微信朋友圈、电子商务平台、直播等不同的渠道。针对不同的销售渠道，监管要求是一样的。只是不同的销售者，把对应的责任进行了转移。比如：个体商户在销售试用装小样时，承诺对产品的质量安全负责，但承担这个质量安全的责任方，可能是这个产品的品牌方，而不是个体商户。个体商户把这个质量安全的责任，转由产品的品牌方承担。其他的类似电商、直播等渠道，也是同样的要求，质量安全责任转移给平台等方式。但无论是哪种销售渠道，试用装小样的产品质量安全均受到监管部门的监督管理。因此，无论是任何方式的经营销售方，其需要承担的责任均不能减少。

3. 对试用装小样的经营销售方的管理要求　①建立质量管理体系文件，建立文件、记录管理制度，确保产品的可追溯性，最终确保化妆品质量安全，承担化妆品经营者管理责任。②应当建立并执行进货查验记录制度，查验供货商的市场主体登记证明、特殊化妆品注册证或普通化妆品的备案信息、化妆品的产品质量检验合格证明并保存相关凭证，并如实记录所购进的化妆品名称、特殊化妆品注册证编号或普通产品备案编号、使用期限、净含量、购进数量、供货者名称、地址、联系方式、购进日期等信息，上述信息均应形成文件或记录留档备查。上述文件记录保存的时间应至少保存至产品保质期后一年。产品保质期不足 1 年的，记录保存期限不得少于 2 年。③应当建立化妆品供货商档案，供货商档案记录的信息应至少包括：供应商名称或者姓名、联系方式、住所等信息，如涉及生产许可资质的（如，化妆品生产许可证），还应要求供货商提供相应的资质证明文件。如涉及平台入场化妆品经营的，平台应建立经营者档案，经营者信息应当及时核验更新，保证真实、准确、完整，保存期限不少于经营者在平台内停止经营后 2 年。④应当建立化妆品检查制度，对购进的化妆品质量安全状况进行定期检查，并形成检查记录存档备查（记录存档时间应不少于 2 年）。如平台内化妆品经营者有违反化妆品监督管理条例以及本办法规定行为的，应当及时制止，依照相关管理规定或者与经营者签订的协议进行处理，并向所在地县级负责药品监督管理的部门报告。⑤国家鼓励化妆品的经营者采用信息化手段采集、保存生产经营信息，建立化妆品质量安全追溯体系。同时，国家也在加强信息化建设，为公众查询化妆品信息提供便利化服务。

4. 试用装小样的标签标识要求　试用装小样因为受到净含量太小的限制，包装大小也比较小，导致能体现在包装上面的文字也有限。但试用装小样的标签标识要求，等同于我们日常购买的正价产品的要求。试用装小样的标签标识要求如下：

1. 产品中文名称、特殊化妆品注册证书编号；

2. 注册人、备案人的名称、地址，注册人或者备案人为境外企业的，应当同时标注境内责任人的名称、地址；

3. 生产企业的名称、地址，国产化妆品应当同时标注生产企业生产许可证编号；

4. 产品执行的标准编号；

5. 全成分；

6. 净含量；

7. 使用期限；

8. 使用方法；

9. 必要的安全警示用语；

10. 法律、行政法规和强制性国家标准规定应当标注的其他内容。

具有包装盒的产品，还应当同时在直接接触内容物的包装容器上标注产品中文名称和使用期限。同时，针对化妆品净含量小于 15g 或 15ml 的小规格包装产品，仅需在销售包装（即消费者拿到手上时所呈现的产品包装）的可视面标注产品中文名称、特殊化妆品注册证书编号、注册人或者备案人的名称、净含量、使用期限等信息，其他应当标注的信息可以标注在随产品一起的产品说明书中。

第四节　个性化定制的化妆品使用与监管

随着功效成分教育的普及以及护肤理智化的加强，消费者也变得越来越了解自己。每个人的肌肤状态，会随着环境、生活方式的改变而改变。消费者为了应对油痘、皮肤干燥、过敏等肌肤问题，在考虑产品安全性的同时，还追求更加精细化的护肤解决方案，希望产品能够更加贴切地适应自己的护肤需求。这也预示着护肤市场将从功效时代进入个性化定制时代，这对成分内卷的护肤市场来说，是机遇也是挑战。在化妆品市场逐渐细分的环境下，个性化定制成为了化妆品市场的必然趋势。

一、监管部门对于个性化定制的监管背景

依据 2022 年 11 月 10 日《国家药监局综合司发布的关于开展化妆品个性化服务试点工作的通知》（药监综妆函〔2022〕625 号），通知中提出：重点在探索个性化服务模式，充分发挥行业的市场主体作用，鼓励试点企业围绕彩妆、护肤等普通化妆品，在皮肤检测、产品跟踪、个性化护肤服务方案等方面进行试点。依据 2023 年 7 月 15 日，上海市药品监督管理局关于印发《上海市浦东新区化妆品现场个性化服务管理细则》（试行）的通知，对个性化服务的定义与管理范围摘录如下：本市化妆品备案人、境内责任人在浦东新区设立的经营场所，根据消费者的个性化需求，对其备案的普通化妆品（不含儿童化妆品、眼部护肤类化妆品、使用新原料的化妆品等）现场提供直接接触化妆品内容物的包装、分装服务活动及其监督管理。

通俗地说，定制化妆品，是指根据个人皮肤检测结果和个人特定诉求，力争为每位消费者单独研发调整的、专属个人的化妆品配方（不含儿童化妆品、眼部护肤类化妆品、使用新原料的化妆品等）。目前有明确监管要求的定制化妆品大致可分为两种模式：模块化化妆品（功效定制）和独一性化妆品（成分定制）。功效定制模式主要体现为不同功效化妆品的搭配及组成（如在统一的基底液的基础上选配具有不同功效的精华液），其主要依赖于模块化产品的选择范围，属于广义的定制化妆品。需要注意的是，不同独立零售成品间的组合（如精华与面霜组合套装）不在本文所讨论的功效定制范畴。而独一性化妆品定制（成分定制）模式更凸显其可提供独创原料，打造独一性化妆品，以满足个体多样性需求，并无限接近"一人一方"的理念，这个也不在本章节的讨论范围内。

依据国家对定制化妆品的监管要求，个性化定制的产品范围为：彩妆及普通化妆品。除此以外的化妆品不纳入个性化定制的范围。如：美白祛斑类产品、防晒产品、儿童产品、眼霜等产品，均不属于个性化定制范围，需依据传统的方式进行生产与销售。

可以将上述个性化定制化妆品范围归纳如下。

1. 基础配方与特定成分混合的调配型　在化妆品的销售门店根据消费者的需求，在已有产品的基础上，结合消费者需要的功效，如，保湿、舒缓等其他需求，加入特定成分后混合调配，产品名称不得改变。

2. 分装型产品　消费者选取适合自己的产品，再挑选喜欢的容器，做定制化标签后进行分装，然后形成属于自己的产品。产品名称不能改变，但可增加消费者姓名等定制化信息。

除了上述依据个人的皮肤特点或特定诉求的个性化定制化妆品，还有一种情况是使用

场景的定制。例如，上门美甲服务、在商场为消费者进行化妆体验服务。这种依据个人使用需求出现个性化服务，简称为"化妆品个性化服务定制"，将在后面章节讨论。

二、个性化定制化妆品的监管要求

依据《国家药监局综合司发布的关于开展化妆品个性化服务试点工作的通知》的要求，个性化定制的监管要求是：在符合化妆品产品备案、生产监管、风险监测等相关法规要求下，进行合理优化，既要保证化妆品的质量安全，又要满足消费者用妆的个性化需求。个性化定制化妆品可分为现场个性化定制与非现场个性化定制。现场个性化定制的场景是出现在生产与销售为一体的终端。比如：某品牌在某商场设定了个性化定制的区域，消费者将自己的需求告知商家，商家将依据消费者的需求现场制作化妆品，并立即交付给消费者。这种现场个性化定制的场景，依据现行法规要求，需要取得现场个性化服务许可、作产品备案管理，才能进行生产和销售（非现场个性化定制的产品，参考化妆品生产、销售的要求，在此不做重复描述）。现场个性化定制化妆品的监管要求概括以下。

1. 现场个性化定制和产品备案管理　从事化妆品现场个性化服务应有良好的化妆品生产质量管理体系，且具备以下条件：①有对化妆品现场个性化服务和产品进行全过程风险评估和风险控制，以及产品不良反应监测与评价的能力；②有与化妆品现场个性化服务相适应的场地、环境条件、服务和检验设施设备；③有与化妆品现场个性化服务相适应的技术人员和检验人员；④有与化妆品现场个性化服务相适应的物料验收、服务过程及质量控制、设备管理、产品检验及留样等保证化妆品质量安全的管理制度。同时需要，由监管部门核发生产许可证，生产许可证注明"现场个性化服务"。此外，现场个性化定制的产品应依据法规要求进行备案，备案资料中的检验报告应当包括企业从事化妆品现场个性化服务的试制样品的微生物与理化检验报告。

2. 现场个性化定制经营者，应配置的机构与人员　①应当建立与服务规模相适应的人员、组织与管理机构，并明确相关部门与人员职责。②应当设置质量安全负责人，负责建立并运行与现场个性化服务相适应的质量管理体系。同时，应当配备与服务规模相匹配的质量管理人员、操作人员和检验人员（特别注意的是：质量安全负责人、质量管理人员不得兼任操作人员）。③应建立人员培训、培养计划，建立从业人员的健康管理制度，并做相应培训记录、从业人员健康检查记录。

3. 现场个性化定制经营者，应确保质量安全　①应当建立与服务规模相适应的管理体系，并制定相关管理制度和操作规程，至少包括化妆品物料采购、分装、包装、检验、贮存和销售、召回的个性化服务全过程，并确保可以通过批号或者编号等方式实现追溯。②应当建立文件、记录管理制度，所有与现场个性化定制服务相关的活动，均应形成记录，记录应做保存［鼓励企业采用计算机（电子化）系统生成］。③应当建立并执行相适应的留样管理制度，综合考虑物料追溯性、服务过程可能引入的风险等因素。留样的贮存、保存期限、留样观察、处置、留样记录等均应当符合化妆品生产质量管理规范要求。如受场地限制，无法在开展化妆品现场个性化服务的销售门店、专柜等经营场所留样的，可以在本市范围内企业已报备的地址进行留样，并做好转交、留样地点等记录。④应建立现场检查制度，建立操作区域、设备维修、保养管理制度，建立物料和成品的质量标准和检验标准，以确保现场个性化定制出来的产品质量安全，并得到相应的控制。

4. 现场个性化定制经营者，物料、产品与储存管理 ①企业使用的物料应符合法律法规、强制性国家标准、技术规范的要求。应当综合考虑化妆品现场个性化服务的产品质量风险、物料对产品质量的影响程度等因素确定用于化妆品现场个性化服务的物料，并留存必要的物料质量安全相关信息资料。同时应当建立并执行物料进货查验记录制度，保存每批物料采购、验收、使用、贮存和产品贮存等环节的文件和记录，确保各环节的可追溯性。②开封后未使用完的结存物料，其包装应当密封并做好标识，标识信息包括名称、批号、数量、使用期限等。结存物料应当由现场质量管理人员确认符合质量要求后，方可放行退回物料贮存区域。③应当建立并执行标签管理制度，对产品标签进行审核确认，确保产品的标签符合相关法律法规、强制性国家标准、技术规范和本细则的要求。

5. 现场个性化定制经营者，服务过程管理 ①企业应当建立并执行与化妆品现场个性化服务的产品品种、数量和生产许可项目等相适应的服务管理制度，并明确服务过程的关键控制点，确保能够持续稳定地开展服务。②所有出入个性化服务现场的物料、人员，应有明确的规定路线，应有做相应的清洁或消毒措施，避免人、物、料之间的相互混淆与相互交叉污染，从而保障产品质量安全。③所用物料应当标识清晰，并规定贮存条件、使用期限。化妆品现场个性化服务不得延长已备案产品的使用期限。每次开展服务前，应当经操作人员和质量管理人员签名或者通过其他有效形式确认相关信息后按规程操作。④在提供化妆品现场个性化服务后应当及时清场，对操作区域和服务设备、管道、容器、器具等按照操作规程进行清洁消毒并记录。清洁消毒完成后，应当清晰标识，并按照规定注明有效期限。⑤应当建立并执行产品销售记录制度，并确保所售产品的出货单据、销售记录与货品实物一致。产品销售记录应当至少包括产品名称、普通化妆品备案编号、使用期限、净含量、数量、销售日期、价格，并在购买者知情同意情况下，留存购买者姓名和联系方式等内容。

三、化妆品个性化服务定制的监管与要求

随着人们生活水平的不断提高，人们对美的追求也在不断提升。对于日常化妆品，消费者通常是购买后回家使用，但由于人们对美的不断需求改变了人们使用化妆品的方式，多种化妆品的使用场景也应运而生；例如：上门为消费者美甲服务；在商场为消费者进行化妆体验服务；上门为新娘提供化妆服务；个体商户在风景区，为消费者提供"京剧脸"化妆服务。此章节我们把这种化妆品使用场景归纳为"化妆品个性化服务定制"。在这些化妆品的使用场景中，所有使用在消费者脸上或身上的产品，只要是符合化妆品定义范围的产品，其生产、销售、售后和使用均应得到监督管理部门的监管，产品的质量均应符合国家法规与标准，产品安全均应得到相应的保障。消费者应如何选择与使用化妆品个性化服务定制呢？

首先，在选择化妆品个性化服务定制时，应以消费者进行的首要接触点为场景，如：上门服务，步行街个体商户提供服务等场景。那么在选择这个服务之前，对服务提供方进行资质审核是十分必要的，尽可能地选择具备承担一定法律责任能力的服务商。如何评价是否具备承担法律责任的服务商的相关要求，概述如下：①工商登记证明文件。消费者应核对工商登记信息的一致性，避免出现张冠李戴的情况。②核对上门服务或现场服务人员的员工信息，确认与其公司登记的信息一致，如企业名称等信息。③服务商资质要求，管理要求，监管部门对其的监督管理要求，请参见本章的"第二节美容、美发机构化妆品使

用与监管相关要求"。

其次，服务商所选择的产品，应检查核对所使用的产品标签是否完整，特殊化妆品是否标识了特殊化妆品注册证号、普通化妆品是否标识了备案号等信息。此类化妆品的标签信息要求与日常购买的化妆品标签信息要求等同，如下所示：

1. 产品中文名称、特殊化妆品注册证书编号或普通化妆品备案编号；

2. 注册人、备案人的名称、地址，注册人或者备案人为境外企业的，应当同时标注境内责任人的名称、地址；

3. 生产企业的名称、地址，国产化妆品应当同时标注生产企业生产许可证编号；

4. 产品执行的标准编号；

5. 全成分；

6. 净含量；

7. 使用期限；

8. 使用方法；

9. 必要的安全警示用语；

10. 法律、行政法规和强制性国家标准规定应当标注的其他内容。

具有包装盒的产品，还应当同时在直接接触内容物的包装容器上标注产品中文名称和使用期限。

如在使用过程中出现不良反应，如过敏、红肿等现象，应立即停用产品及服务，若停用后症状依然较重，建议就医，并向监督管理部门提供信息，上报不良反应信息。

第五节　化妆品使用违法情形与责任

产品安全与产品违法是两个密切相关、不可分割的话题。产品安全来自原料的选择、产品配方的设计、产品的生产、产品的检验、产品的销售、产品的储存以及产品的使用等等均有可能引发产品的安全问题。而产品使用环节出现的安全问题，可能是消费者对产品使用方法的认知不全导致的，也可能是产品在生产过程中出现了质量问题，还可能是在产品储存过程中出现了质量问题；上述涉及的关于产品安全问题的各种来源，均有可能导致产品在使用过程中引发安全问题，从而引发违法责任。

近年来我国化妆品产业在高速发展的同时，非法添加、虚假宣传、不良反应、不正确使用等情况的出现，导致安全问题频出、违法情形也络绎不绝。为了保障广大消费者的使用安全，为了维护广大消费者的权益，同时为经营守法者营造良好的市场环境，监管部门对各违法情形制定了监督要求和处罚手段。为让大家更加形象地了解化妆品使用过程中可能出现的违法情形及对应的监管要求，通过案例加解析的方式来概括和讲解该章节的内容。

案例1（消费者使用情形）　2024年2月5日××省药品监督管理局在官网发布关于"××谜题"系列化妆品的安全警示信息，内容如下：化妆品不良反应监测显示（化妆品不良反应是指：正常使用化妆品所引起的皮肤及其附属器官的病变，以及人体局部或者全身性的损害），消费者使用"××谜题"系列化妆品后，发生化妆品接触性皮炎等严重不良反应。我局对广州×××化妆品有限公司生产的"××谜题 WANMEIMITI 美肤保养液"（批号：M2023100701，规格 20ml×2 瓶；批号：M20231211001，规格 20ml×6 瓶）进行监督抽检，经检验，均检出氯倍他索丙酸酯（检测结果分别为 0.66μg/g、4.82μg/g），上述产品不得继续销售。经核查，深圳××化妆品有限公司否认生产"完美谜题美肤液Ⅰ"（粤G妆网备字202220××××）、"××谜题养肤精华液"（粤G妆网备字202220×××

×）和"××谜题美肤溶酶液＋××谜题美肤冻干粉"（粤G妆网备字202220××××）三款产品，如在市场上发现有销售上述化妆品，该产品为涉嫌假冒产品。消费者如发现有上述化妆品，请向属地负责药品监督管理的部门进行投诉举报，特此通告。

通过上述案例描述，得出几个关键信息点：一是消费者在使用上述产品后，出现了化妆品接触性皮炎等严重不良反应；二是监管部门抽检由广州××化妆品有限公司生产的产品，且检测出产品含有禁止添加的原料"氯倍他索丙酸酯"；三是标识为深圳××化妆品有限公司生产的品牌名称为"××谜题"的其他产品，该公司否认生产该产品。我们结合产品案例描述及案例关键信息点，将上述案例出现的违法情形做以下概括：

1. 该案例涉及的法规条款　《条例》第三十条第一款：化妆品原料、直接接触化妆品的包装材料应当符合强制性国家标准、技术规范。不得使用超过使用期限、废弃、回收的化妆品或者化妆品原料生产化妆品。

2. 该案例涉及的违法条款　《条例》第五十九条第三款规定：有下列情形之一的，由负责药品监督管理的部门没收违法所得、违法生产经营的化妆品和专门用于违法生产经营的原料、包装材料、工具、设备等物品；违法生产经营的化妆品货值金额不足1万元的，并处5万元以上15万元以下罚款；货值金额1万元以上的，并处货值金额15倍以上30倍以下罚款；情节严重的，责令停产停业、由备案部门取消备案或者由原发证部门吊销化妆品许可证件，10年内不予办理其提出的化妆品备案或者受理其提出的化妆品行政许可申请，对违法单位的法定代表人或者主要负责人、直接负责的主管人员和其他直接责任人员处以其上一年度从本单位取得收入的3倍以上5倍以下罚款，终身禁止其从事化妆品生产经营活动；构成犯罪的，依法追究刑事责任：使用禁止用于化妆品生产的原料、应当注册但未经注册的新原料生产化妆品，在化妆品中非法添加可能危害人体健康的物质，或者使用超过使用期限、废弃、回收的化妆品或者原料生产化妆品。

3. 注备人应承担的责任　原料氯倍他索丙酸酯是一种抗皮炎的药品，依据相关法规要求，属于化妆品禁用原料，即不得添加在化妆品中。生产企业在化妆品中添加该原料，属于违法行为，需承担一定金额的罚款，且造成情节严重的或构成犯罪的，应吊销企业的生产许可证或依法追究刑事责任。依据上述案例信息我们得知，广州××化妆品有限公司为问题产品的备案人和生产企业。依据相关法规要求及上述法规条款内容，广州××化妆品有限公司为备案人，依法承担产品质量安全问题的所有责任。

4. 可能存在的问题　深圳××化妆品有限公司否认生产问题产品。依据现行法规要求，如有证据证明该问题化妆品确实不属于该公司生产的，该公司不承担任何化妆品质量安全相关的法律责任。相反，如果有证据证明，该产品为深圳××化妆品有限公司生产，则该公司所承担的产品质量安全责任如上所述。

案例2（化妆品经营监管情形）　国家药品监督管理局于2023年的国家化妆品抽样检验工作中，经××省食品药品检验研究院等单位检验，产品标签标示为×××日用化工有限公司生产的××霜等43批次化妆品不符合规定。根据《化妆品监督管理条例》《化妆品生产经营监督管理办法》《化妆品抽样检验管理办法》，国家药品监督管理局要求北京、上海、江苏、浙江、江西、广东省（市）药品监督管理部门对上述不符合规定化妆品涉及的注册人、备案人、受托生产企业等依法立案调查，责令相关企业立即依法采取风险控制措施并开展自查整改。各省（区、市）药品监督管理部门责令相关化妆品经营者立即停止经营上述化妆品，依法调查其进货查验记录等情况，对违法产品进行追根溯源；发现违法行为的，依法严肃查处；涉嫌犯罪的，依法移送公安机关。

上述抽检过程中发现的不合格情况多样，选取两种比较常见的不合格情况进行讨论：一种情况是防晒或美白产品，产品检测出产品标签未标识的防晒剂或美白剂；第二种情况是染发产品，产品检测出产品标签未标识的染发剂。这两种情况的出现，实际上均属于同一种违法类型：生产经营未经注册的特殊化妆品。

1. 该案涉及的法规条款　《条例》第六条：化妆品注册人、备案人对化妆品的质量安全和功效宣称负责。化妆品生产经营者应当依照法律、法规、强制性国家标准、技术规范从事生产经营活动，加强管理，诚信自律，保证化妆品质量安全。

《条例》第十七条：特殊化妆品经国务院药品监督管理部门注册后方可生产、进口。国产普通化妆品应当在上市销售前向备案人所在地省、自治区、直辖市人民政府药品监督管理部门备案。进口普通化妆品应当在进口前向国务院药品监督管理部门备案。

2. 该案涉及的违法条款　《化妆品监督管理条例》第五十九条第二款：有下列情形之一的，由负责药品监督管理的部门没收违法所得、违法生产经营的化妆品和专门用于违法生产经营的原料、包装材料、工具、设备等物品；违法生产经营的化妆品货值金额不足1万元的，并处5万元以上15万元以下罚款；货值金额1万元以上的，并处货值金额15倍以上30倍以下罚款；情节严重的，责令停产停业、由备案部门取消备案或者由原发证部门吊销化妆品许可证件，10年内不予办理其提出的化妆品备案或者受理其提出的化妆品行政许可申请，对违法单位的法定代表人或者主要负责人、直接负责的主管人员和其他直接责任人员处以其上一年度从本单位取得收入的3倍以上5倍以下罚款，终身禁止其从事化妆品生产经营活动；构成犯罪的，依法追究刑事责任：生产经营或者进口未经注册的特殊化妆品。

《化妆品生产经营监督管理办法》第六十一条第一款第（二）项规定：有下列情形之一的，属于化妆品监督管理条例规定的情节严重情形：（二）故意提供虚假信息或者隐瞒真实情况。对情节严重的违法行为处以罚款时，应当依法从重从严。

3. 注册人或经营者应承担的责任　该案例体现的是注册人在生产时违反相关法规、标准要求生产化妆品，可能导致消费者产品使用安全问题，由注册人承担相应的质量安全责任。经营者需承担的责任等同注册人。但如果经营方履行了相关责任，对所采购的商品均进行了查验与记录，但仍然无法发现产品属于未经注册的不符合国家法规要求的产品，依据《条例》第六十八条内容：化妆品经营者履行了本条例规定的进货查验记录等义务，有证据证明其不知道所采购的化妆品是不符合强制性国家标准、技术规范或者不符合化妆品注册、备案资料载明的技术要求的，对其经营的不符合强制性国家标准、技术规范或者不符合化妆品注册、备案资料载明的技术要求的化妆品进行收缴，经营者可以免除行政处罚（此处的经营者，可以是任何形式的经营者，包括电商以及各销售平台）。

案例3（化妆品生产监管情形）　2023年3月，××市××区市场监督管理局根据日常监督检查发现的线索，对青海××酒店用品有限公司开展调查。经查，该企业未取得化妆品生产许可证，自行生产灌装"洗发露""沐浴露""护发素"等化妆品。

上述青海××酒店行为，是在酒店行业较常见的自行分装料体的行为。《条例》明确规定了经营者如果没有取得监管部门的生产许可就自行分装化妆品，属于违法行为。根据相关法规要求，××市××区市场监督管理局给予该企业行政处罚。

该案涉及的违法条款：《条例》第六十条第五款内容：有下列情形之一的，由负责药品监督管理的部门没收违法所得、违法生产经营的化妆品和专门用于违法生产经营的原料、包装材料、工具、设备等物品；违法生产经营的化妆品货值金额不足 1 万元的，并处 1 万元以上 5 万元以下罚款；货值金额 1 万元以上的，并处货值金额 5 倍以上 20 倍以下罚款；情节严重的，责令停产停业、由备案部门取消备案或者由原发证部门吊销化妆品许可证件，对违法单位的法定代表人或者主要负责人、直接负责的主管人员和其他直接责任人员处以其上一年度从本单位取得收入的 1 倍以上 3 倍以下罚款，10 年内禁止其从事化妆品生产经营活动；构成犯罪的，依法追究刑事责任。

监管部门为保证产品的质量安全，对化妆品生产有对应的法规标准要求：对生产车间的环境要求、对生产设备的精度及洁净要求、对操作人员的健康要求、对化妆品原料的选择要求、对化妆品生产工艺要求，所有与化妆品质量安全相关的环节与因素，都形成了闭环的监管，其目的都是为了保证产品的质量安全。如果产品在不符合化妆品生产条件的情况下生产，则无法保证产品质量安全，无法保障消费者使用安全。因此，该案例中，经营方应当承担《条例》规定的行政责任。

该案例中涉及的是经营企业进行分装的行为，不涉及购买生产化妆品所需的配制设备、原材料等进行化妆品生产，即不涉及化妆品的生产、配制、灌装等工序，因此，上述行为应按《条例》第六十条进行处罚。反之，依据《条例》第二十七条：从事化妆品生产活动，应当向所在地省、自治区、直辖市人民政府药品监督管理部门提出申请，提交其符合《条例》规定条件的证明资料，并对资料的真实性负责。上述企业若是违法生产，则应按《条例》第五十九条第一款进行处罚。

案例 4（美容机构化妆品使用情形）　2023 年 3 月，××县市场监督管理部门对该区域的某美容会所进行现场检查，发现当事人经营的××水光美雕套装 2 盒、××多肽抗皱精华液 2 盒、××水娃娃滋润补水套盒 6 盒，现场均未能提供上述 3 个品类化妆品的相关资质证明文件，未建立并执行进货查验记录和制度。同时，执法人员现场查询上述产品的备案信息，也未能获得，故现场立即对上述产品进行扣押。经查，当事人经营××水光美雕套装、××多肽抗皱精华液分别购进 2 盒，暂未销售。××水娃娃滋润补水套盒共购进 10 盒，已销售 4 盒。当事人购进化妆品未依据相关要求查验化妆品的资质证明文件及购货清单。结合上述情况，执法人员认为当事人的行为违反了《条例》相关规定，该局对当事人作出警告、没收未备案的普通化妆品，并给予罚款 10000 元的行政处罚。

1. 该案涉及的法规条款　《条例》第四条第二款：国家按照风险程度对化妆品、化妆品原料实行分类管理。

化妆品分为特殊化妆品和普通化妆品。国家对特殊化妆品实行注册管理，对普通化妆品实行备案管理。

《条例》第三十八条第一款：化妆品经营者应当建立并执行进货查验记录制度，查验供货者的市场主体登记证明、化妆品注册或者备案情况、产品出厂检验合格证明，如实记录并保存相关凭证。进货查验记录和产品销售记录应当真实、完整，保证可追溯，保存期限不得少于产品使用期限届满后 1 年；产品使用期限不足 1 年的，记录保存期限不得少于 2 年。

《条例》第四十二条规定：美容美发机构、宾馆等在经营中使用化妆品或者为消费者提供化妆品的，应当履行本条例规定的化妆品经营者义务。

2. 该案涉及的违法条款 《条例》第六十一条第一款第（一）项：第六十一条 有下列情形之一的，由负责药品监督管理的部门没收违法所得、违法生产经营的化妆品，并可以没收专门用于违法生产经营的原料、包装材料、工具、设备等物品；违法生产经营的化妆品货值金额不足 1 万元的，并处 1 万元以上 3 万元以下罚款；货值金额 1 万元以上的，并处货值金额 3 倍以上 10 倍以下罚款；情节严重的，责令停产停业、由备案部门取消备案或者由原发证部门吊销化妆品许可证件，对违法单位的法定代表人或者主要负责人、直接负责的主管人员和其他直接责任人员处以其上一年度从本单位取得收入的 1 倍以上 2 倍以下罚款，5 年内禁止其从事化妆品生产经营活动：（一）上市销售、经营或者进口未备案的普通化妆品。

《条例》第六十二条第一款第（二）项：第六十二条 有下列情形之一的，由负责药品监督管理的部门责令改正，给予警告，并处 1 万元以上 3 万元以下罚款；情节严重的，责令停产停业，并处 3 万元以上 5 万元以下罚款，对违法单位的法定代表人或者主要负责人、直接负责的主管人员和其他直接责任人员处 1 万元以上 3 万元以下罚款：（二）未依照本条例规定建立并执行进货查验记录制度、产品销售记录制度。

化妆品的经营者包括了各种销售渠道的经营者，当然也包括了美容会所。经营者均需对产品的质量安全承担一定的责任，对产品的购进、销售或者使用均有相应的管理制度与文件记录，并存档备查。上述案例提及的当事人，并未执行相关法规要求，因此受到相应的处罚。同时，如果该美容会所属于连锁类型，且由总部进行统一集采的情况下，相关的采购记录可由总部进行记录，但分店现场应能及时查询到对应产品的购进信息。否则，仍然需要承担对应的行政处罚责任。

随着人们生活质量的不断提升，消费者认知水平的不断提升，化妆品质量安全和风险意识已逐渐"深入人心"。为满足消费者对产品质量安全的不断增长的需求，与之同步的中国化妆品监管理念以及水平也在与国际化监管水平接轨。加上法规监管不断完善，行业的不断发展，市场的优胜劣汰，国内化妆品企业的综合素质和产品竞争力也在不断增强。从而促使中国的化妆品在质量、安全、功效、价格等方面，相对国外品牌有更强的竞争力，国产化妆品的市场份额也在不断上升。特别是近年来化妆品行业"国货之光"不断涌现，消费者对国货的认同感不断上升。而国内企业的产品在获得认可的同时，更应在化妆品技术研发、功效、质量安全方面不断优化的同时肩负更多的责任，不负消费者的信赖，成为"中国智造"和"中国创造"，并走向全球！

思 考 题

1. 有哪些化妆品使用违法情形构成违反治安管理行为，由公安机关依法给予治安管理处罚；构成犯罪的，依法追究刑事责任？

2. 化妆品有哪些使用场景？这些场景监管要求有哪些区别？

3. 化妆品使用监管的要点有哪些？

第十一章　儿童化妆品监管与法规

> **知识要求**
>
> 1. **掌握**　儿童化妆品的概念、分类和配方原则。
> 2. **熟悉**　儿童化妆品标签标识；儿童化妆品相关法律法规。
> 3. **了解**　儿童化妆品的安全管理。

第一节　儿童化妆品监管与法规概述

近年来，随着家庭经济水平的提升和消费者健康意识的增强，中国儿童化妆品市场呈现出稳步增长的态势，市场规模不断扩大。为了加强对儿童化妆品市场的监管，国家先后制定了一系列法规和标准，以确保产品的安全和质量。《儿童化妆品监督管理规定》的发布和实施，明确了儿童化妆品的定义，对儿童化妆品的配方设计、生产、销售等环节提出了更加严格的要求。

一、儿童化妆品定义

儿童化妆品是指适用于年龄在 12 岁以下（含 12 岁）儿童，具有清洁、保湿、爽身、防晒等功效的化妆品。值得注意的是，当化妆品标识为"适用于全人群""全家使用"等词语或者利用商标、图案、包装形式等暗示本化妆品使用人群包含儿童的，将按照儿童化妆品进行管理。

此外，根据国家药品监督管理局发布的《化妆品分类规则和分类目录》规定，儿童化妆品又将按"婴幼儿"（0~3 周岁，含 3 周岁）以及"儿童"（3~12 周岁，含 12 周岁）分类管理。婴幼儿（0~3 岁）在早期发育成长过程的皮肤及其他器官发育特性，需要更为全面的安全管理，而 3 岁以上儿童人群因为其皮肤屏障功能（包括角质层厚度，体温调节，体表 pH 值等）和肝脏代谢功能已趋于稳定并接近成人，可考虑采取与成人化妆品管理相近的方式。我国在参考了婴幼儿皮肤的研究、化妆品安全性评估的暴露风险和国际法规监管政策后，将婴幼儿（0~3 岁）和儿童（3~12 岁）使用的化妆品进一步区分管理，婴幼儿使用的化妆品的功效宣称仅限于清洁、保湿、护发、防晒、舒缓、爽身，儿童使用的化妆品可以包含美容修饰、卸妆等功效宣称（表 11-1）。

表 11-1　儿童化妆品使用人群分类目录

使用人群	说明
婴幼儿（0~3 周岁，含 3 周岁）	功效宣称仅限于清洁、保湿、护发、防晒、舒缓、爽身
儿童（3~12 周岁，含 12 周岁）	功效宣称仅限于清洁、卸妆、保湿、美容修饰、芳香、护发、防晒、修护、舒缓、爽身

3 岁以下婴幼儿不宜用"彩妆"

与成人相比，12 岁（含）以下的儿童，特别是 3 岁以下的婴幼儿，皮肤屏障功能尚未成熟，对外界刺激的易感性较强、防御能力较差，对细菌感染的易感性也较强。这些皮肤特点决定了儿童对化妆品配方有着更特殊的考量，不仅儿童化妆品与成人化妆品有较大不同，3 岁以下婴幼儿与 3~12 岁儿童所使用的化妆品也不完全一样，3 岁以下婴幼儿化妆品不可宣称美容修饰、卸妆等功效，也就是说彩妆化妆品标签宣称 3 岁以下婴幼儿可用，属于违法行为。

二、儿童化妆品相关法律法规

儿童与成人相比，普遍具有生理发育未成熟和皮肤娇嫩的特点，因此儿童化妆品的原料、配方和安全性等都应严格管理，儿童化妆品也一直是化妆品安全监管重点。随着市场的发展，中国儿童化妆品的法律法规也经历了一系列的发展和变革。2012 年，为规范儿童化妆品的申报和评审，国家食品药品监督管理局发布和实施了《儿童化妆品申报与审评指南》（以下简称《指南》），《指南》中明确儿童化妆品的申报资料应包括基于安全性考虑的配方设计原则（含配方整体分析报告）、原料的选择原则和要求、生产工艺及质量控制等内容，为儿童化妆品的安全提供一定保障。但《指南》作为指导性文件，对剂量标准等没有强制性约束，因此儿童化妆品想要取得进一步规范发展，急需出台更具针对性的法律法规。2015 年，国家食品药品监督管理总局发布了《化妆品安全风险评估指南》（征求意见稿）以及《化妆品安全技术规范》（2015 年版），其中对儿童化妆品的理化指标要求和限用物质特殊人群使用要求均和国际要求保持一致，进一步保障了儿童化妆品的质量安全。

近几年，随着儿童化妆品市场份额的急速增长，儿童化妆品暴露的问题随之上升，如在儿童化妆品中非法添加激素和抗感染类药物，将成人化妆品变相宣传为儿童用化妆品以逃避严格的儿童产品注册准入审查或将"彩妆玩具"当成儿童化妆品进行售卖等，这些违法行为均不利于儿童的安全健康，急需出台儿童相关的法规对儿童化妆品的生产经营者进行进一步约束。2021 年 10 月 8 日，国家药品监督管理局发布《儿童化妆品监督管理规定》的公告（2021 年第 123 号），这是我国首个专门针对儿童化妆品的监管法规文件。其明确了除标签的要求以外，其他关于儿童化妆品的规定自 2022 年 1 月 1 日起施行。《儿童化妆品监督管理规定》是对儿童化妆品监管工作进一步细化，从产品研发、配方设计、安全性评价、生产条件、专用标志和警示用语标注等方面做出要求，以保障儿童化妆品使用安全。此外，为加强儿童化妆品监督管理，保障儿童化妆品的使用安全，相关配套的技术法规文件也相继颁布。其中，为规范儿童化妆品在各种"新规"下的注册和备案，《儿童化妆品技术指导原则》于 2023 年 8 月 31 日正式颁布实施，主要对儿童化妆品的注册人或备案人提交的注册备案资料进行严格审评、审查，以保障儿童化妆品使用安全。2025 年 8 月 1 日起施行的《化妆品安全风险监测与评价管理办法》指出风险监测与评价应当重点对化妆品中易对儿童等重点人群造成健康危害的物质开展监测和评价。目前，涉及儿童化妆品相关的法规，技术规范见表 11 - 2。

表 11 -2　儿童化妆品相关法规及技术规范

序号	制订机构	法规名称	发布日期	实施日期
1	国家药品监督管理局	《儿童化妆品监督管理规定》	2021.10.8	2022.1.1
2	中国食品药品检定研究院	《儿童化妆品技术指导原则》	2023.8.31	2023.8.31
3	国家药品监督管理局	《化妆品抽样检验管理办法》	2023.1.12	2023.3.1
4	国家药品监督管理局	《化妆品生产质量管理规范》	2022.1.7	2022.7.1
5	国家市场监督管理总局	《化妆品生产经营监督管理办法》	2021.8.2	2022.1.1
6	国家药品监督管理局	《化妆品标签管理办法》	2021.6.3	2022.5.1
7	国家药品监督管理局	《化妆品注册备案资料管理规定》	2021.3.4	2021.5.1
8	国家药品监督管理局	《化妆品安全评估技术导则》	2021.4.9	2021.5.1
9	国家药品监督管理局	《化妆品分类规则和分类目录》	2021.4.9	2021.5.1
10	国家药品监督管理局	《化妆品安全风险监测与评价管理办法》	2025.4.9	2025.8.1
11	国家药品监督管理局	《化妆品注册和备案检验工作规范》	2019.9.10	2019.9.10
12	原国家食品药品监督管理总局	《化妆品安全技术规范》（2015 年版）	2015.12.23	2016.12.1
13	中国食品药品检定研究院	《化妆品安全技术规范（2022 年版）》征求意见稿	—	—

第二节　儿童化妆品监督管理要点

一、儿童化妆品标签管理

化妆品标签是指产品销售包装上用以辨识或说明产品基本信息、属性特征和安全警示等的文字、符号、数字、图案等标识，以及附有标识信息的包装容器、包装盒和说明书。可保证消费者对化妆品的使用部位，使用方法以及原料等信息具有知情权。化妆品标签主要分为必须标注和不得标注两种。儿童化妆品的标签除了应符合《化妆品标签管理办法》规定外，其与成人化妆品标签的不同体现在以下三点：①儿童化妆品的标签必需明确标注为"儿童化妆品"并标识"小金盾"标志；②为保护儿童的安全，儿童化妆品标签必须标注警示用语，如"应当在成人监护下使用""含致敏性组分""防止儿童抓拿"等；③为避免和食品混淆，儿童化妆品标签不得标注"食品级""可食用"等词语或者食品有关图案。

儿童化妆品标签上至少需要标注以下内容：①产品中文名称、特殊化妆品注册证书编号；②注册人、备案人的名称、地址，注册人或者备案人为境外企业的，应当同时标注境内责任人的名称、地址；③生产企业的名称、地址，国产化妆品应当同时标注生产企业生产许可证编号；④产品执行的标准编号；⑤全成分；⑥净含量；⑦使用期限；⑧使用方法；⑨必要的安全警示用语；⑩法律、行政法规和强制性国家标准规定应当标注的其他内容。

在儿童化妆品标签中"小金盾"标志和警示用语是必须标注的内容。《儿童化妆品监督管理规定》中规定为增加儿童化妆品的辨识度，儿童化妆品的标签必需明确标注为"儿童化妆品"，并在销售包装的主要展示面标识"小金盾"标志，进而保护消费者的知情权。此外，警示用语的正确标识可以保护儿童化妆品使用安全，一般在儿童化妆品的销售包装可视面以"注意"或者"警告"作为引导语进行标注，如"应当在成人监护下使用"等。儿童化妆品标签中主要的警示用语如下：①当儿童化妆品中含有致敏性组分香精或者香料

（表 11 - 3），应以"含致敏性组分"为引导语进行标注，并将具体致敏性组分标注在标签上。②当 3 ~ 12 周岁儿童使用的化妆品中含有限用组分时，应当在标签上标印相应的使用条件和注意事项，例如使用氯化锶，应当标印"儿童不宜常用"；使用滑石（水合硅酸镁），应当标印"应使粉末远离儿童的鼻和口"。使用氢氧化钙、氢氧化锂、碱金属的硫化物类、巯基乙酸及其盐类、巯基乙酸酯类、碱土金属的硫化物类、氢氧化锶、氢氧化钾（或氢氧化钠）等原料，应当在标签上标印"防止儿童抓拿"。③在儿童喷雾型防晒化妆品中，为充分考虑其吸入风险，在标签的使用方法中应该标识为"请勿直接喷于面部""请先喷于手掌、再涂抹于面部""避免吸入"等类似警示用语。④如宣称为卸妆、美容修饰、芳香、护发的儿童化妆品，原则上应当明确使用场景、使用频次等，并明确标识"不建议日常使用""不宜长期使用""请及时清洗""如有不适，请立即停止使用"等类似警示用语。⑤对于压力灌装溶胶等易燃性儿童化妆品产品，应当标注"注意防火防爆"等内容，或者以图示形式警示。

表 11 - 3 目前国内外权威机构发布的可能易致敏香料组分

序号	中文名称	INCI 名称/英文名称	CAS 号
1	戊基肉桂醛	Amyl cinnamal	122 - 40 - 7
2	戊基肉桂醇	Amyl cinnamyl alcohol	101 - 85 - 9
3	茴香醇	Anisyl alcohol	105 - 13 - 5
4	苯甲醇	Benzyl alcohol	100 - 51 - 6
5	苯甲酸苄酯	Benzyl benzoate	120 - 51 - 4
6	肉桂酸苄酯	Benzyl cinnamate	103 - 41 - 3
7	水杨酸苄酯	Benzyl salicylate	118 - 58 - 1
8	肉桂醛	Cinnamal	104 - 55 - 2
9	肉桂醇	Cinnamyl alcohol	104 - 54 - 1
10	柠檬醛	Citral	5392 - 40 - 5
11	香茅醇	Citronellol	106 - 22 - 9
12	香豆素	Coumarin	91 - 64 - 5
13	丁香酚	Eugenol	97 - 53 - 0
14	金合欢醇	Farnesol	4602 - 84 - 0
15	香叶醇	Geraniol	106 - 24 - 1
16	己基肉桂醛	Hexylcinnamaldehyde	101 - 86 - 0
17	羟基香茅醛	Hydroxycitronellal	107 - 75 - 5
18	异丁香酚	Isoeugenol	97 - 54 - 1
19	α - 异甲基紫罗兰酮	Alpha - Isomethyl ionone	127 - 51 - 5
20	苧烯	*d* - Limonene	5989 - 27 - 5
21	芳樟醇	Linalool	78 - 70 - 6
22	2 - 辛炔酸甲酯	Methyl 2 - octynoate	111 - 12 - 6
23	橡苔提取物	Oakmoss（*Everniaprunastri*）Extract	90028 - 68 - 5
24	树苔提取物	tree moss（*Everniafurfuracea*）extract	90028 - 67 - 4

儿童化妆品标签不得标注的内容主要有：①使用医疗术语、医学名人的姓名、描述医疗作用和效果的词语或者已经批准的药品名明示或者暗示产品具有医疗作用；②使用虚假、夸大、绝对化的词语进行虚假或者引人误解地描述；③利用商标、图案、字体颜色大小、

色差、谐音或者暗示性的文字、字母、汉语拼音、数字、符号等方式暗示医疗作用或者进行虚假宣称；④使用尚未被科学界广泛接受的术语、机制编造概念误导消费者；⑤通过编造虚假信息、贬低其他合法产品等方式误导消费者；⑥使用虚构、伪造或者无法验证的科研成果、统计资料、调查结果、文摘、引用语等信息误导消费者；⑦通过宣称所用原料的功能暗示产品实际不具有或者不允许宣称的功效；⑧使用未经相关行业主管部门确认的标识、奖励等进行化妆品安全及功效相关宣称及用语；⑨利用国家机关、事业单位、医疗机构、公益性机构等单位及其工作人员、聘任的专家的名义、形象作证明或者推荐；⑩表示功效、安全性的断言或者保证；⑪标注庸俗、封建迷信或者其他违反社会公序良俗的内容；⑫法律、行政法规和化妆品强制性国家标准禁止标注的其他内容；⑬除此以外，因儿童化妆品的安全性要求更高，生产厂商更倾向于宣传其与食品、药品相关性，以此提高消费者的信任。但儿童化妆品在生产工艺、配方和原料的原则上均不同于食品和药品，为避免与食品、药品混淆，防止误食和误用，《儿童化妆品监督管理规定》规定儿童化妆品的标签不得标注"食品级""可食用"等词语或者食品有关图案。

近年来，进口儿童化妆品在儿童化妆品市场上占有一席之地，对于进口儿童化妆品的标签，《儿童化妆品技术指导原则》中有如下规定，进口儿童化妆品可以直接使用销售包装标签，也可以制成中文标签加贴在原产品销售包装上；中文标签中功效宣称、使用方法、使用部位、使用人群、安全警示用语（含注意事项）等内容，应当与化妆品注册人、备案人所在国（地区）或生产国（地区）销售包装标签（含说明书）中相关内容一致；安全警示用语（含注意事项）不少于销售包装原标签（含说明书）中相关内容。进口防晒类儿童化妆品的销售包装有 SPF 值、PA 等级等内容，应当与产品中文名称或者中文标签相关内容一致，若不一致，提供专为中国市场设计的销售包装。

> **▶ 知识拓展**
>
> **正确认识"小金盾"**
>
> "小金盾"，意在表达包括药品监督管理部门在内的社会各方共同努力，不断提升儿童化妆品的质量安全，为婴幼儿和儿童提供良好的成长环境，守护与关爱儿童健康成长。标志整体采用金色、盾牌造型，金色体现了儿童健康活泼、乐观阳光、积极向上的状态；盾牌代表了对儿童的守护与关爱，对违法违规产品的抵制，同时又增加了标志的辨识度；盾牌中心是儿童张开双手的形象设计，强调守护儿童健康成长的坚定决心。
>
> "小金盾"是儿童化妆品区别于成人化妆品、消毒产品、玩具等其他易混淆产品的区别性标志，旨在提高儿童化妆品辨识度，保障消费者知情权。化妆品包装上标注"小金盾"，仅说明这个产品属于儿童化妆品，并不代表该产品已经获得监管部门审批或者质量安全得到认证。

二、儿童化妆品原料和配方管理

皮肤作为人体的第一道屏障，起到维持体内水分和电解质平衡、调节体温、阻隔外界侵害等作用，是人体最大、最重要的保护器官。儿童的表皮及真皮尚未完善，表皮角质细胞和颗粒层细胞都比成人小，0~3 周岁间的婴幼儿与成人的皮肤相比，从物理结构上看，皮肤的结构已趋于完整，角质层厚度比成人薄 30%，表皮厚度薄 20%，从化学组成上看，婴幼儿皮肤的含水量比成人更高，角质层中的天然保湿因子含量较低，水分流失速度更快。

因此，婴幼儿皮肤持水功能不足，皮肤屏障功能尚未成熟，更容易受气候、机械力、外界刺激、微生物及紫外线等的伤害。总体来说，儿童普遍具有生理功能不成熟和皮肤娇嫩的特点，据此，在开发儿童化妆品时，应把产品的安全性和温和性放在首要位置，儿童化妆品的原料、配方和安全性等都应严格管理。

儿童化妆品在开发时应最大限度地减少配方所用原料的种类，应选用有长期安全使用历史的化妆品原料，不能使用尚处于监测期的新原料，开发儿童化妆品新原料时也不鼓励使用基因技术、纳米技术等。此外，儿童化妆品的配方应在坚持有效基础上，少用或不用香精、着色剂、防腐剂及表面活性剂，不使用具有诸如美白、祛斑、祛痘、脱毛、止汗、除臭、育发、染发、烫发、健美、美乳等功效的成分。总体来说儿童化妆品的配方原料遵循"安全优先、功效必需、配方极简"的原则。

从儿童化妆品配方整体原则可以看出，儿童化妆品原料中香精、着色剂、防腐剂及表面活性剂属于可使用但风险较高的原料，对于这部分的原料，《化妆品安全技术规范》以及《儿童化妆品技术指导原则》中做了详细的规定。首先，儿童化妆品应当尽可能少用防腐剂。淋洗类产品的防腐剂用量应当低于《化妆品安全技术规范》的限量要求；驻留类产品的防腐剂用量接近《化妆品安全技术规范》的限量时（如90%以上），或者使用3种以上防腐剂（不含3种）时，应当提供相关科学依据以说明所用原料种类、用量的科学性和必要性，必要时，提交配方优化过程的研究数据作为证据支持。一些常用的防腐剂则规定不得用于三岁以下儿童化妆品中，如水杨酸常作为化妆品中的皮肤调理剂和防腐剂等进行使用，在化妆品中属于限用原料，不得用于三岁以下儿童化妆品中，若儿童化妆品的配方中使用了水杨酸作为原料，则必须在标签上注明"含水杨酸；三岁以下儿童勿用"警示标语。除此以外，其他准用防腐剂如碘丙炔醇丁基氨甲酸酯（沐浴产品和香波除外）、水杨酸及其盐类（香波除外）、沉积在二氧化钛上的氯化银均不得作为防腐剂添加至三岁以下的儿童化妆品的配方中。其次，由于部分香精香料的高致敏性，儿童化妆品配方尽可能不用或者少用香精或者香料。其中易致敏性组分的香精或香料（表11-3）则不建议使用在儿童化妆品中。如必须使用的，应当进行充分的安全评估，致敏性组分含量在驻留类产品中大于等于0.001%，以及在淋洗类产品中大于等于0.01%时，应当在标签上标印以告知消费者。着色剂的过量使用可能危害儿童脆弱的皮肤，所以儿童化妆品配方应当尽可能不用或者少用着色剂。当儿童化妆品的配方中含有3种以上着色剂时（不含3种），应当说明所用原料种类、用量的科学性和必要性，开展相关研究确保产品使用安全，必要时需提交人体试用试验数据作为证据支持。最后，表面活性剂也应尽可能少地使用在儿童化妆品配方中，特别是季铵盐阳离子表面活性剂和具有透皮促渗功效的表面活性剂等。对于使用诸如季铵盐阳离子表面活性剂、透皮吸收剂等原料的产品，应当对其使用的科学性和必要性进行分析，提供相关的安全性方面的资料。

防晒类儿童化妆品是儿童化妆品中的唯一的特殊化妆品，其安全风险较普通儿童化妆品要高，配方设计应当在保证防晒效果的同时兼顾其安全性。需要注意的是婴幼儿和儿童的防晒化妆品作用部位仅限皮肤，不得用于口唇。儿童防晒产品的配方安全主要体现在防晒剂、防晒宣称以及防晒剂型三个方面。首先，防晒类产品配方中的防晒剂主要分为化学防晒剂和物理防晒剂。儿童防晒在使用化学防晒剂时，原则上应少于3种（不含3种）且使用量应当低于成人用量。若儿童防晒剂的配方中使用了3种以上化学防晒剂的、防晒剂配方使用量与成人相似并且SPF值高于30的，应当充分证实原料使用量的科学性和必要性。儿童防晒在使用物理防晒剂时，对使用种类没有做明确的规定，但物理防晒剂二氧化钛和氧化锌同时使用时，其总使用量不得超过 25%，且 SPF 值不宜高于 30。其次，从儿童防晒产品的安全性考虑，儿童化妆品不得宣称"高倍防晒""长效防晒"等，如宣传为"有效抵抗××小时紫外线辐射""有效降低××% 紫外线损伤""提供××倍防护能力"等宣传都是不符合规定的。儿童防晒可宣称"防水性能"，防水性能的宣称应当与测定方法和结果相符。最后，考虑到喷雾型防晒产品直接喷洒在儿童面部时，会增加其暴露剂量，所以不建议儿童防晒的配方设计为喷雾型。另外需要注意的是，含推进剂的喷雾型防晒类儿童产品，应当将推进剂与其他原料分开评估，其他原料的评估浓度应为扣除推进剂后配方（以百分之百计）中各组分的浓度，确保该原料在除推进剂外的配方中的使用量符合该限值要求。

三、儿童化妆品注册备案管理

目前，中国对化妆品实施分类管理原则，对于特殊化妆品和风险程度较高的化妆品新原料实行注册管理，对普通化妆品和其他化妆品新原料实行备案管理。从儿童化妆品的功效宣称来看，儿童防晒类产品属于特殊化妆品需进行注册管理，其他类别儿童化妆品均需备案管理。因此，儿童防晒化妆品在生产或进口前，需经过国家药品监督管理局注册。除防晒外的其他儿童化妆品需经过国家或省、自治区、直辖市药品监督管理部门进行备案，方可进口或销售。

《儿童化妆品技术指导原则》（以下简称《指导原则》）是国家药品监督管理局组织中国食品药品检定研究院为儿童化妆品的注册备案专门制定，对化妆品注册人、备案人办理儿童化妆品注册、备案提供技术指导，同时为化妆品技术审评部门和备案管理部门对儿童化妆品开展技术审评或者技术核查提供技术参考。除《指导原则》外，儿童化妆品的注册备案还需遵循以下相关法律法规《化妆品监督管理条例》《化妆品注册备案管理办法》《化妆品注册备案资料管理规定》及《儿童化妆品监督管理规定》的规定。

儿童化妆品在注册和备案前的申报资料主要有：①化妆品注册备案信息表及相关资料；②产品名称信息；③产品配方；④产品执行的标准；⑤产品标签样稿；⑥产品检验报告；⑦产品安全评估资料。由于婴童皮肤的面积与体重之比要比成人的高很多，约为成人比值的五倍，且新生儿的体温调节中枢尚不成熟，因此新生儿皮肤的保温和缓冲能力都比成人要差。另外，与成人相比，婴儿的眨眼频次少，睁眼时间较长，且在 6 周之前，婴儿泪腺未发育完全，眼泪反应有延迟，所以不能分泌足够的泪水来保护眼睛，容易遭受异物危害。考虑儿童特殊的"生理特点"，因此对过敏物质或毒性物的反应也强烈得多，儿童化妆品的安全性极为重要，因此在儿童化妆品注册备案时，应注重审核功效宣称、使用人群、产品原料配方以及产品安全性评估。

首先，在填写化妆品注册备案信息表时，儿童化妆品注册人、备案人应遵循《化妆品分类规则和分类目录》中的规定，写明使用人群为"婴幼儿"或者"儿童"，避免功效宣称为"卸妆"等化妆品应用于婴幼儿。其次，儿童化妆品的产品名称信息一般包含商标名、通用名、属性名，与成人化妆品命名基本一致。第三，产品配方表应当包括原料序号、原料名称、百分含量、使用目的，填写时与成人化妆品基本一致。应该注意的是，产品原料配方选择是体现儿童化妆品安全性的基础，谨慎使用一些限用原料。第四，产品执行的标准包括全成分、生产工艺简述、感官指标、微生物和理化指标及其质量控制措施、使用方法、贮存条件、使用期限等内容，应当符合国家有关法律法规、强制性国家标准和技术规范的要求。其中，儿童化妆品的理化性能与微生物含量密切关系到儿童化妆品的质量安全，应当符合《化妆品安全技术规范》《化妆品注册和备案检验工作规范》等相关法律法规和技术标准的要求，菌落总数不得大于500CFU/ml 或500CFU/g，比一般化妆品的要求更为严格，与成人口唇类化妆品的微生物要求相当。第五，产品标签样应符合《化妆品标签管理办法》的要求，宣称应与实际相符。最后，产品安全评估资料通常包括摘要、产品简介、产品配方、配方设计原则（仅针对儿童化妆品）、配方中各成分的安全评估、可能存在的风险物质评估、风险控制措施或建议、安全评估结论、安全评估人员签名及简历、参考文献和附录等内容。其中"配方设计原则"是针对儿童化妆品的单独要求，其应着重阐述配方中使用该原料（特别是香料、着色剂、防腐剂及表面活性剂等原料）的必要性，进一步提高儿童化妆品的安全性。《化妆品安全评估技术导则》中提出对儿童化妆品评估时，对于危害识别、暴露量计算等方面，应结合儿童生理特点。这就需要在评估时考虑婴童的生理和行为发育特点，如儿童的体重偏低及3岁以下婴幼儿常见的吸吮、抓挠等行为会导致化妆品的暴露量增高。因此儿童化妆品的安全评估时除符合《化妆品安全评估技术导则》的原则和要求外，应以暴露为导向，结合儿童生理特点以及产品的使用方法、使用部位、使用量、残留等暴露水平进行安全评估，并优先引用国内外化妆品研究机构评估文件或者公开发表文献中的儿童化妆品暴露数据，尽可能采用更为严格的评估数据。对于成人普通化妆品，如安全风险评估的结果能够充分确认产品安全性，则可使用"安全评估报告"替代"毒理学试验"。出于保护儿童的目的，儿童化妆品则不能免于提供"毒理学试验"报告。《儿童化妆品技术指导原则》规定毒理学试验的检验项目应当符合《化妆品注册和备案检验工作规范》的要求，产品对儿童应无皮肤及眼刺激性，无光毒性，无变态反应性（表11-4）。防晒类儿童化妆品在完成化妆品产品的安全评估后，为排除化妆品产品皮肤不良反应，还需提供"人体安全性试验"报告，并开展皮肤封闭型人体皮肤斑贴试验。由于儿童在成年以前免疫系统没有完全发育成熟，使用儿童或婴幼儿做重复性斑贴试验不科学也不符合伦理，为保护儿童安全，防晒类儿童化妆品的人体皮肤斑贴试验需在成人皮肤上进行，并且试验结果中不能出现皮肤不良反应。

表11-4 儿童化妆品毒理学试验

毒理学试验	结果
急性眼刺激性/腐蚀性试验	无刺激性
皮肤刺激性/腐蚀性试验	无刺激性
皮肤变态反应性试验	无致敏性
皮肤光毒性试验	无光毒性

近年来，进口儿童化妆品在中国市场的份额逐年增多。主要有两种，一种为国外儿童设计，但进口至中国供中国儿童使用，另一种为国外专为中国市场设计的儿童化妆品的产品配方（境内委托境外生产的除外）。对于第二种类型的儿童化妆品，在配方设计时应考虑中国儿童消费者的肤质类型、消费需求等。应当在中国境内选用中国成人消费者开展消费者测试研究或者人体功效试验（例如宣称防晒、修护、舒缓以及特定宣称），所提交的功效宣称评价资料应当符合《化妆品功效宣称评价规范》等相关法规的要求；安全评估资料中应当充分考虑基于中国儿童皮肤暴露数据以及中国儿童化妆品使用特点，鼓励引用类似

配方产品在国际国内市场多年上市的安全评价数据作为证据支持。

四、儿童化妆品生产管理

化妆品的生产是形成化妆品的关键环节，生产质量管理是儿童化妆品质量和安全的重要保障。生产企业在原料采购、生产工艺控制、化妆品成品检验及生产环境控制等方面严格控制可降低儿童化妆品的质量安全风险，从而保证儿童化妆品消费者的用妆安全。

中国对化妆品生产实行许可管理，从事化妆品生产活动，应当依法取得化妆品生产许可证。《化妆品生产经营监督管理办法》中规定儿童化妆品的注册人、备案人除了需遵守化妆品注册备案的规定外，具备儿童护肤类化妆品生产条件的，应当在生产许可项目中特别标注儿童护肤类。《化妆品生产质量管理规范》中规定生产婴儿和儿童用护肤类化妆品的生产车间，按产品工艺环境控制需求一般划分为洁净区、准洁净区、一般生产区，其中灌装间、清洁容器储存间空气洁净度应达到 30 万级洁净要求（表 11 - 5），并需要定期监控，生产车间的洁净度是化妆品生产许可检查要点中的关键项目，需着重检查。另外，《化妆品生产质量管理规范检查要点及判定原则》中表明，受托生产儿童化妆品的企业应当是持有有效化妆品生产许可证的企业，生产许可证上的许可项目是标注具备儿童化妆品生产条件。

表 11 - 5　化妆品生产车间环境要求

区域划分	产品类别	生产工序	控制指标	
			环境参数	其他参数
洁净区	眼部护肤类化妆品、儿童护肤类化妆品、牙膏	半成品贮存、填充、灌装，清洁容器与器具贮存	悬浮粒子：≥0.5μm 的粒子数≤105×10^5 个/m^3；≥5μm 的粒子数≤60000 个/m^3　浮游菌：≤500CFU/m^3　沉降菌：≤15CFU/30min	静压差：相对于一般生产区 ≥10Pa，相对于准洁净区 ≥5Pa
准洁净区	眼部护肤类化妆品、儿童护肤类化妆品、牙膏	称量、配制、缓冲、更衣	空气中细菌菌落总数：≤1000CFU/m^3	
	其他化妆品	半成品贮存、填充、灌装，清洁容器与器具贮存、称量、配制、缓冲、更衣		
一般生产区	/	包装、贮存等	保持整洁	

> **知识拓展**
>
> ### 正确区分儿童化妆品和食品、玩具
>
> 化妆品与玩具、食品是分属不同类别的产品，依据不同的法律法规实施管理，其管理措施和要求也不相同。不存在所谓的"食品级"化妆品。化妆品在设计生产中应避免产品性状、外观形态等与食品、药品等产品相混淆，防止误食、误用。"儿童化妆品标签不得标注'食品级''可食用'等词语或者食品有关图案"。"彩妆玩具"按照一般玩具产品标准生产出来的"口红玩具""腮红玩具"等产品中可能含有不适宜作为化妆品原料使用的物质，如安全风险相对较高的着色剂等，如果给儿童使用，可能会刺激儿童的皮肤。此外，这类"彩妆玩具"可能存在重金属超标的问题。过量重金属被吸收后可损害身体多个系统，影响儿童健康发育。

五、儿童化妆品的经营管理

目前儿童化妆品的销售渠道主要包含商超、专营店、电商渠道和直销等。近年来化妆品的线上销售规模快速增长，但儿童化妆品行业的销售仍以线下渠道为主，"母婴集合店"是儿童化妆品的主要销售渠道之一。2020年以来国家对儿童化妆品实施重点监管，严厉打击违法生产经营儿童化妆品行为，尤其是借助"儿童玩具""儿童彩绘"为由生产销售的假冒伪劣儿童化妆品。

化妆品生产经营者应当依照法律、法规、规章、强制性国家标准、技术规范从事生产经营活动，加强管理，诚信自律，保证化妆品质量安全。儿童化妆品的经营管理主要包括经营者的诚信自律和相关部门的抽检。《儿童化妆品监督管理规定》要求儿童化妆品的经营者应建立并执行进货查验记录等制度，确保儿童化妆品可追溯，并查验所经营的儿童化妆品是否有"小金盾"专用标志，对儿童化妆品标签信息与官方公示的该产品注册或者备案信息进行核对。对网络销售儿童化妆品的经营者应当在其经营活动主页面全面、真实、准确披露与化妆品注册或者备案资料一致的化妆品标签等信息，并在产品展示页面显著位置持续公示儿童化妆品标志。所有儿童化妆品的经营者都应及时向所在地市县级不良反应监测机构报告儿童化妆品使用过程中的不良反应，并配合执法部门和化妆品生产厂商，对存在质量缺陷或者其他问题，可能危害人体健康的儿童化妆品进行下架、召回和停止经营。此外，相关部门在经营者自律的基础上也加大了儿童化妆品的抽检频次，以确保儿童化妆品的经营者规范经营。

在《化妆品生产经营监督管理办法》中指出儿童化妆品监管重点为：①明确儿童护肤类化妆品应具备严格的生产条件，并在化妆品生产许可证上进行特别标注。②要在标签上明确标注为儿童化妆品。③应避免与食品药品混淆，防止误食误用。④生产销售儿童玩具，应防止被误用为儿童化妆品。⑤在儿童化妆品中非法添加可能危害人体健康的物质，属于情节严重的违法情形，将依法从严从重处罚。除了加强监管外，药品监督管理部门还建议加大面向公众的儿童化妆品科普宣传力度，鼓励化妆品电子商务平台经营者开展抽样检验，从消费源头减少风险发生。

第三节 法律责任与案例分析

为规范儿童化妆品生产经营活动，加强儿童化妆品监督管理，保障儿童使用化妆品安全，国家药监局2021年发布了《儿童化妆品监督管理规定》（以下简称《规定》）。《规定》是针对"儿童化妆品"这一重点类别产品的落地细则，也是对《条例》及配套法规的延伸和细化。《条例》重点的配套规章文件包括自2021到2023年发布的《化妆品生产经营监督管理办法》《化妆品注册备案管理办法》《化妆品标签管理办法》《化妆品网络经营监督管理办法》等。上述法规文件结合《规定》，共同构成了儿童化妆品监管的基础法规框架（图11－1）。

自《儿童化妆品监督管理规定》的发布，国家药监局开展了一系列"全国儿童化妆品专项检查工作"，专项检查成为了儿童化妆品监管方面极具说服力的立法实践，儿童化妆品从严监管的新时代也从此开启。儿童化妆品的特殊监管要求渗透在配套《条例》的各个规范性文件中（图11－2），充分体现了"突出问题导向"、突出对"重点产品"监管的新思路。

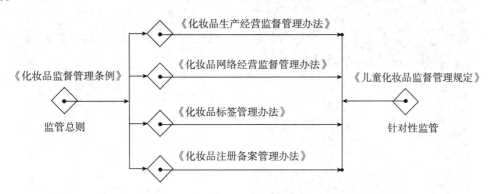

图 11 - 1　儿童化妆品监管基础法规框架

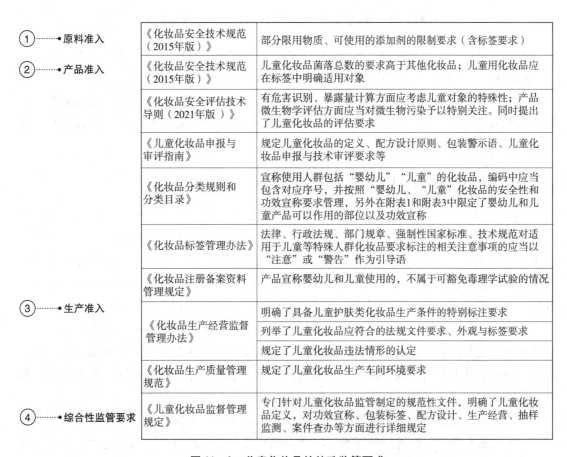

① ……● 原料准入	《化妆品安全技术规范（2015年版）》	部分限用物质、可使用的添加剂的限制要求（含标签要求）
② ……● 产品准入	《化妆品安全技术规范（2015年版）》	儿童化妆品菌落总数的要求高于其他化妆品；儿童用化妆品应在标签中明确适用对象
	《化妆品安全评估技术导则（2021年版）》	有危害识别、暴露量计算方面应考虑儿童对象的特殊性；产品微生物学评估方面应当对微生物污染予以特别关注。同时提出了儿童化妆品的评估要求
	《儿童化妆品申报与审评指南》	规定儿童化妆品的定义、配方设计原则、包装警示语、儿童化妆品申报与技术审评要求等
	《化妆品分类规则和分类目录》	宣称使用人群包括"婴幼儿""儿童"的化妆品，编码中应当包含对应序号，并按照"婴幼儿、"儿童"化妆品的安全性和功效宣称要求管理，另外在附表1和附表3中限定了婴幼儿和儿童产品可以作用的部位以及功效宣称
	《化妆品标签管理办法》	法律、行政法规、部门规章、强制性国家标准、技术规范对适用于儿童等特殊人群化妆品要求标注的相关注意事项的应当以"注意"或"警告"作为引导语
	《化妆品注册备案资料管理规定》	产品宣称婴幼儿和儿童使用的，不属于可豁免毒理学试验的情况
③ ……● 生产准入	《化妆品生产经营监督管理办法》	明确了具备儿童护肤类化妆品生产条件的特别标注要求
		列举了儿童化妆品应符合的法规文件要求、外观与标签要求
		规定了儿童化妆品违法情形的认定
	《化妆品生产质量管理规范》	规定了儿童化妆品生产车间环境要求
④ ……● 综合性监管要求	《儿童化妆品监督管理规定》	专门针对儿童化妆品监管制定的规范性文件，明确了儿童化妆品定义，对功效宣称、包装标签、配方设计、生产经营、抽样监测、案件查办等方面进行详细规定

图 11 - 2　儿童化妆品的特殊监管要求

一、儿童化妆品从严监管举措

贯彻新规执行。一方面是加大对基层监管人员、化妆品生产经营者及其从业人员贯彻《儿童化妆品监督管理规定》的培训。另一方面则通过加强儿童化妆品的公众科普宣传，从消费源头减少风险发生。通过国家药监局网站及相关媒体中的科普宣传，如《安全用妆，伴您同行—化妆品科普之"如何科学选择儿童化妆品"》《勿将玩具当儿童化妆品使用》《儿童化妆品标志"小金盾"不是产品质量认证标志！》（图 11 - 3）等发布于国家药监局网站的科普类文章，大大提高了公众对儿童化妆品的科学认识及降低了儿童用妆风险，从而保障"儿童"群体的生命健康安全。

图 11 –3　国家药监局_ 政策解读—儿童化妆品专属标志

　　坚持问题导向，严打违法行为。通过诸如化妆品"线上净网线下清源"等专项行动对"违法添加"等违法行为进行严惩，并同时加强化妆品监管技术研究工作。

　　破解难题，加强全生命周期监管。从严把关儿童化妆品注册备案管理，加强监督抽检靶向性和核查处置工作，加强检查与稽查、刑事侦查的融合，提升检查工作的制度化、规范化，开创检查工作的新模式。

二、儿童化妆品法律责任与案例分析

　　当前儿童产品的安全风险主要在于违法企业的违规添加，抑或是通过市场行为将一般成人用化妆品变相宣传为儿童用化妆品。如"儿童彩妆玩具"及"激素宝宝面霜"等儿童化妆品违法事件发生，对儿童化妆品的生产经营及监管提出了更高的要求，为保护我国儿童的健康成长，国家对儿童化妆品的监管力度也进一步增强，监管政策也越来越完善。2021 年 3 月至 9 月，国家药监局在全国范围内组织开展了儿童化妆品专项工作，全面排查儿童化妆品风险隐患，严厉打击各类违法行为。今后，儿童化妆品仍会作为化妆品的重点监管领域，化妆品注册人、备案人、境内责任人、受托生产企业以及儿童化妆品销售行为较为集中的化妆品经营者列入重点监管对象，加大日常监管监督检查频次。负责药品监督管理的部门应当将儿童化妆品作为年度抽样检验和风险监测重点类别。

　　儿童化妆品的违法行为主要包括行政违法、民事违法和刑事违法三种类型。在儿童化妆品出现违法行为时应加重处罚，表现出我国保护儿童健康的决心。儿童化妆品的违法主要参照《化妆品监督管理条例》中的规定对化妆品的生产经营者、违法单位的法定代表人或者主要负责人、直接负责的主管人员和其他直接责任人员进行行政处罚。《化妆品监督管理条例》中规定，监管部门在依法查处儿童化妆品违法行为时，如有下列情形之一，应当认定为《化妆品监督管理条例》规定的情节严重情形，应从重处罚：①使用禁止用于化妆品生产的原料、应当注册但未经注册的新原料生产儿童化妆品；②在儿童化妆品中非法添加可能危害人体健康的物质。此外，在儿童化妆品中出现违反合同或者不履行其他义务，侵犯国家的、集体的财产或侵犯他人的财产和人身权利的违法行为时，应依法追究民事责任。最后，在儿童化妆品违法行为中构成犯罪的，由公安机关依法追究其刑事责任。

　　案例 1　2022 年 3 月，××省药品监督管理局联合公安机关对某生物科技有限公司进行突击检查，并抽检部分化妆品。经查，该公司 2021 年 11 月至 2022 年 3 月期间生产的某品牌婴肤霜、某品牌身体乳，被检出含有化妆品禁用原料氯倍他索丙酸酯、卤倍他索丙酸酯、赛庚啶，货值金额为 212667 元。

××省药品监督管理局依法将案件移送公安机关，公安机关依法立案侦查。同时，鉴于涉案产品属于儿童化妆品，违法行为情节严重，2022 年 10 月，××省药品监督管理局对该公司使用禁用原料生产化妆品的行为，依据《化妆品监督管理条例》第五十九条第三项规定，作出吊销其化妆品生产许可证、取消其化妆品产品备案、10 年内不予办理其提出的化妆品备案和受理其提出的化妆品行政许可申请的行政处罚，对该公司法定代表人吴某某、生产负责人莫某某作出终身禁止其从事化妆品生产经营活动的行政处罚。

分析　使用化妆品禁用原料生产儿童化妆品或者在儿童化妆品中非法添加可能危害人体健康的物质，属于《化妆品生产经营监督管理办法》第六十一条规定的情节严重情形，对此类违法行为，应当依法从重从严处罚。本案中，药品监督管理部门联合公安机关有力打击了儿童化妆品非法添加违法犯罪行为，是行政处罚和刑事处罚并存的案例。药品监督管理部门依法给予涉案企业吊销化妆品生产许可证、取消其产品备案等处罚，给予涉案企业法定代表人终身禁业处罚，并首次给予涉案企业生产负责人终身禁业的顶格处罚，对不法分子形成有力震慑，体现了监管部门坚决守护儿童化妆品安全的坚定决心。

案例 2　2021 年 5 月 20 日，××省药品监督管理局××药品稽查办公室执法人员在对某生物科技有限公司（当事人一）进行儿童化妆品专项检查时，发现该公司受某母婴用品有限公司（当事人二）委托生产的某芦荟婴幼儿洗发沐浴露的批生产指令单上显示的投料配方与企业国产非特殊用途化妆品备案资料配方表不一致。经查，当事人二提供配方委托当事人一生产某芦荟婴幼儿洗发沐浴露，当事人一在当事人二要求更改配方后，仅更改了备案资料，没有及时收回旧的配方工艺表，导致生产出来的某芦荟婴幼儿洗发沐浴露未按照备案资料载明的技术要求生产，违反《化妆品监督管理条例》第二十九条第二款规定。另当事人二对当事人一生产活动有进行监督但不到位，违反《化妆品监督管理条例》第二十八条第二款规定。根据《中华人民共和国行政处罚法》第二十八条第一款、《化妆品监督管理条例》第六十条、第六十一条规定，××省药品监督管理局××药品稽查办公室作出行政处罚，责令当事人改正，没收库存及召回的 2570 瓶涉案产品，没收当事人二违法所得 7117.5 元，并处货值 3 倍罚款 46410 元，没收当事人一违法所得 5190.3 元，并处货值 5 倍罚款 77350 元。

分析　《化妆品监督管理条例》第二十九条明确规定：化妆品注册人、备案人、受托生产企业应当按照化妆品注册或者备案资料载明的技术要求生产化妆品。《化妆品监督管理条例》第二十八条明确规定：委托生产化妆品的，化妆品注册人、备案人应当委托取得相应化妆品生产许可的企业，并对受委托企业的生产活动进行监督，保证其按照法定要求进行生产。企业务必要强化质量安全主体责任人意识，严格按照注册或者备案资料载明的技术要求生产化妆品。

思考题

1. 儿童化妆品的原料配方有什么特点？
2. 儿童化妆品标志"小金盾"的含义是什么？
3. 儿童化妆品监管重点有哪些？

PPT

第十二章　牙膏监管与法规

📖 **知识要求**

1. **掌握** 牙膏的定义。
2. **熟悉** 牙膏监督管理的要点。
3. **了解** 牙膏的发展史。

　　2021 年 1 月 1 日起施行的《化妆品监督管理条例》（以下简称《条例》）规定牙膏产品参照普通化妆品管理。近几年国家药品监督管理局陆续发布了《牙膏监督管理办法》《关于贯彻落实牙膏监管法规和简化已上市牙膏备案资料要求等有关事宜的公告》《牙膏备案资料管理规定》。上述法规旨在规范牙膏生产经营活动，加强牙膏监督管理，保证牙膏质量安全，保障消费者健康，促进牙膏产业健康发展。

第一节　牙膏的监管与法规概述

一、牙膏的发展历史

　　人类对清洁牙齿的习惯有着悠久的历史。公元前 5000 年左右，古埃及人发明了最初的口腔清洁剂，其成分包括牛蹄、没药树的树脂、烧过的蛋壳碎末以及浮石。这些粉末遇到唾液，就会变成膏状物，能够清洁牙齿。

　　到了公元前 500 年左右，希腊人和罗马人陆续改进了这一配方，加入了动物骨粉、牡蛎壳、白垩土甚至铜绿等物质，直到十九世纪还在使用牛骨粉和乌贼骨粉制成牙粉。

　　在我国，公元六世纪的南梁就有刊刻于石碑的"口齿乌髭"，用皂角、荷叶、青盐等各种药物研熬而成的膏体，对牙齿口腔有增白留香、消炎镇痛作用，还兼具乌发美容功效，效果比如今的药物牙膏还要神奇。"口齿乌髭"可以说是我国乃至世界最早的药物牙膏雏形。

　　到了十八世纪，英国首先开始工业化生产牙粉，这时牙粉才成为了一种商品。

　　1824 年，一位名叫皮博迪的牙医给牙粉添加了肥皂以增加清洁度。肥皂后来被脂肪醇硫酸钠替代，以创造一种光滑的糊状物，此为牙膏的雏形。

　　1840 年，法国人发明了金属软管，为一些日常用品提供了合适的包装，这导致了牙膏商品形态的变更。

　　1873 年，第一个商业化生产且味道可接受的牙膏由高露洁（Colgate‑Palmolive）推出，并以罐装形式出售。

　　1892 年，美国谢菲尔德博士是第一个将牙膏装入可折叠管中的人。有人认为这个版本的牙膏与今天的牙膏最相似。

　　1893 年，奥地利人塞格发明了真正意义上的牙膏，并将牙膏装入软管中，从此牙膏开始蓬勃发展并逐渐取代牙粉。

二十世纪四十年代起，由于科技的迅速发展，牙膏工业也得到了很大的改进，一方面是新的摩擦剂、保湿剂、增稠剂和表面活性剂的开发和应用，使牙膏产品质量不断升级换代；另一方面，牙膏从基础的洁齿功能用品发展为添加药物成分能够防治牙病的口腔卫生用品，最突出的是加氟牙膏，这一发展大大降低了龋齿病的发病率。

1945 年，美国在以焦磷酸钙为摩擦剂、焦磷酸锡为稳定剂的牙膏中添加氟化亚锡，研制出了世界上第一支加氟牙膏。

1970 年，日本公司推出了世界上第一款加酶牙膏。

1997 年，美国公司推出含杀菌剂玉洁纯的牙膏，并且获得美国食品药品管理局批准。

中国牙膏工业起步于 1911 年，在此之前主要依靠进口日本、英国、德国等国家的牙粉和牙膏产品。同年，沈阳同昌行生产出中国第一支牙粉牙膏——"老火车牌牙粉"，之后，上海家庭工业社和中国化学工业社又生产出"无敌牌牙粉"和"三星牌牙粉"。

1922 年，由中国化学工业社生产出了中国第一支牙膏——"三星牌牙膏"，随后，"老火车牌牙膏""固齿灵牙膏""二友牙膏"陆续诞生。

1953 年，上海牙膏厂推出了"中华牙膏""白玉牙膏"，第一次将水果香型引入牙膏。

1957 年，天津牙膏厂推出了中国第一支含氟牙膏——"蓝天氟化钠牙膏"，开创了中国药物牙膏的先河。

1973 年，天津牙膏厂又推出了中国第一支纯中药牙膏——"蓝天脱敏牙膏"。

1979 年，合肥日化总厂推出了中国第一支中西药复方牙膏——"芳草特效牙膏"。

1983 年，哈尔滨日用化学厂成功研制出了我国第一支三颗针中草药彩条牙膏，并于 1995 年成功研制第一支透明彩条牙膏——双氟彩条牙膏。

截至 2023 年底，中国已经是全球最大的牙膏市场之一，市场规模约占全球的四分之一。中国牙膏市场主要由本土品牌和外资品牌两部分组成。本土品牌中，云南白药、中华和冷酸灵等品牌占据了较大的市场份额。外资品牌中，宝洁、联合利华和高露洁-棕榄等品牌也占据了较大的市场份额。

近年来，中国牙膏市场竞争激烈，本土品牌和外资品牌都在不断推出新产品和加大营销力度以争夺市场份额。此外，随着电商的快速发展，牙膏的销售渠道也变得更加多元化。

二、牙膏的定义

1956 年发布的《中华人民共和国地方工业部牙膏标准（暂行）》是我国首次对牙膏进行了补充定义，后续经过《GB 8372—2008 牙膏》《GB/T 8372—2017 牙膏》等标准的不断完善，牙膏定义演变为"由摩擦剂、保湿剂、增稠剂、发泡剂、芳香剂、水和其他添加剂（含用于改善口腔健康状况的功效成分）为主要原料混合组成的膏状物质。"

根据 2023 年 12 月 1 日起实施的《牙膏监督管理办法》，牙膏是指以摩擦方式施用于牙齿表面、以清洁为主要目的的膏状产品。该定义通过作用方式（摩擦）、部位（牙齿表面）、目的（清洁）、性状（膏状）四要素，明确将以下产品排除在牙膏范畴外：

1. "消"字号口腔抑菌膏（如含氯己定，按《消毒管理办法》管理）；
2. "械"字号牙齿脱敏凝胶（如含硝酸钾，属Ⅱ类医疗器械）；
3. "药"字号丁硼乳膏（如含丁香油，需药品批准文号）；

4. 牙粉、漱口水（因性状不符合膏状要求）。

凝胶牙膏（如透明啫喱状）与传统牙膏作用方式相同，但性状可标注为胶状或啫喱状，需符合《GB/T 8372—2017 牙膏》标准；若宣称医疗功效（如"治疗牙龈炎"），则可能划归医疗器械监管。流动液体产品（如漱口水）明确不属于牙膏。

2007 年起，有关部门先后对牙膏的产品标识和生产许可按照化妆品管理，但未实行产品注册或者备案。从明确监管职责和保障质量安全的角度，监管部门建议《条例》明确牙膏的管理问题。综合各方意见，有关部门、行业协会、企业代表之间形成了比较一致的认识：一方面，牙膏使用时接触口腔黏膜，产品风险高于一些普通化妆品，市场上一些牙膏存在违法添加和宣传医疗功效的情形，给消费者健康带来风险，应当予以必要监管。另一方面，应当尽量避免给守法企业增加不必要的义务和负担。鉴于此，《条例》未在定义中将牙膏纳入化妆品，但在第七十七条规定：牙膏参照本条例有关普通化妆品的规定进行管理，具体管理办法由国务院药品监督管理部门拟订，报国务院市场监督管理部门审核、发布。一方面加强对牙膏的安全监管，保障消费者健康；另一方面尊重牙膏行业特点，避免给企业造成不必要负担。

三、牙膏监管的相关法规

中华人民共和国成立后，口腔护理用品一直属于国家轻工部门管理，从轻工业部到第一轻工业部再到中国轻工总会、国家轻工业局，口腔护理用品的生产一直属于该部局的日化部门管理。

1956 年，全国牙膏行业技术交流协作组在天津成立，为牙膏行业后续的新产品、新技术、新设备的推广，以及质量标准制的修订、产品质量评级评奖做了大量工作。

1957 年，原国家轻工业部着手制定皂基型牙膏标准，于 1967 年在第 3 次全国牙膏工作会议上获得通过，成为我国皂基型牙膏颁布的第一个"牙膏暂行标准"。

由于行业技术创新，皂基型牙膏逐步被发泡剂型牙膏替代。1972 年，原国家轻工业部开始组织起草发泡剂型牙膏标准草案，并于 1981 年正式批准发布，标准号为 QB 592—81。

1984 年 11 月，经原国家经委批准，牙膏生产行业在协作组的基础上成立了中国牙膏工业协会，专门负责口腔用品的自律管理和产业促进工作，协助政府部门起草制定行业指导性政策和相关标准法规。

1988 年 3 月 1 日，原国家轻工业部组织起草的国家标准《GB 8372—1987 牙膏》正式批准（获批）实施，标准包含的技术指标主要为：稳定性、pH 值、过硬颗粒、稠度、黏度、挤膏压力、泡沫、摩擦值、游离氟、细菌总数、重金属铅、重金属砷、膏体、香味、包装及重量等必需指标。该标准对指导我国牙膏生产、促进牙膏行业技术进步、提高牙膏质量起到了积极作用。

从 20 世纪 90 年代开始，对牙膏主要原材料如天然碳酸钙、二水磷酸氢钙、二氧化硅、山梨糖醇、甘油、丙二醇、聚乙二醇、月桂醇硫酸酯钠、羧甲基纤维素钠、黄原胶、羟丙基瓜儿胶、铝塑复合软管、全塑复合软管等均已制定了标准。牙膏原料标准的制定使牙膏原辅材料企业有章可循，牙膏质量从根本上得到保证。

2000 年 3 月，国家轻工业局撤销，行业管理由行业协会承担，中国轻工业联合会负责协调。此后，行业的产业政策由国家发改委审批颁布，行业标准先是由发改委审批，后改为由国家工信部审批，行业的生产质量监督工作则由国家质检总局负责。

2001 年，中国牙膏工业协会组织起草了《牙膏企业生产管理规范》，作为行业自律性文件发布。2005 年，中国牙膏工业协会更名为中国口腔清洁护理用品工业协会，漱口水、牙刷等其他口腔清洁护理用品企业也加入协会。

2006 年，中国口腔清洁护理用品工业协会组织起草了《牙膏生产许可实施细则》，经国家质监总局批准发布，牙膏正式列入国家生产许可管理，对牙膏生产企业颁发《全国工业品生产许可证（牙膏）》。受国家质检总局委托，中国口腔清洁护理用品工业协会成立了全国牙膏产品生产许可审查部，承担对牙膏生产企业审查工作。

2007 年，国家质监总局发布《化妆品标识管理规定》，将牙膏标签管理纳入化妆品范围。

2008 年，为适应我国牙膏安全性管理和功效型牙膏发展的需要，中国口腔清洁护理用品工业协会起草发布了国家标准《GB 22115—2008 牙膏用原料规范》和国家轻工行业标准《QB 2966—2008 功效型牙膏》，对牙膏行业的规范发展特别是功效型牙膏的管理起到重要的指导作用。

2010 年 5 月，国家标准委成立了全国口腔护理用品标准化技术委员会，下设牙膏、中草药牙膏、牙刷三个分标委会。2010 年 12 月，卫生部发布了国家卫生行业标准《WS/T 326—2010 牙膏功效宣称评价》，就牙膏功效宣称评价的原则、方法、标准进行了规范。

2013 年，国家食品药品监督管理总局统一承担化妆品监管职能，并明确牙膏纳入监管范围。

2016 年，国家食品药品监督管理总局制定《化妆品生产许可工作规范》，将牙膏生产管理纳入化妆品范围，对牙膏生产企业颁发化妆品生产许可证。

2018 年，新一轮机构改革，国家药品监督管理局（以下简称"国家药监局"）成立，延续原国家食品药品监督管理总局对牙膏的监管职能。正式实施的《GB/T 8372—2017 牙膏》，要求产品的微生物和重金属均需按照《化妆品安全技术规范》规定执行。

2021 年 1 月 1 日起施行的《化妆品监督管理条例》规定：牙膏参照普通化妆品管理，并另行制定管理办法。《化妆品监督管理条例》的起草说明中肯定了牙膏与现行化妆品的不同之处，并说明"考虑到牙膏等产品的特点，在对其功效宣称予以规范的同时，还应保留适度的灵活性。这将在后续的具体政策制定中予以体现。"据此可认为，牙膏并不完全适用于《化妆品监督管理条例》的相关规定。

2023 年 3 月 16 日，国家市场监督管理总局以第 71 号令公布《牙膏监督管理办法》（以下简称《办法》），自 2023 年 12 月 1 日起施行。《办法》共 25 条，明确了牙膏的原料管理、产品备案、生产许可、安全评估、功效宣称等制度。为推进法规实施，根据《办法》，国家药品监督管理局于 2023 年 9 月 25 日发布《关于贯彻落实牙膏监管法规和简化已上市牙膏备案资料要求等有关事宜的公告》（2023 年第 124 号），其就贯彻落实牙膏监管法规要求和简化已上市牙膏产品备案资料要求等有关事宜作了说明。2023 年 12 月 1 日起实施的《牙膏备案资料管理规定》进一步细化牙膏备案各项资料的要求，进一步规范牙膏备案管理工作，指导牙膏备案人提交备案资料。

中国口腔清洁护理用品工业协会

　　该协会是国家轻工行业最早成立的行业组织。1956 年，在业内主要企业的倡导和国家轻工业部的协调下成立了全国牙膏行业技术协作组，负责全国牙膏生产企业的布局建设和行业科技攻关以及标准法规的制定。1984 年，经国家批准，在此基础上成立了中国牙膏工业协会。2005 年初，经民政部批准，中国牙膏工业协会更名为中国口腔清洁护理用品工业协会，成为全国唯一一家口腔护理用品行业的国家级社团组织。

第二节　牙膏监督管理的要点

一、牙膏的生产许可制度

　　2006 年，中国口腔清洁护理用品工业协会组织起草了《牙膏生产许可实施细则》，经国家质监总局批准发布，牙膏正式列入国家生产许可管理，对牙膏生产企业颁发《全国工业品生产许可证（牙膏）》。受原国家质检总局委托，中国口腔清洁护理用品工业协会成立了全国牙膏产品生产许可审查部，承担对牙膏生产企业审查工作。

　　2016 年，国家食品药品监督管理总局制定《化妆品生产许可工作规范》，将牙膏生产管理纳入化妆品范围，对牙膏生产企业颁发化妆品生产许可证。

　　《办法》第十五条规定：从事牙膏生产活动，应当依法向所在地省、自治区、直辖市药品监督管理部门申请取得生产许可。牙膏备案人、受托生产企业应当建立生产质量管理体系，按照化妆品生产质量管理规范的要求组织生产。

　　牙膏生产企业应当按照《化妆品生产经营监督管理办法》的要求申请牙膏生产许可证，许可证有效期五年。有效期届满需要延续的，依照《中华人民共和国行政许可法》的规定办理。

　　生产质量管理体系包括建立并执行供应商遴选、原料验收、生产过程及质量控制、设备管理、产品检验及留样等管理制度。化妆品生产质量管理规范是牙膏生产质量管理体系的依据和基石，是国务院药品监督管理部门为确保牙膏质量而制定的系统性措施和规范，是牙膏生产管理和质量控制的基本要求。

　　需要指出的是，即使牙膏备案人委托其他企业生产牙膏，其自身也应当履行本条规定的义务，不得完全转嫁给受托生产企业。当然，在实行委托生产的情况下，牙膏备案人所需建立的质量管理体系及相关管理制度与受托生产企业所需建立的质量管理体系及管理制度是有差别的，具体要求按照《化妆品生产质量管理规范》执行。

二、牙膏备案管理

　　《办法》第五条规定：牙膏实行备案管理，牙膏备案人对牙膏的质量安全和功效宣称负责。

　　牙膏生产经营者应当依照法律、法规、强制性国家标准、技术规范从事生产经营活动，加强管理，诚信自律，保证牙膏产品质量安全。

　　长期以来，在我国化妆品监管实践中，企业责任主体常表述为"生产企业""生产者"

"化妆品生产者""化妆品分装者""化妆品经营者"等，不仅表述不统一，各类生产经营活动参与主体在产品质量安全方面应当分别承担何种责任也不明确。牙膏也存在类似情形。所以《办法》参照《条例》，首次提出牙膏备案人制度。"牙膏备案人"是指取得牙膏备案，并以自己名义将牙膏投放市场的主体，是牙膏的"出品方"，需要对牙膏的质量安全和功效宣称全程负责。

　　"牙膏生产经营者"是一个广义的概念，既包括牙膏备案人，也包括受托生产企业、牙膏经营者等主体。从事牙膏生产经营活动，首先强调的是合法性，要遵守有关法律、法规。除了本办法外，生产经营者还要遵守其他有关的法律法规，例如从事牙膏电子商务要遵守《电子商务法》有关规定，从事牙膏广告活动需要遵守广告法有关规定。除了法律、法规外，还规定生产经营者应当依照强制性国家标准、技术规范从事生产经营活动。按照《标准化法》规定，国家标准分为强制性标准、推荐性标准，强制性标准必须执行。技术规范则是指尚未制定强制性国家标准，由国务院药品监督管理部门结合监督管理工作需要制定的牙膏质量安全补充技术要求。之所以明确技术规范的法律地位，主要考虑是牙膏强制性国家标准体系尚有待进一步健全，监管实践中大量技术规范仍对牙膏生产经营和监督管理起着重要的规范支撑作用。在相应的强制性国家标准出台前，这些技术规范也需要遵守。

　　《办法》第十条规定：国产牙膏应当在上市销售前向备案人所在地省、自治区、直辖市药品监督管理部门备案。

　　进口牙膏应当在进口前向国家药品监督管理局备案。国家药品监督管理局可以依法委托具备相应能力的省、自治区、直辖市药品监督管理部门实施进口牙膏备案管理工作。

　　牙膏备案区分了国产和进口，通过备案部门层级的不同来体现差异：国产普通牙膏在原料、生产等环节已采取相应管理措施，相对进口牙膏而言，产品的风险更明确可控。

　　实践中，国务院药品监督管理部门按照国务院"放管服"改革的要求，委托部分省级药品监督管理部门具体承担进口牙膏备案管理工作，但该项职责仍是国务院药品监督管理部门的法定职责。

　　《办法》第十一条规定：备案人或者境内责任人进行牙膏备案，应当提交下列资料：

　　（一）备案人的名称、地址、联系方式；

　　（二）生产企业的名称、地址、联系方式；

　　（三）产品名称；

　　（四）产品配方；

　　（五）产品执行的标准；

　　（六）产品标签样稿；

　　（七）产品检验报告；

　　（八）产品安全评估资料。

　　进口牙膏备案，应当同时提交产品在生产国（地区）已经上市销售的证明文件以及境外生产企业符合化妆品生产质量管理规范的证明资料；专为向我国出口生产、无法提交产品在生产国（地区）已经上市销售的证明文件的，应当提交面向我国消费者开展的相关研究和试验的资料。

　　第一项和第二项注册申请人、备案人和生产企业的名称、地址、联系方式，以及第三项产品名称，属于产品的基础信息，是辨别一个产品及其质量安全责任主体的重要依据。第四项产品配方或者产品全成分以及第五项产品执行的标准（含生产工艺），是一个产品质量安全方面的关键信息，是决定一个产品是否安全、是否具有其所宣称功效的最重要因素，也是技术审评和监督检查重点关注的内容。第七项产品检验报告和第八项产品安全评估等资料是涉及产品安全性的资料，是牙膏备案人依法履行质量安全义务以证明产品安全性的佐证资料。第六项产品标签既是消费者了解产品信息的重要途径，也是监管部门开展监督工作所依据信息的重要载体。在备案环节要求提交产品标签样稿，有助于从源头规范牙膏标签，能在很大程度上解决牙膏备案人以宣传医疗作用、虚假夸大宣传等形式误导消费者的问题。

从"国产"与"进口"平等对待的原则出发，要求进口牙膏产品提交境外生产企业符合化妆品生产质量管理规范的证明资料。专为出口我国生产的牙膏且不在生产国（地区）上市销售的，这种情形可以豁免提交产品在生产国（地区）已经上市销售的证明文件，但必须提供面向我国消费者开展的相关研究和试验，应当充分证实确实有必要为中国消费者设计产品。"生产国（地区）"，既可以是备案人所在国（地区），也可以是生产企业所在国（地区）。

另外《公告》明确，鉴于在《条例》和《办法》正式施行之前，市面上销售的牙膏产品已经具有一定的生产、销售和使用历史，对未发生质量安全相关事件、能够充分证明具有安全使用历史的已上市牙膏产品，简化相应的备案资料要求。备案时，只要企业按《规定》提交简要的备案资料，提交备案资料后即可认为备案成功。简化备案的牙膏产品，标签标注的内容应符合《条例》《办法》等规定要求，仅标签标注的格式等需要进行规范调整的，可以在简化备案时使用已上市的销售包装标签，并在 2024 年 7 月 1 日前按要求完成产品标签更新。这意味着符合要求的简化备案牙膏产品，在 2024 年 7 月 1 日前可以继续使用已上市的销售包装标签，企业可以在过渡期内继续使用库存的包材，还应当于 2025 年 12 月 1 日前，通过备案平台上传并公布产品功效宣称依据的摘要。

三、牙膏原料管理

《办法》第八条规定：在中华人民共和国境内首次使用于牙膏的天然或者人工原料为牙膏新原料。

牙膏新原料应当遵守化妆品新原料管理的有关规定，具有防腐、着色等功能的牙膏新原料，经国家药品监督管理局注册后方可使用；其他牙膏新原料实行备案管理。

已经取得注册、完成备案的牙膏新原料实行安全监测制度，安全监测的期限为 3 年。安全监测期满未发生安全问题的牙膏新原料，纳入国家药品监督管理局制定的已使用的牙膏原料目录。

判定一个原料是否作为牙膏新原料管理，可以将《已使用的牙膏原料目录》作为是否收录该原料的依据。目前《已使用的牙膏原料目录》尚未发布，为了方便牙膏产品备案人进行牙膏备案，2024 年 1 月 12 日中国口腔清洁护理用品工业协会发布了《已使用牙膏原料目录（初稿）（协会版）》。协会及组织对目录内原料安全性进行系统评价，牙膏产品备案人在选用本目录所列原料时，应遵照国家有关法律法规和相关标准要求，并承担相应质量安全责任。

防腐原料是指以抑制微生物在牙膏中的生长为目的而加入的物质；着色原料是指利用吸收或反射可见光的原料，为使牙膏呈现颜色而加入的物质。防腐、着色原料易对人体产生刺激或者致敏作用等不良反应，和上述原料风险类似的其他功能原料实行注册管理；对其他新原料实行备案管理，同时通过事中事后监管等方式加强安全管理。

申请新原料注册或者办理新原料备案时，注册备案人已经对新原料进行了系统的安全性评价并证明该新原料能够达到安全要求。但是，这些注册备案阶段开展的安全性评价存在一定的局限性，新原料的安全性需要通过实际使用进一步确证，其潜在风险也可在实际使用中充分暴露，故设立了安全监测制度。

新原料注册人、备案人每年向国务院药品监督管理部门报告新原料的使用和安全情况，这是落实新原料使用安全监测制度的主要手段。新原料注册人、备案人应当建立新原料安全风险评价体系，持续监测新原料使用的安全情况，发现新原料存在安全问题的，应当及时采取措施控制风险，并向国务院药品监督管理部门报告。随着科学认知水平的提高，发现新原料存在潜在安全风险的、使用新原料的牙膏发生安全问题或者严重不良反应等情形的，国务院药品监督管理部门可以撤销新原料注册或者取消备案。新原料的使用安全监测满3年未发生安全问题的，纳入已使用的牙膏原料目录。

已注册、备案的新原料在尚未纳入已使用的牙膏原料目录前，均按照牙膏新原料进行管理，即除新原料注册人、备案人和经其同意的牙膏备案人之外，其他牙膏备案人拟使用该新原料生产牙膏的，应当按照《条例》的规定申请注册或者办理备案。该制度既有利于控制新原料的使用及安全风险，又有利于保护企业研发新原料的积极性，同时也利于监管部门更加全面地评估、掌握该原料的安全性。

《办法》第九条规定：牙膏备案人应当选择符合法律、法规、强制性国家标准、技术规范要求的原料用于牙膏生产，对其使用的牙膏原料安全性负责。牙膏备案人进行备案时，应当通过备案信息服务平台明确原料来源和原料安全相关信息。

在此之前，2008年，中国口腔清洁护理用品工业协会起草发布了国家标准《GB 22115—2008 牙膏用原料规范》，对牙膏用的防腐剂、着色剂和禁用成分（规定了1466种禁用组分和39种限用组分）实行了列表管理，并对其使用限量、使用条件、限制要求和标识要求等进行了详细规定。

除原料管理的基本要求外，化妆品中所使用的具体原料信息也极其重要。在实际生产中，对于配方中的某种原料，如果来源、规格不同，可能也会产生较大的技术参数差异，从而影响终产品质量，因此需要在安全性评价中予以重点考虑。在国家药监局2021年发布的《化妆品注册备案资料管理规定》中，提出了相应要求：注册人、备案人或者境内责任人应当填写产品所使用原料的生产商信息，并上传由原料生产商出具的原料安全信息文件。在填报化妆品注册备案资料时，化妆品注册人、备案人或者境内责任人可以填写原料报送码，直接与原料平台中的信息取得关联，无需再逐个自行索要和填报原料安全信息的具体内容。牙膏原料的管理参考化妆品原料管理，需明确牙膏原料的安全相关信息。

四、牙膏的安全评估

《办法》第十二条规定：牙膏备案前，备案人应当自行或者委托专业机构开展安全评估。

从事安全评估的人员应当具备牙膏或者化妆品质量安全相关专业知识，并具有5年以上相关专业从业经历。

安全评估，是指运用科学资料、采用科学方法，对牙膏中危害人体健康的已知或潜在的不良影响进行科学评价，有效反映其潜在风险的活动。

原料和风险物质的风险评估是安全评估的核心，其评估程序一般包括危害识别、剂量－反应关系评估、暴露评估和风险特征描述四个步骤。通过对标准、监测数据、研究数据、文献报道等信息的收集整理，结合毒理学、理化或生物技术验证试验结果，参考相关标准或法规规定，进行综合分析并得出评估结论。安全评估应当以科学数据和相关信息为基础，遵循科学、公正、透明和个案分析的原则，分析牙膏生产、运输和使用全过程可能出现的风险，实施过程应当保证工作的独立性。需要强调的是，安全评估是一个动态的过程，随着科学的发展和评估工作的进展，评估结论可能会发生改变。

牙膏的安全评估作为一项科学工作，有其专业性要求，须由相关专业技术人员按照科学的方法和程序开展。目前评估可以参照《化妆品安全评估技术导则》《GB/T 40002—2021 牙膏对口腔硬组织的安全评价》和《GB/T 42763—2023 口腔清洁护理用品安全评估指南》相关要求开展。

产品安全评估报告一般包括但不限于以下内容：摘要、产品简介、产品配方、对配方中各成分的安全评估、对可能存在风险物质的评估、风险控制措施、安全评估结论、安全评估人员简历及签名、相关参考文献、附录等。

五、牙膏的功效宣称

《办法》第十三条规定：牙膏的功效宣称应当有充分的科学依据。牙膏备案人应当在备案信息服务平台公布功效宣称所依据的文献资料、研究数据或者产品功效评价资料的摘要，接受社会监督。

国家药监局根据牙膏的功效宣称、使用人群等因素，制定、公布并调整牙膏分类目录。牙膏的功效宣称范围和用语应当符合法律、法规、强制性国家标准、技术规范和国家药监局的规定。

消费者购买牙膏的主要目的是获得该牙膏宣称的预期功效，产品功效宣称是消费者判断某一牙膏是否满足其消费需求，并决定是否购买的重要依据。

《规定》同时明确了牙膏在不同使用人群的功效宣称分类：一是对普通人群使用的牙膏可宣称：清洁、防龋、抗牙本质敏感、抑牙菌斑和减轻牙龈问题；二是儿童牙膏是指宣称适用于年龄在 12 岁以下（含 12 岁）儿童的牙膏，儿童牙膏可以宣称的功效类别仅限于清洁、防龋。

宣称用语并不是限定为一个固定的词语。例如，牙膏的清洁功效中可包含通过清洁达到的洁白、美白、口气清新或者减轻口臭等宣称；防龋，抑制牙菌斑，抗牙本质敏感，减轻牙龈问题的宣称用语可在不改变功效核心主旨的前提下，应用不同的语言表达方式。例如，防龋也可表述为防蛀牙，减轻牙龈问题中的减轻牙龈红肿的临床指标可表述为修护牙龈等；功效宣称也可以用其作用机制表述，例如，防龋类可以根据实验机制表述为抑制牙齿脱矿，促进牙齿再矿化，抗牙本质敏感可表述为减轻牙齿冷热酸甜及压力的刺激等。

如何判断一款牙膏是否具有其宣称的功效，最有效的途径是通过科学的、标准化的验证方法对牙膏所宣称的功效进行验证。因此，构成功效宣称科学依据的，可能是牙膏的人体试验、实验室试验数据，也可能是科学文献资料或者消费者的调查研究数据等，在方法选择上确保评价结果科学、准确和可靠。

备案人在国务院药品监督管理部门规定的网站上公开相关科学依据摘要，通过社会监督等共治方式对牙膏备案人履行义务的情况进行管理。

六、牙膏的功效评价

《办法》第十四条规定：牙膏的功效宣称评价应当符合法律、法规、强制性国家标准、技术规范和国家药品监督管理局规定的质量安全和功效宣称评价有关要求，保证功效宣称评价结果的科学性、准确性和可靠性。

《规定》要求防龋、抑牙菌斑、抗牙本质敏感、减轻牙龈问题等功效，需进行人体功效评价；宣称清洁以外其他功效的，需进行人体功效评价或者其他功效评价；仅宣称清洁功效的，可免于功效评价。

《规定》明确牙膏产品功效评价方法一般分为人体评价方法和其他评价方法。牙膏宣称具有防龋、抑牙菌斑、抗牙本质敏感、减轻牙龈问题等功效，需进行人体功效评价。对于通过添加氟化物达到防龋功效，且含氟量达到《GB/T 8372—2017 牙膏》要求的，可免于对防龋功效进行评价。同一备案人备案的牙膏产品，使用经验证明可发挥功效作用的相同功效性原料，且配方浓度不低于已备案产品，宣称具有防龋、抑牙菌斑、抗牙本质敏感、减轻牙龈问题等相同功效的，可免于人体功效评价。宣称清洁以外其他功效的，需进行人体功效评价或者其他功效评价。牙膏仅宣称清洁功效的，可免于功效评价。

功效评价报告应由符合资质条件的功效评价机构出具，实验室评价报告也可由国家药监局备案的检验机构出具。

七、牙膏不良反应监测制度

《办法》第十六条规定：牙膏不良反应报告遵循可疑即报的原则。牙膏生产经营者、医疗机构应当按照国家药品监督管理局制定的化妆品不良反应监测制度的要求，开展牙膏不良反应监测工作。

牙膏不良反应监测是针对产品上市后的阶段对牙膏备案人所提的能力要求，体现了全过程、全周期负责的理念。牙膏不良反应监测，则是指包括牙膏不良反应收集、报告、分析、评价、调查、处理的全过程。通过牙膏不良反应监测能够及时发现产品质量安全问题，进一步提升牙膏质量安全监管风险预警控制能力。对于企业来说，不良反应监测是企业落实牙膏质量安全主体责任的重要途径，而不良反应监测数据也可以直接用来指导企业进一步改良产品配方、工艺，提升产品质量安全水平。

2022 年，国家药监局发布了《化妆品不良反应监测管理办法》，旨在规范化妆品不良反应监测工作。在化妆品不良反应监测中，上报主体包括化妆品注册人、备案人，受托生产企业，化妆品经营者，医疗机构等。目前，化妆品不良反应信息收集主要来自指定的"监测机构及监测哨点"，这些机构多为经国务院药品监督管理部门认定，具备分析评价化妆品不良反应能力、承担报告和监测职责的医疗机构等。监测机构按"化妆品不良反应报告表"要求填写对应信息，经市、省、国家三级化妆品不良反应监测机构逐级上报，牙膏的不良反应监测，按照化妆品不良反应监测制度的要求开展工作。

八、牙膏标签管理

《办法》第十七条规定：牙膏标签应当标注下列内容：

（一）产品名称；

（二）备案人、受托生产企业的名称、地址，备案人为境外的应当同时标注境内责任人的名称、地址；

（三）生产企业的名称、地址，国产牙膏应当同时标注生产企业生产许可证编号；

（四）产品执行的标准编号；

（五）全成分；

（六）净含量；

（七）使用期限；

（八）必要的安全警示用语；

（九）法律、行政法规、强制性国家标准规定应当标注的其他内容。

根据产品特点，需要特别标注产品使用方法的，应当在销售包装可视面进行标注。

《办法》第十八条规定：牙膏产品名称一般由商标名、通用名和属性名三部分组成。牙膏的属性名统一使用"牙膏"字样进行表述。

非牙膏产品不得通过标注"牙膏"字样等方式欺骗误导消费者。

牙膏的属性名统一使用"牙膏"字样进行表述，意味着所有牙膏产品的名称都应以"牙膏"结尾。此条规定的出发点是防止不良商家通过命名欺骗和误导消费者。目前市场上与牙膏产品外观类似、功能接近的产品还有"消"字号的口腔抑菌膏、"械"字号的牙齿脱敏凝胶、"药"字号的丁硼乳膏等产品，不适合日常使用，但消费者很难辨别。因此，《办法》要求，牙膏产品名称以"牙膏"字样结尾，非牙膏产品不得标注"牙膏"字样，今后也不得当成牙膏来进行宣传和销售。

《规定》还要求添加氟化物的牙膏应当标明氟添加量；宣称防龋、抑牙菌斑、抗牙本质敏感、减轻牙龈问题功效的，应当在标签中标注具体的功效成分。

《办法》第十九条规定：牙膏标签禁止标注下列内容：

（一）明示或者暗示具有医疗作用的内容；

（二）虚假或者引人误解的内容；

（三）违反社会公序良俗的内容；

（四）法律、行政法规、强制性国家标准、技术规范禁止标注的其他内容。

例如不得标注"消炎镇痛、止血""促进幼儿长牙""修补牙洞""闭合牙缝""稳固牙齿松动""让牙齿再生""治疗幽门螺旋杆菌"等内容。

产品名称后缀不宜使用功效原料名称或表明产品功效的词汇。比如，产品名称含"益生菌"，或者宣传益生菌具有……功效的，因为配方中使用的灭活益生菌并不具有活菌的功效，涉嫌虚假宣传，需修改产品名称重新备案，或删除相关功效宣传。但标签仅仅标注添加益生菌，不宣传益生菌有某某功效，这种情况是可以的。简单来说，名称中不能含"益生菌"，不能宣传益生菌的功效，但标签上可以标注含益生菌。

产品名称含"溶菌酶""酵素""活性肽"等，应提交证实原料具有宣称功效的依据，以及与产品功效宣称相符的证明材料，如原料的功效依据以及产品的功效报告。

另外需要注意的是，牙膏命名的时候不得以通用名的形式暗示医疗效果，并且不得包含已批准的药品名，如"夏桑菊""双黄连"等。然而，中草药名如三七、西瓜霜、两面针等可以在通用名中使用。

九、儿童牙膏管理

《办法》第二十条规定：宣称适用于儿童的牙膏产品应当符合法律、行政法规、强制性国家标准、技术规范等关于儿童牙膏的规定，并按照国家药品监督管理局的规定在产品标签上进行标注。

儿童牙膏应当在销售包装展示面标注儿童牙膏标志，儿童牙膏标志的图案应当符合《国家药监局关于发布儿童化妆品标志的公告》（2021 年第 143 号）要求，其中标志的文字部分由"儿童化妆品"替换为"儿童牙膏"。儿童牙膏应当以"注意"或者"警告"作为引导语，在销售包装可视面标注"应当在成人监护下使用""不能食用""谨防吞咽"等相关警示用语。

标识"适用于全人群""全家使用"等词语或者利用商标、图案、谐音、字母、汉语拼音、数字、符号、包装形式等暗示产品使用人群包含儿童的产品按照儿童牙膏进行管理。添加氟化物的儿童牙膏应当标注单次使用限量，例如豌豆、黄豆、绿豆大小即可。

产品应当根据儿童的生理特点，遵循安全优先原则、功效必需原则、配方极简原则设计儿童牙膏，在安全评估资料中提交配方设计原则，并对配方使用原料的必要性进行说明。儿童牙膏进行安全评估时，在危害识别、暴露量计算等方面，应当考虑儿童的生理特点。

第三节　法律责任与案例分析

一、法律责任

《办法》第二十一条规定：牙膏及其使用的原料不符合强制性国家标准、技术规范、备案资料载明的技术要求或者本办法规定的，依照《化妆品监督管理条例》相关规定处理。

使用不符合强制性国家标准、技术规范的原料生产牙膏的行为是指原料类型可以用于牙膏生产（非禁用原料），但不符合原料相关的强制性国家标准、技术规范要求，例如超过使用范围和限制条件使用限用原料。

生产不符合备案资料载明的技术要求的牙膏是指牙膏的指标和备案时提交的资料（技术要求的内容主要包括配方成分、生产工艺、感官指标、卫生化学指标、微生物指标、检验方法等）不相符的情形。

除了牙膏原料外，直接接触牙膏的容器材料也必须无毒无害，不得与牙膏成分发生反应，且必须符合强制性国家标准、技术规范。因此，凡是使用不符合强制性国家标准、技术规范的原料或者直接接触牙膏的包装材料生产牙膏的，应当依法承担法律责任。

本条按照《条例》的六十条第一款的情形处罚。

《办法》第二十二条规定：牙膏备案人、受托生产企业、经营者和境内责任人，有下列违法行为的，依照《化妆品监督管理条例》相关规定处理：

（一）申请牙膏行政许可或者办理备案提供虚假资料，或者伪造、变造、出租、出借、转让牙膏许可证件；

（二）未经许可从事牙膏生产活动，或者未按照化妆品生产质量管理规范的要求组织生产；

（三）在牙膏中非法添加可能危害人体健康的物质；

（四）更改牙膏使用期限；

（五）未按照本办法规定公布功效宣称依据的摘要；

（六）未按照本办法规定监测、报告牙膏不良反应；

（七）拒不实施药品监督管理部门依法作出的责令召回、责令停止或者暂停生产经营的决定；

（八）境内责任人未履行本办法规定的义务，或者境外牙膏备案人拒不履行依法作出的行政处罚决定。

《办法》第二十三条规定：牙膏的监督管理，本办法未作规定的，参照适用《化妆品注册备案管理办法》《化妆品生产经营监督管理办法》等的规定。

（一）本条按照《条例》第六十四条的情形处罚；

（二）本条按照《条例》第五十九条第一款或第六十条第三款的情形处罚；

（三）本条按照《条例》第五十九条第一款的情形处罚；

（四）本条按照《条例》第六十条第四款的情形处罚；

（五）本条按照《条例》第六十二条第一款的情形处罚；

（六）本条按照《条例》第六十二条第五款的情形处罚；

（七）本条按照《条例》第六十条第六款的情形处罚；

（八）本条按照《条例》第七十条的情形处罚。

二、案例分析

（一）案例1

违法产品：×××小苏打牙膏（口气清新）、××××儿童护龈健齿牙膏（草莓香型）等

违法情形：经查，当事人受委托生产×××小苏打牙膏（口气清新），被检出菌落总数超出标准限值，且当事人留样的11支产品中因保管不善被遗失；当事人生产的××××儿童护龈健齿牙膏（草莓香型）、×××婴童健齿护龈牙膏（草莓味）、×××小苏打珍珠牙膏、×××双重净白小苏打牙膏等4批次产品均被检验出菌落总数不合格；当事人受委托生产×××云南三七牙膏（清口气），当事人产品放行前，检验项目未包括全部出厂检验项目，相关生产和质量活动记录未经质量安全负责人审核批准，共判定19项缺陷（一般项8个、重点项10个、关键项1个），结果为生产质量管理体系存在严重缺陷。

处罚力度：生产菌落总数超标的×××小苏打牙膏（口气清新）的行为，根据《中华人民共和国产品质量法》第五十条，没收违法所得8020元，罚款10067.76元；生产质量管理体系存在严重缺陷，根据《化妆品监督管理条例》第六十条规定，没收×××云南三七牙膏（清口气）10支，没收违法所得24339元，罚款320256.4元；生产菌落总数超标4批次产品的行为，构成生产不符合技术规范化妆品违法行为，根据《化妆品监督管理条例》第六十条，没收×××小苏打珍珠牙膏3240支，没收违法所得20176.2元，罚款194138.4元。综上，没收违法产品，没收违法所得52535.2元，罚款524462.56元。罚没共计576997.76元。

（二）案例2

违法产品：×××牙火清专效深养牙膏

违法情形及处罚力度：当事人出品（制造商：苏州×××健康科技有限公司）的"×××牙火清专效深养牙膏"（炫莹药香净含量：95g，商品条形码：6970310731021）并未实际取得符合法定资质条件的机构出具的《功效作用评价报告》，却以产品包装盒为载体，对

外宣称该产品具有"缓解红肿、出血、口燥、异味、口腔上火……"；足以使消费者误认为该产品具有当事人宣称的功效作用。处罚力度：其行为涉嫌违反了《化妆品监督管理条例》第三十七条第二项【虚假或者引人误解的内容；】和《中华人民共和国反不正当竞争法》第八条第一款【经营者不得对其商品的性能、功能、质量、销售状况、用户评价、曾获荣誉等作虚假或者引人误解的商业宣传，欺骗、误导消费者。】之规定，构成了对商品功能作引人误解的商业宣传，因此对其做出罚款 3 万元的处罚。

思考题

1. 总结牙膏备案与化妆品备案异同点？
2. 使用牙膏新原料时，应注意些什么？
3. 为什么儿童牙膏可以宣称的功效类别仅限于清洁、防龋？

第十三章 化妆品风险监管与法规

📖 **知识要求**

1. **掌握** 化妆品风险监管的含义及相关法规；化妆品不良反应的概念及相关法规。
2. **熟悉** 化妆品风险来源及风险监管类型；化妆品不良反应监测上报方式。
3. **了解** 化妆品安全事件；化妆品风险管理现状。

第一节 化妆品风险监管与法规概述

一、化妆品风险监管现状

随着网络销售、直播带货、红人种草等新营销方式日益兴起，中国化妆品市场迎来新格局，已成为全球第二大化妆品消费市场。国内消费者对化妆品品质要求和风险意识不断提升，对我国化妆品质量安全监管和安全风险评估提出了更高要求。

风险管理是一种科学的管理方法，通过风险管理可以对风险进行识别、估测和评价，并在此基础上选择与优化组合各种风险管理技术，以最小的成本将风险可能造成的损失降低到最低限度，从而获得最大的安全保障。

美国等国家对于化妆品风险管理的研究经历了漫长的过程，该过程包括了对化妆品风险管理的认识、评估及理论体系甚至相关准则法规的形成。欧盟于1976年出台对欧盟各成员国的框架性指令——《欧盟化妆品指令》，1979年成立美容科学委员会（欧盟消费者安全科学委员会前身），重点关注化妆品产品和原料的安全性和致敏性。2009年通过首部化妆品法规——《欧盟化妆品法规》（EC）1223/2009，并于2013年7月正式实施，进一步加强对化妆品安全性的严格管理，明确规定产品如需在欧盟市场销售，必须提交化妆品安全报告。

化妆品安全风险评估是指利用现有的科学资料对化妆品中危害人体健康的已知或潜在的不良影响进行科学评价。化妆品安全风险评估是产品安全评价的有效手段。为了规范和指导原料和化妆品安全评估工作，国家药监局于2021年4月颁布了《化妆品安全评估技术导则》（以下简称《技术导则》）。《技术导则》在基本原则、评估人员、评估程序、毒理学试验、原料和化妆品的评估方面做了详细的规定。

我国化妆品安全风险监管工作开展起步较晚，2021年1月1日起施行的《化妆品监督管理条例》（以下简称《条例》）突出了"风险管理"理念，并从国家层面提出建立化妆品风险监测和评价制度，对化妆品安全风险物质进行风险监测和评价。2021年5月1日起施行的《化妆品安全评估技术导则》，要求化妆品注册人、备案人申请特殊化妆品注册或者进行普通化妆品备案前，应按照该导则要求开展化妆品安全评估，提交产品安全评估资料。2025年4月9日，国家药监局发布《化妆品安全风险监测与评价管理办法》，将于2025年8月1日正式实施，其首次系统性构建了风险识别、风险评估、风险警示以及监测结果应用的

"预防为主、全程管控"的风险监测与评价体系，体现了运用科学手段确保消费者使用化妆品安全的核心价值取向，同时也体现了新时代依法行政的理念和精神。但相较欧盟等成熟市场仍存在短板。主要表现在：①行业风险管理意识薄弱，风险管理重视程度不够；②风险评估专业技术人员缺乏，大多企业没有设立专门的风险管理部门或人员；③化妆品风险管理缺少科学的理论知识和数据支持，风险评估技术有待进一步加强；④化妆品风险及化妆品的安全使用宣传不够，消费者和媒体不能科学认识化妆品的质量安全问题。

二、化妆品风险来源

我国化妆品基础相对薄弱，化妆品产品质量参差不齐，化妆品企业具有"小、散、弱"的特点，化妆品流通环节呈现多样性，这些都大大增加了化妆品的风险。为保障消费者使用化妆品产品的安全，化妆品投放市场前需要具有相应能力的安全风险评估人员对其进行安全性评价。根据《化妆品安全风险评估指南》，化妆品中可能存在的安全性风险物质是指由化妆品原料带入、生产过程中产生或带入的，可能对人体健康造成潜在危害的物质。

我国目前主要的化妆品安全风险信息来源主要有：

（1）《化妆品安全技术规范》（2015年版）中的禁限用组分表。由于技术原因，一些禁用组分会不可避免地随原料带入化妆品，如原料中的污染物或植物中的天然成分。

（2）不良反应报告。根据2022年2月国家药监局发布的《化妆品不良反应监测管理办法》规定，各级监测机构应当逐级分析评价本行政区域内发生的化妆品不良反应事件，根据风险评估结果提出处理建议。

（3）化妆品突发公共事件。当前，化妆品引起不良反应以及潜在危害，特别是化妆品中是否含有致畸、致癌等危险物质通常成为公众关心的热点，通常也是化妆品风险的重要来源之一。

化妆品的风险来自多个领域，化妆品风险存在于整个产品的研发、生产、销售和使用等各个环节，任何环节风险把控不严都可能影响化妆品质量安全，产生化妆品风险。根据化妆品从生产到最终使用整个环节，化妆品风险领域主要有生产企业主体行为、经营企业主体行为、消费者主体行为、社会环境行为、非法主体行为、其他行为六大领域，这六大风险领域的界定包含了与整个化妆品行业相关的所有产生风险的可能性。

三、化妆品风险监管类型

我国化妆品上市后的监管手段主要包括现场检查、监督抽检、风险监测、不良反应监测、投诉举报等。这些手段既是化妆品上市后监管的重要举措，也是化妆品安全风险监测管理制度的主要构成部分，具体工作分别由各级检查机构、检验机构、风险监测机构、不良反应监测机构和投诉举报机构承担。在国家药监局层面，分别由国家药监局食品药品审核查检中心（简称"核查中心"）、中国食品药品检定研究院（简称"中检院"）、国家药监局药品评价中心（简称"评价中心"）及国家药监局行政事项受理服务和投诉举报中心（简称"受理和举报中心"）承担，其中监督抽检与风险监测均由中检院承担。

（一）现场检查

现场检查主要由核查中心依据《条例》第四十六条、第四十七条，《化妆品检查管理办法》及《化妆品生产质量管理规范》《化妆品生产质量管理规范检查要点及判定原则》等要求开展。核查中心对生产企业的检查主要是有因检查，一般由国家药监局根据各技术支撑机构上报的风险信息下达飞行检查任务，核查中心在检查前根据检查事由，识别可能存在的风险，有针对性地制订检查方案。现场检查过程中对于认为可能涉嫌违法事项的，检查组将及时固定证据并移交当地药品监管部门进行风险控制及查处。检查完成时将检查发现的问题反馈至企业及省级药品监管部门，以便企业进行整改，省级药品监管部门落实处理措施并监督整改情况。检查结束后，核查中心对检查结果进行会审和风险研判。检查情况报送国家药监局，由后者责成省级药监局依法处理，并分类进行信息公开。

（二）监督抽检

监督抽检由中检院依据《条例》第四十八条及《化妆品抽样检验管理办法》要求组织开展。中检院根据各省药品监管部门和技术支撑机构线索制定国家年度抽检计划。中检院及各省监管部门按计划组织相关单位开展抽检工作，抽样前先检查抽样化妆品生产经营者，如发现未经注册备案的化妆品等抽样异常情况，则不再抽检，直接依法查处或移送有管辖权的药品监管部门进行处置。抽检完成后，检验结果通过国家化妆品抽检信息系统同时推送至实施抽样的省级药品监管部门、生产企业所在地省级药品监管部门及中检院。如抽检结果不合格，省级药品监管部门将向产品生产经营企业送交检验报告的同时开展现场核查，并将相关情况报送中检院。中检院将抽检及核查情况报送国家药监局，由后者分类进行信息公开，包括发布不合格化妆品通告、检出禁用物质通告或停售假冒伪劣化妆品通告。

（三）风险监测

化妆品风险监测工作依据《条例》和《化妆品安全风险监测与评价管理办法》进行开展。根据《条例》五十三条，国家建立化妆品安全风险监测和评价制度，对影响化妆品质量安全的风险因素进行监测和评价，为制定风险控制措施和标准及抽样检验提供科学依据。国家化妆品安全风险监测计划由国务院药品监督管理部门制定并组织实施，明确重点监测的品种、项目和地域等。同时，国家药监局建立风险信息交流机制，组织生产经营者、检验机构、行业协会、消费者协会及媒体等共同参与风险信息沟通。2025年8月1日起施行的《化妆品安全风险监测与评价管理办法》进一步明确职责分工，国家药监局负责全国风险监测与评价管理，制定国家风险监测与评价计划；中国食品药品检定研究院提供技术支撑，协调具体实施；省级药品监督管理部门结合国家计划及本地监管需求，制定工作方案。风险监测与评价重点对五方面风险因素开展监测和评价，包括：易在化妆品中添加、可能对人体健康造成危害的物质；化妆品中易对儿童等重点人群造成健康危害的物质；化妆品原料或者包装材料可能带入、化妆品生产、贮存和运输过程中可能产生或者带入的风险物质；化妆品标准制修订工作需要涉及的项目；其他重点监测项目。若监测结果显示存在系统性或区域性质量安全风险，药品监管部门应及时采取抽样检验或强化日常监管等措施防控风险，相关项目原则上不再重复纳入监测计划。

（四）不良反应监测

不良反应监测由评价中心依据《条例》第五十二条及《化妆品不良反应监测管理办法》要求开展。各级化妆品不良反应监测机构、化妆品企业、医疗机构等可通过国家化妆品不良反应监测信息系统填报不良反应信息。化妆品不良反应按风险程度划分为一般化妆品不良反应、严重化妆品不良反应、可能引发较大社会影响的化妆品不良反应。不同风险程度的不良反应将由不同级别的药品监管部门组织开展调查处置工作，报告、分析评价及调查的时限要求也有所不同。各级不良反应监测机构可在系统中获取辖区内的报告信息，并逐级评价及上报。

（五）投诉举报

由受理和举报中心依据《市场监督管理投诉举报处理暂行办法》相关规定开展。主要通过 12315 系统平台、信件、走访等渠道捕捉监测化妆品类投诉举报信息。按风险严重程度等级划分为重要投诉举报信息及一般投诉举报信息。涉及生产环节的投诉举报信息，上报国家药监局处理；涉及销售使用环节的投诉举报信息，通过 12315 系统平台流转至省级药品监管部门处理。

四、化妆品风险监管相关法规

我国化妆品安全风险监管相关的法规和技术文件主要包括《化妆品监督管理条例》（以下简称《条例》）《化妆品安全评估技术导则（2021 年版)》（以下简称《技术导则》），《化妆品不良反应监测管理办法》，《化妆品安全风险监测与评价管理办法》，《化妆品安全技术规范（2015 年版)》（以下简称《安全技术规范》）等。

2021 年 1 月实施的《条例》，标志着我国对化妆品安全的管控方式从单纯的卫生质量检测进入现代化的安全风险评价阶段。《条例》确立了包括化妆品监测评价、安全评估制度体系，为全面提升化妆品监管能力和水平奠定了良好的法治基础。

2021 年 5 月 1 日起施行的《技术导则》对化妆品安全评估工作做了更具体的规定。分为正文和附录，其中正文包括适用范围、基本原则与要求、安全评估人员的要求、风险评估程序、毒理学研究、原料的安全评估、化妆品产品的安全评估、安全评估报告、说明和释义，附录共 4 个，附录 1 和 2 分别为化妆品原料和化妆品产品安全评估报告应包含的内容，附录 3 和 4 分别为完整版和简化版产品安全评估报告示例。《技术导则》明确要求，自 2022 年 1 月 1 日起，化妆品注册人、备案人申请特殊化妆品注册或者进行普通化妆品备案前，必须依据《技术导则》的要求开展化妆品安全评估，提交产品安全评估资料。国家药监局在发布《技术导则》的公告中指出，在 2024 年 5 月 1 日前允许提交简化版产品安全评估报告。2024 年 4 月 22 日，国家药监局发布第 50 号公告《优化化妆品安全评估管理若干措施》，延长了完整版安评提交的过渡期：在 2025 年 5 月 1 日前，企业仍可按《技术导则》要求提交简化版安评报告；自 2025 年 5 月 1 日起，所有注册备案产品均须提交完整版安全评估资料。

2022 年 10 月 1 日起施行的《化妆品不良反应监测管理办法》细化了《化妆品监督管理条例》和《化妆品生产经营监督管理办法》关于化妆品不良反应监测的规定。按照风险管理原则，化妆品不良反应监测实行分级分类管理制度。按照人体损害严重程度、不良反应发生范围和频率等影响因素，将化妆品不良反应分为一般、严重、较大社会影响等三级。通过明确不良反应风险信号调查处理要求，提高监测结果的利用率和靶向性，提升化妆品安全风险预警和防控能力，更好保障人民群众用妆安全。

2025 年 8 月 1 日起施行的《化妆品安全风险监测与评价管理办法》明确了化妆品安全风险监测与评价的定义和目的，其定义是指药品监督管理部门对可能影响化妆品质量安全的风险因素进行监测，并对发现的风险因素进行分析研判和有效处置的活动。其目的是发现和防控化妆品质量安全风险，为制定化妆品质量安全风险控制措施和化妆品标准、开展化妆品抽样检验以及化妆品安全风险信息交流和预警提供科学依据。明确药品监督管理部门的职责分工，提出信息化建设要求。国家药监局根据需要，制定国家风险监测与评价计划。详细规定了采样和检验检测、线索移交和调查处理的相关要求和程序，以及监测结果的评价与应用。《安全技术规范》规定了化妆品原料及其产品安全性评价的毒理学检测要求，对化妆品原料及其产品安全性评价非常重要。

第二节　化妆品风险管理

一、化妆品风险管理概述

风险管理是对风险实施有效控制和妥善处理风险所致损失，或识别面临的风险，并选择最有效的方法来处理这些风险的过程，期望达到以最小成本获得最大安全保障的一项管理活动。

风险管理可分为 3 个层次：①预先评估风险的性质、危害程度、发生条件、发展趋势，从而预置管理的机制制度；②评估已发生的风险事件，确认其性质、程度、条件、趋势，从而采取针对性的管控措施，防止蔓延和重复发生；③不断检讨已有机制与制度，分析其存在的漏洞，及时弥补。风险管理贯穿于化妆品全过程监管之中，其中化妆品的审评审批制度、化妆品生产企业许可制度等属于第 1 个层次，即通过预先评估产品本身的安全风险或生产企业质量管理体系，将产品固有风险及生产环节风险控制在可接受的预期范围内。化妆品现场检查、监督抽检、风险监测、不良反应监测、投诉举报等监管手段属于前两个层次。随着近年治理理念由"重审批，轻监管"发展为"优审批，重监管"，上述监管手段不断得到完善，有利于加强事中事后监管。

二、化妆品风险评估过程

根据 ISO 31000—2018《风险管理指南》，风险管理过程包括沟通和协商、明确环境、风险评估、风险应对、监视和评审、记录和报告等，其中风险评估由风险识别、风险分析、风险评价组成。

（1）风险识别　是识别风险源、风险事件及其原因和潜在后果发现、辨识和描述风险的过程。如：系统性识别化妆品全生命周期中可能存在的风险源、风险事件及其因果关系的技术过程，包括：风险源，原料（如禁用物质）、生产工艺（如交叉污染）、包装材料（如塑化剂迁移）；风险事件，不良反应（如接触性皮炎）、微生物超标等。

（2）风险分析　是通过定性或定量方法，明确风险的性质、特征及其可能性和后果（风险水平），为风险评价和应对提供依据。

（3）风险评价　是将风险分析结果与预先设定的风险准则（如安全阈值、法规要求）对比，以确定是否需要采取进一步行动及采取何种风险应对方案等。

三、化妆品风险评估遵循原则和人员要求

化妆品风险评估的宗旨是确保化妆品原料及其终产品在正常和可预见的条件下使用时是安全的。化妆品风险评估基于科学信息和数据，遵循科学、公正、透明和个案处理的原则，考虑化妆品生产、运输和使用全过程可能出现的风险。风险评估是一个动态的过程，

随着科学的发展和评估工作的进展，评估结论可能不断被修正或改变。

根据《技术导则》对于化妆品安全风险评估人员的要求，首要的条件就是应当具有医学、药学、生物学、化学或毒理学等化妆品质量安全相关专业知识，了解化妆品成品或原料生产过程和质量安全控制要求，并具有 5 年以上相关专业从业经历。

四、化妆品风险评估程序

根据国家药品监督管理局发布的《技术导则》，化妆品原料和风险物质的风险评估程序分为危害识别、剂量 – 反应关系评估、暴露评估和风险特征描述四个步骤。通过对信息报道、文献报道、研究数据、标准、监测数据等信息的收集整理，结合毒理学、理化或生物技术验证实验结果，参考相关标准或法规规定，以及产品检验检测结果进行综合分析，最后给出评估结论。风险评估基本程序如下。

（一）危害识别

1. 危害识别的途径　基于毒理学试验、临床研究、不良反应监测和人类流行病学研究的结果，从原料或风险物质的物理、化学和毒理学本质特征来确定其是否对人体健康存在潜在危害。

首先，危害识别主要根据原料或风险物质的毒理学试验结果来判定。按照我国现行的《化妆品安全技术规范》或国际上通用的毒理学试验结果对化妆品原料和风险物质的急性毒性、皮肤刺激性/腐蚀性、急性眼刺激性/腐蚀性、致敏性、光毒性、致突变性、慢性毒性、发育和生殖毒性、致癌性等毒性特征进行判定，确定该原料或风险物质的主要毒性特征及程度。

其次，根据化妆品原料或风险物质的人群流行病学调查、不良反应监测、临床研究、人类流行病学研究的结果等相关资料和报告，确定该原料或风险物质可能对人体产生的危害效应。

再次，从原料或风险物质的物理化学性质和毒理学本质特征来确定其是否对人体健康存在潜在危害。

在对危害识别进行判定时，还应考虑原料的纯度和稳定性、其可能与配方中其他组分发生的反应，以及透皮吸收能力等，同时还应考虑原料中的杂质或生产过程中不可避免带入成分的毒性等。对于复合性原料，应对其中所有组分的危害效应分别进行识别。

2. 危害效应的类型　化妆品中潜在风险物质危害效应的类型见表 13 – 1。

表 13 – 1　化妆品中风险物质的危害效应

危害效应类型	主要内容
急性毒性	经口、皮或吸入后产生的急性毒性效应
刺激性	皮肤刺激性和眼刺激性效应
致敏性	主要为皮肤致敏性
光毒性	紫外线照射后产生的光毒性和光敏性效应
致突变性	基因突变和染色体畸变效应等
慢性毒性	长期暴露后对组织和靶器官产生的功能和/或器质性改变
发育和生殖毒性	引起胎儿发育畸形的改变
致癌性	发生肿瘤的类型、部位、发生率

（二）剂量反应关系评估

剂量－反应关系是指毒物作用于机体时的暴露剂量和暴露条件与所引起的生物学效应的强度或发生频率之间的关系。它反映毒性效应和接触特征，以及它们之间的关系，是评价毒物的毒性和确定安全接触水平的基本依据。剂量－反应关系评估用于确定原料或风险物质的毒性反应与暴露剂量之间的关系，分为有阈值物质和无阈值致癌物质两种。有阈值物质暴露低于一定的剂量时，对机体（人体或动物）不发生有害效应，高于一定剂量时，则产生有害效应，包括非致癌物和非遗传毒性的致癌物（不直接与 DNA 作用，不改变 DNA 的初级序列，对遗传物质没有影响的致癌物）。无阈值致癌物质为具有遗传毒性的致癌物（直接与 DNA 共价结合，引起基因突变或染色体结构和数量的改变，导致癌变的致癌物），其作用是无阈值的，即大于零的所有剂量都可以诱导出致癌效应的化学物质。

对于有阈值物质，需要进行未观察到的有害作用剂量（NOAEL）的测定，若无法得到 NOAEL 值，则以观察到有害作用的最低剂量（LOAEL）代替，如以上两者都不能获得，也可用基准剂量（BMD）值代替。

对于无阈值的致癌剂，可根据试验数据用合适的剂量－反应关系外推模型来确定该化学物的实际安全剂量（VSD），如用 25% 的实验动物的某部位有发生肿瘤的剂量（T25）或 BMD 来确定。对于具有致敏风险的原料和/或风险物质，还需通过预期无诱导致敏剂量（NESIL）来评估其致敏性。在执行评估的过程中，一般认为几乎每一种非致癌物都具有产生不良健康效应的阈值，属于有阈值物质，几乎每一种致癌物都没有这样的阈值，属于无阈值致癌物质。

（三）暴露评估

暴露评估指通过对化妆品原料和/或风险物质暴露于人体的部位、强度、频率及持续时间等的评估，以确定其暴露水平。进行暴露评估时，应考虑含该原料或风险物质产品的使用部位、使用量、浓度、使用频率及持续时间等因素，并结合原料或风险物质的透皮吸收率以及充分考虑暴露对象特殊性（如儿童、孕妇、哺乳期妇女等）的基础上确定其暴露水平。

（1）影响暴露评估的因素　对原料或风险物质进行暴露评价时应考虑含该原料的成品的使用部位、使用量、使用频率及持续时间等因素，具体包括：①用于化妆品的类别。②暴露部位或途径，如皮肤、黏膜暴露，可能的吸入暴露。③暴露频率，如间隔使用或每天使用、每天使用的次数等。④暴露持续时间，包括驻留或用后清洗等。⑤暴露量，包括每次使用量及使用总量等。⑥透皮吸收率。⑦暴露对象的特殊性，如婴幼儿、儿童、孕妇、哺乳期妇女等。⑧其他因素，如误用或意外情况下的暴露等。

（2）全身暴露量（SED）的计算　全身暴露量的计算有以下两种情况：

①如果原料的暴露是以每次使用经皮吸收 $\mu g/cm^2$ 时，根据使用面积，按以下公式计算：

$$SED = \frac{DA_a \times SSA \times F}{BW} \times 10^{-3}$$

其中，SED 为全身暴露量（mg/kg·bw/day）。DA_a 为经皮吸收量（$\mu g/cm^2$），每平方厘米所吸收的原料的量，测试条件应该和产品的实际使用条件一致；在无透皮吸收数据时，吸收比率以 100% 计。SSA 为暴露于化妆品的皮肤表面积。F 为产品的日使用次数（day^{-1}）。BW 为默认的人体体重（60kg）。

②如果原料的经皮吸收率是以百分比形式给予时，根据使用量，按以下公式计算：

$$SED = A \times C \times DA_p$$

其中，SED 为全身暴露量（mg/kg·bw/day）。A 为考虑了残留率的以单位体重计的化妆品每天使用量（mg/kg·bw/day）。C 为原料在成品中的浓度（%）。DA_p 为经皮吸收率（%），在无透皮吸收数据时，吸收比率以 100% 计，若当原料分子量 > 500 道尔顿，且脂水分配系数 $\log P < -1$ 或 > 4 时，吸收比率取 10%。

暴露计算时还应考虑化妆品的毒理作用（例如计算皮肤的单位面积或单位体重），以及其他暴露的可能性（如喷雾吸入、唇部用品不经意摄取等）。

（四）风险特征描述

风险特征描述是指在危害识别、剂量反应关系评估和暴露评估的基础上，对特定人群中发生已知的或潜在的健康损害效应的概率、严重程度以及评估过程中伴随的不确定性进行定性和/或定量估计。风险特征描述的主要内容包括两个部分：评估暴露健康风险和阐述不确定性。

（1）暴露健康风险评估 评估风险物质在不同的暴露情形下、对不同人群（包括一般人群及婴幼儿、孕妇等易感人群）导致健康损害的潜在风险，包括风险特性、严重程度、风险与人群亚组的相关性等，给出控制或消除风险的相应建议。风险评估方法包括基于健康指导值的风险特征描述、综合分析风险评估的结果，遗传毒性致癌物的风险特征描述和化学物联合暴露的风险特征进行描述。

（2）不确定性阐述 风险评估是以已知数据为依据进行科学推导的过程，由于所用数据、模型或方法的不足和局限，不可避免地对风险评估结果造成不同程度的不确定性。因此，在风险特征描述的过程中，需要对各种不确定因素、来源及对评估结果可能带来的影响进行定性或定量描述，以便提供更为全面的信息。

不确定性主要来源于危害特征描述和暴露评估步骤，因此需对危害特征描述和暴露评估过程的不确定性进行阐明。

五、化妆品风险监管模式的构建

我国自 2013 年开始引入风险管理国际标准（ISO 31000—2009）以来，到 2015 年，已基本完成了对化妆品风险监管模式的构建。新模式由风险评估、风险防控、风险交流、绩效管理等四大体系组成，确立了政府主导风险管理、市场承担主体责任、社会各界齐抓共管的安全风险治理结构。其中风险评估主要通过风险监测、识别、分析及评价等，输出风险清单列表、风险评估报告，为风险防控及风险交流提供科学依据；风险防控通过"监督检查、专项整治、示范建设"的组合拳，落实监管责任及市场主体责任；风险交流通过与社会各方共享监管信息，实现共担安全责任、共治安全风险的目标；绩效管理指标体系通过建立化妆品安全治理水平指数全面评价治理成效，开启持续改进通道。

第三节 化妆品不良反应监测

化妆品不良反应监测是发现化妆品存在安全风险最直接的途径，同时也是很多化妆品舆情事件的起点，具有以问题为导向，靶向性强、覆盖面广的特点。

一、化妆品不良反应的概念

2011 年 11 月，国家食品药品监督管理局发布《关于加快推进化妆品不良反应监测体系建设的指导意见》，文件中首次对化妆品不良反应的定义和范围作出规定，明确"化妆品不良反应是指人们在日常生活中正常使用化妆品所引起的皮肤及其附属器官的病变，以及人体局部或全身性的损害。不包括生产、职业性接触化妆品及其原料所引起的病变或使用假冒伪劣产品所引起的不良反应。凡在中华人民共和国境内上市销售使用的化妆品所引起的不良反应，均属于我国化妆品不良反应监测工作范围"。

2020 年 6 月，国务院正式公布《化妆品监督管理条例》（以下简称《条例》），其中第五十二条规定："化妆品不良反应是指正常使用化妆品所引起的皮肤及其附属器官的病变，以及人体局部或者全身性的损害。"《条例》明确了化妆品不良反应的监测范畴，即化妆品不良反应涵盖了消费者在日常生活中使用化妆品而发生对人体有害反应的全部情形，既包含正常使用合格化妆品后发生不良反应的情况，也包含了使用假冒伪劣不合规产品导致消费者发生损害的情形。

根据《化妆品皮肤病诊断标准及处理原则》，使用化妆品所引起的皮肤及其附属器官的病变有 6 大类。①化妆品接触性皮炎：化妆品引起的刺激性或变应性接触性皮炎；②化妆品光感性皮炎：由化妆品中某些成分和光线共同作用引起的光毒性或光变应性皮炎；③化妆品皮肤色素异常：接触化妆品的局部或其邻近部位发生的慢性色素异常改变，或在化妆品接触性皮炎、光感性皮炎消退后局部遗留的皮肤色素沉着或色素脱失；④化妆品痤疮：经一定时间接触化妆品后，在局部发生的痤疮样皮损；⑤化妆品毛发损害：使用化妆品后出现的毛发干枯、脱色、折断、分叉、变形或脱落（不包括以脱毛为目的的特殊用途化妆品）；⑥化妆品甲损害：长期应用化妆品引起的甲剥离、甲软化、甲变脆及甲皮周炎等。

随着我们对化妆品皮肤病认识的不断加深，其他临床类型的化妆品皮肤病也时有发生，如化妆品唇炎和化妆品接触性荨麻疹等。另外，由于个别假冒伪劣化妆品违规添加激素，消费者长期使用后可导致激素依赖性皮炎的发生，目前这三种类型已被纳入化妆品不良事件的监管范围。

二、我国化妆品不良反应监测制度

我国化妆品不良反应监测工作始于 20 世纪 90 年代，由原卫生部主管，先后颁布了《化妆品卫生监督条例》《化妆品卫生监督条例实施细则》《化妆品生产企业卫生规范》（2007 年版），并出台了一些与化妆品不良反应监测相关的技术文件。

2008 年，化妆品不良反应监测工作随着化妆品监管职能划转，开始由国家食品药品监督管理局主管。2011 年 11 月，国家食品药品监督管理局发布《关于加快推进化妆品不良反应监测体系建设的指导意见》，规划到 2015 年我国化妆品不良反应监测体系建设的目标和步骤。

2014 年，国家药品不良反应监测中心与此前开展此项工作的国家疾病预防控制中心环境与健康相关产品安全所进行了工作交接，依托全国各级药品不良反应监测机构履行工作职责。2014 年底，国家食品药品监督管理总局药化监管司下发了《关于开展化妆品不良反应监测试点工作的通知》（食药监化监便函〔2014〕219 号文件），部署化妆品不良反应监测试点工作。为规范全国不良反应监测工作，国家药品不良反应监测中心于 2015 年撰写了《化妆品不良反应监测工作指南》（试行）（内部文件），并组织相关专家研究制定接触性皮炎、光接触性皮炎、唇炎等多项《化妆品不良反应判断标准》(内部文件);在 2018 年制定了《化妆品不良反应/事件报告表填写指南》(内部文件),指导报告单位及各级监测人员更好开展报告和分析评价工作。

2020 年 6 月,国务院正式公布《化妆品监督管理条例》,这是我国首次从法律层面上明确要建立化妆品不良反应监测制度;明确化妆品注册人、备案人开展化妆品不良反应报告和评价的义务;明确应当鼓励报告化妆品不良反应的相关主体,可以看出与卫生系统监管时期相比,报告主体涵盖范围有了扩展,为我国开展化妆品不良反应全面监测指明了道路。

《条例》中规定"化妆品原料分为新原料和已使用的原料。国家对风险程度较高的化妆品新原料实行注册管理"。2021 年国家市场监督管理总局先后公布《化妆品注册备案管理办法》《化妆品生产经营监督管理办法》,落实了《条例》风险分类管理要求,细化了化妆品生产经营过程中对不良反应监测重点内容的要求,从实际出发进一步加强化妆品不良反应监测工作,防控化妆品安全风险。

为规范化妆品不良反应监测工作,依据《化妆品监督管理条例》《化妆品生产经营监督管理办法》等法规、规章,国家药监局组织制定了《化妆品不良反应监测管理办法》。经过 2 次对《化妆品不良反应监测管理办法》公开征求意见,并反复研究修改完善,《化妆品不良反应监测管理办法》于 2022 年 2 月 15 日正式发布。这是我国首部化妆品不良反应监测领域的专门规定,是化妆品不良反应监测制度建设的历史性突破,对于我国化妆品不良反应监测工作具有重要意义。化妆品不良反应相关的法律法规见表 13 - 2。

表 13 - 2 化妆品不良反应相关的法律法规

法律法规名称	涉及条款	施行时间	制度部门	状态
《化妆品卫生监督条例》	第十二条 第二十三条	1990.1.1	卫生部	2021.1.1 废止
《化妆品卫生监督条例实施细则》	第十五条 第三十条 第三十二条 第四十三条	1991.3.27	卫生部	2021.6.1 废止
《化妆品卫生监督条例实施细则(卫生部令第 13 号)(2005 年修正本)》		2005.5.20	卫生部	2021.6.1 废止
《化妆品生产企业卫生规范(2007 年版)》	第五十四条 第五十七条	2008.1.1	卫生部	现行
《化妆品安全技术规范(2015 年版)》	第七章	2016.12.1	国家食品药品监督管理总局	现行
《化妆品监督管理条例》	第二十三条 第五十二条 第六十二条 第七十条 第七十二条	2021.1.1	国务院	现行
《化妆品注册备案管理办法》	第八条 第二十二条 第二十三条 第二十四条 第二十五条	2021.5.1	国家市场监督管理总局	现行
《化妆品生产经营监督管理办法》	第四条 第二十八条 第四十七条 第五十二条 第五十五条	2022.1.1	国家市场监督管理总局	现行
《化妆品不良反应监测管理办法》	全文	2022.10.1	国家药品监督管理局	现行

（一）《化妆品卫生监督条例》

1989 年 11 月 13 日，卫生部颁布了《化妆品卫生监督条例》，于 1990 年 1 月 1 日开始实施，其中第十二条规定"可能引起不良反应的化妆品，说明书上应当注明使用方法、注意事项"；第二十三条规定"对因使用化妆品引起不良反应的病例，各医疗单位应当向当地卫生行政部门报告"。这是化妆品不良反应首次在法规文件中出现，其中明确了医疗单位具有报告化妆品不良反应的义务，是我国开展化妆品不良反应监测工作最早的法律依据。

（二）《化妆品卫生监督条例实施细则》

1991 年 3 月 27 日，卫生部颁布并实施了《化妆品卫生监督条例实施细则》，之后颁布了《化妆品卫生监督条例实施细则》（卫生部令第 13 号）（2005 年修正本），其中第十五条规定特殊用途化妆品批准文号重新审查时，企业应当提供"产品投放市场销售后使用者不良反应调查总结报告"；第三十条规定地市以上卫生行政部门对化妆品生产企业产品卫生质量检查重点包括"可能引起人体不良反应的产品"；第三十二条规定"当经营者销售的化妆品引起人体不良反应或其他特殊原因，县级以上卫生行政部门可以组织对经营者销售的化妆品卫生质量进行采样检测"；第四十三条规定"各级医疗机构发现化妆品不良反应病例，应及时向当地区、县化妆品卫生监督检验机构报告。各级化妆品卫生监督检验机构定期报同级卫生行政部门，同时抄送上一级化妆品卫生监督检验机构"。实施细则进一步细化了医疗机构的报告流程，将化妆品不良反应与卫生行政部门开展检查检测进行了衔接。在《化妆品卫生监督条例》基础上，增加了不良反应报告的实操性和可利用性。

（三）《化妆品生产企业卫生规范（2007 年版）》

2007 年 5 月 31 日，卫生部颁布《化妆品生产企业卫生规范》（2007 年版），于 2008 年 1 月 1 日开始实施，其中第五十四条规定生产企业应设置专职的化妆品卫生管理员，其主要职责包括"配合产品召回、不良反应投诉处理等相关工作"；第五十七条规定"企业应建立化妆品不良反应监测报告制度，并指定专门机构或人员负责管理。发现任何涉及化妆品卫生质量和化妆品不良反应的投诉应按最初了解的情况进行详细记录，化妆品生产出现重大卫生质量问题或售出产品出现重大不良反应时，应及时向当地卫生行政部门报告。"该规范明确了化妆品生产企业开展化妆品不良反应监测的义务，包括建立化妆品不良反应监测报告制度，记录化妆品不良反应的投诉以及报告重大不良反应等。从报告范围来看，与医疗机构不同，生产企业仅需向卫生行政部门报告重大不良反应。

（四）原卫生部颁布的其他文件

1997 年，卫生部和国家技术监督局联合发布《化妆品皮肤病诊断标准及处理原则》，包括总则（GB 17149.1—1997）、化妆品接触性皮炎（GB 17149.2—1997）、化妆品痤疮（GB 17149.3—1997）、化妆品毛发病（GB 17149.4—1997）、化妆品甲病（GB 17149.5—1997）、化妆品光接触性皮炎（GB 17149.6—1997）、化妆品色素异常性皮肤病（GB 17149.7—1997）等多项皮肤病诊断国家标准，作为各监测点开展化妆品不良反应监测的参照标准，对规范开展工作具有重要作用。2002 年 2 月，卫生部发布了《化妆品卫生规范》（2002 年版），《化妆品卫生规范》引用了"欧盟化妆品规程 Dir. 76/768/EEC2000"，其中规定了采用人体斑贴试验和人体试用试验检测化妆品对人体皮肤不良反应的具体方法，为医生开展化妆品不良反应相关诊断检查提供参考。

（五）《关于加快推进化妆品不良反应监测体系建设的指导意见》

2011 年 11 月，国家食品药品监督管理局发布《关于加快推进化妆品不良反应监测体系建设的指导意见》，提出要"搭建 1 个平台、完善 3 个体系、健全 4 项制度"，文件中首次对化妆品不良反应的定义和范围作出规定，明确"化妆品不良反应是指人们在日常生活中正常使用化妆品所引起的皮肤及其附属器官的病变，以及人体局部或全身性的损害。不包括生产、职业性接触化妆品及其原料所引起的病变或使用假冒伪劣产品所引起的不良反应。凡在中华人民共和国境内上市销售使用的化妆品所引起的不良反应，均属于我国化妆品不良反应监测工作范围"。

虽然该指导意见不属于法规文件，但对推进我国化妆品不良反应监测工作，积累实践经验，促进制度体系建设起到了积极作用。试点工作期间，全国有 31 个省级监测机构开展了化妆品不良反应监测工作，其中有 28 个省级监测机构建立了完善的化妆品不良反应监测制度，占全国省级监测机构的 87.5%。

（六）《化妆品监督管理条例》

2021 年 1 月 1 日起施行的《化妆品监督管理条例》，从法律层面上明确要建立化妆品不良反应监测制度；明确化妆品注册人、备案人开展化妆品不良反应报告和评价的义务；明确应当和鼓励报告化妆品不良反应的相关主体；对未按规定开展不良反应监测工作受到的处罚予以了明确，进一步从法律层面，加强了化妆品不良反应监测工作的力度。《化妆品监督管理条例》将化妆品不良反应监测与评价能力作为上市前注册人、备案人资质审核的必要条件，进一步强调了注册人、备案人承担化妆品不良反应监测的法定义务，以及化妆品不良反应监测工作的重要性。

第十九条规定"注册申请人首次申请特殊化妆品注册或者备案人首次进行普通化妆品备案的，应当提交其符合本条例第十八条规定条件的证明资料。"

第二十三条规定"境外化妆品注册人、备案人应当指定我国境内的企业法人办理化妆品注册、备案，协助开展化妆品不良反应监测、实施产品召回。"

第五十条规定"对可能掺杂掺假或者使用禁止用于化妆品生产的原料生产的化妆品，按照化妆品国家标准规定的检验项目和检验方法无法检验的，国务院药品监督管理部门可以制定补充检验项目和检验方法，用于对化妆品的抽样检验、化妆品质量安全案件调查处理和不良反应调查处置。"

第五十二条规定"国家建立化妆品不良反应监测制度。化妆品注册人、备案人应当监测其上市销售化妆品的不良反应，及时开展评价，按照国务院药品监督管理部门的规定向化妆品不良反应监测机构报告。受托生产企业、化妆品经营者和医疗机构发现可能与使用化妆品有关的不良反应，应当报告化妆品不良反应监测机构。鼓励其他单位和个人向化妆品不良反应监测机构或者负责药品监督管理的部门报告可能与使用化妆品有关的不良反应。化妆品不良反应监测机构负责化妆品不良反应信息的收集、分析和评价，并向负责药品监督管理的部门提出处理建议。化妆品生产经营者应当配合化妆品不良反应监测机构、负责药品监督管理的部门开展化妆品不良反应调查。

第六十二条规定"未依照本条例规定监测、报告化妆品不良反应，或者对化妆品不良反应监测机构、负责药品监督管理的部门开展的化妆品不良反应调查不予配合，由负责药品监督管理的部门责令改正，给予警告，并处 1 万元以上 3 万元以下罚款；情节严重的，责令停产停业，并处 3 万元以上 5 万元以下罚款，对违法单位的法定代表人或者主要负责人、直接负责的主管人员和其他直接责任人员处 1 万元以上 3 万元以下罚款。进口商未依照本条例规定记录、保存进口化妆品信息的，由出入境检验检疫机构依照前款规定给予处罚。"

第七十条规定"境外化妆品注册人、备案人指定的在我国境内的企业法人未协助开展化妆品不良反应监测、实施产品召回的，由省、自治区、直辖市人民政府药品监督管理部门责令改正，给予警告，并处 2 万元以上 10 万元以下罚款；情节严重的，处 10 万元以上 50 万元以下罚款，5 年内禁止其法定代表人或者主要负责人、直接负责的主管人员和其他直接责任人员从事化妆品生产经营活动。境外化妆品注册人、备案人拒不履行依据本条例作出的行政处罚决定的，10 年内禁止其化妆品进口。"

第七十二条规定"化妆品技术审评机构、化妆品不良反应监测机构和负责化妆品安全风险监测的机构未依照本条例规定履行职责，致使技术审评、不良反应监测、安全风险监测工作出现重大失误的，由负责药品监督管理的部门责令改正，给予警告，通报批评；造成严重后果的，对其法定代表人或者主要负责人、直接负责的主管人员和其他直接责任人员，依法给予或者责令给予降低岗位等级、撤职或者开除的处分。"

（七）《化妆品注册备案管理办法》

2021 年 5 月 1 日起施行的《化妆品注册备案管理办法》，是针对化妆品注册备案管理的部门规章，其中第八条、第二十二条、第二十三条、第二十四条、第二十五条对使用了化妆品新原料的化妆品不良反应报告作出了规定。

第八条规定境内责任人应当履行"协助注册人、备案人开展化妆品不良反应监测、化妆品新原料安全监测与报告工作"的义务。

第二十二条要求化妆品新原料注册人、备案人发现"其他国家（地区）发现疑似因使用同类原料引起严重化妆品不良反应或者群体不良反应事件的"应当立即开展研究，并向技术审评机构报告。

第二十三条规定"出现可能与化妆品新原料相关的化妆品不良反应或者安全问题时，化妆品注册人、备案人应当立即采取措施控制风险，通知化妆品新原料注册人、备案人，并按照规定向所在地省、自治区、直辖市药品监督管理部门报告。"

第二十四条规定"省、自治区、直辖市药品监督管理部门收到使用了化妆品新原料的化妆品不良反应或者安全问题报告后，应当组织开展研判分析，认为化妆品新原料可能存在造成人体伤害或者危害人体健康等安全风险的，应当按照有关规定采取措施控制风险，并立即反馈技术审评机构。"

第二十五条规定"技术审评机构收到省、自治区、直辖市药品监督管理部门或者化妆品新原料注册人、备案人的反馈或者报告后，应当结合不良反应监测机构的化妆品年度不良反应统计分析结果进行评估，认为通过调整化妆品新原料技术要求能够消除安全风险的，可以提出调整意见并报告国家药品监督管理局；认为存在安全性问题的，应当报请国家药品监督管理局撤销注册或者取消备案。国家药品监督管理局应当及时作出决定。"

（八）《化妆品生产经营监督管理办法》

2022 年 1 月 1 日起施行的《化妆品生产经营监督管理办法》，是针对化妆品生产经营管理的部门规章。其细化了化妆品生产经营过程中对不良反应监测重点内容的要求。

第四条规定"化妆品注册人、备案人应当依法建立化妆品生产质量管理体系，履行产品不良反应监测、风险控制、产品召回等义务，对化妆品的质量安全和功效宣称负责。"

第二十八条规定"质量安全负责人按照化妆品质量安全责任制的要求协助化妆品注册人、备案人、受托生产企业法定代表人、主要负责人承担'化妆品不良反应监测管理'职责"。

第四十七条规定"化妆品电子商务平台经营者收到化妆品不良反应信息、投诉举报信息的，应当记录并及时转交平台内化妆品经营者处理；涉及产品质量安全的重大信息，应当及时报告所在地省、自治区、直辖市药品监督管理部门。"《化妆品监督管理条例》中未对化妆品电子商务平台经营者开展化妆品不良反应监测义务明确要求，通过部门规章对化妆品网络销售重要主体提出相关要求，是从实际出发进一步加强化妆品不良反应监测工作，防控化妆品安全风险的体现。

第五十二条规定"对举报反映或者日常监督检查中发现问题较多的化妆品，以及通过不良反应监测、安全风险监测和评价等发现可能存在质量安全问题的化妆品，负责药品监督管理的部门可以进行专项抽样检验"，通过与检验的衔接，进一步加强了不良反应监测结果的应用。

第五十五条规定"化妆品不良反应报告遵循可疑即报的原则。国家药品监督管理局建立并完善化妆品不良反应监测制度和化妆品不良反应监测信息系统。"可疑即报的原则符合国际惯例，并与化妆品不良反应监测工作性质相适应，通过明确原则进一步加强了监测工作的科学性。

（九）《化妆品不良反应监测管理办法》

2022 年 10 月 1 日起施行的《化妆品不良反应监测管理办法》共七章四十七条，包括：总则、职责与义务、不良反应报告、不良反应分析和评价、不良反应调查和处置、监督管理、附则，对各级监管部门、监测机构、各类报告主体的职责与义务，化妆品不良反应收集、报告、分析评价、调查、处理全过程，以及监督管理各个环节均做出了明确规定。

如第十三条要求化妆品注册人、备案人应当具备开展化妆品不良反应监测工作的能力，建立并实施化妆品不良反应监测和评价体系。

第十九条针对"主动收集"的方式进行规定，要求"化妆品注册人、备案人应当通过产品标签、官方网站等方便消费者获知的方式向社会公布电话、电子邮箱等有效联系方式，主动收集来自受托生产企业、化妆品经营者、医疗机构、消费者等报告的其上市销售化妆品的不良反应。化妆品注册人、备案人在发现或者获知化妆品不良反应后应当通过国家化妆品不良反应监测信息系统报告。"

第二十六条规定化妆品注册人、备案人应当对发现或者获知的化妆品不良反应进行分析评价，"属于严重化妆品不良反应的，化妆品注册人、备案人应当自发现或者获知不良反应之日起 20 日内，属于可能引发较大社会影响的化妆品不良反应的，应当自发现或者获知不良反应之日起 10 日内，进行分析评价并形成自查报告，报送化妆品注册人、备案人、境内责任人所在地省级监测机构，同时报送所在地省级药监部门。"

《化妆品不良反应监测管理办法》首次提出"可能引发较大社会影响的化妆品不良反应"概念，并明确了其定义。优化并确定了我国严重化妆品不良反应定义，使其更具操作性。对化妆品不良反应实行分级分类管理，针对一般、严重和可能引发较大社会影响三个层级的报告类型，分别设置不同的报告、评价和调查处置时限和工作程序。

第四十四条指出："化妆品不良反应，是指正常使用化妆品所引起的皮肤及其附属器官的病变，以及人体局部或者全身性的损害。严重化妆品不良反应，是指正常使用化妆品引起以下损害情形之一的反应：（一）导致暂时性或者永久性功能丧失，影响正常人体和社会功能的，如皮损持久不愈合、瘢痕形成、永久性脱发、明显损容性改变等；（二）导致人体全身性损害的，如肝肾功能异常、过敏性休克等；（三）导致住院治疗或者医疗机构认为有必要住院治疗的；（四）导致人体其他严重损害、危及生命或者造成死亡的。可能引发较大社会影响的化妆品不良反应，是指因正常使用同一化妆品在一定区域内，引发较大社会影响或者造成多人严重损害的化妆品不良反应。"

三、化妆品不良反应监测上报方式

（一）国家化妆品不良反应监测系统

2017 年 1 月 1 日，国家化妆品不良反应监测系统全国上线运行，实现了化妆品不良反应报告的实时在线上报，极大提高了上报的效率和报告的规范性。

为贯彻执行《化妆品监督管理条例》《化妆品生产经营监督管理办法》《化妆品不良反应监测管理办法》，加强化妆品不良反应监测工作，提高化妆品不良反应报告、分析、评价工作效率，国家药监局组织对国家化妆品不良反应监测系统进行升级完善，新版系统于 2022 年 10 月 1 日起上线运行。

自 2022 年 10 月 1 日起，化妆品注册人、备案人、受托生产企业、化妆品经营者、医疗机构在发现或者获知化妆品不良反应后，应当通过国家化妆品不良反应监测系统报告。暂不具备在线报告条件的化妆品经营者和医疗机构，应当通过纸质报表向所在地市县级化妆品不良反应监测机构报告，由其代为在线提交报告。其他单位和个人可以向化妆品注册人、备案人、境内责任人报告化妆品不良反应，也可以向所在地市县级化妆品不良反应监测机构或者市县级负责药品监督管理的部门报告，由上述企业或者单位代为在线提交报告。

国家化妆品不良反应监测系统新注册用户请在系统登录页面（https://caers.adrs.org.cn/adrcos/）点击"基层机构注册"提交注册申请，填写有关信息。经审核通过后，系统注册用户可以使用其账号密码登录系统，报告化妆品不良反应。此前已注册的系统用户，可以继续使用其原账号密码在上述网址登录系统，报告化妆品不良反应。

（二）微信公众号或小程序

为拓展化妆品不良反应报告收集渠道，更好地发现、分析和研究化妆品的风险信号和线索，各地主管部门纷纷开通了微信公众号甚至小程序端口，采集化妆品不良反应报告信息，消费者关注当地"药品监督管理局"微信公众号，通过公众号的"化妆品不良反应上报"报告使用化妆品后出现的不良反应。填写时，注意上报数据须真实可靠，提前准备好产品实物，或外包装图片、购买链接、网页截图等资料。此问卷收集的化妆品不良反应数据仅作为行政管理部门和监测机构用作风险监测参考，不作为消费者投诉举报的依据，所有数据均保密。如怀疑使用的化妆品存在质量问题，可通过投诉举报电话 12315 等途径及时反映情况。

上报人员在进行关联性评价时应根据报告表中信息实际情况进行选择。①肯定：化妆品使用及不良反应发生时间顺序合理；停止使用后反应停止，或迅速减轻或好转；再次使用后反应出现，并可能明显加重；同时有文献资料佐证；并已排除其他疾病等混杂因素的干扰。②很可能：无重复使用化妆品史，余同"肯定"，或基本可排除其他接触物及疾病导致不良反应的可能性。③可能：化妆品使用与反应发生时间关系密切，同时有文献佐证；但引发不良反应的化妆品不止一种，或其他接触物及疾病进展因素不能排除。④可能无关：不良反应与化妆品使用时间相关性不密切，反应表现与已知该皮肤损害表现不相吻合，其他影响因素不能除外。⑤无法评价：报表内容不齐全等其他影响因素导致无法评价。

第四节　化妆品安全事件

随着人民生活水平的提高，化妆品已经成为人们日常生活中的必需品。与外用药品相比，化妆品与人体直接接触，使用时间长，化妆品对人体的影响更为持久，对人体的危害更大。因此，化妆品的安全性和风险评估监测显得尤为重要。然而，随着化妆品品牌和种类日益增加，化妆品的成分也繁多复杂。化妆品安全也进入矛盾凸显期，化妆品质量安全事件屡次发生，一定程度引起越来越多国内外消费者的恐慌，这些事件暴露了化妆品安全风险评估的不足。

2024 年 8 月，某市警方根据群众举报，查处了一家电商平台销售"三无"化妆品的网店。警方顺藤摸瓜，在嫌疑人家中查获大量自制面膜、面霜等护肤品及简易生产设备。现场环境脏乱不堪。嫌疑人辩称产品采用"纯天然中草药"制成，但检测结果显示：这些产品不仅微生物指标严重超标，更含有禁用激素及过量重金属（汞、砷），多项指标不符合国家标准，存在严重的安全隐患。

2024 年 9 月，媒体揭露了一款宣称"草本精华"的染发产品，并披露其背后隐藏的安全风险。这些在电商平台及实体店热销的"白发转黑"发用产品，打着"纯天然""无化学添加"的旗号，声称能通过光照激活毛囊黑色素合成，售价从几十元至数百元不等，市场销量可观。检测结果却显示，产品并未添加合规染发剂成分，反而含有 0.1% ~ 0.3% 的硝酸银。这类产品利用硝酸银被氧化后会生成黑色沉淀的化学特性，实现对头发的染色效果。根据《化妆品安全技术规范（2015 年版）》，硝酸银禁止在染发剂中使用。参照《危险化学品分类信息表》中的分类标准，硝酸银属于严重眼损伤/眼刺激类别 1 和皮肤腐蚀/刺激类别 1B 的危险化学品，使用后会造成眼损伤和皮肤刺激性等。

化妆品安全一直是大众与监管部门关注的焦点，每一次化妆品安全事故的发生，都会对产品品牌及化妆品行业产生不同程度的伤害。但对行业自律，生产企业落实化妆品主体责任相关法规，提升公众对化妆品安全和合理使用的认知水平，都起到了积极的促进作用。随着新规落地与安全评估体系的逐步完善，中国化妆品行业迈入了新的发展阶段。

💡 **思考题**

1. 国家引入风险监测管理模式的原因是什么？
2. 化妆品产品的安全评估的对象是哪些？
3. 化妆品风险评估的程序包括哪几个环节？

PPT

第十四章　国际化妆品监管模式

📖 **知识要求**

1. **掌握**　欧盟、美国及日本对化妆品定义，监管重心及其与中国的区别。
2. **熟悉**　欧盟、美国及日本对化妆品的分类管理及其与中国的异同点。
3. **了解**　欧盟、美国及日本对化妆品监管模式的目标和理念，法律体系和监管法规，监管机构的组织架构、职责和权力及其与中国的异同点。

　　监管模式是指从特定的监管理念出发，在监管过程中固化下来的一套结构化的操作系统。我国化妆品产业整体实力与发达国家相比还有很大差距，化妆品市场在壮大的同时也出现了一系列发展乱象，如虚假宣传、化妆品安全问题等，这些问题暴露了我国原有化妆品监管政策体系的不完善之处。因此自 2018 年之后，我国陆续出台了众多相关政策对化妆品行业发展进行约束规范，2020 年国务院发布新版《化妆品监督管理条例》，对化妆品监管制度体系改革提出了新的要求。借鉴国外化妆品监管模式的先进经验，进一步完善中国化妆品监管的体制机制，促进化妆品监管的科学、高效，对适应新时代化妆品监管新形势，推进中国化妆品监管体系和监管能力现代化，具有深远的时代意义。

　　另一方面，在全球化妆品市场深度整合与技术性贸易壁垒并存的新商业生态下，理解国际法规已不再是企业法务部门的专项职责，而是全产业链参与者必须掌握的生存技能，更是企业规避跨境经营风险、保障商业连续性的核心能力。国际化妆品法规本质上是各国基于本土消费文化、科技伦理与产业保护诉求构建的技术性贸易措施，其差异性不仅体现在成分限值、功效宣称或标签规范等显性维度，更深层映射着监管哲学的分野。这种监管拓扑结构的复杂性，要求从业者主动建立动态的法规情报解析意识和系统，通过持续监测目标市场的立法动向，预判成分准入清单变更、毒理学数据要求升级或新原料备案路径调整等关键变量，从而在配方研发阶段即完成合规性设计，避免因后置检测导致的配方迭代成本与上市周期延误。更深层的必要性在于，现代化妆品监管正加速向全生命周期管理模式演进，从原料溯源数字化、生产过程 GMP 合规到上市后不良反应监测，构建覆盖"研发—生产—流通—召回"的闭环合规体系，已成为企业应对跨境监管审计、规避产品责任诉讼的基础设施。

第一节　欧盟化妆品监管模式

一、欧盟化妆品基本概念

（一）欧盟化妆品法定概念

　　根据欧盟化妆品法规 EC1223/2009，化妆品是指用于接触人体外部（表皮、头发系统、指甲、嘴唇和外部生殖器）或牙齿和口腔黏膜，专门或主要使其清洁、增加香味、改变容颜、保护、保持其处于良好状态或纠正体臭的物质或混合物。其中，"物质"是指自然状态下或任何人工合成的一个化学元素以及它的化合物，包括任何保护其稳定性的添加剂和过程中衍生的杂质，但不包含能分离的、对物质稳定性没有影响或不改变其结构的溶剂；"混合物"是指一个混合物或由两种或两种以上物质组成的溶液。

（二）化妆品分类管理范围

EC1223/2009 号条例指出化妆品可以包含乳霜、乳剂、乳液、凝胶和肤用油，面膜、基础彩妆（液体、糊状、粉状）、化妆粉、浴后粉、清洁粉、香皂、除臭皂、香水、花露水和古龙水，浴用品（盐、泡沫剂、油、凝胶）、脱毛剂、除臭和抗汗剂、染发剂、烫发产品、卷曲拉直修复发用品、整发剂、头发清洁产品（乳液、粉、香波）、护发产品（乳液、乳霜、油）、发型产品（乳液、发胶、发蜡）、剃须产品（乳霜、泡沫、乳液）、化妆和卸妆产品、唇部产品、牙齿和口腔护理品、指甲护理与化妆产品、外部卫生用产品、日光浴产品、美黑产品（无阳光）、皮肤美白产品和抗皱产品。

EC1223/2009 还进行了排他性解释：目的是被食入、吸入、注射或移植进入人体中的一种物质或混合物，不属于化妆品。

二、欧盟化妆品监管模式

（一）欧盟化妆品监管法规

欧盟采取的每一项行动都建立在条约的基础上。欧盟成员国之间这些具有约束力的协议规定了欧盟的目标、欧盟机构的规则、决策方式，以及欧盟与其成员国之间的关系。

欧盟法律主要有两种类型——主要和次要。条约（EU treaties）是欧盟法律的起点，在欧盟被称为主要法律。条约规定了欧盟的目标、欧盟机构的规则、决策方式以及欧盟与其成员国之间的关系。欧盟条约不断被修订，以改革欧盟机构并赋予其新的责任范围。或者进行修订以允许新的欧盟国家加入欧盟。条约由所有欧盟国家谈判和商定，然后由其议会批准，有时在公民投票之后。

源自条约原则和目标的法律体系被称为次级法，包括条例（regulations），指令（directives），决定（decisions），建议（recommendations）和意见（opinions）。

1. 条例　法规一旦生效就自动统一适用于所有欧盟国家的法律行为，无需转换为国家法律。它们对所有欧盟国家都具有约束力。

2. 指令　指令设定立法目标和标准，对所指定的成员国具有拘束力。一般来讲，大多数情况下会指定全部成员国。对此，有关成员国须根据自身实际情况，自行在限期前将指令内容转换成国内法，条文只可以优于不可以劣于指令标准，否则欧盟委员会可能会考虑入禀欧盟法院状告有关成员国未能履行条约义务（Failure of a Member State to Fulfil Obligations）。

3. 决定　决定自生效之日起自动在整个欧盟具有约束力，具体指定适用对象仅对其具有拘束力，适用对象可以系部分或全部成员国也可以系其他法律主体。

4. 建议　建议是欧盟机构的观点，并提出一项行动方针，而不对所针对的人施加任何法律义务。建议没有约束力。

5. 意见　意见是一种允许欧盟机构发表声明的工具，不会对意见的主题施加任何法律义务。意见没有约束力。

2013年7月11日实施的EC1223/2009是欧盟化妆品监管方面的核心法规，是化妆品成品投放到欧盟市场的主要监管框架。该条例取代了EC76/768指令，新条例加强了化妆品的安全要求，引入"责任人"概念，对投放欧盟市场的所有化妆品进行集中申报，制造商只需通过欧盟化妆品通知门户（CPNP）对其产品进行通报，引入严重不良影响（SUE）报告，要求着色剂、防腐剂和紫外线过滤剂，包括纳米材料必须得到明确授权等。EC1223/2009由10章40个条款及10个附录组成，具体见表14-1。

表14-1 EC1223/2009的主要内容

章节	标题	条款
I	化妆品范围、定义	1~2
II	产品安全、责任人、自由流通	3~9
III	安全性评价、产品信息文件、产品备案	10~13
IV	对特定成分的限制	14~17
V	动物实验	18
VI	消费者信息	19~21
VII	市场监督	22~24
VIII	违规行为，保护条款	25~28
IX	行政合作	29~30
X	执行措施，最末的条款	31~40
附录I~X	化妆品安全报告（附录I）、化妆品禁用物质清单（附录II）、化妆品限用物质清单（附录III）、化妆品准用着色剂清单（附录IV）、化妆品准用防腐剂清单（附录V）、化妆品准用紫外吸收剂清单（附录VI）、包装与容器图标（附录VII）、动物测试验证替代方法清单（附录VIII）、废止指令及其后续修订列表以及转化为国家法律和实施时限列表（附录IX）、76/768/EEC指令与法规EC1223/2009的对应关系表（附录X）。	

此外，欧盟为了协调化妆品在欧盟范围内的自由流通，逐步建立了较为系统、成熟和协调化的、涵盖技术法规体系、标准体系的化妆品监管法规体系。欧盟化妆品相关法规见表14-2。

表14-2 欧盟化妆品主要法律法规和指南

法规	颁布机构	法规名称
条例	欧洲议会和欧盟理事会	EC1223/2009
	欧盟委员会	EU655/2013
指令	欧洲议会和欧盟理事会	欧盟指令2001/95 一般产品安全
决定	欧洲议会和欧盟理事会	EU2013/674
其他	欧盟委员会	化妆品宣称技术文件
	欧盟委员会	欧盟委员会关于纳米材料定义的推荐性规定
	欧盟委员会和欧盟各成员国政府主管机构	欧盟化妆品法规1223/2009适用范围的指导手册
	消费者安全科学委员会	化妆品原料安全性评价测试指南

（二）欧盟化妆品监管机构

欧盟化妆品监管机构主要有两个层次：一是欧盟层面的主管机构，二是各成员国负责监管的政府主管部门。

1. 欧盟层面的主管机构 欧盟层面有三大机构：欧洲议会、欧盟理事会、欧盟委员会。对于欧盟的化妆品安全监管，三大机构有着不同的作用与职责。欧洲议会是欧盟的立法、监督和咨询机构，具有监督权、共同决策权和立法权，欧盟的化妆品立法一般先由委员会提出建议，理事会征询欧洲议会意见后作出决定。欧盟理事会的主要任务是协调欧洲共同体各个国家间事务，制定欧盟法律和法规，其是欧盟的主要立法部门，负责修订化妆品技术法规。欧盟委员会是欧盟政治体系的执行机构，负责欧盟各项法律文件（指令、条例、决定）的具体贯彻执行，实施欧盟有关条约、法规和欧盟理事会做出的决定；欧盟委员会是执行化妆品法规与协调各成员国的化妆品事务的主要部门，执行法规与协调各成员国的化妆品监管。主要有以下职责：

（1）负责监督整个法规和监管体系的运行。

（2）获取来自成员国政府、行业、消费者的反馈。

（3）一旦发现成员国行政部门对法规的执行和落实出现偏离，要求其采取改正措施。

（4）在行业与成员国的协作下，制定法规实施指南。

（5）发起法规的更新与修改。

欧盟委员会中负责化妆品监管的部门为健康与食品安全总局（Directorate – General for Health and Food Safety，DG SANTE），2014 年之前称为健康与消费者总局（DG SANCO），其是欧盟委员会的下属机构。该总局负责监督和实施欧盟有关健康和食品安全的政策和法律。DG SANTE 下设八个局，并管理消费者安全科学委员会（Scientific Committee on Consumer Safety，SCCS）和健康、环境和新兴风险科学委员会（Scientific Committee on Health，Environmental and Emerging Risks，SHEER）两个独立的科学委员会。

2. 欧盟成员国　欧盟成员国在化妆品监管上有以下职责：

（1）当化妆品产品符合欧盟法规时，不得限制产品的自由流通。

（2）对产品进行市场监管和安全风险监测。如检查化妆品产品、检查经营和商业活动、检查安全性评价和产品信息文件、对市售产品进行标识和实验室的检测、检查对 GMP 的符合性。

（3）当发现违规产品时，要求产品责任人采取纠正措施。

（4）与欧盟委员会和其他成员国行政部门进行交流和合作。

成员国层面上则由各成员国成立相关机构监管。如在法国，主要由法国卫生和福利部下属的国家药品和保健品安全局（ANSM）负责药品、医疗器械、化妆品等的功效/安全性评价及上市后监管。

（三）欧盟化妆品监管方法

1. 原料管理　欧盟化妆品法规采用禁用物质清单和限量物质清单进行原料管理。化妆品配方不得使用禁用物质清单（EC1223/2009 附录Ⅱ）中的原料。列入限用物质清单（包括着色剂、防腐剂和防晒剂）的原料根据 EC1223/2009 附录Ⅲ～Ⅵ的使用条件用于化妆品配方中。此外，CMR 物质和纳米材料根据以下要求进行监管。

（1）CMR（致癌性，致突变性和生殖毒性）物质　禁止但有例外。禁止在化妆品中使用 EC1272/2008 附录Ⅵ第 3 部分分类为第 2 类的 CMR 物质。但经 SCCS 评估并认定可安全用于化妆品后，可用于化妆品中。禁止在化妆品中使用第 EC1272/2008 附录Ⅵ第 3 部分规定的 1A 类或 1B 类的 CMR 物质。但是，在符合以下所有条件的情况下，可作为例外在化妆品中使用此类物质：①符合第 178/2002 号条例中规定的食品安全要求；②没有合适的替代物质；③申请用于已知暴露量的产品类别的特定用途；④被 SCCS 证明使用于化妆品是安全的。

（2）纳米材料　特殊的上市前备案管理（产品）。任何含有纳米材料的化妆品，必须确保对人体健康高度的安全性。含有纳米材料的化妆品，责任人必须以电子方式，在上市六个月前通知委员会，通知委员会的信息至少包含以下内容：①纳米材料的身份证明，包含化学名（IUPAC）和根据附录Ⅱ到Ⅵ前言第2点的其他证明。②纳米材料的具体规格，包含粒径大小、物理和化学性质。③含有纳米材料的化妆品每年上市数量的估计。④纳米材料的毒理学简介。⑤用于化妆品产品的纳米材料的安全性数据。⑥合理的可预见的暴露条件。

2. 动物实验　从2013年3月开始，欧盟全面禁止在欧盟范围内对化妆品及其成分进行动物实验，以期满足化妆品法规要求，如果化妆品及其成分曾为满足化妆品法规要求而进行动物实验，将被禁止在欧盟销售，无论该实验是在欧盟范围内还是世界其他地区发生。不受该禁令限制的情形：

（1）化妆品原料若应其他产品品类法规要求（如药品、食品等）而做的动物实验不受该禁令限制。

（2）化妆品原料若可以用于除化妆品外的其他产品品类，由原料上游供应商因其他品类需要而做的动物实验，不受该禁令限制。

（3）为满足非欧盟国家法规要求而做的动物实验，不受该禁令限制。但是，由此获得的实验数据不能用于欧盟化妆品安全性评价。

3. 产品责任人　1223/2009号条例引入了"产品责任人"概念，只有当化妆品产品有指定的"责任人"时，方可投放到欧盟市场。产品责任人负责产品的安全和合法性，产品责任人必须是欧盟范围内的实体，包括法人和自然人。通常情况下，产品责任人是产品生产商或进口商。产品责任人的名称和地址必须标注在产品上。一旦政府市场监管发现产品没有标注责任人信息，将停止其进口或将其从市场撤回（停止销售）。产品责任人有以下法律责任：

（1）保证产品安全；

（2）遵守良好生产规范（GMP）；

（3）向政府提供包括由安全评价员出具的安全性评价在内的产品信息文件；

（4）在备案门户网站上进行产品备案（CPNP）；

（5）保证产品配方符合原料限制要求；

（6）遵守动物实验禁令；

（7）提供完整正确的标签；

（8）符合对产品宣称的共同标准；

（9）记录和处理不良反应并且当严重不良反应发生时，向政府部门及时上报；

（10）配合市场监管的政府行政部门的相关工作。

4. 产品准入　欧盟化妆品产品无需进行事前产品注册，但有简单的产品备案，以便政府的市场监管。根据1223/2009第13条，欧盟要求在化妆品产品投放市场前，产品责任人应在备案门户网站（Cosmetics Product Notification Portal，CPNP）上进行产品备案，向欧盟委员会提交产品相关信息。产品备案是在欧盟委员会层面的统一备案，首次投放市场的新产品及市售产品均要求备案，备案是产品责任人和分销商的义务。备案的产品信息可被各成员国行政部门用以市场监督，市场分析，评估和作为消费者信息。要求提交的产品备案信息如下：

（1）产品类别；

（2）产品名称；

（3）责任人名称和地址；

（4）原产国（仅对进口产品）；

（5）产品拟销售的成员国；

（6）必要情况下的联系人信息；

（7）存在纳米材料时：物质的证明包括化学名（IUPAC）及其他根据 1223/2009 附录 Ⅱ到Ⅵ的特别描述；合理的可预见的暴露条件；

（8）根据第 1272/2008 号法规（EC）附件Ⅵ第 3 部分，被归类为 1A 类或 1B 类致癌、诱变或生殖毒性（CMR）物质的名称和化学摘要服务号（CAS）或 EC 号；

（9）框架配方，以便在出现问题时能及时进行适当的治疗；

（10）产品包装图片；

（11）产品标签图片。

5. 安全评估　根据 EC1223/2009 第 10 条的规定，在化妆品上市前，化妆品生产企业要评估化妆品成品及其所有原料的安全，形成化妆品安全报告（Cosmetics Product Safety Report，CPSR）并留存。CPSR 分为两部分内容，一是产品安全信息，主要是收集必要的数据，由化妆品负责人负责；二是产品安全评估，由需具备相关学科知识和专业能力的安全评估人负责。

产品安全评估主要包括：①评估结论（化妆品的安全声明）；②标签、警示语和使用说明；③评估结论的解释说明；④评估人员的资格证明。

值得注意的是，EC1223/2009 没有直接描述产品微生物指标、重金属等风险物质管理限值的要求，但是要求化妆品安全风险评估中考虑这些因素对产品安全及风险评估的影响。

此外，当一个化妆品上市销售时，责任人需为此保留一份产品信息文件（Product Information File，PIF）。从最后一批化妆品上市时间算起，这个产品信息文件必须保存 10 年，以备政府相关部门进行查验，产品信息文件包含以下信息：产品描述、产品安全评估报告、生产工艺描述和符合良好生产规范的声明、动物实验数据、产品功效证明。

6. 产品标签和宣称　为建立化妆品宣称判定的统一标准，欧盟委员会根据 EC1223/2009 第 20 条款要求，颁布了欧盟委员会法规 EU655/2013。该法规旨在确保化妆品宣称不暗示自身不具备的特点和功能以及不误导消费者。EU655/2013 规定了化妆品宣称的六个通用准则，即合规性、真实性、证据支持、诚信宣称、公平公正、知情决策。以上准则适用于通过产品标签宣称和通过其他媒介进行的广告宣称，包括使用的文字、名称、商标、图片和数字或者其他标识，不得暗示此类产品具有与实际不相符的特性或功效。欧盟成员国的化妆品主管部门通过对上市产品进行市场监督，确保产品宣称符合这些通用准则。在产品宣称不符合法规要求时，主管部门可以要求相关企业改正，严重时可以要求企业撤回已上市产品。化妆品标签上需要标示以下信息：

（1）责任人的姓名或注册名称和地址；

（2）产品包装的净含量，以重量或体积单位进行标识；

（3）最短保质期限，例如"最好在……之前使用"。应按顺序注明月和年或日、月、年。保质期超过 30 个月的产品不强制要求标注最短保质期限，原则上需标示开启后对消费者没有任何危害的安全使用期限；

（4）使用注意事项，应包括欧盟法规附录Ⅲ至Ⅵ中对原料有标签标注要求的内容；

（5）产品生产批号；

（6）化妆品的功效；

（7）产品成分表，为了使成分的标识能够一致并易于确认，成分采用 INCI 名称进行标示，即使用简单而一体化的命名系统，以免重名等问题。

7. GMP 要求 良好生产规范（Good Manufactiring Practices，GMP）是一套关于生产和质量控制的措施，用以确保：生产和检测流程有清晰的规定，验证，回顾和记录；有配套且合适的生产人员，设施和材料；有效的文件管理系统。GMP 本身并不能保证产品的安全性，但是它可以通过确保生产的可再现性文件管理，产品可追溯性来帮助达到产品安全。

符合 GMP 是强制性要求并且要求产品责任人进行声明，但不要求 GMP 的第三方认证。欧盟化妆品良好生产规范（GMP）要求欧盟境内流通的化妆品根据 ISO 22716 标准进行规范生产。责任人需要提供化妆品良好生产规范（GMP）的资质证明材料，既接受通过 ISO 22716 的第三方证书，也接受产品是根据 ISO 22716 生产的自我声明来证明，并不是欧盟官方强制批准的审核要求。

8. 风险监测（不良反应监测） "严重不良影响"是指导致短暂或永久的功能性伤残、残疾、住院、先天异常或急性危险或死亡的不良影响。当出现严重不良影响事件时，责任人和批发商必须毫不延迟地告知事发严重影响的成员国当局以下内容：所有已知的或可以预测的严重不良影响；相关化妆品的名字，以及确认它的特别方法；任何纠正的措施。主管当局必须立即将信息传递给其他成员国主管当局和责任人。主管当局必须根据获得的信息去进行市场内监督、市场分析、证据和消费者信息分析。

三、欧盟化妆品监管的历史沿革

欧盟化妆品的监管最早可追溯到 1976 年。

1976 年，欧盟委员会颁布了 EC76/768 指令，明确了欧盟委员会主要负责参与市场准入的法规架构，监督整个法规和监管系统的运行。欧盟各成员国化妆品主管部门则分别负责其国内上市产品的市场监督管理。

1993 年，EEC93/35 修正案颁布，首次对化妆品安全评估和良好生产规范作出规定。

1994 年，欧洲化妆品洗涤用品及香水协会（COLIPA）发布了行业协会的化妆品 GMP 指南：《化妆品良好生产规范》（Cosmetic Good Manufacturing Practices）。

1995 年，欧盟理事会也发布了化妆品 GMP 指南：《化妆品的良好生产规范应用指南》（Guidelines for Good Manufacturing Practice of Cosmetic Products，GMPC）。这两个化妆品 GMP 指南是全球最早的化妆品 GMP 标准，其作为欧盟化妆品指令的有效组成部分，被欧盟及其成员国官方一直沿用至 2013 年 7 月 10 日。

1997 年，化妆品和非食用产品委员会（SCCNFP）成立，主要负责化妆品原料药安全评估工作。

2004 年，SCCNFP 被消费产品科学委员会（SCCP）取代。

2006 年，欧盟《关于化学品注册、评估、许可和限制的法规》（REACH）法规出台，对化妆品中成分的安全评估作出规定。

2007 年，ISO 颁布了化妆品良好生产规范国际标准 ISO 22716：2007。

2008 年，SCCP 更名为消费者安全科学委员会（SCCS）。

2009 年，EC1223/2009 出台，该法规取代了 EC76/768 指令，提供了一个强大的、国际公认的制度，在加强产品安全的同时考虑到最新的技术发展，化妆品法规带来的最重大变化包括：①加强化妆品的安全要求。制造商在将产品投放市场之前需要遵循特定要求来准备产品安全报告。②引入"责任人"概念。只有在欧盟范围内指定法人或自然人为"责任人"的化妆品才能投放市场。新的化妆品法规允许准确识别责任人并明确概述他们的义务。③对投放到欧盟市场的所有化妆品进行集中通知。制造商只需通过欧盟化妆品备案门户网站（CPNP）对其产品进行一次通知。④引入严重不良影响报告（SUE）。责任人有义务向国家当局通报严重不良影响。当局还将收集来自用户、卫生专业人员和其他人的信息。他们将有义务与其他欧盟国家分享信息。⑤关于在化妆品中使用纳米材料的新规定。着色剂、防腐剂和紫外线过滤剂，包括属于纳米材料的物质，必须得到明确授权。

2011年，欧盟官方公报上发布了《EN ISO 22716：2007 化妆品—良好生产操作（GMP）—良好生产操作指南》（ISO 22716：2007），公告该指南正式成为欧盟化妆品法规 EC1223/2009 的 GMP 协调标准，也就是说，EN ISO 22716 也符合欧盟新法规 EC1223/2009 涉及 GMP 的要求。

2024年3月14日，欧盟委员会发布法规 EU2024/858 以修订欧盟化妆品法规 EC1223/2009，对欧盟化妆品法规 EC1223/2009 中的化妆品禁用物质清单（附录Ⅱ）和限用物质清单（附录Ⅲ）进行修订。

近年来，欧盟相继出台一系列规范化妆品市场的新政策，更加注重行业内部自律，产品备案制度相继完善，着重于产品生产整个过程的质量监管，提高了进口化妆品的质量门槛，把着力点放在信息的规制和事后监管，适应国际趋势，形成统一切实可行的法律，降低了欧盟成员国适用不均衡的现象，更加适应欧盟特定国家和地区的实际发展。

第二节 美国化妆品管理模式

一、美国化妆品基本概念

（一）美国化妆品法定概念

《联邦食品、药品和化妆品法案》（Food, Drug and Cosmetic Act, FD&C 法案）第201条（i）款根据化妆品的预期用途将化妆品定义为："用于涂擦、倾倒、喷洒或喷涂，或渗透进入或以其他方式作用于人体上的产品，目的是清洁、美化、提高吸引力或改变外貌"。本定义中包含的产品为保湿乳液、香水、口红、香水、指甲油、眼部和面部化妆制品、洗发液、烫发剂、染发剂、除臭剂以及拟作为化妆品的一部分进行使用的任何物质。

（二）化妆品分类管理范围

FD&C 法案根据药品的预期用途将部分药品定义为"用于诊断、治愈、缓解、治疗或预防疾病的物品"以及"用于影响人或动物的身体结构或任何功能的物品（食品除外）"。有些产品同时符合化妆品与药品的定义。当某一产品具备两种预期用途时可能发生这种情况。例如，洗发水是化妆品，因为其预期用途是清洗头发。去屑制剂是一种药品，因为其预期的用途是治疗头皮屑。显然，去屑洗发液既是化妆品也是药品。其他化妆品/药品组合如下：含氟化物的牙膏、同时也是防汗剂的除臭剂以及打着防晒的口号销售的保湿液和化妆品。该等产品必须同时符合化妆品和药品的要求，即应当符合非处方药品（Over – The – Counter，OTC）的要求。

二、美国化妆品监管模式

（一）美国化妆品监管法规

美国的药品管理法规体系按照法律（Law）、法规（Regulations）、指导文件（Guidance）的层级自上而下共同构成。第一级法律，是由国会通过的重要法律文件。通过的法律将会收录于《美国法典》（U.S.C，United States Code）。如《联邦食品、药品和化妆品法》（the Federal Food，Drug，and Cosmetic Act，FD&C）收录于《美国法典》第 21 篇的第 9 章（第 321 节至第 399 节）。第二级法规，其法律层级类似于我国的行政法规。当法律制定生效后，政府行政部门如 FDA 便会通过制定法规，进一步细化法律的实施。通过的法规会被收录进《联邦法规汇编》（Code of Federal Regulations，CFR），如 21CFR 等，同样具有法律强制作用。第三级指导文件，主要是为 FDA 工作人员，申请人和公众准备的文件，描述了该机构对监管问题或政策的解释。指导文件不具有法律约束力。

美国化妆品监管的主要法律是《联邦食品、药品和化妆品法》（FD&C 法案）。该法案的目的是确保食品、药品、医疗器械和化妆品是安全的，且标签标注得当。该法案第 Ⅵ 章（21 USC 361 至 363）涉及化妆品的部分。

拜登总统于 2022 年 12 月 29 日签署《2022 化妆品监管现代化法案》（Modernization of Cosmetics Regulation Act of 2022，简称 MoCRA）。MoCRA 是自 1938 年以来对 FD&C 法案的第一次重大修订，也是 FDA 对化妆品监管权限最重大的一次扩张，旨在促进化妆品和个人护理产品的监管现代化，并为化妆品监管创建了一个全面统一的框架。

美国化妆品相关监管法律法规见表 14 – 3。

表 14 – 3 美国化妆品相关监管法律法规

法律	颁布机构	法律名称
法律	美国国会	《联邦食品、药品和化妆品法》
	美国国会	《2022 化妆品监管现代化法案》
	美国国会	《公平包装和标签法》
	美国国会	2015 年《无微珠水域法案》
法规	美国食品药品管理局	《联邦法规汇编》第 21 章
指导文件	美国食品药品管理局	化妆品标签指南
	美国食品药品管理局	行业指南草案：化妆品设施和产品的注册和上市
	美国食品药品管理局	行业指南草案：化妆品良好生产规范
	美国食品药品管理局	行业指南草案：纹身墨水制备、包装和保存的不卫生条件以及微生物污染的风险
	美国食品药品管理局	行业指南：化妆品中纳米材料的安全性
	美国食品药品管理局	行业指南草案：唇部化妆品和外用化妆品中的铅：建议最高含量
其他	美国联邦政府各执行机构和部门 美国食品药品管理局	联邦法规法典防晒产品 OTC 专论
	美国食品药品管理局	纳米技术在动物食品中的应用
	美国个人护理和产品协会	国际化妆品原料字典和手册

除了国家层面的法规，美国部分州或部门针对化妆品出台了补充监管法规。此外相较于美国国家层面的法律法规，各州法令的推动、颁布、修订更为灵活，在一定程度上体现了最新的监管需求及发展方向，有时甚至会推动美国法律法规的变革。如最初由东北州长联盟（CONEG）的资源减少委员会于1989年起草的《包装毒物法规》，目的是减少在美国销售或分销的包装和包装组件中的重金属含量，逐步淘汰含汞、铅、镉和六价铬的包材、包装的使用和存在，目前该立法已被19个州成功通过。俄勒冈州、华盛顿州、佛蒙特州、明尼苏达州和缅因州要求，对于含有关注物质的儿童产品，需要在上市前提前通报给当局，有可能被要求替换或删掉该物质，这个关注物质清单是动态变化的，生产商需要保持关注，防止违规。加利福尼亚州、伊利诺伊州、印第安纳州、密歇根州、俄亥俄州和犹他州在内的几个州已经发布了消费品挥发性有机化合物（VOC）的限制。受影响的产品因州而异，但可能包括除臭剂、头发摩丝、发油、发胶、头发定型产品、卸甲油、香水、剃须液和凝胶以及临时染发剂等。路易斯安那州政府要求对在该州出售的化妆品每年进行一次登记，化妆品公司需提供产品清单，如果是新上市的化妆品，则还需要另外提供标签等信息。该州还对以同一品牌名称下出售的每一类化妆品加收年度登记费。

美国化妆品州法常见的主要有：①宾夕法尼亚州，《药品，器械和化妆品法》（the Controlled Substances，Drugs，Device，And Cosmetics Act，1972）。②加州，《65法案》（the California Safe Cosmetics Act，Proposition 65，2005）。③华盛顿州，《儿童安全产品法》（Children's Safe Products Act Law，CSPA – 70.240 RCW章，2008）。④加州，《加利福尼亚无残酷化妆品法案》（the California Cruelty – Free Cosmetics Act，2018）。⑤加利福尼亚州，《化妆品香精和香料成分知情权法》（California Cosmetic Fragrance and Flavor Ingredient Right to Know Act of 2019，SB 312）。⑥加州，《无毒化妆品法》（California Toxic – Free Cosmetics Act，CA AB 2762，2020）。

（二）美国化妆品监管机构

在美国，化妆品受到不同主管部门的监管，主要的监管机构见表14 – 4。

表14 – 4　美国化妆品主要的监管机构

部门	监管范畴
消费品安全委员会（CPSC）	产品安全、儿童产品、儿童防护瓶盖、肥皂、有害物质
海关与边境保护署（CBP）	原产国（对于大多数进口产品、许可和成分）
环境保护署（EPA）	联邦杀虫剂、杀菌剂和灭鼠剂法案；消耗臭氧层物质，挥发性有机化合物
联邦贸易委员会（FTC）	不公平贸易事件，美国制造产品标识、环境和产品性能声明
食品药品管理局（FDA）	化妆品法规、微珠、色素添加剂、化妆品成分法规、化妆品包装和标签（包括CPSC对化妆品的要求）、防篡改包装
美国农业部（USDA）	有机声称

美国食品药品管理局（Food and Drug Administration，FDA），隶属于美国卫生与公众服务部（HHS），其由美国国会即联邦政府授权，集审批、监督及执法于一体，是美国化妆品监管的最高权力机构。主要负责相关法律法规的颁布和修订；实验室的检测标准的研究和制定，化妆品市场和生产企业的监管；进出口化妆品的监督管理；化妆品的抽样检查；产品相关信息的收集和管理；化妆品质量、卫生标签等内容的检查和监督等。下设食品安全与应用营养学中心（Center for Food Safety and Applied Nutrition，CFSAN）具体负责管理。

涉及 OTC 类产品则由药品评价与研究中心（Center for Drug Evaluation and Research，CDER）共同负责。

美国联邦贸易委员会（Federal Trade Commission，FTC）主要负责化妆品和非处方药的广告管理。FTC 主要负责对不正当和欺诈性行为的管制。所有广告宣传必须真实可靠、不带有误导性，并且必须有可以证明其宣传合理性的依据。FTC 负责监控刊载的（如产品标签、杂志、因特网）或播放的（如收音机、电视）产品宣传，并且将对做虚假或者无确实根据的宣传的公司采取行动。有时，针对化妆品和药品欺骗性声明的行为，特别是涉及产品标签上的宣传时，FDA 和 FTC 会对化妆品和药品的欺诈行为采取联合行动。

（三）美国化妆品监管方法

1. 原料管理

（1）色素　仅当 FDA 批准其用于预期用途时，才允许在化妆品中使用色素添加剂。此外，有些产品只有来自 FDA 测试和认证的批次才可以使用。

根据美 FD&C 法案第 721 条及 21CFR 第 379 条 e 款，着色添加剂受严格的审批制度约束。产品（煤焦油染发剂除外）含有着色添加剂，须遵守以下规定：

①审批。化妆品中使用的所有色素添加剂必须通过 FDA 的审批，而且必须符合专门针对用作色素添加剂的物质制定的法规及相关规范和限制条件。②认证。除了通过审批，拟用于在美国销售的化妆品的大量色素添加剂必须通过 FDA 的批量认证。③性质和规范。所有色素添加剂必须符合《联邦法规汇编》规定的性质和规范要求。④用途与使用限制。着色添加剂仅可用于与其相关的条例规定的预期用途。该等条例也对某些染料，如成品中最大程度范围内允许的浓度的其他使用限制进行了规定。

色素添加剂分为两大类：需要认证的色素添加剂和免于认证的色素添加剂。①需要认证的颜料色素添加剂主要来自石油，有时也被称为"煤焦油染料"或"合成有机"颜料。除煤焦油染发剂外，不得使用该等染料，除非 FDA 已证实批量染料的成分与纯度已通过 FDA 自设的实验室的分析。如果批量染料未通过 FDA 的认证，不得使用。经过认证的染料名称一般由三个部分组成。名称包含前缀 FD&C、D&C 或外部 D&C、颜色及编号。例如："FD&C 黄色 5 号"。经过认证的染料也应通过颜色和编号（无需前缀）在化妆品成分声明中进行鉴定（如"黄色 5 号"）。②免于认证的染料该等色素添加剂主要从矿物、植物或动物源提取。它们无需受制于批量认证要求。但是，它们仍被视为人工色素，当其被用于生产化妆品或其他受 FDA 监管的产品时，它们必须符合 21CFR 第 73 部分规定的性质、规范、用途、使用限制及标识要求。

（2）禁止或限制使用成分　①禁止使用的成分：硫双二氯酚、氯氟烃推进剂、三氯甲烷、卤代水杨酰苯胺（二-，三-，三溴甲基苯胺和四氯水杨酰苯）、二氯甲烷、牛源性材料（预防牛海绵状脑病）、氯乙烯、含锆化合物。②有限制要求的成分：汞化合物，低于 1ppm，作为防腐剂（无其他可用防腐剂可以替代）在眼部产品中的限量是 65ppm。六氯酚，如作为防腐剂不得超过 0.1%，且是必须使用该防腐剂且无其他替代防腐剂的情况，且不允许用于黏膜或附近部位，此外，上市前需要有充分的安全验证/测试，否则视为掺假。对于含防晒剂在配方中作为保护剂的，需要标注，比如"含有防晒剂—用于保护产品色泽"，任何暗示治疗功能的，都被视为误导消费者。

2. 生产准入　根据 FD&C 法案第 607（a）条，在美国制造或加工分销化妆品的任何企业（包括进口商的企业）都必须在 FDA 进行工厂设施注册，并每两年更新一次注册信息。

美国境外设施还需要提供美国境内代理人的信息。注册期限为从事化妆品加工生产的 60 天内。注册登记内容：

（1）工厂的名称，地址，电子邮件地址和电话号码；

（2）对于任何国外工厂，应提供该工厂的美国代理人的联系方式，如有，应提供电子联系信息；

（3）FDA 分配的工厂注册号（如有）；

（4）在工厂生产或加工的化妆品的所有品牌名称；

（5）工厂制造或加工的每种化妆品的产品类别和负责人。

3. 产品准入　根据 FD&C 法案第 607（c）条，美国对化妆品产品实行强制备案，化妆品制造商/包装商或分销商必须向 FDA 提交每种化妆品产品的产品清单进行备案，包括制造地点、成分、标签等，并且每年更新一次，化妆品的备案期限为上市后的 120 天内。配方相似但颜色或气味略有变化的产品不需要单独提交。产品清单提交内容：

（1）生产或加工化妆品的工厂注册号；

（2）责任人的姓名和联系电话以及化妆品的名称，如标签上所示；

（3）化妆品的适用化妆品类别；

（4）化妆品中的成分列表，包括任何香料、香料或颜色，根据《联邦法规》（或任何后续法规）第 21 篇第 701.3 节的要求，每种成分均以名称标识，或以该成分的常用名称标识；

（5）FDA 分配的产品清单编号（如有）。

4. 产品标签　化妆品标签必须符合 FD&C 法案及公平包装和标签（FPLA）的要求，主要展示面须标注体现化妆品特性的描述（如产品名称等）及产品的净含量。此外，标签中还需要标注：商业主体的名称和地址—加工商，包装商或分销商；如产品所有权不属于生产商，还需要标注该产品是为谁生产的信息；重要事项（如：安全使用示例）；注意事项；产品成分；产品制造商的美国国内地址和联系方式，其中可包括网站，用于接收产品的不良事件反馈。此外，标签还必须包含香精过敏原信息。FDA 将通过法规确定必须在化妆品标签上披露的香精过敏原。专业用途产品必须在标签上注明它们仅供获得许可的专业人员使用，并且符合现有的标签要求。

5. 功效宣称　美国对化妆品功效的管理侧重于由企业承担主体责任。FDA 对于化妆品的功效宣称管理较为宽松，法规中没有具体验证的要求，对于产品的功效宣称，企业可自行制定使用方法。但对于既属于化妆品又属于药品的化妆品，即 OTC 类产品，FDA 对其管理则比较严格。如含氟牙膏、抗菌洗手液、防晒产品、去屑洗发水等属于非处方药品，受美国 OTC 专论（OTC Monograph）的监管。OTC 专论中对成分、使用方式、测试方法等方面的功效评估有明确的要求。

但无论是化妆品还是 OTC 类药品，在广告宣称上均需符合联邦贸易委员会（Federal Trade Commission）于 2006 年发布的《贸易委员会法》（Federal Trade Commission Act）的规定，该法案要求广告必须真实，不能欺瞒消费者，功能宣称应有相应的证据证明。

6. GMP 要求　MOCRA 要求 FDA 必须颁布针对化妆品的强制性良好生产规范（GMP）法规，以确保化妆品产品不"掺假"，并允许 FDA 在检查期间查阅 GMP 相关记录以确保产品合规。

7. 风险监测（不良反应监测）　出现严重不良反应事件时，化妆品标签上的化妆品制造商、包装商或分销商必须在 15 个工作日内向 FDA 报告，并附上此类化妆品零售包装上或内部的标签副本，并将与不良事件相关的记录保存六年。FDA 有权在检查期间查阅保存的不良事件记录。

（1）严重不良事件　发生以下情况的不良事件。结果：死亡；危及生命的经历；住院治疗；持续或严重的残疾或无行为能力；先天性异常或出生缺陷；感染；或者严重毁容（包括严重且持续的皮疹、二度或三度烧伤、严重脱发或持续或显著的外观改变），与习惯或通常使用条件下的预期目的不同；需要根据合理的医学判断，进行医疗或手术干预。

（2）强制召回　对于"掺假"或"错误标注"并且导致严重不良后果的化妆品，MO-CRA 授权 FDA 强制召回的权利。①掺假：化妆品及其容器如含有有毒有害物质，在标签提及使用方法或通常的使用方法下，会对人体产生危害，则被视为掺假行为，煤焦油类的染发剂除外，但是需要在标签中标注相关警示语"本产品含有可能对某些人造成皮肤刺激的成分，应首先根据随附的说明进行初步测试。本产品不得用于染睫毛或眉毛，否则可能会导致失明。"此外，产品不得含有不卫生成分，且不得在不符合卫生条件下生产，除染发剂外，化妆品不得含有不安全的色素添加剂。产品需有足够安全性证明。②误导：化妆品标签不得误导或虚假宣称，比如名称中有某种物质，而实际没有添加。FDA 目前没有关于宣称的允许或禁止清单，也不需要上市前审批，FDA 一般是基于产品的所有相关信息进行综合判断，包括标签，宣称资料（印刷品及网络资料等）。当然，按照法规需要标注的内容，标签没有标注，也被视为是误导行为。

8. 动物实验　美国没有强制要求不允许动物实验，但美国国会认为动物实验不应用于化妆品的安全试验，除特殊允许情况外，应逐步淘汰。

9. 小型企业　MOCRA 将三年内年平均销售额低于 100 万美元的企业定义为小型企业，并给予小型企业相应的豁免政策。例如，不需要遵循强制设施注册和产品备案、不受 GMP 法规限制、不良事件记录保存 3 年等。

三、美国化妆品监管的历史沿革

1938 年以前，美国邮政局（Post Office Department）和联邦贸易委员会（Federal Trade Commission）曾对化妆品产品进行了有限的监管。随着 1938 年《联邦食品、药品和化妆品法案》（FD&C Act）的出台，化妆品正式纳入了 FDA 的监管范围。

1938—1959 年是化妆品监管的起步期，《联邦食品、药品和化妆品法案》颁布，首次将化妆品纳入 FDA 监管范围，对化妆品的标签、包装及色素添加剂作出规定。

1960 年，《色素添加剂修正案》颁布，FDA 加强对化妆品中色素添加剂的监管。

1966 年，《公正包装和标识法案》（FPLA）颁布，加强了对标签及包装的监管，要求在化妆品外包装标签上列出配方的成分说明。

1970 年，FDA 整合化妆品与食品的监管职能，下设食品局（Bureau of Food）。

1984 年，食品局更名为食品安全与营养中心（CAFSAN）。

1992 年，CAFSAN 进行结构改革，设立化妆品和色素办公室负责化妆品具体管理工作。

1997 年，FDA 发布了《化妆品良好生产规范（GMP）指南/检查清单》（Cosmetic Good Manufacturing Guidelines/Inspection Checklist）。

2008 年，FDA 参考国际标准 EN ISO 22716：2007 对化妆品 GMP 指南进行更新，并未完全采纳 EN ISO 22716：2007。

2013 年，修订《化妆品 GMP 指南草案》（Draft Guidance for Industry：Cosmetic Good Manufacturing Practices）。

2015 年，美国颁布《无微珠水域法案》，全面禁止淋洗类化妆品中使用塑料微珠。

2022 年，《2022 化妆品监管现代化法案》（MoCRA）签署成为法律，MoCRA 是自 1938 年以来对《联邦食品、药品和化妆品法案》第一次重大修订，扩大了 FDA 对化妆品监管权限，旨在联邦对化妆品和个人护理产品的监管现代化。MoCRA 要求化妆品工厂强制注册、化妆品产品强制备案、严重不良反应事件强制报告、责任人需提供安全性证明、FDA 出台化妆品良好生产规范、标签新增香精过敏原，不良事件反馈联系信息标识要求、授予 FDA 强制召回权力、提出小型企业便利政策等，为化妆品监管创建了一个全面统一的框架。

第三节　日本化妆品管理模式

一、日本化妆品基本概念

（一）日本化妆品法定概念

日本将化妆品分为化妆品和医药部外品，两者遵循的基本法律都是《医药品、医疗器械等品质、功效及安全性保证等有关法律》，即《药机法》（原《药事法》）。

根据《药机法》第一章第二条第 2、3 款规定："化妆品"指的是以涂抹、喷洒或其他类似方法使用，起到清洁、美化、增添魅力、改变容貌或保持皮肤或头发健康等作用的产品。它旨在用于人体，并对人体具有温和的作用。

"医药部外品"系指下列对人体作用缓和的物品。

1. 为下列第（1）项至第（3）项所列目的而使用的物品，而非医疗器械器具：

（1）防止恶心和其他不适的、防止口臭或使人体除臭的。

（2）防止痱子、溃烂等的。

（3）防止脱发或促进头发生长或脱毛的。

2. 为了人或动物的保健，老鼠，苍蝇，蚊子，跳蚤或其他害虫等的驱除或预防。

3. 厚生劳动大臣指定的。

（二）化妆品分类管理范围

化妆品是对人体有温和作用的物质，包括护肤化妆品（如乳液）、彩妆化妆品（粉底、口红、眼线、睫毛膏等）、香水、护发产品（洗发水、护发素等），还包括香皂、牙膏等。

医药部外品除了具有化妆品的预期效果外，对人体还有轻微影响，介于"药品"和"化妆品"之间。包括上述概念中所指的三类，其中，根据《医药品、医疗机器等的质量、有效性及安全性的确保等的法律》（2009 年 2 月 6 日厚生劳动省告示第 25 号），厚生劳动省指定的医药部外品有用于改善胃部不适的药物、防止打鼾药、漱口药、卫生棉类、接触消毒剂、杀菌消毒药、含有维生素的保健药品等 27 种。

二、日本化妆品监管模式

（一）日本化妆品监管法规

日本的药品管理法规体系主要分为三类：第一类是由日本国会批准颁布的法律；第二类是由日本政府内阁批准通过的政令或法令；第三类是由厚生劳动大臣批准通过的告示或省令。

法律是由日本国会通过的正式法令，对各种事务和领域进行规范。法律在日本法律层级中的地位次于宪法，法律必须遵循宪法的框架。

政令是由日本政府内阁颁布的行政法规，用于执行法律的规定。政令在法律层级中的地位次于法律，但它们可以细化和具体化法律的规定。

目前日本现行的化妆品法律制度是 1960 年制定的《药事法》，该法涉及对药品、医疗器械、医药部外品和化妆品的监管要求。2013 年 11 月修订改名为《医药品、医疗器械等品质、功效及安全性保证等有关法律》（《药机法》），2014 年 11 月施行。最近一次的修订于 2019 年 12 月 4 日进行，其中要求上市许可持有人（从事药品、医疗器械、化妆品等生产、销售和分销的人员）有义务建立法律合规体系。日本化妆品相关监管法规见表 14 - 5。

表 14 - 5 日本化妆品相关监管法规

法律	颁布机构	法律名称
法律	内阁	医药品、医疗器械等品质、功效及安全性保证等有关法律
政令	内阁	药事法实施令
省令/告示	厚生劳动省	药事法施行规则
	厚生劳动省	化妆品基准
	厚生劳动省	根据医药品、医疗器械等的质量、有效性和安全性的确保等相关法律第二条第二项第三号的规定，厚生劳动大臣指定的医药部外品
	厚生劳动省	医药品、医药部外品、化妆品及医疗器械的制造销售后安全管理基准
	厚生劳动省	医药品、医药部外品、化妆品及医疗器械的品质管理基准
	厚生劳动省	药用化妆品功效成分清单
	厚生劳动省	医药部外品等的批准申请
	厚生劳动省	医药部外品添加剂清单
	厚生劳动省	医药部外品原料规格 2021
	厚生劳动省	染发剂制造销售许可基准
	厚生劳动省	医药品等适当广告基准
	厚生劳动省	有关滑石粉的品质管理

（二）日本化妆品监管机构

厚生劳动省是日本负责医疗卫生和社会保障的机构，其中负责化妆品监管的主要部门为医药生活卫生局，其主要职能为确保药品、医药部外品、化妆品、医疗器械等的有效性和安全性以及医疗单位的安全运行，与国民生活健康息息相关的各类问题，如食品和饮水卫生、血液管理、毒品和兴奋剂管控、药剂师国家考评等。医药生活卫生局下设医药品审查管理科、医药安全对策科等 15 个科室，其中具体负责医药部外品、化妆品监管的为医药品审查管理科，主要负责对医药部外品和化妆品的制造企业的许可、生产销售的批准和与生产相关的技术指导和监督；化妆品、医药部外品的制造许可、制造销售许可。

（1）国家及地方卫生部门　由国家及地方政府药事业务科或卫生局任命药事监督员，负责对化妆品和医药部外品销售市场进行日常监督；对化妆品生产企业、化妆品进口销售企业、医药销售企业实地考察，监督。

（2）都到府县卫生监督部门　负责化妆品产品备案，企业备案，进口销售商备案。

（三）日本化妆品监管方法

1. 原料管理　对于化妆品原料，厚生劳动省将其分为两类来管理，一个正面清单，一个是负面清单，具体根据类别不同有如下要求。

（1）防腐剂、紫外线吸收剂和焦油色素　对于该类原料，厚生劳动省发布"许可原料名单"（防腐剂和紫外线吸收剂参见《化妆品基准》附录3，4，焦油色素参考《医药用指定焦油色素部级条例》），对已确认可以安全使用的成分，规定了添加限量和添加范围，关于使用限量，其基于安全评估，根据使用部位和使用方法，限量会有所不同。企业生产化妆品要使用此类原料时只能使用名单之内的原料，并满足对应的使用条件，使用名单之外的原料必须经过审批。

（2）禁用清单　厚生劳动省发布"化妆品禁止使用成分名单"，企业生产化妆品不得使用禁用物质，禁止添加的成分主要有：药品成分，有先例或批准的可以添加；不符合生物提取原料标准的成分（人体/动物提取原料相关标准）及《化妆品基准》禁用列表中收录的成分（30个）。

（3）其他限用成分　对于防腐剂、紫外线吸收剂和焦油色素外的限用物质，须符合《化妆品基准》附录2中限用要求（包括浓度、用途、规格等）。

（4）其他化妆品原料　禁止和限用名单之外的原料企业可任意使用，但企业需要对其安全性负责，对于没有标准化妆品原料名称的，可以向JCIA（日本化妆品工业联合会）提出申请。

2. 生产准入　根据《药机法》第12条的规定，从事医药品、医药部外品及化妆品的生产经营行为，属于许可业务，应取得厚生劳动大臣的许可，否则不得从事医药品、医药部外品及化妆品的生产经营。

在日本进行医药品、医药部外品及化妆品的生产行为，则依《药机法》第13条的规定，应另外取得医药品、医药部外品、化妆品的"制造许可证"，才可从事医药部外品、化妆品的制造生产。

另外，依据《药机法施行规则》第25条的规定，化妆品制造许可证分为以下种类：

（1）化妆品生产企业（一般）　进行化妆品生产的全部生产程序，或者进行化妆品生产的部分生产环节（下述包装、贴标或贮存部分除外）。

（2）化妆品生产企业（包装、贴标、贮存）　只进行化妆品生产环节中的包装、贴标或贮存部分。所谓包装，包括将产品放入产品外包装的包装行为；所谓贴标，包含依据法规所应标示的事项加以标示的行为，对于国外进口化妆品，在境外标签上贴上日文标签也属于该范畴；所谓贮存，包括生产制造作业后且于产品检查结果判定前的贮存行为，以及产品检查结果判定合格，而依生产经营者的要求出货的行为。

3. 产品准入　依《药机法》第14条第1节规定，医药部外品及含有厚生劳动大臣指定成分的化妆品的生产销售采用的是审批制，即生产经营者应取得日本主管机关的"审批"后，才能生产和销售。医药部外品的成分包含功效成分和添加物。而日本对于医药部外品新有效成分的审查包含四个部分，即概要、质量、安全性及有效性。其中，新有效成分最重要的审查因素是有效性方面。在有效性的审查方面日本要求企业提交验证所述功能的基础使用资料，以及人体使用试验结果资料。

对于成分相对单纯、对人体影响较小的化妆品（即《药机法》第14条第1节非属含有厚生劳动大臣指定成分的化妆品，简称"指定成分外化妆品"），则不适用《药机法》第14条第1节的"审批"制度为原则。其上市销售前，需要向销售该产品的公司（制造和销售业务）所在的县提交产品备案，其为通知，不需要审查，是指通知政府（县）该产品将在市场上销售。通报内容仅为产品的品牌名称和产品的制造工艺，没有对成分、用法用量、功效与效果进行行政审查，即实施通报/备案制度。

4. 产品标签 根据《药机法》第61条及62条的规定要求，化妆品的容器、包装或包装说明书上需要标注相关内容，具体取决于产品和容器的类型，标签内容的目的是确保产品适当使用和处理，以及保证产品质量，并明确相关责任。所有信息必须用日语清楚列出，禁止使用虚假或误导性的语言，以及未经批准的宣称，比如超出56项的宣称。具体需要标注的内容如下：

（1）生产经营者的姓名或名称及地址；

（2）品名：应标注"生产销售申请书"中所列明的产品名称；

（3）生产批号；

（4）成分的名称：原则上，化妆品所有添加成分均应标示；

（5）使用期限；

（6）注意事项：属于《药机法》第42条第2节所规定的化妆品，依化妆品标准应直接标注的事项。此外用法、用量及其他使用上的注意事项（可在说明书上标注）；

（7）其他厚生劳动省法规所定事项：如容器包装的回收法；警示声称；公平竞争公约规定的事项，原产国标识等。

日本化妆品工业协会（JCIA）编制了日文版"化妆品成分标签名称清单"，以配合《药机法》要求在标签上列出所有成分名称。如申请新的原料的日文名称，则可以向JCIA提出申请。原料名称原则上应由美国化妆品、盥洗用品和香水协会（CTFA）发布的国际化妆品成分命名法（INCI）名称翻译成日文。

此外，还需要综合《有关化妆品标示的公平竞争协定》《高压气体安全法》《消防法》《资源有效利用促进法》《容器和包装分类收集回收促进法》等法律法规，以及其他行业组织的自愿性的一些标签标注要求，确定最终产品标签的标注内容。

5. 功效宣称 根据日本厚生劳动省发布的《关于化妆品的功效的范围的修改》，化妆品功效宣称分为56类（表14-6）所示。

表14-6 日本化妆品功效分类列表

序号	功效类别	序号	功效类别
1	清洁头皮、毛发	29	柔软皮肤
2	用香味抑制毛发、头皮的异味	30	使皮肤有弹性
3	保持头皮、毛发健康	31	使皮肤有光泽
4	使毛发增加韧性、弹性	32	使皮肤光滑
5	滋润头皮、毛发	33	使胡须容易剃除

续表

序号	功效类别	序号	功效类别
6	保持头皮、毛发滋润	34	调整剃须后的皮肤
7	使毛发变得柔顺	35	防止痱子（扑粉）
8	使毛发梳理顺畅	36	防晒
9	保持毛发光泽	37	防止日晒引起的色素及色斑
10	增加毛发光泽	38	使气味芳香
11	去除头皮屑及刺痒	39	保护指（趾）甲
12	减轻头皮屑及刺痒	40	保持指（趾）甲健康
13	保持毛发的水分、油分	41	滋润指（趾）甲
14	防止毛发的断裂、分叉	42	防止口唇干裂
15	整理并保持发型	43	调理口唇肌理
16	防止毛发带电	44	滋润口唇
17	（通过去除油污）清洁皮肤	45	保持口唇的健康状态
18	（通过清洗）防止痤疮、痱子（洁面类）	46	保护口唇，防止口唇干燥
19	调整肌肤	47	防止嘴唇干燥引起的脱皮
20	调整肌肤平滑触感	48	使嘴唇滑润
21	保持皮肤健康	49	防止龋齿（需使用牙刷清洁的洁齿类）
22	防止皮肤粗糙	50	洁白牙齿（需使用牙刷清洁的洁齿类）
23	收紧皮肤	51	去除齿垢（需使用牙刷清洁的洁齿类）
24	滋润皮肤	52	净化口腔（洁齿类）
25	保持皮肤的水分、油分	53	防止口臭（洁齿类）
26	保持皮肤的柔软性	54	去除牙垢（需使用牙刷清洁的洁齿类）
27	保护皮肤	55	防止牙石的形成（需使用牙刷清洁的洁齿类）
28	防止（皮肤）干燥	56	使干燥引起的细小皱纹变得不明显

6. GMP 要求　2008 年 6 月 25 日，日本厚生劳动省向各都道府县政府发函，表示已决定采用 ISO 22716：2007 作为其自愿标准。GMP 三项原则包括：

（1）预防错误　教育、记录、双重检查等，将人为错误降至最低。

（2）污染预防　通过员工的卫生和健康管理等防止污染和质量控制。

（3）质量保证体系　通过建立包括纠正在内的防止再次发生的系统，实施确保高质量的系统设计。

7. 风险监测（不良反应监测）　日本的化妆品不良反应定义为"无法否定与化妆品或医药部外品有因果关系的病例"。严重化妆品不良反应则是指疑似化妆或医药部外品引起的病例中的以下状况：①造成死亡；②造成残疾；③可能引起死亡；④可能造成残疾；⑤导致住院治疗或住院治疗时间延长；⑥治疗时间超过 30 天的病例；⑦引起下一代先天性残疾的病例等。

厚生劳动省医药食品局安全对策科负责安全对策的计划和立项，医药品医疗器械综合机构（PMDA）下属的安全部门接收来自企业、医院的不良反应信息，并根据不良反应报告的具体情况向责任单位发布警示及采取必要的措施。化妆品制造销售企业对不良反应有评价和报告义务，应设立负责统筹管理安全对策的安全管理责任人。

按照《医药品、医药部外品、化妆品及医疗器械的制造销售后安全管理标准的有关省令的部分修订省令》的要求，不良反应上报的时限分为15日内和30天内报告。对可能属于严重化妆品不良反应的报告必须在15日内上报的事项；针对严重化妆品不良反应报告中的已知情况或期限内无法完成全部调查内容则要在30天内报告。化妆品不良反应的上报方式可以是邮寄、传真、电话、在线上报等。

三、日本化妆品监管的历史沿革

1877年，日本公布《药物销售规则》——传统医药品（"卖药"）。

其中的第11条规定：专用滋养用品、夏日饮料、化妆水、牙膏等产品不属于管辖范围，并把这类产品称为"药物销售外用品"。

1889年，颁布《药律》——医疗用医药品（西药）。

1926年，颁布《药剂师法》。

1943年，3部法规统一，颁布了旧的《药事法》，管辖范围为医疗用医药品（西药）及普通医药品（卖药）。"药物销售外用品"改名为"医药部外品"。

1948年，旧《药事法》进行大修订，化妆品成为管辖对象，废除了医药部外品制度，医药部外品被列为医药品或者化妆品二者之一。化妆品监管开始起步。

1960年，新《药事法》颁布（1960年第145号法），"医药部外品"恢复生效，并制定了一系列标准，如烫发剂标准的制定。"化妆品"要求设置责任负责人、每个品种必须获得许可、特定成分配方的化妆品必须获得批准。

1967年，《化妆品质量基准》《化妆品原料基准》制定。

1980年，引入指定成分的有效期和标签规定（医药部外品/化妆品）。

1985年，医药部外品部分产品的批准权限一部分委任给地方。

1987年，《种别许可标准（药审2第678号）》（化妆品分类许可制度的引入）。

1994年，医药部外品分类许可制度引入。化妆品区分许可制度引入和种别批准制度引入。

1999年，外用剂、伤口消毒保护剂、健胃清凉剂、维生素、钙剂等从医药品转变为医药部外品（新范围医药部外品）。

2001年，批准制原则上的废除，全成分标示制度的引入（根据法第42条第2项制定标准），化妆品标准（厚生省告示第331号）的制定。

2004年，消化药、杀菌消毒剂、健胃药、漱口液从医药品转变为医药部外品（新范围医药部外品）。

2005年，实施生产销售批准制度，制造销售业和制造业许可的分离，引入化妆品制造和销售业务的质量控制业务准则（GQP：良好质量规范），以及化妆品制造和销售业务的售后安全管理准则（GVP：良好警惕规范）。

2014年，《药事法》改名《医药品、医疗器械等品质、功效及安全性保证等有关法律》（2013年第84号法，简称：《药机法》）。

近几年化妆品法规并无较大的改动，主要对法规进行更新如：

2021年3月25日，日本厚生劳动省发布《医药部外品原料规格2021》（药生发0325第1号）替代原先的《医药部外品原料规格2006》，主要对通则、附录1和附录2进行了整理统一，修改了个别一般试验法及部分品种的规格等。

2021 年 9 月 30 日，日本厚生劳动省发布《染发剂添加物清单》（药生发 0628 第 7 号）和《烫发剂添加物清单》（药生发 0628 第 10 号）替代原先的《染发剂添加物清单》（药生发 0127 第 1 号）和《烫发剂添加物清单》（药生发 0127 第 3 号）。自 9 月 30 日开始实施。

原则上烫/染发剂需要使用清单中的添加物。《染发剂添加物清单》相比原来增加了添加物。新的染发剂添加物清单中共计 1849 种原料，烫发剂添加物清单中共计 1836 种原料。

第四节　国际化妆品监管模式分析

一、化妆品基本概念分析

（一）化妆品法定概念分析

如前所述，目前国际上无统一的"化妆品"定义，但是对"化妆品"概念的定义基本上是从物质属性、使用方法、使用部位、使用目的、作用机制等五个方面来进行的（表 14 - 7）。

表 14 - 7　美、欧、日、中化妆品的定义描述对比

类别	美国	欧盟	日本	中国
物质属性	物品	物质或混合物	产品	日用化学工业产品
使用方法	涂抹、喷洒、喷雾或其他方法	没有规定	涂抹、喷洒或其他类似方法	涂擦、喷洒或者其他类似方法
使用部位	人体	人体外部器官或牙齿、口腔黏膜	身体	皮肤、毛发、指甲、口唇等人体表面
使用目的	清洁、美化、提升魅力或改变外观	清洁、具有香气、改变外观、起到保护作用、保持其处于良好状态或调整身体气味	清洁、美化、增添魅力，改变容颜，保护皮肤头发健康	清洁、保护、美化、修饰
作用机制	不影响人体结构和功能	没有规定	对人体作用缓和	没有规定

从表 14 - 6 分析，得出以下异同点：

在物质属性方面，中国更强调化妆品的化学特征，归属为"日用化学工业产品"，其他国家基本都是"物品""物质"或者"制品"。

在使用方法方面，除了欧盟没有具体规定使用方法，其他国家基本一致。

在使用部位方面，除了欧盟增加了牙齿、口腔黏膜外，其他国家基本一致。

在使用目的方面，各个国家和地区基本一致，无明显差异。

在作用机制方面，中国、欧盟没有具体明确规定，但美国强调化妆品不影响人体结构和功能，日本与美国相似，强调对人体作用是缓和的。

综上所述，定义比较最大的区别在于作用机制的规定，中国、欧盟没有明确规定，所以化妆品的边界范围大，美国、日本化妆品有明确的规定，所以化妆品的边界范围小，我们在下面的分类管理范围的比较中将明显看到差别。

（二）化妆品分类管理范围分析

由于各国对化妆品的定义不同，特别是因为作用机制的规定不同，导致化妆品的分类管理范围差别很大，见表 14 - 8。

表 14 -8　美、欧、日、中化妆品的产品分类

类型	美国	欧盟	日本	中国
化妆品	化妆品	化妆品	化妆品	普通化妆品 特殊化妆品
医药部外品	/	/	医药部外品（药用化妆品）	/
医药品	OTC 药品	/	/	/

　　产品分类的不同，也导致化妆品功能功效的分类管理也不同，以中国《化妆品分类规则和分类目录（2021 版）》规定的 26 类功效宣称为基准进行对比分析。相对于中国的26 类功效宣称化妆品，美国、欧盟、日本对应化妆品或产品见表 14 -9。

表 14 -9　美、欧、日、中化妆品分类管理范围

类型	美国	欧盟	日本	中国
新功效	/	/	/	特殊化妆品
染发	化妆品	化妆品	医药部外品	特殊化妆品
烫发	化妆品	化妆品	医药部外品	特殊化妆品
祛斑美白	药品/化妆品	化妆品	医药部外品	特殊化妆品
防晒	药品	化妆品	医药部外品/化妆品	特殊化妆品
防脱发	药品/化妆品	化妆品	医药部外品	特殊化妆品
祛痘	药品	化妆品/药品	医药部外品	普通化妆品
滋养	药品/化妆品	化妆品	医药部外品	普通化妆品
修护	药品/化妆品	化妆品	化妆品	普通化妆品
清洁	药品/化妆品	化妆品	医药部外品/化妆品	普通化妆品
卸妆	化妆品	化妆品	化妆品	普通化妆品
保湿	化妆品	化妆品	化妆品	普通化妆品
美容修饰	化妆品	化妆品	化妆品	普通化妆品
芳香	药品/化妆品	化妆品	化妆品	普通化妆品
除臭	药品/化妆品	化妆品	医药部外品	普通化妆品
抗皱	药品/化妆品	化妆品	医药部外品/化妆品	普通化妆品
紧致	化妆品	化妆品	医药部外品/化妆品	普通化妆品
舒缓	化妆品	化妆品	医药部外品/化妆品	普通化妆品
控油	化妆品	化妆品	医药部外品/化妆品	普通化妆品
去角质	化妆品	化妆品	化妆品	普通化妆品
爽身	药品/化妆品	化妆品	化妆品	普通化妆品
护发	化妆品	化妆品	医药部外品/化妆品	普通化妆品
防断发	化妆品	化妆品	医药部外品/化妆品	普通化妆品
去屑	药品	化妆品	医药部外品/化妆品	普通化妆品
发色护理	化妆品	化妆品	化妆品	普通化妆品
脱毛	化妆品	化妆品	医药部外品	普通化妆品
辅助剃须剃毛	化妆品	化妆品	化妆品	普通化妆品

　　由表 14 -9 可知，中国与欧盟是比较相似的，但与美国、日本却存在较大差异，具体如下。

1. 中国化妆品与美国化妆品的异同　在中国 26 类功效宣称化妆品中，美国有 14 种与中国一致按化妆品管理，占 54%；但还有 12 种不一致，占 46%，其中 3 种按照药品管理，9 种按照既是化妆品又是药品管理。

2. 中国化妆品与欧盟化妆品的异同　欧盟虽然无特殊化妆品的概念，但化妆品范围与中国相似度最高，在中国 26 类功效宣称化妆品中，欧盟有 25 种与中国一致按照化妆品管理，占 96%，只有 1 种即祛痘产品既按化妆品又按药品管理。

3. 中国化妆品与日本化妆品的异同　在中国 26 类功效宣称化妆品中，日本有 9 种与中国一致按化妆品管理，占 35%；但还有 17 种不一致，占 65%，其中 8 种按照医药部外品管理，9 种按照既是化妆品又是医药部外品管理。

这里需要强调的是，化妆品与药品管理（含医药部外品）在品种注册、生产许可、原料管理、标签管制、强制检验、强制 GMP 等方面是有很大区别的，药品监管的强度远大于化妆品。

二、化妆品监管方法分析

由于化妆品概念定义、管理范围及治理结构的不同，各国政府在化妆品监管所使用的方法上也有较大差别，见表 14 – 10。

表 14 – 10　中、欧、美、日化妆品监管方法对比

项目	中国	欧盟	美国	日本
法规标准	《化妆品监督管理条例》及其配套法规文件	EC1223/2009	FD&C 法案 MoCRA	《药机法》
生产准入	生产许可	无	生产后强制注册	制造业许可
GMP 要求	有规范强制性	有规范强制性	有规范强制性	有规范推荐性
产品准入	强制注册或备案	强制备案	上市后强制备案	制造销售许可
销售准入	无	无	无	制造销售许可
原料安全要求	符合《已使用化妆品原料目录》及安全技术规范	符合 EC1223/2009 附录相关禁限准用原料列表	符合法规明确的禁用或限用成分	符合《化妆品标准》《医药部外品成分标准》附录相关禁限用原料列表
新原料准入	特殊新原料：注册；普通新原料：备案	新原料经 SCCS 安全评估列入清单方可使用	着色剂（煤焦油类染发剂除外）需审批	需注册审批
成分标识	全成分	全成分	全成分	全成分
净含量	强制标注	强制标注	强制标注	强制标注
安全评估	强制性，符合《化妆品安全评估技术导则》	强制性，完成安全报告方可上市	充分证明安全性	按法规要求提供安全资料
功效宣称	有 26 个功效分类，符合《化妆品功效宣称评价规范》	无允许/限制宣称列表，无法规性文件。企业需产品功效证明	无法规性文件，企业内部或第三方评价	有 56 个化妆品功效分类，需审查产品新功效
动物实验	普通化妆品：可用；特殊化妆品：需用	全面禁止	逐步取消	无要求
试验要求	《化妆品安全技术规范》	SCCS 指南	行业指南	行业指南
不良反应监测	应当监测并报告	严重不良反应主动报告	严重不良反应强制报告	重度不良反应及时报告
产品责任	企业主体责任（注册人备案人）、政府许可责任和市场监管责任	企业完全责任（产品责任人）、政府市场监管责任	企业完全责任、政府市场监管责任，"小企业"便利政策	企业完全责任、政府市场监管责任

从表 14 - 10 中可以看出，世界各国的化妆品监管在销售准入、成分标识、净含量标注上已经形成共识、达成一致，但在其他方面仍然有较大差别。

美国在 MoCRA 实施前，化妆品监管强度相对较小，除着色剂之外，原料和产品、企业均没有强制性的市场准入要求。政府监管的时机在上市后，重心是化妆品掺杂伪劣和错误标识的监督检查。MoCRA 实施后，美国要求生产企业在生产后必须注册并且每两年进行信息更新，要求产品在上市后规定时间内进行注册，监管重心转向事中事后，与欧盟类似，但监管强度较欧盟大。

欧盟实施的是企业、产品上市前强制备案，相对于中国、日本的生产许可等事前准入监管，其注重于上市时的事中监管。欧盟政府监管的时机在上市时，重心在上市时产品安全的监督检查，重点产品主体责任和产品安全评估。

中国化妆品监管强度因其监管范围大而显得相对较大，实施的是企业、产品上市前强制生产许可、产品注册与备案，不仅注重事前监管，也注重事中、事后监管，是全过程全生命周期的监管。中国政府把原料、生产、产品、标签等均作为重点，重心在全面质量安全监管。日本监管强度远大于中国，除了全程监管外，还将中国按化妆品监管的大部分产品纳入医药部外品进行严格监管。

三、化妆品监管模式分析

（一）事后/事中监管模式——以美国为代表

在 1938 年以前，是美国化妆品监管的空白期。从 1938 年《联邦食品药品化妆品法案》颁布起至 1960 年的《色素添加剂修正案》，是美国化妆品监管的起步期。其后进入完善期，包括 1966 年颁布的《公平包装和标签法》、1970 年至 1992 年化妆品监管机构改革、1992 年颁布化妆品 GMP 指南、2008 年颁布 ISO 22716：2007 实施指南、2015 年禁止淋洗类化妆品使用塑料微珠等，由于安全风险高的化妆品已经列入药品（OTC）管理，所以，在与中国一致的化妆品的监管上相对较松。加之美国有发达的社会组织体系发挥积极作用，所以美国 FDA 的角色主要定位于"信息规范"和"事后制裁"，化妆品监管重点在于掺杂伪劣和错误标识及产品质量安全上。当然，最重要的完善在于《2022 化妆品监管现代化法案》的颁布，美国政府的监管从事后监管为主转向事后与事中相结合。

（二）事中监管模式——以欧盟为代表

在 1976 年以前，是欧盟化妆品监管的空白期。从 1976 年欧盟颁布的 EC76/768 指令开始，是欧盟化妆品监管起步期。1993 年欧盟颁布了 EEC93/35 修正案，规定化妆品安全评估和良好生产规范，1995 年欧盟出台《化妆品良好生产规范指南》。1997 年至 2008 年欧盟数次技术机构改革最后成立消费者安全委员会（SCCS）。2009 年欧盟颁布 EC1223/2009 法规替代 EC76/768 指令，首次提出化妆品责任人制度、上市前备案制度，标志着欧盟化妆品监管进入产品完善期。2011 年明确 ISO 22716：2007 成为欧盟化妆品 GMP 协调标准。欧盟对化妆品的监管主要依靠企业内部自律，政府宏观干预次之。产品安全的保证是企业而不是政府监管部门的责任，特别强调制造商或进口商对产品的责任，行业协会代表业界与政府沟通，并在业界的规范和自律方面起重要作用。产品备案制度完善，使政府监管部门掌握企业必要信息，政府监管的时机在上市时，重心在上市时产品安全的监督检查，重点产品主体责任和产品安全评估。

（三）全程监管模式——以中日为代表

在 1948 年以前，是日本化妆品监管的空白期。从 1948 年日本《药事法》颁布将化妆品纳入监管开始，日本化妆品监管开始进入起步期，至 1960 年新修订《药事法》将化妆品纳入医药部外品管理开始，到 2000 年为日本化妆品监管的调整期。到 2001 年至今是完善期，其间引入了全成分清单、引入 GMP、GQP、GVP 等。2014 年《药事法》改名为《医药品、医疗器械等品质、功效及安全性保证等有关法律》。日本的化妆品与中国化妆品的分类管理范围有很大的不同，但管理方式方法却基本一样，对不同类型的化妆品准入、生产企业的准入都有审批许可和备案要求，注重全程监管。日本化妆品行业协会大多会在化妆品安全评估方面给予技术指导和建议，同时也会出台相关标准，化妆品协会发挥作用的强度在美欧与中国之间。因此，日本化妆品监管也形成了社会参与、市场自律、政府全程监管的政府主导的全程监管模式。

在 1989 年以前，中国化妆品监管体系尚不完善，属于空白期。1989 年中国颁布《化妆品卫生监督条例》后中国化妆品监管进入起步期，与日本类似，中国政府的监管强度较大，实施生产许可、原料目录管理、产品强制注册备案制度，产品安全性相关标准由政府统一作出规定、由注册申请人、备案人自行或委托专业机构开展。自 2021 年《化妆品监督管理条例》实施，中国化妆品监管进入了完善期。相较于美国、欧盟的化妆品行业协会，中国行业协会发挥作用的强度仍然较弱。因此，中国化妆品监管同样也是政府主导的全程监管模式。

思 考 题

1. 欧盟、美国及日本对化妆品定义，从物质属性、使用方法、使用部位、使用目的、作用机制五个方面上与中国对化妆品的定义区别具体是怎样的？

2. 以中日为代表的全程监管模式具有怎样的特点？

3. 欧盟、美国及日本对化妆品的分类管理与中国存在哪些区别？

附 录

附录一 化妆品监督管理条例

(2020 年 1 月 3 日国务院第 77 次常务会议通过 2020 年 6 月 16 日中华人民共和国国务院令第 727 号公布 自 2021 年 1 月 1 日起施行)

第一章 总 则

第一条 为了规范化妆品生产经营活动，加强化妆品监督管理，保证化妆品质量安全，保障消费者健康，促进化妆品产业健康发展，制定本条例。

第二条 在中华人民共和国境内从事化妆品生产经营活动及其监督管理，应当遵守本条例。

第三条 本条例所称化妆品，是指以涂擦、喷洒或者其他类似方法，施用于皮肤、毛发、指甲、口唇等人体表面，以清洁、保护、美化、修饰为目的的日用化学工业产品。

第四条 国家按照风险程度对化妆品、化妆品原料实行分类管理。

化妆品分为特殊化妆品和普通化妆品。国家对特殊化妆品实行注册管理，对普通化妆品实行备案管理。

化妆品原料分为新原料和已使用的原料。国家对风险程度较高的化妆品新原料实行注册管理，对其他化妆品新原料实行备案管理。

第五条 国务院药品监督管理部门负责全国化妆品监督管理工作。国务院有关部门在各自职责范围内负责与化妆品有关的监督管理工作。

县级以上地方人民政府负责药品监督管理的部门负责本行政区域的化妆品监督管理工作。县级以上地方人民政府有关部门在各自职责范围内负责与化妆品有关的监督管理工作。

第六条 化妆品注册人、备案人对化妆品的质量安全和功效宣称负责。

化妆品生产经营者应当依照法律、法规、强制性国家标准、技术规范从事生产经营活动，加强管理，诚信自律，保证化妆品质量安全。

第七条 化妆品行业协会应当加强行业自律，督促引导化妆品生产经营者依法从事生产经营活动，推动行业诚信建设。

第八条 消费者协会和其他消费者组织对违反本条例规定损害消费者合法权益的行为，依法进行社会监督。

第九条 国家鼓励和支持开展化妆品研究、创新，满足消费者需求，推进化妆品品牌建设，发挥品牌引领作用。国家保护单位和个人开展化妆品研究、创新的合法权益。

国家鼓励和支持化妆品生产经营者采用先进技术和先进管理规范，提高化妆品质量安全水平；鼓励和支持运用现代科学技术，结合我国传统优势项目和特色植物资源研究开发化妆品。

第十条 国家加强化妆品监督管理信息化建设，提高在线政务服务水平，为办理化妆品行政许可、备案提供便利，推进监督管理信息共享。

第二章　原料与产品

第十一条　在我国境内首次使用于化妆品的天然或者人工原料为化妆品新原料。具有防腐、防晒、着色、染发、祛斑美白功能的化妆品新原料，经国务院药品监督管理部门注册后方可使用；其他化妆品新原料应当在使用前向国务院药品监督管理部门备案。国务院药品监督管理部门可以根据科学研究的发展，调整实行注册管理的化妆品新原料的范围，经国务院批准后实施。

第十二条　申请化妆品新原料注册或者进行化妆品新原料备案，应当提交下列资料：

（一）注册申请人、备案人的名称、地址、联系方式；

（二）新原料研制报告；

（三）新原料的制备工艺、稳定性及其质量控制标准等研究资料；

（四）新原料安全评估资料。

注册申请人、备案人应当对所提交资料的真实性、科学性负责。

第十三条　国务院药品监督管理部门应当自受理化妆品新原料注册申请之日起 3 个工作日内将申请资料转交技术审评机构。技术审评机构应当自收到申请资料之日起 90 个工作日内完成技术审评，向国务院药品监督管理部门提交审评意见。国务院药品监督管理部门应当自收到审评意见之日起 20 个工作日内作出决定。对符合要求的，准予注册并发给化妆品新原料注册证；对不符合要求的，不予注册并书面说明理由。

化妆品新原料备案人通过国务院药品监督管理部门在线政务服务平台提交本条例规定的备案资料后即完成备案。

国务院药品监督管理部门应当自化妆品新原料准予注册之日起、备案人提交备案资料之日起 5 个工作日内向社会公布注册、备案有关信息。

第十四条　经注册、备案的化妆品新原料投入使用后 3 年内，新原料注册人、备案人应当每年向国务院药品监督管理部门报告新原料的使用和安全情况。对存在安全问题的化妆品新原料，由国务院药品监督管理部门撤销注册或者取消备案。3 年期满未发生安全问题的化妆品新原料，纳入国务院药品监督管理部门制定的已使用的化妆品原料目录。

经注册、备案的化妆品新原料纳入已使用的化妆品原料目录前，仍然按照化妆品新原料进行管理。

第十五条　禁止用于化妆品生产的原料目录由国务院药品监督管理部门制定、公布。

第十六条　用于染发、烫发、祛斑美白、防晒、防脱发的化妆品以及宣称新功效的化妆品为特殊化妆品。特殊化妆品以外的化妆品为普通化妆品。

国务院药品监督管理部门根据化妆品的功效宣称、作用部位、产品剂型、使用人群等因素，制定、公布化妆品分类规则和分类目录。

第十七条　特殊化妆品经国务院药品监督管理部门注册后方可生产、进口。国产普通化妆品应当在上市销售前向备案人所在地省、自治区、直辖市人民政府药品监督管理部门备案。进口普通化妆品应当在进口前向国务院药品监督管理部门备案。

第十八条　化妆品注册申请人、备案人应当具备下列条件：

（一）是依法设立的企业或者其他组织；

（二）有与申请注册、进行备案的产品相适应的质量管理体系；

（三）有化妆品不良反应监测与评价能力。

第十九条　申请特殊化妆品注册或者进行普通化妆品备案，应当提交下列资料：

（一）注册申请人、备案人的名称、地址、联系方式；

（二）生产企业的名称、地址、联系方式；

（三）产品名称；

（四）产品配方或者产品全成分；

（五）产品执行的标准；

（六）产品标签样稿；

（七）产品检验报告；

（八）产品安全评估资料。

注册申请人首次申请特殊化妆品注册或者备案人首次进行普通化妆品备案的，应当提交其符合本条例第十八条规定条件的证明资料。申请进口特殊化妆品注册或者进行进口普通化妆品备案的，应当同时提交产品在生产国（地区）已经上市销售的证明文件以及境外生产企业符合化妆品生产质量管理规范的证明资料；专为向我国出口生产、无法提交产品在生产国（地区）已经上市销售的证明文件的，应当提交面向我国消费者开展的相关研究和试验的资料。

注册申请人、备案人应当对所提交资料的真实性、科学性负责。

第二十条　国务院药品监督管理部门依照本条例第十三条第一款规定的化妆品新原料注册审查程序对特殊化妆品注册申请进行审查。对符合要求的，准予注册并发给特殊化妆品注册证；对不符合要求的，不予注册并书面说明理由。已经注册的特殊化妆品在生产工艺、功效宣称等方面发生实质性变化的，注册人应当向原注册部门申请变更注册。

普通化妆品备案人通过国务院药品监督管理部门在线政务服务平台提交本条例规定的备案资料后即完成备案。

省级以上人民政府药品监督管理部门应当自特殊化妆品准予注册之日起、普通化妆品备案人提交备案资料之日起5个工作日内向社会公布注册、备案有关信息。

第二十一条　化妆品新原料和化妆品注册、备案前，注册申请人、备案人应当自行或者委托专业机构开展安全评估。

从事安全评估的人员应当具备化妆品质量安全相关专业知识，并具有5年以上相关专业从业经历。

第二十二条　化妆品的功效宣称应当有充分的科学依据。化妆品注册人、备案人应当在国务院药品监督管理部门规定的专门网站公布功效宣称所依据的文献资料、研究数据或者产品功效评价资料的摘要，接受社会监督。

第二十三条　境外化妆品注册人、备案人应当指定我国境内的企业法人办理化妆品注册、备案，协助开展化妆品不良反应监测、实施产品召回。

第二十四条　特殊化妆品注册证有效期为5年。有效期届满需要延续注册的，应当在有效期届满30个工作日前提出延续注册的申请。除有本条第二款规定情形外，国务院药品监督管理部门应当在特殊化妆品注册证有效期届满前作出准予延续的决定；逾期未作决定的，视为准予延续。

有下列情形之一的，不予延续注册：

（一）注册人未在规定期限内提出延续注册申请；

（二）强制性国家标准、技术规范已经修订，申请延续注册的化妆品不能达到修订后标准、技术规范的要求。

第二十五条　国务院药品监督管理部门负责化妆品强制性国家标准的项目提出、组织起草、征求意见和技术审查。国务院标准化行政部门负责化妆品强制性国家标准的立项、编号和对外通报。

化妆品国家标准文本应当免费向社会公开。

化妆品应当符合强制性国家标准。鼓励企业制定严于强制性国家标准的企业标准。

第三章　生产经营

第二十六条　从事化妆品生产活动，应当具备下列条件：

（一）是依法设立的企业；

（二）有与生产的化妆品相适应的生产场地、环境条件、生产设施设备；

（三）有与生产的化妆品相适应的技术人员；

（四）有能对生产的化妆品进行检验的检验人员和检验设备；

（五）有保证化妆品质量安全的管理制度。

第二十七条　从事化妆品生产活动，应当向所在地省、自治区、直辖市人民政府药品监督管理部门提出申请，提交其符合本条例第二十六条规定条件的证明资料，并对资料的真实性负责。

省、自治区、直辖市人民政府药品监督管理部门应当对申请资料进行审核，对申请人的生产场所进行现场核查，并自受理化妆品生产许可申请之日起 30 个工作日内作出决定。对符合规定条件的，准予许可并发给化妆品生产许可证；对不符合规定条件的，不予许可并书面说明理由。

化妆品生产许可证有效期为 5 年。有效期届满需要延续的，依照《中华人民共和国行政许可法》的规定办理。

第二十八条　化妆品注册人、备案人可以自行生产化妆品，也可以委托其他企业生产化妆品。

委托生产化妆品的，化妆品注册人、备案人应当委托取得相应化妆品生产许可的企业，并对受委托企业（以下称受托生产企业）的生产活动进行监督，保证其按照法定要求进行生产。受托生产企业应当依照法律、法规、强制性国家标准、技术规范以及合同约定进行生产，对生产活动负责，并接受化妆品注册人、备案人的监督。

第二十九条　化妆品注册人、备案人、受托生产企业应当按照国务院药品监督管理部门制定的化妆品生产质量管理规范的要求组织生产化妆品，建立化妆品生产质量管理体系，建立并执行供应商遴选、原料验收、生产过程及质量控制、设备管理、产品检验及留样等管理制度。

化妆品注册人、备案人、受托生产企业应当按照化妆品注册或者备案资料载明的技术要求生产化妆品。

第三十条　化妆品原料、直接接触化妆品的包装材料应当符合强制性国家标准、技术规范。

不得使用超过使用期限、废弃、回收的化妆品或者化妆品原料生产化妆品。

第三十一条　化妆品注册人、备案人、受托生产企业应当建立并执行原料以及直接接触化妆品的包装材料进货查验记录制度、产品销售记录制度。进货查验记录和产品销售记录应当真实、完整，保证可追溯，保存期限不得少于产品使用期限届满后1年；产品使用期限不足1年的，记录保存期限不得少于2年。

化妆品经出厂检验合格后方可上市销售。

第三十二条 化妆品注册人、备案人、受托生产企业应当设质量安全负责人，承担相应的产品质量安全管理和产品放行职责。

质量安全负责人应当具备化妆品质量安全相关专业知识，并具有5年以上化妆品生产或者质量安全管理经验。

第三十三条 化妆品注册人、备案人、受托生产企业应当建立并执行从业人员健康管理制度。患有国务院卫生主管部门规定的有碍化妆品质量安全疾病的人员不得直接从事化妆品生产活动。

第三十四条 化妆品注册人、备案人、受托生产企业应当定期对化妆品生产质量管理规范的执行情况进行自查；生产条件发生变化，不再符合化妆品生产质量管理规范要求的，应当立即采取整改措施；可能影响化妆品质量安全的，应当立即停止生产并向所在地省、自治区、直辖市人民政府药品监督管理部门报告。

第三十五条 化妆品的最小销售单元应当有标签。标签应当符合相关法律、行政法规、强制性国家标准，内容真实、完整、准确。

进口化妆品可以直接使用中文标签，也可以加贴中文标签；加贴中文标签的，中文标签内容应当与原标签内容一致。

第三十六条 化妆品标签应当标注下列内容：

（一）产品名称、特殊化妆品注册证编号；

（二）注册人、备案人、受托生产企业的名称、地址；

（三）化妆品生产许可证编号；

（四）产品执行的标准编号；

（五）全成分；

（六）净含量；

（七）使用期限、使用方法以及必要的安全警示；

（八）法律、行政法规和强制性国家标准规定应当标注的其他内容。

第三十七条 化妆品标签禁止标注下列内容：

（一）明示或者暗示具有医疗作用的内容；

（二）虚假或者引人误解的内容；

（三）违反社会公序良俗的内容；

（四）法律、行政法规禁止标注的其他内容。

第三十八条 化妆品经营者应当建立并执行进货查验记录制度，查验供货者的市场主体登记证明、化妆品注册或者备案情况、产品出厂检验合格证明，如实记录并保存相关凭证。记录和凭证保存期限应当符合本条例第三十一条第一款的规定。

化妆品经营者不得自行配制化妆品。

第三十九条 化妆品生产经营者应当依照有关法律、法规的规定和化妆品标签标示的要求贮存、运输化妆品，定期检查并及时处理变质或者超过使用期限的化妆品。

第四十条 化妆品集中交易市场开办者、展销会举办者应当审查入场化妆品经营者的市场主体登记证明，承担入场化妆品经营者管理责任，定期对入场化妆品经营者进行检查；发现入场化妆品经营者有违反本条例规定行为的，应当及时制止并报告所在地县级人民政府负责药品监督管理的部门。

第四十一条　电子商务平台经营者应当对平台内化妆品经营者进行实名登记，承担平台内化妆品经营者管理责任，发现平台内化妆品经营者有违反本条例规定行为的，应当及时制止并报告电子商务平台经营者所在地省、自治区、直辖市人民政府药品监督管理部门；发现严重违法行为的，应当立即停止向违法的化妆品经营者提供电子商务平台服务。

平台内化妆品经营者应当全面、真实、准确、及时披露所经营化妆品的信息。

第四十二条　美容美发机构、宾馆等在经营中使用化妆品或者为消费者提供化妆品的，应当履行本条例规定的化妆品经营者义务。

第四十三条　化妆品广告的内容应当真实、合法。

化妆品广告不得明示或者暗示产品具有医疗作用，不得含有虚假或者引人误解的内容，不得欺骗、误导消费者。

第四十四条　化妆品注册人、备案人发现化妆品存在质量缺陷或者其他问题，可能危害人体健康的，应当立即停止生产，召回已经上市销售的化妆品，通知相关化妆品经营者和消费者停止经营、使用，并记录召回和通知情况。化妆品注册人、备案人应当对召回的化妆品采取补救、无害化处理、销毁等措施，并将化妆品召回和处理情况向所在地省、自治区、直辖市人民政府药品监督管理部门报告。

受托生产企业、化妆品经营者发现其生产、经营的化妆品有前款规定情形的，应当立即停止生产、经营，通知相关化妆品注册人、备案人。化妆品注册人、备案人应当立即实施召回。

负责药品监督管理的部门在监督检查中发现化妆品有本条第一款规定情形的，应当通知化妆品注册人、备案人实施召回，通知受托生产企业、化妆品经营者停止生产、经营。

化妆品注册人、备案人实施召回的，受托生产企业、化妆品经营者应当予以配合。

化妆品注册人、备案人、受托生产企业、经营者未依照本条规定实施召回或者停止生产、经营的，负责药品监督管理的部门责令其实施召回或者停止生产、经营。

第四十五条　出入境检验检疫机构依照《中华人民共和国进出口商品检验法》的规定对进口的化妆品实施检验；检验不合格的，不得进口。

进口商应当对拟进口的化妆品是否已经注册或者备案以及是否符合本条例和强制性国家标准、技术规范进行审核；审核不合格的，不得进口。进口商应当如实记录进口化妆品的信息，记录保存期限应当符合本条例第三十一条第一款的规定。

出口的化妆品应当符合进口国（地区）的标准或者合同要求。

第四章　监督管理

第四十六条　负责药品监督管理的部门对化妆品生产经营进行监督检查时，有权采取下列措施：

（一）进入生产经营场所实施现场检查；

（二）对生产经营的化妆品进行抽样检验；

（三）查阅、复制有关合同、票据、账簿以及其他有关资料；

（四）查封、扣押不符合强制性国家标准、技术规范或者有证据证明可能危害人体健康的化妆品及其原料、直接接触化妆品的包装材料，以及有证据证明用于违法生产经营的工具、设备；

（五）查封违法从事生产经营活动的场所。

第四十七条 负责药品监督管理的部门对化妆品生产经营进行监督检查时，监督检查人员不得少于2人，并应当出示执法证件。监督检查人员对监督检查中知悉的被检查单位的商业秘密，应当依法予以保密。被检查单位对监督检查应当予以配合，不得隐瞒有关情况。

负责药品监督管理的部门应当对监督检查情况和处理结果予以记录，由监督检查人员和被检查单位负责人签字；被检查单位负责人拒绝签字的，应当予以注明。

第四十八条 省级以上人民政府药品监督管理部门应当组织对化妆品进行抽样检验；对举报反映或者日常监督检查中发现问题较多的化妆品，负责药品监督管理的部门可以进行专项抽样检验。

进行抽样检验，应当支付抽取样品的费用，所需费用纳入本级政府预算。

负责药品监督管理的部门应当按照规定及时公布化妆品抽样检验结果。

第四十九条 化妆品检验机构按照国家有关认证认可的规定取得资质认定后，方可从事化妆品检验活动。化妆品检验机构的资质认定条件由国务院药品监督管理部门、国务院市场监督管理部门制定。

化妆品检验规范以及化妆品检验相关标准品管理规定，由国务院药品监督管理部门制定。

第五十条 对可能掺杂掺假或者使用禁止用于化妆品生产的原料生产的化妆品，按照化妆品国家标准规定的检验项目和检验方法无法检验的，国务院药品监督管理部门可以制定补充检验项目和检验方法，用于对化妆品的抽样检验、化妆品质量安全案件调查处理和不良反应调查处置。

第五十一条 对依照本条例规定实施的检验结论有异议的，化妆品生产经营者可以自收到检验结论之日起7个工作日内向实施抽样检验的部门或者其上一级负责药品监督管理的部门提出复检申请，由受理复检申请的部门在复检机构名录中随机确定复检机构进行复检。复检机构出具的复检结论为最终检验结论。复检机构与初检机构不得为同一机构。复检机构名录由国务院药品监督管理部门公布。

第五十二条 国家建立化妆品不良反应监测制度。化妆品注册人、备案人应当监测其上市销售化妆品的不良反应，及时开展评价，按照国务院药品监督管理部门的规定向化妆品不良反应监测机构报告。受托生产企业、化妆品经营者和医疗机构发现可能与使用化妆品有关的不良反应的，应当报告化妆品不良反应监测机构。鼓励其他单位和个人向化妆品不良反应监测机构或者负责药品监督管理的部门报告可能与使用化妆品有关的不良反应。

化妆品不良反应监测机构负责化妆品不良反应信息的收集、分析和评价，并向负责药品监督管理的部门提出处理建议。

化妆品生产经营者应当配合化妆品不良反应监测机构、负责药品监督管理的部门开展化妆品不良反应调查。

化妆品不良反应是指正常使用化妆品所引起的皮肤及其附属器官的病变，以及人体局部或者全身性的损害。

第五十三条 国家建立化妆品安全风险监测和评价制度，对影响化妆品质量安全的风险因素进行监测和评价，为制定化妆品质量安全风险控制措施和标准、开展化妆品抽样检验提供科学依据。

国家化妆品安全风险监测计划由国务院药品监督管理部门制定、发布并组织实施。国家化妆品安全风险监测计划应当明确重点监测的品种、项目和地域等。

国务院药品监督管理部门建立化妆品质量安全风险信息交流机制，组织化妆品生产经营者、检验机构、行业协会、消费者协会以及新闻媒体等就化妆品质量安全风险信息进行交流沟通。

第五十四条 对造成人体伤害或者有证据证明可能危害人体健康的化妆品，负责药品监督管理的部门可以采取责令暂停生产、经营的紧急控制措施，并发布安全警示信息；属于进口化妆品的，国家出入境检验检疫部门可以暂停进口。

第五十五条 根据科学研究的发展，对化妆品、化妆品原料的安全性有认识上的改变的，或者有证据表明化妆品、化妆品原料可能存在缺陷的，省级以上人民政府药品监督管理部门可以责令化妆品、化妆品新原料的注册人、备案人开展安全再评估或者直接组织开展安全再评估。再评估结果表明化妆品、化妆品原料不能保证安全的，由原注册部门撤销注册、备案部门取消备案，由国务院药品监督管理部门将该化妆品原料纳入禁止用于化妆品生产的原料目录，并向社会公布。

第五十六条 负责药品监督管理的部门应当依法及时公布化妆品行政许可、备案、日常监督检查结果、违法行为查处等监督管理信息。公布监督管理信息时，应当保守当事人的商业秘密。

负责药品监督管理的部门应当建立化妆品生产经营者信用档案。对有不良信用记录的化妆品生产经营者，增加监督检查频次；对有严重不良信用记录的生产经营者，按照规定实施联合惩戒。

第五十七条 化妆品生产经营过程中存在安全隐患，未及时采取措施消除的，负责药品监督管理的部门可以对化妆品生产经营者的法定代表人或者主要负责人进行责任约谈。化妆品生产经营者应当立即采取措施，进行整改，消除隐患。责任约谈情况和整改情况应当纳入化妆品生产经营者信用档案。

第五十八条 负责药品监督管理的部门应当公布本部门的网站地址、电子邮件地址或者电话，接受咨询、投诉、举报，并及时答复或者处理。对查证属实的举报，按照国家有关规定给予举报人奖励。

第五章 法律责任

第五十九条 有下列情形之一的，由负责药品监督管理的部门没收违法所得、违法生产经营的化妆品和专门用于违法生产经营的原料、包装材料、工具、设备等物品；违法生产经营的化妆品货值金额不足 1 万元的，并处 5 万元以上 15 万元以下罚款；货值金额 1 万元以上的，并处货值金额 15 倍以上 30 倍以下罚款；情节严重的，责令停产停业、由备案部门取消备案或者由原发证部门吊销化妆品许可证件，10 年内不予办理其提出的化妆品备案或者受理其提出的化妆品行政许可申请，对违法单位的法定代表人或者主要负责人、直接负责的主管人员和其他直接责任人员处以其上一年度从本单位取得收入的 3 倍以上 5 倍以下罚款，终身禁止其从事化妆品生产经营活动；构成犯罪的，依法追究刑事责任：

（一）未经许可从事化妆品生产活动，或者化妆品注册人、备案人委托未取得相应化妆品生产许可的企业生产化妆品；

（二）生产经营或者进口未经注册的特殊化妆品；

（三）使用禁止用于化妆品生产的原料、应当注册但未经注册的新原料生产化妆品，在化妆品中非法添加可能危害人体健康的物质，或者使用超过使用期限、废弃、回收的化妆品或者原料生产化妆品。

第六十条　有下列情形之一的，由负责药品监督管理的部门没收违法所得、违法生产经营的化妆品和专门用于违法生产经营的原料、包装材料、工具、设备等物品；违法生产经营的化妆品货值金额不足1万元的，并处1万元以上5万元以下罚款；货值金额1万元以上的，并处货值金额5倍以上20倍以下罚款；情节严重的，责令停产停业、由备案部门取消备案或者由原发证部门吊销化妆品许可证件，对违法单位的法定代表人或者主要负责人、直接负责的主管人员和其他直接责任人员处以其上一年度从本单位取得收入的1倍以上3倍以下罚款，10年内禁止其从事化妆品生产经营活动；构成犯罪的，依法追究刑事责任：

（一）使用不符合强制性国家标准、技术规范的原料、直接接触化妆品的包装材料，应当备案但未备案的新原料生产化妆品，或者不按照强制性国家标准或者技术规范使用原料；

（二）生产经营不符合强制性国家标准、技术规范或者不符合化妆品注册、备案资料载明的技术要求的化妆品；

（三）未按照化妆品生产质量管理规范的要求组织生产；

（四）更改化妆品使用期限；

（五）化妆品经营者擅自配制化妆品，或者经营变质、超过使用期限的化妆品；

（六）在负责药品监督管理的部门责令其实施召回后拒不召回，或者在负责药品监督管理的部门责令停止或者暂停生产、经营后拒不停止或者暂停生产、经营。

第六十一条　有下列情形之一的，由负责药品监督管理的部门没收违法所得、违法生产经营的化妆品，并可以没收专门用于违法生产经营的原料、包装材料、工具、设备等物品；违法生产经营的化妆品货值金额不足1万元的，并处1万元以上3万元以下罚款；货值金额1万元以上的，并处货值金额3倍以上10倍以下罚款；情节严重的，责令停产停业、由备案部门取消备案或者由原发证部门吊销化妆品许可证件，对违法单位的法定代表人或者主要负责人、直接负责的主管人员和其他直接责任人员处以其上一年度从本单位取得收入的1倍以上2倍以下罚款，5年内禁止其从事化妆品生产经营活动：

（一）上市销售、经营或者进口未备案的普通化妆品；

（二）未依照本条例规定设质量安全负责人；

（三）化妆品注册人、备案人未对受托生产企业的生产活动进行监督；

（四）未依照本条例规定建立并执行从业人员健康管理制度；

（五）生产经营标签不符合本条例规定的化妆品。

生产经营的化妆品的标签存在瑕疵但不影响质量安全且不会对消费者造成误导的，由负责药品监督管理的部门责令改正；拒不改正的，处2000元以下罚款。

第六十二条　有下列情形之一的，由负责药品监督管理的部门责令改正，给予警告，并处1万元以上3万元以下罚款；情节严重的，责令停产停业，并处3万元以上5万元以下罚款，对违法单位的法定代表人或者主要负责人、直接负责的主管人员和其他直接责任人员处1万元以上3万元以下罚款：

（一）未依照本条例规定公布化妆品功效宣称依据的摘要；

（二）未依照本条例规定建立并执行进货查验记录制度、产品销售记录制度；

（三）未依照本条例规定对化妆品生产质量管理规范的执行情况进行自查；

（四）未依照本条例规定贮存、运输化妆品；

（五）未依照本条例规定监测、报告化妆品不良反应，或者对化妆品不良反应监测机构、负责药品监督管理的部门开展的化妆品不良反应调查不予配合。

进口商未依照本条例规定记录、保存进口化妆品信息的，由出入境检验检疫机构依照前款规定给予处罚。

第六十三条 化妆品新原料注册人、备案人未依照本条例规定报告化妆品新原料使用和安全情况的，由国务院药品监督管理部门责令改正，处5万元以上20万元以下罚款；情节严重的，吊销化妆品新原料注册证或者取消化妆品新原料备案，并处20万元以上50万元以下罚款。

第六十四条 在申请化妆品行政许可时提供虚假资料或者采取其他欺骗手段的，不予行政许可，已经取得行政许可的，由作出行政许可决定的部门撤销行政许可，5年内不受理其提出的化妆品相关许可申请，没收违法所得和已经生产、进口的化妆品；已经生产、进口的化妆品货值金额不足1万元的，并处5万元以上15万元以下罚款；货值金额1万元以上的，并处货值金额15倍以上30倍以下罚款；对违法单位的法定代表人或者主要负责人、直接负责的主管人员和其他直接责任人员处以其上一年度从本单位取得收入的3倍以上5倍以下罚款，终身禁止其从事化妆品生产经营活动。

伪造、变造、出租、出借或者转让化妆品许可证件的，由负责药品监督管理的部门或者原发证部门予以收缴或者吊销，没收违法所得；违法所得不足1万元的，并处5万元以上10万元以下罚款；违法所得1万元以上的，并处违法所得10倍以上20倍以下罚款；构成违反治安管理行为的，由公安机关依法给予治安管理处罚；构成犯罪的，依法追究刑事责任。

第六十五条 备案时提供虚假资料的，由备案部门取消备案，3年内不予办理其提出的该项备案，没收违法所得和已经生产、进口的化妆品；已经生产、进口的化妆品货值金额不足1万元的，并处1万元以上3万元以下罚款；货值金额1万元以上的，并处货值金额3倍以上10倍以下罚款；情节严重的，责令停产停业直至由原发证部门吊销化妆品生产许可证，对违法单位的法定代表人或者主要负责人、直接负责的主管人员和其他直接责任人员处以其上一年度从本单位取得收入的1倍以上2倍以下罚款，5年内禁止其从事化妆品生产经营活动。

已经备案的资料不符合要求的，由备案部门责令限期改正，其中，与化妆品、化妆品新原料安全性有关的备案资料不符合要求的，备案部门可以同时责令暂停销售、使用；逾期不改正的，由备案部门取消备案。

备案部门取消备案后，仍然使用该化妆品新原料生产化妆品或者仍然上市销售、进口该普通化妆品的，分别依照本条例第六十条、第六十一条的规定给予处罚。

第六十六条 化妆品集中交易市场开办者、展销会举办者未依照本条例规定履行审查、检查、制止、报告等管理义务的，由负责药品监督管理的部门处2万元以上10万元以下罚款；情节严重的，责令停业，并处10万元以上50万元以下罚款。

第六十七条 电子商务平台经营者未依照本条例规定履行实名登记、制止、报告、停止提供电子商务平台服务等管理义务的，由省、自治区、直辖市人民政府药品监督管理部门依照《中华人民共和国电子商务法》的规定给予处罚。

第六十八条 化妆品经营者履行了本条例规定的进货查验记录等义务，有证据证明其不知道所采购的化妆品是不符合强制性国家标准、技术规范或者不符合化妆品注册、备案资料载明的技术要求的，收缴其经营的不符合强制性国家标准、技术规范或者不符合化妆品注册、备案资料载明的技术要求的化妆品，可以免除行政处罚。

第六十九条 化妆品广告违反本条例规定的，依照《中华人民共和国广告法》的规定给予处罚；采用其他方式对化妆品作虚假或者引人误解的宣传的，依照有关法律的规定给予处罚；构成犯罪的，依法追究刑事责任。

第七十条 境外化妆品注册人、备案人指定的在我国境内的企业法人未协助开展化妆品不良反应监测、实施产品召回的，由省、自治区、直辖市人民政府药品监督管理部门责令改正，给予警告，并处2万元以上10万元以下罚款；情节严重的，处10万元以上50万元以下罚款，5年内禁止其法定代表人或者主要负责人、直接负责的主管人员和其他直接责任人员从事化妆品生产经营活动。

境外化妆品注册人、备案人拒不履行依据本条例作出的行政处罚决定的，10年内禁止其化妆品进口。

第七十一条 化妆品检验机构出具虚假检验报告的，由认证认可监督管理部门吊销检验机构资质证书，10年内不受理其资质认定申请，没收所收取的检验费用，并处5万元以上10万元以下罚款；对其法定代表人或者主要负责人、直接负责的主管人员和其他直接责任人员处以其上一年度从本单位取得收入的1倍以上3倍以下罚款，依法给予或者责令给予降低岗位等级、撤职或者开除的处分，受到开除处分的，10年内禁止其从事化妆品检验工作；构成犯罪的，依法追究刑事责任。

第七十二条 化妆品技术审评机构、化妆品不良反应监测机构和负责化妆品安全风险监测的机构未依照本条例规定履行职责，致使技术审评、不良反应监测、安全风险监测工作出现重大失误的，由负责药品监督管理的部门责令改正，给予警告，通报批评；造成严重后果的，对其法定代表人或者主要负责人、直接负责的主管人员和其他直接责任人员，依法给予或者责令给予降低岗位等级、撤职或者开除的处分。

第七十三条 化妆品生产经营者、检验机构招用、聘用不得从事化妆品生产经营活动的人员或者不得从事化妆品检验工作的人员从事化妆品生产经营或者检验的，由负责药品监督管理的部门或者其他有关部门责令改正，给予警告；拒不改正的，责令停产停业直至吊销化妆品许可证件、检验机构资质证书。

第七十四条 有下列情形之一，构成违反治安管理行为的，由公安机关依法给予治安管理处罚；构成犯罪的，依法追究刑事责任：

（一）阻碍负责药品监督管理的部门工作人员依法执行职务；

（二）伪造、销毁、隐匿证据或者隐藏、转移、变卖、损毁依法查封、扣押的物品。

第七十五条 负责药品监督管理的部门工作人员违反本条例规定，滥用职权、玩忽职守、徇私舞弊的，依法给予警告、记过或者记大过的处分；造成严重后果的，依法给予降级、撤职或者开除的处分；构成犯罪的，依法追究刑事责任。

第七十六条 违反本条例规定，造成人身、财产或者其他损害的，依法承担赔偿责任。

第六章 附 则

第七十七条 牙膏参照本条例有关普通化妆品的规定进行管理。牙膏备案人按照国家标准、行业标准进行功效评价后，可以宣称牙膏具有防龋、抑牙菌斑、抗牙本质敏感、减轻牙龈问题等功效。牙膏的具体管理办法由国务院药品监督管理部门拟订，报国务院市场监督管理部门审核、发布。

香皂不适用本条例，但是宣称具有特殊化妆品功效的适用本条例。

第七十八条 对本条例施行前已经注册的用于育发、脱毛、美乳、健美、除臭的化妆品自本条例施行之日起设置 5 年的过渡期，过渡期内可以继续生产、进口、销售，过渡期满后不得生产、进口、销售该化妆品。

第七十九条 本条例所称技术规范，是指尚未制定强制性国家标准、国务院药品监督管理部门结合监督管理工作需要制定的化妆品质量安全补充技术要求。

第八十条 本条例自 2021 年 1 月 1 日起施行。《化妆品卫生监督条例》同时废止。

附录二 化妆品注册备案管理办法

（2021 年 1 月 7 日国家市场监督管理总局令第 35 号公布 自 2021 年 5 月 1 日起施行）

第一章 总 则

第一条 为了规范化妆品注册和备案行为，保证化妆品质量安全，根据《化妆品监督管理条例》，制定本办法。

第二条 在中华人民共和国境内从事化妆品和化妆品新原料注册、备案及其监督管理活动，适用本办法。

第三条 化妆品、化妆品新原料注册，是指注册申请人依照法定程序和要求提出注册申请，药品监督管理部门对申请注册的化妆品、化妆品新原料的安全性和质量可控性进行审查，决定是否同意其申请的活动。

化妆品、化妆品新原料备案，是指备案人依照法定程序和要求，提交表明化妆品、化妆品新原料安全性和质量可控性的资料，药品监督管理部门对提交的资料存档备查的活动。

第四条 国家对特殊化妆品和风险程度较高的化妆品新原料实行注册管理，对普通化妆品和其他化妆品新原料实行备案管理。

第五条 国家药品监督管理局负责特殊化妆品、进口普通化妆品、化妆品新原料的注册和备案管理，并指导监督省、自治区、直辖市药品监督管理部门承担的化妆品备案相关工作。国家药品监督管理局可以委托具备相应能力的省、自治区、直辖市药品监督管理部门实施进口普通化妆品备案管理工作。

国家药品监督管理局化妆品技术审评机构（以下简称技术审评机构）负责特殊化妆品、化妆品新原料注册的技术审评工作，进口普通化妆品、化妆品新原料备案后的资料技术核查工作，以及化妆品新原料使用和安全情况报告的评估工作。

国家药品监督管理局行政事项受理服务机构（以下简称受理机构）、审核查验机构、不良反应监测机构、信息管理机构等专业技术机构，承担化妆品注册和备案管理所需的注册受理、现场核查、不良反应监测、信息化建设与管理等工作。

第六条 省、自治区、直辖市药品监督管理部门负责本行政区域内国产普通化妆品备案管理工作，在委托范围内以国家药品监督管理局的名义实施进口普通化妆品备案管理工作，并协助开展特殊化妆品注册现场核查等工作。

第七条 化妆品、化妆品新原料注册人、备案人依法履行产品注册、备案义务，对化妆品、化妆品新原料的质量安全负责。

化妆品、化妆品新原料注册人、备案人申请注册或者进行备案时，应当遵守有关法律、行政法规、强制性国家标准和技术规范的要求，对所提交资料的真实性和科学性负责。

第八条 注册人、备案人在境外的，应当指定我国境内的企业法人作为境内责任人。境内责任人应当履行以下义务：

（一）以注册人、备案人的名义，办理化妆品、化妆品新原料注册、备案；

（二）协助注册人、备案人开展化妆品不良反应监测、化妆品新原料安全监测与报告工作；

（三）协助注册人、备案人实施化妆品、化妆品新原料召回工作；

（四）按照与注册人、备案人的协议，对投放境内市场的化妆品、化妆品新原料承担相应的质量安全责任；

（五）配合药品监督管理部门的监督检查工作。

第九条 药品监督管理部门应当自化妆品、化妆品新原料准予注册、完成备案之日起 5 个工作日内，向社会公布化妆品、化妆品新原料注册和备案管理有关信息，供社会公众查询。

第十条 国家药品监督管理局加强信息化建设，为注册人、备案人提供便利化服务。

化妆品、化妆品新原料注册人、备案人按照规定通过化妆品、化妆品新原料注册备案信息服务平台（以下简称信息服务平台）申请注册、进行备案。

国家药品监督管理局制定已使用的化妆品原料目录，及时更新并向社会公开，方便企业查询。

第十一条 药品监督管理部门可以建立专家咨询机制，就技术审评、现场核查、监督检查等过程中的重要问题听取专家意见，发挥专家的技术支撑作用。

第二章　化妆品新原料注册和备案管理

第一节　化妆品新原料注册和备案

第十二条 在我国境内首次使用于化妆品的天然或者人工原料为化妆品新原料。

调整已使用的化妆品原料的使用目的、安全使用量等的，应当按照新原料注册、备案要求申请注册、进行备案。

第十三条 申请注册具有防腐、防晒、着色、染发、祛斑美白功能的化妆品新原料，应当按照国家药品监督管理局要求提交申请资料。受理机构应当自收到申请之日起 5 个工作日内完成对申请资料的形式审查，并根据下列情况分别作出处理：

（一）申请事项依法不需要取得注册的，作出不予受理的决定，出具不予受理通知书；

（二）申请事项依法不属于国家药品监督管理局职权范围的，应当作出不予受理的决定，出具不予受理通知书，并告知申请人向有关行政机关申请；

（三）申请资料不齐全或者不符合规定形式的，出具补正通知书，一次告知申请人需要补正的全部内容，逾期未告知的，自收到申请资料之日起即为受理；

（四）申请资料齐全、符合规定形式要求的，或者申请人按照要求提交全部补正材料的，应当受理注册申请并出具受理通知书。

受理机构应当自受理注册申请后 3 个工作日内，将申请资料转交技术审评机构。

第十四条　技术审评机构应当自收到申请资料之日起 90 个工作日内，按照技术审评的要求组织开展技术审评，并根据下列情况分别作出处理：

（一）申请资料真实完整，能够证明原料安全性和质量可控性，符合法律、行政法规、强制性国家标准和技术规范要求的，技术审评机构应当作出技术审评通过的审评结论；

（二）申请资料不真实，不能证明原料安全性、质量可控性，不符合法律、行政法规、强制性国家标准和技术规范要求的，技术审评机构应当作出技术审评不通过的审评结论；

（三）需要申请人补充资料的，应当一次告知需要补充的全部内容；申请人应当在 90 个工作日内按照要求一次提供补充资料，技术审评机构收到补充资料后审评时限重新计算；未在规定时限内补充资料的，技术审评机构应当作出技术审评不通过的审评结论。

第十五条　技术审评结论为审评不通过的，技术审评机构应当告知申请人并说明理由。申请人有异议的，可以自收到技术审评结论之日起 20 个工作日内申请复核。复核的内容仅限于原申请事项以及申请资料。

技术审评机构应当自收到复核申请之日起 30 个工作日内作出复核结论。

第十六条　国家药品监督管理局应当自收到技术审评结论之日起 20 个工作日内，对技术审评程序和结论的合法性、规范性以及完整性进行审查，并作出是否准予注册的决定。

受理机构应当自国家药品监督管理局作出行政审批决定之日起 10 个工作日内，向申请人发出化妆品新原料注册证或者不予注册决定书。

第十七条　技术审评机构作出技术审评结论前，申请人可以提出撤回注册申请。技术审评过程中，发现涉嫌提供虚假资料或者化妆品新原料存在安全性问题的，技术审评机构应当依法处理，申请人不得撤回注册申请。

第十八条　化妆品新原料备案人按照国家药品监督管理局的要求提交资料后即完成备案。

第二节　安全监测与报告

第十九条　已经取得注册、完成备案的化妆品新原料实行安全监测制度。安全监测的期限为 3 年，自首次使用化妆品新原料的化妆品取得注册或者完成备案之日起算。

第二十条　安全监测的期限内，化妆品新原料注册人、备案人可以使用该化妆品新原料生产化妆品。

化妆品注册人、备案人使用化妆品新原料生产化妆品的，相关化妆品申请注册、办理备案时应当通过信息服务平台经化妆品新原料注册人、备案人关联确认。

第二十一条　化妆品新原料注册人、备案人应当建立化妆品新原料上市后的安全风险监测和评价体系，对化妆品新原料的安全性进行追踪研究，对化妆品新原料的使用和安全情况进行持续监测和评价。

化妆品新原料注册人、备案人应当在化妆品新原料安全监测每满一年前 30 个工作日内，汇总、分析化妆品新原料使用和安全情况，形成年度报告报送国家药品监督管理局。

第二十二条　发现下列情况的，化妆品新原料注册人、备案人应当立即开展研究，并向技术审评机构报告：

（一）其他国家（地区）发现疑似因使用同类原料引起严重化妆品不良反应或者群体不良反应事件的；

（二）其他国家（地区）化妆品法律、法规、标准对同类原料提高使用标准、增加使用限制或者禁止使用的；

（三）其他与化妆品新原料安全有关的情况。

有证据表明化妆品新原料存在安全问题的，化妆品新原料注册人、备案人应当立即采取措施控制风险，并向技术审评机构报告。

第二十三条 使用化妆品新原料生产化妆品的化妆品注册人、备案人，应当及时向化妆品新原料注册人、备案人反馈化妆品新原料的使用和安全情况。

出现可能与化妆品新原料相关的化妆品不良反应或者安全问题时，化妆品注册人、备案人应当立即采取措施控制风险，通知化妆品新原料注册人、备案人，并按照规定向所在地省、自治区、直辖市药品监督管理部门报告。

第二十四条 省、自治区、直辖市药品监督管理部门收到使用了化妆品新原料的化妆品不良反应或者安全问题报告后，应当组织开展研判分析，认为化妆品新原料可能存在造成人体伤害或者危害人体健康等安全风险的，应当按照有关规定采取措施控制风险，并立即反馈技术审评机构。

第二十五条 技术审评机构收到省、自治区、直辖市药品监督管理部门或者化妆品新原料注册人、备案人的反馈或者报告后，应当结合不良反应监测机构的化妆品年度不良反应统计分析结果进行评估，认为通过调整化妆品新原料技术要求能够消除安全风险的，可以提出调整意见并报告国家药品监督管理局；认为存在安全性问题的，应当报请国家药品监督管理局撤销注册或者取消备案。国家药品监督管理局应当及时作出决定。

第二十六条 化妆品新原料安全监测期满 3 年后，技术审评机构应当向国家药品监督管理局提出化妆品新原料是否符合安全性要求的意见。

对存在安全问题的化妆品新原料，由国家药品监督管理局撤销注册或者取消备案；未发生安全问题的，由国家药品监督管理局纳入已使用的化妆品原料目录。

第二十七条 安全监测期内化妆品新原料被责令暂停使用的，化妆品注册人、备案人应当同时暂停生产、经营使用该化妆品新原料的化妆品。

第三章 化妆品注册和备案管理

第一节 一般要求

第二十八条 化妆品注册申请人、备案人应当具备下列条件：

（一）是依法设立的企业或者其他组织；

（二）有与申请注册、进行备案化妆品相适应的质量管理体系；

（三）有不良反应监测与评价的能力。

注册申请人首次申请特殊化妆品注册或者备案人首次进行普通化妆品备案的，应当提交其符合前款规定要求的证明资料。

第二十九条 化妆品注册人、备案人应当依照法律、行政法规、强制性国家标准、技术规范和注册备案管理等规定，开展化妆品研制、安全评估、注册备案检验等工作，并按照化妆品注册备案资料规范要求提交注册备案资料。

第三十条　化妆品注册人、备案人应当选择符合法律、行政法规、强制性国家标准和技术规范要求的原料用于化妆品生产，对其使用的化妆品原料安全性负责。化妆品注册人、备案人申请注册、进行备案时，应当通过信息服务平台明确原料来源和原料安全相关信息。

第三十一条　化妆品注册人、备案人委托生产化妆品的，国产化妆品应当在申请注册或者进行备案时，经化妆品生产企业通过信息服务平台关联确认委托生产关系；进口化妆品由化妆品注册人、备案人提交存在委托关系的相关材料。

第三十二条　化妆品注册人、备案人应当明确产品执行的标准，并在申请注册或者进行备案时提交药品监督管理部门。

第三十三条　化妆品注册申请人、备案人应当委托取得资质认定、满足化妆品注册和备案检验工作需要的检验机构，按照强制性国家标准、技术规范和注册备案检验规定的要求进行检验。

第二节　备案管理

第三十四条　普通化妆品上市或者进口前，备案人按照国家药品监督管理局的要求通过信息服务平台提交备案资料后即完成备案。

第三十五条　已经备案的进口普通化妆品拟在境内责任人所在省、自治区、直辖市行政区域以外的口岸进口的，应当通过信息服务平台补充填报进口口岸以及办理通关手续的联系人信息。

第三十六条　已经备案的普通化妆品，无正当理由不得随意改变产品名称；没有充分的科学依据，不得随意改变功效宣称。

已经备案的普通化妆品不得随意改变产品配方，但因原料来源改变等原因导致产品配方发生微小变化的情况除外。

备案人、境内责任人地址变化导致备案管理部门改变的，备案人应当重新进行备案。

第三十七条　普通化妆品的备案人应当每年向承担备案管理工作的药品监督管理部门报告生产、进口情况，以及符合法律法规、强制性国家标准、技术规范的情况。

已经备案的产品不再生产或者进口的，备案人应当及时报告承担备案管理工作的药品监督管理部门取消备案。

第三节　注册管理

第三十八条　特殊化妆品生产或者进口前，注册申请人应当按照国家药品监督管理局的要求提交申请资料。

特殊化妆品注册程序和时限未作规定的，适用本办法关于化妆品新原料注册的规定。

第三十九条　技术审评机构应当自收到申请资料之日起 90 个工作日内，按照技术审评的要求组织开展技术审评，并根据下列情况分别作出处理：

（一）申请资料真实完整，能够证明产品安全性和质量可控性、产品配方和产品执行的标准合理，且符合现行法律、行政法规、强制性国家标准和技术规范要求的，作出技术审评通过的审评结论；

（二）申请资料不真实，不能证明产品安全性和质量可控性、产品配方和产品执行的标准不合理，或者不符合现行法律、行政法规、强制性国家标准和技术规范要求的，作出技术审评不通过的审评结论；

（三）需要申请人补充资料的，应当一次告知需要补充的全部内容；申请人应当在 90 个工作日内按照要求一次提供补充资料，技术审评机构收到补充资料后审评时限重新计算；未在规定时限内补充资料的，技术审评机构应当作出技术审评不通过的审评结论。

第四十条 国家药品监督管理局应当自收到技术审评结论之日起 20 个工作日内，对技术审评程序和结论的合法性、规范性以及完整性进行审查，并作出是否准予注册的决定。

受理机构应当自国家药品监督管理局作出行政审批决定之日起 10 个工作日内，向申请人发出化妆品注册证或者不予注册决定书。化妆品注册证有效期 5 年。

第四十一条 已经注册的特殊化妆品的注册事项发生变化的，国家药品监督管理局根据变化事项对产品安全、功效的影响程度实施分类管理：

（一）不涉及安全性、功效宣称的事项发生变化的，注册人应当及时向国家药品监督管理局备案；

（二）涉及安全性的事项发生变化的，以及生产工艺、功效宣称等方面发生实质性变化的，注册人应当向国家药品监督管理局提出产品注册变更申请；

（三）产品名称、配方等发生变化，实质上构成新的产品的，注册人应当重新申请注册。

第四十二条 已经注册的产品不再生产或者进口的，注册人应当主动申请注销注册证。

第四节　注册证延续

第四十三条 特殊化妆品注册证有效期届满需要延续的，注册人应当在产品注册证有效期届满前 90 个工作日至 30 个工作日期间提出延续注册申请，并承诺符合强制性国家标准、技术规范的要求。注册人应当对提交资料和作出承诺的真实性、合法性负责。

逾期未提出延续注册申请的，不再受理其延续注册申请。

第四十四条 受理机构应当在收到延续注册申请后 5 个工作日内对申请资料进行形式审查，符合要求的予以受理，并自受理之日起 10 个工作日内向申请人发出新的注册证。注册证有效期自原注册证有效期届满之日的次日起重新计算。

第四十五条 药品监督管理部门应当对已延续注册的特殊化妆品的申报资料和承诺进行监督，经监督检查或者技术审评发现存在不符合强制性国家标准、技术规范情形的，应当依法撤销特殊化妆品注册证。

第四章　监督管理

第四十六条 药品监督管理部门依照法律法规规定，对注册人、备案人的注册、备案相关活动进行监督检查，必要时可以对注册、备案活动涉及的单位进行延伸检查，有关单位和个人应当予以配合，不得拒绝检查和隐瞒有关情况。

第四十七条 技术审评机构在注册技术审评过程中，可以根据需要通知审核查验机构开展现场核查。境内现场核查应当在 45 个工作日内完成，境外现场核查应当按照境外核查相关规定执行。现场核查所用时间不计算在审评时限之内。

注册申请人应当配合现场核查工作，需要抽样检验的，应当按照要求提供样品。

第四十八条 特殊化妆品取得注册证后，注册人应当在产品投放市场前，将上市销售的产品标签图片上传至信息服务平台，供社会公众查询。

第四十九条　化妆品注册证不得转让。因企业合并、分立等法定事由导致原注册人主体资格注销，将注册人变更为新设立的企业或者其他组织的，应当按照本办法的规定申请变更注册。

变更后的注册人应当符合本办法关于注册人的规定，并对已经上市的产品承担质量安全责任。

第五十条　根据科学研究的发展，对化妆品、化妆品原料的安全性认识发生改变的，或者有证据表明化妆品、化妆品原料可能存在缺陷的，承担注册、备案管理工作的药品监督管理部门可以责令化妆品、化妆品新原料注册人、备案人开展安全再评估，或者直接组织相关原料企业和化妆品企业开展安全再评估。

再评估结果表明化妆品、化妆品原料不能保证安全的，由原注册部门撤销注册、备案部门取消备案，由国务院药品监督管理部门将该化妆品原料纳入禁止用于化妆品生产的原料目录，并向社会公布。

第五十一条　根据科学研究的发展、化妆品安全风险监测和评价等，发现化妆品原料存在安全风险，能够通过设定原料的使用范围和条件消除安全风险的，应当在已使用的化妆品原料目录中明确原料限制使用的范围和条件。

第五十二条　承担注册、备案管理工作的药品监督管理部门通过注册、备案信息无法与注册人、备案人或者境内责任人取得联系的，可以在信息服务平台将注册人、备案人、境内责任人列为重点监管对象，并通过信息服务平台予以公告。

第五十三条　药品监督管理部门根据备案人、境内责任人、化妆品生产企业的质量管理体系运行、备案后监督、产品上市后的监督检查情况等，实施风险分类分级管理。

第五十四条　药品监督管理部门、技术审评、现场核查、检验机构及其工作人员应当严格遵守法律、法规、规章和国家药品监督管理局的相关规定，保证相关工作科学、客观和公正。

第五十五条　未经注册人、备案人同意，药品监督管理部门、专业技术机构及其工作人员、参与审评的人员不得披露注册人、备案人提交的商业秘密、未披露信息或者保密商务信息，法律另有规定或者涉及国家安全、重大社会公共利益的除外。

第五章　法律责任

第五十六条　化妆品、化妆品新原料注册人未按照本办法规定申请特殊化妆品、化妆品新原料变更注册的，由原发证的药品监督管理部门责令改正，给予警告，处1万元以上3万元以下罚款。

化妆品、化妆品新原料备案人未按照本办法规定更新普通化妆品、化妆品新原料备案信息的，由承担备案管理工作的药品监督管理部门责令改正，给予警告，处5000元以上3万元以下罚款。

化妆品、化妆品新原料注册人未按照本办法的规定重新注册的，依照化妆品监督管理条例第五十九条的规定给予处罚；化妆品、化妆品新原料备案人未按照本办法的规定重新备案的，依照化妆品监督管理条例第六十一条第一款的规定给予处罚。

第五十七条　化妆品新原料注册人、备案人违反本办法第二十一条规定的，由省、自治区、直辖市药品监督管理部门责令改正；拒不改正的，处5000元以上3万元以下罚款。

第五十八条　承担备案管理工作的药品监督管理部门发现已备案化妆品、化妆品新原料的备案资料不符合要求的，应当责令限期改正，其中，与化妆品、化妆品新原料安全性有关的备案资料不符合要求的，可以同时责令暂停销售、使用。

已进行备案但备案信息尚未向社会公布的化妆品、化妆品新原料，承担备案管理工作的药品监督管理部门发现备案资料不符合要求的，可以责令备案人改正并在符合要求后向社会公布备案信息。

第五十九条 备案人存在以下情形的，承担备案管理工作的药品监督管理部门应当取消化妆品、化妆品新原料备案：

（一）备案时提交虚假资料的；

（二）已经备案的资料不符合要求，未按要求在规定期限内改正的，或者未按要求暂停化妆品、化妆品新原料销售、使用的；

（三）不属于化妆品新原料或者化妆品备案范围的。

第六章　附　则

第六十条 注册受理通知、技术审评意见告知、注册证书发放和备案信息发布、注册复核、化妆品新原料使用情况报告提交等所涉及时限以通过信息服务平台提交或者发出的时间为准。

第六十一条 化妆品最后一道接触内容物的工序在境内完成的为国产产品，在境外完成的为进口产品，在中国台湾、香港和澳门地区完成的参照进口产品管理。

以一个产品名称申请注册或者进行备案的配合使用产品或者组合包装产品，任何一剂的最后一道接触内容物的工序在境外完成的，按照进口产品管理。

第六十二条 化妆品、化妆品新原料取得注册或者进行备案后，按照下列规则进行编号。

（一）化妆品新原料备案编号规则：国妆原备字＋四位年份数＋本年度备案化妆品新原料顺序数。

（二）化妆品新原料注册编号规则：国妆原注字＋四位年份数＋本年度注册化妆品新原料顺序数。

（三）普通化妆品备案编号规则：

国产产品：省、自治区、直辖市简称＋G妆网备字＋四位年份数＋本年度行政区域内备案产品顺序数；

进口产品：国妆网备进字（境内责任人所在省、自治区、直辖市简称）＋四位年份数＋本年度全国备案产品顺序数；

中国台湾、香港、澳门产品：国妆网备制字（境内责任人所在省、自治区、直辖市简称）＋四位年份数＋本年度全国备案产品顺序数。

（四）特殊化妆品注册编号规则：

国产产品：国妆特字＋四位年份数＋本年度注册产品顺序数；

进口产品：国妆特进字＋四位年份数＋本年度注册产品顺序数；

中国台湾、香港、澳门产品：国妆特制字＋四位年份数＋本年度注册产品顺序数。

第六十三条 本办法自2021年5月1日起施行。

附录三　化妆品生产经营监督管理办法

（2021年8月2日国家市场监督管理总局令第46号公布　自2022年1月1日起施行）

第一章　总　则

第一条　为了规范化妆品生产经营活动，加强化妆品监督管理，保证化妆品质量安全，根据《化妆品监督管理条例》，制定本办法。

第二条　在中华人民共和国境内从事化妆品生产经营活动及其监督管理，应当遵守本办法。

第三条　国家药品监督管理局负责全国化妆品监督管理工作。

县级以上地方人民政府负责药品监督管理的部门负责本行政区域的化妆品监督管理工作。

第四条　化妆品注册人、备案人应当依法建立化妆品生产质量管理体系，履行产品不良反应监测、风险控制、产品召回等义务，对化妆品的质量安全和功效宣称负责。化妆品生产经营者应当依照法律、法规、规章、强制性国家标准、技术规范从事生产经营活动，加强管理，诚信自律，保证化妆品质量安全。

第五条　国家对化妆品生产实行许可管理。从事化妆品生产活动，应当依法取得化妆品生产许可证。

第六条　化妆品生产经营者应当依法建立进货查验记录、产品销售记录等制度，确保产品可追溯。

鼓励化妆品生产经营者采用信息化手段采集、保存生产经营信息，建立化妆品质量安全追溯体系。

第七条　国家药品监督管理局加强信息化建设，为公众查询化妆品信息提供便利化服务。

负责药品监督管理的部门应当依法及时公布化妆品生产许可、监督检查、行政处罚等监督管理信息。

第八条　负责药品监督管理的部门应当充分发挥行业协会、消费者协会和其他消费者组织、新闻媒体等的作用，推进诚信体系建设，促进化妆品安全社会共治。

第二章　生产许可

第九条　申请化妆品生产许可，应当符合下列条件：

（一）是依法设立的企业；

（二）有与生产的化妆品品种、数量和生产许可项目等相适应的生产场地，且与有毒、有害场所以及其他污染源保持规定的距离；

（三）有与生产的化妆品品种、数量和生产许可项目等相适应的生产设施设备且布局合理，空气净化、水处理等设施设备符合规定要求；

（四）有与生产的化妆品品种、数量和生产许可项目等相适应的技术人员；

（五）有与生产的化妆品品种、数量相适应，能对生产的化妆品进行检验的检验人员和检验设备；

（六）有保证化妆品质量安全的管理制度。

第十条 化妆品生产许可申请人应当向所在地省、自治区、直辖市药品监督管理部门提出申请，提交其符合本办法第九条规定条件的证明资料，并对资料的真实性负责。

第十一条 省、自治区、直辖市药品监督管理部门对申请人提出的化妆品生产许可申请，应当根据下列情况分别作出处理：

（一）申请事项依法不需要取得许可的，应当作出不予受理的决定，出具不予受理通知书；

（二）申请事项依法不属于药品监督管理部门职权范围的，应当作出不予受理的决定，出具不予受理通知书，并告知申请人向有关行政机关申请；

（三）申请资料存在可以当场更正的错误的，应当允许申请人当场更正，由申请人在更正处签名或者盖章，注明更正日期；

（四）申请资料不齐全或者不符合法定形式的，应当当场或者在 5 个工作日内一次告知申请人需要补正的全部内容以及提交补正资料的时限。逾期不告知的，自收到申请资料之日起即为受理；

（五）申请资料齐全、符合法定形式，或者申请人按照要求提交全部补正资料的，应当受理化妆品生产许可申请。

省、自治区、直辖市药品监督管理部门受理或者不予受理化妆品生产许可申请的，应当出具受理或者不予受理通知书。决定不予受理的，应当说明不予受理的理由，并告知申请人依法享有申请行政复议或者提起行政诉讼的权利。

第十二条 省、自治区、直辖市药品监督管理部门应当对申请人提交的申请资料进行审核，对申请人的生产场所进行现场核查，并自受理化妆品生产许可申请之日起 30 个工作日内作出决定。

第十三条 省、自治区、直辖市药品监督管理部门应当根据申请资料审核和现场核查等情况，对符合规定条件的，作出准予许可的决定，并自作出决定之日起 5 个工作日内向申请人颁发化妆品生产许可证；对不符合规定条件的，及时作出不予许可的书面决定并说明理由，同时告知申请人依法享有申请行政复议或者提起行政诉讼的权利。

化妆品生产许可证发证日期为许可决定作出的日期，有效期为 5 年。

第十四条 化妆品生产许可证分为正本、副本。正本、副本具有同等法律效力。

国家药品监督管理局负责制定化妆品生产许可证式样。省、自治区、直辖市药品监督管理部门负责化妆品生产许可证的印制、发放等管理工作。

药品监督管理部门制作的化妆品生产许可电子证书与印制的化妆品生产许可证书具有同等法律效力。

第十五条 化妆品生产许可证应当载明许可证编号、生产企业名称、住所、生产地址、统一社会信用代码、法定代表人或者负责人、生产许可项目、有效期、发证机关、发证日期等。

化妆品生产许可证副本还应当载明化妆品生产许可变更情况。

第十六条 化妆品生产许可项目按照化妆品生产工艺、成品状态和用途等，划分为一般液态单元、膏霜乳液单元、粉单元、气雾剂及有机溶剂单元、蜡基单元、牙膏单元、皂基单元、其他单元。国家药品监督管理局可以根据化妆品质量安全监督管理实际需要调整生产许可项目划分单元。

具备儿童护肤类、眼部护肤类化妆品生产条件的，应当在生产许可项目中特别标注。

第十七条　化妆品生产许可证有效期内，申请人的许可条件发生变化，或者需要变更许可证载明事项的，应当向原发证的药品监督管理部门申请变更。

第十八条　生产许可项目发生变化，可能影响产品质量安全的生产设施设备发生变化，或者在化妆品生产场地原址新建、改建、扩建车间的，化妆品生产企业应当在投入生产前向原发证的药品监督管理部门申请变更，并依照本办法第十条的规定提交与变更有关的资料。原发证的药品监督管理部门应当进行审核，自受理变更申请之日起30个工作日内作出是否准予变更的决定，并在化妆品生产许可证副本上予以记录。需要现场核查的，依照本办法第十二条的规定办理。

因生产许可项目等的变更需要进行全面现场核查，经省、自治区、直辖市药品监督管理部门现场核查并符合要求的，颁发新的化妆品生产许可证，许可证编号不变，有效期自发证之日起重新计算。

同一个化妆品生产企业在同一个省、自治区、直辖市申请增加化妆品生产地址的，可以依照本办法的规定办理变更手续。

第十九条　生产企业名称、住所、法定代表人或者负责人等发生变化的，化妆品生产企业应当自发生变化之日起30个工作日内向原发证的药品监督管理部门申请变更，并提交与变更有关的资料。原发证的药品监督管理部门应当自受理申请之日起3个工作日内办理变更手续。

质量安全负责人、预留的联系方式等发生变化的，化妆品生产企业应当在变化后10个工作日内向原发证的药品监督管理部门报告。

第二十条　化妆品生产许可证有效期届满需要延续的，申请人应当在生产许可证有效期届满前90个工作日至30个工作日期间向所在地省、自治区、直辖市药品监督管理部门提出延续许可申请，并承诺其符合本办法规定的化妆品生产许可条件。申请人应当对提交资料和作出承诺的真实性、合法性负责。

逾期未提出延续许可申请的，不再受理其延续许可申请。

第二十一条　省、自治区、直辖市药品监督管理部门应当自收到延续许可申请后5个工作日内对申请资料进行形式审查，符合要求的予以受理，并自受理之日起10个工作日内向申请人换发新的化妆品生产许可证。许可证有效期自原许可证有效期届满之日的次日起重新计算。

第二十二条　省、自治区、直辖市药品监督管理部门应当对已延续许可的化妆品生产企业的申报资料和承诺进行监督，发现不符合本办法第九条规定的化妆品生产许可条件的，应当依法撤销化妆品生产许可。

第二十三条　化妆品生产企业有下列情形之一的，原发证的药品监督管理部门应当依法注销其化妆品生产许可证，并在政府网站上予以公布：

（一）企业主动申请注销的；

（二）企业主体资格被依法终止的；

（三）化妆品生产许可证有效期届满未申请延续的；

（四）化妆品生产许可依法被撤回、撤销或者化妆品生产许可证依法被吊销的；

（五）法律法规规定应当注销化妆品生产许可的其他情形。

化妆品生产企业申请注销生产许可时，原发证的药品监督管理部门发现注销可能影响案件查处的，可以暂停办理注销手续。

第三章　化妆品生产

第二十四条　国家药品监督管理局制定化妆品生产质量管理规范，明确质量管理机构与人员、质量保证与控制、厂房设施与设备管理、物料与产品管理、生产过程管理、产品销售管理等要求。

化妆品注册人、备案人、受托生产企业应当按照化妆品生产质量管理规范的要求组织生产化妆品，建立化妆品生产质量管理体系并保证持续有效运行。生产车间等场所不得贮存、生产对化妆品质量有不利影响的产品。

第二十五条　化妆品注册人、备案人、受托生产企业应当建立并执行供应商遴选、原料验收、生产过程及质量控制、设备管理、产品检验及留样等保证化妆品质量安全的管理制度。

第二十六条　化妆品注册人、备案人委托生产化妆品的，应当委托取得相应化妆品生产许可的生产企业生产，并对其生产活动全过程进行监督，对委托生产的化妆品的质量安全负责。受托生产企业应当具备相应的生产条件，并依照法律、法规、强制性国家标准、技术规范和合同约定组织生产，对生产活动负责，接受委托方的监督。

第二十七条　化妆品注册人、备案人、受托生产企业应当建立化妆品质量安全责任制，落实化妆品质量安全主体责任。

化妆品注册人、备案人、受托生产企业的法定代表人、主要负责人对化妆品质量安全工作全面负责。

第二十八条　质量安全负责人按照化妆品质量安全责任制的要求协助化妆品注册人、备案人、受托生产企业法定代表人、主要负责人承担下列相应的产品质量安全管理和产品放行职责：

（一）建立并组织实施本企业质量管理体系，落实质量安全管理责任；

（二）产品配方、生产工艺、物料供应商等的审核管理；

（三）物料放行管理和产品放行；

（四）化妆品不良反应监测管理；

（五）受托生产企业生产活动的监督管理。

质量安全负责人应当具备化妆品、化学、化工、生物、医学、药学、食品、公共卫生或者法学等化妆品质量安全相关专业知识和法律知识，熟悉相关法律、法规、规章、强制性国家标准、技术规范，并具有 5 年以上化妆品生产或者质量管理经验。

第二十九条　化妆品注册人、备案人、受托生产企业应当建立并执行从业人员健康管理制度，建立从业人员健康档案。健康档案至少保存 3 年。

直接从事化妆品生产活动的人员应当每年接受健康检查。患有国务院卫生行政主管部门规定的有碍化妆品质量安全疾病的人员不得直接从事化妆品生产活动。

第三十条　化妆品注册人、备案人、受托生产企业应当制定从业人员年度培训计划，开展化妆品法律、法规、规章、强制性国家标准、技术规范等知识培训，并建立培训档案。生产岗位操作人员、检验人员应当具有相应的知识和实际操作技能。

第三十一条　化妆品经出厂检验合格后方可上市销售。

化妆品注册人、备案人应当按照规定对出厂的化妆品留样并记录。留样应当保持原始销售包装且数量满足产品质量检验的要求。留样保存期限不得少于产品使用期限届满后6个月。

委托生产化妆品的，受托生产企业也应当按照前款的规定留样并记录。

第三十二条　化妆品注册人、备案人、受托生产企业应当建立并执行原料以及直接接触化妆品的包装材料进货查验记录制度、产品销售记录制度。进货查验记录和产品销售记录应当真实、完整，保证可追溯，保存期限不得少于产品使用期限期满后1年；产品使用期限不足1年的，记录保存期限不得少于2年。

委托生产化妆品的，原料以及直接接触化妆品的包装材料进货查验等记录可以由受托生产企业保存。

第三十三条　化妆品注册人、备案人、受托生产企业应当每年对化妆品生产质量管理规范的执行情况进行自查。自查报告应当包括发现的问题、产品质量安全评价、整改措施等，保存期限不得少于2年。

经自查发现生产条件发生变化，不再符合化妆品生产质量管理规范要求的，化妆品注册人、备案人、受托生产企业应当立即采取整改措施；发现可能影响化妆品质量安全的，应当立即停止生产，并向所在地省、自治区、直辖市药品监督管理部门报告。影响质量安全的风险因素消除后，方可恢复生产。省、自治区、直辖市药品监督管理部门可以根据实际情况组织现场检查。

第三十四条　化妆品注册人、备案人、受托生产企业连续停产1年以上，重新生产前，应当进行全面自查，确认符合要求后，方可恢复生产。自查和整改情况应当在恢复生产之日起10个工作日内向所在地省、自治区、直辖市药品监督管理部门报告。

第三十五条　化妆品的最小销售单元应当有中文标签。标签内容应当与化妆品注册或者备案资料中产品标签样稿一致。

化妆品的名称、成分、功效等标签标注的事项应当真实、合法，不得含有明示或者暗示具有医疗作用，以及虚假或者引人误解、违背社会公序良俗等违反法律法规的内容。化妆品名称使用商标的，还应当符合国家有关商标管理的法律法规规定。

第三十六条　供儿童使用的化妆品应当符合法律、法规、强制性国家标准、技术规范以及化妆品生产质量管理规范等关于儿童化妆品质量安全的要求，并按照国家药品监督管理局的规定在产品标签上进行标注。

第三十七条　化妆品的标签存在下列情节轻微，不影响产品质量安全且不会对消费者造成误导的情形，可以认定为化妆品监督管理条例第六十一条第二款规定的标签瑕疵：

（一）文字、符号、数字的字号不规范，或者出现多字、漏字、错别字、非规范汉字的；

（二）使用期限、净含量的标注方式和格式不规范等的；

（三）化妆品标签不清晰难以辨认、识读的，或者部分印字脱落或者粘贴不牢的；

（四）化妆品成分名称不规范或者成分未按照配方含量的降序列出的；

（五）其他违反标签管理规定但不影响产品质量安全且不会对消费者造成误导的情形。

第三十八条　化妆品注册人、备案人、受托生产企业应当采取措施避免产品性状、外观形态等与食品、药品等产品相混淆，防止误食、误用。

生产、销售用于未成年人的玩具、用具等，应当依法标明注意事项，并采取措施防止产品被误用为儿童化妆品。

普通化妆品不得宣称特殊化妆品相关功效。

第四章 化妆品经营

第三十九条 化妆品经营者应当建立并执行进货查验记录制度，查验直接供货者的市场主体登记证明、特殊化妆品注册证或者普通化妆品备案信息、化妆品的产品质量检验合格证明并保存相关凭证，如实记录化妆品名称、特殊化妆品注册证编号或者普通化妆品备案编号、使用期限、净含量、购进数量、供货者名称、地址、联系方式、购进日期等内容。

第四十条 实行统一配送的化妆品经营者，可以由经营者总部统一建立并执行进货查验记录制度，按照本办法的规定，统一进行查验记录并保存相关凭证。经营者总部应当保证所属分店能提供所经营化妆品的相关记录和凭证。

第四十一条 美容美发机构、宾馆等在经营服务中使用化妆品或者为消费者提供化妆品的，应当依法履行化妆品监督管理条例以及本办法规定的化妆品经营者义务。

美容美发机构经营中使用的化妆品以及宾馆等为消费者提供的化妆品应当符合最小销售单元标签的规定。

美容美发机构应当在其服务场所内显著位置展示其经营使用的化妆品的销售包装，方便消费者查阅化妆品标签的全部信息，并按照化妆品标签或者说明书的要求，正确使用或者引导消费者正确使用化妆品。

第四十二条 化妆品集中交易市场开办者、展销会举办者应当建立保证化妆品质量安全的管理制度并有效实施，承担入场化妆品经营者管理责任，督促入场化妆品经营者依法履行义务，每年或者展销会期间至少组织开展一次化妆品质量安全知识培训。

化妆品集中交易市场开办者、展销会举办者应当建立入场化妆品经营者档案，审查入场化妆品经营者的市场主体登记证明，如实记录经营者名称或者姓名、联系方式、住所等信息。入场化妆品经营者档案信息应当及时核验更新，保证真实、准确、完整，保存期限不少于经营者在场内停止经营后 2 年。

化妆品展销会举办者应当在展销会举办前向所在地县级负责药品监督管理的部门报告展销会的时间、地点等基本信息。

第四十三条 化妆品集中交易市场开办者、展销会举办者应当建立化妆品检查制度，对经营者的经营条件以及化妆品质量安全状况进行检查。发现入场化妆品经营者有违反化妆品监督管理条例以及本办法规定行为的，应当及时制止，依照集中交易市场管理规定或者与经营者签订的协议进行处理，并向所在地县级负责药品监督管理的部门报告。

鼓励化妆品集中交易市场开办者、展销会举办者建立化妆品抽样检验、统一销售凭证格式等制度。

第四十四条 电子商务平台内化妆品经营者以及通过自建网站、其他网络服务经营化妆品的电子商务经营者应当在其经营活动主页面全面、真实、准确披露与化妆品注册或者备案资料一致的化妆品标签等信息。

第四十五条 化妆品电子商务平台经营者应当对申请入驻的平台内化妆品经营者进行实名登记，要求其提交身份、地址、联系方式等真实信息，进行核验、登记，建立登记档案，并至少每 6 个月核验更新一次。化妆品电子商务平台经营者对平台内化妆品经营者身份信息的保存时间自其退出平台之日起不少于 3 年。

第四十六条　化妆品电子商务平台经营者应当设置化妆品质量管理机构或者配备专兼职管理人员，建立平台内化妆品日常检查、违法行为制止及报告、投诉举报处理等化妆品质量安全管理制度并有效实施，加强对平台内化妆品经营者相关法规知识宣传。鼓励化妆品电子商务平台经营者开展抽样检验。

化妆品电子商务平台经营者应当依法承担平台内化妆品经营者管理责任，对平台内化妆品经营者的经营行为进行日常检查，督促平台内化妆品经营者依法履行化妆品监督管理条例以及本办法规定的义务。发现违法经营化妆品行为的，应当依法或者依据平台服务协议和交易规则采取删除、屏蔽、断开链接等必要措施及时制止，并报告所在地省、自治区、直辖市药品监督管理部门。

第四十七条　化妆品电子商务平台经营者收到化妆品不良反应信息、投诉举报信息的，应当记录并及时转交平台内化妆品经营者处理；涉及产品质量安全的重大信息，应当及时报告所在地省、自治区、直辖市药品监督管理部门。

负责药品监督管理的部门因监督检查、案件调查等工作需要，要求化妆品电子商务平台经营者依法提供相关信息的，化妆品电子商务平台经营者应当予以协助、配合。

第四十八条　化妆品电子商务平台经营者发现有下列严重违法行为的，应当立即停止向平台内化妆品经营者提供电子商务平台服务：

（一）因化妆品质量安全相关犯罪被人民法院判处刑罚的；

（二）因化妆品质量安全违法行为被公安机关拘留或者给予其他治安管理处罚的；

（三）被药品监督管理部门依法作出吊销许可证、责令停产停业等处罚的；

（四）其他严重违法行为。

因涉嫌化妆品质量安全犯罪被立案侦查或者提起公诉，且有证据证明可能危害人体健康的，化妆品电子商务平台经营者可以依法或者依据平台服务协议和交易规则暂停向平台内化妆品经营者提供电子商务平台服务。

化妆品电子商务平台经营者知道或者应当知道平台内化妆品经营者被依法禁止从事化妆品生产经营活动的，不得向其提供电子商务平台服务。

第四十九条　以免费试用、赠予、兑换等形式向消费者提供化妆品的，应当依法履行化妆品监督管理条例以及本办法规定的化妆品经营者义务。

第五章　监督管理

第五十条　负责药品监督管理的部门应当按照风险管理的原则，确定监督检查的重点品种、重点环节、检查方式和检查频次等，加强对化妆品生产经营者的监督检查。

必要时，负责药品监督管理的部门可以对化妆品原料、直接接触化妆品的包装材料的供应商、生产企业开展延伸检查。

第五十一条　国家药品监督管理局根据法律、法规、规章、强制性国家标准、技术规范等有关规定，制定国家化妆品生产质量管理规范检查要点等监督检查要点，明确监督检查的重点项目和一般项目，以及监督检查的判定原则。省、自治区、直辖市药品监督管理部门可以结合实际，细化、补充本行政区域化妆品监督检查要点。

第五十二条　国家药品监督管理局组织开展国家化妆品抽样检验。省、自治区、直辖市药品监督管理部门组织开展本行政区域内的化妆品抽样检验。设区的市级、县级人民政府负责药品监督的部门根据工作需要，可以组织开展本行政区域内的化妆品抽样检验。

对举报反映或者日常监督检查中发现问题较多的化妆品，以及通过不良反应监测、安全风险监测和评价等发现可能存在质量安全问题的化妆品，负责药品监督管理的部门可以进行专项抽样检验。

负责药品监督管理的部门应当按照规定及时公布化妆品抽样检验结果。

第五十三条 化妆品抽样检验结果不合格的，化妆品注册人、备案人应当依照化妆品监督管理条例第四十四条的规定，立即停止生产，召回已经上市销售的化妆品，通知相关经营者和消费者停止经营、使用，按照本办法第三十三条第二款的规定开展自查，并进行整改。

第五十四条 对抽样检验结论有异议申请复检的，申请人应当向复检机构先行支付复检费用。复检结论与初检结论一致的，复检费用由复检申请人承担。复检结论与初检结论不一致的，复检费用由实施抽样检验的药品监督管理部门承担。

第五十五条 化妆品不良反应报告遵循可疑即报的原则。国家药品监督管理局建立并完善化妆品不良反应监测制度和化妆品不良反应监测信息系统。

第五十六条 未经化妆品生产经营者同意，负责药品监督管理的部门、专业技术机构及其工作人员不得披露在监督检查中知悉的化妆品生产经营者的商业秘密，法律另有规定或者涉及国家安全、重大社会公共利益的除外。

第六章 法律责任

第五十七条 化妆品生产经营的违法行为，化妆品监督管理条例等法律法规已有规定的，依照其规定。

第五十八条 违反本办法第十七条、第十八条第一款、第十九条第一款，化妆品生产企业许可条件发生变化，或者需要变更许可证载明的事项，未按规定申请变更的，由原发证的药品监督管理部门责令改正，给予警告，并处1万元以上3万元以下罚款。

违反本办法第十九条第二款，质量安全负责人、预留的联系方式发生变化，未按规定报告的，由原发证的药品监督管理部门责令改正；拒不改正的，给予警告，并处5000元以下罚款。

化妆品生产企业生产的化妆品不属于化妆品生产许可证上载明的许可项目划分单元，未经许可擅自迁址，或者化妆品生产许可有效期届满且未获得延续许可的，视为未经许可从事化妆品生产活动。

第五十九条 监督检查中发现化妆品注册人、备案人、受托生产企业违反化妆品生产质量管理规范检查要点，未按照化妆品生产质量管理规范的要求组织生产的，由负责药品监督管理的部门依照化妆品监督管理条例第六十条第三项的规定处罚。

监督检查中发现化妆品注册人、备案人、受托生产企业违反国家化妆品生产质量管理规范检查要点中一般项目规定，违法行为轻微并及时改正，没有造成危害后果的，不予行政处罚。

第六十条 违反本办法第四十二条第三款，展销会举办者未按要求向所在地负责药品监督管理的部门报告展销会基本信息的，由负责药品监督管理的部门责令改正，给予警告；拒不改正的，处5000元以上3万元以下罚款。

第六十一条 有下列情形之一的，属于化妆品监督管理条例规定的情节严重情形：

（一）使用禁止用于化妆品生产的原料、应当注册但未经注册的新原料生产儿童化妆品，或者在儿童化妆品中非法添加可能危害人体健康的物质；

（二）故意提供虚假信息或者隐瞒真实情况；

（三）拒绝、逃避监督检查；

（四）因化妆品违法行为受到行政处罚后 1 年内又实施同一性质的违法行为，或者因违反化妆品质量安全法律、法规受到刑事处罚后又实施化妆品质量安全违法行为；

（五）其他情节严重的情形。

对情节严重的违法行为处以罚款时，应当依法从重从严。

第六十二条　化妆品生产经营者违反法律、法规、规章、强制性国家标准、技术规范，属于初次违法且危害后果轻微并及时改正的，可以不予行政处罚。

当事人有证据足以证明没有主观过错的，不予行政处罚。法律、行政法规另有规定的，从其规定。

第七章　附　则

第六十三条　配制、填充、灌装化妆品内容物，应当取得化妆品生产许可证。标注标签的生产工序，应当在完成最后一道接触化妆品内容物生产工序的化妆品生产企业内完成。

第六十四条　化妆品监督管理条例第六十条第二项规定的化妆品注册、备案资料载明的技术要求，是指对化妆品质量安全有实质性影响的技术性要求。

第六十五条　化妆品生产许可证编号的编排方式为：X 妆 XXXXXXXX。其中，第一位 X 代表许可部门所在省、自治区、直辖市的简称，第二位到第五位 X 代表 4 位数许可年份，第六位到第九位 X 代表 4 位数许可流水号。

第六十六条　本办法自 2022 年 1 月 1 日起施行。

附录四　牙膏监督管理办法

（2023 年 3 月 16 日国家市场监督管理总局令第 71 号公布 自 2023 年 12 月 1 日起施行）

第一条　为了规范牙膏生产经营活动，加强牙膏监督管理，保证牙膏质量安全，保障消费者健康，促进牙膏产业健康发展，根据《化妆品监督管理条例》，制定本办法。

第二条　在中华人民共和国境内从事牙膏生产经营活动及其监督管理，适用本办法。

第三条　本办法所称牙膏，是指以摩擦的方式，施用于人体牙齿表面，以清洁为主要目的的膏状产品。

第四条　国家药品监督管理局负责全国牙膏监督管理工作。

县级以上地方人民政府负责药品监督管理的部门负责本行政区域的牙膏监督管理工作。

第五条　牙膏实行备案管理，牙膏备案人对牙膏的质量安全和功效宣称负责。

牙膏生产经营者应当依照法律、法规、强制性国家标准、技术规范从事生产经营活动，加强管理，诚信自律，保证牙膏产品质量安全。

第六条　境外牙膏备案人应当指定我国境内的企业法人作为境内责任人办理备案，协助开展牙膏不良反应监测、实施产品召回，并配合药品监督管理部门的监督检查工作。

第七条　牙膏行业协会应当加强行业自律，督促引导生产经营者依法从事生产经营活动，推动行业诚信建设。

第八条　在中华人民共和国境内首次使用于牙膏的天然或者人工原料为牙膏新原料。

牙膏新原料应当遵守化妆品新原料管理的有关规定，具有防腐、着色等功能的牙膏新原料，经国家药品监督管理局注册后方可使用；其他牙膏新原料实行备案管理。

已经取得注册、完成备案的牙膏新原料实行安全监测制度，安全监测的期限为 3 年。安全监测期满未发生安全问题的牙膏新原料，纳入国家药品监督管理局制定的已使用的牙膏原料目录。

第九条 牙膏备案人应当选择符合法律、法规、强制性国家标准、技术规范要求的原料用于牙膏生产，对其使用的牙膏原料安全性负责。牙膏备案人进行备案时，应当通过备案信息服务平台明确原料来源和原料安全相关信息。

第十条 国产牙膏应当在上市销售前向备案人所在地省、自治区、直辖市药品监督管理部门备案。

进口牙膏应当在进口前向国家药品监督管理局备案。国家药品监督管理局可以依法委托具备相应能力的省、自治区、直辖市药品监督管理部门实施进口牙膏备案管理工作。

第十一条 备案人或者境内责任人进行牙膏备案，应当提交下列资料：

（一）备案人的名称、地址、联系方式；

（二）生产企业的名称、地址、联系方式；

（三）产品名称；

（四）产品配方；

（五）产品执行的标准；

（六）产品标签样稿；

（七）产品检验报告；

（八）产品安全评估资料。

进口牙膏备案，应当同时提交产品在生产国（地区）已经上市销售的证明文件以及境外生产企业符合化妆品生产质量管理规范的证明资料；专为向我国出口生产、无法提交产品在生产国（地区）已经上市销售的证明文件的，应当提交面向我国消费者开展的相关研究和试验的资料。

第十二条 牙膏备案前，备案人应当自行或者委托专业机构开展安全评估。

从事安全评估的人员应当具备牙膏或者化妆品质量安全相关专业知识，并具有 5 年以上相关专业从业经历。

第十三条 牙膏的功效宣称应当有充分的科学依据。牙膏备案人应当在备案信息服务平台公布功效宣称所依据的文献资料、研究数据或者产品功效评价资料的摘要，接受社会监督。

国家药品监督管理局根据牙膏的功效宣称、使用人群等因素，制定、公布并调整牙膏分类目录。牙膏的功效宣称范围和用语应当符合法律、法规、强制性国家标准、技术规范和国家药品监督管理局的规定。

第十四条 牙膏的功效宣称评价应当符合法律、法规、强制性国家标准、技术规范和国家药品监督管理局规定的质量安全和功效宣称评价有关要求，保证功效宣称评价结果的科学性、准确性和可靠性。

第十五条 从事牙膏生产活动，应当依法向所在地省、自治区、直辖市药品监督管理部门申请取得生产许可。牙膏备案人、受托生产企业应当建立生产质量管理体系，按照化妆品生产质量管理规范的要求组织生产。

第十六条　牙膏不良反应报告遵循可疑即报的原则。牙膏生产经营者、医疗机构应当按照国家药品监督管理局制定的化妆品不良反应监测制度的要求，开展牙膏不良反应监测工作。

第十七条　牙膏标签应当标注下列内容：

（一）产品名称；

（二）备案人、受托生产企业的名称、地址，备案人为境外的应当同时标注境内责任人的名称、地址；

（三）生产企业的名称、地址，国产牙膏应当同时标注生产企业生产许可证编号；

（四）产品执行的标准编号；

（五）全成分；

（六）净含量；

（七）使用期限；

（八）必要的安全警示用语；

（九）法律、行政法规、强制性国家标准规定应当标注的其他内容。

根据产品特点，需要特别标注产品使用方法的，应当在销售包装可视面进行标注。

第十八条　牙膏产品名称一般由商标名、通用名和属性名三部分组成。牙膏的属性名统一使用"牙膏"字样进行表述。

非牙膏产品不得通过标注"牙膏"字样等方式欺骗误导消费者。

第十九条　牙膏标签禁止标注下列内容：

（一）明示或者暗示具有医疗作用的内容；

（二）虚假或者引人误解的内容；

（三）违反社会公序良俗的内容；

（四）法律、行政法规、强制性国家标准、技术规范禁止标注的其他内容。

第二十条　宣称适用于儿童的牙膏产品应当符合法律、行政法规、强制性国家标准、技术规范等关于儿童牙膏的规定，并按照国家药品监督管理局的规定在产品标签上进行标注。

第二十一条　牙膏及其使用的原料不符合强制性国家标准、技术规范、备案资料载明的技术要求或者本办法规定的，依照化妆品监督管理条例相关规定处理。

第二十二条　牙膏备案人、受托生产企业、经营者和境内责任人，有下列违法行为的，依照化妆品监督管理条例相关规定处理：

（一）申请牙膏行政许可或者办理备案提供虚假资料，或者伪造、变造、出租、出借、转让牙膏许可证件；

（二）未经许可从事牙膏生产活动，或者未按照化妆品生产质量管理规范的要求组织生产；

（三）在牙膏中非法添加可能危害人体健康的物质；

（四）更改牙膏使用期限；

（五）未按照本办法规定公布功效宣称依据的摘要；

（六）未按照本办法规定监测、报告牙膏不良反应；

（七）拒不实施药品监督管理部门依法作出的责令召回、责令停止或者暂停生产经营的决定；

（八）境内责任人未履行本办法规定的义务，或者境外牙膏备案人拒不履行依法作出的行政处罚决定。

第二十三条 牙膏的监督管理，本办法未作规定的，参照适用《化妆品注册备案管理办法》《化妆品生产经营监督管理办法》等的规定。

第二十四条 牙膏、牙膏新原料取得注册或者进行备案后，按照下列规则进行编号：

（一）牙膏新原料：国牙膏原注/备字 + 四位年份数 + 本年度注册/备案牙膏原料顺序数；

（二）国产牙膏：省、自治区、直辖市简称 + 国牙膏网备字 + 四位年份数 + 本年度行政区域内的备案产品顺序数；

（三）进口牙膏：国牙膏网备进字（境内责任人所在省、自治区、直辖市简称）+ 四位年份数 + 本年度全国备案产品顺序数；

（四）中国台湾、香港、澳门牙膏：国牙膏网备制字（境内责任人所在省、自治区、直辖市简称）+ 四位年份数 + 本年度全国备案产品顺序数。

第二十五条 本办法自 2023 年 12 月 1 日起施行。

附录五　化妆品标签管理办法

第一条 为加强化妆品标签监督管理，规范化妆品标签使用，保障消费者合法权益，根据《化妆品监督管理条例》等有关法律法规规定，制定本办法。

第二条 在中华人民共和国境内生产经营的化妆品的标签管理适用本办法。

第三条 本办法所称化妆品标签，是指产品销售包装上用以辨识说明产品基本信息、属性特征和安全警示等的文字、符号、数字、图案等标识，以及附有标识信息的包装容器、包装盒和说明书。

第四条 化妆品注册人、备案人对化妆品标签的合法性、真实性、完整性、准确性和一致性负责。

第五条 化妆品的最小销售单元应当有标签。标签应当符合相关法律、行政法规、部门规章、强制性国家标准和技术规范要求，标签内容应当合法、真实、完整、准确，并与产品注册或者备案的相关内容一致。

化妆品标签应当清晰、持久，易于辨认、识读，不得有印字脱落、粘贴不牢等现象。

第六条 化妆品应当有中文标签。中文标签应当使用规范汉字，使用其他文字或者符号的，应当在产品销售包装可视面使用规范汉字对应解释说明，网址、境外企业的名称和地址以及约定俗成的专业术语等必须使用其他文字的除外。

加贴中文标签的，中文标签有关产品安全、功效宣称的内容应当与原标签相关内容对应一致。

除注册商标之外，中文标签同一可视面上其他文字字体的字号应当小于或者等于相应的规范汉字字体的字号。

第七条 化妆品中文标签应当至少包括以下内容：

（一）产品中文名称、特殊化妆品注册证书编号；

（二）注册人、备案人的名称、地址，注册人或者备案人为境外企业的，应当同时标注境内责任人的名称、地址；

（三）生产企业的名称、地址，国产化妆品应当同时标注生产企业生产许可证编号；

（四）产品执行的标准编号；

（五）全成分；

（六）净含量；

（七）使用期限；

（八）使用方法；

（九）必要的安全警示用语；

（十）法律、行政法规和强制性国家标准规定应当标注的其他内容。

具有包装盒的产品，还应当同时在直接接触内容物的包装容器上标注产品中文名称和使用期限。

第八条　化妆品产品中文名称一般由商标名、通用名和属性名三部分组成，约定俗成、习惯使用的化妆品名称可以省略通用名或者属性名，商标名、通用名和属性名应当符合下列规定要求：

（一）商标名的使用除符合国家商标有关法律法规的规定外，还应当符合国家化妆品管理相关法律法规的规定。不得以商标名的形式宣称医疗效果或者产品不具备的功效。以暗示含有某类原料的用语作为商标名，产品配方中含有该类原料的，应当在销售包装可视面对其使用目的进行说明；产品配方不含有该类原料的，应当在销售包装可视面明确标注产品不含该类原料，相关用语仅作商标名使用；

（二）通用名应当准确、客观，可以是表明产品原料或者描述产品用途、使用部位等的文字。使用具体原料名称或者表明原料类别的词汇的，应当与产品配方成分相符，且该原料在产品中产生的功效作用应当与产品功效宣称相符。使用动物、植物或者矿物等名称描述产品的香型、颜色或者形状的，配方中可以不含此原料，命名时可以在通用名中采用动物、植物或者矿物等名称加香型、颜色或者形状的形式，也可以在属性名后加以注明；

（三）属性名应当表明产品真实的物理性状或者形态；

（四）不同产品的商标名、通用名、属性名相同时，其他需要标注的内容应当在属性名后加以注明，包括颜色或者色号、防晒指数、气味、适用发质、肤质或者特定人群等内容；

（五）商标名、通用名或者属性名单独使用时符合本条上述要求，组合使用时可能使消费者对产品功效产生歧义的，应当在销售包装可视面予以解释说明。

第九条　产品中文名称应当在销售包装可视面显著位置标注，且至少有一处以引导语引出。

化妆品中文名称不得使用字母、汉语拼音、数字、符号等进行命名，注册商标、表示防晒指数、色号、系列号，或者其他必须使用字母、汉语拼音、数字、符号等的除外。产品中文名称中的注册商标使用字母、汉语拼音、数字、符号等的，应当在产品销售包装可视面对其含义予以解释说明。

特殊化妆品注册证书编号应当是国家药品监督管理局核发的注册证书编号，在销售包装可视面进行标注。

第十条　化妆品注册人、备案人、境内责任人和生产企业的名称、地址等相关信息，应当按照下列规定在产品销售包装可视面进行标注：

（一）注册人、备案人、境内责任人和生产企业的名称和地址，应当标注产品注册证书或者备案信息载明的企业名称和地址，分别以相应的引导语引出；

（二）化妆品注册人或者备案人与生产企业相同时，可使用"注册人/生产企业"或者"备案人/生产企业"作为引导语，进行简化标注；

（三）生产企业名称和地址应当标注完成最后一道接触内容物的工序的生产企业的名称、地址。注册人、备案人同时委托多个生产企业完成最后一道接触内容物的工序的，可以同时标注各受托生产企业的名称、地址，并通过代码或者其他方式指明产品的具体生产企业；

（四）生产企业为境内的，还应当在企业名称和地址之后标注化妆品生产许可证编号，以相应的引导语引出。

第十一条　化妆品标签应当在销售包装可视面标注产品执行的标准编号，以相应的引导语引出。

第十二条　化妆品标签应当在销售包装可视面标注化妆品全部成分的原料标准中文名称，以"成分"作为引导语引出，并按照各成分在产品配方中含量的降序列出。化妆品配方中存在含量不超过 0.1%（w/w）的成分的，所有不超过 0.1%（w/w）的成分应当以"其他微量成分"作为引导语引出另行标注，可以不按照成分含量的降序列出。

以复配或者混合原料形式进行配方填报的，应当以其中每个成分在配方中的含量作为成分含量的排序和判别是否为微量成分的依据。

第十三条　化妆品的净含量应当使用国家法定计量单位表示，并在销售包装展示面标注。

第十四条　产品使用期限应当按照下列方式之一在销售包装可视面标注，并以相应的引导语引出：

（一）生产日期和保质期，生产日期应当使用汉字或者阿拉伯数字，以四位数年份、二位数月份和二位数日期的顺序依次进行排列标识；

（二）生产批号和限期使用日期。

具有包装盒的产品，在直接接触内容物的包装容器上标注使用期限时，除可以选择上述方式标注外，还可以采用标注生产批号和开封后使用期限的方式。

销售包装内含有多个独立包装产品时，每个独立包装应当分别标注使用期限，销售包装可视面上的使用期限应当按照其中最早到期的独立包装产品的使用期限标注；也可以分别标注单个独立包装产品的使用期限。

第十五条　为保证消费者正确使用，需要标注产品使用方法的，应当在销售包装可视面或者随附于产品的说明书中进行标注。

第十六条　存在下列情形之一的，应当以"注意"或者"警告"作为引导语，在销售包装可视面标注安全警示用语：

（一）法律、行政法规、部门规章、强制性国家标准、技术规范对化妆品限用组分、准用组分有警示用语和安全事项相关标注要求的；

（二）法律、行政法规、部门规章、强制性国家标准、技术规范对适用于儿童等特殊人群化妆品要求标注的相关注意事项的；

（三）法律、行政法规、部门规章、强制性国家标准、技术规范规定其他应当标注安全警示用语、注意事项的。

第十七条　化妆品净含量不大于 15g 或者 15mL 的小规格包装产品，仅需在销售包装可视面标注产品中文名称、特殊化妆品注册证书编号、注册人或者备案人的名称、净含量、使用期限等信息，其他应当标注的信息可以标注在随附于产品的说明书中。

具有包装盒的小规格包装产品，还应当同时在直接接触内容物的包装容器上标注产品中文名称和使用期限。

第十八条 化妆品标签中使用尚未被行业广泛使用导致消费者不易理解，但不属于禁止标注内容的创新用语的，应当在相邻位置对其含义进行解释说明。

第十九条 化妆品标签禁止通过下列方式标注或者宣称：

（一）使用医疗术语、医学名人的姓名、描述医疗作用和效果的词语或者已经批准的药品名明示或者暗示产品具有医疗作用；

（二）使用虚假、夸大、绝对化的词语进行虚假或者引人误解地描述；

（三）利用商标、图案、字体颜色大小、色差、谐音或者暗示性的文字、字母、汉语拼音、数字、符号等方式暗示医疗作用或者进行虚假宣称；

（四）使用尚未被科学界广泛接受的术语、机理编造概念误导消费者；

（五）通过编造虚假信息、贬低其他合法产品等方式误导消费者；

（六）使用虚构、伪造或者无法验证的科研成果、统计资料、调查结果、文摘、引用语等信息误导消费者；

（七）通过宣称所用原料的功能暗示产品实际不具有或者不允许宣称的功效；

（八）使用未经相关行业主管部门确认的标识、奖励等进行化妆品安全及功效相关宣称及用语；

（九）利用国家机关、事业单位、医疗机构、公益性机构等单位及其工作人员、聘任的专家的名义、形象作证明或者推荐；

（十）表示功效、安全性的断言或者保证；

（十一）标注庸俗、封建迷信或者其他违反社会公序良俗的内容；

（十二）法律、行政法规和化妆品强制性国家标准禁止标注的其他内容。

第二十条 化妆品标签存在下列情形，但不影响产品质量安全且不会对消费者造成误导的，由负责药品监督管理的部门依照《化妆品监督管理条例》第六十一条第二款规定处理：

（1）文字、符号、数字的字号不规范，或者出现多字、漏字、错别字、非规范汉字的；

（2）使用期限、净含量的标注方式和格式不规范等的；

（3）化妆品标签不清晰难以辨认、识读，或者部分印字脱落或者粘贴不牢的；

（4）化妆品成分名称不规范或者成分未按照配方含量的降序列出的；

（5）未按照本办法规定使用引导语的；

（6）产品中文名称未在显著位置标注的；

（7）其他违反本办法规定但不影响产品质量安全且不会对消费者造成误导的情形。

化妆品标签违反本办法规定，构成《化妆品监督管理条例》第六十一条第一款第（五）项规定情形的，依法予以处罚。

第二十一条 以免费试用、赠予、兑换等形式向消费者提供的化妆品，其标签适用本办法。

第二十二条 本办法所称最小销售单元等名词术语的含义如下：

最小销售单元：以产品销售为目的，将产品内容物随产品包装容器、包装盒以及产品说明书等一起交付消费者时的最小包装的产品形式。

销售包装：最小销售单元的包装。包括直接接触内容物的包装容器、放置包装容器的包装盒以及随附于产品的说明书。

内容物：包装容器内所装的产品。

展示面：化妆品在陈列时，除底面外能被消费者看到的任何面。

可视面：化妆品在不破坏销售包装的情况下，能被消费者看到的任何面。

引导语：用以引出标注内容的用语，如"产品名称""净含量"等。

第二十三条 本办法自2022年5月1日起施行。

附录六 儿童化妆品监督管理规定

第一条 为了规范儿童化妆品生产经营活动，加强儿童化妆品监督管理，保障儿童使用化妆品安全，根据《化妆品监督管理条例》等法律法规，制定本规定。

第二条 在中华人民共和国境内从事儿童化妆品生产经营活动及其监督管理，应当遵守本规定。

第三条 本规定所称儿童化妆品，是指适用于年龄在12岁以下（含12岁）儿童，具有清洁、保湿、爽身、防晒等功效的化妆品。

标识"适用于全人群""全家使用"等词语或者利用商标、图案、谐音、字母、汉语拼音、数字、符号、包装形式等暗示产品使用人群包含儿童的产品按照儿童化妆品管理。

第四条 化妆品注册人、备案人对儿童化妆品的质量安全和功效宣称负责。

化妆品生产经营者应当依照法律、法规、强制性国家标准、技术规范从事生产经营活动，加强儿童化妆品质量管理，诚信自律，保证产品质量安全。

化妆品生产经营者应当建立并执行进货查验记录等制度，确保儿童化妆品可追溯。鼓励化妆品生产经营者采用信息化手段采集、保存生产经营信息，建立儿童化妆品质量安全追溯体系。

第五条 化妆品注册人、备案人应当根据儿童的生理特点和可能的应用场景，遵循科学性、必要性的原则，研制开发儿童化妆品。

第六条 儿童化妆品应当在销售包装展示面标注国家药品监督管理局规定的儿童化妆品标志。

非儿童化妆品不得标注儿童化妆品标志。

儿童化妆品应当以"注意"或者"警告"作为引导语，在销售包装可视面标注"应当在成人监护下使用"等警示用语。

鼓励化妆品注册人、备案人在标签上采用防伪技术等手段方便消费者识别、选择合法产品。

第七条 儿童化妆品配方设计应当遵循安全优先原则、功效必需原则、配方极简原则：

（一）应当选用有长期安全使用历史的化妆品原料，不得使用尚处于监测期的新原料，不允许使用基因技术、纳米技术等新技术制备的原料，如无替代原料必须使用时，应当说明原因，并针对儿童化妆品使用的安全性进行评价；

（二）不允许使用以祛斑美白、祛痘、脱毛、除臭、去屑、防脱发、染发、烫发等为目的的原料，如因其他目的使用可能具有上述功效的原料时，应当对使用的必要性及针对儿童化妆品使用的安全性进行评价；

（三）儿童化妆品应当从原料的安全、稳定、功能、配伍等方面，结合儿童生理特点，评估所用原料的科学性和必要性，特别是香料香精、着色剂、防腐剂及表面活性剂等原料。

第八条　儿童化妆品应当通过安全评估和必要的毒理学试验进行产品安全性评价。

化妆品注册人、备案人对儿童化妆品进行安全评估时，在危害识别、暴露量计算等方面，应当考虑儿童的生理特点。

第九条　国家药品监督管理局组织化妆品技术审评机构制定专门的儿童化妆品技术指导原则，对申请人提交的注册申请资料进行严格审查。

药品监督管理部门应当加强儿童化妆品的上市后监督管理，重点对产品安全性资料进行技术核查，发现不符合规定的，依法从严处理。

第十条　儿童化妆品应当按照化妆品生产质量管理规范的要求生产，儿童护肤类化妆品生产车间的环境要求应当符合有关规定。

化妆品注册人、备案人、受托生产企业应当按照规定对化妆品生产质量管理规范的执行情况进行自查，确保持续符合化妆品生产质量管理规范的要求。

鼓励化妆品注册人、备案人针对儿童化妆品制定严于强制性国家标准、技术规范的产品执行的标准。

第十一条　化妆品注册人、备案人、受托生产企业应当制定并实施从业人员入职培训和年度培训计划，确保员工熟悉岗位职责，具备履行岗位职责的专业知识和儿童化妆品相关的法律知识。企业应当建立员工培训档案。

企业应当加强质量文化建设，不断提高员工质量意识及履行职责能力，鼓励员工报告其工作中发现的不合法或者不规范情况。

第十二条　化妆品注册人、备案人、受托生产企业应当严格执行物料进货查验记录制度，企业经评估认为必要时开展相关项目的检验，避免通过原料、直接接触化妆品的包装材料带入激素、抗感染类药物等禁用原料或者可能危害人体健康的物质。

化妆品注册人、备案人发现原料、直接接触化妆品的包装材料中存在激素、抗感染类药物等禁用原料或者可能危害人体健康的物质的，应当立即采取措施控制风险，并向所在地省级药品监督管理部门报告。

第十三条　化妆品注册人、备案人、受托生产企业应当采取措施避免儿童化妆品性状、气味、外观形态等与食品、药品等产品相混淆，防止误食、误用。

儿童化妆品标签不得标注"食品级""可食用"等词语或者食品有关图案。

第十四条　化妆品经营者应当建立并执行进货查验记录制度，查验直接供货者的市场主体登记证明、特殊化妆品注册证或者普通化妆品备案信息、儿童化妆品标志、产品质量检验合格证明并保存相关凭证，如实记录化妆品名称、特殊化妆品注册证编号或者普通化妆品备案编号、使用期限、净含量、购进数量、供货者名称、地址、联系方式、购进日期等内容。

化妆品经营者应当对所经营儿童化妆品标签信息与国家药品监督管理局官方网站上公布的相应产品信息进行核对，包括：化妆品名称、特殊化妆品注册证编号或者普通化妆品备案编号、化妆品注册人或者备案人名称、受托生产企业名称、境内责任人名称，确保上述信息与公布信息一致。

鼓励化妆品经营者分区陈列儿童化妆品，在销售区域公示儿童化妆品标志。鼓励化妆品经营者在销售儿童化妆品时主动提示消费者查询产品注册或者备案信息。

第十五条 电子商务平台内儿童化妆品经营者以及通过自建网站、其他网络服务经营儿童化妆品的电子商务经营者应当在其经营活动主页面全面、真实、准确披露与化妆品注册或者备案资料一致的化妆品标签等信息，并在产品展示页面显著位置持续公示儿童化妆品标志。

第十六条 化妆品生产经营者、医疗机构发现或者获知儿童化妆品不良反应，应当按照规定向所在地市县级不良反应监测机构报告不良反应。

化妆品注册人、备案人应当对收集或者获知的儿童化妆品不良反应报告进行分析评价，自查可能引发不良反应的原因。对可能属于严重不良反应的，应当按照规定进行调查分析并形成自查报告，报送所在地省级不良反应监测机构，同时报送所在地省级药品监督管理部门。发现产品存在安全风险的，应当立即采取措施控制风险；发现产品存在质量缺陷或者其他问题，可能危害人体健康的，应当依照《化妆品监督管理条例》第四十四条的规定，立即停止生产，召回已经上市销售的化妆品，通知相关化妆品经营者和消费者停止经营、使用。

第十七条 抽样检验发现儿童化妆品存在质量安全问题的，化妆品注册人、备案人、受托生产企业应当立即停止生产，对化妆品生产质量管理规范的执行情况进行自查，并向所在地省级药品监督管理部门报告。影响质量安全的风险因素消除后，方可恢复生产。省级药品监督管理部门可以根据实际情况组织现场检查。

化妆品注册人、备案人发现化妆品存在质量缺陷或者其他问题，可能危害人体健康的，应当依照《化妆品监督管理条例》第四十四条的规定，立即停止生产，召回已经上市销售的化妆品，通知相关化妆品经营者和消费者停止经营、使用。

化妆品注册人、备案人应当根据检验不合格的原因，对其他相关产品进行分析、评估，确保产品质量安全。

第十八条 负责药品监督管理的部门应当按照风险管理的原则，结合本地实际，将化妆品注册人、备案人、境内责任人、受托生产企业以及儿童化妆品销售行为较为集中的化妆品经营者列入重点监管对象，加大监督检查频次。

第十九条 负责药品监督管理的部门应当将儿童化妆品作为年度抽样检验和风险监测重点类别。经抽样检验或者风险监测发现儿童化妆品中含有可能危害人体健康的物质，负责药品监督管理的部门可以采取责令暂停生产、经营的紧急控制措施，并发布安全警示信息；属于进口儿童化妆品的，依法提请有关部门暂停进口。

第二十条 负责药品监督管理的部门依法查处儿童化妆品违法行为时，有下列情形之一的，应当认定为《化妆品监督管理条例》规定的情节严重情形：

（一）使用禁止用于化妆品生产的原料、应当注册但未经注册的新原料生产儿童化妆品；

（二）在儿童化妆品中非法添加可能危害人体健康的物质。

第二十一条 儿童牙膏参照本规定进行管理。

第二十二条 本规定自 2022 年 1 月 1 日起施行。

参考文献

[1] 蔡朝阳. 从15个美谷看美妆未来趋势 [J]. 日用化学品科学, 2022, 45 (12): 1-3.

[2] 胡积东, 王海瑞. 植物化妆品的研究进展 [J]. 香料香精化妆品, 2023, (03): 121-124.

[3] 胡梧挺. "乱发"与"美鬈": 唐代东北亚对头发的认知与利用 [J]. 海交史研究, 2024, (01): 55-71.

[4] 林心怡. 唐代女性的妆容演变刍议 [J]. 今古文创, 2021, (25): 77-79.

[5] 王露寒. 淡妆浓抹总相宜——唐代女性面部妆饰的审美文化研究 [D]. 西安电子科技大学, 2018.

[6] 包海蓝, 宝音图, 乌云达来. 蒙医香药民俗文化研究 [J]. 内蒙古民族大学学报 (社会科学版), 2022, 48 (01): 17-22.

[7] 胡建海, 刘霄霆. 中药化妆品挑战与发展的策略研究 [J]. 中医药管理杂志, 2022, 30 (15): 243-245.

[8] 李麦青. 激荡美妆3000年 (待续) [J]. 日用化学品科学, 2024, 47 (02): 62-70.

[9] 孙笑笑. 穿越百年周期, 回归后的"美妆老字号"焕发生机 [J]. 中国化妆品, 2023, (06): 60-64.

[10] 陈瑛. 浅谈明清时期梳妆文化 [J]. 文物鉴定与鉴赏, 2024, (07): 134-137.

[11] 王子初. 近代上海广生行化妆品商业美术研究 (1910~1948)[D]. 宁波大学, 2022.

[12] 中国化妆品行业的百年风云与变迁——献礼建党一百周年系列报道之二 [J]. 中国化妆品, 2021, (09): 36-41.

[13] 陈燮达. 我国化妆品行业现状分析及战略思路 [J]. 中外企家, 2020, (06): 111-112.

[14] 郑月明, 刘施, 刘惠媛, 等. 儿童化妆品安全监管要点探析与展望 [J]. 中国食品药品监管, 2022, (05): 4-13.

[15] 高瑞英. 化妆品管理与法规 [M]. 北京: 化学工业出版社, 2008.

[16] 乔婧, 李婷. 中国化妆品及原料合规要求概述 [J]. 精细与专用化学品, 2023, 31 (12): 30-37.

[17] 苏哲, 胡康, 王钢力, 等. 我国化妆品原料安全信息库的建立及其应用展望 [J]. 日用化学工业 (中英文), 2022, 52 (11): 1221-1228.

[18] 何淼, 李帅涛, 袁欢, 等. 化妆品注册人和备案人责任探讨 [J]. 香料香精化妆品, 2022, (06): 79-95.

[19] 吴震, 梁媛, 肖建光, 等. 构建我国自主化妆品原料命名技术和机制初探 [J]. 中国食品药品监管, 2023, (09): 68-73+180-181.

[20] 王飞强, 张子琪, 冯庆媛, 等. 皮肤毒理学检验中的替代方法和整合测试评估方法 [J]. 中国现代应用药学, 2021, 38 (24): 3091-3096.

[21] 何淼, 苏哲, 胡康, 等. 化妆品原料管理和原料安全信息报送制度探讨 [J]. 日用化学工业 (中英文), 2023, 53 (09): 1080-1086.

[22] 江莹. 我国化妆品直播电商现状与规制研究 [J]. 日用化学品科学, 2023, 46 (10): 61-66.

［23］相建强．中国口腔护理用品工业的历史与发展现状［J］．日用化学品科学，2013，36
（02）：1 - 8.

［24］李亚男，蒋丽刚．国内外化妆品功效宣称法规的最新格局和进展［J］．日用化学品科
学，2021，44（07）：5 - 10.

［25］曾平莉，孙洁胤，何军邀，等．化妆品风险管理体系解析及安全风险管理建议［J］.
技术与市场，2022，29（03）：169 - 170 + 172.

［26］张伟，贾婷文，李帅涛，等．我国化妆品安全监管现状与问题分析［J］.香料香精化
妆品，2021，（02）：105 - 108 + 114.

［27］顾宇翔，杨保刚，陆壹．化妆品中化学性风险物质及其检测研究进展［J］.日用化学
工业，2022，52（09）：990 - 998.

［28］朱盈，沈璐，李岚，等．我国化妆品不良反应监测制度历史回顾与现状解读［J］.日
用化学品科学，2023，46（03）：1 - 4 + 19.

［29］谢志洁，刘佐仁，黄浩婷，等．国际化妆品监管模式比较研究［J］.中国食品药品监
管，2023，（09）：14 - 21 + 168.